Die Marketingwirkungen von Börsengängen

AF814188

Beiträge zum Controlling

Herausgegeben von Wolfgang Berens

Band 10

PETER LANG

Frankfurt am Main · Berlin · Bern · Bruxelles · New York · Oxford · Wien

Pascal Nevries

Die Marketingwirkungen von Börsengängen

Eine konzeptionelle Analyse

PETER LANG
Europäischer Verlag der Wissenschaften

Bibliografische Information der Deutschen Nationalbibliothek
Die Deutsche Nationalbibliothek verzeichnet diese Publikation in der Deutschen Nationalbibliografie; detaillierte bibliografische Daten sind im Internet über <http://www.d-nb.de> abrufbar.

Zugl.: Münster (Westfalen), Univ., Diss., 2005

D 6
ISSN 1618-825X
ISBN 3-631-55622-5

© Peter Lang GmbH
Europäischer Verlag der Wissenschaften
Frankfurt am Main 2006
Alle Rechte vorbehalten.

Das Werk einschließlich aller seiner Teile ist urheberrechtlich geschützt. Jede Verwertung außerhalb der engen Grenzen des Urheberrechtsgesetzes ist ohne Zustimmung des Verlages unzulässig und strafbar. Das gilt insbesondere für Vervielfältigungen, Übersetzungen, Mikroverfilmungen und die Einspeicherung und Verarbeitung in elektronischen Systemen.

www.peterlang.de

Geleitwort

Börsengänge, auch Initial Public Offerings (IPOs) genannt, sind seit jeher besondere Ereignisse am Kapitalmarkt. Das ist nicht nur deshalb der Fall, weil mit einer durchschnittlichen Kurssteigerung von über 15% alleine am ersten Handelstag an der Börse eine erhebliche Rendite für Anleger verbunden ist, sondern auch, weil die Ursachen dieser und weiterer Anomalien von Börsengängen aus wissenschaftlicher Sicht bis heute nicht vollständig rational erklärbar sind.

Die wissenschaftliche Diskussion reicht bis Anfang der 1970er Jahre zurück und erfuhr mit der IPO-Welle Ende der 1990er Jahre ihren vorläufigen Höhepunkt. Gleichwohl beschränkte sich die Forschung bis vor kurzem auf den kapitalmarktbezogenen Aspekt, insbesondere auf Gründe für die Höhe der Kurssteigerung. Gütermarktbezogene Wirkungen, also die Konsequenzen des Börsengangs für die operative Tätigkeit des Unternehmens, wurden vernachlässigt. Dies verwundert, da einige IPOs einen erheblichen, in Einzelfällen sogar entscheidenden Einfluss auf das operative Geschäft der IPO-Unternehmen ausüben. Erst kürzlich sind in international höchstrangigen wissenschaftlichen Zeitschriften empirische Arbeiten u.a. von Demers/ Lewellen (2003, Journal of Financial Economics) erschienen, die sich zumindest mit Indikatoren für gütermarktbezogene Wirkungen befassen. Diese Veröffentlichungen bestärken den Eindruck, dass das von Herrn Nevries bearbeitete Themengebiet aktuell von höchster wissenschaftlicher Relevanz ist. Den gütermarktrelevanten Marketingwirkungen von Börsengängen geht die vorliegende Arbeit als erste mit einem theoretisch fundierten Analyserahmen auf den Grund.

Um zu diesem zu gelangen, werden von Pascal Nevries durch ein interdisziplinäres Vorgehen sowohl Erkenntnisse des Marketing als auch der Kommunikationswissenschaften zur Erklärung des finanzwirtschaftlichen Phänomens Börsengang zusammengeführt. Der Autor entwickelt zunächst ein börsengangspezifisches, erweitertes Kommunikationsmodell, in welchem die verschiedenen Kommunikationspfade aufgeführt werden, über die im Rahmen des Börsengangs unternehmensbezogene Informationen transportiert werden. An diesen ersten Modellteil schließen sich im Marketing angesiedelte verhaltenswissenschaftlich fundierte Analysen an. Mit ihrer Hilfe überprüft Herr Nevries, welche konkreten Wirkungen bei den Teilnehmern des Börsengangs von den über den Börsengang publizierten Informationen ausgelöst werden. Zusammengenommen wird damit eine Analyse der gütermarktbezogenen Wirkungen des Finanzmarktereignisses „Börsengang“ ermöglicht.

Die Arbeit besticht durch eine stringente, hervorragend begründete Struktur, mittels derer die für eine umfassende Analyse notwendigen Modellbestandteile vollständig und nachvollziehbar aufgegriffen werden. Ferner wird durch sie das Potential eröffnet, in zukünftigen empirischen Arbeiten eine Überprüfung der bislang anhand von Indikatoren abgebildeten Gütermarktwirkungen von Börsengängen herbeizuführen.

Mit der vorliegenden Arbeit ist es Herrn Nevries auf herausragende Art und Weise gelungen, die seit geraumer Zeit klaffende Lücke einer grundlegenden, theoretisch fundierten Analyse der gütermarktbezogenen Wirkungen von Börsengängen zu schließen.

Ich wünsche der Arbeit nicht nur aus wissenschaftlicher Sicht die verdiente breite Anerkennung, sondern auch, dass ihr Potential in der Praxis erkannt und genutzt wird.

Münster, im Oktober 2005 Prof. Dr. WOLFGANG BERENS

Vorwort

Die Erstellung der vorliegenden Arbeit erfolgte während meiner Tätigkeit als wissenschaftlicher Mitarbeiter am Lehrstuhl für Betriebswirtschaftslehre, insbesondere Controlling, von Prof. Dr. Wolfgang Berens an der Westfälischen Wilhelms-Universität Münster. Prof. Dr. Wolfgang Berens möchte ich ganz besonders herzlich für seine dauerhafte Unterstützung danken, die mir während meiner Lehrstuhltätigkeit zuteil wurde. Durch die Freiheiten, die er mir hinsichtlich der zielorientierten Aufgabenerledigung am Lehrstuhl, der Themenwahl und der Gestaltung der Arbeit gewährte, konnte ich Motivation und Kreativität sowie das notwendige Durchhaltevermögen gewinnen. Das von ihm vorgelebte und von meinen Kollegen ausgefüllte einmalig positive Arbeitsklima am Lehrstuhl hat aus meiner Promotionszeit einen unvergesslichen Lebensabschnitt gemacht.

Weiterhin bin ich Herrn Prof. Dr. Andreas Pfingsten für die Übernahme des Zweitgutachtens und die akribische Korrektur der Arbeit sehr dankbar. Bereits während des Studiums und erst recht während der Promotion habe ich von seiner jederzeitigen Hilfsbereitschaft profitiert.

Ebenso zu Dank verpflichtet bin ich meinem Lehrstuhlkollegen Herrn Prof. Dr. Andreas Hoffjan, dem ich für die Durchsicht des Manuskripts und seine Verbesserungsvorschläge sehr verbunden bin.

Für das am Lehrstuhl für Controlling immer herrschende hervorragende Arbeitsklima möchte ich mich nicht nur bei Herrn Prof. Dr. Wolfgang Berens herzlich bedanken, sondern auch bei zahlreichen Mitarbeitern: Frau Bettina Kleinfelder, Frau Gabriele Paning, Herrn Dr. René Bertelsmann, Herrn Dipl.-Kfm.

Daniel Bolte, Herrn Dipl.-Kfm. Klaus Flacke, Herrn Dipl.-Psych. Dipl.-Kfm. Bernd Högemann, Herrn Dr. Elmar Karlowitsch, Herrn Dipl.-Math. Mirko Kraft, Herrn Dipl.-Kfm. Florian Krol, Herrn Dipl.-Kfm. Jan-Philipp Menke, Herrn Dipl.-Kfm. Andreas Röhrig, Herrn AOR Dr. Walter Schmitting, Herrn Dr. Joachim Strauch, Herrn Dr. Mirko Tillmann, Herrn Dr. Thomas Triska und Herrn Dipl.-Kfm. Andreas Wömpener.

Stellvertretend für die vielen Hilfskräfte möchte ich cand. rer. pol. Nicole Lange für ihre jederzeitige und unermüdliche Einsatzbereitschaft gerade in der Endphase meiner Dissertation danken.

Besonderer Dank gebührt meinem Freund und Kollegen Dipl.-Kfm. Klaus Segbers für die beständige Unterstützung und konstruktiv-kritische Begleitung während der letzten Jahre. Die zahlreichen langen inhaltlichen Diskussionen haben nicht nur zu einer Verbesserung der Arbeit geführt, sondern haben mir vor allem sehr viel Freude bereitet.

Nicht erfreulich war hingegen der Tod meiner Oma während der Endphase der Fertigstellung meiner Dissertation. Den notwendigen Rückhalt in dieser Situation und während der gesamten vorherigen Zeit hat mir mein privates Umfeld gegeben.

Dazu gehören zunächst meine Freunde: Dr. Jörn Grothe, der mich durch zahllose unschätzbar wertvolle Gespräche unterstützt hat, und Dr. Benjamin Zemlin, der mir in jeglicher Hinsicht hilfsbereit zur Seite gestanden und darüber hinaus in Marketingfragen wichtige Hinweise gegeben hat.

Mein Bruder, cand. rer. pol. Alexander Nevries, hat mir den wertvollen familiären Rahmen in Münster geschaffen, der zum Gelingen dieser Arbeit beigetragen hat.

Schließen möchte ich mit dem für mich wichtigsten Dank an meine Eltern Bernd und Elisabeth Nevries. Ohne ihre lebenslange Unterstützung wäre diese Arbeit in vielerlei Hinsicht nicht zustande gekommen. Auf das Studium bezogen gehört dazu zunächst ihre finanzielle Unterstützung. Wichtiger sind jedoch die Prägungen, die ich von ihnen erhalten habe, ihr tiefgründiges Interesse an meinem Lebensweg und der ständige Rückhalt, den sie mir gegeben haben. Die vorliegende Arbeit ist einer der vielen Vorteile, die ich daraus gewonnen habe. Deswegen widme ich diese Arbeit meinen Eltern.

Münster, im November 2005 PASCAL NEVRIES

Inhaltsverzeichnis

Abbildungsverzeichnis

Tabellenverzeichnis

Abkürzungsverzeichnis

A_{ad}	attitude towards the advertisement
A_b	attitude towards the brand
A_{IPO}	attitude towards the IPO
AG	Aktiengesellschaft
AIDA	Attention-Interest-Desire-Action
AIF	Aktien-Informations-Forum
AktG	Aktiengesetz
B2B	Busines to Business
B2C	Business to Customer
BB-Phase	Bookbuilding-Phase
BCG	Boston Consulting Group
BDW	Deutscher Kommunikationsverband
C, E, A	Cognition, Experience, Affect
CAPM	Capital Asset Pricing Model
CEO	Chief Executive Officer
CFO	Chief Financial Officer
COO	Chief Operating Officer
c.p.	ceteris paribus
D&O	Directors' and Officers' (insurance)
DAX	Deutscher Aktien Index
DCF	Discounted Cash-Flow
Det.	Determinante(n)
DFB	Deutscher Fußball Bund
DM	Deutsche Mark

e	empirisch
Einst.	Einstellung
EK	Eigenkapital
EKQ	Eigenkapitalquote
ELM	Elaboration Likelihood Model
EMH	Efficient Market Hypothesis
et al.	et alii
F&E	Forschung und Entwicklung
F.A.Z.	Frankfurter Allgemeine Zeitung
ff.	folgende
FK	Fremdkapital
FWBo	Börsenordnung der Frankfurter Wertpapierbörse
GmbH	Gesellschaft mit beschränkter Haftung
GuV-Rechnung	Gewinn und Verlust-Rechnung
HGB	Handelsgesetzbuch
i.V.m.	in Verbindung mit
i.e.S.	im engeren Sinne
i.w.S.	im weiteren Sinne
IFRS	International Financial Reporting Standards
IPO	Initial Public Offering
IR	Investor Relations
JoB	Journal of Business
JoF	Journal of Finance
JoFE	Journal of Financial Economics
KGaA	Kommanditgesellschaft auf Aktien

KGV	Kurs-Gewinn-Verhältnis
MBO	Management-buy-out
MF	Meinungsführer
MF_A	Allgemeiner Meinungsführer
MF_F	Fachlicher Meinungsführer
MF_V	Virtueller Meinungsführer
Mio.	Millionen
MM	Massenmedien
Mrd.	Milliarden
NPV	Net Present Value
o.V.	ohne Verfasser
PAF	Preis-Absatz-Funktion
PIMS-Studie	Profit-Impact-of-Market-Strategy-Studie
PIPO	Privatization IPO
PR	Public Relations
Prod.	Produkt(e)
Printm.	Printmedien
R&D	Research & Development
R	Rezipient
R_S	Sekundärrezipienten
R_M	Marginale
ROI	Return on Investment
SEO	Secondary (oder Seasoned) Equity Offerings
SGE	Strategische Geschäftseinheit(en)
SOR	Stimulus-Organism-Response
SR-Modell	Stimulus-Response-Modell

t	theoretisch
U	Unternehmen
Unt.	Unternehmen
US-GAAP	United States-Generally Accepted Accounting Principles
VC	Venture Capital(ist)
vs.	versus

Symbolverzeichnis

A	Analyst
a, k	Konstanten
B	Bank
b	Preisbereitschaft der Konsumenten
I	Information
p	Aktienpreis
q	Produktpreis in t_1
$\hat{q}$	Produktpreis in t_0
$\overline{q}$	Erwartete Produktqualität
q	Anzahl der Aktien im Primärmarkt
M_1, M_2	Anzahl Konsumenten in Periode 1 bzw. Periode 2
M	Medium
n	Anzahl
R	Rezipient
t	Zeitpunkt
u	Anzahl nicht verkaufter Aktien nach der ersten Periode
x	Aktiennachfrage im Primärmarkt
y	Aktiennachfrage des informierten Investors
α	Eigenkapitalbehalt
σ_u^2	Varianz der Variable u
σ_u	Standardabweichung der Variable u
σ_q	Standardabweichung der Variable q
γ	Funktionskoeffizient für intertemporale Interdependenzen

1 Einleitung

1.1 Ausgangspunkt der Betrachtungen

IPOs - Initial Public Offerings oder Erstemissionen am Aktienmarkt - faszinieren heute wie damals. Im „Journal of the Royal Statistical Society“ von 1882 wurde den Lesern folgender Überblick über die im Vorjahr zu verzeichnende Emissionstätigkeit gegeben: „we have had such *events* during the past year as a great number of new issues - new shares, in fact, coming forth in a great rush in the spring and summer months; [...] it has been a year of activity, undoubtedly, but also of great speculative excitement“[1]. In den 1920er Jahren gehörten Neuemissionen, zumindest was den britischen Markt anbelangt, bereits zu einer festen Größe: „new issues [...] are nowadays a distinct element to be reckoned with in Stock Exchange markets“[2]. Schon damals ließen die „′sky-rocketing′ propensities of various new [...] shares“[3] den interessierten Investor aufhorchen.

Allerdings beschränkte sich die Zahl der Teilnehmer an den Neuemissionen zu diesen Zeiten auf einen exklusiven Kreis privilegierter „Kapitalisten“, die über die Möglichkeit einer Zeichnung verfügten. Ebenso verhinderte die geringe Verbreitung von Massenmedien - Radio und Fernsehen wurden erst später einem breiten Publikum zugänglich; die wenigen Zeitungen verfügten über einen nach heutigen Maßstäben kleinen Leserkreis - eine weitreichende Kenntnisnahme der Börsenneulinge in der Bevölkerung.[4]
Die Schwankungsanfälligkeit des Neuemissionsmarkts im Zeitablauf, die hohen durchschnittlichen Kurssteigerungen der Neuemissionen und die davon ausgehende Faszination bestehen auch heute noch. Das beste Beispiel dafür stellt die

---

1 O.V. (Journal of the Royal Statistical Society) (1882), S. 123. Im Original keine Hervorhebung des Wortes *"events"*.

2 O.V. (The Economist) (1927), S. 1185.

3 O.V. (The Economist) (1928), S. 1220.

4 Neben der mangelnden technischen Voraussetzung lagen als Gründe eine hohe Anzahl an Analphabeten und mangelnde finanzielle Ressourcen vor.

aktuellste, besonders ausgeprägte Boomphase des Neuemissionsmarkts Ende der 1990er Jahre dar.
Im Gegensatz zu damals sind Informationen über IPOs heutzutage allerdings durch den Fortschritt in der Kommunikationstechnologie - Printmedien, Fernsehen, Internet - ein ubiquitäres Gut.[5]
Dadurch beschränkt sich das „Event" eines Börsengangs folglich nicht mehr nur auf einen exklusiven Kreis von „Kapitalisten", sondern findet weithin Verbreitung und Beachtung in der Öffentlichkeit, wie die Börsengänge von der Deutschen Telekom (1996), Infineon (1999) und vieler kleinerer Unternehmen (z.B. mobilcom, web.de, EM-TV) deutlich machen.

1.2 Motivation der Arbeit

Die stark steigende Anzahl an Börsengängen in den letzten Jahrzehnten - welche Ende der 1990er Jahre einen neuen absoluten Höhepunkt erreichte - zeigt, dass die Bedeutung des IPO für Unternehmen erheblich zugenommen hat. Durch die im Vergleich zu früheren Zeiten verbesserten Kommunikationstechnologien und die steigenden Finanzierungsnotwendigkeiten begünstigt, werden als primäre Gründe für die Durchführung eines IPO neben dem Finanzierungsmotiv der Beschaffung von Risikokapital zur Wachstumsfinanzierung heutzutage das Marketingmotiv der Erhöhung des Bekanntheitsgrads und der Verbesserung des Images angeführt und für besonders wichtig erachtet.[6] Mit dem Börsengang bietet sich dem Unternehmen eine einmalige Chance, exponiert wahrgenommen zu werden und Informationen über das Unternehmen und dessen Produkte zu vermitteln. Damit die Entscheidung der potentiellen IPO-Unternehmen über die Durchführung und Gestaltung des Börsengangs unter Berücksichtigung der Marketingwirkungen und damit aus einer ganzheitlichen Perspektive getroffen werden kann, sind fundierte und entscheidungsunterstützende Informationen

5 Mittlerweile wird sogar von einer Informationsüberflutung gesprochen.

6 Vgl. z.B. Röell (1996), S. 1075f., Marchisio/ Ravasi (1999), S. 8, sowie die detaillierten Ausführungen in Kapitel 3.3.

vonnöten. Diese können durch eine grundlegende sowie konzeptionell gestützte Analyse der bei einem Börsengang auftretenden Marketingwirkungen generiert werden.

Im Gegensatz zu dem hinlänglich analysierten Finanzierungsmotiv thematisieren jedoch nur wenige der insgesamt zahlreichen wissenschaftlichen Veröffentlichungen über IPOs in hochrangigen Publikationen (u.a. im Journal of Finance (JoF), Journal of Financial Economics (JoFE), Journal of Business (JoB)) gütermarktrelevante Marketingwirkungen. Und auch in den wenigen Fällen werden sie nur mittels eines Verweises auf andere Autoren oder über eine (implizite) Annahme als gegeben vorausgesetzt bzw. es werden nur Teilaspekte der Marketingwirkungen berücksichtigt, wie die nachfolgend angeführten Beispiele verdeutlichen.

Stoughton/ Wong/ Zechner (JoB, 2001) stellen ein explizit auf gütermarktbezogenen Marketingwirkungen fußendes Modell auf. Sie nehmen an, dass der Börsengang und der dabei erzielte Aktienkurs als Signal für die Qualität der Produkte fungiert. Erstens verzichten die Autoren jedoch auf eine hinreichende empirische oder theoretische Begründung der Annahme, und zweitens berücksichtigen sie damit nur einen kleinen Ausschnitt der insgesamt mit dem IPO erzielbaren gütermarktrelevanten Wirkungen. Cliff/ Denis (JoF, 2004) weisen unter Bezugnahme auf Hakenes/ Nevries (2000) zwar auf Gütermarktwirkungen hin, gehen diesen jedoch nicht weiter nach.

Demers/ Lewellen (JoFE, 2003) haben gütermarktrelevante Wirkungen empirisch überprüft und konstatieren eine erhebliche Zunahme der öffentlichen Berichterstattung über das Unternehmen während des IPO-Zeitraums. Aber auch diese Erkenntnis repräsentiert nur einen kleinen Baustein der letztlich angestrebten Marketingwirkungen, da Medienberichte alleine für das Unternehmen wertlos sind, solange sie nicht zu Veränderungen von Unternehmenszielgrößen beitragen. Verschiedene weitere Autoren, z.B. Jain/ Kini (JoF, 1994), haben einen Zusammenhang zwischen *dem* Börsengang und *den* gütermarktbezogenen Konsequenzen in Form der Entwicklung der operativen Performance vor und nach dem IPO analysiert. Sie vernachlässigen dabei allerdings die stark ausgeprägte Heterogenität der IPO-Unternehmen und die z.T. sehr unterschiedlich verlaufenden Börsengänge. Der Börsengang von amazon.com beispielsweise, der in einer „heißen" Börsenphase auf breite öffentliche Resonanz gestoßen ist und in dessen Folge viele Personen den Produktkauf über die Homepage von amazon.com „ausprobieren" konnten, lässt sich nicht mit dem Börsengang einer Immobiliengesellschaft vergleichen, bei dem diese Verknüpfung mit dem operativen Geschäft nicht existiert.[7] Wie die Ausführungen des Kapitels 3 noch detailliert zeigen werden, haben die gütermarktbezogenen Erklärungsansätze bislang nur rudimentär oder ausschnittsweise Anhaltspunkte dafür geliefert, welche Marketingwirkungen mit dem IPO erzielt werden können. Vor dem Hintergrund der Relevanz des Marketingmotivs hinsichtlich einer ganzheitlich optimalen Entscheidungsfindung bei der Planung und Durchführung eines IPO und vor dem Hintergrund der bislang nur bruchstückhaften Forschung leitet sich die Motivation ab, *den von einem Börsengang ausgelösten gütermarktrelevanten Marketingwirkungen umfassend auf den Grund zu gehen.*

1.3 Wissenschaftstheoretische Einordnung

Bei der vorliegenden Arbeit handelt es sich um einen Beitrag zur betriebwirtschaftlichen Forschung. Die Betriebswirtschaftslehre (BWL) ordnet sich als eine sozialwissenschaftliche Forschungsdisziplin den Realwissenschaften unter, womit nach dem wissenschaftstheoretischen Verständnis des kritischen Rationalismus Karl Poppers die grundsätzliche Falsifizierbarkeit des Wahrheitsgehalts der geleisteten Aussagen an der Realität einhergeht.[8] Die Arbeit wird von dem Bemühen geprägt, die klassischen Funktionstrennungen innerhalb der BWL u.a.

---

7 Außerdem gehen die Autoren (implizit) davon aus, dass eine direkte kausale Verknüpfung der mit dem IPO ausgelösten Wirkungen und der operativen Performance existiert. Dass diese nur in Ausnahmefällen existieren *kann* wird offensichtlich, wenn man sich die vielfältigen Störgrößen vergegenwärtigt, z.B. das Timelag von Marketingwirkungen auf die operative Performance oder die nicht beobachtbaren, gleichwohl in den Kennzahlen enthaltenen Maßnahmen zur Verbesserung der Darstellung des wirtschaftlichen Erfolgs vor dem Börsengang („Window dressing").

8 Vgl. zu einer Verortung der einzelnen Wissenschaften Trommsdorff (2002), S. 18ff.

durch die simultane Berücksichtigung der betrieblichen Finanzwirtschaft und des Marketing zu überwinden. In diesem Zusammenhang werden darüber hinaus neben Erkenntnissen der Betriebswirtschaftslehre auch solche anderer Sozialwissenschaften, insbesondere der Kommunikationswissenschaft, integriert, sodass insgesamt von einer interdisziplinären Vorgehensweise gesprochen werden kann. Damit wird angestrebt, anstelle einer isolierten eine integrierte und ganzheitliche Wirkungsanalyse sicherzustellen.
Um dies inhaltlich auszufüllen, werden die für eine solche Wirkungsanalyse zentralen Subjekte, Objekte und Einflussfaktoren deduktiv identifiziert, erläutert und in einen modelltheoretischen Zusammenhang gebracht. Grundsätzlich bietet es sich an, das abgeleitete Modell empirisch zu überprüfen. Dies ist jedoch ausdrücklich nicht Gegenstand der vorliegenden positivistisch ausgerichteten Arbeit. Des Weiteren ist das Modell nicht normativ ausgerichtet, es soll mithin keine Handlungsempfehlung für die konkrete Ausgestaltung des Börsengangs aus Marketingsicht gegeben werden. Vielmehr wird angestrebt, einen möglichst allgemeingültigen Orientierungsrahmen für jegliche im Zuge eines (geplanten) Börsengangs zu treffende marketingrelevante Entscheidung zu schaffen.

Damit steht diese Arbeit in der Tradition der entscheidungsorientierten BWL[9] u.a. nach Simon, Heinen und Schneider, die sich aus zwei Strömungen zusammensetzt.[10] Die erste Strömung fußt auf dem „altüberlieferte[n] Wirtschaftlichkeitsstreben, das [...] seinen Schwerpunkt von der Kontrolle der Betriebsgebarung auf die Planungsrechnung verlagert hat. Dieses Wirtschaftlichkeitsstreben ist eine schwer auflösbare Mischung aus Entscheidungslogik und realwissenschaftlicher Lehre vom Einkommensaspekt menschlichen Handelns“[11]. In ihr wird die rein rationale, unmittelbare Entscheidungsfindung postuliert. Die zweite u.a. auf Simon zurückzuführende Strömung befasst sich hingegen vorrangig

9 Die entscheidungsorientierte BWL grenzt sich dabei insbesondere von der durch Gutenberg propagierten Produktionsorientierung ab, vgl. Schneider (1987), S. 459f.

10 Vgl. Simon (1959), Heinen (1969), S. 209ff., insbesondere S. 214, Schneider (1987), S. 190.

11 Schneider (1987), S. 190.

mit der an der komplexen Realität orientierten Entscheidungsfindung von Individuen, die durch diverse Motivationen und Entscheidungszwänge geleitet werden. Die verhaltenswissenschaftliche Grundlage der zweiten Strömung bringt es u.a. mit sich,[12] die in den Individuen vorgehenden inneren Prozesse der „'black box' [...] zu erhellen"[13]. Genau dies ist die Zielsetzung des Modells zur Analyse der Marketingwirkungen von Börsengängen, welches in dieser Arbeit sukzessive entwickelt wird.

1.4 Aufbau der Arbeit

Kapitel 2 befasst sich mit den finanzierungswissenschaftlichen Grundlagen von Börsengängen. In Kapitel 2.1 wird eine Beschreibung des Ablaufs eines IPO aus Kapitalmarktsicht vorgenommen, die sich an den vier zentralen Phasen des IPO orientiert. Die vier Phasen bilden in struktureller Hinsicht das Gerüst der nachfolgenden Ausführungen.
In Kapitel 2.2 werden einige grundlegende Fakten über die Emissionstätigkeit am Primärmarkt im Verlauf der letzten zwei Jahrzehnte dargestellt, wobei sich die Ausführungen auf die Entwicklungen in den USA als dem weltweit größten Kapitalmarkt und Deutschland fokussieren.

Kapitel 3 gibt den aktuellen Stand der IPO-Forschung wieder. Kapitel 3.1 stellt die kapitalmarktbezogenen Erklärungsansätze dar, während in Kapitel 3.2 gütermarktbezogene Ansätze erläutert werden. In Kapitel 3.3 erfolgt eine Beurteilung der einzelnen Stränge der IPO-Forschung.

Mit den Ausführungen der Kapitel 4, 5 und 6 wird die konzeptionelle Grundlage zur Ableitung eines integrativen Modells der Marketingwirkungen von Börsengängen geschaffen. **Kapitel 4** ordnet das IPO in den Kontext von Marketing-

---

12 Vgl. Schneider (1987), S. 190f.

13 Schneider (1987), S. 191.

events ein, in dessen Folge die marketingrelevanten Bestandteile des Börsengangs dargestellt werden. Zu diesem Zweck wird zunächst erläutert, inwiefern der Börsengang nicht nur am Kapitalmarkt, sondern auch am Gütermarkt Wirkungen zeigt. Als eine geeignete Grundlage wird für die konzeptionelle Analyse der Marketingwirkungen die noch junge Marketingdisziplin des Eventmarketing herangezogen. Die Erkenntnisse des Eventmarketings werden sodann strukturiert, präzisiert und in einer Definition sowie konstituierenden Charakteristika expliziert. Darauf aufbauend wird analysiert, inwiefern sich Börsengänge allgemein und im Speziellen als Marketingevent eignen. In Ergänzung zu dem in Kapitel 2.1 vorgestellten kapitalmarktbezogenen IPO-Prozess werden die gütermarktbezogenen Gestaltungsparameter in Form von Marketing- und Kommunikationsmaßnahmen aufgezeigt.

Kapitel 5 entwickelt den kommunikationswissenschaftlichen Rahmen der Wirkungsanalyse und stellt gleichsam den Verknüpfungspunkt zwischen dem in den vorhergehenden Ausführungen erläuterten Marketingevent IPO und den daraus resultierenden intrapersonalen Marketingwirkungen dar. Anhand von kommunikationswissenschaftlichen Erklärungsansätzen werden die bei einem Börsengang relevanten Kommunikationspfade abgeleitet, wobei der Fokus auf den die Informationen des IPO übermittelnden Botschaftsträgern und den verschiedenen Rezipienten liegt.

Den intrapersonalen Wirkungen, die von den über die Kommunikationspfade distribuierten Informationen ausgelöst werden, wird in den Ausführungen des **Kapitels 6** nachgegangen. Sie stellen den verhaltenswissenschaftlichen Rahmen der konzeptionellen Analyse der Marketingwirkungen dar.
Dazu wird zunächst ein geeigneter allgemeiner verhaltenswissenschaftlicher Modellrahmen identifiziert (Kapitel 6.1). Kapitel 6.2 eruiert sodann die zentralen Elemente des Modells - Determinanten (Kapitel 6.2.1), Informationsverarbeitungsprozess (Kapitel 6.2.2) und Zielgrößen (Kapitel 6.2.3) - und beleuchtet insbesondere die gegenseitigen wirkungsbeeinflussenden Verknüpfungen.

Kapitel 7 führt abschließend die verhaltenswissenschaftlichen mit den kommunikationswissenschaftlichen Erkenntnissen in einem integrativen Wirkungsmodell zusammen. Das Modell besteht aus einer Momentaufnahme zeitpunktbezogener Wirkungen (Kapitel 7.1) sowie der Dynamisierung für mehrere hintereinanderfolgende Zeitpunkte (Kapitel 7.2). Beide Modellaspekte werden in Kapitel 7.3 einer kritischen Würdigung unterzogen und es werden Schlussfolgerungen abgeleitet.

Kapitel 8 beschließt die Arbeit mit einer Zusammenfassung der zentralen Forschungsergebnisse und einem Ausblick.

Die nachfolgende Abbildung 1 verdeutlicht die Struktur der vorliegenden Arbeit.

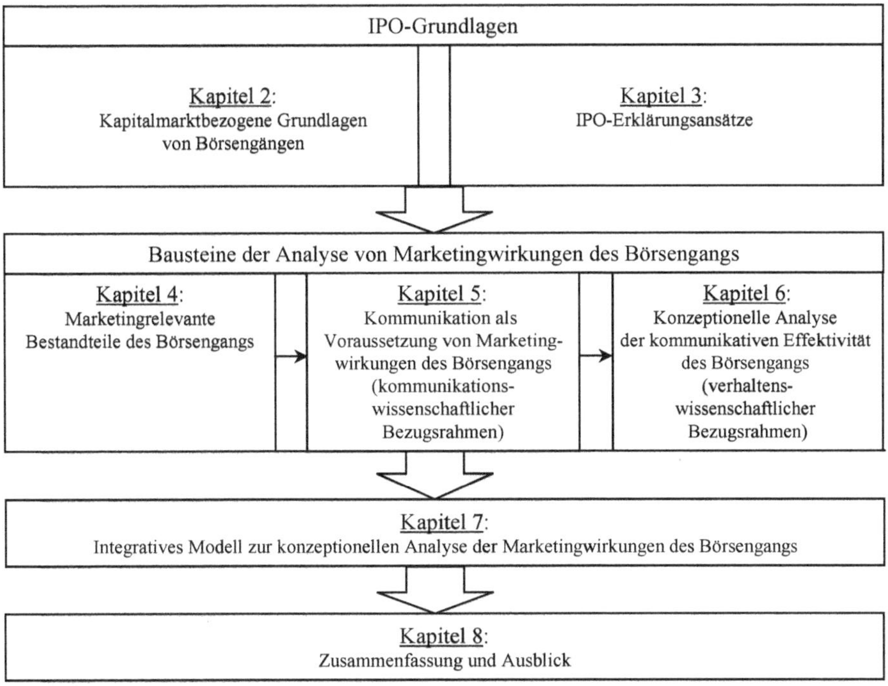

Abbildung 1: Überblick über die Struktur und Vorgehensweise der vorliegenden Arbeit

2 Kapitalmarktbezogene Grundlagen von Börsengängen

Der erstmalige Verkauf von Aktien an einer Börse wird als Börsengang bezeichnet.[14] Als Synonyme zum Begriff Börsengang haben sich Erstemission und Neuemission bzw. im angelsächsischen Raum initial public offering (IPO) und going public etabliert. Die Börse lässt sich in den Primär- (oder Neuemissions-) und den Sekundärmarkt untergliedern, wobei der Verkauf von Eigenkapitalanteilen einer zuvor noch nicht notierten Aktiengesellschaft im Primärmarkt erfolgt. Sind die Aktien zugeteilt, so beginnt mit der Aufnahme des Handels die Notierung am Sekundärmarkt der Börse.[15] Der Primärmarkt weist gegenüber dem Sekundärmarkt vielfältige Unterschiede auf, die in den nachfolgenden Ausführungen behandelt werden. Dazu gehören zum einen Tätigkeiten, die von dem jeweiligen IPO-Unternehmen vorgenommen werden müssen oder können, um die erfolgreiche Durchführung des Börsengangs sicherzustellen (Kapitel 2.1). Zum anderen sind dies auf alle Unternehmen bezogene Besonderheiten des Neuemissionsmarkts (Kapitel 2.2). Letztere bestehen in erster Linie aus den sogenannten Anomalien, von denen insbesondere die außergewöhnlich hohen Kurssteigerungen bei der Handelsaufnahme (Underpricing) und die Zeitabschnitte besonders reger Emissionstätigkeit (Hot-issue-Phasen) zu nennen sind. Sie stellen für das Unternehmen einen Ankerpunkt bei der Entscheidung über den Zeitpunkt bzw. die Gestaltung des Börsengangs dar und sind gleichzeitig die Ursache für die Vielzahl der im nächsten Kapitel erläuterten IPO-Erklärungsansätze. Es sei an dieser Stelle bereits vorweggenommen, dass beide Anomalien weitreichende kapital- und gütermarktrelevante Wirkungen auslösen. Als weitere Besonderheit des Neuemissionsmarktes kann eine ausgeprägte Heterogenität der IPO-Unternehmen konstatiert werden, die u.a. dafür verantwortlich zeichnet, dass keinem einzelnen IPO-Ansatz universelle Gültigkeit beigemessen werden kann. Das bedeutet auch, dass von den in dieser Arbeit analysierten Marketingwirkungen nicht alle Unternehmen gleichermaßen profitieren.

---

[14] Vgl. u.a. Hunger (2001), S. 27, Jenkinson/ Ljungqvist (2001), S. 3.

[15] Vgl. u.a. Lubig (2004), S. 6.

Doch soll zunächst mit der Darstellung wesentlicher Aspekte des IPO-Prozesses begonnen werden, um dem Leser einen Eindruck zu vermitteln, welche zentralen Entscheidungen das Unternehmen treffen muss. Die Ausführungen in Kapitel 2.1 beschränken sich auf die Darstellung, da entscheidungsunterstützende Erkenntnisse erst anhand der IPO-Modelle in Kapitel 3 und den daran anschließenden konzeptionellen Ausführungen der vorliegenden Arbeit erläutert werden.

2.1 IPO-Prozess

Der Börsengang eines Unternehmens lässt sich in **vier Phasen** einteilen.[16] Angestoßen wird der IPO-Prozess durch die positive **Entscheidung** für die Durchführung des Börsengangs. Danach sind zunächst die internen Voraussetzungen etwa in Form der Anpassung der Organisationsstruktur zu schaffen, bevor externe Dienstleister, im Wesentlichen Rechtsanwälte, Wirtschaftsprüfer und Investmentbanken, hinzugezogen werden (**Vorbereitungsphase**). Hat die Unternehmung in Zusammenarbeit mit den Dienstleistern sämtliche Voraussetzungen für die Börsenreife erfüllt, wird die Kommunikation mit Externen (Analysten, (Groß-) Investoren) angestrebt. Daran anschließend erfolgt das öffentliche Angebot als Startpunkt der zentralen **Börseneinführungsphase**. Währenddessen haben die Anleger die Möglichkeit, ihre Zeichnungsaufträge abzugeben. Abgeschlossen wird der Börsengang durch die Aufnahme der Notiz im Sekundärmarkt der Börse. Der damit begonnene permanente Handel (**Börsenphase**) hängt nur noch ursächlich, nicht jedoch zeitlich mit dem Börsengang zusammen. Die nachfolgende Abbildung 2 zeigt die zentralen Aspekte der vier Phasen.

---

16 Die unterschiedlichen Abgrenzungen der einzelnen IPO-Phasen sind (fast) so vielfältig wie die Anzahl der Veröffentlichungen dazu. Alternative Phasen sind z.B. in Schönborn/ Tschugg (2002), S. 23, Bösl (2004), S. 30, Roelofsen (2002), S. 42 zu finden.

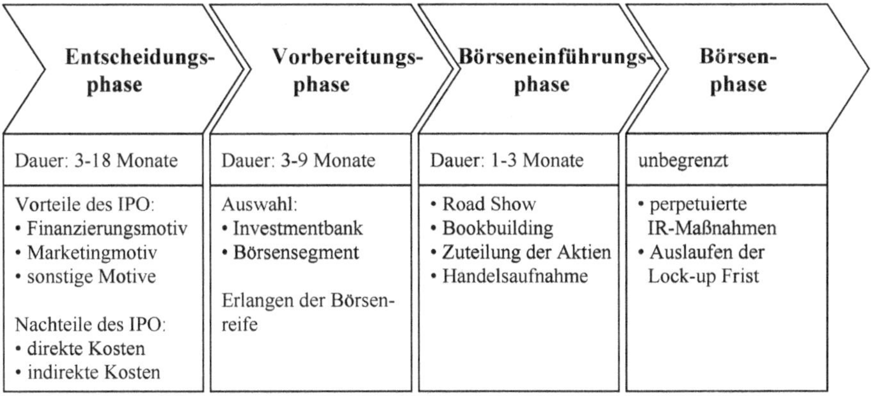

Abbildung 2: Phasen des IPO-Prozesses

2.1.1 Entscheidungsphase

Ein Börsengang bedingt für das Unternehmen einschneidende und teilweise irreversible Veränderungen. Der endgültigen Entscheidung für den Börsengang gehen folglich intensive, zumeist monate- oder jahrelange Abwägungsprozesse voraus. Per definitionem kann ein IPO („*initial* public offering") nur ein Mal in der Unternehmensgeschichte durchgeführt werden[17] und ist schwer rückgängig zu machen. Außerdem sind die Konsequenzen eines Börsengangs im Vergleich zu alternativen Kapitalbeschaffungsmaßnahmen wie Krediten bei Banken, einer Anleihebegebung oder Einlagen der Gesellschafter ungleich weitreichender. Dazu gehört, dass börsenrechtlichen und gesetzlichen Anforderungen Folge zu leisten ist,[18] das Unternehmen stärker im Fokus öffentlicher Betrachtung steht und dass Analysten, institutionelle und private Investoren das Unternehmen viel intensiver durchleuchten und beobachten und nachdrücklich Renditeforderungen

---

[17] Ausnahmen wie Umfirmierungen, die jedoch prinzipiell das gleiche Unternehmen bleiben, sowie „Management-buy-outs" (MBOs) und „reverse MBOs" sollen hier außer Acht gelassen werden, da sie seltene Sonderfälle darstellen.

[18] Weitergehende Ausführungen dazu finden sich im Folgenden.

stellen. Zudem ist der Börsengang in der Regel mit höheren Kosten als alternative Finanzierungsquellen (z.B. Bankkredit) verbunden. Die positive Entscheidung zur Durchführung eines Börsengangs erfolgt erst dann, wenn die Vorteile die mit dem IPO verbundenen Nachteile überkompensieren. Verglichen mit der Anzahl börsenfähiger Unternehmen in Deutschland nimmt sich die Anzahl der Börsengänge jedoch gering aus, sodass nur in wenigen Fällen die Vorteile die mit dem IPO verbundenen Nachteile zu übertreffen scheinen.

Um ein besseres Verständnis von Börsengängen zu fördern, wird zunächst die Entscheidungsfindung in Unternehmen differenziert dargestellt. Dazu werden im Folgenden die Gründe bzw. Motive aufgezeigt, die für die Durchführung eines IPO sprechen. Diesen werden anschließend die mit dem IPO verbundenen Nachteile, insbesondere die anfallenden direkten und indirekten Kosten, gegenübergestellt. Eine Abwägung und Gewichtung der Vor- und Nachteile kann aufgrund der ausgesprochenen Heterogenität der Unternehmen jedoch nicht allgemeingültig getroffen werden. Die Kenntnis und das Abwägen der Vor- und Nachteile dient dem Unternehmen als Grundlage der Entscheidung über die Durchführung des IPO. Gleichzeitig fungieren die Vorteile bzw. Motive als Zielgrößen, an denen die Gestaltung des IPO ausgerichtet wird.[19]

Vorteile (Motive) des Börsengangs

So verschieden Unternehmen z.B. hinsichtlich ihrer Größe, Rentabilität und Branche sind, so vielfältig sind auch ihre Motive für die Durchführung des IPOs. Da nicht alle z.T. nur wenige Unternehmen betreffende Motive dargestellt werden sollen, ergibt sich die Frage nach einer relativen Gewichtung der Motive aus Unternehmenssicht. Antworten hierzu liefern Umfragen bei Unternehmen, die kurz vor ihrem IPO standen. Sie wurden in verschiedenen Ländern und zu unterschiedlichen Zeitpunkten durchgeführt und bieten deswegen einen verlässlichen

[19] Vgl. dazu Kapitel 4.2.3.1.2.

Einblick.[20] Die unterschiedlichen Definitionen und Formulierungen der Motive bzw. Abweichungen im Untersuchungsdesign lassen sich durch die Zusammenfassung in übergeordnete Motive umgehen.

Die kapitalmarktbezogenen Motive werden zu einem Finanzierungsmotiv zusammengefasst, welches die Schaffung der finanziellen Rahmenbedingungen für exogenes Wachstum durch Akquisitionen und unternehmensinternes organisches Wachstum sowie die Verbesserung der Kapitalstruktur beinhaltet. Das Marketingmotiv schließt die Steigerung des Bekanntheitsgrades sowie die Verbesserung des Images ein. Alle übrigen Motive lassen sich unter den sonstigen Motiven subsumieren. Dazu zählt insbesondere eine einfachere Nachfolgeregelung durch den leichter möglichen Verkauf von Aktien durch Anteilseigner. Hinsichtlich der drei Motivgruppen ergibt sich aus allen Studien unisono eine eindeutige Rangfolge, die exemplarisch anhand der Abbildung 3 nachvollzogen werden kann.

---

20 Ehlers/ Jurcher stellen für die Zeit vor der Eröffnung des Neuen Markts (1996) eine Zustimmungsquote zu dem Motiv der „positiven Publizitäts- und Imageeffekte“ von über 60% fest. Vgl. Ehlers/ Jurcher (1999), S. 18. Für Italien ermittelt Ferrari (1992) eine Zustimmungsquote des Marketingmotivs von 57% und Rydqvist/ Högholm (1995) für Schweden in den 1980er Jahre eine Quote von 67%, beide zitiert in Röell (1996), S. 1075. Bösl verweist auf eine neuere Untersuchung von Achleitner/ Bassen/ Funke (2001), nach der die Zustimmungsrate bei 78% festgemacht wird und damit nach der Wachstumsfinanzierung an zweiter Stelle liegt. Vgl. Bösl (2004), S. 18. Ferres kommt mit einer Quote von 72% für den deutschen Markt zu ähnlichen Ergebnissen, vgl. Ferres (2001), S. 19.

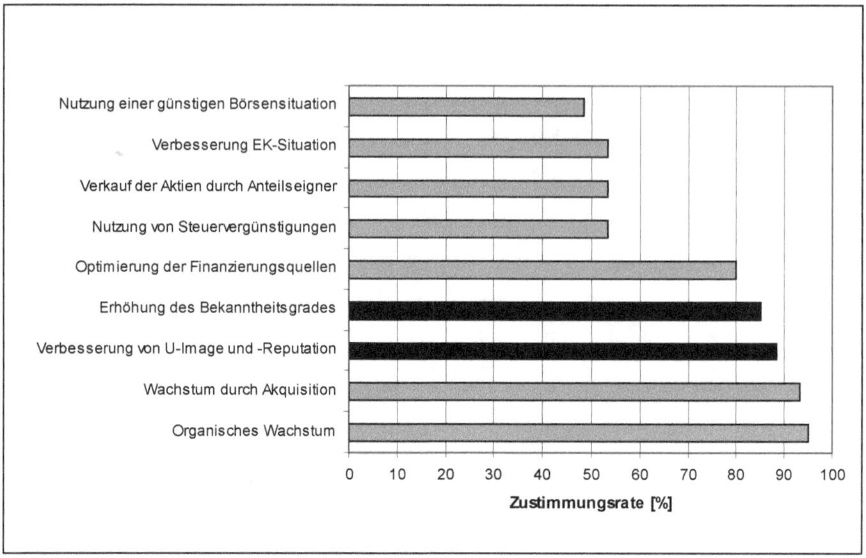

Abbildung 3: Motive von IPOs[21]

An erster Stelle erscheint jeweils das Finanzierungsmotiv. Dazu gehören, je nach Studie unterschiedlich abgegrenzt, die Finanzierung von anstehenden Investitionen sowie die Verbesserung der Eigenkapital (EK)-Situation.

An zweiter Stelle reiht sich das Marketingmotiv ein, hinter dem sich die Erhöhung des Bekanntheitsgrades sowie die Verbesserung des Images verbirgt.[22]

---

[21] Quelle: Marchisio/ Ravasi (1999), S. 18.

[22] Die praktische Relevanz der beiden wichtigsten Motivgruppen bestätigt sich auch anhand von Einzelfällen, in denen die Unternehmen rückblickend tatsächlich erzielte Finanzierungs- und Marketingvorteile bestätigen. Für den Börsengang des Software-Unternehmens SAP AG beispielsweise resümiert SAP-Chef Hopp: „'Wir haben sämtliche Ziele, die wir damit verbunden hatten, erreicht. [...] wir [haben] unsere Kapitaldecke so verbreitert, daß wir in der Lage sind, weltweit zu investieren und uns in einem sicher schwierigen Markt glänzend zu behaupten.'" „[Schließlich] haben wir unseren Bekanntheitsgrad ganz erheblich steigern können - mit entsprechend positiver Rückkopplung auf den Absatz der Produkte." (Meissner (1997), S. 151).

Die Motivlage der Unternehmen ist dabei keineswegs von den boomenden Aktienmärkten gegen Ende des letzten Jahrzehnts geprägt, sondern weist auch zuvor bereits vergleichbare Rangfolgen einzelner Motive auf.[23]

Im Folgenden wird kurz auf das Finanzierungsmotiv, das Marketingmotiv sowie auf die sonstigen Motive eingegangen. Für die zumeist jungen IPO-Unternehmen zeigen die nachfolgenden Ausführungen, dass die grundsätzlich zur Verfügung stehenden alternativen Finanzierungsquellen keine sinnvolle Alternative zum IPO darstellen. Für das Marketingmotiv wird erläutert, warum Unternehmen eine Bekanntheitsgradsteigerung und Imageverbesserung mit dem IPO erreichen können. Abschließend wird eine kurze Begründung der wichtigsten sonstigen Motive angeführt.

Finanzierungsmotiv

Das primäre Ziel eines IPO besteht zumeist darin, die Börse als Finanzierungsquelle zu erschließen, um neue liquide Mittel für das Unternehmen zu erhalten.
Bei den Unternehmen, die einen Börsengang planen, handelt es sich zumeist um kleine, wachstumsstarke und technologieaffine Firmen, die sich in der Entwicklungs- bzw. Wachstumsphase des (Unternehmens-) Lebenszyklus befinden, wie die nachfolgenden Ausführungen in Kapitel 2.2 verdeutlichen werden. Sie beabsichtigen, die durch den Börsengang eingenommene Liquidität zur Finanzierung von endogenem Wachstum oder externen Zukäufen einzusetzen.
Für diese beiden Lebenszyklusphasen ist charakteristisch, dass Geschäftspotentiale erst erschlossen, wettbewerbsfähige oder -dominierende Produkte entwickelt und Kunden von der Leistungsfähigkeit der Produktpalette überzeugt werden müssen.[24] Dies führt zwar zu einem (stark) wachsenden Umsatz, gleichzeitig jedoch auch zu hohen (Anlauf-) Verlusten und - für die Finanzierungsnotwen-

[23] Vgl. dazu z.B. die Umfrage bei deutschen Unternehmen, die vor 1996 an die Börse gegangen sind. Vgl. Schönborn/ Tschugg (2002), S. 26.

[24] Vgl. z.B. Rüggeberg (2003), S. 221ff.

digkeit entscheidend - umfangreichen Zahlungsmittelabflüssen. Gerade in jungen Branchen (z.B. Internetbranche) oder bei der Einführung neuer Technologien (mobile Telefonie, DSL-Datenübertragung) ist der temporäre anfängliche Verlust und negative Cash-Flow sehr ausgeprägt, gleichzeitig aber auch notwendig, um dem Unternehmen unter den geänderten Rahmenbedingungen eine optimale Wettbewerbsposition zu sichern.[25] Von dieser profitiert das Unternehmen in der (späten) Wachstumsphase und insbesondere der Reifephase[26] in Form hoher Gewinne und Zahlungsmittelüberschüssen.[27]

Aufgrund der Unabhängigkeit der Investitions- von der Finanzierungsseite[28] stehen für die Investitionen grundsätzlich verschiedene Finanzierungsalternativen zur Verfügung. Wie die nachfolgenden Ausführungen zeigen werden, engen die spezifischen Charakteristika der IPO-Unternehmen - insbesondere das mit deren Wachstumsdynamik verbundene hohe Risiko in Verbindung mit der ausgeprägten Informationsasymmetrie - die Auswahl der Finanzierungsquelle erheblich ein.

Anstelle von Eigenkapital besteht die Möglichkeit, dem Unternehmen über Fremdkapital neue liquide Mittel zuzuführen.[29] Allerdings stellt die Fremdfinanzierung ein inadäquates Finanzierungsmittel für risikobehaftete Investitions- und Innovationsfinanzierungen dar, weil ein ex ante fixierter Zinssatz ein entspre-

---

25 Vgl. Roelofsen (2002), S. 24 FN 59. Web.de hat beispielsweise bei einem Jahresumsatz von 11,9 Mio. Euro im IPO-Jahr 2000 einen Jahresfehlbetrag von 29,9 Mio. Euro erzielt und gleichzeitig für Marketing und Werbung nach Zahlen des externen Rechnungswesens (Jahresabschluss) 26,9 Mio. Euro aufgewendet. Vgl. o.V. (Geschäftsbericht web.de) (2001).

26 Vgl. hierzu auch die auf dem Lebenszykluskonzept fußende BCG-Matrix. Dort werden aus „question marks“ „stars“ und schließlich „cash cows“, die positive Gewinne und Zahlungsmittelüberschüsse mit sich bringen.

27 Aus finanzierungstheoretischer Sicht lohnt sich die Anfangsauszahlung, wenn damit eine Investition mit einem positiven Kapitalwert realisiert wird. Durch die zukunftsgerichtete Kapitalwertbetrachtung werden sämtliche mit der Investition verbundenen zukünftigen Zahlungsströme auf den Entscheidungszeitpunkt diskontiert. Ergibt sich ein positiver Wert, ist die Investition lohnenswert, unabhängig davon, wie hoch die Anfangsauszahlungen ausfallen.

28 Dies gilt strenggenommen nur unter der Prämisse eines vollkommenen Kapitalmarkts.

29 Für (Finanzierungs-) Alternativen zum Börsengang vgl. Kroll/ Bartsch-Kroll (2002).

chend hohes Risiko nicht effizient abgelten kann.[30] Die Pufferfunktion bei risikobedingt auftretenden Verlusten kann nur von Eigenkapital übernommen werden.[31]

Für die Beschaffung von Eigenkapital kann grundsätzlich die Innenfinanzierung genutzt werden.[32] Gerade für junge Unternehmen in der Wachstumsphase stellt sie jedoch in den meisten Fällen keine geeignete Option dar.[33]

Will oder kann das Unternehmen die Mittel nicht im erforderlichen Umfang über Innenfinanzierung zur Verfügung stellen, bieten sich externe EK-Geber als Alternative an. Venture Capital-Gesellschaften haben sich darauf spezialisiert, Eigenkapital insbesondere für junge Start-up-Unternehmen en bloc zur Verfügung zu stellen. Sie finanzieren jedoch überwiegend Unternehmen, die in der Gründungsphase stehen,[34] und streben mittelfristig den Verkauf der Anteile an, um sich gemäß ihrer Geschäftstätigkeit an neuen Unternehmen zu beteiligen.[35]

Die Beschaffung von Eigenkapital über die Börse bietet sich folglich insbesondere für Unternehmen in der Wachstumsphase als die sinnvollste, in Ausnahme-

---

30 Oder nur zu entsprechend hohen und prohibitiv wirkenden Zinsen, vgl. Roelofsen (2002), S. 23 FN56.

31 Vgl. dazu Baetge, der die Pufferfunktion als Verlustausgleichsfunktion bezeichnet: „Insgesamt erfüllt das Eigenkapital zudem eine Verlustausgleichsfunktion, da es als Puffer dient, der Verluste des Unternehmens abfedern kann." (Baetge (1998), S. 213). Im Original ist das Wort „Verlustausgleichsfunktion" fett hervorgehoben.

32 Eigenkapital kann z.B. über thesaurierte Gewinne generiert werden.

33 Thesaurierte Gewinne als Alternative sind in ihrem Umfang ebenfalls begrenzt und gerade bei Wachstumsunternehmen zunächst nicht vorhanden. Außerdem sind thesaurierte Gewinne nicht zwangsläufig gleichbedeutend mit einem liquiditätswirksamen Mittelzufluss. Gewinne und Zahlungsströme stellen zwei unterschiedliche Kategorien dar. Angenommen wird zumeist implizit, dass den Gewinnen Zahlungsmittelüberschüsse in vergleichbarer Höhe gegenüberstehen. Als eine weitere Innenfinanzierungsquelle besteht innerhalb eines Konzerns die Möglichkeit, thesaurierte Gewinne anderer Unternehmensbereiche zu nutzen, wie dies z.B. Mannesmann für den Aufbau des Mobilfunknetzes Anfang der 1990er Jahre vollzogen hat. Mannesmann konnte das Mobilfunkgeschäft durch Zahlungsmittelüberschüsse aus dem Röhren- und Automobilzuliefererbereich fördern, Vodafone und Mobilcom hingegen griffen Mitte der 1990er Jahre (gezwungenermaßen) auf den Kapitalmarkt zurück.

34 Vgl. Rüggeberg (2003), S. 17ff.

35 Bis Mitte der 1990er Jahre war die Venture Capital (VC)-Branche in Deutschland nur schwach ausgeprägt.

fällen sogar einzig mögliche Finanzierungsalternative an.[36] Die Börse fungiert somit als Plattform zur effizienten Beschaffung von Risikoeigenkapital.

Marketingmotiv

Das von Unternehmen am zweithäufigsten genannte Motiv zur Durchführung eines IPO besteht in der Steigerung der Bekanntheit und des Images durch den Börsengang.[37] Die Bekanntheit „liegt bei einer Person vor, wenn ihr der Name [...] eines Objektes geläufig ist.“[38] Streng genommen sind für die Bekanntheit außer dem Firmen-, Marken oder Produktnamen keine weiteren Wissenskomponenten notwendig, dennoch wird dies in vielen Studien implizit vorausgesetzt.[39] Die Steigerung der Bekanntheit lässt sich über die Veränderung des Bekanntheitsgrads ermitteln.[40] Unter dem Image versteht man das Bild bzw. die Einstellung, welches eine Person von bzw. zu einem Objekt besitzt und sowohl negativ wie positiv ausfallen kann.[41]

IPO-Kandidaten bezwecken die Steigerung der allgemeinen Bekanntheit des Unternehmens und seiner Produkte bei Kunden, Geschäftspartnern, Banken, potentiellen Mitarbeitern und weiteren Interessengruppen.[42] Zudem wird mit dem Börsengang ein positiver Imagetransfer angestrebt. Insgesamt lässt sich beob-

36 Für einen extensiven Überblicksartikel zu den optimalen Finanzierungsalternativen und -strukturen in den einzelnen Unternehmenszyklusphasen vgl. Berger/ Udell (1998).

37 Marchisio/ Ravasi unterscheiden Bekanntheitsgrad („visibility“), Image sowie Reputation („trustworthiness“); unter Vorgriff auf die in dieser Arbeit zugrunde gelegten Zielgrößen (vgl. Kapitel 6.2.3) wird die Reputation allerdings unter dem Image subsumiert und in der Folge nicht mehr separat aufgeführt. Vgl. Marchisio/ Ravasi (1999), S. 17.

38 Steffenhagen (1996), S. 80.

39 Dies lässt sich aus dem Aufbau der Studien ableiten. Vgl. z.B. Marchisio/ Ravasi (1999). Damit ist nicht nur die quantitative Komponente angesprochen, dass möglichst viele Personen den Namen kennen, sondern auch die qualitative Komponente, dass diese Personen über weitergehende Kenntnisse verfügen. Zu einer präzisen Abgrenzung des Kenntnis- bzw. Wissensbegriffs vgl. die Ausführungen in Kapitel 6.2.3.

40 Zur Messung vgl. Steffenhagen (1996), S. 82ff.

41 Vgl. Steffenhagen (1996), S. 95.

42 Vgl. u.a. Börgmann (2001), S. 112.

achten, dass immer mehr Unternehmen eine Bekanntheitsgradsteigerung und einen Imagezuwachs anstreben: „Die überwiegende Zahl der potentiellen Börsenkandidaten nutzt mittlerweile das Interesse der Wirtschafts- und Finanzöffentlichkeit zur Erhöhung des Unternehmensimages und zur Steigerung des Bekanntheitsgrades.“[43]

Für das Unternehmen bietet sich mit dem IPO eine einmalige Gelegenheit, exponiert wahrgenommen zu werden. Wie in Kapitel 2.2 noch gezeigt werden wird, erreichen Neuemissionen im Durchschnitt eine Rendite am ersten Handelstag (Underpricing) von zumeist deutlich mehr als 10%. In Einzelfällen beträgt die *durchschnittliche* Zeichnungsrendite aller IPOs eines Jahres sogar mehr als 50%. Vergleicht man diese Rendite mit durchschnittlichen Tagesrenditen „normaler“ Aktien von ca. 0,03% bzw. annualisierte Renditen von ca. 9%, so fällt die extreme Diskrepanz auf. Aus Sicht der Investoren stellen IPOs somit Investments dar, die finanziell erheblich attraktiver sind als praktisch jede andere Investitionsalternative. Gleichwohl sind die durchschnittlichen Renditen starken Schwankungen unterworfen (Hot-issue-Phasen vs. Cold-issue-Phasen). Für Investoren besteht folglich eine besondere Beobachtungs- und Analysenotwendigkeit, um im Vorhinein bei der Zeichnung der Neuemission das Kurssteigerungspotential bestmöglich abschätzen zu können und Fehlinvestitionen in IPOs mit einer negativen Zeichnungsrendite zu verhindern.[44] Genau das jedoch führt zu einer erhöhten Informationsproduktion vieler potentieller Investoren über das Unternehmen,[45] was wiederum den gewünschten Effekt der Bekanntheitsgrad-

43 Koch/ Wegmann (1999), S. 114.

44 Die Notwendigkeit wird durch das von Rock formal analysierte „Winner´s curse“-Phänomen verstärkt. Das „Winner´s curse“-Phänomen entsteht infolge eines „Crowding-out“-Effekts, bei dem Investoren mit guten Informationen nur bei lukrativen IPOs teilnehmen und die weniger gut informierten Investoren verdrängen. Bei IPOs mit negativen Zeichnungsrenditen überlassen sie ihnen hingegen das Feld. Dadurch sinkt die Zuteilungswahrscheinlichkeit von schlecht informierten Investoren bei lukrativen IPOs. Vgl. Rock (1986) sowie die Ausführungen in Kapitel 3.1.3.

45 Eine insbesondere durch ein positives Underpricing forcierte erhöhte Informationsproduktion wird von Chemmanur theoretisch begründet. Vgl. Chemmanur (1993) sowie die Ausführungen dazu in Kapitel 3.1.3.

steigerung nach sich zieht. Neben den Investoren werden der Börsengang und das Unternehmen noch einem wesentlich größeren Personenkreis bekannt, da über Massenmedien sowie in persönlichen Gesprächen über den Börsengang berichtet wird. Die Häufigkeit der Berichterstattung über das Unternehmen nimmt während des IPO um ein Vielfaches zu.[46]

Das Image des Unternehmens profitiert von dem Börsengang auf zweierlei Art und Weise. Zum einen erfolgt bei einem erfolgreichen Verlauf des Börsengangs eine positive Einstellungsbildung zu diesem Börsengang, die sich auf das Unternehmen überträgt.[47] Zum anderen kann die hohe Öffentlichkeitswirkung („Publicity") dazu genutzt werden, gezielt Stärken des Unternehmens hervorzuheben und damit das Image direkt zu verbessern. Für den Börsengang lassen sich verschiedene Marketing- und Kommunikationsinstrumente einsetzen, um positive Informationen über das Unternehmen zu verbreiten. Dazu zählen beispielsweise Public-Relations-Maßnahmen oder die klassische Werbung.[48] Einen entscheidenden Ausgangspunkt stellt das Image des Unternehmens dar, welches zum Zeitpunkt des Börsengangs gegeben ist. Besteht bereits ein verfestigtes Image, wie es z.B. bei der Deutschen Telekom vor dem Börsengang im Jahr 1996 der Fall war, so sind einzelne Aspekte des Images auszuwählen, die durch gezielte Informationen verändert werden sollen. Eine völlige Imagetransformation wird in den meisten Fällen gleichwohl nicht möglich sein. Zur Deutschen Telekom herrschte etwa die Meinung vor, das Unternehmen sei altmodisch, langsam und nutze überholte Technik.[49] Diese z.T. tradierten Einstellungen entsprachen in vielen Fällen nicht den objektiven Tatsachen, weswegen die Deutsche Telekom im Zuge des IPO verstärkt auf unabhängige Testberichte u.ä. verweisen konnte. Imageaspekte, die das gesamte Unternehmen betreffen, z.B. die mangelnde Dy-

---

46 Vgl. dazu Demers/ Lewellen (2003) sowie die Ausführungen in Kapitel 5.3.

47 Zu den Verknüpfungen vgl. die ausführlichen Erläuterungen in Kapitel 6.2.3.

48 Auf die einzelnen Instrumente und Maßnahmen wird u.a. im Rahmen des Kapitels 4.2.3 eingegangen.

49 Die Erkenntnisse entstammen einer internen Untersuchung der Deutschen Telekom zur Vorbereitung des Börsengangs, vgl. o.V. (Deutsche Telekom) (1994), S. 20ff.

namik, lassen sich beispielsweise mit der für den Erfolg des IPO grundlegenden Equity Story korrigieren.[50] Dabei werden die Stärken des Unternehmens, insbesondere deren zukünftige Chancen und Potentiale, betont. Für die Deutsche Telekom bestanden diese zum Zeitpunkt des Börsengangs insbesondere in dem sehr margen- und wachstumsträchtigen Mobilfunkgeschäft sowie dem ISDN- und Internetgeschäft (T-Online). Beide Geschäftsbereiche haben beim Börsengang und in der unmittelbar anschließenden Phase dazu beigetragen, dass das gesamte Unternehmen Deutsche Telekom sehr positiv beurteilt wurde.[51]

Bei jungen, unbekannten Unternehmen besteht im Gegensatz zu etablierten Großunternehmen kein gefestigtes Image, in einigen Fällen existiert gar keines. Das Marketing und dabei insbesondere die Erhöhung des Bekanntheitsgrades und die Verbesserung bzw. Schaffung des Images ist für junge Unternehmen, die sich in der Wachstumsphase ihres Lebenszyklus befinden, von erfolgskritischer Bedeutung.[52] Sie sind darauf angewiesen, dass ihr oftmals innovatives Produkt einem hinreichend großen Kreis an potentiellen Käufern bekannt ist und diese von der Leistungsfähigkeit des Produktes überzeugt werden können. Die letztgenannte Bedingung wird leichter erfüllt, wenn ein positives Unternehmens-

---

50 Vgl. zur Equity Story die Ausführungen des Kapitels 4.2.3.1.4.

51 Untersuchungen während des IPO und kurz danach haben ergeben, dass wesentliche Imagekomponenten eine signifikant positive Entwicklung genommen haben und die Telekom in Einzelaspekten besser als der Wettbewerb (insbesondere Mannesmann Mobilfunk) dasteht. Vgl. o.V. (Deutsche Telekom) (1996b) sowie die Ausführungen in Kapitel 7.2. Die positive Beurteilung an der Börse lässt sich beispielsweise an der Marktkapitalisierung ablesen, die zeitweise die Telekom mit mehreren hundert Milliarden DM zum wertvollsten deutschen Unternehmen machte.

52 „Marketing is considered to be of utmost importance for the success of new ventures." (Gruber (2004), S. 164). Gruber verweist darauf, dass eine zentrale Herausforderung („challenge") in der Erhöhung des niedrigen Bekanntheitsgrads besteht. Vgl. Gruber (2004), S. 170. Des Weiteren besteht ein wichtiges Betätigungsfeld für junge Unternehmen darin, eine (Unternehmens-) Identität („identity") und eine (Produkt-) Marke („brand") zu schaffen und mit positiven Imageattributen zu versehen. Vgl. Gruber (2004), S. 182f.

sowie Produktimage vorhanden ist.[53] Es können gleichwohl relativ ungebunden gewünschte Eigenschaften identifiziert und mittels des Börsengangs kommuniziert werden. Die dafür geeigneten Instrumente und Maßnahmen sind grundsätzlich dieselben, wie sie von etablierten Unternehmen eingesetzt werden.

Bei der web.de AG, die Anfang 2000 ihren Börsengang am Neuen Markt vollzogen hat, handelt es sich um ein solches junges Unternehmen, welches sich zum Zeitpunkt des Börsengangs zu Beginn der Wachstumsphase des Lebenszyklus befand. Web.de wird in den nachfolgenden Ausführungen als durchgängiges Beispiel herangezogen, weil es zum einen hinsichtlich börsengangrelevanter Charakteristika (u.a. Alter, Umsatz, Gewinn, Cash-flow, Branche, Wachstum) stellvertretend für viele andere IPO-Unternehmen angesehen werden kann. Zum anderen bietet web.de mit dem weit verbreiteten E-Mail-Dienst freemail ein Produkt an, welches für den Leser leicht nachvollziehbar ist.[54]

Wenngleich gerade für junge, dynamische Technologieunternehmen, insbesondere in der Konsumgüter (B2C)-Branche, eine realgütermarktrelevante Verbesserung des Bekanntheitsgrades und des Images naturgemäß relevanter ist als bspw. für eine Holdinggesellschaft ohne direkten Kundenkontakt, beschränkt sich das Marketingmotiv nicht auf diese. So wird es auch von etablierten Unternehmen in traditionellen Branchen und von familiengeführten Mittelständlern als wichtiges Motiv genannt, deren operatives Geschäft ebenfalls von einem höheren Bekanntheitsgrad und einem verbesserten Image profitiert.[55]

Insgesamt lässt sich konstatieren, dass „eine Börseneinführung regelmäßig mit einer erheblichen Imageverbesserung und mit einer Erhöhung des Bekanntheitsgrades verbunden [ist].“[56] Das Ausmaß hängt gleichwohl von der Gestaltung des

---

53 Konsumenten kaufen das Produkt eher, wenn sie der Meinung sind, das Unternehmen sei z.B. vertrauenswürdig, technologisch führend und überlebensfähig und das Produkt innovativ, zukunftssicher und zuverlässig. Vgl. Gruber (2004), S. 183.

54 Fünf Jahre nach dem Börsengang zählt das Produkt freemail bereits über zehn Millionen registrierte Nutzer.

55 Vgl. Marchisio/ Ravasi (1999), S. 17, table 3 i.V.m. table 2.

56 Koch/ Wegmann (2000), S. 11.

Börsengangs, dem jeweiligen Unternehmenstyp sowie den zum Zeitpunkt des IPOs gegebenen Rahmenbedingungen ab.[57]

Sonstige Motive

Zu den sonstigen Motiven werden insbesondere die leichter zu vollziehende Nachfolgeregelung durch die an der Börse erreichte Fungibilität der Eigenkapitalanteile und personalbezogene Motive genannt. Letztere sollen an dieser Stelle kurz skizziert werden.[58] Durch den Wandel von der Industrie- über die Dienstleistungs- zur Wissensgesellschaft spielt das Humankapital eine immer entscheidendere Rolle für die Wettbewerbsfähigkeit eines Unternehmens. Gerade aufgrund des relativ hohen Lohnniveaus in der Bundesrepublik Deutschland sind Qualifikationen und Fähigkeiten der Mitarbeiter von zentraler Bedeutung. Ein börsennotiertes Unternehmen bietet in vielerlei Hinsicht einen attraktiveren Arbeitsplatz für gut ausgebildete Mitarbeiter und hilft so, wettbewerbsentscheidende Spitzenkräfte zu gewinnen. Für (potentielle) Mitarbeiter besteht der Vorteil z.B. darin, dass Entlohnungsschema um Aktienoptionen ergänzt werden können. Zudem wird dem Management eine größere Entscheidungsfreiheit eingeräumt als in einem privat geführten Unternehmen. In mittelständischen Unternehmen besteht oftmals der Unternehmensgründer bzw. -eigentümer explizit oder implizit durch tradierte Verhaltensweisen darauf, wichtige Entscheidungen (mit)treffen zu wollen.[59] Dies verbietet sich für ein börsennotiertes Unternehmen durch die institutionalisierte Trennung von Eigentum und Management[60]; den

---

57 Darauf wird in den folgenden Ausführungen, insbesondere in Kapitel 4.2, näher eingegangen.

58 Im weiteren Verlauf der Arbeit werden sie von der Argumentation jedoch aufgrund der empirisch ermittelten geringeren Relevanz als Motiv eines IPO ausgeblendet.

59 Vgl. Segbers/ Siemes (2005), S. 231, Siemes/ Segbers (2005), S. 319f.

60 Dies spiegelt sich in den verschiedenen Organen Aufsichtsrat und Vorstand wider, vgl. Bösl (2004), S. 20.

klassischen Entrepreneur im Sinne Jensen/ Mecklings[61] trifft man in einer Aktiengesellschaft nur noch in Ausnahmefällen an.[62]

Langfristige Vorteile in der Börsenphase

Das Marketingmotiv und das personalbezogene Motiv, weniger jedoch das Finanzierungsmotiv, werden nicht nur während der Zeitspanne des Börsengangs, sondern durch die dauerhafte Börsennotiz auch auf lange Sicht positiv beeinflusst. Börsennotierte Unternehmen ziehen grundsätzlich eine größere öffentliche Aufmerksamkeit auf sich als private Unternehmen. Die Publizitätswirkungen fallen gleichwohl während des Börsengangs erheblich höher aus als in der nachfolgenden „normalen“ Börsenphase, sodass zugunsten einer fokussierteren Analyse ausschließlich die Wirkungen während des IPO betrachtet werden. Die aus der IPO-Publicity folgenden Vorteile werden durch die dauerhaften Wirkungen der Börsennotiz gleichwohl verstärkt.

Nachteile des IPO

Den genannten Vorteilen eines IPO steht eine Reihe von Nachteilen gegenüber, die die Entscheidung des Unternehmens über die Durchführung eines Börsengangs beeinflussen.

---

61 Unter einem Entrepreneur wird im Rahmen dieser Arbeit der Unternehmer als Manager und Eigentümer in Personalunion im Sinne von Jensen/ Meckling (1976) gesehen.

62 In einigen Fällen arbeiten Mehrheitsaktionäre auch im Vorstand der Gesellschaft, z.B. bei Microsoft oder bei web.de.

IPO-Kosten[63]

Durch den Börsengang selbst entstehen der Unternehmung direkte und indirekte Kosten. Zu den direkten Kosten gehören Gebühren für die Börsenzulassung sowie Honorare für die eingeschalteten Dienstleister. Darunter sind insbesondere die Investmentbanken und die Wirtschaftsprüfer zu verstehen. In den USA belaufen sich die Gebühren auf ungefähr fünf Prozent des Emissionserlöses, in Deutschland liegt der prozentuale Wert leicht darüber.[64] Darüberhinaus entstehen Kosten für die Erstellung und den Druck des Börsenzulassungsprospekts, die Rechtsformänderung, die Umstellung der Rechnungslegung, die Due Diligence[65], Beratungshonorare und, für die Themenstellung dieser Arbeit besonders relevant, Kommunikationskosten.

Die Kommunikationsmaßnahmen richten sich überwiegend an potentielle Investoren, Analysten oder Journalisten. Je nachdem, ob der Börsengang intensiv, weniger intensiv oder gar nicht für das Marketingmotiv eingespannt werden soll, werden die kommunikativen Maßnahmen stärker oder schwächer dimensioniert. Im Fall der Verfolgung des Marketingmotivs beschränkt sich die Kommunikation nicht mehr ausschließlich auf den finanzwirtschaftlichen IPO-Prozess. Vielmehr tritt eine ganzheitliche Kommunikation an dessen Stelle, über die im Zuge des Börsengangs massenmedial oder per interpersonaler Kommunikation unterstützt über das Unternehmen und seine Produkte berichtet wird.

Die beiden letztgenannten Kostenblöcke (Beratung und Kommunikation) können vom Unternehmen individuell dimensioniert werden und sind somit variabel. Die Honorare der Investmentbanken und der Wirtschaftsprüfer hängen von

---

63 Vgl. zu den mit dem IPO verbundenen Kosten z.B. Bösl (2004), S. 179ff.

64 Sie setzen sich aus folgenden Bestandteilen zusammen: Für die Übernahme und Platzierung der Aktien verlangen die Investmentbanken des Emissionskonsortiums in der Regel vier bis sechs Prozent des Emissionserlöses. Hinzu kommt die Gebühr der Börse, die sich in der Regel auf ca. ein Prozent der Emissionserlöse beläuft. Für deutsche Börsen gelten ähnliche Werte. Detaillierte Angaben zu den Kosten sind z.B. bei Bösl (2004), S. 182, aufgeführt.

65 Vgl. Berens/ Brauner/ Strauch (2005).

der Höhe der Emissionserlöse ab und sind dementsprechend ebenfalls variabel.[66] Bei den restlichen Kostenpositionen handelt es sich um überwiegend fixe Kosten. Sie führen dazu, dass gerade bei kleinen Emissionen die direkten Kosten über den oben angegebenen durchschnittlichen Wert von ca. fünf Prozent des Emissionsvolumens ansteigen können.

Neben den direkten Kosten sind u.U. erhebliche indirekte Kosten zu berücksichtigen. Unter indirekten Kosten werden Opportunitätskosten verstanden, die im Wesentlichen durch das Underpricing zustande kommen.[67] Weitere Opportunitätskosten sind beispielsweise die gebundenen Ressourcen des Unternehmens. Das Management muss sich intensiv auf den Börsengang vorbereiten und umfangreiche zeitliche Kapazitäten für die Diskussionen mit Investmentbanken und anderen Beteiligten bereitstellen.[68]

Folgekosten

Der Börsengang verursacht nicht nur als solches Kosten, sondern bedingt durch die Börsennotiz laufende Kosten. Das Unternehmen ist reglementarischen Vorschriften der Börse sowie gesetzlichen Bestimmungen unterworfen und hat demzufolge die Publizitätspflichten dauerhaft zu erfüllen.[69] Dazu gehört z.B. das Erstellen eines Jahresabschlusses für Kapitalgesellschaften, das Abhalten der Hauptversammlung, die Mitteilung von unternehmensrelevanten Entwicklungen durch die sogenannten Ad-hoc-Meldungen und das Zurverfügungstellen eines Ansprechpartners für Investoren (Investor Relations). Hinzu kommen zwar nicht gesetzlich oder reglementarisch vorgeschriebene, jedoch erwartete Tätigkeiten, die am Finanzmarkt usus sind. Dies schließt das Abhalten von Analystenkonfe-

[66] Allerdings hat das Unternehmen nur einen geringen Beeinflussungsspielraum.

[67] Vgl. dazu Kapitel 2.2 sowie Kapitel 3.1.3.

[68] Vgl. den zeitlichen Ablauf des IPO in Kapitel 2.1.

[69] Der Umfang der Publizitätspflichten hängt mit der Börse und dem Börsensegment zusammen.

renzen, Vier-Augen-Gesprächen („One-on-one-Meetings“) mit Großinvestoren, Pressestatements zu wichtigen das Unternehmen betreffende Entwicklungen, oder eine umfangreichere Öffentlichkeitsarbeit („Public Relations“) ein.[70]

Weitere Nachteile

Die mit dem Börsengang einhergehende verpflichtende Informationsbereitstellung für die Investoren - z.B. durch den Emissionsprospekt - stellt für viele Unternehmen einen Grund dar, den Börsengang kritisch zu betrachten. Da die Informationen öffentlich verfügbar sind, profitieren nicht nur die eigentlichen Adressaten (Investoren) davon, sondern auch Sekundärnutzer wie Konkurrenzunternehmen. Sie erhalten einen besseren Einblick in die Unternehmensstruktur, das Management, das Produktprogramm und zukünftige Entwicklungen des Konkurrenten, woraufhin sie ihr eigenes Verhalten zum Schaden des Börsenkandidaten anpassen können.
Gerade aus diesem Grund entscheiden sich viele Unternehmen prinzipiell gegen einen Börsengang, weil sie nicht gewillt sind, ihr operatives Geschäft durch die z.T. erzwungene Preisgabe erfolgsbeeinflussender Informationen zu gefährden.

Bei den in Deutschland sehr zahlreichen mittelständischen Unternehmen,[71] die überwiegend eigentümergeführt sind, schreckt vor einem Börsengang insbesondere der Verlust an Einfluss ab.[72] In engem Zusammenhang mit dem (potentiel-

---

70 Hinzu kommen weitere kleinere Kostenpositionen für Händler (sogenannten „designated sponsors“), die Vergütung des Aufsichtsrates, die Testierung der Jahresabschlüsse durch einen Wirtschaftsprüfer usw.

71 In Deutschland existieren mehr als zwei Millionen mittelständische Unternehmen, davon weist allerdings der Großteil einen Umsatz von weniger als 50.000 Euro aus. Vgl. o.V. (Institut für Mittelstandsforschung Bonn) (2001), S. 5.

72 Bei Personengesellschaften, im Mittelstand die am weitesten verbreitete Rechtsform, wird die Entscheidungsgewalt nur unter wenigen Personen aufgeteilt, in einer Kapitalgesellschaft in Form der Aktiengesellschaft befindet sie sich jedoch in den Händen der Aktionäre, die diese zumeist an das Management delegieren. Viele Unternehmensgründer sind nicht gewillt, den teilweise jahrzehntelang ausgeübten Einfluss abzugeben oder aufzuteilen.

len) Verlust an Entscheidungsgewalt bei Managemententscheidungen steht der gänzliche Verlust jeglichen Einflusses bei einer Übernahme des Unternehmens an der Börse. Unter bestimmten Bedingungen ist es einer dritten Partei möglich, am Aktienmarkt Aktien und damit Eigentumsrechte zu erwerben, die ausreichen, das Unternehmen zu kontrollieren.[73] Auch die steuerliche Situation kann sich durch den Börsengang zum Nachteil des Unternehmens verändern.[74]

Für die Durchführung eines Börsengangs kommen nur Unternehmen infrage, bei denen die mit dem Börsengang erzielten Vorteile sämtliche Nachteile mindestens kompensieren.

2.1.2 Vorbereitungsphase

Ist die Entscheidung für einen Börsengang getroffen worden, stehen in der nächsten Phase Schritte zur Vorbereitung des Börsengangs an. Ausgewählte börsengangbezogene Tätigkeiten können vom Unternehmen effizient an einen Spezialisten delegiert werden, da letztere im Gegensatz zum Börsenkandidaten über Erfahrungswerte durch bereits in der Vergangenheit begleitete IPOs verfügen.[75]

Als begleitende Institutionen werden in der Regel eine Anwaltskanzlei, eine Wirtschaftsprüfungsgesellschaft und eine oder mehrere Emissionsbanken ausgewählt. Die Anwaltskanzlei unterstützt das Unternehmen in Rechtsfragen bei

[73] Die Aktien müssen an der Börse prinzipiell erwerbbar sein („free float“). Werden beispielsweise 75% der Aktien vom Alteigentümer gehalten, der diese nicht zum Verkauf anbietet, so sind maximal 25% durch Aufkauf des sogenannten Streubesitzes der Kleinaktionäre oder von weiteren Großinvestoren möglich. Außerdem muss es sich um stimmberechtigte Stammaktien und nicht um stimmrechtlose Vorzugsaktien handeln. Insgesamt müssen 50% plus eine Aktie der Stimmen im Besitz des Käufers sein. Vgl. Roelofsen (2002), S. 37.

[74] Vgl. Roelofsen (2002), S. 38.

[75] Grothe weist im Kontext von Wirtschaftsprüfungsgesellschaften auf die Effizienzgewinne und Kostenvorteile hin, die mit einer Spezialisierung und langjährigen Erfahrung einhergehen. Vgl. Grothe (2005), S. 203.

den zahlreichen Vertragsabschlüssen und dem Verfassen der vielfältigen Dokumente (darunter Emissionsprospekt und Börsenzulassung), während die Wirtschaftsprüfungsgesellschaft die Testierung der vorzulegenden Jahresabschlüsse[76] übernimmt.

Von zentraler Bedeutung ist die **Auswahl der Investmentbank** bzw. der Investmentbanken. Werden mehrere Institute eingeschaltet, so spricht man von einem Emissionskonsortium.[77] Auf der einen Seite stellt das Innenverhältnis zwischen dem Konsortium und dem Unternehmen aufgrund der zwangsläufig intensiven Zusammenarbeit mit dem Unternehmen einen Erfolgsfaktor dar. Auf der anderen Seite übernimmt das Konsortium den Vertrieb und die Zuteilung der Aktien. Beim zumeist eingesetzten sogenannten „Firm commitment"-Verfahren trägt es durch die Übernahme der gesamten Tranche im Primärmarkt auch das Verkaufsrisiko. Die Investmentbank fungiert so als Intermediär zwischen dem Unternehmen und den am Aktienkauf interessierten Investoren.
Darüber hinaus hält das Konsortium Kontakt zu eigenen Kunden und Investorengruppen, stellt proprietäre Vertriebskanäle zur Verfügung und nimmt die Zuteilung und Distribution der Aktien vor. Die Erfüllung der genannten Aufgaben kann nur gelingen, wenn das Konsortium eng und vertrauensvoll mit dem Unternehmen zusammenarbeitet und Zugriff auf sämtliche relevanten Informationen bekommt. Aus Sicht des Unternehmens zeigt sich an dieser Stelle die Notwendigkeit der Auswahl eines adäquaten Partners, da interne Informationen und sensible, vertrauliche und wettbewerbsrelevante Kenntnisse preisgegeben werden müssen.

Eine weitere wegweisende Entscheidung, die das Unternehmen in Zusammenarbeit mit den Investmentbanken treffen muss, ist die **Auswahl des Börsenseg-**

---

[76] Für den vorliegenden Fall eines Börsengangs handelt es sich im Gegensatz zu anderen Testierungen nicht um eine Routinetätigkeit, weil das gesamte Rechnungswesen und der Jahresabschluss umgestellt werden müssen.

[77] In den überwiegenden Fällen bilden mehrere Investmentbanken ein Emissionskonsortium. Im Folgenden werden die Begriffe „Konsortium" und „Investmentbank" synonym verwandt.

ments. Es bieten sich grundsätzlich inländische sowie ausländische Börsenplätze an, wobei der überwiegende Anteil im Heimatland an die Börse geht.[78] Die Wahl der inländischen Börse und des Börsensegments hängt von einer Vielzahl von Faktoren ab und ist unternehmensindividuell zu entscheiden.[79] Die Börsensegmente unterscheiden sich im Wesentlichen anhand der (Mindest-) Anforderungen, die an die dort gelisteten Unternehmen gestellt werden, insbesondere in Bezug auf die verpflichtenden Veröffentlichungen (z.B. Jahresabschluss, Quartalsbericht, Ad-hoc-Mitteilungen).[80] Auch der Bekanntheitsgrad und die Reputation des Segments stellen einen relevanten Faktor dar.[81] Unternehmen, die in den DAX aufgenommen werden, werden grundsätzlich positiver eingeschätzt als Unternehmen, die im geringeren Vorschriften unterworfenen Freiverkehr gelistet sind.[82]

Um eine Zulassung zum Handel an einer (deutschen) Börse zu erlangen, muss das Unternehmen als ersten Schritt die Börsenreife sicherstellen.[83] Unter **Börsenreife** wird die „Fähigkeit und Bereitschaft des Unternehmens [verstanden], sämtliche gesetzlichen, wirtschaftlichen und organisatorischen Anforderungen, die mit dem Börsengang verbunden sind, zu erfüllen."[84] Ein aktueller Anforderungskatalog ist börsen(segment)abhängig und wird von den Börsen auf Anfrage zur Verfügung gestellt.

---

78 Zu der Ausnahme Israel vgl. Blass/ Yafeh (2000). Für sonstige Märkte vgl. Rock (2001) und Rock (2002).

79 Vgl. Hunger (2001), S. 198.

80 Zu einer detaillierten Auflistung der Zulassungsvoraussetzungen und Folgepflichten des Amtlichen Marktes, des Geregelten Marktes und des Freiverkehrs an deutschen Wertpapierbörsen sowie des General bzw. Prime Standard der Frankfurter Wertpapierbörse vgl. Bösl (2004), S. 81ff.

81 Für die Wahl des Neuen Marktes spielte an erster Stelle der höhere damit erzielbare Bekanntheitsgrad eine Rolle, vgl. Theissen (1998), Hunger (2001), S. 198.

82 Streng genommen ist der DAX kein Börsensegment, sondern ein Index. Da die Entscheidung der Unternehmen über das Börsensegment jedoch mit der Aufnahme in Indices einhergeht, sollen hier Börsensegmente und Indices argumentativ zusammengefasst werden.

83 Die weiteren Schritte werden in den folgenden Abschnitten aufgezeigt.

Zur Sicherstellung der Börsenreife können mit der Unterstützung der begleitenden Institutionen notwendige interne Veränderungen vorgenommen werden, die sinnvoll bzw. verpflichtend sind. Auf der einen Seite sollten (freiwillige) interne Vorbereitungen der Organisationseinheit Unternehmen getroffen werden, auf der anderen Seite ist die Erfüllung von verpflichtenden externen Vorgaben sicherzustellen. Eine externe Vorgabe besteht in der erforderlichen Rechtsform der Gesellschaft als börsenfähige Kapitalgesellschaft. Hierzu bieten sich die Rechtsform der Aktiengesellschaft (AG) oder der Kommanditgesellschaft auf Aktien (KGaA)[85] an, wobei die AG mit Abstand am weitesten verbreitet ist.[86] Neben der Erfüllung der vorgegebenen Rechtsform sind die Zulassungsbedingungen des jeweiligen für die Börsennotiz gewählten Segments zu erfüllen.[87] Grundsätzlich gilt, dass die Anforderungen gemäß der Reihenfolge Freiverkehr, geregelter Markt und amtlicher Handel zunehmen. Deren Verletzung führt zur Verweigerung der Börsenzulassung und stellt damit eine notwendige Voraussetzung dar.

Neben den verpflichtenden existieren weitere, freiwillig zu erfüllende Anforderungen. Dazu zählen im Wesentlichen wirtschaftliche und organisatorische Kriterien. Allerdings darf die Freiwilligkeit nicht über ihre Relevanz für den Erfolg des IPO hinwegtäuschen.

---

84 Roelofsen (2002), S. 48.

85 Ein bekanntes Beispiel ist die Henkel KGaA. Eine Sonderform der KGaA ist die GmbH & Co KGaA, vgl. dazu Bösl (2004) S. 31ff.

86 Vgl. u.a. Roelofsen (2002), S. 43. Die Umwandlung wird nach den Vorschriften des §3 Umwandlungsgesetz vorgenommen und schließt die Schaffung der mit der Rechtsform verbundenen Organe mit ein, bei einer Aktiengesellschaft beispielsweise den Vorstand (§§76-94 AktG) und Aufsichtsrat (§§95-116 AktG). Durch das Inkrafttreten des Gesetzes für kleine Aktiengesellschaften im Jahr 1994 ist es wegen der Erleichterungen der Voraussetzungen für die Gründung einer Aktiengesellschaft - z.B. die Möglichkeit, eine AG bereits mit 50.000 Euro Grundkapital zu bilden - gerade kleinen, jungen und innovativen Wachstumsunternehmen erleichtert worden, als AG zu firmieren. Erst durch die damit verbundenen Erleichterungen der formalen Anforderungen ist es vielen kleineren Unternehmen möglich geworden, den Börsengang (vorwiegend) am Neuen Markt durchzuführen.

87 Vgl. z.B. Hunger (2001), S. 60.

Die wirtschaftlichen Kriterien dienen als Grundlage der Unternehmensbewertung. Nur wenn das Unternehmen eine für die Börse hinreichende Attraktivität aufweist, kann sinnvollerweise der Börsengang angestrebt werden. Andernfalls droht das IPO an mangelnder Nachfrage zu scheitern. Bei den wirtschaftlichen Kriterien spielte in Deutschland bis Mitte der 1990er Jahre die Größe des Unternehmens gemessen an Umsatz, Alter und der (in der Vergangenheit erzielten) Rentabilität eine wichtige Rolle, doch spätestens seit Einführung des Neuen Marktes im Jahr 1997 hat sich der Schwerpunkt - wie in den angelsächsischen Ländern - mehr zu einer Zukunftsbetrachtung des Erfolgspotentials verlagert. Das Unternehmen muss danach gute Entwicklungsperspektiven („Equity Story“) aufweisen, die sich über eine Cash-flow- oder Ertragswertdiskontierung in eine hinreichend hohe Bewertung übersetzen lassen. Zukunftsorientierte Entwicklungsperspektiven sind allerdings zwangsläufig mit Unsicherheit behaftet und entziehen sich somit einer objektiven Bewertungsfähigkeit.[88] Investmentbanken beurteilen anhand der Equity Story, inwieweit das Zukunftspotential tatsächlich fundiert ist und ob der Unternehmenswert plausibel ist. Eine noch größere Rolle spielt die Equity Story bei der Kommunikation mit potentiellen Investoren. Von wenigen institutionellen Investoren abgesehen ist die Mehrheit der Investoren nicht in der Lage,[89] eine tiefgründige, umfassende und belastbare Bewertung des Börsenkandidaten selbsttätig durchzuführen. Sie suchen vielmehr nach gebündelten und schnell nachvollziehbaren Informationen, die eine Zeichnung nahelegen. Die Equity Story komprimiert plakativ und leicht nachvollziehbar Vorteile eines Investments.

Als weitere Bedingung sollte die Fähigkeit des Managements gegeben sein, mit der neuen Situation als börsennotierte Kapitalgesellschaft umgehen zu können. Insbesondere nach außen gerichtete kommunikative Fähigkeiten gewinnen an Bedeutung, die u.a. auf der alljährlichen Bilanzpressekonferenz, der Hauptversammlung, bei Analystentreffen und bei One-on-one-Gesprächen mit Großinvestoren gefordert sind.

---

[88] Zu den in solchen Fällen angewandten Unternehmensbewertungsverfahren vgl. Kapitel 3.1.3.

[89] Entweder aufgrund von fehlendem Know-how oder aus Effizienzgründen.

Auch das Unternehmen als Ganzes ist in den Kommunikationstrukturen der neuen Situation anzupassen.[90] Dazu gehört z.B. eine umfangreichere personelle und finanzielle Ausstattung der Investor-Relations- und Public-Relations-Abteilung, um den gewachsenen Anforderungen gerecht zu werden. Außerdem ist die Unternehmensstrategie den neuen Rahmenbedingungen, insbesondere der neuen Finanzierungssituation, anzupassen. Wird der Börsengang (auch) mit der Motivation vorgenommen, Finanzmittel für zukünftiges Wachstum bereitzustellen, so lassen sich diese grundsätzlich für eine Markterweiterung, Produkterweiterung oder eine vollständige Diversifikation verwenden.[91]

Des Weiteren ist zu überprüfen, ob die Organisationsstruktur insgesamt den durch den Börsengang hervorgerufenen Rahmenbedingungen gewachsen ist. Das trifft insbesondere auf die Organisationseinheiten zu, die zusätzliche Aufgabengebiete zu bewältigen haben, z.B. die Investor-Relations-Abteilung und das externe Rechnungswesen.[92]

Zur abschließenden Beurteilung, ob und in welcher Ausprägung den Anforderungen Folge geleistet wurde, wird eine Due Diligence-Prüfung vorgenommen. In deren Rahmen werden sämtliche Bereiche des Unternehmens[93] einer dezidierten Analyse und Überprüfung unterzogen. Gleichzeitig bildet die Due Diligence die Grundlage für die Bewertung des Unternehmens.

Das **Ergebnis der internen Vorbereitungsphase** besteht in der Erfüllung der notwendigen Voraussetzungen zur Erlangung der Börsenreife.

---

90 Vgl. Kapitel 4.2.3.1.4.

91 Vgl. dazu die Ansoff-Matrix.

92 Insbesondere im Prime Standard gemäß den §§62, 63, 77, 78 FWBo, vgl. Bösl (2004), S. 85.

93 Die Due Diligence wird zu diesem Zweck untergliedert in die Financial-, Legal-, Technical-, Tax- und Business-Due Diligence, vgl. Roelofsen (2002), S. 54, Bösl (2004), S. 138. Zur Due Diligence allgemein vgl. Berens/ Brauner/ Strauch (2005).

2.1.3 Börseneinführungsphase

Der im Zuge der Due Diligence ermittelte Unternehmenswert stellt den Ausgangspunkt für die individuelle Kommunikation mit ausgewählten Investoren insbesondere im Rahmen der Road-Show dar.

Das von den Großinvestoren signalisierte Interesse fungiert als Grundlage für die Festlegung der Angebotsspanne im Rahmen des Bookbuilding. Zumeist erhalten die Top-Manager des Unternehmens von Großinvestoren Einladungen, ihr Unternehmen zu präsentieren (Road-Show). Der genaue Ablauf und die Kontaktaufnahme mit den Gesprächspartnern wird zumeist von der Emissionsbank organisiert. Während der Gespräche zwischen den Spezialisten der Großinvestoren und dem Unternehmenschef („Chief Executive Officer", CEO)[94] findet ein sehr intensiver Informationsaustausch statt. Der Unternehmenschef präsentiert dabei in prägnanter Form die wichtigsten Fakten über den Börsengang, insbesondere bezogen auf bewertungsrelevante Aspekte, und versucht, den Investor von der Teilnahme an dem Börsengang zu überzeugen. Grundlage der Ausführungen ist der Verkaufsprospekt, in dem alle wertrelevanten Informationen über das Unternehmen enthalten sein müssen.[95] Anhand der impliziten und expliziten Reaktionen des Investors leiten die Unternehmensvertreter eine Indikation für das zu erwartende Kaufinteresse ab.

Die Spezialisten der Großinvestoren versuchen ihrerseits, ihnen noch nicht bekannte, bewertungsrelevante Informationen zu erhalten, um besser abschätzen zu können, ob und in welchem Umfang sich ein Investment lohnen könnte, und um möglichst Insiderinformationen zu erhalten. Letztere versetzen die Großinvestoren in die Lage, Handelsgewinne zu realisieren, wie die nachfolgenden Erläuterungen zeigen.

---

94 Manchmal nehmen Managementteams oder anstelle des CEO der „Chief Financial Officer" (CFO) oder der „Chief Operating Officer" (COO) an den Gesprächen teil.

95 Nach §1 Verkaufsprospektgesetz muss jedes Unternehmen, welches erstmalig Aktien an einer deutschen Wertpapierbörse handeln lassen möchte, einen Verkaufsprospekt erstellen. Dieser muss richtig und vollständig sein und enthält insbesondere Informationen über die Chancen und Risiken, die die wirtschaftliche Lage des Unternehmens wesentlich betreffen („material effect").

Der von Fama[96] aufgestellten „efficient market hypothesis“ (EMH) in der halbstrengen Ausprägung („semi-strong form“ EMH) zufolge sind im Sekundärmarktkurs - also ab der ersten Notiz an der Börse - sämtliche öffentlich verfügbaren Informationen bewertungsrelevant und somit im Kurs enthalten, nicht jedoch Insiderinformationen.[97] Erlangt ein Großinvestor nun - vom Unternehmen gewollt oder ungewollt - derartige Insiderinformationen, die entweder für oder gegen eine höhere Bewertung sprechen, dann kann der Großinvestor entsprechend seinen Kenntnissen im Sekundärmarkt entweder kaufen oder verkaufen. Verfügt er beispielsweise über die noch nicht öffentlich bekannte Information, dass der Unternehmensgewinn im nächsten Quartal höher ausfällt als erwartet, so kauft er die Aktie und wartet, bis das tatsächliche Quartalsergebnis veröffentlicht wird.[98] Die Kurse steigen entsprechend, und der Großinvestor kann die Gewinne durch einen Verkauf der Aktien realisieren. Seine Entscheidung, an der Emission im Primärmarkt zu partizipieren, beeinflussen Insiderinformationen hingegen nicht, da es sich immer dann lohnt zu zeichnen, wenn der geplante Ausgabepreis unter dem aufgrund der Gesamtnachfrage zu erwartenden ersten Kurs im Sekundärmarkt liegt.[99] Im Anschluss an die jeweiligen Gespräche teilt der Investor sein Kaufinteresse unter Angabe der gewünschten Menge und des Preises als unverbindliche Indikation mit.[100]

---

96 Vgl. Fama (1970) sowie Fama (1991).

97 Wären diese ebenfalls enthalten, so würde nach Fama sogar die strong form efficiency vorliegen, für die es jedoch keine empirische Evidenz gibt.

98 Die Investmentbank muss nicht zwangsläufig ein finanzielles Engagement eingehen. Alternativ kann sie durch den Kauf eines Calls und den gleichzeitigen Verkauf eines Puts von der Information profitieren.

99 In Deutschland ist dieses relativ zuverlässig anhand der Graumarkt-Kurse festzustellen, in den USA nur indirekt durch Kommentare von Marktteilnehmern und Analysten.

100 In den USA sind die Indikationen zwar ebenso wie in Deutschland unverbindlich, gehören vom Ablauf her aber bereits zum sogenannten „bookbuilding“, also der Aufnahme der Kaufgesuche in einem zentralen Orderbuch, das durch die Emissionsbank geführt wird. Auch ist der Grad der Verbindlichkeit anders als in Deutschland relativ hoch, da die Gebote aus rechtlicher Sicht zwar ohne Konsequenzen wieder zurückgezogen werden können, diese Rücknahme jedoch dem Investor dauerhaft schadet. Wird ein Gebot zurückgezogen oder wesentlich verändert, so registriert dies der „Bookrunner“ als für seine Platzierungsbemühungen nachteilig und berücksichtigt den Investor bei zukünftigen Börsengängen nicht mehr (bevorzugt), bei denen die Emissionsbank wieder als „Bookrun-

Am Ende der Road-Show bilden sich das Management und die Emissionsbank anhand der insgesamt erfolgten Kaufindikationen eine Meinung über die vermutliche Preis-Absatz-Funktion (PAF) im Primärmarkt. Derjenige Preis, zu dem gerade so viele Aktien nachgefragt wie angeboten werden, ist der maximal mögliche Primärmarktpreis.

Während der Bookbuildingphase, die den entscheidenden Zeitabschnitt für das gesamte IPO darstellt, wird im Primärmarkt die Nachfrage verbindlich entgegengenommen und dem Angebot gegenübergestellt.
Für den Primärmarkt hat sich mittlerweile das Bookbuildingverfahren gegenüber dem Auktions- bzw. Fixpreisverfahren weltweit etabliert.[101] Die Bookbuildingphase umfasst in der Regel einen Zeitraum von einer bis drei Wochen, in dem Anleger den Banken des Emissionskonsortiums ihren Zeichnungswunsch mitteilen können. Sie beginnt mit der Festlegung der Preisspanne, die üblicherweise gemeinsam von der Emissionsbank und dem Unternehmen vorgenommen wird. Während der Bookbuildingphase reichen Investoren ihren Zeichnungswunsch unter Angabe der gewünschten Anzahl der Anteilsscheine und des Höchstpreises praktisch bindend ein.[102] Der Höchstpreis kann innerhalb der vorgegebenen Preisspanne frei gewählt werden. Da die Konsequenzen aus der Ab-

ner" fungiert. Da im Durchschnitt bei Neuemissionen signifikante Zeichnungsrenditen erzielt werden können, lohnt es sich aus Sicht des Investors, eine Reputation als zuverlässiger Partizipant aufzubauen. In Deutschland hingegen werden vor dem eigentlichen Bookbuilding keine gleichermaßen konkreten Kaufgebote abgegeben, da dies während der zeitlich begrenzten offiziellen Bookbuildingphase stattfindet. Vgl. Jenkinson/ Ljungqvist (2001), S. 16ff, Lubig (2004), S. 22ff.

101 Vgl. Chen et al. (2002) zu ersterem bzw. Bierbaum/ Grimm (2002) für eine Gegenüberstellung des Fixpreis- und des Auktionsverfahrens sowie für einen Überblick Derrien (2002).

102 Rechtlich haben Anleger die Möglichkeit, während der Frist den Auftrag zu modifizieren oder ganz zurückzunehmen, was jedoch selten der Fall ist. Darüberhinaus hat der Emittent das Recht, die zuvor veröffentlichte Frist zu verkürzen, beispielsweise in dem Fall, dass bereits vor Ende der Frist eine vielfache Überzeichnung vorliegt. Dies wird als vorzeitiges Schließen des Buches bezeichnet und führt automatisch zu einer rechtlich bindenden Annahme des Verkaufsangebotes durch den Investor.

gabe eines Zeichnungsauftrages erhebliche Risiken einschließen,[103] verbindet zum einen der Gesetzgeber und zum anderen die Bank - als potentiell Haftende[104] - die Abgabe eines Zeichnungsauftrags mit verschiedenen Voraussetzungen. Darunter fällt im Wesentlichen der Besitz eines Depots, die hinreichende Aufklärung über die mit der Zeichnung verbundenen Risiken und die notwendigen finanziellen Ressourcen.

Der Besitz eines Depots ist wiederum an verschiedene Bedingungen geknüpft.[105] Will der Anleger eine realistische Wahrscheinlichkeit einer Zuteilung überzeichneter Börsengänge sicherstellen, so sollte er über ein Depot bei einer Bank verfügen, die Mitglied im Konsortium ist. Auch für die Entgegennahme eines Zeichnungsauftrags durch die Bank sind bestimmte Voraussetzungen zu erfüllen.[106] Insbesondere ist sicherzustellen, dass der Investor über die bei der jeweiligen Emission spezifischen Risiken aufgeklärt worden ist. Dazu gehört auch die Kenntnis über das Unternehmen, welches aus Sicht des Marketingmotivs besonders relevant ist. Die dazu notwendigen Informationen werden entweder vom

---

103 Vgl. dazu die Schwankungsbreite des Underpricing. Die Unsicherheit kommt zweifach zum Tragen: Zum einen kann sich der Kurs entweder (stark) nach oben oder (stark) nach unten entwickeln - nur in wenigen Fällen ist der erste Schlusskurs unverändert im Vergleich zum Emissionskurs. Zum anderen kommt gerade für Kleinanleger das sogenannte „winner´s curse"-Problem nach Rock hinzu. Darunter wird die gegenüber professionellen Anlegern geringere Zuteilung sehr erfolgreicher IPOs und stärkere Zuteilung bei weniger erfolgreichen IPOs verstanden. Die Ursache liegt darin begründet, dass bei erfolgreichen IPOs mit positiven Kurssteigerungen die Überzeichnung wesentlich stärker ausgeprägt ist als bei IPOs mit einer negativen Kursentwicklung, da professionelle Anleger z.B. aufgrund der Gespräche im Rahmen der Road-Shows besser informiert sind. Außerdem können sie die Werthaltigkeit des Unternehmens besser einschätzen. Diesen Informationsvorsprung nutzen sie bei der Zeichnung erfolgreicher IPOs aus, indem sie hohe Zeichnungsaufträge einreichen und nur bei erfolgversprechenden Emissionen partizipieren. Die große Masse der „Uninformierten" zeichnet jedoch bei (praktisch) allen IPOs, da sie sich bei allen IPOs eine signifikant positive Rendite versprechen. Die Folge ist eine geringe Zuteilungswahrscheinlichkeit bei sehr erfolgreichen IPOs und eine relativ höhere Zuteilungswahrscheinlichkeit bei IPOs mit einer negativen Kursentwicklung. Aufgrund dieses doppelten Effekts ist gerade das Risiko bei Kleinanlegern besonders ausgeprägt. Vgl. Rock (1986).

104 Dies tritt z.B. infolge mangelhafter Beratung der Investoren ein.

105 Grundsätzlich muss beispielsweise ein Konto bei der Bank existieren.

106 Zunächst muss dem Investor ein hinreichender Risikoinvestmentgrad zugewiesen worden sein.

Kundenberater der Bank in Form von Broschüren, Prospekten und Berichten von und über das Unternehmen im Rahmen eines Beratungsgesprächs vermittelt. Alternativ bzw. ergänzend hat der Investor selbst die Möglichkeit, sich aktiv um Informationen zu bemühen. Das Unternehmen bietet hierzu in der Regel über vielfältige Kommunikationskanäle (Internet, Post, Telefon etc.) umfangreiches Informationsmaterial kostenlos an. Dies richtet sich insbesondere an Kunden von Direktbanken, denen in der Regel kein Filialnetz und keine persönliche Beratung zur Verfügung steht.

Die Sammlung aller Zeichnungsaufträge wird von dem „Bookrunner", also der den Bookbuildingprozess organisierenden Investmentbank, vorgenommen. Am Ende der Zeichnungsfrist findet dann die Festlegung des Emissionspreises und die Zuteilung der Aktien statt. Der Preis kann innerhalb der Preisspanne frei bestimmt werden, solange die Nachfrage das Angebot übersteigt. Bei (stark) überzeichneten Aktien wird üblicherweise das obere Ende der Preisspanne gewählt. Auch hinsichtlich des Zuteilungsverfahrens bei überzeichneten Emissionen steht es dem Emittenten frei, über die Art und Weise der Zuteilung zu bestimmen.[107] Aus Emittentenperspektive ist es von Vorteil, wenn die Aktien möglichst breit bei langfristig orientierten Investoren[108] gestreut werden, da so verhindert wird, dass einzelne Großinvestoren Einfluss auf das Unternehmen ausüben können. Außerdem sinken durch breit gestreute Anteile die (Eigen-) Kapitalkosten, da damit zumeist ein weniger schwankungsanfälliger Kursverlauf einhergeht.[109] Demgegenüber verfolgen die Emissionsbanken das Ziel, die Emission möglichst kostenminimal distribuieren zu können und durch das Verhalten bei dieser Emission die eigene Reputation für zukünftige Emissionsbegleitungen zu erhöhen.[110]

---

107 Es bieten sich grundsätzlich verschiedene Zuteilungsformen an, vgl. Hohla (2001), S. 76.

108 Kleinanleger kommen diesem Ideal am nächsten, weil sie in der Regel weniger häufig handeln als institutionelle Investoren.

109 Dadurch sinkt die Volatilität, die über die Risikoprämie die Finanzierungskosten des Unternehmens beeinflusst.

110 Zum Reputationsaufbau vgl. Carter/ Manaster (1990).

In praxi findet meist ein Losentscheid kombiniert mit einer Mindestzuteilung oder einer prozentualen Zuteilung statt. Die Deutsche Telekom beispielsweise wählte für ihren Börsengang 1996 eine modifizierte prozentuale Zuteilung, indem sie Privatanlegern je nach Höhe des Zeichnungsauftrags eine bestimmte absolute Anzahl an Aktien zugeteilt hat. In vielen Fällen extremer Überzeichnung - im Neuen Markt wurden mehrfach bis zu hundertfache Überzeichnungsquoten festgestellt - wurde eine bestimmte Mindestanzahl an Aktien pro Investor festgelegt und per Losentscheid die „Gewinner" dieser Aktien ermittelt.
In Fällen einer (hohen) Überzeichnung wird z.T. Gebrauch von dem sogenannten Greenshoe[111], einer Mehrzuteilungsoption von Aktien aus dem Bestand der Altaktionäre, gemacht.

Sind alle Aktien zugeteilt, so folgt meist unmittelbar die Aufnahme des Handels an der Börse. Damit ist offiziell zum ersten Mal die Möglichkeit gegeben, den Anteilsschein zu einem durch Angebot und Nachfrage frei zustandegekommenen Preis, dem Aktienkurs, zu verkaufen bzw. zu kaufen.[112] Die Anteilsscheine werden somit fungibel.
Die (positive) Differenz des am ersten Handelstag festgestellten (Kassa- bzw. Schluss-) Kurses (Sekundärmarktpreis) mit dem Ausgabepreis (Primärmarktpreis) wird als Underpricing bezeichnet und fällt gerade in Hot-issue-Phasen erheblich aus.
Das Interesse der gesamten „financial community"[113] und Teilen der Öffentlichkeit ist auf den Tag der Handelsaufnahme gerichtet, weil sich durch das erstma-

[111] Der Begriff geht zurück auf die „Green Shoe Manufacturing Company", die erstmals dieses Verfahren angewendet hat.

[112] In Deutschland existiert eine Ausnahmeregelung für den vorbörslichen Handel. Es wird geduldet, bereits während der Bookbuildingphase außerbörslich Handel zu treiben. Verschiedene Kursmakler - z.B. Schnigge - stellen entsprechende Graumarkt-Kurse. Streng-genommen handelt es sich um eine Art Terminhandel, da keine tatsächlichen Anteilsscheine den Besitzer wechseln, sondern nur die Verpflichtung von Seiten der Handelspartner, durch den Börsengang erhaltene und ab der Börseneinführung fungible Aktien gemäß der Vereinbarung zu verkaufen bzw. zu kaufen.

[113] Hierunter wird die Gesamtheit aller am Aktienmarkt direkt oder indirekt beteiligten Personen verstanden. Vgl. Schönborn/ Tschugg (2002), S. 5.

lige freie Aufeinandertreffen von Angebot und Nachfrage der tatsächliche Marktwert des Unternehmens unter Berücksichtigung aller öffentlich verfügbaren Informationen zeigt und das Ausmaß des Underpricing erkennbar wird.
Für den Börsenkandidaten, den Anleger und die beteiligten Intermediäre, aber auch weitere Stakeholder, stellt der Tag der Börseneinführung den Abschluss des Börsengangs i.e.S. dar.

Das **Ergebnis der Börseneinführungsphase** besteht in der Zuteilung der Aktien an die Investoren zu dem innerhalb der Bookbuildingspanne festgelegten Preis und der Aufnahme des Handels an (dem Sekundärmarkt) der Börse.

2.1.4 Börsenphase

Mit der Aufnahme des Handels wird gleichzeitig auch die Börsenphase eingeläutet. Damit ist die Neuemission grundsätzlich den gleichen Marktmechanismen ausgesetzt wie bereits länger notierte Aktien. Für das Unternehmen ergibt sich die Herausforderung, den Ansprüchen der Investoren nicht nur während der begrenzten Zeitspanne des Börsengangs, sondern dauerhaft gerecht zu werden. Dazu bietet es sich an, die für den IPO generierten Informationen über das Unternehmen permanent zu pflegen, um Investoren den Eindruck zu vermitteln, vollständig informiert zu sein. Um dies sicherzustellen, sollten die bereits während des IPO eingesetzten Investor Relations-Instrumente - z.B. Gespräche mit (institutionellen) Investoren, Analystenmeetings, Prospekte und Bilanzen - perpetuiert werden.

Darüber hinaus sind einige mit dem Börsengang in Zusammenhang stehende Besonderheiten zu beachten. Die ersten Handelstage sind durchgängig von einem weit überdurchschnittlichen Handelsvolumen und einer sehr hohen Schwankungsanfälligkeit der Kurse (Volatilität) geprägt. Viele Anleger, die eine Zuteilung erhalten haben, verkaufen ihre Aktien, um Kursgewinne (oder -verluste) zu realisieren. Gleichzeitig kaufen andere Anleger, die keine Zuteilung

erhalten haben, aber dennoch in der Aktie investiert sein wollen. Des Weiteren kommen potentiell nach Ablauf der Sperr- (Lock-up-)Frist, also der Eigenbeschränkung eines Aktienverkaufs durch die Altaktionäre, von zumeist zwischen 12 und 24 Monaten von Alteigentümern gehaltene Anteile an die Börse, was zu (kurzfristig) höheren Umsätzen und nachgebenden Kursen führt.[114]
Nach dieser Zeitspanne sind die letzten mit dem Börsengang ursächlich in Verbindung stehenden Besonderheiten beendet und der Handel verläuft grundsätzlich gleich dem einer „normalen" Aktie.

2.2 Besonderheiten des Neuemissionsmarktes

Die Häufigkeit der IPOs hängt von verschiedenen Faktoren ab, die in den einzelnen Ländern herrschen - wirtschaftliche Lage, rechtliche Rahmenbedingungen, Ausprägung der Aktienkultur etc. -, und ist dementsprechend starken Schwankungen unterworfen.
Mit Börsengängen werden immer wieder drei kapitalmarktbezogene Anomalien in Verbindung gebracht.[115] Dazu gehören erstens z.T. außergewöhnlich hohe positive Kurssteigerungen am ersten Handelstag („Underpricing"), zweitens Phasen besonders hoher Emissionsaktivität bei gleichzeitig überdurchschnittlich hohem Underpricing („Hot-issue-Phasen") und drittens negative Langfristrenditen von IPOs an der Börse („Long-run Underperformance").[116] Es lassen sich für die Anomalien keine einfachen Erklärungen anbringen, weswegen sich die wissenschaftliche Forschung insbesondere angelsächsischer Prägung intensiv mit verschiedenen Erklärungsansätzen auseinander gesetzt hat. Wie die Ausführungen zum Stand der Forschung bei IPOs in Kapitel 3 zeigen werden, steht besonders das Underpricing im Fokus: „Of the three anomalies associated with initial pub-

[114] Vgl. zum Auslaufen der Lock-up-Frist die in Kapitel 3.1.4 aufgeführten zahlreichen empirischen Studien.

[115] Vgl. z.B. Rajan/ Servaes (1997), S. 507.

[116] Die langfristige Underperformance steht nicht im Fokus der Ausführungen, weil diese Anomalie auf den Zeitraum nach Beendigung des Börsengangs bezogen ist.

lic offerings (IPOs) - underpricing, „hot issue“ markets, and long-run underperformance - the significant average underpricing of IPO issues is the best known and most widely studied.“[117]

Die im Nachfolgenden aufgeführten Tabellen und Abbildungen zeigen nur eine kleine Auswahl des insgesamt verfügbaren Datenmaterials. Mit ihnen soll ein grundlegender Überblick über das Phänomen Börsengang gewährt werden. Des Weiteren wird bezweckt, die Besonderheit und Faszination, die von Börsengängen ausgeht, mit Zahlen zu untermauern. Schließlich wird deutlich gemacht, dass die Unternehmen, die einen Börsengang durchführen, eine ausgeprägte Verschiedenartigkeit auszeichnet.

Die nachfolgende Tabelle 1 gibt einen Überblick über die Häufigkeit von IPOs und deren durchschnittliches Underpricing für verschiedene Länder.

---

117 Asquith/ Jones/ Kieschnick (1998), S. 1759. Hunt-McCool/ Koh/ Francis (1996) gehen noch einen Schritt weiter und konstatieren, dass es in der Kapitalmarktforschung insgesamt kaum ein ähnlich intensiv erforschten Themenbereich gibt: „One of the most widely investigated phenomena in the finance literature is the price performance of initial public offerings (IPOs) of common stock“. (Hunt-McCool/ Koh/ Francis (1996), S. 1251).

Autor (Jahr)	Land	Zeitraum	n	Underpricing
US-amerikanischer Kapitalmarkt				
Beatty/ Ritter (1986)	USA	1981-82	545	+14,1%
Carter/ Manaster (1990)	USA	1979-83	501	+16,8%
DuCharme et al. (2001)	USA	1988-99	342	+75,0%
Fohlin (2000)	USA	1998-00	800	+67,0%
Habib/ Ljungqvist (2001)	USA	1991-95	1376	+14,0%
Hanley (1993)	USA	1983-87	1430	+12,4%
Ibbotson (1975)	USA	1960-69	120	+11,4%
Ibbotson / Sindelar/ Ritter (1988)	USA	1960-87	8668	+16,4%
Loughran (1993)	USA	1967-87	3656	+17,3%
Loughran / Ritter (2002)	USA	1990-98	3025	+14,0%
Ritter (1991)	USA	1975-84	1526	+34,5%
Welch (1989)	USA	1977-82	1028	+26,0%
Europäische Kapitalmärkte				
Rogiers/ Manigart/ Ooghe (1992)	Belgien	1984-90	28	+10,1%
Levis (1993)	England	1980-88	712	+14,1%
Keloharju (1993)	Finnland	1984-89	80	+8,7%
Jenkinson/ Mayer (1988)	Frankreich	1986-87	11	+25,0%
Cherubini/ Ratti (1992)	Italien	1985-91	75	+27,1%
Wessels (1989)	Niederlande	1982-87	26	+15,5%
Aussenegg (1997)	Österreich	1984-96	67	+6,5%
Alpalhao (1988)	Portugal	1986-87	62	+54,4%
Rydqvist (1997)	Schweden	1980-94	251	+34,1%
Kaden (1991)	Schweiz	1981-89	90	+48,9%
Emerging Markets				
Aggarwal/ Leal/ Hernandez (1993)	Brasilien	1979-90	62	+78,5%
Aggarwal/ Leal/ Hernandez (1993)	Chile	1982-90	19	+16,3%
Su/ Fleisher (1997)	China	1990-95	308	+949,0%
Fukuda (1997)	Japan	1983-89	69	+55,0%
Kim et al. (1995)	Korea	1985-89	99	+57,6%
Lee/ Taylor/ Walter (1996)	Singapur	1973-92	128	+31,4%
Li (2004)	China	1999-02	354	+132,5%

Tabelle 1: Emissionsaktivität in verschiedenen Ländern[118]

Es gibt kein einziges Land mit einer negativen durchschnittlichen Kurssteigerung am ersten Handelstag (Underpricing), allerdings ist die Spannweite des Underpricing sehr groß und reicht von 6,5 Prozent bis zu 949 Prozent.[119] Um die

[118] Quelle: Ibbotson/ Ritter (1995), S. 996, Lubig (2004), S. 95.

[119] Bevor eine intensive wissenschaftliche Diskussion über IPOs einsetzte, waren die Zeichnungsrenditen selbst für Fachleute erstaunlich hoch, weswegen Ritter in der einleitenden Zusammenfassung (abstract) zu seiner ersten weithin beachteten Veröffentlichung gesondert darauf verwies, dass es sich um eine tägliche Rendite handele. „This paper analyzes the „hot issue" market of 1980, the 15-month period starting in January 1980 and

Höhe des Underpricing besser einschätzen zu können, sei auf die durchschnittliche Kurssteigerung einer am Sekundärmarkt gehandelten „normalen“ Aktie verwiesen, die sich auf ca. 0,03 Prozent beläuft.[120] Selbst extreme Kurssteigerungen liegen selten über zehn, geschweigedenn einhundert Prozent. Ferner fällt auf, dass angelsächsisch geprägte Länder eine größere Anzahl an Neuemissionen aufweisen.

Das durchschnittliche Underpricing verbirgt jedoch die im Zeitablauf zu beobachtenden Schwankungen der Emissionstätigkeit. In einigen Phasen findet eine große Anzahl an Neuemissionen statt („Hot-issue-Phasen“)[121], in anderen Zeitabschnitten wiederum kommt die Emissionstätigkeit praktisch zum Erliegen und die Zeichnungsrenditen sinken ab. Dies wird als „Cold-issue-Phase“ bezeichnet. Sowohl die dauerhaft positiven Zeichnungsrenditen als auch die Schwankungen im Zeitablauf sind für Laien und Wissenschaftler gleichermaßen erstaunlich. Jenkinson/ Ljungqvist schreiben dazu in ihrem Standardwerk über IPOs: „The received wisdom in finance textbooks is that issuing corporate securities in an efficient market should not be a positive net present value (NPV) transaction, meaning that the timing of a financing decision should not matter since any offering will be fairly priced. It might be tempting, therefore, to conclude that IPOs occur randomly over time. However, this is not what we observe in practice.“[122]

Nachfolgend wird die Emissionstätigkeit der letzten Jahre für die USA als weltweit größtem IPO-Markt und für Deutschland aufgezeigt.

extending through March 1981 during which the average initial return on unseasoned new issues of common stock was 48,4%. (*This is not an annualized return.*)“ (Ritter (1984), S. 215). Im Original keine Hervorhebung durch Kursivschrift.

120 Für die Berechnung wurden eine durchschnittliche jährliche Rendite von 7,5% und 250 Handelstage unterstellt.

121 Der Begriff wurde erstmals von Ibbotson/ Jaffe für eine Phase an der Börse geprägt, in der das Emissionsvolumen und die Höhe des Underpricing signifikant höher als im Durchschnitt ausfallen. Vgl. Ibbotson/ Jaffe (1975), S. 1027. Ein eindeutiger quantitativer Grenzwert, ab dem der Primärmarkt als „hot issue market“ zu bezeichnen ist, existiert jedoch nicht.

122 Jenkinson/ Ljungqvist (2001), S. 43f.

Die ersten beiden Abbildungen für den US-Markt zeigen die Entwicklung im Zeitraum von Beginn der 1980er Jahre bis zum Jahr 2001. Sowohl das Emissionsvolumen - auf der rechten Skala von Abbildung 4 abgetragen - als auch die Anzahl der Börsengänge steigt bis zum Ende der 1990er Jahre, der Boomphase der Technologiemärkte, an. Auffällig sind zum einen die starken Schwankungen von den Minimal- zu den Maximalwerten und andererseits die beiden Wellen jeweils gegen Mitte der beiden Jahrzehnte. Die Anzahl der Börsengänge und die mit dem Börsengang erlösten Zahlungsmittel[123] sind im Zeitverlauf erheblich gestiegen, von nur zwei Mrd. US-$ 1980 bis in der Spitze (1999) zu 66,8 Mrd. US-$. Die große Bedeutung der Börse zur Unternehmensfinanzierung wird an dem insgesamt erlösten Volumen von 488 Mrd. US-$ deutlich.[124]

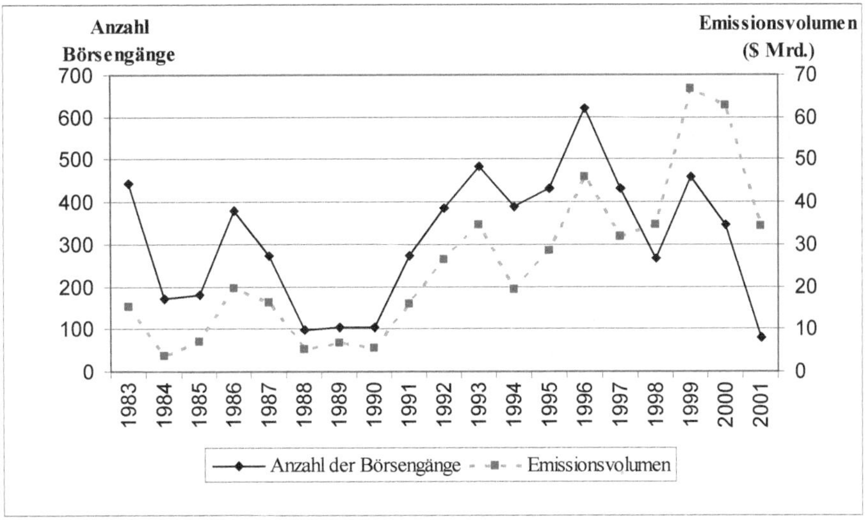

Abbildung 4: Entwicklung des amerikanischen IPO-Markts von 1983 bis 2001[125]

[123] Der Berechnung liegt eine Kaufkraftadjustierung zugrunde (Basisjahr 1999).

[124] Vgl. Ritter/ Welch (2002), S. 1797. Diese Zahlen berücksichtigen nur die Erlöse von IPOs und nicht diejenigen von Aktienverkäufen bereits notierter Unternehmen (seasoned equity offerings, SEO).

[125] Quelle: Ritter/ Welch (2002), S. 1797.

Abbildung 5 zeigt ergänzend die Entwicklung der Kurssteigerung des ersten Handelstages an der Börse (Underpricing).[126] Bis zur Mitte der 1990er Jahre pendelt das durchschnittliche Underpricing bei einer leichten Aufwärtstendenz um den Wert von 10%. Für sich betrachtet sind 10% Kurssteigerung an einem Handelstag schon erheblich, verglichen mit Werten von über 50% im Durchschnitt aller Emissionen der Jahre 1999 und 2000 nehmen sie sich jedoch gering aus. Mit dem Platzen der Spekulationsblase Anfang dieses Jahrzehnts entwickelten sich sowohl das Emissionsvolumen als auch das Underpricing rückläufig.

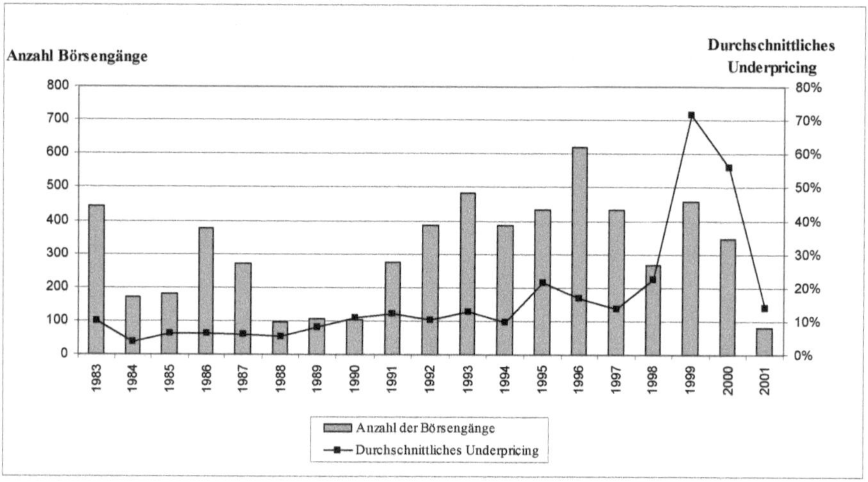

Abbildung 5: Anzahl der Börsengänge sowie das durchschnittliche Underpricing des amerikanischen Neuemissionsmarkts von 1983 bis 2001[127]

In Deutschland zeigte sich eine grundsätzlich vergleichbare Entwicklung wie am amerikanischen Neuemissionsmarkt, allerdings unter stärkeren Schwankungen. Besonders auffällig ist die bei Abbildung 6 zu erkennende Vervielfachung der

[126] Dieses Phänomen wird näher in Kapitel 3.1 betrachtet.

[127] Quelle: Ritter/ Welch (2002), S. 1797.

Anzahl von Börsenneulingen während der Boomphase des Neuen Marktes Ende der 1990er Jahre. Die in den Jahren von 1983-1997 üblichen 20 Neuemissionen werden in den Jahren 1999 und 2000 um das Siebenfache übertroffen, bevor auch hier ein Rückfall auf alte Niveaus stattfindet. Im Jahr 2003 wurde sogar zum ersten Mal seit Jahrzehnten kein einziger Börsengang durchgeführt.

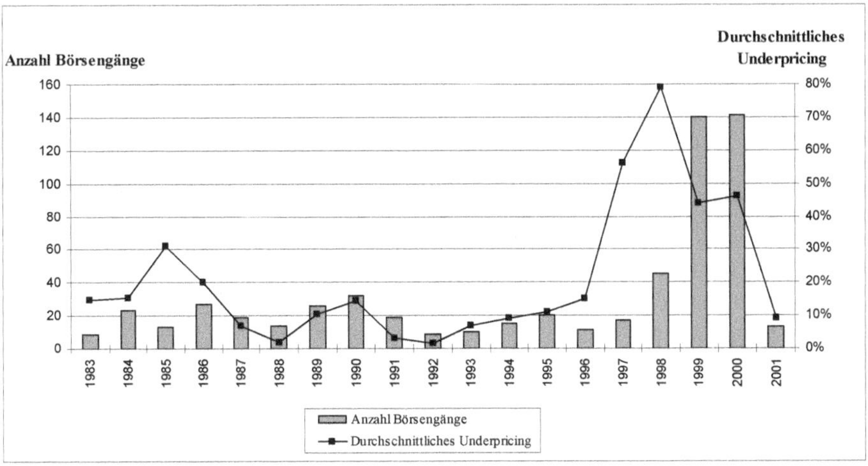

Abbildung 6: Anzahl der Börsengänge des deutschen Neuemissionsmarktes von 1983 bis 2001[128]

Aus den skizzierten Entwicklungen der Vergangenheit lässt sich ableiten, dass die momentan herrschende Cold-issue-Phase von einer erneuten Hot-issue-Phase abgelöst werden wird – nur der genaue Zeitpunkt ist noch unsicher.

Bislang wurden die Unternehmen als eine homogene Gruppe dargestellt. Bei genauerer Betrachtung fällt jedoch auf, dass eine Vielzahl verschiedener Unternehmen an die Börse strebt. Es sind praktisch alle Branchen mit mindestens einem Börsengang vertreten, wobei der Schwerpunkt der Emissionstätigkeit in der

[128] Quelle: 1983-1996: Roelofsen (2002), S. 153, 1997-2001: Lubig (2004), S. 81.

Zeit von 1997-2002 in dem Technologie-, Software- und Internetsektor lag.[129] Das Underpricing war insbesondere in den genannten Branchen überdurchschnittlich hoch, wobei der Internetsektor in der Zeit von 1997-2003 als höchsten Branchenwert ein durchschnittliches Underpricing von über 60% verzeichnete.[130]

Die Unternehmen unterscheiden sich auch nach ihrer Größe. Ein Unternehmen wie die Deutsche Telekom mit über 200.000 Mitarbeitern und einem Umsatz von mehr als 50 Mrd. Euro lässt sich nicht mit einem kleinen Unternehmen wie der web.de AG vergleichen, die zum Zeitpunkt des Börsengangs im Jahr 2000 mit wenigen Mitarbeitern einen Umsatz von 0,004 Mrd. Euro erwirtschaftet.[131]

Da viele Wachstumsunternehmen an die Börse streben,[132] liegt das durchschnittliche sowie das Median-Alter unter zehn Jahren.

---

129 Dies hat eine eigene Analyse der Börsengänge der vergangenen Jahre ergeben. Vgl. auch Lubig (2004), S. 85ff.

130 Vgl. Lubig (2004), S. 87.

131 Die genauen Werte lauten wie folgt: Deutsche Telekom, Umsatz (31.12.2003): 58 Mrd. Euro, Mitarbeiter: 244.000. Web.de AG, Umsatz (31.12.1999): 3,5 Mio. Euro, Mitarbeiter: 45. Vgl. o.V. (Geschäftsbericht Deutsche Telekom) (2005) bzw. o.V. (Geschäftsbericht web.de AG) (2000). Für den Neuen Markt gilt, dass sich der geringste Umsatz auf weniger als eine Million Euro beläuft; der Maximalwert liegt bei etwas mehr als dem tausendfachen (1,1 Mrd. Euro).

132 Gründe, die das erklären helfen, werden in den Kapiteln 3.1.1 und 4 dargestellt.

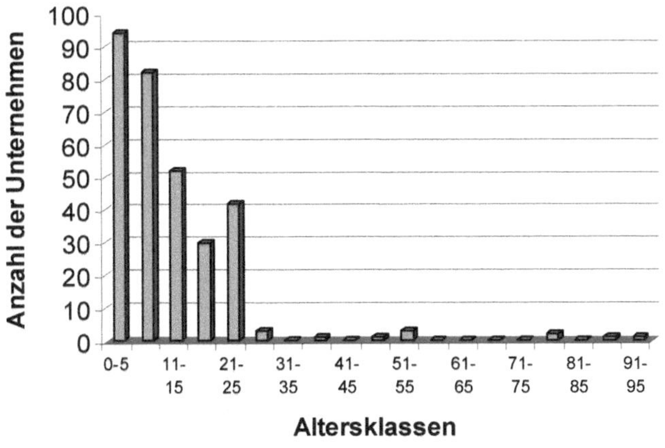

Abbildung 7: Die Altersstruktur der Neuemissionen am Neuen Markt von 1997-2000

Mit dem Alter des Unternehmens und der Phase des Lebenszyklus, in der sich das Unternehmen zum Zeitpunkt des Börsengangs befindet, korrespondiert in vielen Fällen die Größe des Unternehmens. Auch die Profitabilität der IPO-Unternehmen weist eine große Spannweite auf und ist Schwankungen im Zeitablauf unterworfen. Die folgende Tabelle 2 zeigt, dass in der Boomphase Ende der 1990er Jahre mehr als drei Viertel aller Unternehmen noch keine Gewinne erzielen konnten – dennoch wiesen gerade diese Unternehmen die höchsten Kurssteigerungen am ersten Handelstag (Underpricing) auf.

Zeitraum	Anteil der Unternehmen mit	Durchschnittliches Underpricing der Unternehmen mit	
	KGV < 0	KGV < 0	KGV > 0
1980-1989	19,0%	9,1%	6,8%
1990-1994	26,0%	10,8%	11,4%
1995-1998	37,0%	19,2%	17,4%
1999-2000	79,0%	72,0%	43,5%
2001	49,0%	13,4%	14,6%
1980-2001	34,0%	31,4%	12,5%

Tabelle 2: Anteil der IPOs mit operativen Verlusten[133]

Die Ausführungen haben gezeigt, dass am Neuemissionsmarkt stets (hohe) positive durchschnittliche Zeichnungsrenditen zu beobachten sind, die im Zeitablauf starken Schwankungen unterworfen sind: Mit hohen Zeichnungsrenditen geht eine rege Emissionstätigkeit einher (Hot-issue-Phase), mit unterdurchschnittlichen Zeichnungsrenditen sinkt die Anzahl der Börsengänge (Cold-issue-Phasen).

Warum die „Anomalien“ - Underpricing und Hot-issue-Phasen - existieren, ist in zahlreichen wissenschaftlichen Forschungsansätzen untersucht worden, die im folgenden Kapitel dargestellt werden. Auch aufgrund der ausgeprägten Heterogenität konnte bislang keine allgemeingültige Erklärung hervorgebracht werden, sodass weiterhin von einem „New Issues Puzzle“[134] gesprochen werden muss.[135]

---

133 Quelle: Ritter/ Welch (2002), S. 1800.

134 Loughran/ Ritter (1995), Titel.

135 Vgl. dazu u.a. Lowry/ Schwert (2001), S. 1, Loughran/ Ritter (2002), S. 12, Jenkinson/ Ljungqvist (2001), S. 53.

3 IPO-Erklärungsansätze

Die wissenschaftliche Auseinandersetzung mit Börsengängen hat eine Fülle an theoretischen Erklärungsansätzen und empirischen Erkenntnissen hervorgebracht. Die Verschiedenartigkeit der Ansätze und die z.T. widersprüchlichen Ergebnisse haben dazu geführt, dass viele Autoren auf eine mit Zuordnungsschwierigkeiten verbundene Systematisierung verzichten.[136] Aber auch die meisten existierenden Systematisierungen sind zu kritisieren.[137] In der Literatur hat sich folglich noch keine einzelne Kategorisierung als allgemein akzeptiert herauskristallisiert.[138]

Für die vorliegende Arbeit wurde erstmals eine entscheidungsorientierte[139] Strukturierung vorgenommen, die sich zum einen an der Ereignissequenz des IPO-Prozesses orientiert und zum anderen daran, ob der Ansatz der kapitalmarktorientierten oder gütermarktorientierten Zielsetzung dient.[140] Die Erkennt-

---

136 Vgl. Lubig (2004), S. 151.

137 Bis zur Mitte der 1990er Jahre umfassten die meisten Strukturierungen lediglich die Underpricing-Modelle, die nach den unterschiedlichen Annahmen der Modelle differenziert wurden. Kaserer/ Kempf beispielsweise grenzen Modelle, die auf der Annahme einer Informationsasymmetrie beruhen, von „Ad-hoc-Erklärungsansätzen" ab. Vgl. Kaserer/ Kempf (1995); Ehrhardt subsumiert beide Kategorien zu den „Erklärungsansätzen auf der Grundlage informationseffizienter Kapitalmärkte" und stellt sie Ansätzen über „Underpricing als Folge von Marktineffizienzen in Teilmärkten" gegenüber. Vgl. Ehrhardt (1997). Diesen Strukturierungen soll in der vorliegenden Arbeit insbesondere aufgrund der geringen Aussagekraft nicht gefolgt werden.

138 Vgl. Lubig (2004), S. 151. Vgl. auch die unterschiedlichen Systematisierungen bei Jenkinson/ Ljungqvist und Ritter/ Welch. Vgl. Jenkinson/ Ljungqvist (2001), S. 63ff. und Ritter/ Welch (2002).

139 Damit soll die in der Einleitung dieser Arbeit (Kapitel 1.3) erläuterte Philosophie der entscheidungsorientierten BWL u.a. nach Simon, Heinen und Schneider aufgegriffen werden. Vgl. Schneider (1987), S. 190f.

140 Die Mehrzahl bisheriger Strukturierungen orientiert sich an der wissenschaftlichen Vorgehensweise. So werden beispielsweise Ansätze, die eine Informationsasymmetrie zugrundelegen, von Ansätzen ohne die Annahme einer Informationsasymmetrie (z.B. über die Marktmacht von Investmentbanken) voneinander abgegrenzt, obwohl in beiden Fällen gleichermaßen das Underpricing-Phänomen zu erklären versucht wird. Die in dieser Arbeit zugrundegelegte entscheidungsorientierte Strukturierung stellt sämtliche das Underpricing-Phänomen betreffende Ansätze im Kapitel 3.1.3 (Börseneinführungsphase)

nisse der IPO-Ansätze dienen damit - als Informationsbeschaffung, -aufbereitung und -analyse im Sinne von Simon und Berens - zur Vorbereitung der in den einzelnen Phasen zu treffenden zielsetzungsgerechten Entscheidungen.[141]

Zunächst werden die Erklärungsansätze nach den zwei wichtigsten mit dem Börsengang verfolgten Motiven differenziert: zum einen sind dies die finanzmarktorientierten Motive (Beschaffung von Finanzierungsmitteln) und zum anderen das realgütermarktorientierte Marketingmotiv in Form der Steigerung des Bekanntheitsgrades und der Verbesserung des Images.

Die Unterteilung der IPO-Modelle nach den beiden wichtigsten Motiven stellt sicher, dass ausschließlich Ansätze aufgeführt werden, die für das jeweils relevante Motiv einen Erkenntnisgewinn bringen und damit eine Entscheidungsvorbereitung zu leisten imstande sind. Verfolgt eine Holdinggesellschaft beispielsweise als einziges Ziel die effiziente Beschaffung von Finanzierungsmitteln, so spielen Erkenntnisse über eine mögliche Steigerung des Bekanntheitsgrads keine Rolle, über die Höhe des Underpricing und die damit entgangenen Finanzierungsmittel hingegen schon.

Wird jedoch die Zielsetzung verfolgt, mit dem Börsengang gütermarktrelevante Marketingziele zu verbessern, so liefern Studien entscheidungsunterstützende Informationen, die beispielsweise die Auswirkungen des IPO auf die operative Performance in der Börsenphase beleuchten.

Anhand des ersten Kriteriums findet somit eine Dichotomisierung der Ansätze danach statt, ob sie kapitalmarkt- oder gütermarktrelevante Erkenntnisse liefern. Die Unterteilung soll jedoch nicht die Illusion erzeugen, aufgrund eines dominierenden Motivs seien die jeweils anderen Erklärungsansätze irrelevant. Dies entspräche schon allein deshalb nicht der Realität, weil zahlreiche Interdependenzen zwischen den Zielsetzungen vorherrschen, die von den Entscheidungen

dar, weil das Unternehmen während dieser Phase die Entscheidung über die Beeinflussung der Höhe des Underpricing zu treffen hat. Eine überwiegend entscheidungsorientierte Kategorisierung, wenngleich von den Autoren nicht explizit genannt, liegt bei Ritter/ Welch (2002) vor.

141 Vgl. Simon (1959) sowie in einem modernen, pragmatischen Kontext einer Controllingdefinition Berens/ Bertelsmann (2002).

während des IPO-Prozesses zwangsläufig ausgelöst werden.[142] Beispielsweise betrifft die Höhe des angestrebten Underpricings die Einzahlungen, die die Altaktionäre erlösen, aber auch - wie noch gezeigt werden wird - das Ausmaß der Informationsproduktion und der massenmedialen Berichterstattung. Durch die Entscheidung wird folglich sowohl das Finanzierungsmotiv als auch das Marketingmotiv beeinflusst.

Als zweites Strukturierungskriterium werden die im vorherigen Kapitel erläuterten vier Phasen des IPO-Prozesses herangezogen. Alle Veröffentlichungen werden danach beurteilt, in welcher Phase sie dem Unternehmen entscheidungsunterstützende Informationen liefern.[143] In der Vorbereitungsphase wird beispielsweise die Entscheidung über die *Auswahl* der geeigneten Investmentbank getroffen: Als das für den IPO-Prozess wichtigste Charakteristikum der Investmentbank wird in der Literatur die Reputation identifiziert. Da sich die Reputation der Investmentbank während des IPO-Prozesses nicht ändert, gleichwohl einen facettenreichen Einfluss auf den Erfolg des gesamten Börsengangs ausübt, ist sie bereits in dieser Phase entscheidungsrelevant. Alle Erklärungsmodelle, die sich mit den Auswirkungen der Reputation der Investmentbank auf den IPO-Prozess auseinandersetzen, werden somit der zweiten Phase zugeordnet. Ansätze, die hingegen das *Verhalten* der Investmentbank während der Bookbuildingphase betreffen, gehören zur dritten Phase (Börseneinführungsphase). Darunter fallen beispielsweise Ansätze hinsichtlich der Zuteilung von Aktien durch die Investmentbank.

142 Neben der Entscheidung über die Höhe des Underpricing existiert noch eine Vielzahl an weiteren Entscheidungen im Verlauf des IPO-Prozesses (vgl. Kapitel 2), die von beiden Betrachtungsperspektiven beeinflusst werden, etwa die Auswahl der Investmentbank, die Zuteilungsmethodik etc.

143 Die Entscheidungsorientierung wird in dieser Arbeit aus Sicht des Unternehmens betrachtet. Alternativ könnte die Perspektive der Investoren eingenommen werden, die über die Teilnahme an der Zeichnung und den Zeitpunkt des Aktienverkaufs zu entscheiden haben. Die Perspektive der in den IPO-Prozess eingebundenen Dienstleister (Investmentbank, Auditor) wäre ebenfalls denkbar.

Die Größe des Forschungsgebietes und die Vielfalt der Ansätze lassen eine zweistufige Vorgehensweise sinnvoll erscheinen.[144]

1. Besonders grundlegende und aussagekräftige Ansätze werden ausführlich dargestellt und kritisch beleuchtet. Darunter fallen sämtliche Ansätze, die sich zum Marketingmotiv subsumieren lassen, sowie hinsichtlich der vorliegenden Arbeit relevante Ansätze zur Generierung bzw. Verteilung von Informationen, die sich dem Finanzierungsmotiv zuordnen lassen.
2. Weitere Ansätze, die hinsichtlich des Finanzierungsmotivs einen ergänzenden Erkenntnisgewinn liefern, werden anhand einer kurzen Zusammenfassung in Tabellenform übersichtlich dargestellt.

Die Darstellung des aktuellen Stands der IPO-Forschung ist für die nachfolgenden Ausführungen in mehrfacher Hinsicht von Bedeutung. Unmittelbar relevant sind die in Kapitel 3.2 erläuterten IPO-Ansätze, die einen expliziten Gütermarktbezug aufweisen.

Aber auch bei den in Kapitel 3.1 systematisierten kapitalmarktbezogenen Ansätzen ergibt sich eine direkte und indirekte Relevanz hinsichtlich der gütermarktbezogenen Marketingwirkungen.

Ein direkter Zusammenhang kann für diejenigen Modelle konstatiert werden, die zwar explizit für Wirkungen am Kapitalmarkt konstruiert worden sind, deren Erkenntnisse sich gleichwohl auch hinsichtlich der Gütermarktwirkungen übertragen lassen. Als ein Beispiel sei das Modell von Aggarwal/ Krigman/ Womack[145] genannt. Die Autoren sehen die durch den Börsengang ausgelösten Publicitywirkungen als vorteilhaft für das Unternehmen an, weil damit die Erlöse durch den Verkauf weiterer Aktien im Sekundärmarkt steigen. Die Autoren begründen dies in ihrem Modell damit, dass die Publicity eine höhere Aktiennachfrage induziert und die höhere Nachfrage - bei konstantem Aktienangebot - wie-

144 Eine eindeutige Klassifizierung ist im Einzelfall nicht möglich. Werden im Rahmen einer Veröffentlichung beispielsweise mehrere Aspekte gleichzeitig eruiert, erschwert dies die Zuordnung. Letztlich gibt der zentrale Untersuchungsgegenstand den Ausschlag für die Einordnung.

145 Vgl. Aggarwal/ Krigman/ Womack (2002).

derum zu einem höheren Aktienkurs im Sekundärmarkt führt. Das Modell ist insofern auch hinsichtlich der in dieser Arbeit bezweckten Analyse von Marketingwirkungen relevant, als der Grundgedanke ähnlich ist: Durch den Börsengang wird eine Publizitätswirkung ausgelöst, die zu einer höheren Nachfrage nach einem Angebot des Unternehmens führt. Lediglich das Betrachtungsobjekt ist ein anderes: Aggarwal/ Krigman/ Womack beziehen die Nachfrage ausschließlich auf den Kapitalmarkt, während die vorliegende Arbeit den Wirkungen am Gütermarkt nachgeht.

Indirekt relevant sind ferner solche Ansätze, die sich mit einer Entscheidung befassen, die sowohl Kapital- als auch Gütermarktrelevanz aufweisen. Beispielsweise stellen Ho et al. in einer in Kapitel 3.2 erläuterten empirischen Analyse fest, dass mit der Höhe des Underpricings die Anzahl der (gütermarktrelevanten) Medienberichte zusammenhängt. Folglich sind alle kapitalmarktbezogenen Ansätze von Bedeutung, die sich mit dem Underpricing-Phänomen auseinandersetzen. Eine ganzheitlich zielorientierte Entscheidung ist nur dann möglich, wenn alle relevanten Zielsetzungen berücksichtigt werden. Hinsichtlich des Underpricings bedeutet dies, dass das Underpricing unter Berücksichtigung der kapital- *und* realgütermarktbezogenen Wirkungen dimensioniert werden muss.
Gleiches gilt für die Entscheidung über die Durchführung des IPO bzw. dessen Zeitpunkt. Für den Börsengang kann letztlich nur ein Zeitpunkt gewählt werden, der einen optimalen Kompromiss zwischen dem Finanzierungsmotiv und dem Marketingmotiv (und sonstigen relevanten Motiven) darstellen muss. Nur so kann aus einer ganzheitlichen Unternehmensperspektive eine optimale Entscheidung gewährleistet werden.

Schließlich erlauben die Ausführungen der Kapitel 3.1 und 3.2 die in Kapitel 3.3 explizierte fundierte Ableitung und präzise Eingrenzung der Forschungslücke hinsichtlich der gütermarktbezogenen Wirkungen von Börsengängen.

3.1 Finanzmarktorientierte Ansätze

In der ersten Phase des IPO-Prozesses (*Entscheidungsphase*) stehen Veröffentlichungen für die grundsätzliche Entscheidung über die Durchführung des IPO sowie über den Zeitpunkt zur Verfügung. Sie befassen sich insbesondere aus theoretischer Sicht mit der Abwägung der Vor- und Nachteile eines Börsengangs und der Bestimmung des optimalen Zeitpunkts („timing").
Welche Charakteristika von Wirtschaftsprüfern („Auditor") bzw. Investmentbanken als externe Dienstleister im IPO-Prozess in der *Vorbereitungsphase* entscheidungsrelevant sind, zeigen die im zweiten Kapitel aufgelisteten Untersuchungen auf.
Die meisten der veröffentlichten Erklärungsansätze befassen sich mit der Kernphase des Börsengangprozesses. In der *Börseneinführungsphase* steht neben der Entscheidung über das Vermarktungsverfahren die Preisfindung und Zuteilung der Aktien im Fokus, die durch zahlreiche Ansätze zum Underpricing-Phänomen ergänzt werden.
In der *Börsenphase* treten einige mit dem Börsengang verbundene Besonderheiten auf, u.a. das Auslaufen der Lock-up-Frist. Die meisten Veröffentlichungen analysieren und berechnen die (benchmarkadjustierte) langfristige unterdurchschnittliche Kursentwicklung.

3.1.1 Entscheidungsphase

Wie bereits in Kap 2.2 dargestellt wurde, sind die IPO-Unternehmen z.T. sehr unterschiedlich, was z.B. die Größe, die Branche oder das Alter anbelangt. So verwundert es nicht, dass auch eine Vielzahl verschiedener finanzmarktorientierter **Motive** existiert. Entsprechend heterogen stellt sich das Bild hinsichtlich der Gründe für den Börsengang dar.[146] Im Folgenden werden die wichtigsten Motive kurz erläutert:

---

[146] Fischer sowie Pagano/ Panetta/ Zingales haben für den deutschen und italienischen Markt anhand von empirischen Untersuchungen die Relevanz verschiedener Motive verifiziert.

- Beschaffung von Finanzierungsmitteln und Verbesserung der Eigenkapitalquote,
- Exit,
- Abschöpfung einer Überbewertung,
- Bekanntheitsgraderhöhung am Kapitalmarkt,
- Erschließen privater Informationen sowie
- Schaffung einer „Akquisitionswährung".

Beschaffung von Finanzierungsmitteln und Verbesserung der Eigenkapitalquote

In erster Linie dient der Börsengang Unternehmen als Finanzierungsquelle. Sie erlösen an der Börse Risikokapital, welches sie zur Finanzierung von Zukunftsinvestitionen nutzen.[147] Wie die Ausführungen in Kapitel 2.2 gezeigt haben, befinden sich viele IPO-Unternehmen in der oder sogar noch zu Beginn der Wachstumsphase des Lebenszyklus, in der Verluste und negative Cash-Flows in Kauf genommen werden, um Potentiale für ein zukünftig erfolgreiches Unternehmen zu erschließen. Sie benötigen die Liquidität für die Finanzierung von für ihre Unternehmensgröße umfangreichen, z.T. sehr risikobehafteten Investitionen, wie etwa bei Internet- oder Biotechnologieunternehmen. Wenngleich dieses Motiv einleuchtend erscheint, konnten Pagano/ Panetta/ Zingales für den italienischen Markt zeigen, dass die Finanzierungsmittel oftmals entweder zur Schuldentilgung eingesetzt oder als liquide Mittel vorgehalten wurden. Es wurden jedoch nur in geringem Maße tatsächlich Investitionen getätigt.[148]

Ein Grund für die Schuldentilgung, die überwiegend von etablierten Unternehmen vorgenommen wird, liegt in der gerade in Deutschland (zu) geringen Ei-

Sie haben dazu Unternehmen, die kein IPO durchgeführt haben, mit IPO-Unternehmen verglichen. Vgl. Fischer (2000), Pagano/ Panetta/ Zingales (1998).

147 Die Mittelverwendung spiegelt sich auf der Aktivseite der Bilanz wider. Veränderungen der Passivseite der Bilanz werden nachfolgend dargestellt.

148 Vgl. Pagano/ Panetta/ Zingales (1998).

genkapitalquote (EKQ). Mit der Schuldentilgung und der damit einhergehenden Bilanzverkürzung sinkt der Anteil der Schulden; die Eigenkapitalquote steigt. Dieser Effekt verstärkt die Verbesserung der Eigenkapitalquote, die durch das in absoluten Zahlen höhere Eigenkapital erreicht wird.

Eine höhere EKQ ermöglicht darüber hinaus eine Fremdfinanzierung zu günstigeren Konditionen und bringt einen größeren Entscheidungsspielraum im Hinblick auf riskantere Investitionsvorhaben mit sich, da sich die Gefahr reduziert, in wirtschaftlichen Schwächephasen in eine Überschuldung zu geraten.[149]

Außerdem erschließt eine Börsennotiz auch zukünftig größere Freiräume bei der Beschaffung von zusätzlichem Eigenkapital.[150]

Exit

Gerade bei größeren (mittelständischen) Unternehmen bietet die Börse eine geeignete Möglichkeit zum Verkauf der Eigenkapitalanteile (Exit). Der Wunsch dazu wird von verschiedenen Eigentümergruppen gleichermaßen vorgebracht. „Venture Capitalists" oder „Business Angels" eines jungen Start-up-Unternehmens trennen sich in der Regel nach 4-7 Jahren von ihrer (Eigenkapital-) Beteiligung, weil nach dieser Zeit ihre Aufgabe der Etablierung eines überlebensfähigen Unternehmens erfüllt ist.[151]

Viele mittelständische Unternehmen in Deutschland sind nach wie vor eigentümergeführt. Diese Entrepreneure im Sinne Jensen/ Mecklings[152] haben üblicherweise einen großen Anteil ihres Gesamtvermögens in dem Unternehmen investiert. Im Laufe der Zeit hat sich der Wert des Unternehmens z.T. erheblich gesteigert. Aus rein finanzieller Sicht und unter Vernachlässigung von emotio-

---

149 Vgl. Baetge (1998), S. 213.

150 Durch die Rechtsform als Aktiengesellschaft stehen zukünftig noch weitere Finanzierungsinstrumente zur Verfügung, z.B. die Begebung von Wandel- oder Optionsanleihen gemäß §221 AktG.

151 Vgl. Nevries (2005), S. 233ff.

152 Vgl. Jensen/ Meckling (1976).

nalen Bindungen an das Unternehmen stellt diese Kapitalallokation jedoch kein Optimum dar.[153] Die auf Markowitz (1952) zurückzuführende Portfoliotheorie bestimmt als Optimum ein perfekt diversifiziertes (effizientes) Portfolio. Eine perfekte Diversifikation wird durch eine hinreichend große *Vielfalt* verschiedener Risikoinvestments sichergestellt, weil sich deren unsystematisches bzw. firmenspezifisches Risiko kompensiert.[154] Ein *einzelnes* dominierendes Risikoinvestment in Form des eigenen Unternehmens verhindert jedoch eine hinreichende Diversifikation. Die der Risikoaversion des Individuums entsprechende Risikohöhe des Portfolios wird ausschließlich durch die Gewichtung des risikolosen bzw. risikobehafteten Anteils hergestellt.[155]

Die Platzierung an der Börse und der damit einhergehende Verkauf eigener Anteile ermöglicht somit eine effizientere Gestaltung des Portfolios des (Alt-) Aktionärs.[156]

Allerdings müssen nicht alle Anteile vollständig mit dem Börsengang verkauft werden, da der Börsengang zwangsläufig eine erhöhte Fungibilität der Eigenkapitalanteile mit sich bringt. Dabei wird die jederzeitige Handelbarkeit einer Aktie ohne Preisänderungswirkung einzelner Käufe als vollständige Liquidität bzw. Fungibilität bezeichnet.[157]

---

[153] Dies setzt die plausible und praktisch nachvollziehbare Annahme voraus, dass eine perfekte Risikostreuung durch die operative Tätigkeit des Unternehmens selbst nicht hergestellt werden kann, sondern nur im Rahmen der Portfoliogestaltung des Investors möglich ist.

[154] Als Voraussetzung muss gelten, dass keine perfekte Korrelation zwischen den Risikoinvestments herrscht.

[155] Nur das systematische Risiko wird hier berücksichtigt, da das unsystematische - oder firmenspezifische - Risiko durch Diversifikation eliminiert ist.

[156] Stoughton/ Zechner weisen auf die Schwierigkeit des effektiven Monitoring hin, die mit der breiten Streuung der Anteile am Aktienmarkt einhergeht: Ein Großaktionär muss bei seinen Überwachungsanstrengungen solange die Trittbrettfahrerproblematik in Kauf nehmen, wie sein Anteil kleiner als hundert Prozent ausfällt. Vgl. Stoughton/ Zechner (1998).

[157] Von Booth/ Chua wird angenommen, dass eine breitere Streuung der Anteile eine bessere Fungibilität induziert, was wiederum von Anlegern positiv bewertet wird und zu einem höheren Aktienkurs führt. Vgl. Booth/ Chua (1996).

Die (Alt-) Eigentümer können somit zu jedem Zeitpunkt nach dem IPO Anteile zum Marktwert verkaufen und damit unter Berücksichtigung aller auch nicht-finanzieller Beweggründe eine optimale Kapitalallokation sicherstellen.[158]

Abschöpfung einer Überbewertung

Die Altaktionäre können sich eine Besonderheit des Primärmarktes zunutze machen, da dort die Handelsmöglichkeiten, insbesondere das Tätigen von Leerverkäufen, eingeschränkt bzw. nicht erlaubt sind.

Das führt bei heterogenen Erwartungen der Anleger und einer das Angebot übersteigenden Nachfrage (Überzeichnung) zu einem Preis, der über dem Preis eines vollkommenen Marktes und somit einer „fairen" Bewertung liegt. Am Markt für Neuemissionen kann davon ausgegangen werden, dass aufgrund der kosteninduzierenden Beschaffung von Informationen die Informationen ungleichmäßig verteilt sind und in der Folge die Erwartungen der Investoren voneinander abweichen.[159] Eine Überzeichnung der Emission wird gerade in Hot-issue-Phasen regelmäßig beobachtet. Daraus folgt eine „Staffelung" der Nachfrage: Je höher der Preis im Primärmarkt steigt, desto geringer ist die Nachfrage. Es handelt sich folglich um eine preiselastische Nachfragefunktion.[160]

Im Primärmarkt könnte dann der Preis prinzipiell so weit angehoben werden, wie die Zahl der optimistischen Anleger gerade noch ausreichen würde, die gesamte Tranche abzunehmen. Empirische Ergebnisse weisen gerade bei stark nachgefragten IPOs mit einer hohen Überzeichnung tatsächlich auf eine (teil-

---

[158] Dass ein späterer Verkauf von Aktien intensiv genutzt wird, zeigen zum einen die häufig vorgenommenen „secondary equity offerings" (SEO) und zum anderen die hohen Umsätze nach dem Auslaufen der Lock-up-Frist. Vgl. dazu u.a. Welch (1989), S. 444, bzw. die Ausführungen in Kapitel 3.1.4.

[159] Rock unterteilt die Investoren dichotomisch in die sogenannten „informierten" und die „uninformierten". Vgl. Rock (1986).

[160] Für die Nachfragefunktion gilt eine negative erste Ableitung.

weise) Anpassung des Primärmarktpreises an das obere Ende der Bookbuildingspanne hin.[161]

Gegen diese an sich plausiblen Überlegungen sprechen verschiedene Tatsachen. Zum einen gilt die Überbewertung aufgrund der besonderen Struktur des Primärmarktes nur dort, weswegen theoretisch bereits am ersten Tag der Sekundärmarktnotiz aufgrund der gegebenen Möglichkeit der Leerverkäufe sich ein Preis gemäß den durchschnittlichen Erwartungen des Marktes einstellen würde.[162] Sollten Leerverkäufe nicht möglich sein, wird durch die Handelsnotiz die Unsicherheit bezüglich der zukünftigen Zahlungsströme im Zeitablauf immer weiter zurückgeführt, was über einen längeren Zeitraum den gleichen Effekt hat.[163]

Bekanntheitsgraderhöhung am Kapitalmarkt

Mit einem durch den Börsengang verursachten höheren Bekanntheitsgrad bei Kapitalmarktakteuren (Investoren) erhöht sich die Zahl der informierten Anleger. Mehr Informationen über die zu erwartenden Zahlungsströme des Unternehmens oder mehr informierte Anleger führen ihrerseits zu einer Verringerung der Unsicherheit der Investoren. Eine höhere Bekanntheit am Kapitalmarkt führt über die verringerte Unsicherheit und das stärkere Monitoring zu einer höheren Bewertung bzw. einer geringeren geforderten Kapitalverzinsung.[164] Als weiterer Vorteil zeigt sich die höhere Zahl der das Unternehmen überwachenden („monitoring“ betreibenden) Investoren;[165] zusätzlich stehen die Manager des Unter-

---

161 Vgl. dazu das „Partial adjustment“-Phänomen, welches in Kapitel 3.1.3 beschrieben wird. Miller sieht heterogene Meinungen gerade bei risikobehafteten Unternehmen. Vgl. Miller (1977).

162 Es wird ein Kapitalmarktgleichgewicht erzielt, wie es beim CAPM unter der Annahme homogener Erwartungen der Fall ist, vgl. Lintner (1969).

163 Vgl. hierzu Holden/ Subrahmanyam (1992). Die Autoren gehen von einer schnellen Anpassung aus.

164 Vgl. Fischer (2002), S. 58.

165 Vgl. Ellingsen/ Rydqvist (1997).

nehmens („agents“) durch das höhere „öffentliche Interesse“ unter vermehrter Beobachtung und Kontrolle - die Gefahr eines Fehlverhaltens zu Ungunsten des Unternehmens („moral hazard“) wird damit stärker unterbunden.[166]

Neben der Zunahme der Anzahl informierter Anleger wird implizit in mehreren Modellen der Vorteil der Schaffung positiver Informationen hervorgehoben. Bereits Ibbotson weist mit seinem vielfach replizierten Zitat „’leave a good taste in investors’ mouths’“[167] darauf hin, dass die Vermittlung eines positiven Eindruckes beim IPO bei weiteren Eigenkapitalemissionen („secondary equity offering“ (SEO)) zu einer stärkeren Nachfrage führt. Eine formale Begründung wird u.a. in den Informationsasymmetriemodellen von Welch, Grinblatt/ Hwang sowie Allen/ Faulhaber geliefert.[168]

Erschließen privater Informationen

Der Aktienkurs spiegelt der EMH zufolge die Einschätzung des Markts über den Wert des Unternehmens anhand aller öffentlich verfügbaren Informationen wider.[169]

Dabei verursacht jeder Aktienkauf (oder -verkauf) eines Investors nicht nur eine marginale Anpassung des Preises gemäß seines Kauf- (oder Verkaufs-) verhaltens, sondern gibt dadurch implizit seine Einschätzung über den Wert des Unternehmens preis. Diese zusätzlichen, dem Unternehmen vor einem Börsengang unbekannten Informationen und die damit verbundenen Werteinschätzungen helfen dem Management bei der Entscheidung für oder gegen eine Investition.[170]

---

[166] Daraus folgt ein weiterer Vorteil: Minderheitsaktionäre können weniger leicht von den Mehrheitsaktionären übervorteilt werden, wenn das Unternehmen unter stärkerer Beobachtung steht. Vgl. dazu Gomes (2000).

[167] Ibbotson (1975), S. 264.

[168] Vgl. Welch (1989), Grinblatt/ Hwang (1989), Allen/ Faulhaber (1989) sowie die Ausführungen darüber in Kapitel 3.1.3.

[169] Vgl. dazu die empirisch als tragfähig ermittelte „semi-strong form“ der „efficient market hypothesis“ (EMH) nach Fama (1970) sowie Fama (1991).

[170] Vgl. Subrahmanyam/ Titman (1999).

Die daraus folgende effizientere Kapitalallokation führt letztlich dann wieder zu einem höheren Unternehmenswert.

Die Kosten für die Beschaffung der relevanten Informationen sind jedoch nicht konstant: Je nach der Lebenszyklusphase des Unternehmens sind andere Informationen entscheidungsrelevant.[171] In der frühen Phase des Lebenszyklus sind die Fähigkeiten der Mitarbeiter oder die Tragfähigkeit der Geschäftsidee erfolgsentscheidend, die am besten von Experten beurteilt werden können. Entsprechende Experten werden von Venture Capitalists (VC) beschäftigt, sodass sich in dieser Phase eine Eigenkapitalfinanzierung nicht über die Börse, sondern mittels eines VC anbietet.

In späteren Phasen, wenn das Unternehmen die Tragfähigkeit des Geschäftsmodells nachgewiesen hat und in einem etablierten Markt tätig ist, gewinnen branchenspezifische (externe) Faktoren eine stärkere Bedeutung.[172] In diesem Fall bietet sich eher eine Publikumsfinanzierung an, weil die Beurteilung von externen Faktoren besser über eine Vielzahl von Personen erfolgt.

Maug leitet aus den phasenspezifisch relevanten Informationen denjenigen Zeitpunkt ab, zu dem sich der Börsengang gegenüber anderen Finanzierungsformen aus Unternehmenssicht lohnt. Dies ist genau dann der Fall, wenn sich die Informationen (marginal) besser von einer großen Anzahl von Kapitalmarktakteuren ableiten lassen.

Schaffung einer „Akquisitionswährung“

Für börsennotierte Unternehmen besteht im Gegensatz zu privat finanzierten Unternehmen die Möglichkeit, Firmenzusammenschlüsse oder -aufkäufe nicht mit Barmitteln, sondern in eigenen Aktien im Rahmen eines Aktientauschs zu vollziehen.

---

171 Vgl. Maug (2001).

172 Vgl. Maug (2001).

In einer stärker globalisierten Wirtschaftswelt mit geringeren Reaktionszeiten und zunehmendem Wettbewerb sehen sich immer mehr Unternehmen gezwungen, durch weltweite Kooperationen oder durch exogenes Wachstum das langfristige Überleben zu sichern. Die gestiegenen Bewertungen an Aktienbörsen machen Firmenkäufe mit Barmitteln in vielen Fällen praktisch unmöglich. Insbesondere in der High-Tech- sowie Internet-Branche erreichen die Börsenbewertungen z.T. ein Vielfaches der Bilanzsumme und des Umsatzes. Als „Akquisitionswährung“ kann jedoch die eigene Aktie eingesetzt werden, sodass die relative Bewertung der ausgetauschten Aktien eine betriebswirtschaftlich sinnvolle Transaktion ermöglicht.

Da ein Börsengang weitreichende Konsequenzen für das Unternehmen nach sich zieht, liegen der Entscheidung zur Durchführung eines Börsengangs zumeist mehrere Motive zugrunde. Die grundsätzliche Entscheidung beschränkt sich zudem nicht darauf, ob ein Börsengang durchgeführt werden soll, sondern berücksichtigt auch, welcher Zeitpunkt für den Börsengang auszuwählen ist.

Derjenige **Zeitpunkt** des IPO ist optimal, zu dem sich die mit dem IPO verfolgten Ziele bestmöglich erreichen lassen. Die Identifikation des „richtigen“ Zeitpunkts wird durch die Dynamik relevanter Parameter erschwert. Sowohl die Situation des Unternehmens (z.B. hinsichtlich der Phase des Lebenszyklus, der Investitionsvorhaben oder der Interessenlage der (bisherigen) Kapitalgeber hinsichtlich eines Anteilsverkaufs) als auch die am Kapitalmarkt herrschenden Rahmenbedingungen sind einem ständigen Wandel unterworfen. In der Vergangenheit konnte eine ausgesprochene Zyklik des Neuemissionsmarktes festgestellt werden.[173] Daraus lässt sich ableiten, dass Unternehmen bestimmte Zeitpunkte bzw. Phasen als geeigneter eingeschätzt haben als andere. Doch aus welchen Gründen entscheiden sich zu bestimmten Zeitpunkten erheblich mehr Unternehmen für einen Börsengang als zu anderen Zeiten? Hierauf gibt es bislang

[173] Vgl. dazu die Ausführungen in Kapitel 2.2.

keine eindeutige Antwort; es lassen sich allerdings verschiedene Anhaltspunkte ausmachen, die nachfolgend geschildert werden.
Zunächst spielen die Interessen der Anteilseigner eine entscheidende Rolle. Beharrt z.B. ein Venture Capitalist (VC) darauf, seine Eigenkapitalanteile über die Börse zu verkaufen, so sind alle anderen Faktoren irrelevant. Jede Verzögerung des IPO bedeutet für den VC c.p. eine verpasste Möglichkeit, bei einem anderen Unternehmen in der erfolgsentscheidenden Phase mit Risikokapital investieren zu können.[174] Genauso kann es vorkommen, dass der Entrepreneur z.B. aus privaten Gründen darauf besteht, seine Anteile unverzüglich über ein IPO zu verkaufen.
Bestehen hingegen keine durch die *Eigentümer* vorgegebenen Restriktionen hinsichtlich des Zeitpunkts, so ist der für das *Unternehmen* optimale Zeitpunkt zu bestimmen. Weil viele Unternehmen diesen während einer Hot-issue-Phase sehen, weisen die Erkenntnisse über das Vorkommen von Hot-issue-Phasen gleichzeitig auch darauf hin, warum diese Phase für Unternehmen vorteilhaft ist.

Um dies zu ergründen, hat sich ein breiter Strang wissenschaftlicher Forschung mit dem Phänomen der Hot- und Cold-issue-Phasen befasst.
In den Hot-issue-Phasen lohnt es sich für Unternehmen zunächst, das IPO in zeitlicher Nähe zu anderen Unternehmen anzustreben. Das liegt an verschiedenen Gründen, z.B. den positiven Spill-over-Effekten, wonach sich kosteninduzierende, bewertungsrelevante Informationen von vorherigen IPOs übertragen und damit „kostenlos“ nutzen lassen,[175] und den höheren Bewertungsmaßstäben in positiven Börsenphasen.[176]

---

[174] Vgl. Neus/ Walz (2001), Lerner (1994).

[175] Vgl. Benveniste et al. (2001), Lowry/ Schwert (2002), S. 1177f., Choe/ Masulis/ Nanda (1993).

[176] Gemessen an traditionellen Bewertungsmaßstäben wie KGVs oder dem „book to market-ratio“ ist das durchaus belegbar, da Börsenneulinge z.T. mit relativen Bewertungsmaßstäben bewertet werden, etwa durch das Peer-Verfahren, vgl. Copeland/ Koller/ Murrin (2002). Zu den Gründen siehe z.B. Alti (2001), Cao/ Shi (1999).

Schließlich existieren auch unternehmensendogene Gründe für das Timing,[177] z.B. die Notwendigkeit, bereits vorgenommene Investitionen im Nachhinein zu refinanzieren.[178] Dies war beispielsweise in der Öl- und Gasbranche in den USA durch neue Funde Anfang der 1980er Jahre bei vielen Unternehmen der Fall.[179] Ein weiteres Beispiel stellen Unternehmen der Internet- und High-tech-Branche Ende der 1990er Jahre dar.
Des Weiteren nutzen Unternehmen besonders günstige Zeitpunkte („windows of opportunity"), die eigenen Aktien bei entsprechender Nachfrage zu einem hohen Kurs zu platzieren. Je höher die Bewertung an der Börse, desto höher fallen die Einzahlungen aus beim IPO verkauften Anteilen an dem Unternehmen aus.[180]

Als Grund für die einen Hot-issue-Markt charakterisierenden hohen Kurssteigerungen ermittelt Ritter die Marktmacht-Hypothese („monopsony power hypothesis") als empirisch tragfähig.[181] Die Investmentbank konnte demnach ihre Marktmacht ausnutzen und den zumeist kleinen und jungen Unternehmen einen niedrigeren als den am Markt erzielbaren Preis oktroyieren und damit die eigenen Erträge maximieren.

---

177 Vgl. Benninga/ Helmantel/ Sarig (2000), Benveniste et al. (2001), Fischer (2000), Maksimovic/ Pichler (2000).

178 Pagano/ Panetta/ Zingales stellen bei einem erstmalig durchgeführten Vergleich von Unternehmen, die sich gegen bzw. für einen IPO entschieden haben, fest, dass die IPO-Unternehmen mit dem Börsengang insbesondere in der Vergangenheit finanzierte Investitionen bilanziell auszugleichen beabsichtigen. Vgl. Pagano/ Panetta/ Zingales (1998).

179 Vgl. z.B. Ritter (1984) sowie Ritter/ Welch (2002).

180 Vgl. Ritter (1991), S. 3, Arosio/ Bertoni/ Giudici (2001), S. 7.

181 Vgl. Ritter (1984). S. 232. Zwei weitere, nicht bestätigte Hypothesen sind die „speculative bubble hypothesis", nach der die hohen Kurssteigerungen nur durch eine spekulative Übertreibung im Sekundärmarkt hervorgerufen werden, und die „institutional lag hypothesis", nach der die Preisfestlegung im Primärmarkt zu einem frühen Zeitpunkt stattfindet und nachfolgende steigende Aktienkurse an der Börse nicht mehr eingepreist werden können, vgl. Ritter (1984) S. 231f.

Empirischen Erkenntnissen neuerer Untersuchungen über die Emissionszyklen der letzten Jahre und Jahrzehnte[182] zufolge treten Hot-issue-Phasen auf, wenn die Bewertungen an den Börsen zuvor überdurchschnittlich hoch ausfallen.[183] Damit folgt eine hohe Anzahl an IPOs auf im Vorfeld des IPO zu verzeichnende hohe Aktienkurse und -renditen.[184] Bereits Ritter stellte in seiner wegweisenden Studie fest, dass die Anzahl der IPO-Unternehmen bzw. die durch die Emission erlösten Zahlungsmittel (IPO-Volumen) mit einer Zeitverzögerung (Lag) von sechs Monaten auf das Underpricing folgt.[185]
Neben börsenbezogenen Kennzahlen fungieren volkswirtschaftliche Kennzahlen wie das Zinsniveau als Indikator für Hot-issue-Phasen.[186] Ausgesprochen niedrige Zinsniveaus begünstigen dabei Hot-issue-Phasen.[187]

Wie bereits ausgeführt, wird eine positive Entscheidung zur Durchführung eines IPO getroffen, wenn die Vorteile die mit dem IPO in Kauf zu nehmenden Nachteile mindestens kompensieren. Zu den Nachteilen gehören insbesondere die mit dem IPO verbundenen **Kosten**.[188]
Draho zählt auch den Verlust der Möglichkeit, das IPO zu einem späteren Zeitpunkt durchzuführen, zu den (Opportunitäts-) Kosten eines IPO.[189] Nach Draho

182 Die Untersuchung von Baker/ Wurgler beispielsweise reicht zurück in die 1920er Jahre. Vgl. Baker/ Wurgler (2002).

183 Vgl. Lerner (1994).

184 Vgl. Boehmer/ Ljungqvist (2001), Breinlinger/ Glogova (2002), Draho (2001b), Rees (1997).

185 Vgl. Ritter (1984), S. 218f. In diesem Zusammenhang sei darauf hingewiesen, dass zwischen der Entscheidung für einen Börsengang und der Erstnotiz im Schnitt sechs Monate verstreichen.

186 Vgl. z.B. Wang (2001), S. 28.

187 Vgl. Wang (2001), S. 20ff. Die Ergebnisse müssen jedoch im Kontext des Untersuchungszeitraumes gesehen werden, da durchaus Phasen niedriger Zinsen existieren, in denen keine Hot issue-Phase vorherrscht.

188 Vgl. allgemein z.B. Corwin/ Harris (1998), Menyah/ Paudyal (2002), Ehrhardt/ Nowak (2002). Für die in Deutschland anfallenden Kosten vgl. z.B. Roelofsen (2002), S. 38ff., Koch/ Wegmann (2000), S. 169ff.

189 Vgl. Draho (2000). Das Modell von Draho lässt sich auch als Erklärungsansatz für das Timing des IPO auffassen, vgl. dazu die nachfolgende Tabelle 3.

besitzt jedes Unternehmen eine (Call-) Option auf seinen Börsengang; ergo besteht die Option so lange, wie das IPO nicht vollzogen wird, und stellt gemäß der Optionspreistheorie einen Wert an sich dar. Die Ausübung „kostet“ somit den Optionswert und lohnt nur dann, wenn die Nettovorteile aus der Ausübung (IPO) größer als der Wert der Option ausfallen.[190]

Die erläuterten IPO-Erklärungsansätze decken den wesentlichen Teil der Erkenntnisse über die grundsätzliche Entscheidung zur Durchführung eines IPO aus finanzwirtschaftlicher Sicht sowie die Bestimmung des Zeitpunkts des Börsengangs ab. Gleichwohl stellen sie nur einen kleinen Ausschnitt aus der Gesamtzahl der Veröffentlichungen dar. Ergänzende Modelle zu der in diesem Kapitel aufgeworfenen Thematik finden sich in der nachfolgenden Tabelle 3. Sie sind thematisch sowie chronologisch sortiert und mit einer knappen Zusammenfassung der wesentlichen Erkenntnisse versehen.

190 Vgl. Draho (2000).

Entscheidung über die Durchführung eines IPO (Motive)						
Autor(en)	Jahr	Kernaussage	theoretisch/ empirisch	Studien- zeitraum	n	Land
Ellingsen/ Rydqvist	1997	Bei einem angestrebten Anteilsverkauf bietet das IPO zusammen mit einem erneuten Aktienverkauf (seasoned equity offering, SEO) neben der Erschließung als Finanzierungsquelle und der Verbesserung des Images und Bekanntheitsgrades insbesondere die Möglichkeit, wertmindernde adverse Selektion durch das Zusammenführen von sämtlichen wertbeeinflussenden Meinungen am Aktienmarkt zu verhindern	t			
Corwin/ Harris	1998	Kosten der Börsenplätze spielen für die Entscheidung über ein IPO keine Rolle	e	1991-1996	590	USA
Pagano/ Panetta/ Zingales	1998	Erstmalig vorgenommener Vergleich von IPO-Unternehmen mit privaten Unternehmen. Das IPO wird nicht zur Finanzierung zukünftiger, sondern bereits durchgeführter Investitionen eingesetzt und zieht geringere FK-Zinsen nach sich	e	1982-1992	69	Italien
Fischer	2000	IPOs am Neuen Markt werden von Unternehmen vollzogen, die eine hohe Forschungsintensität, einen großen Anteil immaterieller Vermögensgegenstände und einen hohen Verschuldungsgrad aufweisen. IPOs anderer Börsensegmente wiesen in den Jahren zuvor hingegen eine gesunde Bilanzstruktur auf	e	1997-1999	44	Deutschland
Maksimovic/ Pichler	2000	Frühzeitige öffentliche Finanzierung über IPOs existieren in Branchen, die als überlebensfähig angesehen werden und in der die Entwicklungskosten niedrig sind bei gleichzeitig geringer Gefahr, von fortschrittlicheren Konkurrenten überholt zu werden	t			
Ehrhardt/ Nowak	2002	Vorteile eigentümergeführter Unternehmen (z.B. Sozialprestige) werden zwar grundsätzlich mit der Entscheidung zum IPO aufgegeben. Dennoch verfügt nach zehn Jahren noch ein Drittel durch zurückbehaltene EK-Anteile und Managementposititionen über ähnliche Vorteile	e	1970-1991	105	Deutschland
Oehler/ Rummer/ Smith	2004	Die Entscheidung zur Durchführung eines IPO fällt insbesondere dann positiv aus, wenn das vorhergehende Underpricing sowie die Anzahl der Börsengänge hoch sind	e	1997-2001	410	Deutschland
Lerner	1994	Der Venture Capitalist als (Mit-) Eigentümer setzt den Zeitpunkt des IPO überwiegend in Phasen hoher Bewertungen an den Börsen; eine niedrige Bewertung bedingt eine Verschiebung des IPO oder eine Privatplatzierung	e	1978-1992	350	USA

Tabelle 3: Ergänzende Modelle für die Entscheidungsphase (Kapitel 3.1.1)

Zeitpunkt des IPO (Hot-issue-Phasen)						
Autor(en)	Jahr	Kernaussage	theoretisch/ empirisch	Studien-zeitraum	n	Land
Rees	1997	Das Niveau der Aktienindizes sowie der Wirtschaftszyklus bestimmen auf aggregierter Ebene (sämtliche IPOs) den IPO-Zeitpunkt	e	1970-1994	3000	UK
Cao/ Shi	1999	Im Fall einer durch "clustering" - darunter versteht man das Stattfinden mehrerer IPOs der gleichen Branche in enger zeitlicher Nähe - induzierten hohen Branchenpublicity folgen zusätzliche Unternehmen der gleichen Branche; nur ein hohes Underpricing als Signal der hohen eigenen Qualität lässt die Firmen jedoch von der Publicity profitieren	t			
Benninga/ Helmantel/ Sarig	2000	IPO wird dergestalt terminiert, dass die Vorteile aus der Diversifikation der Vermögensanteile des Entrepreneurs die Nachteile in Form der zumindest teilweise eingebüßten Einflussmöglichkeiten überkompensieren	t			
Draho	2000	Der Zeitpunkt des IPO wird als Ausübungstag einer Realoption aufgefasst: Gemäß der Bewertung vergleichbarer IPO-Unternehmen findet das IPO nach einem Kursanstieg statt, woraus Clustering resultiert. Während einer Marktabwärtsbewegung ist ein IPO hingegen nicht rational, weil dann die Option auf ein IPO bei besseren Kursen vergeben ist.	t			
Alt	2001	Die Durchführung des IPO in zeitlicher Nähe zu erfolgreichen Börsengängen derselben Branche ist aufgrund der nur sukzessive erfolgenden Freigabe privater Informationen der Investoren rational und führt zu Clustering.	t			
Benveniste et al.	2001	Die Entscheidung über den Zeitpunkt und die Gestaltung des IPOs wird von den Erfahrungswerten bereits absolvierter vergleichbarer IPOs beeinflusst	e	1985-2000	1422	USA
Boehmer/ Ljungqvist	2001	266 deutsche Firmen, die zwischen 1983 und 1994 ihre Überlegung zu einem evtl. IPO kundgetan haben, entschieden sich letztlich insbesondere in Abhängigkeit von der Entwicklung der Aktienrenditen und Kapitalkosten *für* den Börsengang	e	1984-1994	245	Deutschland
Hoffmann-Burchardi	2001	Aus einem IPO leiten branchengleiche IPO-Kandidaten Informationen über die Erfolgsaussichten innerhalb der Branche ab und treffen demzufolge die Börsengangentscheidung. In der Folge finden in Hot-issue-Märkten viele branchengleiche IPOs statt, in Cold-issue-Märkten zögern die meisten Unternehmen	t			

Tabelle 3: Ergänzende Modelle für die Entscheidungsphase (Kapitel 3.1.1) (fortgesetzt)

Autor(en)	Jahr	Kernaussage	theoretisch/ empirisch	Studien-zeitraum	n	Land
Breinlinger/ Glogova	2002	Anzahl und Häufigkeit von IPOs wird bedingt durch die Aktienmarktrenditen und in einigen Ländern durch volkswirtschaftliche Kennzahlen, nicht jedoch durch die Sparquote, BSP-Wachstum oder den FK-Zinssatz	e	1980-1997	102	Österreich, Belgien, Dänemark, Finnland, Frankreich, Niederlande
Draho	2001	In Anlehnung an die Informationskaskaden von Chemmanur (1993, vgl. Kapitel 3.1.3) erklären sich Häufungen von IPOs in Hot-issue-Phasen durch die Dominanz öffentlich wahrgenommener positiver Einschätzungen von Investoren. Hohe Underpricings bei vorhergehenden IPOs suggerieren eine starke Nachfrage bei sämtlichen nachfolgenden IPOs, woraufhin die Investoren ihre Zeichnungsvolumina nach oben revidieren. So gelingt selbst minderwertigen Unternehmen ein erfolgreicher Börsengang	t			

Tabelle 3: Ergänzende Modelle für die Entscheidungsphase (Kapitel 3.1.1) (fortgesetzt)

3.1.2 Vorbereitungsphase

In der Vorbereitungsphase stehen neben vielfältigen internen Veränderungen insbesondere die Auswahl der den Börsengang begleitenden Investmentbank(en) und des Wirtschaftsprüfers („Auditor“) an. Die Investmentbank übernimmt vielfältige Aufgaben während des IPO-Prozesses und greift dabei auf Erfahrungswerte bereits zuvor absolvierter IPOs zurück, die das Unternehmen selbst naturgemäß nicht aufweisen kann. Der Auditor übernimmt die Funktion des unabhängigen Prüfers der veröffentlichten Informationen, insbesondere des Börsenprospekts. Thematisiert werden an dieser Stelle ausschließlich Aspekte, die während der Vorbereitungsphase zu entscheiden sind. Dazu gehört beispielsweise die Auswahl der Investmentbank im Hinblick auf das wichtige Kriterium der Reputation. Da sich die Reputation bis zur Durchführung des Börsengangs praktisch nicht mehr ändern wird, ist sie in der Vorbereitungsphase entscheidungsrelevant.[191] Anders stellt es sich mit Verhaltensweisen der Investmentbank wie der Zuteilung der Aktien am Ende der Bookbuildingphase dar: Sie lassen sich auch während der Bookbuildingphase noch von Seiten des Unternehmens beeinflussen und werden als entscheidungsrelevant für die Börseneinführungsphase in Kapitel 3.1.3 thematisiert.

Der **Auditor** wird von Lee et al. als glaubhaftes Signal für die Qualität des Unternehmens betrachtet;[192] die Glaubwürdigkeit insbesondere der „Big 8“-Auditor leitet sich aus deren signifikant konservativeren Prognosen mit einer damit einhergehenden höheren ex post festgestellten Treffsicherheit ab.[193] Mayhew/

[191] Grundsätzlich wird unter Entscheidungsrelevanz die Perspektive des Unternehmens verwendet. Da für Aktiengesellschaften jedoch die Trennung von Eigentum und Leitung charakteristisch ist, sei an dieser Stelle auf die Arbeit von Habib/ Ljungqvist verwiesen, die als erste einen Ansatz formulieren, bei dem die in der Vorbereitungsphase zu treffenden Entscheidungen allein von den Auswirkungen auf die private Vermögenssituation der Entscheidungsträger abhängt. Vgl. Habib/ Ljungqvist (2000).

[192] Vgl. Lee et al. (1999).

[193] Durch Fusionen verringert sich die Anzahl der großen Auditors im Zeitablauf: Lee/ Taylor/ Taylor sprechen nurmehr von „Big 6“. Vgl. Lee/ Taylor/ Taylor (2002). Sun/ Liu legen nur noch die „Big 5“ zugrunde. Vgl. Sun/ Liu (2003), S. 4.

Schatzberg/ Sevcik formulieren ein Modell, in dem Rahmenbedingungen, vor allem Unternehmenscharakteristika, aufgezeigt werden, wann die Verwendung als glaubwürdiges Signal für die Unternehmensqualität sinnvoll ist.[194] Es zeigt sich, dass gerade riskante Unternehmen von dem Einsatz eines glaubwürdigen Auditors profitieren.[195] Neben der Signalfunktion bringt die Verpflichtung eines angesehenen Auditors auch „handfeste“ Vorteile, weil sie infolge ihrer Funktion als Versicherung[196] beispielsweise für Falschinformationen im Emissionsprospekt eintreten müssen.[197]

Für **Investmentbanken** gelten ähnliche Überlegungen, allerdings nehmen die Investmentbanken wegen ihrer vielfältigen Aufgaben während des gesamten Emissionsprozesses und insbesondere während der Bookbuildingphase eine noch wichtigere Position ein.[198] In der Literatur existiert eine Vielzahl an Veröffentlichungen zu der Funktion der Investmentbankreputation als Signal für die Qualität des Unternehmens: Beatty/ Ritter sowie besonders Carter/ Manaster gebührt das Verdienst, die Zusammenhänge zwischen der Reputation der Investmentbank und der Höhe des Underpricing aufgezeigt und quantitativ analysierbar gemacht zu haben.[199] Eine hohe Reputation lässt sich vom Unternehmen zur Verbesserung der Glaubwürdigkeit der vermittelten Informationen einsetzen. Dies ist insofern wichtig, als vom Unternehmen direkt an die Investoren kommunizierte wertrelevante Informationen grundsätzlich nicht glaubhaft sind. Der Grund dafür liegt darin, dass es im Interesse des Unternehmens liegt, den Wert (fälschlicherweise) zu hoch darzustellen. Investmentbanken sind hingegen an vielen IPOs beteiligt, sodass sich eine ex post enttarnte Falschinformation nega-

[194] Vgl. Mayhew/ Schatzberg/ Sevcik (2001).

[195] Vgl. Sun/ Liu (2003).

[196] Vgl. Willenborg (1999).

[197] Vgl. Lee/ Stokes/ Taylor/ Walter (1999), Lee/ Taylor/ Taylor (2002), Mayhew/ Schatzberg/ Sevcik (2001).

[198] Vgl. Baron (1982). Kritisch zu den Ausführungen von Baron äußern sich Muscarella/ Vetsuypens (1989).

[199] Carter/ Manaster haben ein intersubjektiv nachprüfbares Bewertungsschema für die Reputation der Investmentbanken entworfen. Vgl. Carter/ Manaster (1990).

tiv auf das zukünftige Emissionsgeschäft auswirkt. Sie sind somit bestrebt, möglichst objektive Informationen zu publizieren. Daraus resultiert eine Glaubwürdigkeit der vermittelten Informationen durch die Investmentbank. Die Konsequenz besteht darin, dass die Investoren aus den umfangreicheren, glaubwürdigen Informationen eine präzisere Einschätzung des tatsächlichen Unternehmenswerts ableiten. In dessen Folge sinkt die Unsicherheit und damit das (notwendige) Underpricing. Letztlich profitiert das Unternehmen von der Reputation der Investmentbank also wegen der c.p. höheren bzw. weniger reduzierten IPO-Erlöse. Xie weist darauf hin, dass die Wahl der Investmentbank nicht alleine vom Unternehmen zu treffen ist, sondern dass die Investmentbanken im eigenen Interesse darauf bedacht sind, „passende" Unternehmen zu finden.[200] Für den Sonderfall, dass die Investmentbank als Konsortialführer („lead underwriter") auch mit ihrer Venture Capital-Tochtergesellschaft an dem Unternehmen beteiligt ist, beeinträchtigt dies nicht ihre Rolle als Signal bzw. Zertifizierer der Unternehmensqualität.[201]

Neben der Reputation, die sich die Investmentbank in der Öffentlichkeit durch das Begleiten von (erfolgreichen) IPOs schafft und die für die zukünftige Teilnahme an lukrativen IPOs relevant ist,[202] führt darüberhinaus ein positiver Eindruck bei den Entscheidungsträgern des Unternehmens zu höheren Einnahmen: Das IPO-Unternehmen wählt dieselbe Investmentbank u.a. bei wiederholten Kapitalaufnahmen am Aktienmarkt (SEO) oder anderen Finanzierungs- oder Beratungstätigkeiten aus.[203] Um die dennoch möglicherweise aus der Prinzipal-Agenten-Beziehung[204] zwischen dem Unternehmen und der Investmentbank drohenden nachteiligen Verhaltensweisen der Investmentbank („moral hazard")

---

200 Vgl. Xie (2002). Vgl. dazu auch die Formulierung eines gegenseitigen Auswahlgleichgewichtes bei Carter/ Manaster (1990), S. 1052.

201 Vgl. Li/ Masulis (2003). Für gegenteilige Ergebnisse am deutschen Markt vgl. Franzke (2001).

202 Vgl. Dunbar (1997). Universalbanken weisen die Reputation nicht in gleichem Maße auf, vgl. Hebb/ MacKinnon (2000).

203 Vgl. Hebb/ MacKinnon (2000), Ljungqvist/ Wilhelm (2002a).

204 Baron/ Holmström argumentieren vor dem Hintergrund des auch von Fama behandelten Principal-Agent-Kontextes. Vgl. Baron/ Holmström (1980), Fama (1980).

abzuwenden, leiten Baron sowie Baron/ Holmström eine anreizkompatible Vertragsgestaltung ab.[205]

Empirische Untersuchungen zu dem oben geschilderten Zusammenhang zwischen der Reputation der Investmentbank und dem Underpricing sind vielfältig und eindeutig: Je höher die Reputation der Investmentbank, desto niedriger fällt das Underpricing aus.[206] Präzisiert wurden die empirischen Ergebnisse durch die von Carter/ Manaster eingeführte fundierte Quantifizierung der Investmentbankreputation.[207]

Die letzte (Hot-issue-) Phase von 1998-2000 stellt jedoch eine (temporäre) Umkehr des Zusammenhangs dar:[208] IPOs mit weit überdurchschnittlichem Underpricing wurden überwiegend von Investmentbanken hoher Reputation begleitet.[209] Als Grund wird u.a. die These der Machtausnutzung von Seiten der Investmentbank genannt.[210]

Die hohe Reputation ausgewählter Investmentbanken lässt sich, wie geschildert, von Unternehmen zum eigenen Vorteil - u.a. als glaubwürdiges Signal der Qualität des Unternehmens - nutzen; damit einher gehen jedoch die von den renommierten Investmentbanken geforderten höheren Kosten. Werden entsprechende überdurchschnittliche Kosten in Kauf genommen, zahlt sich dies zusätzlich in verstärkten Verkaufsanstrengungen der Investmentbanken aus, die wiederum zu

205 Vgl. Baron (1982), Baron/ Holmström (1980).

206 Vgl. Carter/ Manaster (1990), Carter/ Dark/ Singh (1998), Johnsen/ Miller (1988).

207 Carter/ Manaster vergeben Punktwerte für die Teilnahme an einem IPO. Je höher die Position innerhalb des Emissionskonsortiums ausfiel (ablesbar an den „tombstone announcements“), desto mehr Punkte wurden der Investmentbank zugewiesen. Vgl. Carter/ Manaster (1990).

208 Fohlin zeigt, dass es bereits in den 1880er Jahren in Deutschland dieses inverse Verhältnis gegeben hat. Vgl. Fohlin (2000). Siehe auch Schiereck/ Wagner (2002).

209 Vgl. dazu empirisch für den deutschen Markt Schiereck/ Wagner (2002).

210 Siehe dazu die „monopsony power hypothesis“, vgl. z.B. DuCharme/ Rajgopal/ Sefcik (2001a). Zu ihrem eigenen Vorteil (geringeres Absatzrisiko der Aktien beim „Firm commitment“-Verfahren durch ein hohes Underpricing, höhere Umsätze auch im Sekundärmarkt durch stärkeren Handel) streben die Investmentbanken in der Börsenphase ein hohes Underpricing an.

einem höheren Primärmarktpreis führen.[211] Höhere Kosten der Investmentbanken sind folglich kontraintuitiv positiv zu beurteilen.

Weitere Entscheidungen des Unternehmens in der Vorbereitungsphase betreffen die Höhe des Eigenkapitalbehalts der Entrepreneure[212] sowie insbesondere im angelsächsischen Raum das Abschließen von Haftungsausschlussverträgen für das Management (D&O insurance[213]). Je größer der Eigenkapitalbehalt der Entrepreneure - also derjenige Anteil am (Eigen-) Kapital, der bei den Altaktionären verbleibt und nicht an der Börse platziert wird -, desto geringer fällt das Underpricing aus. Dies lässt sich sowohl theoretisch begründen als auch empirisch verifizieren. Als Grund führen Grinblatt/ Hwang in einem Informationsasymmetriekontext, in dem die Investoren schlechter über das Unternehmen informiert sind als die Eigentümer, die Funktion eines Glaubwürdigkeitssignals an.[214] Weil die Altaktionäre auch nach dem IPO finanziell stark engagiert sind, liegt es in ihrem originären Interesse, das Unternehmen zukünftig erfolgreich weiterzuführen. Von der Höhe des EK-Behalts hängt davon unabhängig maßgeblich ab, wie hoch die Finanzmittelzuflüsse durch das IPO ausfallen: Je geringer der EK-Behalt ist und je mehr Anteile dadurch zum Verkauf bestimmt sind, desto höher sind c.p. die Erlöse.
Hinsichtlich der D&O-Insurance zeigt sich, dass diejenigen Unternehmen, deren Manager sich für eine besonders umfangreiche persönliche Absicherung entscheiden, eine ausgeprägte Underperformance aufweisen.[215] Das kann als Indikator dafür gewertet werden, dass die Manager entweder bereits vorher wussten, dass sich negative Entwicklungen abzeichnen, oder dass sie sich nach dem IPO entsprechend weniger engagiert haben, weil keine negativen persönlichen Konsequenzen mehr drohen.

---

211 Vgl. Barondes/ Butler/ Sanger (2000).

212 Vgl. Baker/ Gompers (2001).

213 D&O insurance steht als Abkürzung für „Directors' and officers' insurance". Vgl. Chalmers/ Dann/ Harford (2002), S. 609.

214 Vgl. Grinblatt/ Hwang (1989).

215 Vgl. Chalmers/ Dann/ Harford (2002).

Eine weitere Maßnahme zum persönlichen Vorteil des Managements und auf Kosten des Unternehmens bzw. der Anteilseigner stellt die Aufnahme von Abwehrmechanismen gegen feindliche Übernahmen in die Corporate Governance-Richtlinien des Unternehmens dar. Die Manager schützen damit primär ihr eigenes Beschäftigungsverhältnis.[216]

Eine Maßnahme, die hingegen sowohl für das Unternehmen als auch das Management von Vorteil ist, besteht darin, das Management mit Optionen des eigenen Unternehmens auszustatten. Werden mit der neuen Rechtsform des Unternehmens als publikumsnotierte Aktiengesellschaft die Verträge des Managements um Optionen erweitert, so führt dies anreizkonform zu einer besseren Kursentwicklung im Sekundärmarkt.[217]

Auch in diesem Kapitel werden in der folgenden Tabelle 4 weitere aussagekräftige Erklärungsansätze insbesondere über die Auswahl einer geeigneten Investmentbank aufgeführt. Die chronologische Reihenfolge offenbart, dass der Schwerpunkt der Forschung bis zum Ende der 1990er Jahre Erkenntnisse im Zusammenhang mit der Investmentbank hervorgebracht hat.

---

[216] Vgl. zu einer Diskussion potentiell unternehmensschädigenden Verhaltens der Manager Roosenboom/ van der Goot (2003), Bebchuk (2002), Daines/ Klausner (2001), Field/ Karpoff (2000).

[217] Vgl. Pukthuanthong/ Walker (2004).

Auswahl der Investmentbank						
Autor(en)	Jahr	Kernaussage	theoretisch/ empirisch	Studien-zeitraum	n	Land
Baron/ Holmström	1980	Mit anreizkompatibler Vertragsgestaltung verhindert der Entrepreneur die Ausnutzung des Informationsvorteils der Investmentbank	t			
Baron	1982	Sinnvollerweise ist eine Investmentbank für den IPO-Prozess in Anspruch zu nehmen, da die besseren Informationen eine wertgemäße Preisstellung ermöglichen und somit das Platzierungsrisiko minimiert wird	t			
Beatty/ Ritter	1986	Reputation der Investmentbank nur bei aus Sicht der Investoren und der Emittenten adäquatem Underpricingniveau aufrechtzuerhalten. Positiv lineare Beziehung zwischen Ex ante-Bewertungsunsicherheit und Underpricing	t,e	1972-1982	1028	USA
Johnson/ Miller	1988	Investmentbanken mit hoher Reputation begleiten IPOs mit niedrigerem Underpricing. Grund ist jedoch nicht die hohe Reputation, sondern vielmehr das geringere Risiko der IPOs	e	1981-1983	962	USA
Muscarella/ Vetsuypens	1989	Empirische Widerlegung der Hypothese Barons (1982): Investmentbanken verzeichnen bei ihrem eigenen IPO ebenfalls Underpricing	e	1970-1987	38	USA
Carter/ Manaster	1990	Die Reputation der Investmentbanken wird erstmalig formal und empirisch behandelt: Ein gegenseitiges Auswahlgleichgewicht führt zur Begleitung riskanter IPOs durch Investmentbanken mit geringer Reputation et vice versa. Die Reputation wird anhand einer Kennzahl operationalisiert. Je höher die Kennzahl, desto geringer fiel in der empirischen Untersuchung das Underpricing aus	t,e	1979-1983	501	USA
Chemmanur	1994	Die Reputation der Investmentbanken hängt von der langfristigen IPO-Begleitung insbesondere in Form der Bewertungsanstrengungen ab und dient Entrepreneuren als situationsabhängiges Entscheidungsmerkmal	t			
Dunbar	1997	Der Marktanteil der Investmentbank steigt mit niedrigem Underpricing und sinkt bei zu guter langfristiger Kursentwicklung, einer Beschränkung auf einzelne Marktsegmente und einer Beteiligung an abgesagten IPOs. Der zunehmende Marktanteil bei überdurchschnittlicher Bezahlung weist auf die aus Sicht der Investmentbank lohnenswerten intensivierten Anstrengungen hin	e	1984-1993	119	USA

Tabelle 4: Ergänzende Modelle für die Vorbereitungsphase (Kapitel 3.1.2)

Autor(en)	Jahr	Kernaussage	theoretisch/ empirisch	Studien-zeitraum	n	Land
Carter/ Dark/ Singh	1998	Underwriter mit hoher Reputation sorgt für ein geringeres Underpricing und eine bessere langfristige Performance	e	1979-1991	2292	USA
Barondes/ Butler/ Sanger	2000	Werden für die Underwriter Verträge mit einer über dem Durchschnitt von 7% liegenden Gesamtvergütung geschlossen, führt dies zu verstärkten Vertriebsaktivitäten. Diese zahlen sich in einem höheren Aktienpreis aus	e	1985-1998	3779	USA
Fohlin	2000	Am deutschen IPO-Markt in Berlin von 1880-1890 ist die hohe Reputation der Investmentbank so wie bei den Internet-IPOs der späten 1990er Jahre mit einem hohen Underpricing verbunden - im Gegensatz zu sonstigen Perioden	e	1882-1892 1998-2000	335 1522	Deutschland USA
Habib/ Ljungqvist	2000	Zum ersten Mal wird die Perspektive der Entscheider in einem theoretisch-konzeptionellen Ansatz explizit formuliert. Es wird angenommen, dass sie ihre Entscheidungen von den Auswirkungen auf die individuelle Vermögenssituation abhängig machen. Entrepreneure entscheiden über das Underpricing beeinflussende Niveau der Pre-IPO-Marketingaktivitäten und die Wahl der Investmentbank in Abhängigkeit von dem dadurch für das persönliche Vermögen erlittenen Verlust	t,e	1991-1995	1376	USA
Hebb/ MacKinnon	2000	Universalbanken begleiten wegen ihrer geringeren Spezialisierung und Glaubwürdigkeit als spezialisierte Investmentbanken IPOs mit einem höheren Risiko und Underpricing	e	1996-1998	172	USA
de Lorenzo/ Fabrizio	2001	Die Qualität des IPO-Prospektes, die Anzahl der Analystenberichte sowie die Auswahl des Underwriters vermögen den Umfang der glaubhaft vermittelten Informationen und damit die Varianz und das Ausmaß des Underpricing zu beeinflussen	e	1988-1998	77	Italien
Franzke	2001	Die Vermutung, VCs könnten vergleichbar mit Investmentbanken als Qualitätssignal für ein niedrigeres Underpricing sorgen, wird für den deutschen Markt widerlegt	e	1997-2000	199	Deutschland
Auswahl des Wirtschaftsprüfers (Auditor)						
Autor(en)	Jahr	Kernaussage	theoretisch/ empirisch	Studien-zeitraum	n	Land
Willenborg	1999	Der Einsatz eines Auditors in dessen originären Funktionen als Informationsmittler und Haftungsträger erweist sich aus Sicht insbesondere der Entrepreneure als vorteilhaft	e	1993-1994	997	USA

Tabelle 4: Ergänzende Modelle für die Vorbereitungsphase (Kapitel 3.1.2) (fortgesetzt)

Autor(en)	Jahr	Kernaussage	theoretisch/ empirisch	Studien-zeitraum	n	Land
Lee/ Stokes/ Taylor/ Walter	1999	Für die Vermittlung von Qualität und Glaubwürdigkeit insbesondere von kleinen, risikobehafteten Firmen werden hochqualifizierte Auditors verpflichtet; dies geht einher mit einem höheren Anteilsverkauf der Altaktionäre und der freiwilligen Angabe von Informationen über den Verlauf der Geschäftstätigkeit ("voluntary disclosure")	e	1976-1989	266	Australien
Willenborg/ McKeown	2001	Der Going-concern-Bestätigungsvermerk des Auditors beim IPO-Prozess dient als Qualitätssignal zur Reduzierung der Informationsasymmetrie. Er ist glaubwürdig, da der Anteil der Börsenrückzieher innerhalb der ersten zwei Jahre nach dem IPO bei einem positiven Vermerk signifikant geringer ausfällt	e	1993-1994	997	USA
Eigenkapitalbehalt						
Autor(en)	Jahr	Kernaussage	theoretisch/ empirisch	Studien-zeitraum	n	Land
Hess/ Frost	1982	Preisbeeinflussungen am Sekundärmarkt durch ein SEO finden in Bestätigung der EMH nach Fama (1970) nicht statt, sodass die beim IPO nicht verkauften Anteile (EK-Behalt) zu einem späteren Zeitpunkt verkauft werden können	e	1975-1977	152	USA
Downes/ Heinkel	1982	Der Eigenkapitalbehalt der Eigentümer stellt ein glaubhaftes Signal über den Wert des IPO-Unternehmens dar	e	1965-1969	449	USA
Grinblatt/ Hwang	1989	In Anlehnung an Leland/ Pyle (1977) setzen die Autoren in einem Informationsasymmetriekontext neben Underpricing den Eigenkapitalbehalt der Entrepreneure als glaubwürdiges Signal ein	t			
Gale/ Stiglitz	1989	Eigenkapitalbehalt beim IPO wird durch die Möglichkeit eines SEO zum glaubhaften Signal für den Unternehmenswert	t			
Baker/ Gompers	1999	Ein geringerer EK-Anteil des Entrepreneurs und ein hoher EK-Anteil von externen Großaktionären führt zu reduzierten Monitoringkosten für den Venture Capitalist, allerdings auf Kosten einer ungünstigeren Anreizstruktur	e	1978-1987	1553	USA
Ayi	2002	Venture Capitalists sollten als Signal einen hohen EK-Behalt anstreben	t			

Tabelle 4: Ergänzende Modelle für die Vorbereitungsphase (Kapitel 3.1.2) (fortgesetzt)

Übernahmeabwehrmechanismen (Takeover defense) und vergleichbare, vertraglich festzulegende Maßnahmen						
Autor(en)	Jahr	Kernaussage	theoretisch/ empirisch	Studien- zeitraum	n	Land
Casares Field/ Karpoff	2000	Unternehmenswertmindernde institutionalisierte Maßnahmen gegen potentielle feindliche Übernahmen ("takeover defences") werden von Managern zum IPO verstärkt eingesetzt, wenn wenig Monitoring stattfindet, ihre Bezahlung hoch sowie ihre EK-Anteile gering dimensioniert sind	e	1988-1992	1019	USA
Gomes	2000	Minderheitsaktionäre befürchten, von den Mehrheitsaktionären übervorteilt zu werden. Als Gegenmaßnahmen bietet sich insbesondere die Einbindung von externen Managern ohne Anteilsbesitz an	t			
Daines/ Klausner	2001	Anti-Takeover-Provisions vermindern die Effizienz des Monitoring, werden dessen ungeachtet von fast der Hälfte aller amerikanischen IPO-Unternehmen verwendet	e	1994-1997	310	USA
Bebchuk	2002	Für IPO-Unternehmen kann es sich lohnen, unter Informationsasymmetrie aus Sicht der Investoren suboptimale Corporate-governance-Regeln aufzustellen. Darunter fällt etwa die Aufnahme von Abwehrmaßnahmen gegen feindliche Übernahmen oder ein geringerer Schutz der Investoren	t			
Auswahl des Börsensegments						
Autor(en)	Jahr	Kernaussage	theoretisch/ empirisch	Studien- zeitraum	n	Land
Habib/ Ljungqvist	2000	Entrepreneure entscheiden über das gewählte Börsensegment in Abhängigkeit von den dadurch für das persönliche Vermögen erlittenen Verluste	t,e	1991-1995	1376	USA

Tabelle 4: Ergänzende Modelle für die Vorbereitungsphase (Kapitel 3.1.2) (fortgesetzt)

3.1.3 Börseneinführungsphase

Der größte Teil der wissenschaftlichen Forschung über IPOs befasst sich mit Aspekten der Börseneinführungsphase. In einer chronologischen Abfolge gehört dazu zunächst die Entscheidung über das **Vermarktungs**verfahren (meist Bookbuildingverfahren), die eingesetzten **Unternehmensbewertungs**verfahren zur Ableitung eines Primärmarktpreises bzw. einer -preisspanne und die **Zuteilungs**methodik überzeichneter IPOs. Von zentraler Bedeutung ist die Aufnahme der Notierung am Sekundärmarkt als Höhepunkt und Abschluss des eigentlichen Börsengangs[218] und das dabei auftretende **Underpricing**-Phänomen. Wie bereits erläutert, handelt es sich um die wichtigste Anomalie des Börsengangs; sie ist - trotz umfangreicher Forschungsbemühungen - immer noch nicht vollständig erklärbar.

Als (Primärmarkt-) **Vermarktungsverfahren** wird in der bei weitem überwiegenden Anzahl der IPOs weltweit (mittlerweile) das Bookbuildingverfahren eingesetzt.[219] Gerade in der letzten Dekade hat sich der Verbreitungsgrad deutlich erhöht, auch weil die landesspezifischen gesetzlichen Rahmenbedingungen dazu geschaffen wurden[220] und somit die Vorteile gegenüber dem Auktionsverfahren sowie dem Fixpreisverfahren erschlossen werden konnten.[221] Das Firm-commitment-Verfahren[222], bei dem die Investmentbanken bereits vor Beginn des Primärmarkts sämtliche Aktien von den Alteigentümern übernehmen und damit

---

218 Der gesamte IPO-Prozess umfasst vier Phasen und schließt als letzte Phase die mit der Aufnahme der Sekundärmarktnotiz eingeläutete Börsenphase ein. Vgl. zur Abgrenzung der einzelnen Phasen Kapitel 2.1.

219 Für einen Vergleich der Verfahren siehe u.a. Derrien (2002). Für eine Gegenüberstellung der weltweit eingesetzten Verfahren vgl. Ljungqvist/ Jenkinson/ Wilhelm (2003), Kutsuna/ Smith (2000), Kutsuna/ Smith (2003). Zur Preisfindung durch das Bookbuildingverfahren vgl. Aussenegg/ Pichler/ Stomper (2002), unter Berücksichtigung des Grauen Markts Aussenegg/ Pichler/ Stomper (2004).

220 In Japan ist das Verfahren erst seit 1997 zulässig. Vgl. Kutsuna/ Smith (2000).

221 Vgl. Bessler/ Thies (2002), Sherman/ Titman (2000), Sherman (2000), Chahine (2002), Busaba/ Chang (2002), Cornelli/ Goldreich (2003), Derrien (2002), Lin/ Lee/ Liu (2003).

die Verantwortung für den vollständigen Verkauf tragen, hat sich gleichzeitig gegen das Best-effort-Verfahren, bei dem die Investmentbank nicht in das Eigentum der Aktien kommt und sich vertraglich lediglich zu „größter Mühe" bei der Platzierung verpflichtet, durchgesetzt.[223]

Zu Beginn der Zeichnungsfrist muss in internen Berechnungen ein Unternehmenswert ermittelt werden, der die Basis für die Festlegung der Preisspanne bietet. Als **Bewertung**sverfahren finden zumeist Multiplikator- sowie Dividend-Discount- und Discounted-Cash-Flow-Modelle gleichzeitig Anwendung.[224] Darüberhinaus werden zur Ableitung einer Bewertung verschiedene Daten des externen Rechnungswesens, z.B. der Gewinn, herangezogen.[225] Die Daten des externen Rechnungswesens werden in Abhängigkeit von der Börsenphase unterschiedlich eingesetzt. Eine Kennzahl, die in einer Boomphase besonders stark gewichtet wird, ist in einer Baisse weniger relevant. Bhagat/ Rangan widerlegen diesbezüglich die weit verbreitete Meinung, dass sich gerade in der Boomphase der Märkte Ende der 1990er Jahre die Bewertung von realen Einkommensgrößen entfernt hätte.[226] Ihren empirischen Ergebnissen zufolge wird der Einkommenshöhe von Unternehmen ein größeres Gewicht beigemessen als zu sonstigen „normalen" Börsenphasen. Auch die Vermutung, die Höhe der Umsätze bzw. der Forschungsintensität („R&D-budget") würden bei der Unternehmenswertbestimmung quasi als Substitut für Einkommensgrößen verstärkt herangezogen, stellt sich als falsch heraus.[227]

Mit der Efficient-frontier-Methodik verwenden Hunt-McCool/ Koh/ Francis sowie Koop/ Li einen alternativen Bewertungsansatz, der unter Rückgriff auf Daten des externen Rechnungswesens bereits *vor* dem Börsengang einen Unter-

---

222 Darunter wird die Übernahme der gesamten Tranche durch die Investmentbank verstanden. Vgl. dazu die Erläuterungen in Kapitel 2.1.

223 Zu Vorteilen vgl. Bower (1989), Sherman (1992).

224 Vgl. Deloof/ de Maeseneire/ Inghelbrecht (2002).

225 Vgl. Bartov/ Mohanram/ Seethamraju (2001), Higgins Yetman (2001).

226 „Our finding on income is surprising as it is contrary to claims made in the financial press that investors ignore income in valuing IPOs." (Bhagat/ Rangan (2003), S. 4).

227 Vgl. Bhagat/Rangan (2003), zur Bewertung während der Hot-issue-Phase vgl. auch Ljungqvist/ Wilhelm (2002b).

nehmenswert ableitet.[228] Dieser ist den Autoren zufolge identisch mit einem unter vollständigen Informationen am Kapitalmarkt zustandegekommenen Wert.[229] Im Anschluss an die Entgegennahme der Zeichnungsaufträge wird der endgültige Primärmarktpreis fixiert und die Aktien werden (bei einer häufig vorliegenden Überzeichnung rationiert) zugeteilt. Gerade die Zuteilung besonders nachgefragter IPOs mit hohen Kursgewinnen birgt die Schwierigkeit eines „gerechten" Zuteilungsschlüssels in sich, weil sie dem Verteilen von Geldgeschenken gleichkommt. Die letzte Hot-issue-Phase mit extremen Kurssteigerungen am ersten Handelstag - von 1999 bis 2000 wurde in den USA ein *durchschnittliches* Underpricing aller 803 IPOs von 65% beobachtet,[230] für die 262 deutschen IPOs von 1997 bis 1999 von immerhin 43,7%[231] - hat eine intensive wissenschaftliche Diskussion zum kursbeeinflussenden (Zuteilungs-) Verhalten der Investmentbanken in ihrer Funktion als Underwriter („allocation"[232]) sowie über das schnelle Verkaufen der Aktien zur Gewinnrealisierung („flipping"[233]) nach sich gezogen.[234]

Die hohen Zeichnungsrenditen machten die **Zuteilung** von Aktien quasi zu einem Geldgeschenk in Form von „windfall profits" und eröffneten den Emittenten und Underwritern die Chance, den „Verteilungsspielraum" zu ihren Gunsten zu nutzen.

Aus Sicht des Unternehmens erweist es sich nach Booth/ Chua als vorteilhaft, eine möglichst breite Streuung anzustreben, weil damit eine höhere Fungibilität

228 Vgl. Hunt-McCool/ Koh/ Francis (1996), Koop/ Li (2001), siehe auch Chen/ Hung/ Wu (1999).

229 Vgl. Hunt-McCool/ Koh/ Francis (1996). Allerdings sind für die Berechnungen einige Voraussetzungen vonnöten, z.B. eine hinreichende Anzahl an Vergleichsunternehmen, die nicht immer gegeben sind.

230 Vgl. Kapitel 2.2 sowie Ritter/ Welch (2002), S. 1797.

231 Vgl. Kapitel 2.2 sowie Hunger (2001), S. 140.

232 Vgl. dazu z.B. Aggarwal/ Prabhala/ Puri (2002).

233 Vgl. dazu z.B. Boehmer/ Fishe (2000).

234 Zu einem extensiven Überblick siehe Ritter/ Welch (2002), S. 1802ff.

sowie ein stetigerer Handel einhergeht.[235] Beides führt zu einem minimierten Risiko des Aktienbesitzes und erhöht die Bewertung. Stoughton/ Zechner vertreten eine diametral entgegenstehende Meinung und begründen den Vorteil eines Großaktionärs (Blockholder), der entweder während des IPO[236] oder bereits zuvor[237] eingestiegen ist, durch das damit verbundene stärkere Monitoring. Ein höheres Monitoring führt aus ihrer Sicht zu einer gesteigerten Effizienz der Unternehmensführung.[238]

Aus Sicht der Investmentbank, die als Underwriter nach dem üblicherweise angewandten Firm-commitment-Verfahren alle Aktien übernimmt und quasi eigenverantwortlich verkauft, führt ein höheres Underpricing zur Minimierung des Absatzrisikos.[239]

Dazu trägt auch die Zuteilung insbesondere stark underpriceter Emissionen an institutionelle Investoren bei, weil die Abnehmer in gegenseitigem Einverständnis bei folgenden, u.U. nicht so erfolgreichen Emissionen als Aufkäufer bereitstehen. Dieses Zuteilungsverhalten bezeichnet man als „Bundling".[240] Um den eigenen Profit an erfolgreichen IPOs zu erhöhen, existieren noch weitere, aus rechtlicher Sicht jedoch zumindest zweifelhafte Methoden.[241]

Die z.T. unterschiedlichen Motivationen der Unternehmen und Underwriter und die sich bietenden Handlungsoptionen bei der Zuteilung der Aktien machen es

---

235 Vgl. Booth/ Chua (1996).

236 Vgl. Stoughton/ Zechner (1998).

237 Vgl. Mello/ Parsons (1998).

238 Damit sind positive Externalitäten in Form von Trittbrettfahrereffekten für Kleinaktionäre verbunden. Vgl. Brennan/ Franks (1997).

239 Die Investmentbanken nutzen laut Loughran/ Ritter (2002) ihren Informationsvorteil über die tatsächliche Nachfragestruktur aus, um ein hohes Underpricing anzusetzen.

240 Vgl. Sherman (2000).

241 Darunter fällt z.B. das „Spinning". So bezeichnet man das Geschäftsverhalten von Investmentbanken, andere Investmentbanken bei der Zuteilung lukrativer IPOs zu bevorzugen, um im Gegenzug eine Kompensation bei anderen Geschäften zu erhalten. Das Spinning kann auch als eine Zuteilung an Entscheidungsträger möglicher IPO-Kandidaten erfolgen, wodurch die Auswahl der eigenen Investmentbank als Underwriter forciert werden soll. Vgl. insbesondere Maynard (2002). Siehe auch Aggarwal/ Prabhala/ Puri (2002).

notwendig, diese durch vertragliche Vereinbarungen spätestens zu Beginn der Börseneinführungsphase zu berücksichtigen.
Insgesamt muss konstatiert werden, dass viele Erklärungsansätze über das Zuteilungsverhalten der Investmentbank auf Spekulation beruhen, weil sie bis dato empirisch schwer verifizierbar sind, und einige mit Gegenargumenten in Zweifel gezogen werden können.[242] Auch erweisen sich die meisten Ansätze nur vor dem Hintergrund einer Hot-issue-Phase, wie sie z.B. in den Jahren 1997-2000 während der Internet-Euphorie vorlag, als tragfähig.

Die mit Abstand meisten Veröffentlichungen befassen sich mit dem **Underpricing**-Phänomen überdurchschnittlich hoher Kurssteigerungen am ersten Handelstag.[243] Gegenstand der Erklärungsansätze ist es, diese (scheinbar) auf irrationalen Entscheidungen fußende Anomalie auf rationales Verhalten zurückzuführen. Die Erklärungsansätze sind vielfältig, lassen sich jedoch in zwei Gruppen unterteilen: „ad-hoc" genannte Ansätze führen meist empirisch fundierte Begründungen an, wohingegen die Asymmetriemodelle theoretisch fundierte Informationsasymmetrien zwischen zumeist zwei von drei Akteuren des Börsengangs, den Emittenten (Unternehmen), den Intermediären (Investmentbank) sowie den Käufern (Investoren), zugrunde legen. Folgende drei Ausprägungen der Informationsasymmetrien sind besonders relevant:

- Typ I: Die Gruppe der Investoren verfügt gegenüber der Investmentbank über bessere Informationen,
- Typ II: Das Unternehmen hat im Gegensatz zu den Investoren bessere Informationen, insbesondere hinsichtlich des tatsächlichen Unternehmenswerts,
- Typ III: Sogenannte informierte Investoren verfügen über superiore Informationen den uninformierten Investoren gegenüber und können den Marktwert des Unternehmens einschätzen.

---

242 Vgl. z.B. Field/ Sheehan (2004).

243 Zu einer umfassenden Auflistung von empirischen Untersuchungen vgl. Lubig (2004), insbesondere Tabelle 48, S. 298, sowie McDonald/ Fisher (1972), Ibbotson (1975), Ibbotson/ Jaffe (1975), Ritter (1984), Bottazzi/ Da Rin (2002), Bradley et al. (2002), Chi/ Padgett (2002a), Loughran/ Ritter (2002).

Das Underpricing fungiert dabei als Instrument, die drohenden Nachteile der Informationsasymmetrie zu vermeiden. Die wichtigsten Modelle werden nachfolgend kurz dargestellt, weil keiner der z.T. heterogenen Ansätze für sich alleinige Gültigkeit reklamieren kann. Vielmehr stellt jedes Modell einen zumindest in einzelnen Märkten oder zu bestimmten Zeiten sinnvollen Ansatz dar.

Benveniste/ Spindt setzen voraus, dass die *Gruppe der Investoren gegenüber der Investmentbank bessere Informationen* (Typ I) über die Marktnachfrage besitzt. Diese Informationen werden durch die vor der Bookbuildingphase stattfindenden Gespräche mit den Investoren von der Investmentbank für die Preisstellung im Primärmarkt extrahiert.[244] Zur Bestimmung des optimalen Emissionspreises und zur Wahrung ihrer Reputation ist es aus Sicht der Investmentbank erstrebenswert, diese Informationen zu erlangen. Dies gelingt zu Beginn der Börseneinführungsphase im Rahmen einer sogenannten Pre-market-Auktion, in deren Verlauf von Großinvestoren Nachfragevolumina erfragt werden. Die Investoren sind jedoch nur bereit, ihre tatsächliche Nachfrage zu offenbaren, wenn sie als Anreiz einen geringeren Preis angeboten bekommen.[245]
Weiss Hanley stellt fest, dass die Informationen jedoch nur teilweise zur Preisanpassung im Primärmarkt genutzt werden („Partial-adjustment"-Phänomen).[246]

Van Bommel zufolge lässt sich ein Informationsvorsprung der Investoren auch zugunsten des Unternehmens selbst nutzen. Das Unternehmen muss dazu die Nachfragehöhe der Investoren als Indikator für die Profitabilität anstehender Investitionen heranziehen.[247] Je höher die Nachfrage ausfällt, desto mehr Investiti-

244 Vgl. Benveniste/ Spindt (1989).

245 Zur formal abgeleiteten Begründung vgl. Benveniste/ Spindt (1989).

246 Vgl. Weiss Hanley (1993).

247 Vgl. van Bommel (1997). Streng genommen beschränkt sich das Modell nicht auf Pre-IPO-Nachfragehöhen, sondern berücksichtigt auch die Post-IPO-Aktienkurse als Indikator.

onen werden getätigt.[248] Aber auch der einzelne Investor kann die bei der Investorenschaft vorhandenen Informationen zum eigenen Vorteil nutzen, indem er damit die eigene Werteinschätzung des Unternehmens präzisiert. Davon macht der einzelne Investor sodann sein Bietverhalten im Primärmarkt abhängig. Dieses wird also durch subjektive Eindrücke des Investors über das Bietverhalten anderer Investoren während des Zeichnungsprozesses bedingt,[249] woraus sich selbst verstärkende Kaufkaskaden ergeben.[250]

Welch, Allen/ Faulhaber sowie Grinblatt/ Hwang fassen hingegen das Underpricing als ein glaubhaftes Signal über die Qualität des Unternehmens auf.
Sie gehen intuitiv einleuchtend davon aus, dass *das Unternehmen im Gegensatz zu den Investoren* (Typ II) den „wahren" Wert des Unternehmens und damit den fairen Primär- sowie Sekundärmarktpreis kennt. An einem Markt mit einer Typ II-Informationsasymmetrie angebotene Produkte sind - zumindest für die meisten Käufer - von nicht nachprüfbarer Qualität. Die Auskünfte der Verkäufer sind insofern nicht glaubhaft, als sie von einer falschen, zu positiven Darstellung der Qualität der zum Verkauf angebotenen Produkte profitieren. Gelingt es dem Unternehmen nicht, den Marktwert des angebotenen Produkts „Aktie" glaubhaft zu vermitteln, führt die Bewertungsunsicherheit der Investoren im Extrem in Anlehnung an Akerlof[251] zu einem völligen Marktzusammenbruch.
Im Fall des Börsengangs, bei dem die Investoren als Käufer annahmegemäß nicht in der Lage sind, die eigentliche Qualität der Börsenkandidaten zu beurteilen, kann als glaubhaftes Signal das Underpricing verwendet werden,[252] weil es

---

[248] Zu dieser Annahme konnten bislang jedoch noch keine fundierten empirischen Ergebnisse vorgelegt werden, sodass ihr lediglich ein Hypothesencharakter beigemessen werden kann.

[249] Vgl. Welch (1992).

[250] Eine Bestätigung findet sich bei Amihud/ Hauser/ Kirsh (2002) sowie Chowdhry/ Sherman (1996).

[251] Vgl. Akerlof (1970).

[252] Allen/ Faulhaber und Welch zeigen formal, dass und in welchen Fällen das Underpricing tatsächlich ein glaubhaftes Signal darstellt. Streng genommen fungiert nicht das ex ante noch nicht bestimmbare Underpricing als Signal, sondern das von den Investoren beobachtbare Investitionsvolumen. Das Investitionsvolumen wiederum entspricht der tatsäch-

nur von Unternehmen mit einer hohen Bewertung (Unternehmen mit „guter Qualität“) rational sinnvoll eingesetzt werden kann.[253] Damit wird das dem Informationsasymmetriekontext immanente Marktzusammenbruchsrisiko verhindert.[254]

In Anlehnung an Leland/ Pyle[255] setzen Grinblatt/ Hwang neben dem Underpricing als weiteres Signal den Eigenkapitalbehalt der Entrepreneure[256] ein. Das Signal ist glaubhaft, da das Eigeninteresse der Entrepreneure an einem sich bis mindestens zum SEO positiv weiterentwickelnden Kurs umso größer ist, je weniger Eigenkapital beim IPO verkauft wird und je höher damit ihr finanzielles Engagement bestehen bleibt. Darüber hinaus eignen sich noch weitere Signale: „firms typically can signal their quality with several variables other than the offer price“[257], z.B. mit dem Going Concern-Bestätigungsvermerk des Wirtschaftsprüfers („Auditor“).[258]

---

lichen Qualität des Unternehmens, wie die Autoren formal nachweisen. Vgl. Allen/ Faulhaber (1989), Welch (1989). Grinblatt/ Hwang nehmen demgegenüber an, dass die Investoren das Underpricing aus dem im Primärmarkt verlangten Ausgabepreis ableiten können, sodass es hier als direktes Signal verwendet wird. Vgl. Grinblatt/ Hwang (1989), S. 395f.

253 Welch kann jedoch zeigen, dass durch den partiellen Verzicht von Erlösen durch Underpricing beim IPO den schlechten Firmen hinreichend hohe Kosten aufgebürdet werden, die die Imitationsstrategie zu einer inferioren deklassieren.

254 Zu anderen Lösungen des Glaubwürdigkeitsproblems der Verkäufer vgl. z.B. die in entsprechenden Verträgen festgehaltene Lock-up-Frist. Vgl. dazu die Ausführungen in Kapitel 3.1.4.

255 Vgl. Leland/Pyle (1977). Zu einer Erläuterung vgl. Hartmann-Wendels/ Pfingsten/ Weber (1998), S. 145f.

256 Unter einem Entrepreneur wird im Rahmen dieser Arbeit der Unternehmer als Manager und Eigentümer in Personalunion im Sinne von Jensen/ Meckling (1976) gesehen.

257 Vgl. Allen/ Faulhaber (1989), S. 305.

258 Vgl. Gale/ Stiglitz (1989) und Willenborg/ McKeown (2001). Grothe weist darauf hin, dass nicht nur der Bestätigungsvermerk, sondern die insbesondere durch Spezialisierungseffekte gewonnene Reputation der Wirtschaftsprüfer als Signal eingesetzt werden kann. Vgl. Grothe (2005), S. 214. Ayayi empfiehlt VCs, ebenfalls den EK-Behalt als Signal einzusetzen. Vgl. Ayayi (2002). Kritisch dazu äußert sich Barnes/ Cahill/ McCarthy (2003). Die Annahme der Signalmodelle, die durch das Underpricing signalisierte Qualität ließe sich über höhere Einnahmen beim SEO kompensieren (vgl. z.B. Welch (1989), Grinblatt/ Hwang (1989), eine gegenteilige Meinung wird hingegen bereits bei Downes/ Heinkel (1982) und Hess/ Frost (1982) erwähnt), wird aber von Spiess/ Pettway (1997) empirisch widerlegt.

Nach Chemmanur bietet das Underpricing den Nährboden zur Informationsproduktion durch die Investoren.[259] Für den Fall, dass niemand Nachforschungen vornimmt und Informationen generiert und publiziert, blieben sämtliche Informationen, die der Entrepreneur über seine Firma besitzt, privater Natur.[260] Underpricing stellt bei Chemmanur eine Kompensation und damit einen Anreiz für potentielle Investoren dar, kosteninduzierende Informationsproduktion zu betreiben.[261] Je höher das Underpricing, desto stärker engagieren sich die Investoren in der Informationsproduktion und umso näher liegt der Marktpreis an dem „wahren" Wert.[262]

Rock weist den *informierten Investoren bessere Informationen als den uninformierten Investoren* (Typ III) zu.[263] Er geht zwar wie Benveniste/ Spindt von superioren Informationen der Investorenschaft aus, postuliert jedoch eine heterogene Informationsverteilung innerhalb der Gruppe der Investoren. Es existieren zwei Arten von Investoren: Die sogenannten informierten Investoren vermögen den Unternehmenswert zu beurteilen,[264] uninformierte Investoren hingegen nicht.[265]

---

259 Vgl. Chemmanur (1993).

260 Man bedenke, dass Chemmanur nicht wie in den vorherigen Modellen ein glaubhaftes Signal implementiert. Nach Famas „efficient market hypothesis" (EMH) finden nur öffentlich verfügbare Informationen ihren Niederschlag im Kurs. Vgl. Fama (1970) und Fama (1991).

261 Trotz Underpricing keine Informationsproduktion durchzuführen, stellt in der Modellwelt von Chemmanur eine inferiore Strategie dar. Vgl. Chemmanur (1993). Es sei angemerkt, dass die exakte Höhe des Underpricing erst am ersten Handelstag feststeht, Chemmanur jedoch die den Investoren während des Primärmarktes in Aussicht gestellte erwartete Höhe des Underpricing als Argumentationsgrundlage verwendet. Auf den Einfluss der Investmentbankreputation auf die Informationsproduktion gehen Chemmanur/ Fulghieri (1994) ein.

262 Die optimale Underpricing-Höhe ist dort, wo der Grenzertrag durch die genauere Bewertung gleich ist mit den Grenzkosten durch das Underpricing.

263 Vgl. Rock (1986).

264 Z.B. institutionelle Investoren, die von ihrer Research-Abteilung entsprechende Informationen ermitteln lassen können.

265 Vgl. Beatty/ Ritter (1986), Appendix, S. 228ff. Sowohl der Entrepreneur als auch die Investmentbank verfügen gleich den uninformierten Investoren über eine unvollständige Werteinschätzung.

Uninformierte Investoren zeichnen annahmegemäß ein IPO, wenn ihre bei der Gesamtheit der IPOs einer bestimmten Zeitspanne erzielte Rendite positiv ausfällt. Informierte Investoren hingegen suchen sich nur solche IPOs zur Zeichnung aus, bei denen der Primärmarktpreis unter dem von ihnen erwarteten Sekundärmarktpreis liegt. Infolge der Überzeichnung, die daraus bei erfolgversprechenden IPOs resultiert, kommt es zu einem Crowding-out-Phänomen: Bei IPOs mit positivem Underpricing verdrängen die informierten Investoren die uninformierten mit einem besonders hohen Zeichnungsvolumen, die hingegen bei den weniger erfolgreichen, insbesondere bei jenen mit negativem Underpricing, „Zuteilungssieger" sind. Rock bezeichnet dies als den „winner's curse" oder Fluch des Siegers.[266]
Um trotz dieses unvermeidlichen Phänomens die uninformierten Investoren zu gewinnen, muss das Underpricing so hoch ausfallen, dass im Durchschnitt eine (marginal) positive Zeichnungsrendite verbleibt.[267] Underpricing dient bei Rock somit dazu, den „Fluch des Siegers" bei unattraktiven Emissionen zu kompensieren.[268]

Für Draho stellt das Underpricing schließlich eine Kompensation für die im Primärmarkt über den Sekundärmarktpreis herrschende Unsicherheit dar.[269]
Wenngleich die eine Informationsasymmetrie zugrundelegenden Erklärungsansätze in dem jeweils konstruierten Modellrahmen plausibel und intuitiv einleuchtend sind, reichen sie über die Erklärung von maßvollem Underpricing

---

266 Rock nimmt an, dass die Zahl bzw. das Zeichnungsvolumen der informierten Investoren nicht ausreicht, sämtliche IPOs aufzukaufen. Die Entrepreneure sind somit darauf angewiesen, uninformierte Investoren zu attrahieren. Vgl. Rock (1986).

267 Rock geht davon aus, dass die Investoren über einen längeren Zeitraum an mehreren IPOs teilnehmen und im Durchschnitt sämtlicher IPOs eine (marginal) positive Rendite anstreben. Eine negative Zeichnungsrendite im Einzelfall führt folglich noch nicht dazu, gänzlich auf eine Beteiligung an IPOs zu verzichten. Vgl. Rock (1986).

268 Eine empirische Bestätigung liefern Khurshed/ Mudambi (2001). Keloharju (1993) ermittelt bestätigende Ergebnisse für den finnischen IPO-Markt.

269 Vgl. Draho (2001a), auch Grinblatt/ Hwang (1989), implication (5), S. 415. Bestätigung durch Drobetz/ Kammermann/ Wälchli (2003).

nicht hinaus. Warum gerade in Hot-issue-Phasen Zeichnungsrenditen von über 50% gehäuft auftreten, bleibt offen.

Die zweite Gruppe der oftmals als „ad-hoc" titulierten Erklärungsansätze verzichtet hingegen auf die Annahme einer Informationsasymmetrie. Ausgewählte, intuitiv einleuchtende Ansätze werden nachfolgend erläutert.[270]

Ruud weist empirisch das Vorhandensein von Stützungskäufen durch Investmentbanken während der ersten Handelstage nach, wodurch das Abrutschen des Sekundärmarktkurses unter den Primärmarktpreis verhindert wird.[271] Daraus folgt rechnerisch im Durchschnitt eine positive Kursentwicklung (Underpricing), ohne dass ein Underpricing bewusst in Kauf genommen wird, weil Kurssteigerungen zugelassen, Kursverluste jedoch vermieden werden.

Nach Mauer muss das Underpricing-Phänomen nicht auf die rationale, bewusst getroffene Entscheidung der Emittenten zurückzuführen sein. Er macht hingegen Imperfektionen des Sekundärmarkthandels, insbesondere die Beschränkungen von Short-selling gerade bei kleinen Unternehmen und damit die ungleiche Behandlung von Kauf- und Verkaufsinteressen, für Underpricing verantwortlich.[272]

Diese lassen bei irrationalen Annahmen der Investoren - sogenannten „Fads" - übertrieben optimistische Kauforder zu, verhindern jedoch gleichzeitig das Korrektiv übertrieben pessimistischer Investoren. Am Markt werden somit nur die

---

270 Für Überblicksartikel bzw. weitere Ansätze vgl. u.a. Loughran/ Ritter (2002), Prabhala/ Puri (1998), Purnanandam/ Swaminathan (2002), Westerholm (2001), Tykvová (2002), Stehle/ Ehrhardt (1999), Ruud (1993), Asquith/ Jones/ Kieschnick (1998), Benveniste/ Busaba/ Wilhelm (1996), Cook/ Jarrell/ Kieschnick (2001), Fishe (1999).

271 Vgl. Ruud (1993). Sie deutet indirekt eine Alternative zu einem niedrigen Primärmarktpreis als Präventivmaßnahme gegen Prozesse an: Durch Stützungskäufe kann ex post auf eine (drohende) negative Kursentwicklung reagiert werden. Die (kostenträchtige) Maßnahme, ex ante ein Underpricing vorzunehmen, kann entfallen. In den USA ist den Investmentbanken diese Praxis unter bestimmten Umständen offiziell erlaubt, in den meisten anderen Ländern zumindest toleriert. Vgl. Ritter/ Welch (2002), S. 1813.

272 Vgl. Mauer/ Senbet (1992).

optimistischen Kauforders sichtbar, die zu überhöhten Sekundärmarktkursen führen.[273] Im Zusammenspiel mit den von Seiten des Unternehmens realistisch festgelegten Primärmarktkursen führt dies zu Underpricing.

Tinic liefert einen völlig anderen Erklärungsansatz für das Underpricing. Er stellt es als präventive Maßnahme gegen drohende Gerichtsprozesse dar. Gemäß dem Securities Act von 1933 verlangt Section 11, dass jeder für die Bewertung bedeutsame Aspekt, der die Zeichnungsentscheidung des Investors beeinflussen könnte, ordnungsgemäß untersucht und veröffentlicht werden muss.[274] In den USA hat es bereits eine Vielzahl von Klagen auch gegen renommierte Investmentbanken gegeben,[275] wenn der Aktienkurs an den ersten Handelstagen unter den Emissionskurs gesunken war. Einen wirksamen Schutz gegen derartige Klagen stellt die Vermeidung von negativen Zeichnungsrenditen (Underpricing) dar.
Allerdings ist die Gefahr erfolgreicher Gerichtsprozesse außerhalb der USA sehr begrenzt, weswegen Tinics Ansatz für die allgemeingültige Erklärung des Underpricing-Phänomens als nicht tragfähig angesehen werden kann.

Abschließend soll der Erklärungsansatz von Aggarwal/ Krigman/ Womack für die bewusste Inkaufnahme von Underpricing detaillierter erläutert werden.[276] Die Autoren befassen sich mit der durch das Underpricing ausgelösten Publizitätswirkung des Börsengangs auf das Kaufverhalten der Investoren. Im Vergleich mit den bisher dargestellten Erklärungsansätzen besteht bei diesem Ansatz inhaltlich die größte Nähe zu den in dieser Arbeit analysierten Publizitätswirkungen des Börsengangs am Gütermarkt.

---

273 Vgl. Aggarwal/ Rivoli (1990).

274 Vgl. Tinic (1988), S. 798.

275 Vgl. Tinic (1988), S. 799 FN 11.

276 Vgl. Aggarwal/ Krigman/ Womack (2002).

Aggarwal/ Krigman/ Womack zeigen, dass es sich für Entrepreneure - weiterhin im Sinne Jensen/ Mecklings als Manager und Eigentümer in Personalunion verstanden - lohnt,[277] durch ein hohes Underpricing Publizitätseffekte zu induzieren, die sich am Aktienmarkt in einer höheren Marktnachfrage und steigenden Kursen bemerkbar machen.[278]

Aggarwal/ Krigman/ Womack konstruieren ein Vier-Phasen-Modell. In der ersten Phase, die bis zum Zeitpunkt t_0 andauert, findet der Börsengang statt. In der zweiten Phase (t_1) wird der Handel im Sekundärmarkt aufgenommen und damit der Börsengang abgeschlossen. Zum Ende der dritten Phase (t_2) läuft die Lock-up-Frist aus, sodass die Entrepreneure erstmals eigene Anteile an der Börse verkaufen können. Der Zeitpunkt t_3 beschließt die vierte Phase und damit den zeitlichen Horizont des Modells und spiegelt den „langfristigen Unternehmenswert“[279] wider.

Im Zeitpunkt t_0[280] werden vollständig aus einer Kapitalerhöhung stammende Aktien[281] zu einem später noch zu bestimmenden Preis p_0 verkauft; bei einer angenommen fixen Anzahl[282] ausgegebener Aktien in Höhe von q_0 fließen dem Unternehmen Erlöse in folgender Höhe zu:

---

277 Wird der Börsengang ausschließlich mit aus einer Kapitalerhöhung stammenden Aktien durchgeführt, ergibt sich für den Entrepreneur erst am Ende der Lock-up-Frist - die üblicherweise 180 Tage andauert - die Möglichkeit, eigene Aktien zu verkaufen. Ihr eigener Nutzen steigt, je höher der Aktienkurs zu dem Zeitpunkt des SEO ausfällt. Die durch das hohe Underpricing induzierten entgangenen Einzahlungen wirken sich hingegen für sie nicht negativ aus. Vgl. Aggarwal/ Krigman/ Womack (2002).

278 Aggarwal/ Krigman/ Womack zeigen empirisch auf, dass Entrepreneure, die einen besonders hohen Anteil an der Unternehmung nach dem IPO behalten, sich trotzdem für ein überdurchschnittlich hohes Underpricing entscheiden. Vgl. Aggarwal/ Krigman/ Womack (2002).

279 „we model the long-run for the firm as a price P_3“ (Aggarwal/ Krigman/ Womack (2002), S. 108).

280 Streng genommen sprechen die Autoren von Phasen, die jedoch in einem bestimmten Zeitpunkt enden. Da die Argumentation an den Zeitpunkten ausgerichtet ist, soll im Folgenden nurmehr der Endzeitpunkt der Phasen betrachtet werden. Wird von t_0 gesprochen, so sind damit die während der ersten Phase stattfindenden Ereignisse gemeint, die zum Schlusspunkt der Phase in t_0 feststehen.

281 Dies stellt eine implizite Annahme dar. Vgl. Aggarwal/ Krigman/ Womack (2002), S. 108f.

282 Von einer Greenshoe-Option wird in diesem Modell abstrahiert.

(1) $E = q_0 * p_0$ (Erlöse durch den Börsengang in t_0)

Im Zeitpunkt t_1 wird der Sekundärmarkthandel zum Preis

(2) $p_1 = a - k * q_0$ (Preis zum Zeitpunkt t_1)

aufgenommen, wobei a und k Konstanten darstellen, die den Achsenabschnitt und die Steigung der Preisfunktion determinieren. Die Konstante a beschreibt den Maximalpreis, ab dem keine einzige Aktie mehr verkauft wird. Je größer die zum IPO ausgegebene Anzahl der Aktien ausfällt, desto geringer ist der Emissionspreis. Der Entrepreneur verfügt erst nach dem Auslaufen der Lock-up-Frist zum Zeitpunkt t_2 über die erste Möglichkeit, eigene Anteile zu verkaufen. In t_2 ist auch die durch das Underpricing verursachte positive Wirkung der Publizitätseffekte - von Aggarwal/ Krigman/ Womack als Momentum bezeichnet - in Form einer Verschiebung der Nachfragekurve berücksichtigt. Daraus leitet sich modellendogen wie folgt ein höherer (Sekundärmarkt-) Aktienkurs ab. Der Preis berechnet sich zu

(3) $p_2 = a + g(p_1 - p_0) - k*(q_2 + q_0)$ (Preis zum Zeitpunkt t_2)

Bei a und k handelt es sich wieder um Konstanten. Die während des IPO verkaufte Anzahl an Aktien q_0 wird ergänzt um die im Zeitpunkt t_2 zusätzlich verkaufte Anzahl an Aktien (q_2). Der Term $g(p_1 - p_0)$ spiegelt das Informationsmomentum wider: Je größer die Preisdifferenz ausfällt, desto größer ist der Publicityeffekt bei den Investoren und damit der Preis, den sie zu zahlen bereit sind. Der Graph der Funktion $g(p_1 - p_0)$ weist eine positive Steigung ($g'>0$) und einen konkaven Verlauf ($g''<0$) auf. Aggarwal/ Krigman/ Womack begründen die stärkere Nachfrage und damit c.p. den höheren Preis damit, dass mit der Höhe des Underpricing (entspricht in diesem Modellrahmen $p_1 - p_0$) eine umfangreichere Berichterstattung in den Medien stattfindet und sich mehr Finanzanalysten für die Aktie interessieren. Dadurch erfährt eine größere Anzahl an Investoren von dem IPO bzw. der Aktie, wodurch c.p. die Nachfrage anwächst. „Intuitively, one can imagine that investors cannot and do not follow all stocks. They rely on outside information sources such as the media and research analysts to bring stocks to their attention. For firms conducting IPOs, underpricing, and especially extreme underpricing, is a way to attract attention from research analysts and the media. Coverage by these information sources then attracts investors and shifts out the demand curve for the stock."[283]

Der Zeitpunkt t_3 beschließt den zeitlichen Horizont des Modells, wo der annahmegemäß von den IPO-Erlösen abhängige fundamentale Unternehmenswert im Börsenkurs widergespiegelt wird.

(4) $p_3 = f(p_0, q_0)$ (langfristiger Preis der Aktie in t_3)

Die zentrale Aussage besteht darin, dass durch die als Momentum bezeichnete Publicitywirkung eines Underpricing der Aktienkurs zum Auslaufen der Lock-up-Periode steigt. Davon profitieren die Entrepreneure in Form höherer Kurse, die sie mittels ab diesem Zeitpunkt erlaubter Aktienverkäufe nutzen können. Aggarwal/ Krigman/ Womack haben damit modellendogen einen rational fundierten Erklärungsansatz für Underpricing abgeleitet. Für die vorliegende Arbeit von besonderem Interesse ist jedoch die von den Autoren betonte und für die Wirkweise des Modells zentrale Relevanz der Publizitätswirkung.

Allerdings muss das Modell in vielerlei Hinsicht kritisiert werden. Die Autoren gehen davon aus, dass die vom Underpricing induzierte Publicity in einer gestiegenen Nachfrage nach der Aktie mündet. Es wird jedoch lediglich eine auf intuitiven Überlegungen fußende Annahme für diesen zentralen Einflussfaktor getroffen. Es bleibt des Weiteren offen, warum sie insbesondere im Zeitpunkt t_2 die Höhe der Nachfrage gemäß (3) und damit unabhängig von den ökonomischen Fundamentaldaten des Unternehmens bestimmen. Wichtige Konsequenzen eines Underpricing, etwa die mit der Höhe des Underpricing zunehmenden entgangenen Einnahmen oder die damit einhergehende Verwässerung des Kapi-

283 Aggarwal/ Krigman/ Womack (2002), S. 109.

tals bleiben unberücksichtigt. Auch in der finalen Periode bildet nicht der fundamentale Wert des Unternehmens die Bewertungsgrundlage, sondern eine Funktion, die ausschließlich von dem Primärmarktpreis und der Anzahl der verkauften Aktien abhängt (vgl. (4)).

Ferner erweist es sich im Rahmen des Modells wegen des höheren Aktienkurses in t_2 (vgl. (3)) als rational, durch ein höheres Underpricing auf Einzahlungen und damit auf werterhöhende Investitionen zu verzichten. Es werden somit ausschließlich Folgen am Kapitalmarkt aufgezeigt, die nicht nur Realgütermarktkonsequenzen unberücksichtigt lassen, sondern letztlich dem operativen Geschäft des Unternehmens am Realgütermarkt sogar abträglich sind.[284]

Den mittels der Formeln (2) und (3) bestimmten Preisen der Aktie (Kurs) am Sekundärmarkt wird ein degressiver und damit mengenabhängiger Verlauf unterstellt. Zum einen muss kritisiert werden, dass der Preis bzw. Kurs an der Börse damit losgelöst von jeglichen Fundamentaldaten ermittelt wird. Auch wird damit die EMH nach Fama implizit als irrelevant übergangen. Zum anderen verstößt dies gegen die Annahme eines vollkommenen Marktes, nach dem von einer vollständig preiselastischen Nachfrage ausgegangen wird.

Schließlich greifen Aggarwal/ Krigman/ Womack bei den Publizitätswirkungen zu kurz: Sie betrachten mit einer unterstellten höheren Aktiennachfrage nur partielle, auf den Kapitalmarkt beschränkte Konsequenzen und übergehen damit insbesondere die Publizitätswirkungen am Realgütermarkt. Die Autoren weisen zwar einleitend auf das Modell von Hakenes/ Nevries (2000) hin, welches unternehmenswertsteigernde Publizitätswirkungen am Gütermarkt thematisiert, lassen diesen Aspekt bei ihren weiteren Ausführungen jedoch außer Acht.[285]

---

284 Die Erlöse der Altaktionäre (Aktienkurs p_2 multipliziert mit der Anzahl verkaufter Aktien q_2) steigen, je höher das Momentum ausfällt. Das Momentum wiederum steigt mit der Höhe des Underpricing. Modellendogen bedeutet dies jedoch eine durch das Underpricing bedingte geringere Einzahlung, als für die Realisierung sämtlicher Projekte mit positivem NPV benötigt würde. Vergleiche zu der Argumentation die Formeln für Q_2* und P_2*, Aggarwal/ Krigman/ Womack (2002), S. 110 i.V.m. S. 108 bzw. (1), sowie Assumption 2, Aggarwal/ Krigman/ Womack (2002), S. 109f. i.V.m. S. 111.

285 „Several other models address similar issues. Hakenes and Nevries (2000) present a model in which underpricing generates publicity for a firm, attracting customers, and

Abgesehen von der angebrachten Kritik haben Aggarwal/ Krigman/ Womack als erste in einem formalen Modell die Konsequenzen der insbesondere durch das Underpricing beim Börsengang hervorgerufenen Publicity-Effekte entscheidungsorientiert behandelt. Sie gehen davon aus, dass durch ein höheres Underpricing eine umfangreichere Berichterstattung in Massenmedien sowie eine größere Zahl von Analysten dazu führt, dass mehr Investoren von dem Börsengang erfahren und sich damit die Nachfrage nach der Aktie erhöht. Diese Aspekte werden im Rahmen der vorliegenden Arbeit wieder aufgegriffen.

Betrachtet man abschließend alle Erklärungsansätze zum Underpricing, so fällt deren Heterogenität auf. Dieser Umstand deutet an, dass kein Ansatz alleine in der Lage ist, das Underpricing-Phänomen hinreichend zu erklären.[286] Insbesondere die starke Schwankungsanfälligkeit der Emissionsvolumina und des Underpricing bei Hot- vs. Cold-issue-Phasen und außergewöhnlich hohe Underpricing-Niveaus sind noch nicht hinreichend erklärt worden.[287] In der nachfolgenden Tabelle 5 sind ergänzende Erklärungsansätze insbesondere zum Underpricing-Phänomen aufgeführt, die die Breite der Forschung weiter unterstreichen.

thereby increasing fundamental firm value." (Aggarwal/ Krigman/ Womack (2002), S. 107).

[286] Ritter/ Welch kommen in ihrem Überblicksartikel zu demselben Schluss: „In our view there is no single dominant theoretical cause for underpricing.“ (Ritter/ Welch (2002), S. 1816).

[287] Vgl. z.B. Habib/ Ljungqvist (2001), S. 433f., Ljungqvist/ Nanda/ Singh (2002), S. 1.

Underpricing

Autor(en)	Jahr	Kernaussage	theoretisch/ empirisch	Studien-zeitraum	n	Land
McDonald/ Fisher	1973	Erhebliche Kursgewinne bei 142 IPOs des Jahres 1969 während der ersten Handelswoche; Einjahresrendite im Sekundärmarkt unabhängig von diesen Kursgewinnen, jedoch abhängig von der Reputation des Underwriters	e	1969	142	USA
Ibbotson	1975	Der Artikel stellt den Ausgangspunkt für verschiedene Zweige der späteren IPO-Forschung dar: Das Underpricing-Phänomen wird erstmalig umfassend mit einer Durchschnittsrendite von 11,4% bestimmt, die Verteilung der Renditen weist eine Schiefe (Vgl. Ruud (1993): Preisstabilisierung) auf. Es existieren überdurchschnittlich viele Extremausprägungen (Hot issue-Phänomen) und eine negative langfristige Sekundärmarktrendite in den Jahren eins bis vier nach dem IPO. Außerdem bemerkt Ibbotson bereits 1975 die Relevanz eines guten Eindrucks des IPOs: "'leave a good taste in investor´s mouths'", Ibbotson (1975), S. 264	e	1960-1969	1750	USA
Ibbotson/ Jaffe	1975	Als erste wissenschaftliche Veröffentlichung Aufzeigen von Hot-issue-Markets für die Jahre 1959-1961 und 1968-1969, ermittelt anhand der überdurchschnittlichen Renditen im ersten Monat der Sekundärmarktnotiz	e	1960-1970	1928	USA
Ritter	1984	Der Hot-issue-Markt Anfang der 1980er Jahre in den USA mit einer durchschnittlichen Zeichnungsrendite von 48,4% ist fast ausschließlich durch die Öl- und Gas-Industrie verursacht	e	1977-1982	1028	USA
Miller/ Reilly	1987	Die Preisanpassung im Sekundärmarkt erfolgt unmittelbar während des ersten Handelstages, sodass das Underpricing anhand des Primärmarktpreises und des (Schluss-) Kurses des ersten Handelstages berechenbar ist	e	1982-1983	510	USA
Tinic	1988	Durch Underpricing verringert sich die Wahrscheinlichkeit einer negativen Zeichnungsrendite und minimiert das Risiko kostspieliger Gerichtsprozesse	e	1923-1930 1966-1971	70 134	USA

Tabelle 5: Ergänzende Erklärungsansätze für Entscheidungen, die in der Börseneinführungsphase zu treffen sind (Kapitel 3.1.3)

Autor(en)	Jahr	Kernaussage	theoretisch/ empirisch	Studien-zeitraum	n	Land
Welch	1989	Unternehmen signalisieren ihre Qualität in einem Informationsasymmetriekontext effektiv per Underpricing und entkommen damit der Gefahr eines gescheiterten IPOs. Der Zusammenbrauch des IPO-Marktes droht in Anlehnung an die Erkenntnisse von Akerlof (1970)	t			
Allen/ Faulhaber	1989	Das dem Informationsasymmetriekontext immanente Marktzusammenbruchsrisiko wird durch das glaubhafte Signal Underpricing verhindert	t			
Benveniste/ Spindt	1989	Primärmarktpreisrelevante Informationen werden durch die Investmentbank von den Investoren anhand von Underpricing im Verlauf der Pre-market-Auktion extrahiert	t			
Aggarwal/ Rivoli	1990	Das Underpricing wird "fads", irrationalen Annahmen der Investoren im Sekundärmarkt, und nicht bewusstem Underpricing im Primärmarkt, zugeschrieben	e	1977-1987	1598	USA
Weiss Hanley	1992	IPOs, deren Primärmarktpreis oberhalb der Bookbuildingspanne festgesetzt wird, weisen das höchste Underpricing auf. Dies kommt einer empirischen Bestätigung des Partial adjustment-Phänomens für den amerikanischen Markt gleich	e	1983-1987	1430	USA
Mauer/ Senbet	1992	Imperfektionen bzgl. des Sekundärmarkthandels insbesondere bei kleineren IPOs führen zu Underpricing	t,e	1977-1984	1315	USA
Keloharju	1993	Winner´s Curse wird anhand der zuteilungsadjustierten Zeichnungsrenditen für den finnischen Markt bestätigt	e	1984-1989	80	Finnland
Chowdhry	1996	Uninformierte Anleger werden durch Stützungskäufe vor adverser Selektion bewahrt	t			
van Bommel	1997	Das theoretische Erklärungsmodell basiert auf der schon von Rock angeführten Meinung, dass die Investoren besser informiert sind. Durch die Höhe des Underpricing wird dem Management signalisiert, dass es lohnenswerte Projekte mit positivem NPV gibt	t			

Tabelle 5: Ergänzende Erklärungsansätze für Entscheidungen, die in der Börseneinführungsphase zu treffen sind (Kapitel 3.1.3) (fortgesetzt)

Autor(en)	Jahr	Kernaussage	theoretisch/ empirisch	Studien-zeitraum	n	Land
Blass/ Yafeh	2000	Viele isrealische Unternehmen, insbesondere junge Technologieunternehmen, streben eine ausschließliche Notierung an der amerikanischen Börse an, weil die Vorteile aus dem Signalisieren ihrer Werthaltigkeit Nachteile in Form des höheren Underpricing und geringere Steuerungsautonomie überkompensieren	e	1990-1996	219	Israel, USA
Boehmer/ Fishe	2000	Ein von Investmentbanken durchsetzbares höheres Underpricing führt zu verstärkten Flipping-Aktivitäten und somit höheren Handelsumsätzen	t			
Brav/ Gompers	2000	Eine höherer Lock-up-Anteil am EK und eine längere Laufzeit gehen mit einem höheren Underpricing sowie einer negativen Überrendite am Auslaufen der Frist einher	e	1988-1996	1948	international
Arosio/ Bertoni/ Giudici	2001	Überdurchschnittlich viele italienische Unternehmen nutzten insbesondere 1999 das "window of opportunity" am "Nuovo Mercato", welches gerade den verlustträchtigsten zunächst die höchsten Kurssteigerungen zubilligte	e	1999-2000	40	Italien
Ghosh	2002	Für den indischen IPO-Markt wird der Einfluss von ex ante-Risiko auf die Höhe des Underpricing bestätigt	e	1991-2001	2247	Indien
Barnes/ Cahill/ McCarthy	2003	Am britischen IPO-Markt führt der EK-Anteil eines VCs beim IPO zu einer geringeren Informationsasymmetrie und einem niedrigeren Underpricing	e	1992-1999	85	UK
Bottazzi/ Da Rin	2002	Der Vergleich der europäischen Wachstumsmärkte offenbart signifikante Unterschiede bzgl. verschiedener Unternehmenscharakteristika, etwa Größe und Wachstum, sowie dem Underpricing	e	1996-2001	538	Frankreich/ Deutschland/ Italien
Bradley/ Cooney/ Jordan/ Singh	2002	Die Höhe des Underpricing wird beeinflusst von einem (vorhergehenden) Hot-issue-Markt, der Anpassung der Bookbuildingspanne (partial adjustment) und - als neue Erkenntnise - von der Ganzzahligkeit des Angebotspreises. Dieser wird als Risikoindikator interpretiert	e	1981-2000	4523	USA

Tabelle 5: Ergänzende Erklärungsansätze für Entscheidungen, die in der Börseneinführungsphase zu treffen sind (Kapitel 3.1.3) (fortgesetzt)

Autor(en)	Jahr	Kernaussage	theoretisch/ empirisch	Studien-zeitraum	n	Land
Chi/ Padgett	2002	Underpricing für 668 PIPO (privatization IPOs) am chinesischen Markt beträgt durchschnittlich 129% und steigt mit dem Anteil uninformierter Investoren bzw. sinkt mit dem Anteil der chinesischen Behörden	e	1996-2000	668	China
Loughran/ Ritter	2002	Die extremen Underpricings von 1998-2000 werden einer veränderten Interessenlage der Entscheidungsträger attribuiert: Sie streben eine hohe Anzahl an unternehmenswertsteigernden Analystenberichten an und bekommen eine hohe Zuteilung der eigenen Aktien auf Privatkonten	e	1980-2000	6169	USA
Drobetz/ Kammermann/ Wälchli	2003	Die Ausprägung des Underpricing am schweizer IPO-Markt unterstützt bei einem Durchschnittswert von 35% die Erklärungsansätze des Signalling sowie der Kompensation für ex ante-Risiko	e	1983-2000	150	Schweiz
Ofek/ Richardson	2003	Das hohe Underpricing bei Internetaktien an amerikanischen Börsen von 1998-2000 wird ungleichen Bewertungen verschiedener Investoren und dem praktischen Ausschluss von short selling attribuiert	e	1998-2000	305	USA
Draho	2001	Underpricing stellt bei unvollständiger Informationsproduktion im Primärmarkt eine Kompensation für die Unsicherheit über den Sekundärmarktpreis dar	t			
DuCharme/ Rajgopal/ Sefcik	2001	Der Plan zur Durchführung eines SEO, Underwriter mit hoher Reputation (nur Internet-IPOs) und insbesondere eine umfangreiche Medienberichterstattung fördern ein hohes Underpricing	e	1988-1999	591	USA

Tabelle 5: Ergänzende Erklärungsansätze für Entscheidungen, die in der Börseneinführungsphase zu treffen sind (Kapitel 3.1.3) (fortgesetzt)

Rock´s "Winner´s Curse"-Phänomen						
Autor(en)	Jahr	Kernaussage	theoretisch/ empirisch	Studien-zeitraum	n	Land
Rock	1986	Die Winner´s Curse-Hypothese besagt, dass über den Unternehmenswert uninformierte Investoren bei IPOs mit positivem Underpricing von informierten Investoren verdrängt werden, bei solchen mit negativem Underpricing jedoch die Zuteilung "gewinnen". Ein durchschnittliches Underpricing bei IPOs ist somit notwendig, um den uninformierten Anlegern eine gewichtet nicht-negative Rendite zu bieten und sie so von einem vollständigen Rückzug aus dem IPO-Markt abzuhalten	t			
Khurshed/ Mudambi	2001	Bestätigung von Rocks "Winner's Curse"-Hypothese anhand des signifikant geringeren Underpricings bei britischen Investment-Trust IPOs. Bei diesen besteht nur eine minimale Informationsasymmetrie zwischen informierten und uninformierten Investoren	e	1989-1996	575	UK
Amihud/ Hauser/ Kirsh	2002	Empirische Bestätigung dreier Theorien anhand der israelischen Börse: Ownership dispersion-Theorie einer breiteren Streuung der Eigenkapitalanteile durch höheres Underpricing, Rocks Winner's Curse sowie Welchs Informationskaskaden	e	1989-1993	284	Israel

Stabilisierungkäufe der Investmentbanken						
Autor(en)	Jahr	Kernaussage	theoretisch/ empirisch	Studien-zeitraum	n	Land
Ruud	1993	Underpricing wird anhand der Schiefe der Verteilungsfunktion mit überproportional vielen unveränderten oder leicht positiven Zeichnungsrenditen auf die Stützungskäufe der Investmentbanken zurückgeführt	e	1982-1983	114	Finnland
Schultz/ Zaman	1994	Umfangreiche Stützungskäufe werden anhand von Daten sämtlicher Market Maker identifiziert	e	1992	72	USA
Benveniste	1996	Das Verhaltensrisiko ("moral hazard") der Investmentbanken zur Verleitung der Primärmarktinvestoren zu überhöhten Käufen wird durch die Selbstbindung zur Preisstabilisierung verhindert	t			
Asquith/ Jones/ Kieschnick	1998	Preisstabilisierung wird anhand passenderer Verteilungsfunktionen als von Ruud zugrunde gelegt bestätigt	e	1982-1983	560	USA
Fishe	1999	Für Investmentbanken lohnen sich Stützungskäufe wegen Stock-flippers, die IPO-Aktien unmittelbar nach dem Börsengang im Sekundärmarkt verkaufen	t			

Tabelle 5: Ergänzende Erklärungsansätze für Entscheidungen, die in der Börseneinführungsphase zu treffen sind (Kapitel 3.1.3) (fortgesetzt)

Autor(en)	Jahr	Kernaussage	theoretisch/ empirisch	Studien-zeitraum	n	Land
Cook/ Jarrell/ Kieschnick	2001	Die Risikostruktur der IPO-Unternehmen beeinflusst Stützungskäufe und damit die Höhe des durchschnittlichen Underpricing	e	1981-1995	3090	USA
Chen/ Liaw/ Leung/ Yu	2002	Preisstabilisierungshypothese von Ruud wird für den taiwanesischen Markt anhand von verauktionierten IPOs, die Informationsasymmetrie praktisch ausschließen, bestätigt	e	1995-1999	67	Taiwan
Vermarktungsverfahren beim IPO						
Autor(en)	Jahr	Kernaussage	theoretisch/ empirisch	Studien-zeitraum	n	Land
Bower	1989	Vor dem Hintergrund von Informationsasymmetrie wird ein Entscheidungsgleichgewicht abgeleitet, nachdem weniger gute Firmen das Best-effort-Verfahren, gute Firmen hingegen das Firm-commitment-Verfahren für das IPO wählen	t			
Sherman	1992	Bei Best-efforts-IPOs lassen sich am Markt ablesbare investitionsrelevante Informationen generieren, wenn die Investoren zur Preisgabe mittels Underpricing veranlasst werden. Dies erklärt auch das im Vergleich zu Firm-commitment-IPOs höhere Underpricing	t			
Kutsuna/ Smith	2000	1997 wurde in Japan der Wechsel vom Auktions- zum Bookbuildingverfahren vollzogen, welches geringere Kosten für große Unternehmen sowie die Tür zur Börse für kleinere Unternehmen öffnete	e	1996-2000	484	Japan
Derrien	2002	Vorteilhaft ist das Bookbuildingverfahren ggü. anderen, insbesondere weil die wertbestimmenden Faktoren Börsenstimmung und private Informationen der Investoren flexibel in den Preissetzungsprozess eingebunden werden können	t,e	1999-2001	56	Frankreich
Bierbaum/ Grimm	2002	Die Entscheidung für eines der Angebotsverfahren Fixpreis, Auktion oder Bookbuilding wird in Abhängigkeit insbesondere der situativen Unternehmenscharakteristika getroffen	t			
Chahine	2002	Das Bookbuilding-Verfahren weist im französischen IPO-Markt ggü. dem Fixpreisverfahren sowie dem Auktionsverfahren ein geringeres Underpricing auf. Die Höhe steigt mit der Überzeichnungsquote und bedingt wiederum einen höheren Sekundärmarktumsatz	e	1996-2000	305	Frankreich
Cornelli/ Goldreich	2003	Das Bookbuilding-Verfahren extrahiert von den Investoren bewertungsrelevante Informationen, insbesondere von limitierten Zeichnungsaufträgen institutioneller Anleger, zu einem geringeren Ausmaß auch aus der Höhe der Überzeichnung	e	1995-1999	63	international

Tabelle 5: Ergänzende Erklärungsansätze für Entscheidungen, die in der Börseneinführungsphase zu treffen sind (Kapitel 3.1.3) (fortgesetzt)

Unternehmensbewertungsverfahren

Autor(en)	Jahr	Kernaussage	theoretisch/ empirisch	Studien-zeitraum	n	Land
Hunt-McCool/ Koh/ Francis	1996	Der Efficient frontier-Bewertungsansatz auf Basis interner Unternehmensdaten offenbart auch unter der Hypothese vollständiger Informationen absichtliches Underpricing	t			
Bartov/ Mohanram/ Seethamraju	2001	Für die Bewertung von Internet- sowie Nicht-Internet-Unternehmen spielen aus Sicht der Emittenten für den Primärmarkt folgende Faktoren eine Rolle: Umsatzwachstum und sowohl negative als auch positive Cash-Flows bzw. Umsatzhöhe und positive Cash-Flows. Aus Sicht der Investoren (gemessen anhand des Schlusskurses am ersten Handelstag) spielt u.a. die Bilanzsumme und das Umsatzwachstum eine Rolle. In keinem Fall sind die Erträge ein relevanter Bewertungsparameter. Als Grundlage dienen mehr als hundert amerikanische Internet- und ebenso viele Nicht-Internet-IPOs der Jahre 1996-1999	e	1996-1999	100	USA
Deloof/ de Maesneire/ Inghelbrecht	2002	Für die Bestimmung des Primärmarktpreises werden von den Underwritern mehrere Unternehmensbewertungsverfahren parallel verwendet. Marginal die beste Genauigkeit, gemessen am Sekundärmarktpreis, weist das DCF-Verfahren auf	e	1993-2000	33	Belgien

Informationsverhalten im Primärmarkt

Autor(en)	Jahr	Kernaussage	theoretisch/ empirisch	Studien-zeitraum	n	Land
Welch	1992	Während der Bookbuilding-Phase zeichnen Investoren auch in Abhängigkeit von der Nachfragehöhe anderer Investoren, wodurch eine Nachfragekaskade entsteht. Durch die zeitliche Hintereinanderschaltung wächst bei positiven Informationen die Zeichnungshöhe sukzessive an; bei negativen schrumpft sie entsprechend. Dadurch entsteht eine Nachfragekaskade. Dies erklärt die oftmals hohen Überzeichnungsquoten genauso wie die ebenfalls häufig abgesagten IPOs	t			

Tabelle 5: Ergänzende Erklärungsansätze für Entscheidungen, die in der Börseneinführungsphase zu treffen sind (Kapitel 3.1.3) (fortgesetzt)

Autor(en)	Jahr	Kernaussage	theoretisch/ empirisch	Studien- zeitraum	n	Land
Chowdhry/ Sherman	1996	Wird der endgültige Primärmarktpreis vor Beendigung der Zeichnungsfrist fixiert und Informationen über die Nachfrage bekannt, so führt das in Bestätigung des Kaskaden-Modells von Welch (1992) entweder zu einer hohen Überzeichnung oder zu einem Zusammenbruch der Nachfrage	t,e	n.b.	n.b.	25 Länder
Lowry/ Schwert	2001	Aktienmarkt- sowie private Informationen von Investoren führen zu einer permanenten Preisanpassung im Primärmarkt, wirken jedoch asymmetrisch	e	1985-1999	554	USA
Amihud/ Hauser/ Kirsh	2002	Empirische Bestätigung dreier Theorien anhand der israelischen Börse: Ownership dispersion-Theorie einer breiteren Streuung der Eigenkapitalanteile durch höheres Underpricing, Rocks Winner's Curse sowie Welchs Informationskaskaden	e	1989-1993	284	Israel
Aussenegg/ Pichler/ Stomper	2002	Unterschiede existieren bezüglich der Informationsweitergabe im Bookbuildingprozess zwischen der Nasdaq und dem Neuen Markt: am Neuen Markt findet im Gegensatz zur Nasdaq keine Preisanpassung im Primärmarkt oberhalb der Bookbuildingspanne statt	e	1999-2000	433	Deutschland/ USA
Aktien-Zuteilungsverfahren						
Autor(en)	Jahr	Kernaussage	theoretisch/ empirisch	Studien- zeitraum	n	Land
Boehmer/ Fishe	2002	Investmentbanken werden für die Weitergabe superiorer Informationen entlohnt: Sie bekommen hohe Anteile an lukrativen IPOs zugeteilt, verkaufen jedoch nur in 20% der Fälle direkt nach dem IPO ("flipping")	e	1997-2001	441	USA
Aggarwal/ Nagpurnanand/ Prabhala/ Puri	2002	Institutionellen Kunden werden insbesondere IPOs mit hohem Underpricing verstärkt zugeteilt	e	1997-1998	174	USA

Tabelle 5: Ergänzende Erklärungsansätze für Entscheidungen, die in der Börseneinführungsphase zu treffen sind (Kapitel 3.1.3) (fortgesetzt)

3.1.4 Börsenphase

Am Kapitalmarkt werden die Kursentwicklungen von Börsenneulingen nach dem Sprung an den Sekundärmarkt besonders intensiv beobachtet. Die Kursveränderung über einen längeren Zeitraum[288] wird als Long-run-Performance bezeichnet, die entweder als eine absolute Rendite oder eine um eine Benchmark bereinigte[289] relative Rendite bestimmt wird. Letztere weist in fast allen Untersuchungsergebnissen z.T. erhebliche negative Werte auf, d.h. die Kursentwicklung der Börsenneulinge stellt sich (erheblich) schlechter dar als vergleichbare, schon länger an der Börse notierte Aktien.[290]
In der wegweisenden Studie von Ritter wird die relative Underperformance über einen Dreijahreszeitraum beispielsweise auf 30% bestimmt.[291] Auf den ersten

[288] Es existieren keine exakten Abgrenzungen zur kurzfristigen Performance, meist wird als Mindestdauer ein halbes Jahr angesetzt.

[289] In der wissenschaftlichen Diskussion finden eine Vielzahl von Benchmarks Anwendung, wobei sich in neueren Forschungsarbeiten - u.a. aus Größen- und Branchenbenchmarks zusammengesetzte - synthetische Benchmarks sowie die Drei-Faktoren-Benchmark von Fama/ French als besonders aussagekräftig herausgestellt haben. Vgl. Ritter/ Welch (2002), S. 1817ff., Fama/ French (1993).

[290] Die wenig aussagekräftige absolute Rendite weist für die meisten Zeiträume eine positive Performance auf.

[291] Vgl. Ritter (1991). Für den deutschen Markt vgl. Bessler/ Thies (2002), für den französischen Markt Degeorge/ Derrien (2001). Eine deutliche Overperformance wird lediglich für China vermeldet, vgl. Chi/ Padgett (2002b). Allerdings hängt die ermittelte Rendite jeweils von den Korrekturen ab, die an der Datenbasis bzw. an der Benchmark vorgenommen werden. Einige Studien, die spezielle Benchmarks wie das Fama-French-Modell verwenden, weisen adjustiert keine Underperformance auf. Vgl. z.B. Eckbo/ Norli (2000) oder Brav/ Geczy/ Gompers (1998). Nach Loughran/ Marietta-Westberg kann eine besonders ausgeprägte Underperformance für solche Unternehmen konstatiert werden, bei denen es zu einer starken Kursbewegung von mehr als +/- 15% an mindestens einem Tag kommt. Vgl. Loughran/ Marietta-Westberg (2002). Van Frederikslust/ van der Geest stellen fest, dass nur bei Unternehmen, die keine privaten Anteilseigner nach dem IPO behalten, eine Underperformance auftritt. Vgl. van Frederikslust/ van der Geest (2001). Lewis/ Seward/ Foster-Johnson verweisen hingegen darauf, dass sich die Underperformance vollständig eliminieren lässt, wenn man die illiquide gewordenen Unternehmen nicht berücksichtigt und quasi einen „survivorship bias“ zulässt. Vgl. Lewis/ Seward/ Foster-Johnson (2000). Brav/ Gompers (1997) stellen fest, dass Börsenneulinge mit VC-Eigenkapitalanteilen die übrigen Unternehmen outperformen. Ausländische IPOs an amerikanischen Börsen erzielen eine überdurchschnittlich positive Langfristrendite, worauf Foerster/ Karolyi (1998) hinweisen.

Blick verwundert dies: Der Markteffizienzhypothese Famas[292] zufolge werden alle öffentlich verfügbaren Informationen bei uneingeschränktem Handel vollständig im Kurs eingepreist - bezüglich eines uneingeschränkten Handels unterscheiden sich IPO-Aktien, sobald sie am Sekundärmarkt notiert sind, nicht von „normalen“ Aktien. Aus diesem Grund müsste man eigentlich erwarten, dass sich die Kurse der Börsenneulinge genauso entwickeln wie die Kurse etablierter Unternehmen.

In der IPO-Literatur existiert eine Vielzahl an Erklärungsansätzen für diese Anomalie von IPOs.

Die Long-run-Performance wird anhand zweier Kurse berechnet: dem (Schluss-) Kurs des ersten Handelstages im Sekundärmarkt („erster Börsenkurs“) und dem Aktienkurs zu einem späteren Zeitpunkt. Liegt der erste Börsenkurs c.p. höher (niedriger) bzw. der zweite Kurs c.p. niedriger (höher), so sinkt (steigt) die Langfristrendite.

Die erste Gruppe von Erklärungsansätzen befasst sich mit der Höhe des ersten Börsenkurses. Sie begründen, warum dieser Kurs relativ zum fundamentalen Wert des Unternehmens zu hoch ausgefallen ist.

Miller liefert hierzu einen rationalen Erklärungsansatz.[293] Demnach bestehen bei den Investoren uneinheitliche Erwartungen bezüglich des tatsächlichen Unternehmenswerts. Bestehen nur eingeschränkte oder überhaupt keine Möglichkeiten für Leerverkäufe („short selling“), wie es bei vielen gerade kleineren Emissionen der Fall ist, dann resultiert im Sekundärmarkt ein Preis als Ausgleich von Angebot und Nachfrage, der so hoch ist wie der Preis des optimistischen Grenznachfragers, der die letzte angebotene Aktie aufkauft. Im Laufe der Zeit reduziert sich aufgrund der längeren Historie des Unternehmens und der umfangreicheren Informationen, die öffentlich verfügbar sind, die Heterogenität der Erwartungen, sodass der im Sekundärmarkt beobachtete Kurs selbst für den Fall eines gleichbleibenden Mittelwerts der Erwartungen sinkt. Verstärkt wird die

[292] Vgl. Fama (1970) und Fama (1991).

[293] Vgl. Miller (1977).

Tendenz durch den Effekt eines höheren Angebots, weil dann der Grenzinvestor der letzten dann angebotenen Aktie c.p. weniger optimistisch ist. Dies ist beispielsweise der Fall, wenn die Altaktionäre zum Ende der Lock-up-Frist (Teile ihrer) Bestände verkaufen.

Ljungqvist/ Nanda/ Singh nehmen Abstand von der Annahme, die ersten Börsenkurse seien vor dem Hintergrund rationaler Erwartung zustande gekommen. In ihrem theoretischen Modellansatz gehen sie von irrational überhöhten Erwartungen einiger Investoren aus.[294] Die Aktien werden hingegen zunächst nicht bei diesen, sondern bei rational agierenden institutionellen Investoren vollständig platziert. Diese verkaufen nur so viele Aktien am Markt weiter, wie Investoren mit irrational überhöhten Erwartungen nachfragen, um - rational begründet - hohe Kurse sicherzustellen und ihren Gewinn zu maximieren. Erst im Zeitablauf verkaufen sie ihren Bestand vollständig. Ljungqvist/ Nanda/ Singh begründen die Bereitschaft des Unternehmens zu einem Underpricing damit, dass die institutionellen Investoren für das Risiko entschädigt werden müssen, dass die Börsenkurse insgesamt (stark) nachgeben und die irrationalen Erwartungen „zerplatzen" können, bevor sie ihre Bestände komplett verkaufen konnten.

Einen zweiten Erklärungsansatz bringt Schultz in zeitlicher Nähe zur internetgetriebenen Hot-issue-Phase Ende der 1990er Jahre:[295] In seinem Ansatz schließen sich an eine erfolgreiche Emission weitere Unternehmen zumeist der gleichen Branche an, deren Bewertung am Sekundärmarkt von den Investoren sich zumindest teilweise an der erfolgreichen ersten Emission orientiert. Die stärkere Berücksichtigung von unternehmensindividuellen Fundamentaldaten findet sukzessive mit der Veröffentlichung von wertrelevanten Informationen statt. Die Folge ist ein sich nach unten anpassender Kurs.

Doch auch für den Fall eines dem fundamentalen Wert des Unternehmens jederzeit entsprechenden Aktienkurses verbleibt eine Begründung für die Underperformance. Sie lässt sich mit der zugrundeliegenden Verschlechterung der opera-

---

294 Vgl. Ljungqvist/ Nanda/ Singh (2002b).

295 Vgl. Schultz (2001), zitiert in: Ritter/ Welch (2002), S. 1821.

tiven Performance in Verbindung bringen. Wie Jain/ Kini zeigen konnten, entwickeln sich IPO-Unternehmen insbesondere in den ersten drei Jahren nach dem IPO erheblich schlechter als bereits börsennotierte Vergleichsunternehmen („seasoned companies").[296] Als Gründe werden u.a. die vor dem Börsengang überdurchschnittlich gute Performance sowie die weniger effizient einsetzbaren zusätzlichen Einnahmen durch den Börsengang gesehen, der letztlich zu einer Verwässerung der Performance führt.

Ein weiterer Erklärungsansatz bezieht sich nicht auf die tatsächliche operative Performance, sondern auf die Vermittlung derselben nach außen. In mehreren Arbeiten wurde gezeigt, dass durch „window dressing" unmittelbar vor dem IPO versucht wurde, die wirtschaftliche Lage besser darzustellen.[297]

Andere Autoren argumentieren, dass nicht das Unternehmen Ursache für die unrealistische Bewertung ist, sondern die Anleger selbst. Sie sind oftmals zu optimistisch in ihrer Erwartungshaltung, indem sie vom Unternehmen zuvor realisierte Entwicklungen in die Zukunft extrapolieren.[298]

Der Ansatz gewinnt an Plausibilität, wenn man die Tatsache berücksichtigt, dass viele IPO-Unternehmen junge, dynamisch wachsende Unternehmen sind, die in der Wachstumsphase an die Börse gehen, in der später einsetzenden Reifephase

---

296 Vgl. Jain/ Kini (1994).

297 Vgl. z.B. Clementi (2002), S. 5, Mikkelson/ Partch/ Shah (1997), Aharony/ Lee/ Wong (2000). Die Vermittlung eines der tatsächlichen Vermögens-, Finanz- und Ertragslage entsprechenden Bildes nach HGB bzw. eines „true and fair view" nach IFRS/ US-GAAP wurde somit potentiell verletzt. Allerdings können auch zulässige Bewertungsspielräume ausgenutzt werden. Das Window dressing beinhaltet noch eine weitere vom externen Rechnungswesen unabhängige Komponente: das Vorziehen von Geschäften in die Rechnungslegungsperiode vor dem Börsengang. Damit können nochmals höhere Wachstumsraten ausgewiesen werden, die für den Börsengang eine höhere Bewertung rechtfertigen. Dies geht jedoch auf Kosten des operativen Geschäfts nach dem IPO. Wird im Jahr nach dem IPO ein konstantes operatives Geschäft ausgewiesen, so wäre dies ohne das Vorziehen von Geschäften aus zwei Gründen gegenüber dem Vorjahr eigentlich gewachsen: Erstens fehlt der vorgezogene Beitrag im Jahr nach dem IPO, und zweitens kommt ein Basiseffekt zum Tragen, weil im Vergleich zum Vorjahr der Ausgangswert höher ausfällt.

298 Vgl. dazu einen die Nutzenfunktion der Anleger berücksichtigenden Ansatz der „Prospect Theory" von Ma/ Shen (2004).

ihres Lebenszyklus jedoch die prozentualen Wachstumsraten nicht mehr halten können.

Heaton sieht als Grund für die schlechte Performance der Unternehmen die Manager der Unternehmen.[299] Nicht nur die Investoren, sondern die Manager selbst sind zu optimistisch und investieren die durch das IPO zusätzlich verfügbaren Mittel weniger effizient. Für das gesamte Unternehmen sinkt damit die durchschnittliche Rentabilität. Gerade die während des Internetbooms zum Jahrhundertwechsel zu beobachtenden „cash-burn-rates" stützen die Hypothese.

Allen Erklärungsansätzen kann eine gewisse Plausibilität nicht abgesprochen werden, es erweist sich jedoch als schwierig, eine empirische Verifikation zuverlässig herbeizuführen.

Die empirischen Ergebnisse zu der Long-run-Underperformance fallen folglich sehr unterschiedlich aus. Die meisten ermitteln für die IPO-Unternehmen eine schlechtere Entwicklung als bei etablierten Unternehmen, gerade neuere Studien mit einer präziseren Benchmarkadjustierung bestätigen die Ergebnisse jedoch nicht mehr und konstatieren eine identische Rendite. Die Ergebnisse hängen insbesondere von den berücksichtigten Unternehmen (Branche), dem untersuchten Zeitraum und der verwendeten Benchmark ab.

Trotz aller empirischen Erkenntnisse einer z.T. deutlichen Underperformance darf nicht vergessen werden, dass auch IPOs eine deutlich positive absolute Rendite erbracht haben - wohlgemerkt zusätzlich zu der Zeichnungsrendite von durchschnittlich 15-20%.

Neben dem Phänomen der Long-run-Underperformance sind während der Börsenphase noch einige andere durch den Börsengang hervorgerufene Besonderheiten zu beobachten.

Es wird grundsätzlich eine hohe und mit einem höheren Eigenkapital (EK)-Behalt sowie Underpricing noch zunehmende freiwillige Informationspolitik

---

[299] Vgl. Heaton (2001), in: Ritter/ Welch (2002), S. 1821.

(„disclosure“) betrieben, zu der vielfältige Kommunikationswege eingesetzt werden.[300]

Besonders in den letzten Jahren sind Altaktionäre zum Börsengang verstärkt Selbstverpflichtungen über einen zeitlich begrenzten Verzicht (zumeist 18 Monate) auf Anteilsverkäufe über die Börse eingegangen. Das Auslaufen der sogenannten Lock-up-Frist während der Börsenphase führt zu verstärkten Handelsvolumina und sinkenden Kursen,[301] die jedoch zumeist wegen hinreichend hoher Handelskosten nicht zur Arbitrage genutzt werden können.

Mak/ Ong stellen in diesem Zusammenhang fest, dass sich nach dem IPO der EK-Anteil der Manager und Altaktionäre ungeachtet der Lock-up-Frist verringert und zunehmend externe Manager in den Vorstand aufgenommen werden.[302]

Ein höheres Handelsvolumen wird auch dann verzeichnet, wenn ein neuer Analystenbericht veröffentlicht wird, der eine Kaufempfehlung beinhaltet.[303] Allerdings besteht der Vorteil verstärkter Researchbemühungen durch Analysten insbesondere in der Generierung von Informationen, die gemäß der halbstrengen Informationseffizienz (EMH) wertbeeinflussend sind, wenn sie veröffentlicht werden. Dies trifft nach Loughran/ Ritter insbesondere auf Unternehmen mit einem hohen Anteil an immateriellen Vermögensgegenständen und einem hohen zukünftigen Wachstum zu. Aufgrund des immer höheren Anteils von Unternehmen, auf die beides zutrifft, konstatieren Loughran/ Ritter, dass „analyst coverage has become more important over time“[304].

Mavrinac sowie Cliff/ Denis[305] ermitteln die Unternehmensgröße und die Höhe des Underpricing,[306] Corwin/ Schultz die Größe des Emissionskonsortiums als

---

300 Vgl. Schrand/ Verrecchia (2002), Mohanram (1999).

301 Vgl. Bradley et al.(2000). Brav/ Gompers (2000) ermitteln einen positiven Zusammenhang zwischen Underpricing und Länge der Lock-up-Frist: Je höher das Underpricing ausfällt, desto länger ist die Lock-up-Frist.

302 Vgl. Mak/ Ong (1999). In diesem Zusammenhang weisen Baker/ Gompers darauf hin, dass die geringeren EK-Anteile durch Optionen und ähnliche Anreizstrukturen zumindest teilweise kompensiert werden können. Insbesondere Börsenneulinge, bei denen Venture Capitalists Anteile halten, wenden diese Maßnahmen an. Vgl. Baker/ Gompers (1999).

303 Vgl. Loughran/ Ritter (2002), S. 8.

304 Loughran/ Ritter (2002), S. 7.

305 Vgl. Cliff/ Denis (2004).

ausschlaggebend für die Anzahl der Berichte.[307] Allerdings schränkt Teo die Aussagekraft mit dem Hinweis ein, dass Analysten des Emissionskonsortiums voreingenommen (biased) sind.[308] Clarke/ Dunbar/ Kahle verweisen auf die besondere Bedeutung, die einigen wenigen Star-Analysten zukommt. Die Schnelligkeit und Anzahl der veröffentlichten Analystenberichte hängt von der Marktkapitalisierung des Unternehmens, der Reputation des Underwriters sowie der Höhe des Underpricing ab.[309]

In der nachfolgenden Tabelle sind weitere Studien aufgelistet, die sich mit der Anzahl der Analystenberichte auseinandergesetzt haben. Sie bestätigen die an dieser Stelle bereits aufgeführten Bestimmungsfaktoren und gehen auf die Relevanz von Staranalysten ein. Eine zweite Gruppe von ergänzenden Modellen ermittelt die Langfristrendite in verschiedenen Ländern und Zeiträumen, wobei gerade die neueren Studien die Existenz einer langfristigen Underperformance in Zweifel ziehen. Die dritte und letzte Gruppe befasst sich mit den Ursachen, die für die Underperformance herangezogen werden können.

306 Vgl. Rajan/ Servaes (1997).

307 Vgl. Mavrinac (2000), Teo (2000); Corwin/ Schultz (2004).

308 Vgl. Teo (2000).

309 Vgl. Clarke/ Dunbar/ Kahle (2002).

Ermittlung der Langfristrendite ("Long-run-Performance")						
Autor(en)	Jahr	Kernaussage	theoretisch/ empirisch	Studien-zeitraum	n	Land
Ritter	1991	Erste umfangreiche Studie, die über einen längeren Zeitraum (1975-1984) für eine Vielzahl von Unternehmen (1526) in den USA eine signifikant negative relative Kursentwicklung aufzeigt	e	1975-1984	1526	USA
Loughran/ Ritter	1995	IPOs und SEOs weisen eine gegenüber anderen Unternehmen signifikant schlechtere 5-Jahres-Performance auf. Trifft auf den ganzen Zeitraum von zwei Dekaden zu, obwohl Phänomen bekannt ist	e	1970-1990	4753	USA
Brav/ Gompers	1997	Venture-Capital-finanzierte IPO-Unternehmen erzielen eine signifikant bessere langfristige Sekundärmarktrendite	e	1975-1992	4341	USA
Brav/ Geczy/ Gompers	1998	Adjustiert um die Größe und das Buch-Marktwertverhältnis des EK existiert nur noch für kleine Unternehmen eine langfristige Underperformance	e	1975-1992	4622	USA
Foerster/ Karolyi	1998	Langfristrendite ausländischer IPOs an amerikanischen Börsen verzeichnen eine geringere Underperformance	e	1982-1996	333	non U.S. firms/ USA
Chen/ Hong/ Wu	1999	Eine langfristige Underperformance wird für den taiwanesischen Markt überwiegend bestätigt, allerdings nicht für den Fall der Adjustierung anhand des Drei-Faktoren-Modells von Fama-French	e	1985-1995	196	Taiwan
Brown/ Dittmar/ Servaes	2000	Die langfristige Rendite sowie operative Performance für Roll-up-IPOs (Zusammenschluss mehrer kleinerer Firmen zu einer rechtlichen Einheit) ist insbesondere dann unterdurchschnittlich, wenn die Manager und Altaktionäre ihre Eigentums- und Vorstandsposten abgeben	e	1994-1998	47	international
Eckbo/ Norli	2000	Detaillierte Gegenüberstellungen von IPO-Unternehmen mit "vergleichbaren" (matched) non-IPO-Unternehmen offenbart Unterschiede insbesondere bzgl. des Verschuldungsgrades und der vorgehaltenen Liquidität. Berücksichtigt man die ergänzenden bewertungsrelevanten Faktoren bei der Berechnung der langfristigen Rendite, verschwindet die zumeist aufgezeigte Underperformance	e	1973-1996	5173	USA
Degeorge/ Derrien	2001	Für französische IPOs lässt sich adjustiert keine langfristige Underperformance feststellen	e	1991-1998	243	Frankreich

Tabelle 6: Ergänzende Erklärungsansätze zur Börsenphase (Kapitel 3.1.4)

Autor(en)	Jahr	Kernaussage	theoretisch/ empirisch	Studien-zeitraum	n	Land
Doukas/ Gonenc	2001	Weder die VC-Finanzierung von IPO-Unternehmen noch die Reputation der Investmentbank sind in der Lage, die langfristige Underperformance abzumildern	e	1989-1994	456	USA
Bessler/ Thies	2002	Eine unterdurchschnittliche langfristige Performance (3 Jahre) wird für den deutschen Markt im Zeitraum von 1977-1995 eruiert, allerdings Outperformance solcher IPOs, die auch ein SEO vornehmen	e	1977-1995	218	Deutschland
Chi/ Padgett	2002	Der chinesische IPO-Markt zeigt eine signifikante langfristige marktadjustierte Outperformance, die bei überdurchschnittlichem Underpricing sowie einem hohen Regierungsanteil allerdings geringer ausfällt	e	1996-1997	340	China
Gründe der Underperformance						
Autor(en)	Jahr	Kernaussage	theoretisch/ empirisch	Studien-zeitraum	n	Land
Aharony/ Lee/ Wong	1997	Die unterdurchschnittliche operative Performance von chinesischen B-shares nach dem IPO wird dem Window dressing vor dem PO attribuiert	e	1992-1995	83	China
Bradley/ Jordan/ Roten/ Yi	2000	Für den US-Markt wird anhand von 2529 IPOs von 1988-1997 festgestellt, dass zum Auslaufen der Lock-up-Frist nach üblicherweise 180 Tagen VC-backed-Unternehmen signifikant an Wert verlieren; dies gilt insbesondere für High-Tech-Unternehmen	e	1988-1997	2529	USA
Chalmers/ Dann/ Harford	2002	Die langfristige Rendite ist negativ korreliert mit dem Umfang der vor dem IPO vom Management abgeschlossenen D&O-Versicherungen, was auf negative private Informationen hindeutet	e	1992-1996	72	USA
Lewis/ Seward/ Foster-Johnson	2000	Die langfristige Underperformance lässt sich auf die extrem schlechte Kursentwicklung von Unternehmen zurückführen, die nach dem IPO zahlungsunfähig geworden sind	e	1988-1995	1955	USA
Espenlaub/ Goergen/ Khurshed	2001	Der negative Einfluss von Lock-in-Vereinbarungen auf die Kursentwicklung zum Fristende bestätigt sich für den britischen IPO-Markt	e	1992-1998	188	UK

Tabelle 6: Ergänzende Erklärungsansätze zur Börsenphase (Kapitel 3.1.4) (fortgesetzt)

Autor(en)	Jahr	Kernaussage	theoretisch/ empirisch	Studien-zeitraum	n	Land
Ljungqvist/ Nanda/ Singh	2002	Einige Investoren mit irrationalen Erwartungen bedingen eine Überbewertung zum Zeitpunkt des IPO, was wiederum zu einer negativen Langfristrendite führt, sobald sich infolge umfangreicherer Informationen rationale Erwartungen durchsetzen	t			
Krishnan/ Singh	2004	Werden Venture Capitalists ähnlich Carter/ Manasters Ranking von Investmentbanken ihrer Reputation nach differenziert betrachtet, so weist die langfristige Rendite von IPOs mit VC-Finanzierung hoher Reputation eine bessere Performance als bei geringerer Reputation	e	1993-2002	2250	USA
Analystenberichte						
Autor(en)	Jahr	Kernaussage	theoretisch/ empirisch	Studien-zeitraum	n	Land
Mavrinac	2000	Anzahl der Analystenberichte wird von verschiedenen Unternehmenscharakteristika, insbesondere der Unternehmensgröße und dem Underpricing, determiniert	e	1986-1989	631	USA
Aggarwal/ Krigman/ Womack	2001	Underpricing fungiert als effektives und effizientes Instrument zur Steigerung der Analystenberichte und Medienaufmerksamkeit bis zum SEO	t,e	1993-1999	621	USA
Clarke/ Dunbar/ Kahle	2002	Star-Analysten-Reports finden exponierte Beachtung und führen bei einem Wechsel der Investmentbank zu einem höheren Marktanteil der abwerbenden Institution, jedoch keiner verschlechterten Reputation oder geringerem Marktanteil des ehemaligen Arbeitgebers	e	1988-1999	222	USA
Das/ Guo/ Zhang	2002	Die Schnelligkeit und Anzahl der veröffentlichten Analystenberichte hängt von der Marktkapitalisierung des Unternehmens, der Reputation des Underwriters sowie der Höhe des Underpricing ab	e	1985-1995	3186	USA

Tabelle 6: Ergänzende Erklärungsansätze zur Börsenphase (Kapitel 3.1.4) (fortgesetzt)

3.2 Gütermarktorientierte Ansätze

Die gütermarktorientierten IPO-Erklärungsansätze befassen sich mit Aspekten des Börsengangs, die einen Beitrag zur Analyse der gütermarktorientierten Marketingwirkungen liefern. Deswegen weisen sämtliche Ansätze in diesem Kapitel eine direkte Bedeutung für die nachfolgenden Ausführungen auf und werden dementsprechend ausführlicher erläutert. Das bisher einzige Modell, welches aus theoretischer Sicht die Vorteile eines Börsengangs aus Realgütermarktsicht betrachtet und damit für die **Entscheidungsphase** relevant ist, stammt von Stoughton/ Wong/ Zechner. Sie postulieren, dass das Unternehmen durch den Aktienkurs beim Börsengang erfolgreich die Qualität der Produkte signalisieren kann.

Ansätze für die **Vorbereitungsphase**, die die Auswahl von Investmentbanken oder Wirtschaftsprüfern aus Realgütermarktsicht analysieren, fehlen bislang.

Die Konsequenzen einer höheren Medienresonanz während der **Börseneinführungsphase** werden von Demers/ Lewellen und Ho et al. empirisch verifiziert.

Die relativ gesehen umfangreichsten Untersuchungen sind für die Entwicklung der operativen Performance nach dem Börsengang während der **Börsenphase** vorgenommen worden.

3.2.1 Entscheidungsphase

Stoughton/ Wong/ Zechner fassen den Börsengang und den dabei erzielten Börsenkurs als Signal der Produktqualität für die Konsumenten auf und stellen erstmalig anhand eines formalen Modells die Interaktion zwischen Finanzmarkt (Börsengang) und Gütermarkt (Produktqualität) her.[310] Die Konsumenten konditionieren ihre Kaufbereitschaft durch die nur anhand des Aktienkurses ablesbare Produktqualität, die wiederum die Erlöse des Unternehmens und damit den Unternehmenswert beeinflussen.

---

[310] Vgl. dazu jedoch den allgemeiner formulierten Ansatz von Hakenes/ Nevries (2000).

Die Autoren kaprizieren sich auf die Situation eines autonom agierenden Unternehmens,[311] dessen Entrepreneure einen Börsengang[312] anstreben.[313] Zum Zeitpunkt t_0 wird ein Teil des Eigenkapitals, 1-α, im Primärmarkt der Börse zum Verkauf angeboten, der Rest α verbleibt zunächst als Eigenkapitalbehalt im Besitz der Alteigentümer. Als Käufer im Primärmarkt kommen annahmegemäß nur uninformierte Investoren in Frage, die die angebotenen Aktien zu einem vorgegebenen Preis p_0[314] erwerben können.[315]

Ist die Zuteilung der Aktien im Primärmarkt abgeschlossen, erfolgt zum Zeitpunkt t_1 mit der Börseneinführung die Aufnahme des Sekundärmarkthandels. Dort erfährt ein einzelner informierter Investor die tatsächliche Qualität der Produkte,[316] vermag sie jedoch nicht (glaubhaft) direkt zu kommunizieren.[317] Seine

---

311 In Abschnitt III. und IV. des Artikels berücksichtigen die Autoren separat eine Produktmarktkonkurrenz respektive die Möglichkeit der Verwendung des Produktpreises als alternatives Signal zum IPO. Darauf soll an dieser Stelle jedoch nicht näher eingegangen werden, da es sich nicht um schlichte Ergänzungen zu dem oben dargestellten Modell handelt, sondern neue Modellwelten konstruiert werden. Vgl. Stoughton/ Wong/ Zechner (2001), S. 388ff.

312 Es sollte erwähnt werden, dass der Börsengang im Rahmen des Modells kein Instrument darstellt, Finanzmittel zu akquirieren, sondern dass lediglich Anteile von den Alteigentümern öffentlich platziert werden. Die Autoren sprechen an dieser Stelle missverständlich vom Börsengang als Vehikel „in order to implement the [...] investment and production strategy“ (Stoughton/ Wong/ Zechner (2001), S. 379). Sie suggerieren damit entgegen der im weiteren Verlauf explizierten Annahme, dass dem Unternehmen keine zusätzlichen Finanzmittel zufließen, die Durchführung einer Kapitalerhöhung. Vgl. zu der formalisierten Entscheidungsgrundlage des Entrepreneurs Stoughton/ Wong/ Zechner (2001), S. 385.

313 Als Alternative bietet sich anstelle eines Börsengangs eine Privatplatzierung der Eigenkapitalanteile an, was jedoch von den Autoren in einem separaten Abschnitt modelltheoretisch analysiert wird und demzufolge an dieser Stelle ausgeblendet bleibt.

314 Die Berechnung von p_0 wird weiter unten erläutert.

315 Dies entspricht nicht dem üblichen Bookbuilding-Verfahren, spielt im Kontext des vorliegenden Modells jedoch keine entscheidende Rolle. Zu Vorteilen des Bookbuilding-Verfahrens vgl. die Ausführungen in Kapitel 3.1.3.

316 Das Produkt ist im Verständnis der Autoren das Angebot des Unternehmens am Gütermarkt und schließt somit Dienstleistungen mit ein.

317 Eine Begründung dafür, warum im Gegensatz zu den Modellen von z.B. Rock (1986) die informierten Anleger nicht auch schon im Primärmarkt zugelassen sind, geben die Autoren nicht.

Nachfrage im Primärmarkt in der Höhe x dimensioniert er entsprechend seines Wissens, sodass x für die Konsumenten als Signal für die tatsächliche Qualität der Produkte fungiert.[318] Der Unternehmenswert und damit der Sekundärmarktkurs[319] hängen ihrerseits von der Einschätzung der Konsumenten über die Qualität der Produkte[320] ab.

Konkret setzt sich der Unternehmenswert bzw. der Aktienkurs des Sekundärmarkts zum Zeitpunkt t_1 aus den kumulierten Erlösen von Produktkäufen der Konsumenten der ersten (bis t_0 andauernden) und zweiten (bis t_1 andauernden) Periode zusammen.[321]

Da den von der (wahrgenommenen) Qualität abhängigen Produktkäufen die zentrale Rolle zukommt, soll auf die von den Autoren implizit und explizit verwendeten Mechanismen kurz eingegangen werden.

Die Konsumenten treten als Produktkäufer insgesamt zwei Mal auf: einmal während der ersten Periode (M_1) und ein weiteres Mal während der zweiten Periode (M_2).[322] Sie reagieren als Preisanpasser auf kaufrelevante Informationen, d.h. die Anzahl der gekauften Produkte ändert sich nicht, sondern ausschließlich die Zahlungsbereitschaft.[323]

Letztere hängt in der ersten Periode einzig und allein von der wahrgenommenen Qualität der Produkte ab, die sich aufgrund mangelnder Produkterfahrungen und

---

318 Die Differenzen zwischen Angebot und Nachfrage werden von einem Market Maker ausgeglichen. Vgl. Stoughton/ Wong/ Zechner (2001), S. 380.

319 Die Autoren nehmen implizit an, dass der Unternehmenswert perfekt mit den operativ erzielten Gewinnen korreliert.

320 Dem Entrepreneur ist dabei die eigene Produktqualität nur in Form der erwarteten Qualität bekannt. Die tatsächliche Realisation der Produktqualität folgt einer Normalverteilung, wobei dem Unternehmen zum Zeitpunkt t_0 der Entscheidung über den Börsengang lediglich bekannt ist, ob eine hohe erwartete Qualität oder eine niedrige erwartete Qualität gegeben ist.

321 Von Kosten wird grundsätzlich abstrahiert; lediglich Opportunitätskosten in Form des Underpricing werden berücksichtigt.

322 Das Ende der zweiten Periode (t_2) stellt gleichzeitig den Zeithorizont des Modells dar. Aus dem Modellaufbau lässt sich ableiten, dass aus Gründen der besseren mathematischen Handhabbarkeit das Unternehmen hypothetisch am Ende der zweiten Periode liquidiert wird.

323 Es wird zwar nicht explizit erwähnt, allerdings ergibt sich diese Annahme aus dem formalen Modell. Vgl. Stoughton/ Wong/ Zechner (2001), S. 381.

fehlender Kenntnisse über die Produktqualität von dem Primärmarktkurs des Unternehmens unter Berücksichtigung des beobachteten Kurses p_1 zu einem Preis $\hat{q}$ wie folgt bestimmt:

(1) $\hat{q} = E(q \mid p_1)$ (Produktpreis in t_0)

Daraus lässt sich ableiten, dass der Produktpreis und damit die Erlöse des Unternehmens mit zunehmender wahrgenommener Qualität steigen.

In der zweiten Periode wird allen Parteien die tatsächliche Produktqualität bekannt. Die Zahlungsbereitschaft der Konsumenten hängt nun grundsätzlich von der bekanntgewordenen Qualität ab, allerdings ergänzt um intertemporale Interdependenzen in Form von Pfadabhängigkeiten. Unter Pfadabhängigkeiten verstehen die Autoren die Beeinflussung der Konsumentenentscheidungen durch zuvor gesammelte Erfahrungen. In dem gegebenen Fall geschieht dies durch den in t_1 vorgenommenen Produktkauf, der den Produktkauf in t_2 (positiv) beeinflusst.[324] Die Pfadabhängigkeit kann dazu führen, dass der Konsument das Produkt trotz der von ihm wahrgenommenen besseren Qualität eines Konkurrenzangebots kauft. Neben den guten Erfahrungen können zusätzlich Lock-in-Effekte als intertemporale Netzwerkexternalitäten zum Tragen kommen, wenn die Konsumenten dem Produkt aufgrund der in der ersten Periode wahrgenommenen hohen Qualität eine hohe Verbreitung zumessen (abgelesen anhand des Kurses) und daraufhin proprietäre Investitionen tätigen, die nur bei dem gleichen Anbieter auch in t_2 einen Wert darstellen.[325] Als Beispiel könnte man sich ein Mobiltelefon vorstellen, zu dem man sich ein markenspezifisches Ladegerät oder zusätzliche Akkus kauft.

---

324 M.a.W. bedingt der Produktkauf in t_1 den Produktkauf in t_2, der somit dem durch den Kauf in t_1 begründeten Pfad folgt.

325 Üblicherweise versteht man unter Netzwerkexternalitäten den Nutzenzuwachs eines Einzelnen durch die hohe Zahl der Verbreitung des Produkts. Verwenden viele Menschen ein Mobiltelefon, so steigt der Nutzen für jeden Einzelnen durch die hohe Zahl der potentiell Erreichbaren.

Im Rahmen des Modells berücksichtigen die Autoren die durch Pfadabhängigkeiten und Netzwerkexternalitäten hervorgerufene höhere Zahlungsbereitschaft b wie folgt:[326]

(2) $b = q + \gamma \cdot \hat{q}$ mit $\gamma \geq 0$ (Zahlungsbereitschaft unter Berücksichtigung intertemporaler Interdependenzen)

γ spiegelt als Koeffizient die intertemporale Pfadabhängigkeit wider, die – wie oben beschrieben – einen positiven Einfluss auf den Produktpreis ausübt. $\hat{q}$ ist der oben beschriebene Produktpreis in t_0, q der Produktpreis in t_1, den der Informierte wegen seiner in t_1 erworbenen Produktkenntnis zu zahlen bereit ist. Unter Rückgriff auf die obige Feststellung, dass sich der Unternehmenswert aus den Erlösen beider Perioden ergibt, resultiert folgende allgemeine Gleichgewichtsformel für den in t_1 erwarteten Sekundärmarktkurs:

(3) $$p_1 = M_1 \cdot E(q \mid p_1) + M_2 \cdot [E(q \mid (x - 1 + \alpha + u)) + \gamma \cdot E(q \mid p_1)]$$

(erwarteter Sekundärmarktpreis der Aktie)

Der Kurs der Aktie und damit der Unternehmenswert hängt zum Zeitpunkt der Handelsaufnahme im Sekundärmarkt (t_1) von der Anzahl der Konsumenten M_1 multipliziert mit dem oben erläuterten bedingten Preis $\hat{q}$ (vgl. (1)) ab. Dazu addiert sich der Wert der zweiten Periode: Die Anzahl der Konsumenten M_2 wird multipliziert mit einem durch Netzwerkeffekte und das Handelsvolumen der uninformierten Investoren bedingten Preis in der zweiten Periode.[327]

---

326 Vgl. Stoughton/ Wong/ Zechner (2001), S. 381. Wenngleich es durchaus bei bestimmten Produkten möglich erscheint, qualitative Netzwerkexternalitäten anzunehmen, so lassen sich realistischerweise für die meisten Produkte bestenfalls quantitative Netzwerkexternalitäten plausibilisieren.

327 Die Variable u steht für die nicht verkauften Aktien der ersten Periode, kann aber de facto als ein Störterm aufgefasst werde. Die angegebene Formel ist allerdings nur für den Fall ohne Kosten korrekt, da hier die Umsätze abgebildet werden, vgl. dazu Stoughton/ Wong/ Zechner (2001), S. 379.

Zur Aufnahme des Sekundärmarkthandels verkaufen die uninformierten Investoren annahmegemäß ihren gesamten Anteil 1-α-*u* an den informierten Investor, wobei 1-α den beim IPO von den Altaktionären gekauften Anteil und *u* eine normalverteilte Zufallsvariable mit Erwartungswert Null und Varianz σ_u^2 darstellt.[328]
Der am Sekundärmarkt resultierende Gleichgewichtspreis[329] lautet p_1.

(4) $$p_1 = z \cdot \left[\frac{1}{\sigma_u} \left(q + (\sigma_u - 1) \cdot \bar{q} \right) + \frac{\sigma_q}{2 \cdot \sigma_u} \cdot u \right]$$ (Sekundärmarktkurs in t_1)

mit $z = \left[M_1 + M_2 (1 + \gamma) \right] \wedge u = x - y + \alpha - 1$

Es lässt sich erkennen, dass der Sekundärmarktkurs zum einen von den erzielten Produktverkäufen der beiden Perioden (*z*) und zum zweiten von der Diskrepanz zwischen der tatsächlichen (*q*) und der erwarteten Produktqualität ($\bar{q}$) - die durch den vollzogenen Börsengang gestützt wird - sowie der Höhe der Nachfrage (*u* bzw. *x*[330]) abhängt. Es lässt sich aus (4) ableiten, dass der Aktienkurs eine beschränkte Aussagekraft („partially informative“) über die tatsächliche Pro-

328 Die Annahme, die uninformierten Anleger verkauften ihre gesamten Anteile bereits in t_1, ist allerdings nicht zwingend für das Modell, vgl. Stoughton/ Wong/ Zechner (2001), S. 380 FN 11. Alle verbliebenen Anteile der Aktien (*u*) werden in der zweiten Periode verkauft. Da mehr Aktienanteile verkauft werden können, als in Besitz der uninformierten Investoren vorhanden sind, kann *u* auch negative Werte annehmen. Es müsste somit die Möglichkeit zu Leerverkäufen gegeben sein. Die Autoren gehen darauf jedoch nicht ein.

329 Es wird ein Kapitalmarktgleichgewicht unter rationalen Erwartungen aller Beteiligten abgeleitet. Den dazu notwendigen Transformationen werden simplifizierend lineare Funktionen zugrunde gelegt. Daraus lässt sich unter Anwendung der Bayes-Regel u.a. der Gleichgewichts-Aktienkurs p_1 ableiten. Vgl. dazu Stoughton/ Wong/ Zechner (2001), conjecture 1, 2 und 3, sowie Appendix, Proof of Proposition 1, S. 401f. Ergänzend wurden folgende Umformungen für den gleichgewichtigen Sekundärmarktkurs p_1 vorgenommen: $p_1 = z \cdot \left[\bar{q} + \frac{\sigma_q}{2 \cdot \sigma_u} (y + v) \right]$ $= z \cdot \left[\bar{q} + \frac{\sigma_q}{2 \cdot \sigma_u} \left(\frac{\sigma_u}{\sigma_q} (q - \bar{q}) + u \right) \right]$ $= z \cdot \left[\bar{q} + \frac{1}{\sigma_u} (q - \bar{q}) + \frac{\sigma_u}{2 \cdot \sigma_q} \cdot u \right]$ $= z \cdot \left[\frac{1}{\sigma_u} \left(q + (\sigma_u - 1) \cdot \bar{q} \right) + \frac{\sigma_q}{2 \cdot \sigma_u} \cdot u \right]$

330 Hierfür ist die aufgeführte Nebenbedingung heranzuziehen. Sie zeigt, dass *u* direkt von der Nachfragehöhe *x* abhängt.

duktqualität liefert. Dies ist der Fall, weil der informierte Investor den Kurs durch seine Nachfrage in Höhe von x beeinflusst.[331] Die uninformierten Investoren wiederum wissen, dass der Kurs durch die Nachfrage des informierten Investors beeinflusst wird und schließen daraus auf die ihnen unbekannte Qualität der Produkte. Sie fassen den Kurs demzufolge als zumindest teilinformativ über die Produktqualität und somit als Qualitätssignal auf.[332]

Unter Verwendung der eingangs erwähnten Annahme, sämtliche Aktien würden von uninformierten Investoren aufgekauft und direkt beim IPO verkauft, muss unter Annahme von Konkurrenz zwischen den (uninformierten und risikoneutralen) Anlegern im Primärmarkt der erwartete Ertrag Null sein. Daraus lässt sich der Primärmarkt-Gleichgewichtspreis p_0 (für t_0) bestimmen:

(5) $$p_0 = [M_1 + M_2(1+\gamma)] \cdot \overline{q} - \frac{M_2 \cdot \sigma_q \sigma_u}{2 \cdot (1-\alpha)}$$ (Primärmarktpreis der Aktie)

Die Differenz zwischen p_1 und p_0 stellt das (modellendogen abgeleitete, absolute) Underpricing dar.[333] Dieses ist stets positiv, da gilt: $p_1 > p_0$.

Da jetzt sowohl der Primär- als auch der Sekundärmarktkurs bestimmt worden sind, können die für die Altaktionäre zu erwartenden nutzenmaximalen Zahlungsströme durch den Börsengang abgeleitet und der Alternative ohne Börsengang gegenübergestellt werden. Damit wird neben der Berechnung des Underpricing auch die Entscheidung für oder gegen den Börsengang endogenisiert.[334]

---

331 Dies lässt sich aus den Bedingungen ablesen: u und x stehen in einem linearen Verhältnis zueinander. In der Formel (3) könnte somit eine Variablensubstitution vorgenommen werden.

332 Vgl. Stoughton/ Wong/ Zechner (2001), S. 385 i.V.m. S. 382.

333 Die Vorgehensweise hier ist ähnlich der bei Rock, wo die uninformierten Anleger ebenfalls durch Underpricing für ihren Informationsnachteil dem informierten Investor gegenüber kompensiert werden müssen. Vgl. Rock (1986).

334 Hierbei wird angenommen, dass die Entrepreneure im Gegensatz zu den übrigen Akteuren risikoaverse rationale Nutzenmaximierer sind. Vgl. zu rationalem Entscheiden Eisenführ/ Weber (2004).

Diese Gegenüberstellung der beiden Nutzenwerte bei der Entscheidung für bzw. gegen einen Börsengang[335] bedingt eine weitere wichtige Konsequenz des Modells: Firmen mit hoher Produktqualität streben an die Börse,[336] Firmen mit niedriger Produktqualität entscheiden sich gegen einen Börsengang.[337]
Firmen mit guten Produkten grenzen sich im Gleichgewicht eindeutig von Firmen mit weniger qualitativen Produkten ab, weil den Unternehmen durch das Underpricing Kosten aufgebürdet werden, die nur von den Unternehmen mit guter Qualität kompensiert werden können. Wie oben gezeigt wurde, erkennen die uninformierten Kunden den Sekundärmarktkurs als Signal der Produktqualität und treffen demzufolge ihre Kaufentscheidung (die über Pfadabhängigkeiten auch in der zweiten Periode Auswirkungen nach sich zieht): Einen hohen Kurs interpretieren sie als eine gute Qualität der Produkte und zahlen mehr, bei einem niedrigen Kurs hingegen sinkt ihre Zahlungsbereitschaft. Das Signal ist insofern glaubhaft, als sich darin die Produktkenntnis des informierten Investors widerspiegelt.[338]

Interessant ist festzustellen, dass nur durch die modellimmanente Annahme, die Konsumenten fußten ihre Zahlungsbereitschaft auch auf der Tatsache, dass ein Börsengang durchgeführt wird *und* sie den Preis (Kurs) beobachten, sichergestellt wird, dass sich die Unternehmen hoher Qualität von denen schlechter Qualität abgrenzen können.[339] Anderenfalls käme kein derartiges Gleichgewicht mit zwei unterscheidbaren Unternehmenstypen („separating equilibrium“) zustande, sondern ein Gleichgewicht, bei dem sich die Unternehmen mit qualitativen Produkten nicht von denen mit minderwertigen Produkten differenzieren können („pooling equilibrium“).

---

335 Vgl. Stoughton/ Wong/ Zechner (2001), Formel 7, 8 und 9, S. 384f.

336 Vgl. Stoughton/ Wong/ Zechner (2001), S. 386.

337 Hierbei handelt es sich um das endogen bestimmte stabile Gleichgewicht „separating equilibrium“.

338 Vgl. Stoughton/ Wong/ Zechner (2001), S. 385.

339 Vgl. zu dieser Annahme die weiter unten folgende Kritik.

Eine weitere wichtige Implikation ist die modellendogen bestimmte optimale Höhe des Eigenkapitalbehalts. Sie folgt zum einen aus der Annahme, der Unternehmenswert setze sich aus den Gewinnen beider Perioden zusammen, und zum anderen aus der Berücksichtigung von Netzwerkexternalitäten (vgl. (1)). Je wichtiger die intertemporalen Interdependenzen sind,[340] desto mehr Eigenkapital wird zurückbehalten und desto höher muss das Underpricing ausfallen.[341] Letzteres ist notwendig, damit die „Kostenschwelle" für Unternehmen mit minderwertigen Produkten hinreichend hoch und das IPO als Qualitätssignal glaubhaft bleibt. Es sei daran erinnert, dass auch diese Unternehmen durch das Vortäuschen hoher Qualität anhand des Börsengangs von den Netzwerkexternalitäten profitieren, weil die wahre Qualität annahmegemäß erst in t_2 vollständig aufgedeckt wird. Die Ergebnisse des Modells fußen somit darauf, dass die Konsumenten das IPO als wichtiges Qualitätssignal verwenden.

Resümierend kann festgehalten werden, dass die Autoren ein formales Erklärungsmodell vorstellen, welches die Verbindung zwischen dem Kapitalmarkt und dem Gütermarkt knüpft.[342] Als Verbindungsglied begreifen sie den Sekundärmarktpreis am ersten Handelstag, der den uninformierten Investoren als glaubhaftes Qualitätssignal bei ihrer Kaufentscheidung für die Produkte des Unternehmens dient.

Allerdings wird nicht expliziert, welcher Kurs als Qualitätssignal für Konsumenten fungiert. Es wird nur implizit aus dem formalen Modell deutlich, dass damit die Marktkapitalisierung gemeint ist (im Modell: p_0) und nicht etwa der am Kurszettel ablesbare Kurs einer einzelnen Aktie. Außerdem ist zweifelhaft, ob der Konsument diese Größe überhaupt kennt, weil sie keine vergleichbar ubiquitär verfügbare Information darstellt wie der Aktienkurs. Hinzu kommt, dass ein

340 Im Rahmen des Modells bedeutet dies, dass γ größer ausfällt.

341 Vgl. Stoughton/ Wong/ Zechner (2001), S. 386, Formel 13, sowie die Formeln für p_0 und p_1.

342 Bezüglich der Modellstruktur kann bei Stoughton/ Wong/ Zechner eine Anlehnung an die Signallingmodelle von Welch und Grinblatt/ Hwang konstatiert werden, insbesondere hinsichtlich der Ableitung der „separating equilibria". Vgl. Welch (1989), Grinblatt/ Hwang (1989), Stoughton/ Wong/ Zechner (2001).

Unternehmen mit einer Marktkapitalisierung von drei Mrd. Euro nicht zwangsläufig bessere Produkte herstellt als ein Konkurrent, der nur mit einer Mrd. Euro bewertet ist.

Des Weiteren gehen die Autoren nicht darauf ein, dass eine hohe Ausprägung des Underpricing den hohen Qualitätseindruck unterminieren kann. Vielmehr steht ein hohes Underpricing modellendogen für Unternehmen mit einer besonders hohen (relativen) Qualität. Gute Unternehmen bringt der Investor jedoch in Verbindung mit einem geringen Risiko. Ein hohes Underpricing bedeutet jedoch ein hohes Risiko (Volatilität).[343]

Letztlich stellt der Aktienkurs als Signal für die Produktqualität nur einen geringen Ausschnitt aus den potentiell gütermarktrelevanten Konsequenzen eines Börsengangs dar. Ein höherer Bekanntheitsgrad beispielsweise wird von der Analyse durch die Annahme einer fixen Investoren- bzw. Konsumentenschaft (vgl. Definition von M_1 und M_2) ausgeschlossen. Damit werden gerade für die hohe Anzahl junger an die Börse strebender Unternehmen in einer frühen Lebenszyklusphase, die qualitativ hochwertige, gleichwohl unbekannte Produkte anbieten, die erfolgsdeterminierenden Bekanntheitseffekte ausgeblendet. Außerdem werden Wirkungen negiert, die über den z.T. kleinen Kreis der Investoren hinausgehen. Stoughton/ Wong/ Zechner nehmen implizit an, nur bei den Investoren änderte sich auch deren (Preis-) Verhalten am Gütermarkt. Allerdings besteht gerade durch das exponierte Ereignis des Börsengangs das Potential, über die Öffentlichkeitswirkung in den Medien noch mehr Personen – und damit einen größeren (Konsumenten-) Kreis – zu erreichen.

Die Autoren verzichten ferner nicht nur auf eine genaue Spezifizierung des Qualitätsbegriffs, sondern betrachten mit der Produktqualität nur einen kleinen Teilaspekt des (Produkt- sowie Unternehmens-) Images. Darüberhinaus haben empirische Untersuchungen ergeben, dass Sekundärmarktkurse (kurzfristig) alleine

[343] Modellendogen leitet sich dies wie folgt ab: Je höher die Qualitätsdifferenz zwischen gut und schlecht ausfällt, desto höher ist der EK-Behalt (vgl. Stoughton/ Wong/ Zechner (2001), Formel (13), S. 386). Mit dem EK-Behalt steigt jedoch auch das Underpricing (vgl. Stoughton/ Wong/ Zechner (2001), Formel (5), S. 384 i.V.m. Formel (2), S. 382) Eine hohe Kurssteigerung bedingt jedoch eine hohe Volatilität bzw. Unsicherheit, die einer vertrauensbildenden Qualitätseinschätzung eher entgegenstehen dürfte.

eine begrenzte Signalwirkung auf die wahrgenommene Produktqualität ausüben.[344]

Insgesamt stellen die Autoren lediglich die These auf, dass die Investoren in ihrer Funktion als Konsumenten den Kurs als Qualitätssignal begreifen, die inhaltliche Begründung bleibt vage.[345]

Außerdem muss die - über das modellendogen abgeleitete „separating equilibrium" - aufgestellte These, nur Unternehmen mit qualitativ hochwertigen Produkten gingen an die Börse, in der Realität bezweifelt werden. Gerade in letzter Zeit mussten viele Börsenneulinge nach kurzer Zeit Konkurs anmelden und vom Kurszettel wieder entfernt werden.

Einige für die Konsistenz des Modells fundamentale Annahmen müssen kritisiert werden. Beispielsweise ist nicht einsichtig, warum die tatsächliche Qualität der Produkte nicht nur sämtlichen Investoren bzw. Konsumenten ex ante unbekannt ist, sondern auch dem Unternehmen selbst.[346] Da im Modell in der zweiten Periode die Qualität der Produkte auch durch Produktnutzungserfahrungen[347] vollständig bekannt wird, impliziert dies, dass entweder vorher keine Produkte verkauft worden wären, mit denen bereits zum Zeitpunkt des IPOs Produktnutzungserfahrungen vorlägen, oder sich die Produkte fundamental geändert haben müssten, sodass vorherige Erfahrungen auch als Indiz untauglich wären. Beides erscheint unrealistisch. Somit bleibt unverständlich, warum das in der Marketingforschung für die Kaufentscheidung als zentral betrachtete Konstrukt der vorher gesammelten Erfahrungswerte nicht erwähnt wird. In diesem Zusammenhang sei darauf hingewiesen, dass Produkte in Vertrauens- und Erfahrungs-

---

344 Vgl. Gierl/ Praxmarer (2000), S. 47. Dies ist nur dann der Fall, wenn den Investoren die Interpretation aktiv über Kommunikationsinstrumente wie der Werbung nahe gebracht wird. Stoughton/ Wong/ Zechner gehen allerdings von einer „automatischen" Erkenntnis der Konsumenten aus.

345 Vgl. dazu Stoughton/ Wong/ Zechner (2001), S. 377ff.

346 „The firm does not know the true quality level at the time of the IPO." (Stoughton/ Wong/ Zechner (2001), S. 380). Immerhin kennt das Unternehmen die erwartete Qualität der Produkte, die entweder gut oder schlecht ausfallen kann.

347 „In the second period, consumers know quality perfectly, presumably because of their purchase experiences in the previous period." (Stoughton/ Wong/ Zechner (2001), S. 379).

güter differenziert werden können, für die die Möglichkeiten einer vorherigen Produkterfahrung bzw. des Lernens der Produktqualität sehr unterschiedlich ausfallen. Auch auf diesen Aspekt gehen die Autoren nicht ein.
Insgesamt muss konstatiert werden, dass die Autoren eine Verknüpfung zwischen dem Kapital- und Gütermarkt in einem formalen Modell berücksichtigen, das Modell selber jedoch auf sehr zweifelhaften Annahmen fußt und mit der aus dem IPO-Kurs abgeleiteten Produktqualität nur einen kleinen Ausschnitt aus den Marketingwirkungen berücksichtigt.

3.2.2 Vorbereitungsphase

Explizite Erklärungsansätze zu der Rolle der Investmentbank im IPO-Prozess aus Sicht realgütermarktrelevanter Konsequenzen existieren nicht. Implizit lässt sich aus kapitalmarktorientierten Modellen ableiten, dass die Reputation eine wichtige Rolle nicht nur für das Unternehmen, sondern auch bei den Investoren spielt. Es bedarf nur der Ergänzung, dass davon ebenfalls potentielle Konsumenten erfahren, etwa durch den Kontakt mit der im Konsortium engagierten Hausbank. Ein bislang unberücksichtigter Aspekt ist hierbei auch die Stärke der Vertriebsorganisation, weil die Zahl der Personenkontakte mit der Größe des Filialnetzes ansteigt.

3.2.3 Börseneinführungsphase

Demers/ Lewellen untersuchen den Zusammenhang zwischen dem Börsengang, insbesondere der Höhe des dabei auftretenden Underpricings, und der Anzahl der Medienberichte sowie der Besuche auf den Internetseiten des Unternehmens („Homepage visits") als Proxy für gütermarktrelevante Konsequenzen. Grundlage ihrer (Regressions-) Analyse ist die Dekade von 1990 bis 2000 des amerikanischen IPO-Markts.

Als Regressanden verwenden sie dabei die Anzahl der veröffentlichten Artikel in amerikanischen Printmedien im Monat des Börsengangs sowie dem vorhergehenden und nachfolgenden Monat.[348]

Die Ergebnisse fallen eindeutig aus: Durch den Börsengang steigt die Anzahl der Medienberichte in den zwei Monaten bis zum IPO um durchschnittlich 311% bei B2C-Internet-Unternehmen, 389% bei B2B-Internet-Unternehmen und um 342% für nicht im Internetbereich tätige Unternehmen. Die absolute Anzahl fällt für die B2C-Internet-Unternehmen doppelt so hoch aus wie für Nicht-Internet-Unternehmen.[349] Sowohl für die Internetunternehmen als auch die Vergleichsgruppe sonstiger Unternehmen[350] besteht darüber hinaus ein statistisch signifikanter Zusammenhang zwischen der Höhe des Underpricing und der Anzahl der Medienberichte.[351] Besonders ausgeprägt ist dieser Zusammenhang bei der Subgruppe der B2C-Internetunternehmen: In allen drei den IPO-Zeitpunkt umschließenden Monaten steigt die Anzahl der Medienberichte mit der Höhe des Underpricing.

Neben der Höhe des Underpricing üben bei B2C-Internet-Unternehmen die Reputation der Investmentbank sowie die Größe des Unternehmens einen positiven Einfluss auf die Anzahl der Medienberichte aus.[352]

Demers/ Lewellen analysieren ergänzend zu der Anzahl der Medienberichte die Auswirkung des Börsengangs auf die Anzahl der Besuche der Homepage („Ho-

---

348 Demers/ Lewellen verwenden die „Major Newspapers“ -Datenbank aus dem „academic universe“ des Anbieters Lexis/ Nexis, in der sämtliche Zeitungsartikel großer amerikanischer Zeitungen im Volltext enthalten sind. Vgl. Demers/ Lewellen (2003).

349 Vgl. Demers/ Lewellen (2003), S. 421. Es muss berücksichtigt werden, dass auch zwei Monate vor dem IPO möglicherweise bereits Berichte in Zusammenhang mit dem bevorstehenden IPO lanciert wurden. Die genannten Zahlen stellen demzufolge eher konservative Indikatoren für die Zunahme des Medieninteresses dar.

350 Als Vergleichsgruppe wird den Internetunternehmen eine ebenso große Anzahl an Unternehmen gegenübergestellt, die per Zufallsprinzip aus der Menge der sonstigen IPOs ausgewählt wurden.

351 Der Erklärungsgehalt der zugrunde liegenden Regressionen kann bei einem R^2 von ca. 0,5 als gut bezeichnet werden. Vgl. Demers/ Lewellen (2003), S. 432.

352 Eine (Teil-) Finanzierung durch einen Venture Capitalist hat hingegen keine Konsequenz für die Häufigkeit der Berichterstattung. Allerdings berücksichtigen Demers/ Lewellen nicht wie Lee et al. die Reputation der VCs. Vgl. Demers/ Lewellen (2003), Lee et al. (1999).

mepage visits“) und bezwecken damit die empirische Überprüfung operativer Realgütermarktkonsequenzen aus dem IPO. Den Indikator der Homepage visits halten die Autorinnen für zeitnäher und direkter beeinflusst als die Kennzahlen des externen Rechnungswesens. Letztere spiegeln die Änderungen des operativen Geschäfts nur indirekt und verzögert wider. Die Homepage visits unterliegen außerdem keinen Ermittlungsvorschriften, Bewertungsspielräumen oder einer verzögerten Wirkung abgebildeter Sachverhalte. Die Autorinnen verweisen darauf, dass insbesondere bei Internetunternehmen der Indikator Homepage visits eine zentrale Geschäftsgrundlage darstellt und deswegen von Analysten oftmals als Performancekennzahl Verwendung findet.
Für die statistische Überprüfung des Zusammenhangs zwischen dem Underpricing als unabhängiger und den Homepage visits als abhängiger Variablen ziehen die Autorinnen Web-traffic-Daten von B2C-Internetunternehmen heran. Sie stellen einen signifikanten Zusammenhang bei einem insgesamt befriedigenden Erklärungsgehalt fest.[353] Als Kontrollvariablen wurden die Höhe der Marketingausgaben,[354] das Schließen von strategischen Allianzen,[355] die absolute Höhe des web traffic,[356] die Größe des Börsengangs,[357] die Begleitung des Börsengangs durch eine VC-Gesellschaft[358] sowie die Reputation der Investmentbank[359] herangezogen. Keine der Kontrollvariablen erreicht jedoch ein ausreichendes Signifikanzniveau.

---

353 Das adjustierte R^2 beläuft sich auf einen Wert von 0,38. Sie unterstellen implizit einen linearen Zusammenhang zwischen den Variablen.

354 Diese werden relativ zu den Umsatzerlösen berechnet.

355 Motiviert wird der Einschluss dieser Variable durch die in verschiedenen Studien untermauerte Beobachtung, dass gerade B2C-Internetunternehmen häufig in strategische Partnerschaften eintreten, die durch die Verlinkung von Homepages quasi automatisch zu höheren Nutzungsraten („traffic“) führen, vgl. Rajgopal/ Venkatachalam/ Kotha (2002).

356 Sie wird als Logarithmus der Zugriffe auf die Homepage („unique visits“) im IPO-Monat gemessen.

357 Die Größe wird anhand des Logarithmus der IPO-Erlöse gemessen.

358 Hierfür wird eine Dummyvariable eingesetzt, die den Wert Eins annimmt, wenn das Unternehmen Eigenkapitalanteile eines VCs aufweist, und Null, falls nicht.

359 Die Reputation der Investmentbank wird anhand des jeweiligen Marktanteils abgebildet und nicht anhand der von Carter/ Manaster aufgestellten Reputationskennzahl. Vgl. Carter/ Manaster (1990).

Demers/ Lewellen kann attestiert werden, als erste empirisch die Auswirkungen des Börsengangs auf die Anzahl der Homepage visits sowie die Medienresonanz analysiert zu haben.

Kritisiert werden muss jedoch, dass unklar bleibt, welche zeitliche Einteilung genau vorgenommen wird. So bleibt offen, was die Autorinnen mit dem „IPO-month“ meinen.[360]

Damit hängt ein weiterer Kritikpunkt zusammen: Es wird lediglich pauschal von Medienberichten gesprochen, diese werden jedoch nicht weiter aufgeschlüsselt. Soll tatsächlich eine für das Unternehmen relevante Medienwirkung erzielt werden, spielt die Reichweite und Qualität des Mediums ebenso eine Rolle wie der Umfang der Berichterstattung und die Intensität, mit der auf das jeweilige Unternehmen eingegangen wird. Ein Artikel, der lediglich in einem Nebensatz den Unternehmensnamen nennt und in einer Lokalzeitung publiziert wird, ist anders einzuschätzen als ein mehrseitiges Unternehmensporträt, welches in einer vielgelesenen überregionalen Zeitschrift publiziert wird.

Bezogen auf die Regressionsanalysen muss konstatiert werden, dass die Aussagekraft potentiell durch die Autokorrelation der aufeinanderfolgenden Medienberichte der drei Monate vor, während und nach dem IPO als zu groß dargestellt wird.

Die Aussagekraft der gesamten Studie wird dadurch stark eingeschränkt, dass den empirischen Untersuchungen kein theoretisches Fundament zugrunde gelegt wird. Es wird nicht hergeleitet, wie sie die empirisch eruierten Wirkungen nutzen können. Dieser Kritikpunkt gilt gleichermaßen für die nachfolgend aufgeführten Studien.

Ho et al. sowie DuCharme/ Rajgopal/ Sefcik kehren in ihrem empirischen Ansatz die Annahme der von Demers/ Lewellen implizit angenommenen Kausalität

360 Dadurch wird der Vergleich mit der Demers/ Lewellen diametral entgegenstehenden, nachfolgend dargestellten Hypothese von Ho et al. (2001), das Underpricing sei getrieben von einer Pre-IPO-Medienhype, erschwert. Demers/ Lewellen gehen bei ihrer Regressionsanalyse nicht auf Kausalitätsüberlegungen ein, sondern nehmen implizit an, jegliche Medienberichte, seien sie a priori oder a posteriori veröffentlicht, seien durch das Underpricing bedingt und nicht vice versa. Vgl. Demers/ Lewellen (2003).

um: Sie postulieren, dass die Höhe des Underpricing eine Folge der Medienhype im Vorfeld des IPO darstellt.[361] Ho et al. begründen ihren Ansatz mit dem Potential der Medien, in der heutigen Mediengesellschaft Meinung und Verhalten durch entsprechende Berichte beeinflussen zu können. Ho et al. verwenden in ihrer empirischen Untersuchung für die Jahre 1999/ 2000 in Printmedien sowie Online-Medien veröffentlichte Medienberichte.[362] Es werden alle Artikel berücksichtigt, die in dem 10-Tage-Zeitraum vor dem IPO veröffentlicht wurden.[363] Sie ermitteln einen signifikant positiven Zusammenhang zwischen der Anzahl der Medienberichte und der Höhe des Underpricing.[364] Allerdings weisen mehrere der eingesetzten Kontrollvariablen z.T. noch höhere Signifikanzniveaus auf.[365]

DuCharme/ Rajgopal/ Sefcik postulieren, dass sich die Nachfragesituation des Markts in der Anzahl der in den Medien veröffentlichten Artikel abbildet, wobei eine höhere Nachfrage zu einem höheren Sekundärmarktkurs führt. Sie verwenden prinzipiell den gleichen empirischen Ansatz wie Ho et al., berücksichtigen jedoch neben allen in der Woche vor dem IPO veröffentlichten Berichten in Print- auch diejenigen in elektronischen Medien.[366] Die Ergebnisse bestätigen die von Ho et al. ermittelten Resultate.[367]

---

361 Vgl. Ho et al. (2001), DuCharme/ Rajgopal/ Sefcik (2001a).

362 Die 444 berücksichtigten Unternehmen haben in dem Zeitraum ihr IPO am australischen Markt vollzogen.

363 In Australien gilt eine „7-days-black-out-period“, nach der in der Woche unmittelbar vor dem IPO keine Informationen verbreitet werden dürfen.

364 Der Erklärungsgehalt muss im Vergleich zu anderen IPO-Studien bei einem R^2 zwischen 0,33 und 0,38 als mittelmäßig bezeichnet werden, von Ho et al. selbst wird behauptet, die Regression erkläre eine „substantial portion“, Ho et al. (2001), S. 23.

365 Vgl. zur Beschreibung der eingesetzten Variablen Ho et al. (2001), table 2, S. 34f. und zu den Ergebnissen table 6, S. 39.

366 Zu Details vgl. DuCharme/ Rajgopal/ Sefcik (2001a), S. 21.

367 Die Studie von Ho et al. wurde für den australischen, von DuCharme/ Rajgopal/ Sefcik hingegen für den amerikanischen Markt vorgenommen, sodass die Ergebnisse auch länderübergreifende Gültigkeit aufweisen. Vgl. Ho et al. (2001), DuCharme/ Rajgopal/ Sefcik (2001a).

Die von Ho et al. und DuCharme/ Rajgopal/ Sefcik erzielten Ergebnisse dürfen jedoch ebenso wenig wie diejenigen von Demers/ Lewellen als Nachweis einer Kausalität angesehen werden. Weiter wurden keine Variablen berücksichtigt, die sowohl die Anzahl der Medienberichte als auch das Underpricing beeinflussen können. Als eine solche Variable können beispielsweise zuvor erfolgreich (in der gleichen Branche) durchgeführte IPOs verstanden werden. Sie stimulieren einerseits das Interesse der Öffentlichkeit und führen andererseits zu einem durch die starke Nachfrage induzierten höheren Underpricing. Ein weiterer wesentlicher Kritikpunkt an der von Ho et al. und DuCharme/ Rajgopal/ Sefcik unterstellten Kausalität besteht in der Tatsache, dass in den Medienberichten neue, werthaltige Informationen enthalten sein müssten, um gemäß der EMH eine höhere Bewertung im Sekundärmarkt rechtfertigen zu können. Die höhere Anzahl von Medienberichten in (z.T. fachfremden) Tageszeitungen ist dafür jedoch bestenfalls ein Indikator.

3.2.4 Börsenphase

Jain/ Kini gehen als erste systematisch der Fragestellung nach, wie sich die operative Performance nach einem Börsengang darstellt.[368] Immerhin handelt es sich bei dem Börsengang um eine Maßnahme mit weitreichenden Konsequenzen, die nicht vergleichbar mit anderen Finanzierungsformen ist. Anhand von Kennzahlen des externen Rechnungswesens ermitteln sie für die ersten fünf Jahre nach dem IPO eine signifikante Verschlechterung der operativen Performance im relativen Vergleich zu einer Peer-Group bereits notierter Unternehmen. Besonders ausgeprägt zeigt sich die Verschlechterung anhand des Gewinns pro Aktie, der sich absolut gesehen halbiert.[369]

Insbesondere in den ersten beiden Jahren nach der Notierungsaufnahme offenbart sich eine nachteilige Entwicklung, die sich für die Jahre 3 und 4 ab-

---

[368] Vgl. Jain/ Kini (1994).

[369] Vgl. Jain/ Kini (1994), S. 1724, Figure 2.

schwächt, bevor im fünften Jahr praktisch ein vergleichbares Niveau erreicht wird.
Aus Sicht der Autoren bieten sich verschiedene Erklärungsansätze für die signifikant schlechtere Performance an.[370] Als wichtigsten führen sie das Anreizproblem an, welches aus der IPO-bedingten Verringerung des Eigenkapitalanteils des Managements resultiert. In Rückgriff auf die Ausführungen von Jensen/ Meckling[371] stellt sich nach Jain/ Kini die Principal-Agent-Beziehung dann als besonders problematisch dar, wenn der persönliche monetäre Vorteil der Agenten unabhängig von der Vermögensveränderung der Eigentümer ist. Sie schlussfolgern, dass durch den Börsengang der in den Händen der Manager befindliche Eigentumsanteil deutlich reduziert wird und somit der Anreiz nachlässt, Entscheidungen im Sinne der Wertmaximierung der Eigenkapitalanteile („shareholder value") zu treffen. Manager können sich zur Maximierung des eigenen Nutzens dazu verleiten lassen, nicht kapitalwertmaximierende, sondern risikominimierende Investitionen zu tätigen. Dadurch reduziert sich die Gefahr der Entlassung infolge einer negativen Ergebnisentwicklung und es steigt die Wahrscheinlichkeit der Fortschreibung des Gehalts und der Reputation. Die operative Performance des Unternehmens hingegen verschlechtert sich durch die IPO-bedingte Reduzierung der Eigenkapitalanteile des Managements.

Mikkelson/ Partch/ Shah gehen dieser grundsätzlich plausiblen Argumentation nach, indem sie den statistischen Zusammenhang zwischen der durch das IPO bedingten Veränderung der Eigentumsverhältnisse des Managements und der operativen Performance bis zu zehn Jahre nach dem IPO untersuchen.[372] Die statistischen Ergebnisse unterstützen zwar die bereits bei Jain/ Kini erzielten Ergebnisse einer deutlichen Verschlechterung der operativen Performance relativ zu vergleichbaren etablierten börsennotierten Unternehmen, allerdings ist diese

---

[370] Vgl. Jain/ Kini (1994), S. 1725.

[371] Vgl. Jensen/ Meckling (1976).

[372] Vgl. Mikkelson/ Partch/ Shah (1997).

unabhängig von den Eigentumsverhältnissen des Managements.[373] Mikkelson/ Partch/ Shah weisen darauf hin, dass das Management auch nach dem IPO im Durchschnitt immer noch einen Anteil von 27% am Unternehmen hält und somit bestenfalls in Einzelfällen das geschilderte Principal-agent-Problem zum Tragen kommt. Ein weiterer Grund, der gegen die von Jain/ Kini angebrachte Vermutung spricht, sind alternative, von einer direkten Vermögensbeteiligung unabhängige Anreizeffekte. Hier ist beispielsweise eine leistungsabhängige Vertragsgestaltung, die das periodische Einkommen der Manager an die operative Entwicklung koppelt, zu nennen.[374] Die operative Performance verbessert sich einer umfangreich angelegten Studie von Baker/ Gompers zufolge, wenn ein Venture Capitalist eigene Manager in den Vorstand beruft.[375] Die Autoren führen die um sieben Prozent geringere Liquidationsrate nach dem IPO auf das bessere Know-how und die Anreizeffekte zurück.

An der Studie von Mikkelson/ Partch/ Shah muss das ausgewählte Zeitfenster kritisiert werden, welches die Ausgangsbasis für die empirischen Untersuchungen bildet: Die Zeit von 1981-1983 stellt eine Hot-issue-Phase dar, zu der insbesondere Unternehmen der amerikanischen Öl- und Gas-Industrie an die Börse strebten.[376] Die besondere Situation dieser Branche, die zu der Zeit windfall profits erzielte, übt einen entscheidenden Einfluss auf die für die nachfolgenden zehn Jahre bestimmten empirischen Ergebnisse der operativen Performance aus, weil sie jeweils den Bezugspunkt der relativen Entwicklung bilden.

---

373 Die Ergebnisse sind robust gegenüber verschiedenen Performancemessungen, Größeneffekten, sowie dem Alter der Unternehmen, vgl. Mikkelson/ Partch/ Shah (1997), S. 296, table 4 sowie S. 301, table 5. Eine Ausnahme stellt lediglich der leicht positive Einfluss von unbeteiligten Managern („outside directors") auf die operative Performance im Jahr nach dem IPO dar, vgl. Mikkelson/ Partch/ Shah (1997), S. 300.

374 Dieser Aspekt wurde von Mikkelson/ Partch/ Shah bei den empirischen Untersuchungen allerdings nicht berücksichtigt. Vgl. Mikkelson/ Partch/ Shah (1997).

375 Vgl. Baker/ Gompers (2001). Während des Untersuchungszeitraumes von 1978-1987 wurden über eintausend Unternehmen berücksichtigt.

376 Vgl. insbesondere Ritter (1984).

DuCharme/ Rajgopal/ Sefcik postulieren die den empirischen Ergebnissen von Jain/ Kini entgegenstehende „Branding-Hypothese".[377] Danach soll das operative Geschäft des Unternehmens nach dem IPO durch den Börsengang positiv beeinflusst werden.
Die Hypothese besagt im Detail, dass insbesondere für B2C-Unternehmen der Umsatz in der Folge der durch den IPO verursachten Aufmerksamkeit am Kapitalmarkt mit höherem Underpricing stärker ansteigt.[378] Das von den Unternehmen mit dem IPO verfolgte Ziel lautet somit: „create a recognizable name in the capital markets to facilitate future business transactions."[379]
Die Autoren bestimmen bei 227 Internet-IPOs des Jahres 1999 das Umsatzwachstum als Quotient aus dem Mittelwert des Umsatzes der sechs dem Börsengang vorangehenden und der sechs nachfolgenden Quartale.
Die Ergebnisse der linearen Regressionsanalyse lassen jedoch bestenfalls eine schwach ausgeprägte Bestätigung („weak evidence"[380]) der Branding-Hypothese - also einer Verbesserung des operativen Geschäfts durch den Börsengang - erkennen. Sie ziehen jedoch die allgemeine Gültigkeit der Ergebnisse von Jain/ Kini in Zweifel, die eine signifikant schlechtere Performance ermittelt hatten.

Zusammenfassend kann festgehalten werden, dass DuCharme/ Rajgopal/ Sefcik als erste eine empirische Überprüfung des „Branding-Hypothese" genannten potentiellen *positiven* Einflusses des IPO auf die operative Performance des Unternehmens durchführen. Allerdings ist die eingesetzte Methodik zur empirischen Verifizierung der Hypothese aus verschiedenen Gründen nicht geeignet.
Zunächst wird der Ursache-Wirkungszusammenhang der Branding-Hypothese vertauscht: Als Regressor hätte das Underpricing und als Regressand die Umsatzentwicklung eingesetzt werden müssen, und nicht vice versa.[381] Außerdem muss die Aussagekraft des für die operative Performance verwendeten Proxys

[377] Vgl. DuCharme/ Rajgopal/ Sefcik (2001b).
[378] Vgl. DuCharme/ Rajgopal/ Sefcik (2001b), Hypothese H3b, S. 7.
[379] DuCharme/ Rajgopal/ Sefcik (2001b), S. 6.
[380] DuCharme/ Rajgopal/ Sefcik (2001b), S. 19.
[381] Vgl. DuCharme/ Rajgopal/ Sefcik (2001b), Appendix, table 3.

„Umsatzsteigerung“ kritisiert werden. Damit wird nicht wie beabsichtigt die Wirkung des IPO („branding“) insgesamt überprüft, sondern lediglich die Auswirkung der Umsatzentwicklung auf das Underpricing. Erfolgsrelevante Aspekte des Marketing, etwa die eines verbesserten Images oder eines gestiegenen Bekanntheitsgrades z.B. der Marken („brands“), bleiben ausgeblendet. Außerdem treten viele der bezweckten (Marketing-) Wirkungen erst mit einer Verzögerung ein, sodass sie durch den mittelfristigen Betrachtungszeitraum z.T. unberücksichtigt bleiben.[382]

Darüber hinaus erweist sich der Umsatz für die der empirischen Untersuchung zugrundegelegten Internetunternehmen als ungeeignete Kennzahl: Die meisten Unternehmen befanden sich zur Zeit des IPO in der Wachstumsphase des Lebenszyklusses und verfolgten als primäres Ziel die überwiegend auf Kosten des Umsatzes und der Rentabilität gehende Ausweitung der Kundenbasis.[383]

Eine zentrale Schwäche besteht ferner darin, dass das Wachstum als Differenz zwischen dem Durchschnittswert des Umsatzes der sechs Quartale vor bzw. nach dem IPO gemessen wird. Die Höhe der Differenz kann jedoch auch vom IPO unbeeinflusst darin begründet liegen, dass sich die einzelnen Quartals-Wachstumsraten konstant fortschreiben.

[382] Vgl. dazu z.B. die PIMS-Studie.

[383] Web.de beispielsweise weitete die Kundenbasis (von 0,275 auf 3 Mio. Personen, was einem Wachstum von 990% entspricht) und die Nutzungsanzahl der Homepage (von 36 Mio. auf 304 Mio. „page impressions“, was einem Wachstum von 740% entspricht) in dem Jahr nach dem Börsengang erheblich stärker aus als die Umsätze (von 3,5 Mio. Euro auf 11,9 Mio. Euro, was einem Wachstum von 240% entspricht). Vgl. o.V. (Geschäftsbericht web.de) (2001).

3.3 Beurteilung der Erklärungsansätze zum IPO

Die IPO-Forschung hat mittlerweile eine Breite und einen Detaillierungsgrad erreicht, die für nur wenige andere vergleichbar spezialisierte Forschungsstränge konstatiert werden können. Obwohl Börsengänge und die drei damit einhergehenden Anomalien - Underpricing, Hot-issue-Phasen und Long-run-Underperformance - bereits seit mehr als einhundert Jahren regelmäßig vorkommen, begann die wissenschaftliche Auseinandersetzung mit der Thematik erst 1975 durch die Veröffentlichung von Ibbotson.[384] Einen weiteren Schub erhielt sie Ende der 1980er Jahre durch die auf Informationsasymmetrie fußenden theoretischen Erklärungsansätze von Welch, Allen/ Faulhaber und Grinblatt/ Hwang zu dem insgesamt mit Abstand am häufigsten untersuchten Underpricing-Phänomen. Ein Jahrzehnt später wurden die Informationsasymmetrieansätze jedoch anhand empirischer Ergebnisse infrage gestellt und durch eine Vielzahl neuer, überwiegend empirisch fundierter Forschungsansätze z.B. dazu, wie sich die Zuteilung der Aktien auf das Underpricing auswirkt, ergänzt. Ein Teil der Veröffentlichungen befasst sich seit dieser Zeit auch mit den Ursachen und Folgen des mit dem IPO verfolgten gütermarktbezogenen Marketingmotivs und erweitert die bis dahin praktisch ausschließlich finanzmarktbezogenen Veröffentlichungen. Der Forschungsstand der finanzmarktbezogenen Ansätze ist als umfangreich, detailliert und sehr weit fortgeschritten zu beurteilen.

Für die **Entscheidungsphase** werden vielfältige theoretisch fundierte sowie empirisch abgeleitete Motive erläutert, die dem Unternehmen Gründe an die Hand geben, sich für oder gegen die Durchführung eines IPO zu entscheiden. Die wesentlichen finanzwirtschaftlichen Motive eines IPO können als vollständig erfasst gelten. Auch wird aufgezeigt, warum das Timing vieler unabhängiger Unternehmen in Hot-issue-Phasen zu einer Häufung von IPOs führt. Gleichwohl lässt der Forschungsstand nicht den Schluss zu, dass das Phänomen der Hot-issue-Phasen hinreichend erklärt ist.

---

384 Vgl. Ibbotson (1975).

Die **Vorbereitungsphase** ist geprägt durch die Auswahl und Zusammenarbeit mit wichtigen externen Partnern, insbesondere den Wirtschaftsprüfern und Investmentbanken. Angestoßen durch die grundlegende Arbeit von Carter/ Manaster[385] wurden insbesondere zu Beginn dieses Jahrzehnts sehr viele zumeist empirische Veröffentlichungen vorgenommen, sodass das Verhalten von Investmentbanken als hinreichend geklärt angesehen werden kann.

Die **Börseneinführungsphase** stellt die entscheidende Phase des IPO-Prozesses dar, weil sich dort u.a. entscheidet, ob erfolgreich alle Aktien platziert werden können. Bezüglich des optimalen Verfahrens der Unternehmensbewertung, der Preisbildung (Bookbuildingverfahren), des (Informations-) Verhaltens des Unternehmens, der Investmentbank und der Investoren während des Verfahrens und der Zuteilungsmechanismen liegen ebenfalls sehr umfassende Forschungsergebnisse vor. Der größte Forschungsaufwand wurde hinsichtlich des Underpricing-Phänomens betrieben. Wenngleich der Erkenntnisgewinn durch vielfältige theoretische Erklärungsansätze und insbesondere zahllose empirische Untersuchungen erheblich ist, wird das Underpricing von einer so großen Vielzahl und im Zeitablauf wechselnder Parameter beeinflusst, dass bislang kein vollständiges Verständnis und keine „Klärung“ der Anomalie konstatiert werden kann.

Die **Börsenphase** hat kausal nur in wenigen Aspekten mit dem Börsengang zu tun, weil mit Aufnahme der Börsennotierung die gleichen Handelsbedingungen herrschen wie bei bereits länger notierten „normalen“ Aktiengesellschaften. Dennoch wurde wiederholt die in Ritters[386] grundlegender Arbeit festgestellte Anomalie der Long-run-Underperformance bestätigt. Neuere Arbeiten vermochten hingegen zu zeigen, dass keine Underperformance besteht, wenn Besonderheiten der IPO-Unternehmen - z.B. die überwiegend geringe Größe - in Form von benchmarkadjustierten Renditen berücksichtigt werden. Die „Wahrheit“

---

[385] Vgl. Carter/ Manaster (1990).

[386] Vgl. Ritter (1991).

über die langfristige Rendite von IPOs wird sich meines Erachtens nach nie exakt bestimmen lassen, weil die IPO-Unternehmen zu heterogen ausfallen und sich deren Zusammensetzung im Zeitablauf permanent wandelt. Durch die Verwendung möglichst passender Benchmarks, die über das eher simple 3-Faktoren-Modell von Fama/ French[387] hinausgehen, wird mittlerweile aber eine sehr genaue Abschätzung der relativen Performance sichergestellt. Weitere Verbesserungen sind ähnlich schwierig wie bei der Performancemessung anderer Investments, etwa bei Fonds. „In this sense, post-IPO long-run performance is less of an IPO (or corporate finance) issue than it is a standard asset-pricing issue."[388]

Insgesamt kann der finanzmarktorientierten IPO-Forschung attestiert werden, dass sie für die meisten entscheidungsrelevanten Aspekte des IPO-Prozesses fundierte Erkenntnisse hervorgebracht hat. Gleichwohl beschränken sich die Erkenntnisse auf finanzmarktrelevante Aspekte und vernachlässigen andere mit dem IPO verfolgte Motive, insbesondere das Marketingmotiv. Dieses ist Gegenstand der gütermarktrelevanten IPO-Forschung.

Das einzige theoretische Modell, welches einen gütermarktorientierten Grund zur Durchführung eines IPO liefert (**Entscheidungsphase**), wurde von Stoughton/ Wong/ Zechner formuliert. Es gibt - allerdings ohne weitere Begründung - an, dass mit dem IPO-Kurs die Produktqualität signalisiert werden kann. Wie bereits ausgeführt, ist die Veröffentlichung in vielen Punkten zu kritisieren und weist lediglich auf mögliche Konsequenzen eines IPO für den Fall hin, dass tatsächlich die Produktqualität signalisiert werden kann.

Für die **Vorbereitungsphase** fehlen bislang jegliche Erklärungsansätze.

---

387 Vgl. Fama/ French (1993).

388 Ritter/ Welch (2002), S. 1817.

Für die **Börseneinführungsphase** haben Demers/ Lewellen in einer weit beachteten Arbeit die Wirkungen von Börsengängen auf die Publikationshäufigkeit in Massenmedien analysiert.
Die Erkenntnisse von Demers/ Lewellen haben in der IPO-Forschung neue Perspektiven eröffnet, weil erstmalig empirisch fundiert ein erheblicher realgütermarktrelevanter Effekt des IPO ermittelt wurde.

In der **Börsenphase** lässt sich die Entwicklung des operativen Geschäfts nach dem Börsengang beobachten. Die empirischen Erkenntnisse sind jedoch wenig aussagekräftig, weil sie zum einen wegen unterschiedlicher zugrundegelegter Kennzahlen widersprüchliche Ergebnisse liefern. Zum anderen analysieren sie ein verzerrtes Bild der operativen Lage des Unternehmens, da die meisten Studien aufgrund mangelnder Daten auf Kennzahlen des externen Rechnungswesens zurückgreifen.

Der Erkenntnisgewinn der gütermarktorientierten Ansätze fällt insgesamt (noch) sehr gering aus, da dem Marketingmotiv erst in neueren Untersuchungen Rechnung getragen wird. Dies verwundert insofern, als zum einen in empirischen Untersuchungen die Marketingwirkungen (Erhöhung des Bekanntheitsgrads und Verbesserung des Images) als der zweitwichtigste Grund für einen Börsengang ermittelt wurden.[389] Auf die Relevanz des Marketingmotivs wird schon seit längerer Zeit[390] und insbesondere seit Ende der 1990er Jahre hingewiesen.[391] In Umfragen gibt die Mehrzahl der Unternehmen - vgl. dazu die Ausführungen in

[389] Darauf wurde bereits in Kapitel 2.1 hingewiesen. Vgl. dazu auch den Überblicksartikel über IPO-Motive von Röell, in dem sie das Publicitymotiv ebenfalls als den zweitwichtigsten Beweggrund zur Durchführung eines IPO einordnet. Vgl. Röell (1996), S. 1075. Ritter/ Welch sehen die Relevanz des Publicitymotivs kritisch und weisen darauf hin, dass es als alleiniger Grund für einen Börsengang ohne die Berücksichtigung der Finanzierungseffekte wenig sinnvoll ist. Vgl. Ritter/ Welch (2002), S. 1796ff.

[390] Vgl. für den deutschen Markt z.B. Ehlers/ Jurcher (1999), S. 22, Walter (1984), S. 402 und Börgmann (2001), S. 112 genannt.

[391] Neuere Untersuchungen weisen auf die zunehmende Relevanz hin: „these benefits [on publicity, image] have been usually presented as marginal. Our results, instead, show a much different picture". (Marchisio/ Ravasi (1999), S. 8).

Kapitel 2.1 - an, den Börsengang (auch) deswegen durchgeführt zu haben, um Marketingwirkungen zu erzielen.[392] In wissenschaftlichen Veröffentlichungen wird das Ergebnis der Studien untermauert: „Mit dem Gang an die Börse kann ein enormer Publizitätseffekt für ein der breiten Öffentlichkeit bisher möglicherweise vollkommen unbekanntes Unternehmen verbunden sein. [...] Die Steigerung des Bekanntheitsgrades und eine allgemeine Imageverbesserung können einen entscheidenden Impuls für die weitere Unternehmensentwicklung bedeuten. So werden diese Faktoren auch mit als Hauptvorteile des Börsengangs angesehen."[393]

Zum anderen wird in der Wissenschaft seit längerer Zeit der Mangel an fundierten Auseinandersetzungen mit den gütermarktrelevanten Auswirkungen des Börsengangs moniert.[394] Röell verweist in ihrem Überblicksartikel zu den Motiven des Börsengangs insbesondere auf die Defizite in der wissenschaftlichen Auseinandersetzung mit dem Marketingmotiv.[395] Röell ist dabei „not aware of any market research studies on this issue."[396] Marchisio/ Ravasi fassen den status quo treffend zusammen: „Although past literature has often mentioned the beneficial effects of going public on a company's visibility and reputation, the issue has never been thoroughly investigated [...] Our results [...] show [...] that issues related to visibility, image, status and reputation are just as important as financial matters."[397]

392 Dass es sich dabei um ein in der Praxis tragfähiges und realistisches Motiv handelt, wird von verschiedenen (populär-) wissenschaftlichen Beiträgen bestätigt, beispielsweise von Pohl: „So erzielten viele nunmehr am Neuen Markt notierte Unternehmen allein auf Grund des Börsengangs einen enormen Bekanntheitsgrad." (Pohl (2003), S. 155).

393 Börgmann (2001), S. 106, insbesondere auf S. 112f. sind weitere Quellen angegeben. Vgl. auch z.B. Rees (1997), S. 3.

394 Vgl. Kapitel 2.1, Röell (1996), Marchisio/ Ravasi (1999).

395 Vgl. Röell (1996), S. 1075f.

396 Röell (1996), S. 1076.

397 Marchisio/ Ravasi (1999), S. 8.

Es fehlt somit ein grundlegendes Konzept, welches die von einem Börsengang verursachten Wirkungen am Realgütermarkt beleuchtet. Nur so ließe sich die Forderung nach einer ganzheitlich fundierten Entscheidungsfindung hinsichtlich des Börsengangs einlösen, da die finanzmarktbezogenen und die gütermarktbezogenen Entscheidungen in allen vier IPO-Phasen von der Entscheidung über die Durchführung eines IPO bis zu dessen Abschluss zusammengeführt werden könnten. Nur eine ganzheitliche Betrachtungsperspektive ermöglicht eine optimale Entscheidung des Unternehmens, ob ein Börsengang durchgeführt werden soll und auf welche Ziele hin er wie zu gestalten ist. Ein erster Schritt in diese Richtung ist mit der vorliegenden und erstmals vorgenommenen entscheidungsorientierten Systematisierung der verschiedenen existierenden IPO-Ansätze geleistet worden. Eine zweite notwendige „Vorarbeit" besteht darin, die bislang vernachlässigten gütermarktorientierten Ansätze auf eine umfassende theoretische Grundlage zu stellen.

4 Der Börsengang als Marketinginstrument

4.1 Verknüpfung der finanzwirtschaftlichen und gütermarktrelevanten Perspektive

Die Ausführungen der vorangegangenen Kapitel insbesondere über die Relevanz sowohl des Finanzierungs- als auch des Marketingmotivs sowie darauf fußend die wissenschaftlichen Erklärungsansätze beider Motive haben deutlich gemacht, dass der Börsengang weit mehr als eine reine Finanzierungsfunktion erfüllt. Im Wesentlichen werden vielfältige gütermarktrelevante Wirkungen ausgelöst, die die operative Tätigkeit des Unternehmens am Gütermarkt maßgeblich beeinflussen. Warum es zu Spill-over-Effekten des am Kapitalmarkt stattfindenden Börsengangs auf den Gütermarkt kommt, welche Unternehmen dies betrifft und bei welchen Interessengruppen (Stakeholder) des Unternehmens die Wirkungen zum Tragen kommen, wird in den folgenden Ausführungen untersucht.
Zunächst ist festzustellen, dass das an die Börse strebende Unternehmen und die am Börsengang teilnehmenden Investoren zentrale Akteure des IPO-Prozesses sind.[398] Jeder von ihnen nimmt hinsichtlich des finanzwirtschaftlichen IPO-Prozesses eine bestimmte Funktion ein: Das Unternehmen tritt als Initiator des IPO und Verkäufer der Aktien in Erscheinung;[399] die (potentiellen) Käufer bekunden durch den Zeichnungsauftrag ihr Interesse, für einen bestimmten (Kurs-) Wert Unternehmensanteile zu erwerben und nehmen damit die Funktion des Investors ein. Damit geht jedoch eine Einengung der Perspektive auf den Kapitalmarkt einher, da der Käufer nur in seiner Funktion als Investor und das Unternehmen nur in der Funktion als Initiator des Börsengangs gesehen wird.

398 Vgl. Kapitel 2.1.

399 Wie in Kapitel 2.1 aufgezeigt wurde, ist das Unternehmen nur hinsichtlich der Aktien aus einer Kapitalerhöhung Anbieter, ansonsten sind aus rechtlicher Sicht die Altaktionäre Verkäufer. In der Wahrnehmung am Kapitalmarkt wird eine derartige Unterscheidung jedoch von den meisten Investoren nicht vorgenommen.

Durch die Öffnung des Blickwinkels werden andere, durch den Börsengang ebenfalls betroffene Perspektiven sichtbar. Aufgrund der hohen Bedeutung der operativen Tätigkeit für das Unternehmen bietet es sich an, insbesondere die Realgütermarktperspektive zu betrachten. Dort erwirtschaftet das Unternehmen durch den Verkauf von Gütern und Dienstleistungen die Wertschöpfung, die den Erfolg und letztlich die Existenz des Unternehmens determinieren. Es darf nicht vergessen werden, dass alle am Kapitalmarkt vollzogenen Transaktionen letztlich eine „Hilfsfunktion" darstellen, um die operative Tätigkeit und damit verbundene Investitionsvorhaben durch hinreichende liquide Mittel zu ermöglichen. Die auf den Kapitalmarkt beschränkte Perspektive behandelt so gesehen mit dem Börsengang also lediglich eine von vielen verschiedenen Finanzierungsalternativen.[400]

Allerdings deutet die Mittelverwendung bereits einen ersten Verknüpfungspunkt zwischen der finanzmarktorientierten und der gütermarktorientierten Perspektive an. Die durch den Börsengang eingenommenen Zahlungsmittel können z.B. für neue Investitionen in das operative Geschäft eingesetzt werden. Gleichwohl zeigen empirische Untersuchungen, dass das nicht notwendigerweise der Fall sein muss, da sie auch zur Schuldentilgung verwendet werden können.[401] Ein weiterer Verknüpfungspunkt ergibt sich, wenn die Funktionen der beiden Akteure auf die Gütermarktperspektive übertragen werden. Die Funktion als Investor am Kapitalmarkt stellt bei genauer Betrachtung nur eine temporäre, kontextbezogene Rolle dar, die ein Individuum einnehmen kann.[402] Am Gütermarkt hingegen nimmt das Individuum die Funktion des Konsumenten ein, in der Regel sogar wesentlich häufiger und regelmäßiger als die des Investors. Für das Unternehmen wurde schon erwähnt, dass es am Realgütermarkt permanent seiner operati-

---

400 Vgl. Kapitel 2.1. Dies bestätigt sich bei einem Blick auf das externe Rechnungswesen, wo sich der Börsengang in der Bilanz als das Abbild der Finanzierungsmittelherkunft und -verwendung niederschlägt, nicht jedoch in der das operative Geschäft einer Bilanzierungsperiode widerspiegelnden GuV-Rechnung.

401 Vgl. dazu Pagano/ Panetta/ Zingales (1998) sowie die Ausführungen in Kapitel 3.1.

402 Von institutionellen Investoren soll an dieser Stelle abstrahiert werden, weil sie nach der Anzahl nur einen marginalen Anteil ausmachen.

von Tätigkeit nachgeht, was als originäre Funktion des Unternehmens aufgefasst werden kann. Auch für das Unternehmen gilt, dass die Funktion am Kapitalmarkt eigentlich die Ausnahme und die Funktion am Gütermarkt als Verkäufer von Produkten bzw. Dienstleistungen die Regel darstellt.

Besonders interessant ist, dass es sich nicht einfach nur um zwei verschiedene Betrachtungsperspektiven handelt, sondern dass sie eng miteinander verbunden sind: Es sind schließlich dieselben Personen, die als Investoren am Kapitalmarkt agieren und als Konsumenten am Realgütermarkt. Die am Kapitalmarkt gewonnenen Informationen über das Unternehmen können auch am Realgütermarkt für ihre Funktion als Konsument relevant sein. Ein Beispiel mag dies verdeutlichen: mobilcom verfügte bis zum Börsengang über einen relativ kleinen Kundenkreis und einen geringen Bekanntheitsgrad. Um die Werthaltigkeit des Unternehmens zu betonen und einen adäquaten Primärmarktpreis zu rechtfertigen, wurden die erfolgreichen und erfolgsentscheidenden Produkte von mobilcom während des Börsengangs hervorgehoben. Das nach der Liberalisierung des Telefonmarkts entscheidende Produkt für mobilcom war der Telefonservice mit der Vorwahl 01019, der gegenüber den Tarifen der Deutschen Telekom deutliche Kostenvorteile brachte. Dies war aus der Kapitalmarktperspektive relevant, weil (potentielle) Investoren darin eine starke Wettbewerbsposition und ein erfolgreiches operatives Geschäft sahen. Aus der Gütermarktperspektive führte dies dazu, dass der Kostenvorteil gegenüber der Deutschen Telekom allen Individuen bekannt war, die sich für den Börsengang interessiert haben. In ihrer Gütermarktfunktion als Kunde konnten sie folglich das Produkt nutzen und anderen potentiellen Kunden davon berichten. Daraus erwuchs für mobilcom die Chance, als „first mover“ im liberalisierten Telefonmarkt wahrgenommen zu werden und letztlich den Wettbewerbsvorteil in einen höheren Marktanteil und steigende Umsätze umzumünzen.

Allgemein gesprochen verändert sich durch die Informationen, die bei den IPO-Modellen lediglich in ihrer Finanzmarktrelevanz berücksichtigt werden, für den Investor in der Funktion als potentieller Konsument die Wahrnehmung des Unternehmens. Zum einen ändern sich die objektiven Kenntnisse über das Unternehmen und dessen Produkte, im Beispielfall etwa die günstigeren Telefontarife von mobilcom. Zum anderen ändert sich aber auch die subjektive Einstellung[403] zum Unternehmen („mobilcom ist sympathisch, weil es eine günstige Alternative zum Monopol der Deutschen Telekom anbietet").

Die Ausweitung der Betrachtungsperspektive auf den Realgütermarkt hat jedoch nicht nur eine Wirkung auf die unmittelbar involvierten Investoren. Bei diesen ändern sich die (objektiven) Kenntnisse und die (subjektive) Einstellung zu dem Unternehmen aus ihrer Sicht als Konsument (qualitative Komponente). Hinzu kommen noch weitere Personenkreise, die nicht in der Funktion des Investors am Kapitalmarkt tätig werden, aber dennoch direkt oder indirekt mittels massenmedialer oder interpersonaler Kommunikation[404] Informationen über den Börsengang vermittelt bekommen (quantitative Komponente). Damit weitet sich der Kreis der vom Börsengang beeinflussten Personen erheblich aus. Bei dem Börsengang der Deutschen Telekom etwa belief sich die Zahl der Investoren auf ca. 2 Mio. Personen bzw. der an dem Börsengang unmittelbar interessierten Personen auf 13,6 Mio.[405] Insgesamt haben von dem Börsengang jedoch vermutlich mehr als 30 Millionen Bundesbürger Notiz genommen.[406]
Folglich ist der Kreis der Personen, die Informationen über den Börsengang erhalten, immer (erheblich) größer als der Kreis der (potentiellen) Investoren.[407]

403 Kenntnisse sind qua definitionem objektive Gedächtnisinhalte, genauso wie Einstellungen zwangsläufig subjektiver Natur sind. An dieser Stelle wurde die Tautologie zur Verdeutlichung der Aussage verwandt. Vgl. Kapitel 6.2.3.

404 Vgl. dazu Kapitel 6.1 für eine detaillierte Analyse der verschiedenen Kommunikationswege.

405 Die Zahlen entstammen einer Analyse der Deutschen Telekom. Vgl. o.V. (Deutsche Telekom) (1996b).

406 Es handelt sich lediglich um eine subjektive Schätzung des Autors, die aus Gesprächen mit der Deutschen Telekom abgeleitet wurde.

407 Unter einem potentiellen Investor wird in dieser Arbeit jemand verstanden, der ein grundsätzliches Interesse an dem Börsengang aufweist, welches zu einer Zeichnung der Aktie führen kann, jedoch nicht muss.

Neben den Investoren bzw. Konsumenten gelangen die Informationen noch an eine Vielzahl weiterer Stakeholder. Dazu gehören u.a. Lieferanten, Konkurrenten, Mitarbeiter und Banken. Die Lieferanten sehen in dem als Kapitalgesellschaft an einer öffentlichen Börse notierten Unternehmen einen zahlungskräftigen Kunden höherer Bonität;[408] Konkurrenten befürchten einen erstarkenden Mitbewerber und damit die Schwächung der eigenen Wettbewerbssituation, gleichzeitig profitieren sie jedoch von den im Zuge des IPO veröffentlichten Informationen, da darin wettbewerbsrelevante Informationen enthalten sind (z.B. über die Profitabilität, Geschäftsrisiken, Investitionspläne etc.).[409] Die Mitarbeiter verfolgen den Börsengang als unmittelbar Betroffene und beurteilen auf der einen Seite die möglicherweise stärkere „Shareholder Value"-Ausrichtung, erleichterte Übernahmemöglichkeiten etwa durch Konkurrenzunternehmen und den damit einhergehenden höheren Leistungsdruck negativ. Auf der anderen Seite sehen sie die Chancen einer leistungsorientierten Bezahlung (z.B. durch Optionen) und hegen die Hoffnung, an dem erfolgreichen, die finanzielle Situation des Unternehmens stärkenden Börsengang finanziell zu partizipieren.[410] Banken profitieren durch die umfangreicheren Informationen insbesondere des externen Rechnungswesens und die insgesamt höhere Kapitalkraft sowie die bessere EK-Quote.[411]

Wenngleich die genannten weiteren Stakeholder für das Unternehmen und dessen Gestaltung des IPO von hoher Wichtigkeit sind, sollen sie von der weiteren Betrachtung ausgeschlossen werden, da der Fokus der Arbeit auf den Marketingwirkungen des IPO bei den Konsumenten liegt, die zu realgütermarktrelevanten Konsequenzen für das operative Geschäft führen. Gleichzeitig wird da-

---

408 Vgl. Bösl (2004), S. 21.

409 Vgl. dazu den in Kapitel 2.1 enthaltenen Hinweis, dass als Nachteil des IPO die umfangreicheren Veröffentlichungsverpflichtung gesehen werden.

410 Vgl. z.B. Koch/ Wegmann (1999), S. 19ff.

411 Pagano/ Panetta/ Zingales konnten ermitteln, dass die Banken in der Folge der genannten Entwicklungen niedrigere Zinsen verlangen, sodass die Fremdkapitalkosten signifikant sinken, vgl. Pagano/ Panetta/ Zingales (1998), S. 53ff.

mit eine Komplexitätsreduktion der modellgestützten konzeptionellen Analyse sichergestellt, die aus wissenschaftlicher Sicht begrüßenswert ist.[412]

Aus der aufgeführten Argumentation wird verständlich, warum von der überwiegenden Mehrheit der Unternehmen berechtigterweise die Verbesserung des Bekanntheitsgrads und des Images als ein wichtiges Motiv des Börsengangs angegeben wird. Für welche Unternehmen das Motiv sinnvoll und für welche weniger sinnvoll ist, wird im weiteren Verlauf der Arbeit (Kapitel 4.2.2.3) thematisiert. Ohne eine Verknüpfung der finanzwirtschaftlichen und gütermarktlichen Perspektive wäre das Motiv hingegen grundsätzlich irrational.

Bei der Erklärung der Entscheidungsfindung beim Börsengang ist die realgütermarktorientierte Sichtweise jedoch nur spärlich und fragmentarisch in wissenschaftlichen Forschungsbeiträgen berücksichtigt worden, wie die Ausführungen der vorangegangenen zwei Kapitel (Kapitel 3.2 und Kapitel 3.3) gezeigt haben.

Vor dem Hintergrund einer entscheidungsorientierten BWL ist es zur optimalen Gestaltung eines Börsengangs jedoch notwendig, möglichst umfassend alle Konsequenzen zu kennen. Dazu ist es unabdingbar, neben der Finanzmarktperspektive auch die Wirkungen des IPO am Gütermarkt zu berücksichtigen. Nur so lassen sich die vielfältigen Entscheidungen während des IPO-Prozesses ganzheitlich optimal treffen. Diese Herausforderung kann nur bewältigt werden, wenn die Auswirkungen des Börsengangs auf den Realgütermarkt einer eingehenden Analyse unterzogen werden. Um die im vorangegangenen Kapitel (Kapitel 3.3) dargestellte Forschungslücke zu verringern, wird in einem ersten Schritt hin zu einer grundlegenden konzeptionellen Analyse das Börsenevent IPO näher charakterisiert.

[412] Vgl. Adam (1996), S. 61, Lasslop (2003), S. 44f.

4.2 Das Börsenevent IPO

Die folgenden Ausführungen dienen zur Präzisierung, für welche Unternehmen sich der Börsengang als Instrument anbietet, um Marketingwirkungen zu generieren. Für Unternehmen, die den IPO als „Börsenevent" einzusetzen vermögen, werden verschiedene (Sub-) Instrumente des Marketing vorgestellt, die als Katalysator für die Marketingwirkungen fungieren. Des Weiteren werden für diejenigen Unternehmen, die den Börsengang als Marketinginstrument nutzen können, weitere Marketinginstrumente und -konzepte vorgestellt, die im Rahmen des Börsengangs ergänzend eingesetzt werden können. Darunter fallen beispielsweise die klassische massenmediale Werbung oder Investor Relations-Maßnahmen. Zunächst wird jedoch derjenige Teilbereich des Marketing hergeleitet, mit dessen Hilfe die konzeptionelle Analyse der Marketingwirkungen bewerkstelligt werden kann.

4.2.1 Das Eventmarketing als geeignetes Marketinginstrument

Wie die zahlreichen empirischen Umfragen bei Unternehmen und die Ausführungen zu den theoretisch fundierten Motiven eines IPO gezeigt haben, sind die Erhöhung des Bekanntheitsgrads und die Verbesserung des Images Zielgrößen, die von Unternehmen mit einem Börsengang verfolgt werden.[413] Die Erhöhung des Bekanntheitsgrads und die Verbesserung des Images sind gleichzeitig klassische Zielgrößen des Marketing.[414] Soll der Zielerreichungsgrad - und damit die Effektivität der Maßnahme Börsengang - ermittelt werden, kann somit grundsätzlich auf Erkenntnisse der Marketingforschung zurückgegriffen werden.

Das Marketing im Sinne Mefferts als die marktorientierte Unternehmensführung bezweckt die optimale Ausrichtung des gesamten Unternehmens auf den Markt-

---

413 Vgl. dazu die Ausführungen in Kapitel 3.1.1 und in Kapitel 3.3.

414 Vgl. Meffert (2000), S. 71 sowie die ausführlichen Erläuterungen zur Zielpyramide des Marketing in Kapitel 4.2.3.1.2.

erfolg.[415] Dies betrifft sämtliche Ebenen des Unternehmens, von der Unternehmensphilosophie und -strategie bis hin zu operativen Entscheidungen. Zur Umsetzung stehen im Marketing allgemein Maßnahmen hinsichtlich des Produkts, des Preises, der Distribution und der Kommunikation zur Verfügung. Da der Börsengang ein Kommunikationsinstrument darstellt, fallen die übrigen Maßnahmenbereiche des Marketing als irrelevant aus der weiteren Betrachtung heraus. Genauer betrachtet handelt es sich bei dem Kommunikationsinstrument IPO um eine zeitlich begrenzte Veranstaltung an der Börse, weswegen sich grundsätzlich das Veranstaltungsmarketing als rahmengebendes Konzept innerhalb der Unternehmenskommunikation anbietet.[416]

Veranstaltungsmarketing bezeichnet die Bündelung und gezielte Verwendung von Veranstaltungen für Marketingzwecke.[417] Wochnowski sieht drei verschiedene Felder des Veranstaltungsmarketings: Marketing bei, von und mit Veranstaltungen.

- Marketing bei Veranstaltungen: Unternehmens- und evtl. sogar branchenfremde Veranstaltungen werden zu eigenen Marketingzwecken genutzt. Das treffendste Beispiel dieser Kategorie ist das Sponsoring, welches von Unternehmen beispielsweise bei der Fußballweltmeisterschaft 2006 in Deutschland genutzt wird. Sie erhoffen sich dadurch einen höheren Bekanntheitsgrad sowie einen Imagetransfer von dem Imageträger auf das eigene Unternehmen. Der größte Nachteil des Sponsoring besteht in der geringen Verknüpfung zwischen dem Unternehmen und dem Gesponserten. Außerdem existiert keine Möglichkeit der dialogischen Kommunikation. Zuschauer (nicht Teilnehmer) betrachten beispielsweise ein Fußballspiel und sehen etwa den Firmen-Namen, nehmen diesen aber - im wahrsten Sinne des Wortes - nur am Rande

415 Vgl. Meffert (2000), S. 8.

416 Es sei bereits an dieser Stelle darauf hingewiesen, dass keinesfalls jedes IPO automatisch Marketingzielen dient. Es existieren durchaus Börsengänge, die ausschließlich aus finanzmarktorientierten Gründen vollzogen werden und mit denen weder Marketingwirkungen bezweckt noch erreicht werden. Eine detailliertere Abgrenzung erfolgt in Kapitel 4.2.3.

417 Vgl. Wochnowski (1996).

wahr, weil sie ausschließlich aus Interesse am Fußballspiel ins Stadion gekommen sind.

- Marketing von Veranstaltungen: Veranstaltungen werden aus einer Hand produziert und vermarktet. Die Veranstaltung selbst stellt somit das Produkt dar, welches Fremdverwendern angeboten wird. Als Beispiel lassen sich Messen anführen, die vielen verschiedenen Unternehmen zumeist einer Branche die Möglichkeit bieten, sich bzw. die Produkte zu präsentieren.[418] Ein Unternehmen kann sich an einer Messe beteiligen, sie jedoch nicht in Eigenregie durchführen. Immerhin lässt sich der eigene Stand auf der Messe unter Beachtung der durch die spezifische Messe vorgegebenen Rahmenbedingungen eigenmächtig gestalten.
- Marketing mit Veranstaltungen: Diese Ausprägung umfasst die eigene Initiierung und die Verwendung der Veranstaltung. Die Veranstaltung stellt folglich nicht für Dritte eine Dienstleistung dar, sondern wird für eigene Zwecke eingesetzt.[419] Da es sich um ein selbst initiiertes Ereignis handelt, lassen sich die Inhalte optimal in das Marketingkonzept des Unternehmens integrieren. Als weiterer Vorteil resultiert daraus die Möglichkeit zur Interaktion zwischen den Teilnehmern und dem veranstaltenden Unternehmen. Eine Marketingmaßnahme, auf die die genannten Charakteristika zutreffen, ist das Eventmarketing. Als Marketingevents werden unternehmens- oder produktbezogene Veranstaltungen bzw. Ereignisse aufgefasst, mittels derer unternehmensgesteuerte Botschaften kommuniziert werden.[420] Die noch junge Forschungsdisziplin berücksichtigt dabei mittels der Vorteile selbstinitiierter, besonderer Veranstaltungen die wichtiger werdende Notwendigkeit für Unternehmen, sich in einem immer stärkeren Wettbewerb von der Konkurrenz abzugrenzen. Die enge Verknüpfung zwischen Ereignis und Unternehmen stellt aus Marketingsicht einen entscheidenden Vorteil gegenüber extern durchgeführten Veranstaltungen dar.

---

418 Vgl. Meffert (2000), S. 741ff.

419 Unter „Dritten" werden in diesem Kontext nicht unternehmensfremde Teilnehmer, sondern Abnehmer der Veranstaltung an sich aufgefasst.

420 Zu einer differenzierteren Definition vgl. das nachfolgende Kapitel 4.2.2.1.

Das Veranstaltungsmarketing erweist sich insgesamt als ein sehr weit gefasstes Feld mit vielen verschiedenen, in drei Gruppen zusammengefassten Veranstaltungstypen. Bei dem Börsengang handelt es sich um eine Veranstaltung bzw. um ein Ereignis im Sinne der dritten Gruppe: Es wird *mit* dem selbst initiierten Börsengang angestrebt, Marketingwirkungen zu realisieren. Er grenzt sich von den beiden erstgenannten Erscheinungsformen insbesondere dadurch ab, dass das Unternehmen selber die Entscheidung fällt, wann der Börsengang vollzogen werden soll und wie er gestaltet wird.[421] Börsengänge können somit grundsätzlich als Marketingevents aufgefasst werden, die in der Öffentlichkeit als besondere Ereignisse wahrgenommen werden.[422] Mit der folgenden Abbildung 8 soll die Einordnung des Eventmarketing in das Marketinginstrumentarium visualisiert werden.

Abbildung 8: Verortung des Eventmarketing im Marketing

[421] Das Unternehmen muss sich allerdings an die vorgegebenen (finanzmarktbezogenen) Rahmenbedingungen halten. Vgl. dazu die Ausführungen in Kapitel 2.1.

[422] An dieser Stelle sei bereits darauf hingewiesen, dass dies nicht auf alle IPOs zwangsläufig zutreffen muss. Unter Vorgriff auf die Ausführungen in Kapitel 4.2.3 sei z.B. darauf hingewiesen, dass in einer Hot-issue-Phase die Unternehmen wesentlich stärker im Fokus des öffentlichen Interesses stehen als in einer Cold-issue-Phase.

Für welche Unternehmen sich die Verwendung des Börsengangs als Marketinginstrument besonders gut und für welche weniger gut bzw. nicht eignet, klären die nachfolgenden Ausführungen. Dazu wird zunächst aus den bisherigen Erkenntnissen ein grundlegendes Verständnis des Eventmarketing hergeleitet.

4.2.2 Das IPO als Börsenevent

Das Eventmarketing stellt eine noch sehr junge,[423] sich schnell entwickelnde[424] Disziplin der Marketingforschung dar. Erst nach der Etablierung in der Praxis wurde es von der Wissenschaft aufgegriffen. Das erklärt, warum den vielen Praxisbeispielen und veröffentlichten „Praktikerregeln" zum Eventmarketing bislang relativ wenige umfassende wissenschaftliche Abhandlungen gegenüberstehen und eine einheitliche oder gar abschließende Bearbeitung fehlt.[425] Gleichwohl hat das Eventmarketing in den letzten Jahren insbesondere durch die Veröffentlichungen von Sistenich (1999), Nufer (2002) und Lasslop (2003) wichtige Impulse erfahren.[426]

Die nachfolgenden Ausführungen sollen dazu dienen, das Eventmarketing eindeutig zu definieren, strukturiert zu charakterisieren und im Hinblick auf IPOs zu spezifizieren.

[423] Die erstmalige Verwendung des Begriffs erfolgte 1984 durch Jaekel, vgl. Nufer (2002), S. 10.

[424] Seit Mitte der 1990er Jahre wurden zunehmend wissenschaftliche Arbeiten zum Eventmarketing veröffentlicht. Dazu zählen insbesondere Zanger/ Sistenich (1996), Nickel (1998c), Sistenich (1999), Nufer (2002) und Lasslop (2003). Für einen Ausblick auf zukünftige Professionalisierungspotentiale des Eventmarketing siehe Nickel (1998a).

[425] Vgl. Nufer (2002), S. 13ff., sowie Lasslop (2003), S. 30.

[426] Vgl. Nufer (2002), Lasslop (2003) und Sistenich (1999).

4.2.2.1 Definition Eventmarketing

Es „kann bislang noch nicht von einer allgemein akzeptierten Definition des Event-Marketing gesprochen werden."[427] Baum/ Stalzer und Böhme-Köst haben als erste eine Trennung der Begrifflichkeiten von „Event" als „besondere Ereignisse" und „Eventmarketing" als eigenständige Disziplin des Marketing in die Literatur eingeführt.[428] Die erste umfassende und infolgedessen auch am häufigsten verwendete Definition stammt hingegen vom Deutschen Kommunikationsverband: „Unter Events werden inszenierte Ereignisse sowie deren Planung und Organisation im Rahmen der Unternehmenskommunikation verstanden, die durch erlebnisorientierte firmen- oder produktbezogene Veranstaltungen emotionale und physische Reize darbieten und einen starken Aktivierungsprozess auslösen."[429] Diese Definition beschränkt sich wiederum auf Events, ohne auf das umfassendere Konzept des Eventmarketing einzugehen. Der Versuch von Müller, diese Lücke zu füllen, indem er Eventmarketing als „Event + Marketing" definiert, kann lediglich für einige Fälle der Praxis als zutreffend angesehen werden.[430] Aus wissenschaftlicher Sicht ist er jedoch abzulehnen.[431] Der erste wissenschaftliche Ansatz stammt von Zanger/ Sistenich, die insbesondere die Lücke hinsichtlich des Konzepts Eventmarketing schließen. Als Kondensat sämtlicher vorheriger Ansätze bilden Zanger/ Sistenich zwei Gruppen: Der Partialanspruch billigt dem Eventmarketing eine eher beschränkte Rolle im Rahmen des Marketing zu. Mit dem Totalanspruch wird das Eventmarketing als eine Quasi-Philosophie des Marketing aufgefasst, dem alle Aktionen, Instrumente und sonstigen Konzepte unterzuordnen sind. Demzufolge werden Events in der Kommunikationspolitik und im ganzen Marketing des Unternehmens zu einer

---

427 Lasslop (2003), S. 14.

428 Vgl. Baum/ Stalzer (1991), Böhme-Köst (1992).

429 BDW (1993), zitiert in Nufer (2002), S. 12.

430 Vgl. Müller (2002).

431 Vgl. Nufer (2002), S. 13.

grundlegenden Philosophie. Der Totalanspruch wird allerdings zu Recht als zu umfassend überwiegend abgelehnt.[432]
Nachfolgende Definitionen anderer Autoren beziehen sich zumeist sowohl auf das Event als auch auf das von Zanger/ Sistenich umschriebene Eventmarketing, weisen jedoch gegenüber vorherigen Definitionen keinen nennenswerten Vorteil auf, sodass sie hier nicht weiter thematisiert werden.[433]

Durch die nachfolgend aufgeführte Definition eines Marketingevents sowie des Eventmarketing soll der Versuch unternommen werden, die eingangs angesprochene Lücke einer allgemeingültigen Definition zu schließen. Als Ausgangspunkt dienen zum einen die im nachfolgenden Kapitel erläuterte strukturierte Zusammenstellung konstituierender Charakteristika von Marketingevents und zum anderen die bislang existierenden Definitionsansätze. Es resultiert die folgende Definition, die den weiteren Ausführungen als Grundlage dient:

> *Mit Marketingevents werden selbstinitiierte, besondere Ereignisse bezeichnet, die den Teilnehmern mit der Möglichkeit zur Interaktion kognitive und emotionale Reize bieten und über die produkt-, marken- oder unternehmensbezogene Informationen vermittelt werden.*

In Anlehnung an die Unterscheidung zwischen Marketingevents und Eventmarketing, die bereits von Baum/ Stalzer bzw. Böhme-Köst sowie Zanger/ Sistenich propagiert wurde, folgt nun die Definition für das Eventmarketing als übergeordnete Instanz zu den Marketingevents:

---

432 Vgl. Nufer (2002), S. 13.

433 Bruhn definiert Events in Anlehnung an den Deutschen Kommunikationsverband wie folgt neu: „Ein Event ist eine besondere Veranstaltung oder ein spezielles Ereignis, das multisensitiv vor Ort von ausgewählten Rezipienten erlebt und als Plattform zur Unternehmenskommunikation genutzt wird.“ (Bruhn (1997), S. 777). Bruhn sowie nachfolgende Definitionsansätze anderer Autoren beziehen sich separat auf das Marketing-Event und Event-Marketing. Der Erkenntnisgewinn muss jedoch als minimal bezeichnet werden.

Eventmarketing ist ein Marketinginstrument zur zielgruppenbezogenen Planung, Realisation und Kontrolle von Events im Rahmen der integrierten Unternehmenskommunikation.

Wenn Events die Veranstaltung an sich bezeichnen, entsteht aus einer willkürlichen Durchführung und Aneinanderreihung mehrerer Events noch kein Eventmarketing. Das Eventmarketing bedingt neben der einzeleventbezogenen Aufgabe der Planung, Durchführung, Kontrolle und Steuerung vielmehr die Notwendigkeit, das Event in die Unternehmenskommunikation dergestalt einzubeziehen, dass die Events einzeln sowie im Zusammenspiel den (Kommunikations-) Zielen des Unternehmens dienen.

4.2.2.2 Abgleich der Event-Charakteristika mit Börsengängen

Das Eventmarketing wurde weiter oben als eine für die Analyse von Marketingwirkungen eines Börsengangs geeignete Teildisziplin des Marketing identifiziert. Dies bedeutet jedoch nicht, dass automatisch jeder Börsengang eines Unternehmens auch gleich ein Marketingevent ist. Die folgenden Ausführungen klären deswegen, ob, und wenn ja welche, Börsengänge als Marketingevent geeignet sind.

Zunächst wird dazu ein strukturierter Kriterienkatalog abgeleitet, der die wesentlichen Charakteristika von Marketingevents in vier Kategorien bündelt.[434] Die Ableitung eines Kriterienkatalogs ist notwendig, weil in der Literatur zum

---

[434] Als Grundlage werden die Veröffentlichungen zum Eventmarketing herangezogen, wobei sich die Arbeiten von Nufer (2002), Lasslop (2003) und Sistenich (1999) als besonders fruchtbar erweisen. Nufer listet den umfangreichsten Stichwortkatalog auf, allerdings vermischt er konstituierende Merkmale eines Events mit Konsequenzen aus der Durchführung eines Events. Strenggenommen gelten die Charakteristika nur für das Marketingevent, nicht jedoch für das Eventmarketing insgesamt. Über das Charakteristikum der Marketingintegration wird die Notwendigkeit einer integrativen Gestaltung des Marketingevents allerdings berücksichtigt.

Eventmarketing keine einheitliche und abschließend formulierte Auflistung der zentralen Charakteristika von Marketingevents existiert.[435]
Anhand des Kriterienkatalogs wird in einem ersten Schritt überprüft, ob bei Börsengängen eine Übereinstimmung mit den einzelnen Charakteristika *möglich* ist. Ist dies gegeben, bestätigt sich die Hypothese einer grundsätzlichen Eignung des Börsengangs als Marketingevent. In einem zweiten Schritt wird sodann der Heterogenität der IPO-Unternehmen Rechnung getragen und jedes einzelne Charakteristikum daraufhin analysiert, ob es von allen Unternehmen gleichermaßen erfüllt wird. Eine differenzierte Betrachtung ist notwendig, weil die Spannbreite der IPO-Unternehmen und der zum Zeitpunkt des Börsengangs herrschenden Rahmenbedingungen sehr groß ausfällt. Für die Beurteilung wird weniger der allen Börsengängen zugrunde liegende finanzmarktorientierte IPO-Prozess herangezogen, sondern werden vielmehr das Potential und die Absicht jedes einzelnen Unternehmens berücksichtigt, mit dem Börsengang marketingrelevante Informationen zu vermitteln. Dem Unternehmen steht dabei grundsätzlich eine Vielzahl verschiedener Kommunikationspfade für die Kommunikation diverser marketingrelevanter Botschaften zur Verfügung, die im weiteren Verlauf der Arbeit gesondert erwähnt werden.[436] Als Ergebnis des zweiten Schritts erhält man somit zwei Gruppen von IPO-Unternehmen. Eine Gruppe von Börsengängen erfüllt sämtliche Charakteristika, sodass die Unternehmen dieser Gruppe das IPO als Marketingevent einsetzen können. Eine zweite Gruppe von Börsengängen erfüllt hingegen mindestens ein Charakteristikum nicht und kann dementsprechend nicht als Marketingevent eingestuft werden.[437] Demzufolge führen einige Börsengänge für die Unternehmen nicht zwangsläufig zu nutzbaren Marketingwirkungen.

---

435 Vgl. z.B. Lasslop (2003), S. 30.

436 Auf die Kommunikationspfade wird in Kapitel 5 ausführlich eingegangen.

437 Das bedeutet keineswegs, dass mit dem IPO keine marketingrelevanten Wirkungen erzielt werden, sondern nur, dass der Börsengang nicht gezielt als Marketingevent aufgefasst und gestaltet wird bzw. werden kann.

Die folgende Tabelle 7 fasst die vier für ein Event relevanten Kategorien sowie die die Kategorien konstituierenden zentralen Charakteristika zusammen:

Eigeninitiierung	**Interaktivität**	**Erlebbares Ereignis**	**(Event-) Marketing-Integration**
• Unabhängige Entscheidungsfindung hinsichtlich (des Zeitpunktes) der Durchführung • Eigenständige Planung und Organisation • Projektcharakter	• (Vielfältiges) Interaktionsangebot • Aktivierung der Teilnehmer	• Erlebnis • Unterscheidung von der Alltagswirklichkeit • Zielgruppenorientierung • Einmaligkeit • Unternehmens- und Produktpräsentation ohne Verkaufscharakter	• Integration der symbolischen Markenwelt • Inhaltliche Integration

Tabelle 7: Konstituierende Charakteristika von Marketingevents

Ein Event wird im Gegensatz zu anderen Marketinginstrumenten wie dem Sponsoring selbsttätig angestoßen (*Eigeninitiierung*). Es wird demnach insbesondere kein fremdveranstaltetes Ereignis zu eigenen Marketingzwecken instrumentalisiert.

Zweitens bietet das Event den Teilnehmern die Möglichkeit, sich aktiv einzubringen und in Interaktion mit dem Unternehmen zu treten (*Interaktivität*).

Drittens handelt es sich um ein *erlebbares Ereignis*, welches grundsätzlich jedem zugänglich ist und für den Teilnehmer etwas Außergewöhnliches darstellt.

Die drei genannten Kategorien charakterisieren ein Event als ein besonderes Ereignis.

Die vierte Kategorie der *(Event-) Marketing-Integration* erhebt schließlich das Event zum Marketingevent, wenn es sich vom Marketing instrumentalisieren lässt und dem (Marketing-) Zielsystem der Unternehmung dient. Es können durchaus (vom Unternehmen initiierte) Events existieren, die aufgrund mangelnder Integration in das Marketing entweder für die Marketingziele unnütz

sind oder diesen sogar zuwiderlaufen. Diese sind nicht als Marketingevent zu bezeichnen.
Nur wenn alle vier Kategorien vollständig erfüllt sind, wird von einem Marketingevent gesprochen. Dies soll im Folgenden in Bezug auf ein IPO für jedes Charakteristikum sowohl allgemein als auch für verschiedene Unternehmenstypen anhand der oben aufgeführten zweistufigen Vorgehensweise überprüft werden.

4.2.2.2.1 Eigeninitiierung[438]

Die Eigeninitiierung gewährleistet, dass das Ereignis in Eigenregie angestoßen und inszeniert und nicht von Dritten fremdbestimmt wird.[439] Sie stellt ein wichtiges Abgrenzungskriterium gegenüber anderen Marketinginstrumenten dar und erlaubt wegen der genauen Abstimmung auf die Anforderungen im eigenen Unternehmen eine effiziente Vermittlung der Kommunikationsbotschaft.[440] Im Einzelnen gehören dazu die unabhängige Entscheidungsfindung hinsichtlich (des Zeitpunkts) der Durchführung, die eigenständige Planung und Organisation sowie der Projektcharakter.

Unabhängige Entscheidungsfindung hinsichtlich (des Zeitpunkts) der Durchführung[441]

Die unabhängige Entscheidungsfindung bedeutet, dass das Unternehmen das Ereignis ohne jegliche äußere Zwänge selbsttätig anstößt. In neueren Veröffentlichungen wird die unabhängige Entscheidungsfindung gleichwohl weniger strikt

---

438 Vgl. Nufer (2002), S. 16ff., Lasslop (2003), S. 17, Sistenich (1999), S. 62ff.

439 Selbstverständlich können Teile der Eventerstellung fremdvergeben werden.

440 Die Effizienz liegt deutlich höher als beispielsweise bei dem Marketinginstrument Sponsoring. Vgl. z.B. Nufer (2002), S. 308.

441 Vgl. Nufer (2002), S. 18.

aufgefasst. Lasslop sieht implizit die unabhängige Entscheidungsfindung und damit die Eigeninitiierung sogar als erfüllt an, wenn durch äußere Rahmenbedingungen der Zeitpunkt und z.T. die inhaltliche Gestaltungsfreiheit eingeschränkt werden. Als Beispiel verwendet er einen Pavillon auf der Weltmesse Expo 2000 in Hannover.[442] Lasslop verweist darauf, dass der Expo-Pavillon sich zwar den Rahmenbedingungen der Expo (z.B. Zeitpunkt und Dauer der Ausstellung, Größe der Ausstellungsfläche, thematische Eingrenzung auf die einer Weltausstellung angemessenen Inhalte) unterzuordnen hat, ansonsten jedoch frei gestaltet werden kann.[443]

Die Entscheidung zur Durchführung eines Börsengangs ist immer auf die Initiative der Eigentümer oder Manager zurückzuführen. Beispiele für die Initiierung von Seiten der Eigentümer sind venture capital-finanzierte Unternehmen und Spin-offs. Gleiches gilt, wenn Entrepreneure eine Nachfolgeregelung anstreben. Gerade venture capital-finanzierte junge Wachstumsunternehmen sehen sich mit der Forderung von Seiten der Eigenkapitalgeber konfrontiert, ihnen nach einer gewissen Zeit - üblicherweise nach drei bis fünf Jahren - „im Brutkasten“ die Möglichkeit zum Exit zu geben. Spin-offs, also die Ausgliederung von Tochterunternehmen eines Konzerns, werden zumeist von den Konzernzentralen vorgegeben, wie dies beispielsweise bei Infineon als ehemaligem Tochterunternehmen der Siemens AG der Fall war.

In den meisten anderen Fällen geht die Entscheidung zu einem IPO auf das Betreiben der Manager zurück. Wie die Ausführungen in Kapitel 3.3 gezeigt ha-

---

[442] Für die Selbstinitiierung soll der Entscheidung Lasslops zufolge ein breiter gefasster Geltungsbereich zugelassen werden. Einer engen Eingrenzung zufolge handelt es sich bei der Beteiligung an Messen oder Ausstellungen nicht um ein vollständig selbstinitiiertes Event, sondern es wird ein vorgegebener Rahmen genutzt. Anders als beim Sponsoring kann das Unternehmen innerhalb des Rahmens selbst gestaltend tätig werden, sodass der Großteil dessen, was der Teilnehmer erlebt und mit dessen Hilfe man die eigene Kommunikationsbotschaft transportiert bekommen möchte, durch selbstinitiierte Maßnahmen zustande gekommen ist.

[443] Die Einordnung von Lasslop muss jedoch kritisch betrachtet und kann als eine Aufweichung der Grenzen zu der Veranstaltung „Messe“ aufgefasst werden. Von Nufer wird die Expo 2000 explizit *nicht* als Event deklariert, allerdings als „Event-Messe“ bezeichnet. Vgl. Nufer (2002), S. 31 FN 109.

ben, liegt der Entscheidung meist entweder das Motiv zugrunde, eine effiziente Finanzierungsquelle für zukünftiges Unternehmenswachstum zu schaffen, oder den Bekanntheitsgrad und das Image zu verbessern.

Eigenständige Planung und Organisation[444]

Die Planung, Durchführung und Kontrolle von Marketingevents erfolgt unternehmensintern und damit organisatorisch selbstständig. Mit der Eigeninitiierung geht ein eigenständiger Planungsprozess einher, dessen Freiheitsgrade je nach Eventtyp schwanken.
Interne Events unterliegen in der Regel keinen Beschränkungen, was die Organisation und Durchführung anbelangt. Bei externen Events wie dem Expo-Pavillon[445] oder dem DFB-adidas-Cup[446] sind jedoch der gesetzte ablauforganisatorische Rahmen für die Expo bzw. durch den jeweiligen Veranstaltungsort des Fußballturniers auferlegte Richtlinien (Lärmschutz, zeitliche Einschränkungen etc.) zu berücksichtigen. Grundsätzlich nimmt die Zahl der Freiheitsgrade ab, je mehr externe Parteien von dem Event betroffen sind. Der vom Unternehmen initiierte und gesteuerte eigenständige Planungsprozess erlaubt es somit, die Entscheidungen auf die eigenen Ziele, insbesondere die Marketingziele hin auszurichten.
Die intern koordinierte Organisation führt dazu, dass für Außenstehende das Event als etwas Einmaliges oder zumindest etwas Besonderes aufgefasst wird, welches sich von Veranstaltungen des eigenen und insbesondere von anderen Unternehmen abgrenzt.

Die Organisation eines Börsengangs wird, wie die Ausführungen in Kapitel 2.1 gezeigt haben, von dem IPO-Unternehmen selbstständig vorgenommen, allerdings unterstützt durch externe Know-how-Träger, insbesondere von Invest-

---

444 Vgl. Nufer (2002), S. 16ff., Lasslop (2003), S. 17, Sistenich (1999), S. 62ff.

445 Vgl. Lasslop (2003), S. 119ff.

446 Vgl. Nufer (2002), S. 203ff.

mentbanken. Die Organisation wird jedoch trotz der delegierten Aufgaben vom Unternehmen aus bestimmt.

Da bei einem Börsengang viele externe Parteien involviert und betroffen sind, muss eine Einschränkung der Freiheitsgrade für die eigene Gestaltung des Börsengangs in Kauf genommen werden. Neben den gesetzlichen Vorgaben sind die Vorschriften der Börsen für ein Listing zu beachten.[447] Das Unternehmen hat jedoch durch die Wahl der Börse und des Börsensegments, an dem das Listing vollzogen werden soll, Einflussmöglichkeiten auf die Vorschriften. Von der Beschränkung der Freiheitsgrade werden überwiegend die börsenbezogenen IPO-Prozesse, nicht hingegen die kommunikativen Maßnahmen betroffen.

Die Entscheidungsgewalt auf Seiten des Unternehmens reicht so weit, dass im Extremfall der Börsengang wesentlich modifiziert - z.B. durch die Verlängerung der Zeichnungsfrist oder die Absenkung der Primärmarktpreisspanne, wie es etwa die Postbank AG vorgenommen hat - oder sogar kurzfristig noch abgesagt werden kann.[448]

Grundsätzlich vollzieht jedes IPO-Unternehmen einen eigenständigen Planungsprozess. Ausnahmen ergeben sich nur in Einzelfällen. Bei Spin-off-IPOs[449], wenn vormals integrative Teile eines Konzerns ausgegliedert und über die Börse platziert werden, kann der Planungsprozess u.U. von dem Konzern als Mehrheitseigner übernommen werden. Weitere Beispiele stellen eher Spezialfälle dar, sodass in der überwiegenden Mehrzahl der IPOs von einem eigenständigen Planungsprozess ausgegangen werden kann.[450]

---

447 Vgl. Kapitel 2.1.

448 Vgl. zu einer detaillierten Ablaufstruktur des IPO-Prozesses Kapitel 2.1.

449 In den USA werden sie überwiegend als Carve-out-IPOs bezeichnet.

450 Bei solchen auf die USA beschränkten REIT-IPOs (real estate investment trust- initial public offering) existiert keine eigenständige Firma, sondern die verschiedenen REITs werden von der Muttergesellschaft an der Börse platziert. Zu einem selbstinitiierten, eigenständigen Planungsprozess kommt es dort nicht. Auch politische Zwänge vermögen die Unabhängigkeit der Planung zu unterminieren, wie dies in China insbesondere bei A-shares und Red-chip-IPOs vorkommen kann. (Zu einer Differenzierung der insgesamt vier Aktientypen in China vgl. Huang/ Song (2002)). Das sind in Abgrenzung zu den in Hong-Kong notierten H-shares Aktien einer in Hong Kong respektive der Volksrepublik

Aufgrund der relativ geringen Anzahl an IPOs fällt der Börsengang auf jeden Fall als etwas Besonderes auf und grenzt das neu börsennotierte Unternehmen z.B. von nicht börsennotierten Konkurrenzunternehmen ab. Lediglich in Ausnahmesituationen, in denen in kurzer Abfolge für Außenstehende praktisch nicht unterscheidbare Firmen der gleichen Branche an die Börse gehen, wird die organisatorische Eigenständigkeit unterminiert und eine Differenzierung von Konkurrenzunternehmen verhindert. Zu beobachten war dies Anfang der 1980er Jahre in den USA, als sehr viele kleine Unternehmen der Öl- und Gasindustrie an die Börse gegangen sind, sowie zeitweise während des Internet-Booms Ende der 1990er Jahre.

Projektcharakter[451]

Da Events in der Regel auf eine endliche Dauer ausgelegt sind[452] und - wie oben dargelegt - individuell vom Veranstalter organisiert werden, wohnt ihnen der Projektcharakter inne. Darüber hinaus ähneln sich Events nur in seltenen Fällen,[453] sodass aufgrund oftmals mangelnder Erfahrungswerte und damit einhergehender Defizite bzgl. des Know-hows externe Spezialisten engagiert werden.[454] Aufgrund der Einstellung bzw. Beauftragung gehören entsprechende Spezialisten (temporär) zur Organisationseinheit „Unternehmung" und unterstützen somit den eigenständigen Ablauf der Planung.

China inkorporierten Unternehmung, bei denen der Staat einen Anteil von mindestens 35% behält bzw. die nur von Staatsbürgern erworben werden können. Bei diesen macht der Staat seinen Einfluss geltend, sodass wohl kaum von einem eigenständigen Planungsprozess gesprochen werden kann.

451 Vgl. Nufer (2002), S. 16ff.

452 Eine Ausnahme bildet z.B. Disneyworld in den USA.

453 Dies gilt z.B. für die zahlreichen Teilevents des DFB-adidas-Cup, vgl. Nufer (2002), S. 203ff.

454 Externe Spezialisten profitieren von Lernkurveneffekten und geben die daraus resultierenden Effizienzgewinne bei entsprechendem Wettbewerb an deren Auftraggeber weiter. Vgl. z.B. Grothe (2005).

Auf das Börsenevent IPO trifft der Projektcharakter in besonderer Weise zu, da der Börsengang nur *ein* Mal in der Firmengeschichte vollzogen wird und mit der Aufnahme der Börsennotiz einen festen Endzeitpunkt aufweist.[455] Die mangelnden Erfahrungswerte hinsichtlich der Durchführung des Börsengangs werden unter Rückgriff auf Spezialisten, insbesondere Investmentbanken und Wirtschaftsprüfer, kosteninduzierend kompensiert. Insbesondere die Investmentbank übernimmt vielfältige Planungsaufgaben im Rahmen der vertraglichen Verpflichtungen, etwa die zeitliche Ablaufgestaltung oder die Abstimmung der Termine mit Großinvestoren. An dieser Stelle kommen der Investmentbank, und damit letztlich auch dem IPO-Unternehmen, ihre Kontakte in der Finanzbranche zugute.

4.2.2.2.2 Interaktivität[456]

Die Möglichkeit der Interaktivität bietet das Potential, die Teilnehmer in das Event einzubinden. Die subjektiv wahrgenommene Möglichkeit der Interaktivität reicht aus, damit die Teilnehmer das Event als für sie zugänglich empfinden. Daraus resultiert grundsätzlich ein höheres Involvement.[457] Für die Interaktivität sind ein (vielfältiges) Interaktionsangebot sowie die Aktivierung der Teilnehmer entscheidend.

---

455 Von Sonderformen wie einer „management buy out"-induzierten Reprivatisierung (der eine Streichung vom Kurszettel, das sogenannte „delisting", folgt) und anschließendem erneuten Anteilsverkauf über die Börse soll an dieser Stelle abstrahiert werden.

456 Vgl. Nufer (2002), S. 16ff., Lasslop (2003), S. 17, Sistenich (1999), S. 62ff.

457 Ein hohes Involvement führt zu einer intensiveren Beschäftigung mit einer Aktivität oder einer Information und wird im Rahmen der verhaltenswissenschaftlichen Wirkungsanalyse wieder aufgegriffen. Vgl. dazu Kapitel 6.2.1.4.

(Vielfältiges) Interaktionsangebot[458]

Die Interaktion gestaltet sich wegen der unterschiedlichen Ausprägung der vielfältigen Eventtypen auf verschiedene Art und Weise. Bei kleinen internen Events erfolgt die Interaktion mit praktisch jedem Teilnehmer, bei großen externen Events findet sie de facto mit einer Auswahl von Teilnehmern oder nur in der subjektiven Wahrnehmung statt.[459] Sie kann darüber hinaus entweder unmittelbar in Form einer persönlichen Konversation vor Ort oder mittelbar unter Verwendung technischer Hilfsmittel wie Telefon oder Internet mit Multimediaunterstützung erfolgen. Des Weiteren kann die Interaktion automatisiert oder individuell vorgenommen werden. Ein umfassendes Interaktionsangebot stellt einen wichtigen Baustein für das Event dar, weil damit bei den Teilnehmern ein hohes Aktivierungsniveau und Involvement erzielt wird.[460] Dadurch wird u.a. der Reizüberflutung („information overflow") entgegengewirkt.[461]
Für die meisten Events kann angenommen werden, dass das Dialogpotential von den Teilnehmern nicht vollständig ausgeschöpft wird. Bei anderen, monologisch ausgelegten Marketinginstrumenten (z.B. Werbung) besteht allerdings überhaupt keine Möglichkeit zur Interaktion.

Für die (potentiellen) Teilnehmer eines Börsengangs besteht eine Vielzahl an Interaktionsmöglichkeiten. Sie können sich unmittelbar bei ihrem Bankberater in einem persönlichen Gespräch über den Börsengang sowie mittelbar über die Hotline des Unternehmens und eventuell automatisiert informieren. Neue technische Möglichkeiten, vor allem die Internettechnologie, eröffnen vielfältige

---

458 Vgl. Nufer (2002), S. 16ff., Lasslop (2003), S. 17, Sistenich (1999), S. 62ff.

459 Interne Events richten sich an Mitarbeiter, externe Events an Personen, die nicht für das veranstaltende Unternehmen arbeiten. Die Besucher eines Musikkonzerts kennen sich zwar nicht persönlich, erleben die Veranstaltung jedoch subjektiv als Gruppe, z.B. durch gemeinsames Mitsingen.

460 Wie bereits zuvor erwähnt, stellt das Involvement für die verhaltenswissenschaftliche Wirkungsanalyse eine zentrale Determinante dar. Vgl. Nufer (2002) S. 17.

461 Vgl. Nufer (2002), S. 17. Die Relevanz für die Marketingwirkungen wird weiter unten detailliert thematisiert.

Gestaltungspotentiale einer effizienten Interaktion. Analysten und Großinvestoren treten im Rahmen von „One-on-One"-Gesprächen, Analystenkonferenzen, Telefonkonferenzen und bei der Roadshow in (un)mittelbaren persönlichen Kontakt mit Spitzenvertretern des Unternehmens.[462]

Beim Börsengang der Telekom beispielsweise wurde neben den genannten Interaktionsmöglichkeiten zusätzlich umfangreiches, kostenlos zugängliches Informationsmaterial auf der Homepage zur Verfügung gestellt. Außerdem lagen in Banken oder per Post ebenfalls kostenlos abrufbare gedruckte Informationsbroschüren bereit. Darüber hinaus richtete die Telekom eine „newsgroup" im Internet ein und rief als Novum das Aktien-Informations-Forum (AIF) ins Leben.[463] Investoren bekamen auf eigenen Wunsch in regelmäßigen Abständen umfassende Informationen über das Unternehmen Deutsche Telekom und dessen Börsengang zugesandt. Im Fall von Fragen konnten sie auf kostenlose Telefonhotlines zurückgreifen.[464]

Viele nachfolgende Unternehmen insbesondere am Neuen Markt boten ähnlich umfangreiche Interaktionswege an, selbst wenn bereits im Vorfeld des IPO eine vollständige Platzierung der Aktien alleine bei institutionellen Investoren gesichert war. Dieses Verhalten lässt vermuten, dass sie nicht ausschließlich an dem finanzwirtschaftlichen Erfolg der Aktienemission interessiert waren.

Andere Unternehmen hingegen verzichten darauf, den Investoren und sonstigen an dem Unternehmen interessierten Personengruppen die Möglichkeit einer Interaktion anzubieten. Sie beschränken sich auf die Erfüllung der mit dem Börsengang einhergehenden gesetzlichen Informationspflichten.

---

462 Vgl. Kapitel 2.1.

463 Für die Teilnahme am AIF entschieden sich insgesamt ca. 1,5 Millionen Interessierte. Vgl. o.V. (Deutsche Telekom) (1996c).

464 Inhaltlich wurde neben der Darstellung finanzwirtschaftlicher Aspekte Wert auf die Darstellung des gesamten Unternehmens gelegt. Die aufgelisteten Kommunikationsangebote reichten weit über die gesetzlich und reglementarisch von Gesetzgeber und Börse vorgeschriebenen Publizitätspflichten (vgl. Kapitel 2.1) hinaus. Aus rein finanzwirtschaftlicher Sicht wäre dieses Angebot vor dem Hintergrund der vielfachen Überzeichnung sicherlich nicht nötig gewesen.

Aktivierung der Teilnehmer[465]

Die Interaktionsmöglichkeit stellt sicher, dass die Teilnehmer aktiv in das Event eingebunden werden können. Grundsätzlich steigt der Grad der Aktivierung mit der vom Interessenten wahrgenommenen Möglichkeit zur Teilnahme, wodurch wiederum die Wahrscheinlichkeit eines direkten Kontakts zum Unternehmen wächst. Die vermittelten Inhalte werden damit intensiver wahrgenommen, verarbeitet und gespeichert, als das bei einer monologischen und passiven Kommunikation der Fall ist. Die klassische Werbung beispielsweise ist passivisch ausgelegt, d.h. es wird eine Werbebotschaft gesendet, die unkontrolliert und nicht beeinflussbar vom Rezipienten aufgenommen und verarbeitet wird.

Bei den Zeichnern einer Neuemission fällt die Aktivierung üblicherweise hoch aus, weil sie einen Teil ihres Vermögens einbringen und damit ein im Vergleich zu anderen Investmentalternativen überdurchschnittlich hohes Risiko einzugehen bereit sind.[466] Im Gegenzug bietet der Börsengang als ein längerer Prozess[467] dem Unternehmen die Möglichkeit, dynamisch auf die durch die aktive Einbindung der Teilnehmer erhaltenen Informationen zu reagieren.[468] Das Unternehmen kann also dynamisch auf die durch eine interaktive Kommunikation mit besonders aktiven Teilnehmern gewonnenen Informationen antworten und kurzfristige Maßnahmen ergreifen, indem etwa die Primärmarktpreisspanne angepasst wird. Alternativ bzw. ergänzend können kommunikative Maßnahmen eingesetzt werden: Geben die Investoren beispielsweise das Feedback eines als zu hoch empfundenen Preises, so kann durch Telefonkonferenzen mit Analysten oder durch Werbekampagnen ein höherer Unternehmenswert begründet werden.

---

465 Vgl. Nufer (2002), S. 16ff., Lasslop (2003), S. 17.

466 Vgl. Kapitel 2.1.

467 Vgl. Kapitel 2.1.

468 Chemmanur analysiert in seinem in Kapitel 3.1.3 erwähnten formalen Modell die Konsequenzen, die das Unternehmen aus den von den Investoren erhaltenen Informationen („Informationsproduktion") ziehen kann. Vgl. Chemmanur (1993).

Grundsätzlich stehen diese Maßnahmen jedem IPO-Unternehmen offen, ihr Einsatz ist jedoch nicht zwingend, sodass sie nicht von jedem Unternehmen genutzt werden.

4.2.2.2.3 Erlebbares Ereignis[469]

Das Ereignis ist *erlebbar*, wenn es die *Möglichkeit* des persönlichen Erlebnisses bietet. Ob es letztlich zu einem individuellen Erlebnis wird, liegt außerhalb des Einflusses des Initiators; ein Event kann somit immer nur ein Angebot darstellen. Wann ein Erlebnis vorliegt, klären die nachfolgenden Ausführungen. Daneben sind für ein erlebbares Ereignis die Unterscheidung von der Alltagswirklichkeit, die Zielgruppenorientierung, die Einmaligkeit des Events sowie eine Unternehmens- und Produktpräsentation ohne Verkaufscharakter konstituierende Charakteristika.

Erlebnis[470]

Der Begriff des Erlebnisses ist sowohl sprachlich als auch inhaltlich eng mit dem Begriff „Event" verwandt, wird gleichwohl in wissenschaftlichen Veröffentlichungen seit längerer Zeit diskutiert.[471] In einer aktuellen Begriffsbeschreibung kommt Müller zu folgendem Ergebnis: „Ein Erlebnis ist ein außergewöhnliches, subjekt- und situationsbezogenes inneres emotionales Ereignis im Leben des Menschen, das sich einer zielgerichteten Selbst- oder Fremdsteuerung entzieht, dessen Rahmenbedingungen lediglich phänomenfördernd gestaltet werden

---

469 Vgl. Nufer (2002), S. 16ff., Lasslop (2003), S. 17, Sistenich (1999), S. 62ff.

470 Vgl. Nufer (2002), S. 16ff., Lasslop (2003), S. 17, Sistenich (1999), S. 62ff.

471 Er hat im Laufe der Zeit und in Abhängigkeit von der jeweiligen Wissenschaft einen Bedeutungswandel erfahren. Der französische Philosoph J.J. Rousseau beschreibt bereits Mitte des 18. Jahrhunderts in seinem Werk „Emile ou De l'éducation" die Bedeutung eines Erlebnisses als die „sinnesumfassende Wahrnehmung der Natur" (zitiert in: Müller (2002), S. 53).

können (z.B. durch Events)."[472] Hieraus wird ersichtlich, dass es um innere, nicht direkt beeinflussbare Reaktionen des Menschen geht und dass von den Rahmenbedingungen abhängige Emotionen das Erlebnis beeinflussen.

Die Teilnehmer erleben somit die eigene emotionale Einbindung in das Event nicht bewusst. Sie nehmen vielmehr aus Interesse an dem Ereignis teil, z.B. wegen der sportlichen Herausforderung des Fußballturniers an dem DFB-adidas-Cup oder wegen erhoffter finanzieller Gewinne durch den Börsengang.[473]

Emotionen werden in der alltäglichen Verwendung zumeist wesentlich „emotionaler" eingeschätzt als in der Wissenschaft.[474] Dem wissenschaftlichen Verständnis zufolge versteht man unter Emotionen „innere Erregungsvorgänge, die angenehm oder unangenehm empfunden und mehr oder weniger bewusst erlebt werden"[475]. Zemlin weist darauf hin, dass eine Reihe angeborener, sogenannter primärer Emotionen existieren, durch deren Vermischung weitere Emotionen

---

472 Müller (2002), S. 61.

473 Gegenteiliger Ansicht ist Lasslop, der als eines von fünf wichtigen Charakteristika von Events Folgendes aufführt: „Die Kommunikationsbotschaft steht im Mittelpunkt des Rezipienteninteresses." (Lasslop (2003), S. 17). Lasslops Meinung muss hier jedoch widersprochen werden, weil die Motivation der Teilnahme aus Sicht der Teilnehmer selbst in der Veranstaltung begründet ist und nicht in dem Wunsch, die vom Unternehmen zu verkündende Botschaft aufnehmen zu wollen. Den Teilnehmern des DFB-adidas-Cup ist überwiegend nicht bewusst, dass adidas ein jugendlicheres Image kommunizieren will. Sie nehmen insbesondere wegen der sportlichen Herausforderung an dem Event teil.

474 Der Begriff „Emotion" wird im allgemeinen Sprachgebrauch wesentlich „emotionaler" als in der wissenschaftlichen Diskussion aufgefasst. Dies hat Trommsdorff veranlasst, auf die Verwendung des Begriffs „Emotion" zugunsten des Begriffs „Gefühl" zu verzichten. Vgl. Trommsdorff (2002), S. 66. Da in der Wissenschaft insbesondere angelsächsischer Prägung jedoch fast ausschließlich der Begriff „Emotion" diskutiert wird, soll dieser auch in der vorliegenden Arbeit verwendet werden. Die Definitionen und Abgrenzungen von Emotionen weichen je nach Wissenschaftsdisziplin voneinander ab: So gehen biologische Ansätze davon aus, es gebe eine Reihe angeborener, sogenannter primärer Emotionen, durch deren Vermischung weitere Emotionen entstehen. Kognitive Theorien hingegen gehen davon aus, dass der Mensch die wahrgenommenen physiologischen Erregungen kognitiv verschiedenen Emotionen zuordnet. Vgl. Izard (1994).

475 Zemlin (2005), S. 82.

abgeleitet werden können.[476] Sie lassen sich ihrer Richtung nach in angenehm empfundene positive Emotionen und unangenehm empfundene negative Emotionen sowie ihrer Intensität nach in schwache oder starke Emotionen unterscheiden.[477] Nach Izard existieren insgesamt zehn primäre Emotionen. Jeder Emotion wird ein Begriffspaar zugeordnet, wobei der erstgenannte Begriff eine schwache, der letztgenannte eine starke Intensität widerspiegelt, wie der Abbildung 9 entnommen werden kann.[478]

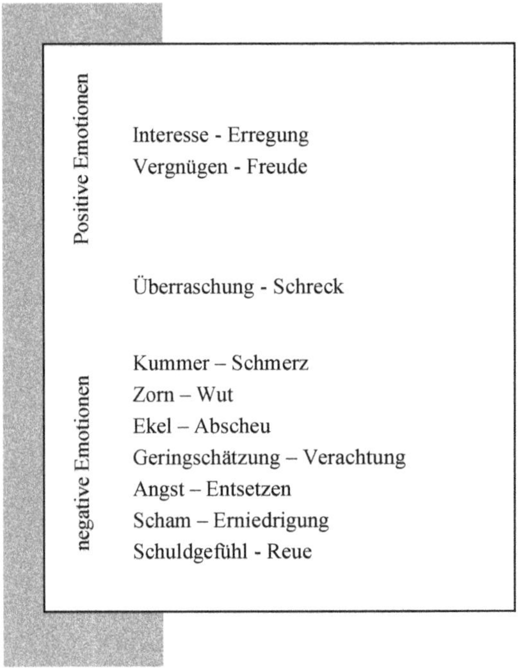

Abbildung 9: Die zehn primären Emotionen nach Izard[479]

---

[476] Vgl. Zemlin (2005), S. 150. Es sei an dieser Stelle darauf hingewiesen, dass die Auffassungen darüber, was Emotionen sind, sehr heterogen ausfallen. Zu einer Abgrenzung vgl. die Ausführungen in Kapitel 6.2.1.

[477] Im Hinblick auf die noch zu analysierende situative Determinante „Stimmungen" sei bereits an dieser Stelle vermerkt, dass es sich dabei um langanhaltende, diffuse Gefühle ohne Bezug zu einem konkreten Objekt handelt.

[478] Vgl. Izard (1994).

[479] Vgl. Izard (1994).

Den zwei positiven Emotionen - Interesse bzw. Erregung und Vergnügen bzw. Freude - stehen sieben negative Emotionen gegenüber. Im Sonderfall der primären Emotion „Überraschung"/ „Schreck" kann keine einheitliche Zuordnung vorgenommen werden, da die schwache Ausprägung („Überraschung") eher als positive, die starke Ausprägung („Schreck") dagegen eher als negative Emotion aufgefasst wird.[480]

Bis in die 1990er Jahre wurde zumeist davon ausgegangen, die Börse sei von rein rationalem Verhalten geprägt.[481] Obgleich es auch in der Vergangenheit (z.B. während des Börsencrashs 1929 oder mit dem nur einen Tag währenden Kurseinbruch nach dem Einmarsch amerikanischer Truppen in den Irak 1991) bereits Beispiele für irrationale und emotionale Übertreibungen des Kauf- und insbesondere Verkaufsverhaltens an der Börse gegeben hat, fand die explizite Berücksichtigung von emotional geleitetem und (scheinbar) irrationalem Verhalten erst vor gut einem Jahrzehnt als „behavioral finance" Eingang in die wissenschaftliche Forschung.[482]

Auf den Neuemissionsmarkt trifft die hohe Bedeutung emotional beeinflusster Entscheidungen in besonderem Maße zu - allerdings mit einem bedeutenden Unterschied zur „normalen" Börse. Wo die Börsen zu starken *verkaufsseitigen* Übertreibungen neigen, kommt es am Neuemissionsmarkt in Form der Hot-issue-Phasen regelmäßig zu *käuferseitigen* Übertreibungen.[483] Es herrschen folglich positive Emotionen vor. Schönborn/ Tschugg weisen darauf hin, dass die

---

480 Vgl. Izard (1994), S. 109. Ergänzend zu den zehn primären existieren weitere Emotionen, die sich als Kombination verschiedener Primäremotionen ergeben, vgl. Izard (1994), S. 66 Tabelle 3-1. Auf einige ausgewählte, für die Börse relevante Sekundäremotionen wird an geeigneter Stelle ergänzend hingewiesen. Auf Emotionen, die an der Börse von Bedeutung sind, gehen z.B. Goldberg/ von Nitzsch ein, vgl. Goldberg/ von Nitzsch (2002), S. 181ff.

481 Eine Begründung dafür, dass in der „Finanzierungstheorie realistische Charakterisierungen menschlichen Verhaltens ersetzt [werden] durch Modelle mit repräsentativen Agenten" (Eggers (2004), S. 19), findet sich in Eggers (2004), S. 19ff.

482 Die große Bedeutung der Behavioral Finance für die Wirtschaftswissenschaften wurde durch die Vergabe des Nobelpreises im Jahr 2002 an Vernon L. Smith und Daniel Kahneman unterstrichen.

483 Vgl. Kapitel 2.1.

Emotionen bei einem Aktienkauf grundsätzlich stärker ausgeprägt sind als bei sonstigen (Produkt-) Käufen: „Die persönliche Betroffenheit über den Verlauf der im eigenen Depot gehaltenen Aktien ist wesentlich größer als bei klassischen Marken, weil die rationale Distanz zum Produkt fehlt und emotionales Kauf- bzw. Verkaufsverhalten vorliegt."[484] Die Zeichnung einer Aktie beim IPO als besondere Form eines Aktienkaufs wird unter nochmals höherer persönlicher Betroffenheit („Involvement") vollzogen als der Kauf einer „normalen" Aktie, da die persönliche Betroffenheit wegen der extremen Kursentwicklungen („Underpricing") stärker ausfällt. Nachfolgend wird anhand einiger Beispiele konkretisiert, welche Emotionen während der einzelnen Phasen des IPO-Prozesses auftreten können.

Die positive Emotion „Interesse" führt - zumeist in der Vorbereitungsphase - dazu, dass sich Investoren mit IPOs überhaupt auseinandersetzen und IPOs als valides Alternativinvestment wertschätzen. Einige Investoren sind während der Hot-issue-Phase in der starken Ausprägung der Emotion sogar erregt, sich die Chance auf eine außergewöhnlich hohe Zeichnungsrendite nicht entgehen zu lassen.[485]

Haben die Investoren oder ihnen nahestehende Personen während der Börseneinführungsphase einen Zeichnungsauftrag für eine ausgesprochen lukrative Emission abgegeben, so verspüren sie die positive Emotion der Hoffnung, tatsächlich eine Zuteilung zu erhalten.[486] Erfolgt schließlich eine Zuteilung und er-

---

484 Schönborn/ Tschugg (2002), S. 71.

485 Die Zeichnung der Aktie nimmt schon fast den Charakter von Netzwerkgütern an, denn je stärker das Interesse und die Überzeichnung ausfällt, desto höher ist die Wahrscheinlichkeit eines hohen Underpricings und damit der individuelle persönliche Gewinn. Dies gilt zumindest, wenn das „winner´s curse"-Phänomen einer asymmetrischen Zuteilung außer Acht gelassen wird. Vgl. Rock (1986).

486 Die Hoffnung stellt keine primäre Emotion dar, sondern kann nach Izard als dyadische Kombination von Erregung und Freude zu einer sekundären Emotion aufgefasst werden. Vgl. Izard (1994), S. 66 Tabelle 3-1. In Anlehnung an Elster sehen Goldberg/ von Nitzsch die Hoffnung als eine der zentralen Emotionen. Vgl. Goldberg/ von Nitzsch (2002), S. 181.

zielen sie damit hohe (Buch-) Gewinne, so verwandelt sich die Hoffnung ob der realisierten Gewinne in die starke positive Emotion „Freude".
Konservative Anleger verspüren möglicherweise in der Zeit nach der Abgabe eines verbindlichen Zeichnungsauftrags und der Veröffentlichung wertmindernder Informationen wegen drohender Kursverluste die negative Emotion „Angst". Erweist sie sich als berechtigt, reagiert der Investor zornig oder zumindest enttäuscht. Die negative Emotion „Enttäuschung" tritt auch ein, wenn eine erfolgreiche Emission ausschließlich an andere Investoren zugeteilt wird.[487]
Ist im Vorfeld der Börseneinführung die erwartete Emissionsrendite nicht bekannt, oder handelt es sich um einen Investor, der aufgrund seiner Unerfahrenheit nicht über den vorbörslichen Kursverlauf informiert ist, wird er Unsicherheit bezüglich der zu erwartenden tatsächlichen Kursentwicklung empfinden. Stellt sich dann eine negative Kursentwicklung ein, ist der Investor erschrocken (starke negative Emotion), enttäuscht oder bedauert zumindest den finanziellen Verlust.[488] Selbst über die Graumarktkurse bestens informierte Investoren haben eine (Rest-) Unsicherheit, weil die tatsächliche Kursentwicklung von Unwägbarkeiten geprägt ist. Die Ausführungen zeigen, dass mit dem Börsengang Emotionen verbunden sind und somit im Sinne Müllers ein inneres emotionales Erlebnis ausgelöst wird.

Unterscheidung von der Alltagswirklichkeit[489]

Das Event bietet dem Teilnehmer ein Erlebnis, das sich von dessen alltäglichem Geschehen abgrenzt. Allerdings nimmt er daran nur temporär teil. Auch wenn es kein routinemäßiger Bestandteil des alltäglichen Geschehens ist, muss es dennoch in die Alltagsrealität des Teilnehmers transferierbar sein, d.h. es muss

487 Vgl. Goldberg/ von Nitzsch (2002), S. 181.

488 Das Bedauern wird von Goldberg/ von Nitzsch als negative Emotion eingeordnet. Vgl. Goldberg/ von Nitzsch (2002), S. 181.

489 Vgl. Nufer (2002), S. 16ff., Lasslop (2003), S. 17, Sistenich (1999), S. 62ff.

nachvollziehbar sein.[490] Wenn die Möglichkeit dazu nicht besteht, dann kann es auch kein *erlebbares* Ereignis sein.

Je länger, intensiver und größer die Differenz des Events zum alltäglichen Geschehen bzw. zu bereits zuvor gewonnenen Erfahrungen ausfällt, desto stärker ausgeprägt sind die Aktivierung und das Involvement. Allerdings darf die Differenz nicht zu groß ausfallen; sie ruft sonst Unverständnis hervor, woraus eine Entfremdung und ablehnende Haltung des Teilnehmers resultiert, die in Reaktanz gipfeln kann.[491] Für eine optimale Gestaltung der temporär wahrgenommenen Erlebniswelt bietet es sich an, im Vorfeld des Events die Alltagswirklichkeit von Personen der Zielgruppe zu eruieren, um Abweichungen davon besser dimensionieren zu können.

Der Börsengang stellt grundsätzlich als Ereignis an der Börse verschiedene Ergänzungen zur Alltagswirklichkeit dar. Der potentielle Investor kann beispielsweise die Beratung in der Bank über die Chancen und Risiken einer Zeichnung und das dafür einzusetzende Kapital wahrnehmen. Ein weiteres Beispiel ist die Berichterstattung verschiedener Medien, die von den potentiellen Investoren während des üblichen Tagesablaufs wahrgenommen wird. Darüber hinaus nutzen einige IPO-Unternehmen die Phase des Börsengangs dazu, um multimedial unterstützt das Unternehmen sowie dessen Produktpalette zu präsentieren.
Je weniger die Aktienkultur eines Landes ausgeprägt ist, desto größer ist die Anzahl der Personen, die nur wenig oder gar keine Erfahrung mit der Teilnahme an Börsengängen aufweisen. Gerade diesem Personenkreis muss der Übertrag in

---

490 Vgl. Nufer (2002), S. 17.

491 Unter Reaktanz werden (stark) ablehnende innere Prozesse als Reaktion auf einen missfälligen Reiz aufgefasst. Versteht eine Person eine ihr unbekannte Botschaft nicht, so ruft dies Verwunderung oder Überraschung hervor. Stößt die Botschaft jedoch auf Einstellungen oder Wissen der Person, die dieser entgegenstehen, so kann eine starke Verärgerung und Ablehnung o.ä. erfolgen. In der Gesamtheit der Reaktionen spricht man von Reaktanz. Als hypothetisches Beispiel kann der Versuch der Automobilmarke Rolls-Royce angesehen werden, mit seinen Luxusautomobilen über die Teilnahme an Autorennen ein sportliches Image aufzubauen. Vgl. Mayer/ Illmann (2000), S. 631ff., vgl. auch Kapitel 4.2.2.2.4.

ihre Alltagsrealität erleichtert werden. Dazu bieten sich verschiedene Maßnahmen an, z.B. das Bereitstellen von grundlegenden Erläuterungen zu Börsengängen. Sie sind jedoch nicht für jedes Unternehmen verpflichtend und werden in unterschiedlichem Ausmaß eingesetzt. Die Gegenüberstellung zweier sich diametral entgegengesetzt verhaltender Unternehmen hilft dies zu verdeutlichen: Ein kleines, unbekanntes Unternehmen entscheidet sich zu einem Börsengang, wählt dafür ein unbekanntes Nischensegment der Börse und eine kleine regionale Bank mit geringer Reputation aus und verzichtet auf erläuternde Informationen zum Ablauf des Börsengangs. Im Gegensatz dazu strebt ein großes, bekanntes Unternehmen (z.B. die Deutsche Telekom) die Aufnahme in den DAX an, wählt die Deutsche Bank als anerkannte Universalbank aus und informiert umfassend und leicht verständlich über das Unternehmen und den Ablauf des IPO. Der Übertrag in die Alltagswirklichkeit der potentiellen Investoren gelingt der Deutschen Telekom wesentlich besser als dem unbekannten Unternehmen, weil sie den Ablauf des Börsengangs nachvollziehen können und verstehen. Mit dem kleinen Unternehmen können sie hingegen „nichts anfangen", sodass ihnen die Teilnahme an dem Ereignis de facto verwehrt bleibt.

Zielgruppenorientierung[492]

Die angesprochene Einbindung in den Alltag der interessierten Personen ist nur möglich, wenn zuvor eine bestimmte Zielgruppe ausgewählt, abgegrenzt und charakterisiert wurde. Je stärker sie intern homogen und extern heterogen strukturiert ist, desto genauer approximiert die typisierte Person den tatsächlichen Rollenhaushalt[493] einzelner *Individuen* der Zielgruppe. Ein für einzelne Personen maßgeschneidertes (Informations-) Angebot während des IPO weckt wiederum das Interesse, sich aktiv an dem Event zu beteiligen. Die zielgruppenorientierte Gestaltung führt z.B. dazu, dass für die jugendlichen Teilnehmer des DFB-

---

492 Vgl. Nufer (2002), S. 16ff., Sistenich (1999), S. 62ff.

493 Der Rollenhaushalt einer Person besteht aus den reproduzierbaren Verhaltensweisen von Individuen bei typischen, sich wiederholenden Tätigkeiten oder Aufgaben.

adidas-Cup mit aktueller Musik, Lichteffekten sowie einem lockeren Regelwerk ein völlig anderer Eventrahmen geschaffen wird als bei einem Börsengang, bei dem eine penible Erfüllung sämtlicher Vorschriften die notwendige Grundlage für einen glaubwürdigen Börsengang schafft.

Die Auswahl der Zielgruppe beschränkt sich bei einem Börsengang auf den Kreis von Personen, die willens und in der Lage sind, an einem Börsengang teilzunehmen.[494] Die für ein bestimmtes Unternehmen geeignete Zielgruppe hängt zum einen von den Charakteristika des Unternehmens ab - z.B. der Branche, in der das Unternehmen tätig ist -, und zum anderen von der Börsenphase (Hot-issue-Phase vs. Cold-issue-Phase) in Verbindung mit der in dem Land herrschenden Aktienkultur. Alle Parameter beeinflussen wesentlich die Größe und Einstellung der Zielgruppe, auf die hin der Börsengang zu gestalten ist. Bei einer High-Tech-Branche wie dem Internet bringen ältere und konservativere Personen ein relativ geringeres Interesse auf als für eine traditionelle Branche wie der Telekommunikation. Am Neuen Markt gingen überwiegend Wachstumsunternehmen in High-Tech-Branchen an die Börse, an denen eher jüngere Investoren interessiert waren. Die Aktienkultur als relativ stabiler Parameter bestimmt ebenfalls die Größe der potentiellen Zielgruppe: In Großbritannien oder den USA sind weit mehr Personen der Börse gegenüber aufgeschlossen als in Deutschland. Die Börsenphase bedingt ein in Cold-issue-Phasen unterdurchschnittlich, in Hot-issue-Phasen überdurchschnittlich ausgeprägtes Interesse an der Börse. In einer Hot-issue-Phase ist die Einstellung zu Neuemissionen wesentlich positiver, teilweise sogar euphorisch.
Ignoriert das Unternehmen die Rahmenbedingungen und passt sich weder mit dem Zeitpunkt des Börsengangs (z.B. Cold-issue-Phase, Branchenzyklen), noch durch die Gestaltung (z.B. in einer Hot-issue-Phase Verzicht der Fokussierung auf die „equity story“[495]) der Zielgruppe an, wird nicht das volle Potential des Marketingevents ausgeschöpft.

---

494 Vgl. zu einer genauen Beschreibung von Zielgruppen Kapitel 4.2.3.1.3.

495 Die „equity story“ wird in Kapitel 4.2.3.1.4 als Bestandteil der Gestaltung des IPO ausführlich erläutert.

Einmaligkeit[496]

Da Events eigens inszeniert werden und im Gegensatz zu Sponsoring-Aktivitäten für das veranstaltende Unternehmen und die anvisierte Teilnehmergruppe maßgeschneidert werden können, zeigt sich ein Event regelmäßig als etwas Besonderes, wenn nicht sogar Einmaliges.[497] Aufgrund der Besonderheit und Einmaligkeit fehlt der Routinecharakter und verhindert eine unmotivierte und gleichgültige Teilnahme.[498]

Börsengänge sind im Vergleich zu anderen Marketingveranstaltungen selten: In Deutschland sind im Durchschnitt der letzten fünfzehn Jahre jährlich etwa 40 Unternehmen an die Börse gegangen.[499] Dabei weist jedes Unternehmen aufgrund der jeweiligen Branche, Größe, Unternehmenskultur, Produktpalette, des Lebenszyklusstadiums etc. eine völlige Eigenständigkeit auf. Selbst Spin-offs eines Konzerns (z.B. Infineon als ehemaliges Tochterunternehmen der Siemens AG) erhalten durch den Börsengang neben dem eigenständigen operativen Geschäft und der separierten Organisationsstruktur eine eigene Firma. Hinzu kommt die individuelle Gestaltung des IPO-Prozesses, insbesondere hinsichtlich der zeitlichen Ausdehnung und der beteiligten Partner.
In Hot-issue-Phasen, die von wenigen Branchen getragen werden,[500] streben vorübergehend viele Unternehmen der gleichen Branche an die Börse. Gerade in einer solchen Situation kann das IPO für das eigene Unternehmen nur dann als Börsenevent eingesetzt werden, wenn durch die Gestaltung in der Außenwahrnehmung eine Abgrenzung von ähnlichen Unternehmen erreicht werden kann.[501]

---

496 Vgl. Nufer (2002), S. 16f.

497 Vgl. Nufer (2002), Bruhn (1997).

498 Auch wenn es den Teilnehmern nicht immer bewusst ist, führt dies in vielen Fällen zur emotionalen Involvierung.

499 Vgl. Kapitel 2.1, in den USA fanden im Vergleich dazu ca. 300 IPOs statt.

500 Vgl. Kapitel 3.1.1 und 3.1.3, sowie insbesondere Ritter (1984).

501 Dies kann etwa durch die Präsentationsform des Unternehmens mit der eingesetzten Symbolik und Semantik oder durch die inhaltliche Betonung einer Einzelstellung bzgl. der Markt-, Preis- oder Qualitätsführerschaft erreicht werden.

Unternehmens- und Produktpräsentation ohne Verkaufscharakter[502]

Mit einem Event werden direkt[503] oder indirekt[504] das Unternehmen, Unternehmensbereiche (bzw. strategische Geschäftseinheiten, SGE), Produkte oder Marken präsentiert, ohne dass eine unmittelbare Verkaufsabsicht vorliegt.[505] Für das Unternehmen bietet sich die Chance, ohne die bei offensichtlichen Verkaufsveranstaltungen oft herrschende Gefahr der Abwehrhaltung bei den Konsumenten, ein (aus Marketinggründen) gewünschtes Erscheinungsbild (Image) zu präsentieren.[506]

Oftmals wird die Produktpalette an der Börse und während der Road-show zum Börsengang präsentiert,[507] damit sich die wichtigsten Multiplikatoren des Börsengangs ein Bild von der Leistungsfähigkeit des Unternehmens und der Vielfalt der Produktpalette machen können.[508] Eine Verkaufsabsicht für die Produkte wird damit jedoch explizit nicht verfolgt.

Die Darstellung der Produkte und Marken eignet sich für einige Unternehmen gar nicht, für andere wiederum besonders gut. Grundsätzlich eignen sich Branchen, die Konsumgüter bzw. Produkte für den Endverbraucher („business-to-customer", B2C) herstellen, besser als andere, das eigene Unternehmen und die Produkte dem Teilnehmer zu präsentieren.

Die web.de AG ist als klassisches B2C-Unternehmen prädestiniert, mit dem IPO die eigene Produktpalette zu präsentieren. Web.de offeriert den Kunden mit

---

[502] Vgl. Nufer (2002), S. 17f., Lasslop (2003), S. 17, Sistenich (1999), S. 62ff.

[503] Dies kann z.B. bei einem Event zum Anlass einer neuen Werksgründung durchgeführt werden.

[504] Als Beispiel kann dafür der DFB-adidas-Cup herangezogen werden, wo die Produkte und die Unternehmensmarke dem sportlichen Ereignis untergeordnet sind.

[505] Einige Autoren sprechen an dieser Stelle von dem abzubildenden Mehrwert der Marke oder schlicht vom „Mythos der Marke", vgl. Nufer (2002), S. 16 FN 42.

[506] Durch den Börsengang wird ein Teil des Unternehmens „verkauft", indem die Eigenkapitalanteile zum Kauf angeboten werden. Dies betrifft jedoch nicht das operative Geschäft, sondern stellt den Rahmen des Börsengangs dar.

[507] Zur Road-show vergleiche die Ausführungen in Kapitel 2.1.

[508] Zu der Funktion der Multiplikatoren vgl. Kapitel 5.2.

„freemail" ein weitverbreitetes (im Jahr 2005: 12 Mio. Nutzer) E-Mail-Programm, welches für praktisch jeden Nutzer leicht verständlich ist und unmittelbar eingesetzt werden kann.[509] Die web.de AG hat dies im Zuge des Börsengangs beispielsweise für eine virtuelle Tour auf der Homepage genutzt, bei der alle wichtigen Produkte dargestellt und erlebbar gemacht wurden. Für die Teilnehmer am Affinity-Programm, denen eine bevorrechtigte Zuteilung von Aktien und damit ein finanzieller Vorteil zugesichert wurde, war die Teilnahme daran quasi verpflichtend.[510]

Völlig ungeeignet ist hingegen beispielsweise die Holdinggesellschaft Indus Holding AG, da sie keine Produkte verkauft, sondern lediglich die an die eigenen Tochtergesellschaften gerichtete Dienstleistung der effizienten Beschaffung von Finanzierungsmitteln erbringt.

Es besteht folglich nicht für jedes IPO-Unternehmen die Möglichkeit, seine Produkte bei dem Börsengang potentiellen Käufern zu präsentieren. Gerade dieses Eventmarketing-Charakteristikum erlaubt es, die Unternehmen danach zu differenzieren, ob sie das IPO als Börsenevent instrumentalisieren können oder nicht.

4.2.2.2.4 Eventmarketing-Integration[511]

Ein Event wird erst dann zu einem Marketingevent im Sinne eines vom veranstaltenden Unternehmen einsetzbaren Marketing-Instruments, wenn es den Marketing- bzw. Unternehmenszielen dient. Dies ist nur dann der Fall, wenn es in das Eventmarketing und damit in die (strategische) Unternehmenskommunikati-

---

[509] Als notwendige Voraussetzung muss die Produktpalette in dem Land des Börsengangs angeboten werden. Um diese für den Fall eines hohen Umsatzanteils in einem bestimmten ausländischen Markt sicherzustellen, lassen sich einige Unternehmen nicht an der heimischen, sondern derjenigen ausländischen Börse listen, in dessen Land der Hauptabsatzmarkt liegt. Vgl. dazu Blass/ Yafeh (2000). Sie analysieren israelische Unternehmen, die sich am amerikanischen Hauptabsatzmarkt listen lassen.

[510] Das damit erworbene Wissen wurde in einigen Fragen anschließend abgeprüft.

[511] Vgl. Nufer (2002), S. 16ff., Lasslop (2003), S. 17, Sistenich (1999), S. 62ff.

on eingebunden ist. Hierunter versteht man die Integration in die symbolischen Markenwelt des Unternehmens sowie eine inhaltliche Integration.

Integration der symbolischen Markenwelt[512]

Die mit einem Marketing-Event verfolgten Kommunikationswirkungen sind nur dann zu erreichen, wenn die Gestaltung des Events im Einklang mit dem bereits durch andere Marketinginstrumente, beispielsweise der klassischen Werbung, vorgegebenen Rahmen steht. Damit ist nicht gemeint, dass das Event nur genau das wiedergeben darf, was bereits in der klassischen Werbung kommuniziert wurde. Vielmehr dürfen dem Konsumenten geläufige Logos, Schriftzüge oder Formen der Darstellung[513] nicht zu stark entfremdet werden, sonst droht von Seiten der Teilnehmer Reaktanz.
Eine solche Reaktanz entsteht, wenn es eine Diskrepanz zwischen der Botschaft und der Erwartungshaltung des Empfängers gibt, die mindestens zu Verwirrung oder sogar zu einer Abwehrhaltung führt. Dadurch wird die beabsichtigte Wirkung nicht nur verhindert, sondern konterkariert. Die Ursache kann beispielsweise in einer falschen Abstimmung der Semantik oder der Inhalte begründet liegen.[514]

---

[512] Vgl. Nufer (2002), S. 16ff., Lasslop (2003), S. 17, Sistenich (1999), S. 62ff.

[513] Hier seien bspw. die magentafarbenen Schriftzüge und (virtuellen) Personen beim Telekom-IPO oder die Verwendung der Unternehmensfarbe gelb beim Post-IPO erwähnt.

[514] Tritt die Reaktanz einzelfallbezogen auf - beispielsweise in einem persönlichen Gespräch mit einem Investor durch unpassende Sprachmuster -, dann ist es durch schnelles Beheben der Ursachen möglich, die Reaktanz zu überwinden. Ist die Reaktanz jedoch systematisch bedingt, weil z.B. die Eventinhalte nicht mit den Erwartungen der Zielgruppe korrespondieren, so ist es wahrscheinlich, dass sich die ablehnende Haltung verfestigt. Vgl. z.B. Sistenich (1999), S. 65.

Inhaltliche Integration[515]

Im Rückgriff auf das Charakteristikum der Eigeninitiierung und -organisation formuliert Sistenich treffend, dass Events „organisatorisch selbständig, jedoch inhaltlich gebunden"[516] sind. Die inhaltliche Einordnung der durch das Event vermittelten Marketingbotschaft in den durch die strategische Marketingpositionierung und die operative Umsetzung durch andere (klassische) Marketinginstrumente vorgegebenen Rahmen stellt sicher, dass der Teilnehmer sein vorhandenes Bild des Unternehmens durch die neuen, selbst erlebten Erkenntnisse ergänzen und modifizieren kann bzw. sich ein neues Bild aufbaut, das den Kommunikationszielen entspricht. Somit „sollte die inhaltliche Konzeption an die bereits erfolgte Positionierung der Marke oder des Unternehmens angebunden werden."[517]

Davon hängt letztlich auch die Effektivität der beabsichtigten Imageveränderung ab: Ernst U. von Weizsäcker verweist darauf, dass dieser eine zu große inhaltliche Nähe ebenso abträglich ist wie eine zu große Distanz.[518]

Ausgangspunkt der IPO-Gestaltung ist folglich die Analyse des vorhandenen Images und die Ableitung des angestrebten Images aus den Marketing-Zielen.[519]

Ein Börsengang lässt sich grundsätzlich problemlos inhaltlich in die Kommunikationsstrategie einbinden, da sich die gesetzlichen und reglementarischen Vorschriften des Börsengangs im Wesentlichen auf finanzwirtschaftliche Aspekte

---

515 Vgl. Nufer (2002), S. 18, Sistenich (1999), S. 62ff.

516 Sistenich (1999), S. 66.

517 Sistenich (1999), S. 66. Es ist jedoch Sistenich in seiner ablehnenden Beurteilung der Forderung Nickels zuzustimmen. Nickel postuliert, dass die Schaffung einer absoluten Eigenständigkeit des Events einer inhaltlichen Nähe zur sonstigen Kommunikationsstrategie völlig unterzuordnen sei. Selbstverständlich sollte sichergestellt werden, dass das Event etwas Besonderes ist, das sich von der Konkurrenz abgrenzt, allerdings nicht um den Preis des Widerspruchs zur Kommunikationsstrategie. Im Zweifel ist der ausgewählte Eventtyp zumindest in der geplanten Form und zu dem anvisierten Zeitpunkt nicht zur Durchsetzung der Kommunikationsziele geeignet.

518 Vgl. Ernst U. von Weizsäcker (1974), zitiert in: Lasslop (2003), S. 98.

519 Vgl. Sistenich (1999), S. 63.

beschränken. Allerdings ist als ein Eckpfeiler der seriöse Rahmen der Börse vorgegeben. In der Wahrnehmung der Eventteilnehmer darf die Seriosität der Börse und der Finanzwelt nicht durch vom Unternehmen initiierte Maßnahmen konterkariert werden. Im Gegenteil besteht für die Unternehmen die Chance, eben diese Seriosität und Vertrauenswürdigkeit für die angestrebten Imagewirkungen zu nutzen. Die Verbindung des durch die Kommunikationsstrategie vorgegebenen Markenbilds mit dem Börsengang ist ebenfalls grundsätzlich unproblematisch, d.h. dass sich die symbolische Markenwelt gut in den Rahmen des Börsengangs einbetten lässt.

Eine ganzheitliche Integration in die Marketing- und Kommunikationsstrategie ist jedem Unternehmen grundsätzlich möglich, wenngleich es sich nur für einige Unternehmen als sinnvoll erweist. Die tatsächliche Umsetzung mit dem Börsengang stellt somit den Lackmustest für das Bestreben des Unternehmens dar, das IPO als Börsenevent zu instrumentalisieren. Die Entscheidung für einen Börsengang sorgt dafür, dass die beim Börsengang verwandte Symbolik vom Teilnehmer mit der IPO-unabhängigen Außendarstellung in Verbindung gebracht wird und die Inhalte eine Glaubwürdigkeit fördernde Nähe (nicht zwangsläufig Identität) zum Unternehmens- und Produktimage aufweisen.[520]

4.2.2.3 Ausgewählte IPOs als Börsenevent

Zusammenfassend kann festgehalten werden, dass Börsengänge grundsätzlich sämtliche Charakteristika erfüllen können. Sie lassen sich somit als Börsenevent bezeichnen. Aus Sicht des Eventmarketing präziser eingeordnet handelt es sich einer an Lasslop angelehnten dreidimensionalen[521] Eventtypisierung[522] zufolge

---

520 Beispielsweise können billige und als objektiv minderwertig getestete Produkte nicht glaubhaft als qualitative Marktführer präsentiert werden.

521 Es werden die Dimensionen Adressaten, Kommunikationsinhalte und räumliche Nähe unterschieden. Das Event kann sich primär an externe oder interne Adressaten richten. Bezüglich der Kommunikationsinhalte lassen sich überwiegend emotional gestaltete (z.B. die Coca-Cola Weihnachtstrucks) von informationslastigen (kognitiven) Events (z.B. Hauptversammlungen) abgrenzen. Die Dimension der räumlichen Nähe greift die durch

um ein „virtuelles externes Infoevent".[523] Gerade die damit angesprochene technisch und medial unterstützte Kommunikation mit unternehmensfremden Personenkreisen wird im Rahmen der konzeptionellen Ausführungen von Bedeutung sein.

Gleichwohl muss aufgrund der ausgeprägten Heterogenität der IPO-Unternehmen konstatiert werden, dass einige Unternehmen mindestens ein Charakteristikum nicht erfüllen und demzufolge deren IPOs nicht als Börsenevent geeignet sind. Welche Unternehmen dies konkret betrifft, ist letztlich in jedem Einzelfall separat zu beurteilen. Die vorangegangenen Ausführungen liefern gleichwohl Anhaltspunkte, welche Unternehmen(stypen) unter welchen Rahmenbedingungen grundsätzlich nicht geeignet sind. Dazu zählen zunächst Spin-off-IPOs, denen von der (ehemaligen) Muttergesellschaft kein gänzlich eigenständiger Planungsprozess zugestanden wird. In einigen Hot-issue-Phasen streben überdurchschnittlich viele Unternehmen derselben Branche in sehr kurzen Zeitabständen - z.T. mehrere Unternehmen pro Tag - an die Börse, die dann kaum mehr separat wahrgenommen werden, sodass das Charakteristikum der Besonderheit des Börsenevents nicht erfüllt wird. Des Weiteren darf keine zu

---

den technischen Fortschritt ermöglichte Entwicklung der virtuellen Events auf. Klassische Events sind an den direkten physischen Kontakt zwischen Eventveranstalter und Teilnehmer gebunden. An virtuellen Events hingegen können die Teilnehmer durch technische Hilfsmittel (z.B. Internet) unterstützt teilnehmen, ohne an eine gemeinsame Räumlichkeit gebunden zu sein. Zu den ersten beiden Dimensionen vgl. Lasslop (2003), S. 20ff., zu virtuellen Events vgl. Nufer (2002), S. 315f.

522 In Praktikerveröffentlichungen vorgeschlagene Typologisierungen sind weder vollständig noch eindeutig, aber auch einige wissenschaftliche Typologisierungen sind nicht trennscharf. Vgl. Erber (2000), S. 23ff., Bruhn (1997), S. 780. Zu einer abschließenden Kritik siehe Lasslop (2003), S. 18ff.

523 Das Börsenevent IPO richtet sich überwiegend an unternehmensexterne Personen. Mit ihm wird im Gegensatz zu einem reinen Fun-Event eine (sachliche) Informationsvermittlung angestrebt. Darüber hinaus werden vielfältige technische Hilfsmittel der Kommunikation eingesetzt, sodass von einem virtuellen Event gesprochen werden kann. Technische Fortschritte in der Kommunikationstechnik haben die Börsengänge vom „Parkett" verbannt, sodass sie mittlerweile fast ausschließlich über Computer abgewickelt werden. Der Investor kann zwar auch persönlich durch ein Beratungsgespräch bei einer Konsortialbank Informationen einholen, der überwiegende Teil der Informationen wird hingegen über die Medien oder das Internet vermittelt. Zu virtuellen Events vgl. Nufer (2002), S. 315f.

große Diskrepanz zwischen den Erfahrungen der (potentiellen) Teilnehmer und dem Event existieren, da ansonsten eine ablehnende Haltung dem Event gegenüber eingenommen wird. Je stärker die Aktienkultur eines Landes ausgeprägt ist, desto geringer ist die Gefahr bzw. umso weniger Personen sind davon betroffen, dem Event befremdet gegenüber zu stehen. Die Aktienkultur und insbesondere die Branche des Unternehmens und die Börsenphase determinieren die mögliche Zielgruppe des Börsenevents. In einer ausgeprägten Cold-issue-Phase und einer nicht im öffentlichen Interesse stehenden Branche[524] ist keine hinreichend große Zielgruppe für ein virtuelles externes Börsenevent vorhanden. Besonders stark ausgeprägt ist das Interesse beispielsweise in der letzten Hot-issue-Phase Ende der 1990er Jahre in Bezug auf High-Tech- und Internet-Unternehmen gewesen.[525] Bei einigen Branchen ist es darüber hinaus unmöglich oder zumindest erschwert, das Charakteristikum der Unternehmens- und Produktpräsentation ohne Verkaufscharakter zu erfüllen. Dazu gehören beispielsweise Biotech-Unternehmen, die hochkomplexe Forschungsleistungen erbringen, oder „Gemischtwarenläden" in Form von Holdinggesellschaften, die Anteile an Unternehmen verschiedenster Branchen halten. Die Produktpalette bei B2B-Unternehmen spricht nur einen kleinen Personenkreis, nicht jedoch die gesamte Zielgruppe an. Besonders gut eignet sich die Unternehmens- und Produktpräsentation hingegen für B2C-Unternehmen bzw. Anbieter von Konsumgütern. Als Beispiel kann auf die Internetbranche verwiesen werden, die leicht verständliche Produkte - z.B. E-Mail-Dienste - anbieten, die von der gesamten Zielgruppe genutzt werden können. Grundsätzlich gilt, dass das Börsenevent für ein Unternehmen umso geeigneter ist, je größer der (potentielle) Kundenkreis ausfällt.

Für die bislang genannten Rahmenbedingungen gilt, dass sie für das Unternehmen exogen vorgegebene Größen darstellen. Andere Faktoren vermag das Unternehmen hingegen selbst zu beeinflussen. Dazu gehört in erster Linie das In-

---

[524] Das Interesse an einer bestimmten Branche ist starken Schwankungen unterworfen. Neben rationalen Gründen wie einer hohen Profitabilität spielen gerade irrational begründete Vorlieben eine Rolle, welche Branche attraktiv erscheint.

[525] Vgl. dazu die Ausführungen von Ofek/ Richardson (2003) über den Aufstieg und Fall der Kurse von Internetaktien.

teraktionsangebot, welches den Teilnehmern des Börsenevents gemacht wird. Von einigen Unternehmen wird bewusst darauf verzichtet, Informationsmöglichkeiten zu schaffen, die über das gesetzlich geforderte Mindestmaß hinausreichen. Dies betrifft Unternehmen, die ausschließlich das Finanzierungsmotiv verfolgen. Des Weiteren muss das Unternehmen dafür sorgen, dass mit der inhaltlichen Integration und der Integration in die symbolische Markenwelt die Einbindung in den spezifischen Unternehmenskontext gewährleistet wird. Nur so können mit dem Börsenevent zielorientierte Marketingwirkungen erreicht werden. Sind die endogenen und exogenen Faktoren dergestalt ausgeprägt, dass die einzelnen Charakteristika als erfüllt gelten können, kann gemäß der Auffassung dieser Arbeit von einem Börsenevent gesprochen werden.

Es sei darauf hingewiesen, dass grundsätzlich bei jedem IPO-Unternehmen - auch solchen, deren Börsengang nicht als Börsenevent klassifiziert wird - Informationen öffentlich verbreitet werden, die jedoch nicht zu zielorientierten Marketingwirkungen führen. Für die Verbreitung sorgt insbesondere die fremdinitiierte Kommunikation (z.B. durch Massenmedien oder Analysten). Es kommt bei einigen „Nicht-Börsenevent"-Unternehmen zwar zu einer Informationswirkung in dem Sinne, dass an dem Börsengang unmittelbar oder mittelbar Beteiligte Informationen über das Unternehmen erhalten. Diese Informationswirkung transformiert sich jedoch nicht in eine den Zielsetzungen des Unternehmens dienliche Marketingwirkung, weil die publizierten Informationen nicht zu einer Verbesserung des operativen Geschäfts führen. Dies gilt beispielsweise für Unternehmen, deren operative Tätigkeit ausschließlich in der effizienten Kapitalbeschaffung für Tochteruntenehmen oder in Forschung und Entwicklung besteht. Das ist z.B. bei Holdinggesellschaften (z.B. Indus Holding) bzw. Biotech-Unternehmen der Fall.

Wenngleich es pauschal schwierig ist, jeden einzelnen Börsengang exakt zu klassifizieren, soll im Folgenden zumindest eine grobe Unterscheidung der Unternehmen in drei Gruppen erfolgen. Wie die vorangegangenen Ausführungen gezeigt haben, muss hinsichtlich der endogenen Faktoren vom Unternehmen die

Bereitschaft gegeben sein, diese aktiv auf das Börsenevent hin zu gestalten. Ist diese Bereitschaft nicht gegeben, kann nicht von einem Börsenevent gesprochen werden. Als Indikator für die Bereitschaft kann z.B. das Motiv des Unternehmens herangezogen werden. Unternehmen, die als (Primär- oder Sekundär-) Motiv die Steigerung der Bekanntheit und des Images angeben, haben ein Eigeninteresse daran, die Charakteristika durch entsprechende Maßnahmen, z.B. ein Interaktionsangebot und die Integration in das Unternehmensmarketing, zu erfüllen.

Die Unternehmen, die ausschließlich finanzmarktorientierte Motive verfolgen, vollziehen hingegen einen „normalen“ Börsengang (Typ I-Unternehmen). Für sie zählt eine Imageverbesserung weder zu den primären noch den sekundären Zielen. Den Ergebnissen der Befragungen von Unternehmen zufolge, welches die Motive ihres Börsengangs waren, antwortete ca. ein Drittel der Unternehmen, dass sie mit dem IPO *kein* Marketingmotiv verfolgen.[526] Als Beispiel sei auf die Holdinggesellschaft Indus Holding AG hingewiesen, die als Hauptaufgabe die effiziente Bereitstellung von Risikokapital für ihre Tochtergesellschaften sieht. Für sie stellt der Börsengang somit kein Marketingevent dar, und die Marketingwirkungen werden bestenfalls unkoordiniert anfallen. Dieses Drittel an Typ I-Unternehmen der gesamten IPO-Unternehmen wird in den folgenden Kapiteln nicht weiter berücksichtigt.

Eine zweite Gruppe von Unternehmen verfolgt ebenfalls als primäres Ziel, Kapital zu beschaffen. Sie nutzt jedoch als Sekundärmotiv die Publizitätseffekte, die mit dem Börsengang verbunden sind (Typ II-Unternehmen). Die Unternehmen erfüllen prinzipiell sämtliche Eventmarketing-Charakteristika und stehen vor der großen Herausforderung, beide Zielsetzungen gleichermaßen erfüllen zu müssen. Zwischen den beiden Zielsetzungen bestehen vielfältige Interdependenzen,

[526] Vgl. dazu die Ergebnisse der empirischen Studien, die in Kapitel 3.3 erläutert wurden. Es sei darauf hingewiesen, dass anhand dieser empirischen Studien keineswegs exakt spezifiziert werden kann, bei welchen Unternehmen tatsächlich Marketingwirkungen relevant sind. Da jedoch empirische Ergebnisse zu den tatsächlichen Marketingwirkungen fehlen, werden die Studien quasi als „second-best“ verwendet.

die eine einfache Entscheidungsfindung erschweren. Gerade für diese Gruppe der Unternehmen ist es erfolgsentscheidend, sowohl die Auswirkungen des Börsengangs am Kapitalmarkt als auch am Gütermarkt umfassend zu kennen, um zielorientiert optimale Entscheidungen treffen zu können. Typ II-Unternehmen machen den größten Teil der IPO-Unternehmen aus, legt man die bereits erwähnten Studien über die Motive der IPO-Unternehmen zugrunde. Demnach liegt ihr Anteil bei ca. der Hälfte aller IPO-Unternehmen.[527] Er schwankt jedoch mit der jeweiligen Börsenphase, wobei in Hot-issue-Phasen der Anteil etwas größer und in Cold-issue-Phasen etwas niedriger ausfällt.

Die letzte Gruppe von Unternehmen verfolgt als Primärziel, Marketingwirkungen durch den Börsengang zu nutzen, und richtet den IPO-Prozess entsprechend ganzheitlich darauf aus (Typ III-Unternehmen). In fast allen Fällen existiert als sekundäres Ziel das Erlösen von Finanzmitteln, in einigen Fällen werden die Aktien jedoch bewusst mit einem hohen Underpricing von mehr als fünfzig Prozent[528] oder sogar völlig kostenlos[529] an die Investoren abgegeben. Typ III-Unternehmen profitieren in besonderem Maße von dem Börsenevent IPO. Sie entstammen zumeist der B2C-Branche und bieten Produkte oder Marken an, die sich einer breiten Käuferschicht erschließen, was in letzter Zeit insbesondere auf

527 Dies ermittelt sich aus dem Anteil der Unternehmen, die das Marketingmotiv explizit als relevant angegeben haben (ca. zwei Drittel), und den damit ebenfalls eingeschlossenen Typ III-Unternehmen, deren Anteil jedoch gering ist.

528 Im Zeitraum von 1997 bis Ende 2000 verzeichneten in Deutschland über 30% aller IPOs ein Underpricing von über 50% und über 18% ein Underpricing von mehr als 100%.

529 Im Vorfeld eines Börsengangs wurden Aktien z.B. von Web Equity Capital Co und FreeBanCo im Internet kostenlos angeboten. Da es den Vorschriften für einen Börsengang zuwiderläuft, Aktien kostenlos zu „verkaufen", wurde von den Unternehmen im Vorfeld des IPO ein Substitut von Aktien verwendet. Im Fall von FreeBanCo handelte es sich um sogenannte „credits", wie das folgende Exzerpt verdeutlicht. „Net users can register for up to 500 free stock credits at FreeBanCo's Web site. They will also receive three free stock credits for each person they refer. The company [FreeBanCo] says: 'Being basically an Internet advertisement site, our chief interests are in the area of attracting people to our site. How can we generate the Web traffic we need to do this? Simple. We give a large portion of the company to the public. Many companies are doing the same thing, often using deceptive tactics in the process. We decided to be up-front with the public.'" (o.V. (Sydney Morning Herald) (1999), S. 11).

B2C-Internetunternehmen zutraf. Dadurch haben sie es grundsätzlich „leichter, weil es eine Schnittmenge zwischen potentiellen Investoren und Endverbrauchern gibt."[530] Außerdem nutzen sie Zeiten einer positiven Börsenphase und einer ausgeprägten Aktienkultur. Sie profitieren letztlich am meisten von der Verknüpfung zwischen Finanz- und Realgütermarkt. Eine exakte Quantifizierung der Typ III-Unternehmen scheitert an den mangelnden empirischen Daten, allerdings kann festgestellt werden, dass der Anteil der oben angesprochenen Subgruppe der B2C-Internetunternehmen bezogen auf die gesamte Periode von 1990 bis 2000 ca. fünf Prozent aller IPOs ausmachte.[531] Dabei muss jedoch berücksichtigt werden, dass ihr Anteil an allen IPO-Unternehmen entscheidend von der jeweiligen Börsenphase abhängt, sodass er während der letzten Hot-issue-Phase Ende der 1990er Jahre relativ hoch und während der Cold-issue-Phasen sehr niedrig ausfiel.

Die folgenden Ausführungen sind für all jene Unternehmen relevant, die aufgrund der Erfüllung der Eventcharakteristika ein Börsenevent veranstalten bzw. den Börsengang als Marketinginstrument gezielt einsetzen. Stellvertretend für die Unternehmen der zweiten und dritten Gruppe werden die Deutsche Telekom bzw. die web.de AG als durchgängiges Beispiel verwendet.

Mit der Klassifikation eines IPO als Börsenevent gehen verschiedene Konsequenzen einher. Zunächst lassen sich Erkenntnisse über die Planung und den Ablauf des Eventmarketing auf den Börsengang übertragen, worauf die nachfolgenden Ausführungen eingehen. Des Weiteren kann die Analyse der Marketingwirkungen grundsätzlich auf bereits existierende Ansätze einer Wirkungsanalyse bei Marketingevents zurückgreifen. Dies wird bei der Ableitung eines geeigneten Modellrahmens in den Ausführungen des Kapitels 6.1 von Nutzen sein. Schließlich folgt aus der Klassifikation als (virtuelles externes Info-) Event, dass z.B. ein hohes Involvement und das Auftreten von Emotionen bei den Teil-

---

530 Schönborn/ Tschugg (2002), S. 7.

531 Vgl. Demers/ Lewellen (2003), S. 420.

nehmern vorausgesetzt werden kann. Auf diese wird hinsichtlich der konkreten Ausgestaltung des Wirkungsmodells zurückgegriffen.[532]

4.2.3 Bestandteile des Börsenevents IPO

Events grenzen sich durch ihre Einmaligkeit von anderen (klassischen) Marketinginstrumenten ab.[533] Dies trifft auf das Börsenevent IPO in besonderer Weise zu, da es nur *ein* Mal in der Firmengeschichte stattfindet. Den mangelnden Erfahrungswerten und der Bedeutung für die Zukunft der Firma zufolge bedarf gerade das IPO einer fundierten, insbesondere strategische Aspekte berücksichtigenden Planung. Deswegen werden im Folgenden zentrale, IPO-relevante Aspekte der Planung vorgestellt. Wie schon im vorigen Kapitel angedeutet wurde, sind neben den aus finanzwirtschaftlicher Sicht verpflichtenden Planungsaspekten des IPO-Prozesses, die in Kapitel 2.1 erläutert wurden, vielfältige freiwillige Maßnahmen notwendig, um die mit dem Börsenevent IPO angestrebten Marketingziele optimal erreichen zu können.[534] Mit den nachfolgenden Ausführungen wird bezweckt, einen strukturierten Einblick in die zur Erzielung von Marketingwirkungen sinnvollen bzw. notwendigen Maßnahmen zu geben. Entspre-

---

532 Das Eventmarketing liefert neben den (Ausprägungen von) Determinanten (z.B. ein starkes Involvement der Teilnehmer) auch Erkenntnisse über zentrale Beeinflussungsparameter der Zielgrößen des Modells (z.B. die Einstellung zum Event), auf die jedoch erst zu einem späteren Zeitpunkt eingegangen wird. Vgl. dazu Kapitel 6.

533 Vgl. die Ausführungen zu den Eventcharakteristika in Kapitel 4.2.2.2.

534 In der überwiegend praxisorientierten Literatur zum Eventmarketing existieren bis dato nur wenige Ansätze einer umfassenden Darstellung des Planungsprozesses bzw. der Ablaufstruktur (Ausnahmen sind z.B. Hosang (2002), S. 39ff, sowie insbesondere Nufer (2002) S. 41ff.). In der Praxis sowie in vielen pseudo-wissenschaftlichen Veröffentlichungen wird die entscheidende Bedeutung des Planungsprozesses für die erfolgreiche Durchführung des Events herausgestellt, jedoch geht die Darstellung nicht über eine Analyse zumeist operativer Elemente hinaus. Erwähnt werden Aspekte wie die Budgetierung, die Räumlichkeiten, in denen das Event stattfinden soll, und die Wichtigkeit der Koordination aller Beteiligten. Vgl. dazu z.B. Hosang (2002), S. 39ff. Ein weiterer Schwachpunkt der jeweiligen Veröffentlichungen liegt in der (impliziten) Beschränkung auf nur einen bestimmten Eventtyp, sodass ihnen die reklamierte generelle Gültigkeit für Events in den meisten Fällen abgesprochen werden muss.

chend der Zielsetzung der vorliegenden Arbeit wird darauf verzichtet, ein praxisnahes Handlungskonzept vorzuschlagen oder normative Vorgaben abzuleiten.

Die Ausführungen fußen auf dem Grundschema des Planungsprozesses und ausgewählten Aspekten der Eventplanung.[535] Die Planungen zur Durchführung beginnen direkt nach der positiven Entscheidung über die Durchführung des Börsengangs.

4.2.3.1 Elemente der IPO-Planung

4.2.3.1.1 Situationsanalyse

Jedwede Planung beginnt sinnvollerweise mit einer fundierten Situationsanalyse der internen und externen Gegebenheiten, damit eine optimale Einbettung in die vorherrschenden Rahmenbedingungen vorgenommen werden kann. Welche Aspekte der internen und externen Situation für die jeweilige Planung relevant sind, hängt hingegen vom Planungsobjekt, im vorliegenden Fall vom Börsenevent IPO, ab.

Die **endogenen Situationsfaktoren** der Unternehmensphilosophie, Unternehmenskultur sowie der Corporate Identity stellen für alle Aktivitäten des Unternehmens den Ausgangspunkt dar.[536]
An oberster Stelle steht die Unternehmensphilosophie. Sie umfasst das grundlegende Selbstverständnis des Unternehmens und legt gleichsam die Basis für die Unternehmenskultur, die Unternehmensstrategie und das Erscheinungsbild Dritten gegenüber.[537] Eng mit der Unternehmensphilosophie verbunden ist die Unternehmenskultur. Sie umfasst alle Werte und Normen, auf die sich der soziale Organismus Unternehmung beruft. Daraus folgt die Unternehmensstrategie als

[535] Vgl. dazu und im Folgenden Nufer (2002), S. 41ff, auch Hosang (2002), S. 39ff.
[536] Vgl. Stephan (2000), S. 40.
[537] Vgl. Nufer (2002), S. 43.

erste explizit konstruierte Ausprägung der abstrakten Werte des Unternehmens. Sie wird von den Entscheidungsträgern bestimmt und formuliert.

Die Unternehmensphilosophie, -kultur und -strategie spielen bei (Börsen-) Events gerade im Vergleich zu anderen Planungsobjekten eine wichtige Rolle.[538] Die Bedeutung ergibt sich zunächst daraus, dass beim Börsengang das gesamte Unternehmen im Fokus des öffentlichen Interesses steht. Eine genaue Kenntnis und Analyse der eigenen Unternehmenskultur ist somit unabdingbar, damit das Unternehmen bei der Darstellung des Unternehmens während des Börsenevents Dissonanzen zu der von außen wahrgenommenen Unternehmensrealität vermeidet.[539] Das Bild des Unternehmens in der Öffentlichkeit hat sich oftmals über Jahre entwickelt,[540] sodass es für die Gestaltung weiterer Maßnahmen im Rahmen der Kommunikationspolitik essentiell ist, die Außendarstellung zu kennen und adäquat zu berücksichtigen. Außerdem können infolgedessen (bislang vernachlässigte) positive innere Werte für Dritte sichtbar gemacht werden und damit ein positiver Einfluss auf das Image erzielt werden.[541] Fußt eine Unternehmung beispielsweise auf Traditionen, führt, erstrebt und pflegt dauerhafte und

---

538 Wird hingegen eine Produktprobe ausgeteilt, um als Beispiel ein dem Eventmarketing in bestimmten Aspekten ähnliches Marketinginstrument heranzuziehen, so bekommt der Konsument lediglich einen direkten Eindruck von dem Produkt. Dieser Erfahrungswert spielt zwar für das Marketing eine wichtige Rolle und hilft dabei, beim Kunden ein bestimmtes Bild des Produktes zu vermitteln bzw. stärker zu verankern, jedoch geht die Erfahrung nicht über das Produkt hinaus. Welcher Unternehmensteilbereich oder welches Unternehmen dieses Produkt anbietet und warum das Produkt genau in der wahrgenommen Art und Weise am Markt platziert ist, kann dadurch nicht kommuniziert werden.

539 Angenommen, ein externer Dienstleister ist mit der Außendarstellung des Unternehmens beim IPO betraut und verfolgt aufgrund positiver Erfahrungen mit anderen Kunden aus dem dynamischen Technologiesektor die Strategie, das Unternehmen als dynamisch, flexibel und ohne Tradition darzustellen. Dies kann bei langjährigen Kunden des traditionsbehafteten Unternehmens zu Irritationen und bei potentiellen Neukunden zu Enttäuschungen bei einer tatsächlichen Produktnutzung führen.

540 Grundsätzlich gilt, dass das Unternehmensimage mit zunehmendem Alter bzw. Größe in der Öffentlichkeit stärker ausgeprägt ist und sich schwerer ändern lässt.

541 Unternehmensphilosophie, Unternehmenskultur und Unternehmensstrategie stellen allesamt beschreibende Konstrukte der Einheit Unternehmen dar. Sie werden nicht nur Mitarbeitern, sondern auch Organisationsexternen bei jedwedem Kontakt mit dem Unter-

vertrauensvolle Partnerschaften, so dient es der positiven Abgrenzung von Wettbewerbern, wenn dies Kunden, Lieferanten und sonstigen Stakeholdern kommuniziert wird.

Ein weiterer endogener Faktor für die Gestaltung des IPO als Event ist das (Führungs-) Personal, insbesondere in den direkt mit dem IPO befassten Unternehmensbereichen (z.B. Finanzierung und Marketing). Ihnen kommt die Aufgabe zu, als Kontaktpersonen mit Außenstehenden die von dem Unternehmen als wichtig erachteten endogenen Situationsfaktoren zu kommunizieren. Reicht die Anzahl oder Qualifikation der vorhandenen Mitarbeiter nicht aus, kann das Manko entweder durch Neueinstellungen oder Hinzuziehen von externen Dienstleistern behoben werden.

Der Versuch, an dieser Stelle eine vollständige Liste aller **exogenen Situationsfaktoren** eines (Börsen-) Events aufzulisten, wird durch die Heterogenität der (IPO-) Unternehmen sowie der Vielzahl der grundsätzlich relevanten Faktoren erschwert. Während der Planung besteht die Aufgabe somit darin, unwichtige von relevanten Faktoren abzugrenzen.[542] Als grundsätzlich relevant können die in der folgenden Abbildung 10 zusammengefassten Faktoren angesehen werden. Dazu gehören zunächst die Rahmenbedingungen, die das Unternehmen im Realgütermarkt vorfindet, insbesondere die Markt- und Konkurrenzsituation sowie die Kundenstruktur (aktuell und zukünftig). Hinzu kommt die Lage an der Börse: Die Determinanten der Börsennachfrage sowie die Kommunikationssituation determinieren nachhaltig das Erfolgspotential des Börsenevents.

---

nehmen mal mehr und mal weniger explizit bewusst, sind aber primär zur innengerichteten Selbstdefinition konstruiert.

542 Detaillierte Ausführungen folgen bei der Beschreibung der Determinanten des Werbemodells, vgl. Kapitel 6.2.1.

Marktsituation	*Matching*	*Konkurrenzsituation*
• gesättigte, neue, dynamische Märkte (Lebenszyklus) • substituierbare Produkte • technische Innovationen	• Welche Zielgruppen kann ich mit dem Börsenevent ansprechen? • Welche möchte ich ansprechen?	• Börsennotierungen als Indikator der Leistungsfähigkeit • Marketingmaßnahmen • Wettbewerbsintensität • Konkurrenzprodukte
Technologiesituation	**Börsen-event-relevanter Ist-Zustand**	***Kundengruppen***
• Verbreitungsgrad der Telekommunikation (Internet, Telefon, TV-Penetation)		• Welche Kundengruppe spreche ich aktuell mit meinem Produkt-(portfolio) an? • Welche möchte ich in Zukunft ansprechen?
Kommunikationssituation	***Determinanten der Börsennachfrage***	***Kunden***
• Informations-verarbeitung der Rezipienten/ Konsumenten („information overflow“) • vorzugsweise verwendete Medien	• Ausprägung der Aktienkultur • Aktuelle Börsenstimmung der Anleger • Einstellung Neuemission gegenüber	• versiert oder müssen an Produkte gewöhnt werden • landesspezifische Unterschiede; fußen Kaufentscheidung auf Testberichte oder eher auf Werbebeeinflussung (konservative Käufer in D, risikobewusste in den USA), • Informationsquellen der Konsumenten • Produktkenntnisse • Bildungsniveau

Abbildung 10: Relevante exogene Situationsfaktoren (Auswahl) für das Börsenevent IPO[543]

543 Quelle: in Anlehnung an Nufer (2002), S. 48.

4.2.3.1.2 Zielsystem

Ziele sind Zustände bzw. Niveaus einer bestimmten Maßgröße, die durch unternehmerische Aktivitäten angestrebt werden.[544] Jeder Planung sind Ziele zugrunde zu legen, damit die vorzunehmenden Handlungen auf das Ziel hin ausgewählt und gestaltet werden können. Die Vorgabe von Zielen dient außerdem dazu, Entscheidungen verschiedener Bereiche aufeinander abzustimmen und Mitarbeitern auf jeder Ebene eine nachvollziehbare Vorgabe ihrer Tätigkeit zu geben.[545] Außerdem besteht nur unter der Voraussetzung der Existenz von Zielen die Möglichkeit, den Erfolg der durchgeführten Maßnahmen zu kontrollieren.[546]

Von Engelhardt nimmt eine Abgrenzung von möglichen Zielen für Marketingmaßnahmen in die drei Zielkategorien Kontaktziele, vorökonomische Ziele und ökonomische Ziele vor.[547]

Als Minimalziel müssen für eine Marketingmaßnahme Kontaktziele bestehen. Ohne Kontakt wird jegliche weitergehende Wirkung unterbunden, sodass die Maßnahme wirkungslos bleibt. Sie stellen somit eine notwendige Voraussetzung dar. Die vorökonomischen Ziele lassen sich als diejenigen begreifen, die aus den nicht beobachtbaren inneren Vorgängen des Rezipienten[548] resultieren. Aus den inneren Vorgängen wiederum folgen beobachtbare Reaktionen, z.B. in Form eines den Umsatz erhöhenden Produktkaufs, die als ökonomische Ziele bezeichnet werden.

Sie erscheinen auf den ersten Blick als die geeignete Zielkategorie, da jedes Unternehmen letztlich an seinen ökonomischen Erfolgen gemessen wird.[549] Auf-

544 Vgl. zum Verständnis von Zielen z.B. von Engelhardt (1999), S. 28.

545 Vgl. z.B. Meffert (2000), S. 69ff.

546 Vgl. dazu das nachfolgende Kapitel.

547 Vgl. von Engelhardt (1999), S. 29.

548 In der neobehavioristischen Terminologie werden sie als „Black Box" bzw. „organism" tituliert.

549 Der Shareholder Value-Ansatz legt den Unternehmenswert als Beurteilungsmaßstab zugrunde, der sich wiederum aus den (zukünftigen) ökonomischen Größen der erzielten

grund der Beobachtbarkeit des äußeren Verhaltens sind sie darüberhinaus einfach ermittelbar.
Gerade wenn man bei einem Börsengang die Frage nach der Sinnhaftigkeit der Ausrichtung des Börsengangs auf Wirkungen am Realgütermarkt stellt, ist man geneigt, die ökonomischen Erfolge in Form zusätzlicher Produktverkäufe und eines höheren Umsatzes messen zu wollen.

In verschiedenen IPO-Studien ist dies tatsächlich vorgenommen worden. Es sei hier an die Ausführungen in Kapitel 3.2.4 erinnert. Jain/ Kini, Mikkelson/ Partch/ Shah sowie DuCharme/ Rajgopal/ Sefcik haben einheitlich die direkt beobachtbaren Verhaltenswirkungen in Form ökonomischer Zielgrößen als Grundlage für die Ermittlung der operativen post-IPO-Performance verwendet.[550] Allerdings fallen die Ergebnisse uneinheitlich aus. Insbesondere die in Kapitel 3.2.4 vorgenommene Kritik an der Studie von DuCharme/ Rajgopal/ Sefcik hat gezeigt, dass es praktisch unmöglich ist, eine Messgröße zu isolieren, anhand derer tatsächlich die ausschließlich durch den Börsengang hervorgerufenen Wirkungen gemessen werden könnten.[551] Denn sie erfüllen nicht die an geeignete Zielgrößen zu stellende zentrale Anforderung der Kausalität im Sinne eines Ursache-Wirkungs-Zusammenhangs, da zu viele exogene Störeffekte intervenieren. Als mögliche Störgrößen sind z.B. Spill-over-Effekte anderer Marketingmaßnahmen und die verzögerte Wirkung der Marketingmaßnahmen zu nennen.[552] Ein weiterer Nachteil der fehlenden Nähe zwischen dem Börsenevent IPO und ökonomischen Zielen besteht darin, dass keine Anhaltspunkte für die konkrete Ausgestaltung des IPO abgeleitet werden können. Es mangelt somit an der selektiven Steuerungskraft der Zielgröße.[553] Aus diesem Grund sind ökono-

Gewinne bzw. Cash-Flow-Überschüssen ableitet. Meffert bezeichnet sie deswegen auch als Finalziele des Marketing. Vgl. Meffert (2000), S. 76.

550 Vgl. Jain/ Kini (1994), Mikkelson/ Partch/ Shah (1997), DuCharme/ Rajgopal/ Sefcik (2001b). Vgl. auch Kapitel 3.2.4.

551 Vgl. Kapitel 3.2.4 sowie z.B. DuCharme/ Rajgopal/ Sefcik (2001b), table 3, Appendix.

552 Vgl. von Engelhardt (1999), S. 31.

553 Vgl. Lasslop (2003), S. 55, und die dort angegebenen Quellen.

mische Ziele als valide Zielkategorie in der Werbewirkungsforschung abzulehnen.

Kontaktziele auf der anderen Seite weisen zwar ihrerseits eine unmittelbare kausale Verknüpfung auf, haben allerdings nur eine begrenzte Aussagekraft. Sie zeigen lediglich, wie häufig ein Kontakt mit dem Börsenevent IPO stattgefunden hat. Offen bleibt, ob damit weitere Wirkungen beim Rezipienten erreicht werden oder die Botschaft an ihm „abprallt" und nicht in das Kurzzeitgedächtnis zur weiteren Verarbeitung aufgenommen wird. Der Kontakt mit dem Börsenevent IPO leistet folglich keinen sicheren Beitrag zu übergeordneten Marketingzielen, z.B. der Steigerung der Produktkäufe.[554]

Als eine geeignete Zielkategorie verbleiben somit die vorökonomischen bzw. psychographischen Ziele.[555] Sie weisen einerseits eine Ursache-Wirkungs-Verknüpfung auf und üben andererseits sämtlich potentiellen Einfluss auf den Werbeerfolg aus. Von Nachteil ist lediglich die schlechte Messbarkeit, da es sich im Gegensatz zu den bisher genannten Zielkategorien um innere Vorgänge handelt. Diese lassen sich nicht unmittelbar observieren.

Steffenhagen differenziert die den psychographischen Zielen zugrunde liegenden psychographischen Wirkungen anhand der zeitlichen Distanz zwischen Stimulus und Wirkung in momentane und dauerhafte Gedächtniswirkungen.[556]

Unter momentanen Gedächtniswirkungen[557], z.B. der Aktivierung, versteht Steffenhagen ein „prozeßhaftes Wechselspiel zwischen Sinnesorganen bzw. Nervenbahnen („Sensorische Speicher"), dem Kurzzeitgedächtnis als „Arbeitsspei-

[554] In einigen Studien wurde festgestellt, dass allein durch den mehrmaligen Kontakt mit einer Botschaft in unmittelbarer zeitlicher Nähe kaufrelevante Wirkungen erzielt werden konnten. Vgl. Vakratsas/ Ambler (1999), S. 29. Dies ist hier jedoch nicht relevant, da in dieser Arbeit dauerhafte Wirkungen betrachtet werden.

[555] Vgl. Lasslop (2003), S. 56.

[556] Vgl. Steffenhagen (1996), S. 8ff. Vgl. dazu auch Bruhn (1997), S. 241ff.

[557] Vgl. Steffenhagen (1996), S. 43f., Lasslop (2003), S. 53f.

cher“ und dem Langzeitgedächtnis als „Langzeitspeicher“ eines Menschen“[558]. Der Kommunikationsstimulus wird durch den sensorischen Speicher aufgenommen und unmittelbar im Kurzzeitgedächtnis unter Rückgriff auf Inhalte des Langzeitgedächtnisses verarbeitet. Es finden dabei sowohl emotionale als auch kognitive Vorgänge statt, die oftmals in gegenseitiger Beeinflussung zeitgleich ablaufen. Die *momentanen* Gedächtniswirkungen wären ihrer Charakterisierung entsprechend treffender mit *temporären* Gedächtniswirkungen bezeichnet, weil es sich um nur kurzzeitig andauernde episodische Zustände handelt, die zeitnah nach Beendigung des Kontaktes aufhören zu existieren.[559]
Kurzfristige innere Gedächtniswirkungen sind als notwendige Voraussetzung für langfristige Wirkungen relevant,[560] allerdings als Zielkategorie nicht geeignet. Zum einen gestaltet es sich schwierig, sie genau zu ermitteln,[561] zum anderen besteht insbesondere ähnlich den Kontaktzielen kein direkter kausaler Zusammenhang zu den Marketingzielen. Im Übrigen sind die momentanen Wirkungen in ihrer beobachtbaren Form, z.B. als Spontankauf, nicht als sinnvolle Zielkategorie für ein Börsenevent geeignet, da das Börsenevent IPO wie weiter oben dargestellt im Gegensatz zu anderen Marketinginstrumenten wie dem Direktverkauf oder Sales Promotions keinen Verkaufscharakter besitzt.

Dauerhafte Gedächtniswirkungen stellen Konsequenzen des Kontaktes mit dem Marketinginstrument (z.B. Börsenevent IPO) dar und bilden Inhalte des Langzeitgedächtnisses.[562] Sie lassen sich in Wissen bzw. Kenntnisse und Einstellungen bzw. Image unterteilen. Die Wissenskomponente ist im Gehirn physisch existent, bei den Einstellungen bzw. dem Image handelt es sich hingegen um ein hypothetisches Konstrukt, welches sich als solches nicht beobachten oder nach-

558 Steffenhagen (1996), S. 43.

559 Vgl. Lasslop (2003), S. 53.

560 Vgl. Steffenhagen (1996), S. 11.

561 Vgl. z.B. Steffenhagen (1996), S. 49.

562 Dies gilt zumindest in der Terminologie von Steffenhagen. Genauer betrachtet müsste es heißen, dass die dauerhaften Wirkungen Inhalte des Gedächtnisses prägen bzw. verändern, je nachdem, ob prädispositive Inhalte vorhanden sind. Vgl. dazu Steffenhagen (1996), S. 73.

weisen ließe. In der Literatur werden die dauerhaften Gedächtniswirkungen deswegen auch nicht einheitlich untergliedert.[563]

Unter *Kenntnissen* versteht man die durch eigenes Erfahren oder durch Berichte Dritter wertneutral im Gehirn gespeicherten Bilder oder Inhalte über jegliche Objekte in der Erfahrensumwelt der in Betracht stehenden Person. Die Gesamtheit aller Kenntnisse über sämtliche gespeicherten Objekte bezeichnet man als das Wissen. Weil dieses objektive Wissen als Grundlage für (subjektive) Einstellungen und letztlich auch für beobachtbares Verhalten dient, stellt es eine der zentralen Zielgrößen des Marketing dar[564] und verdient somit eine gesteigerte Aufmerksamkeit.[565]

Unter *Einstellungen bzw. Image* versteht man wertende und damit subjektive Einschätzungen einem Objekt gegenüber. Sie können negativ oder positiv ausfallen und sich auf Unternehmen, Produkte, Werbung, Verkaufsstätten, Ereignisse usw. beziehen. Sie stellen ein Bindeglied zwischen den temporär existierenden momentanen Gedächtniswirkungen und ökonomischen Zielwirkungen der Kommunikation dar und verfügen somit sowohl über ein kausales Verhältnis zum Kommunikationsstimulus als auch eine hohe Relevanz für die ökonomischen Zielwirkungen.

Den Zielwirkungen Wissen und Einstellung gesellt sich als dritte Zielgröße der bereits in empirischen Ergebnissen erwähnte *Bekanntheitsgrad* hinzu.[566] Er verbindet die mit Wissen und Einstellung abgebildeten qualitativen Wirkungen mit einer quantitativen Maßgröße und misst somit, bei wie vielen Personen sich das Wissen und die Einstellung verändert haben.[567] Auf eine weitergehende Diffe-

---

563 Oftmals wird als dritte, dem Wissen und den Einstellungen nachgelagerte Komponente die Verhaltensabsicht ergänzt. Diese wird in Kapitel 6.2.3 aufgegriffen. Vgl. z.B. Lasslop (2003), S. 61ff.

564 Vgl. Lasslop (2003), S. 62.

565 Sie wird in Kapitel 6.2.3 wieder aufgegriffen.

566 Vgl. dazu die Ausführungen in Kapitel 3.3.

567 Für die Berechnung des Bekanntheitsgrads bieten sich verschiedene Möglichkeiten. In der einfachsten Variante ergibt sich bereits dann eine Bekanntheitsgraderhöhung, wenn ein Objekt (z.B. ein Unternehmen) von Personen als solches gestützt erkannt wird, die dies zuvor nicht konnten. Als Mindestvoraussetzung ergibt sich folglich ein sich von Unkenntnis marginal verbesserndes Wissen.

renzierung und detaillierte Analyse der dauerhaften Gedächtniswirkungen wird an dieser Stelle zugunsten der Ausführungen in Kapitel 6.2.3 verzichtet.

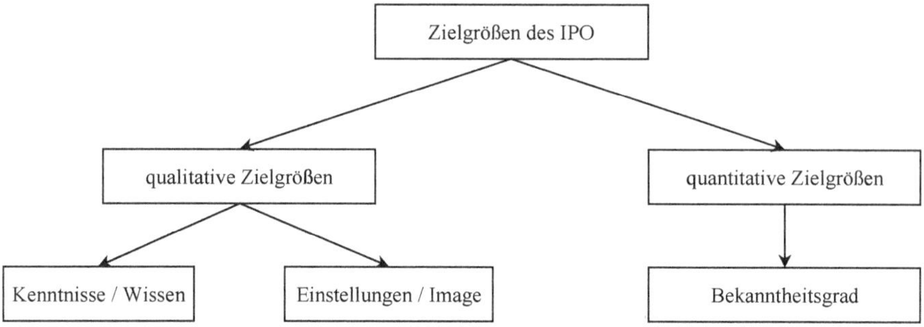

Abbildung 11: Empirisch relevante Zielgrößen des IPO

Ein IPO bietet dem Unternehmen eine - im doppelten Wortsinn - „einmalige Chance, seinen Bekanntheitsgrad erheblich zu steigern.“[568] Die Sinnhaftigkeit der drei genannten Zielkategorien - Wissen, Image, Bekanntheitsgrad - für IPOs bestätigt sich bei einem Abgleich der mit dem IPO verfolgten Ziele bzw. Motive. Von Unternehmen wurde in empirischen Umfragen angegeben, dass eine Steigerung des Bekanntheitsgrades und eine Verbesserung des Images angestrebt werden.[569]

Mit der Bestimmung der Zielkategorie ist hingegen noch nicht festgelegt, welche konkreten Ziele - z.B. Zielobjekt, Zielniveau - mit einem Börsengang erreicht werden sollen. Sollen das Wissen über einzelne Produkte verbessert, der

568 Koch/ Wegmann (1999), S. 114.

569 Ziele lassen sich nicht nur inhaltlich-hierarchisch, sondern auch nach weiteren Unterscheidungsmerkmalen differenzieren. Vgl. z.B. Nufer (2002), S. 55. An dieser Stelle soll nur kurz auf den zeitlichen Aspekt eingegangen werden. Es werden operative, taktische und strategische Ziele unterschieden. Erst durch die Arbeiten von Nufer und Lasslop wurde die strategische Relevanz des Eventmarketing voll erfasst und wurden die zuvor dominierenden operativen und taktischen Ziele eines Events um strategische ergänzt. Vgl. Nufer (2002), S. 56, S. 66ff.

Bekanntheitsgrad ausgewählter Marken des Unternehmens erhöht oder das Image einer neuen und wachstumsstarken, jedoch (noch) kleinen Tochtergesellschaft verbessert werden?
Die ausgeprägte Heterogenität der IPO-Unternehmen erschwert eine eindeutige Beantwortung. Immerhin lässt sich feststellen, dass mit dem IPO einige Ziele besser als andere erreicht werden können.

Zunächst kann festgehalten werden, dass der Börsengang das gesamte Unternehmen betrifft und nicht auf einzelne Teilbereiche beschränkt ist. Ferner ist zu beachten, dass sich eine Verbindung zwischen dem Börsengang und dem Zielobjekt realisieren lassen muss. M.a.W. ist der Börsengang als ein auf das gesamte Unternehmen ausgerichtetes Marketinginstrument mit Zielsetzungen zu verbinden, die ebenfalls in enger Verbindung zum gesamten Unternehmen stehen. Das Wissen über eine von zahllosen neuen Produktvarianten in einem großen Konzern ist als Zielgröße des IPO also nicht geeignet. Damit ist jedoch nicht gesagt, dass sich Produkte grundsätzlich nicht als Zielobjekte eignen, wie am Beispiel der web.de AG illustriert werden soll.
Zum Zeitpunkt des IPO im Jahr 2000 fußte das Geschäftsmodell von web.de ganz entscheidend auf einem Hauptprodukt, dem E-Mail-Dienst freemail. Das Image des Produktes war aufgrund zahlloser Vergleichstestsiege bereits sehr gut ausgeprägt, lediglich das Wissen über die verschiedenen Funktionalitäten von freemail war nur bei wenigen Nutzern vorhanden.[570] Konkret ließ sich daraus das Ziel ableiten, für das Produkt freemail das Wissen hinsichtlich der vielfältigen Funktionalitäten zu verbessern und den Bekanntheitsgrad deutlich zu steigern.

Bei der Deutschen Telekom stellte sich die Situation zum Zeitpunkt des IPO im Jahr 1996 genau entgegengesetzt dar. Das Wissen über die wichtigsten Produkte (Festnetz und Mobiltelefonie) war weit verbreitet und ebenso auf sehr hohem Niveau wie der Bekanntheitsgrad in der gesamten Bevölkerung Deutschlands.

570 Damit blieb die Gefahr eines im Internet einfach zu vollziehenden Wechsels zu anderen E-Mail-Diensten bestehen.

Allerdings war das Image in vielen Aspekten verbesserungswürdig. So ermittelte die Telekom in einer Kundenbefragung folgende Kritikpunkte im Produkt- und Dienstleistungsbereich:

- Die Endgeräte der Telekom sind weniger komfortabel und hochwertig als Konkurrenzangebote,[571]
- die Beratungskompetenz wird mangelhaft beurteilt,
- Wartezeiten und bürokratische Abwicklungen werden kritisiert und
- Mitarbeiter zeigen sich als unflexibel.[572]

Der Deutschen Telekom als Unternehmen werden

- Schwerfälligkeit,
- behördenähnliche Personal- und Entscheidungsstrukturen,
- wenig Eigeninitiative und Innovationskraft,
- veraltete Technik und
- die zu hohen Preise angelastet.[573]

Auf Basis der genannten Erkenntnisse formulierte die Deutschen Telekom für den Börsengang konkrete Ziele einer Verbesserung des Images erfolgsrelevanter Bereiche, z.B. hinsichtlich der Einstellung zum Service, zur Innovationskraft und Reaktionsschnelligkeit.

Dem IPO-Unternehmen stellt sich also zunächst die Aufgabe, für den Geschäftserfolg zentrale Geschäftseinheiten, Produkte oder Marken zu identifizieren, für die es mit dem Börsengang möglich sein muss, eine Verbesserung des Wissens, des Images oder des Bekanntheitsgrads herbeizuführen.

---

[571] Zum damaligen Zeitpunkt der Erhebung (1994) konnten Kunden aufgrund der Monopolstellung der Telekom die Angebote von Konkurrenten nur zu unattraktiven Konditionen nutzen.

[572] Vgl. o.V. (Deutsche Telekom) (1994), S. 9.

[573] Vgl. o.V. (Deutsche Telekom) (1994), S. 9 und S. 20 sowie o.V. (Deutsche Telekom) (1995), S. 7.

Dabei kommt der Phase des Lebenszyklus, in dem sich das Unternehmen befindet, eine große Bedeutung zu. Dies wurde durch die Beispiele zu dem jungen Unternehmen web.de und dem etablierten Unternehmen Deutsche Telekom bereits angedeutet. Junge Unternehmen in der Frühentwicklungsphase legen den Schwerpunkt auf den Aufbau von Geschäfts- bzw. Kundenbeziehungen, „da den Zielkunden in dieser Phase das neue Unternehmen mit seinem Leistungsangebot bekannt gemacht und der wesentliche Kundennutzen mit seinen Wettbewerbsvorteilen vermittelt werden muss.“[574] In der Wachstumsphase wird sodann „eine Verstärkung von Vertrieb und Service zur weiteren Durchdringung der bearbeiteten Märkte erforderlich [...] Weitere Aufgabe ist die Einführung neuer Produkte und Dienstleistungen.“[575] Für die web.de AG war es zum Zeitpunkt des Börsengangs erfolgskritisch, durch einen höheren Bekanntheitsgrad und ein besseres Wissen über das Produkt freemail den Markt der Online-Kommunikation besser zu durchdringen.

Etablierte Unternehmen in der Reifephase hingegen müssen sich das erfolgreiche Überleben im Wettbewerb mit den Konkurrenten sichern. Wo zuvor Wachstum dafür gesorgt hat, dass Unternehmensschwächen kaschiert werden konnten, müssen sie in der Reifephase beseitigt werden. Andernfalls nutzen Konkurrenten die Schwäche zum eigenen Vorteil aus. Gerade bei einer hohen Austauschbarkeit der Produkte - wie in der Telekommunikationsbranche - gewinnt die Imagekomponente an Bedeutung; der objektiv wahrnehmbare Wettbewerbsvorteil wird durch den subjektiv wahrgenommenen Wettbewerbsvorteil substituiert.

Die Deutsche Telekom befand sich im Gegensatz zu web.de in der Reifephase und hatte sich im - kurz vor dem IPO neu geschaffenen - Wettbewerb zu etablieren. Das Produkt Telefondienstleistung ist grundsätzlich von vielen Konkurrenten in ähnlicher Qualität zu erhalten, sodass das Image für die Deutsche Telekom eine zunehmend wichtige Rolle spielt. Sowohl das Ziel der Bekanntheitsgradsteigerung und Erhöhung des Wissens bei web.de als auch die Imageverbesserung bei der Deutschen Telekom stellen grundsätzlich Ziele dar, die sich mit-

[574] Rüggeberg (2003), S. 14f.

[575] Rüggeberg (2003), S. 16.

tels des Marketinginstruments IPO realisieren lassen. Bei der web.de AG wird die Zielerreichung zusätzlich durch die Übereinstimmung der Firma mit dem Produkt(-namen) gefördert.[576]

Gleichwohl reicht eine isolierte Ableitung von Zielgrößen für den Börsengang nicht aus. Vielmehr bilden die IPO-Ziele nur einen kleinen Ausschnitt des Zielsystems der Unternehmung und müssen sich in dieses reibungslos einordnen lassen. Um die Einordnung vornehmen zu können, werden zunächst die Ergebnisse des Kapitels 4.2.3.1.1 sowie dieses Kapitels in einem ganzheitlichen Zielsystem des gesamten Unternehmens zusammengeführt. Graphisch lässt sich das Zielsystem als eine Pyramide darstellen, die auf die inhaltliche Unterteilung der Ziele sowie insbesondere die hierarchische Struktur hinweist. Als übergeordnete Ziele gelten die Unternehmensphilosophie und -kultur, der Unternehmenszweck, die -identität sowie die -grundsätze und -leitlinien. Ihnen folgen als erste Konkretisierungsstufe die Oberziele des Unternehmens. Als Oberziele werden (zumindest) von kapitalmarktorientierten Unternehmen der Gewinn, die Rentabilität bzw. die Wertsteigerung des Unternehmens ausgegeben. Darunter siedeln sich die Funktionsbereichsziele an, z.B. Marketingziele, Produktionsziele oder Finanzierungsziele. Sie werden zwar autonom formuliert, sind jedoch durch die gemeinsame Beeinflussung der Oberziele interdependent. Zu den Zielen des Funktionalbereichs Finanzierung gehört die effiziente Beschaffung von hinreichenden finanziellen Mitteln, die zur Durchführung sämtlicher lohnender Investitionen vonnöten sind. Als Marketingziele fungieren insbesondere die in den empirischen Untersuchungen für den Börsengang genannten Ziele der Steigerung des Bekanntheitsgrads und der Verbesserung des Images. Hinzu kommt die Verbesserung des Wissensstands, die Erhöhung der Präferenzen sowie die Ver-

576 An dieser Stelle sei darauf hingewiesen, dass neben dem E-Mail-Dienst freemail auch die Homepage an sich ein Produkt des Unternehmens web.de darstellt, denn jeder Besuch erhöht die werbegetriebenen Umsatzerlöse. Noch ausgeprägter ist dies bei yahoo!. Durch den Börsengang wurde der Name des Unternehmens weit verbreitet und erhöhte somit automatisch den Bekanntheitsgrad des Hauptprodukts von yahoo!. Ähnliches lässt sich über amazon.com feststellen. Aus dieser Perspektive wird ersichtlich, warum sich die Unternehmen mit entsprechenden Firmen versehen haben.

stärkung der Kaufabsicht.[577] Die Funktionsbereichsziele (Marketing, Finanzierung etc.) stellen inhaltlich gesehen Instrumentalziele dar. Sie dienen dazu, die Finalziele in Form ökonomischer Ziele erfüllen zu helfen. Unter den Funktionsbereichszielen siedeln sich Zwischenziele an, die für jede einzelne Strategische Geschäfts-Einheit (SGE) präzisiert werden.

Die Zielpyramide ist für jedes Unternehmen individuell unter dem Primat ganzheitlicher Konsistenz zu formulieren. Konsistente Ziele sind nicht widersprüchlich und üben tatsächlich den gewünschten positiven Einfluss auf die jeweils übergeordneten Ziele aus. Dabei sind alle relevanten (Teil-) Bereiche des Unternehmens vollständig zu berücksichtigen.[578]

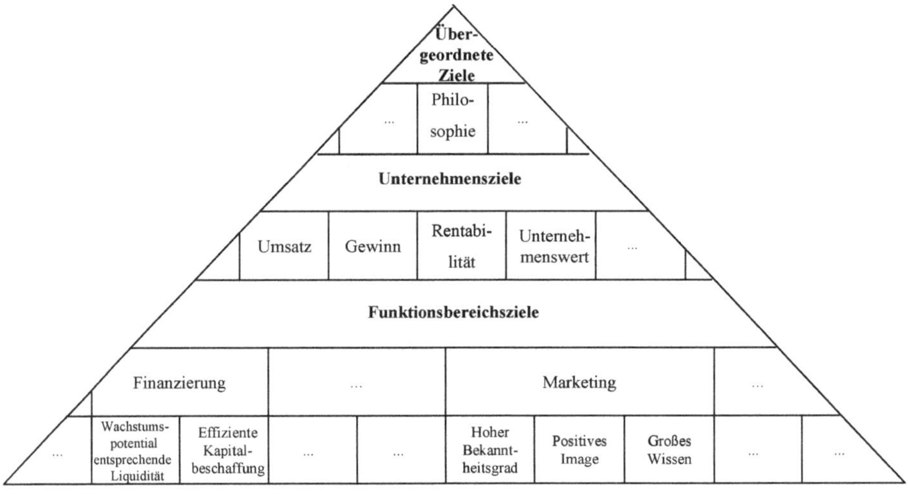

Abbildung 12: Zielpyramide eines IPO-Unternehmens

577 Vgl. Meffert (2000), S. 78.

578 Das Aufstellen einer oben skizzierten Zielhierarchie lässt sich mit Hilfe verschiedener Instrumente bewerkstelligen. Vgl. dazu Nufer (2002), S. 56.

Die für den Börsengang maßgeblichen Ziele betreffen jedoch nicht nur den Realgütermarkt, sondern verschiedene Bereiche des Unternehmens. Allen voran ist dabei das primäre Motiv des IPO, die (effiziente) Beschaffung von Risikokapital zur Wachstumsfinanzierung, zu sehen.[579] Zwischen den einzelnen Zielsetzungen bestehen Interdependenzen, weil die Verfolgung eines Ziels den Zielerreichungsgrad eines anderen Ziels beeinflusst. Wird beispielsweise ein extrem hohes Underpricing in Kauf genommen, um die Anzahl der Medienberichte zu erhöhen,[580] so sinken c.p. die Erlöse aus dem Verkauf der Aktien am Primärmarkt und es stehen weniger Finanzierungsmittel zur Verfügung.[581]
Ein weiteres Beispiel betrifft die Investitionen: Folgt man der in Kapitel 3.2.1 erläuterten Argumentation von Stoughton/ Wong/ Zechner,[582] so führt der Börsengang zu einer besseren Einschätzung der Produktqualität durch die Konsumenten, was sie zu höheren Produktkäufen veranlasst. Durch die höheren Verkäufe lohnen sich wiederum umfangreichere Investitionen z.B. in neue Produktentwicklungen oder zusätzliche Maschinen, die wiederum einen größeren Finanzierungsbedarf mit sich bringen. Somit ergeben sich Interdependenzen zwischen den Marketingzielen und den Finanzierungszielen des IPO.

Nachdem nun die relevanten Zielkategorien abgegrenzt und Ansätze aufgezeigt wurden, welche potentiellen konkreten Ziele für das IPO abgeleitet werden können, folgen nun Ausführungen dazu, wie sich die Ziele mit dem IPO realisieren lassen.

---

579 Hinzu kommen weitere Ziele, die sich aus den in Kapitel 3.1.1 genannten Motiven ableiten lassen, z.B. die Nachfolgeregelung.

580 Vgl. hierzu die empirischen Ergebnisse von Demers/ Lewellen (2003).

581 Das Zielsystem des Börsengangs weist jedoch nicht nur untereinander, sondern auch mit dem allgemeinen, börsengangunabhängigen Zielsystem des Unternehmens Interdependenzen auf. Bestand vor der Entscheidung zur Durchführung des Börsengangs beispielsweise das (Teil-) Ziel der Reduzierung des Werbebudgets zwecks Effizienzsteigerung, so wird dieses durch werbliche Maßnahmen für den Börsengang beeinflusst und ist nur unter der Anpassung an die neuen Rahmenbedingungen einzuhalten. Die Anpassung des Zielsystems gestaltet sich in vielen Fällen jedoch als schwierig, weil die Auswirkungen des Börsengangs mit Unsicherheit behaftet sind.

582 Vgl. Stoughton/ Wong/ Zechner (2001).

4.2.3.1.3 Zielgruppen

Die Zielgruppenanalyse- und -auswahl stellt einen zentralen Aspekt der Planung dar, weil von der identifizierten Zielgruppe die Planung und Gestaltung sämtlicher Maßnahmen abhängt.

Bei einem Börsengang besteht der Personenkreis aus all jenen, die sich für den Börsengang interessieren.[583] Dazu gehören grundsätzlich die in der folgenden Abbildung 13 angesprochenen Personengruppen.

Personengruppen, die sich für den Börsengang interessieren:

- Private Anleger
- Institutionelle Anleger
- Mitarbeiter und Lieferanten
- Kunden
- Anlage- und Wertpapierberater
- Händler/ Broker
- Fondsmanager
- Banken
- Wertpapieranalysten
- Journalisten der Tages-, Wirtschafts- und Finanzpresse, TV, Hörfunk etc.

Abbildung 13: An einem IPO prinzipiell interessierte Personengruppen[584]

Grundsätzlich als Zielgruppe nicht in Frage kommen hingegen börsen- oder unternehmensaverse[585] Personen.[586] Räumliche Beschränkungen zur Teilnahme

---

583 Je nach Eventtyp existiert ein bestimmter Personenkreis, der grundsätzlich als Zielgruppe in Frage kommt. Vgl. Nufer (2002), S. 56ff.

584 Quelle: Koch/ Wegmann (1999), S. 115, Schönborn/ Tschugg (2002), S. 37, Bösl (2004), S. 62.

585 Den Börsengang der Beate Uhse AG könnten feministisch eingestellte Personen kategorisch gemieden haben.

existieren aufgrund der Kommunikationstechnologie und der Ubiquität von Bankdienstleistungen für das virtuelle Börsenevent IPO im Gegensatz zu vielen anderen Eventtypen nicht. Allerdings hilft die in Abbildung 13 aufgeführte Unterteilung zur Ableitung geeigneter Zielgruppen für das Börsenevent nur bedingt weiter. Wie in Kapitel 4.1 aufgezeigt wurde, sind „Kunde" oder „privater Anleger" lediglich verschiedene Funktionen, die ein bestimmtes Individuum einnehmen kann. Ob eine Person Informationen als interessierter Kunde oder als privater Anleger erhält, ist für die Beeinflussung der Zielgrößen Wissen, Einstellung und Bekanntheitsgrad irrelevant. Die Auflistung ist auch deshalb noch unbefriedigend, weil damit nur Personen erfasst werden, die bereits eine „Funktion" innehaben. Im Folgenden soll deswegen z.B. unter dem Begriff „Investor" ein „potentieller Investor" verstanden werden, der somit auch Personen mit einschließt, die noch nicht in der Funktion eines Investors tätig geworden ist. Aus der finanzwirtschaftlichen Perspektive sind die privaten und institutionellen Investoren die wichtigste Zielgruppe, weil sie die mit dem IPO angebotenen Aktien aufkaufen.[587] Da sie gleichzeitig jedoch auch die Funktion als (potentieller) Konsument einnehmen, stellen die (potentiellen) Investoren auch aus Marketingsicht eine geeignete Zielgruppe dar.[588] Wie diese genau zu charakterisieren und abzugrenzen ist, sollen die folgenden Erläuterungen klären.[589]

In einer der Behavioral Finance entstammenden Unterteilung definieren Goldberg/ von Nitzsch mit dem intuitiven Typ, dem emotionalen Typ[590] und dem ra-

---

586 Für die tatsächliche Teilnahme am Börsengang gelten die in Kapitel 2 erläuterten rechtlichen, reglementarischen und finanziellen Voraussetzungen.

587 Allein schon aus der finanzwirtschaftlich bedingten Notwendigkeit heraus, grundsätzlich alle Aktien platzieren zu müssen, sind beide Gruppen gleichermaßen relevant. Auf die Notwendigkeit, auch unerfahrene (d.h. uninformierte) Investoren mit einzuschließen, weist bereits Rock hin. Vgl. Rock (1986) sowie Kapitel 3.1.3.

588 Deren Relevanz für das Börsenevent IPO wird im Rahmen der kommunikationswissenschaftlichen Ausführungen hervorgehoben.

589 Grundsätzlich gilt die Einschränkung, dass aufgrund des virtuellen Charakters und der relativ langen Zeitspanne des Börsenevents IPO sich der Teilnehmerkreis weniger scharf abgrenzen lässt als bei anderen kürzer stattfindenden und räumlich beschränkten Events.

590 Schönborn/ Tschugg verweisen darauf, dass es sich bei einem Aktienkauf nicht um eine rein rational begründete Anlageentscheidung handelt, sondern dass die Investoren damit

tionalen Typ drei Anlegerklassen.[591] Allerdings beschränken sie sich auf eine psychographisch bzw. motivational begründete Klassifikation.
Eine eher praxisorientierte Unterteilung hat die Deutsche Telekom im Zuge ihres Börsengangs vorgenommen. Sie hat dabei neben motivationalen auch sozioökonomische, vor allem finanzielle, Parameter berücksichtigt.[592] Nach ihrer Klassifizierung gehört zum Kreis potentieller Investoren, wer ein ausgeprägtes Interesse an der Telekom-Aktie aufweist. Die Größe dieses als „weitestes Potential" bezeichneten Investorenkreises wurde mittels empirischer Untersuchungen im Vorfeld des Börsengangs auf 14,4 Mio. Personen taxiert.[593] Zu dem enger gefassten „Kernpotential" gehören Personen, die erstens - als psychographisches Kriterium - den Aktienkauf als „reizvoll" einstufen. Zum zweiten werden - implizit in Anlehnung an den rational agierenden Investor nach Goldberg/ von Nitzsch - diejenigen Anlegertypen zum „Kernpotential" gezählt, denen die Solidität des Unternehmens wichtiger ist als schnelle Gewinne. Zum dritten muss schließlich - als sozioökonomisches Kriterium - die Voraussetzung einer hinreichenden finanziellen Ausstattung des potentiellen Investors erfüllt sein.[594] Die Größe des Personenkreises, der als „Kernpotential" bezeichnet wird, beläuft sich der empirischen Untersuchung der Deutschen Telekom zufolge auf 2,0 Mio. Personen.[595]

Allerdings kann die absolute Größe des Investorenpotentials, welches für die Deutsche Telekom ermittelt wurde, nicht verallgemeinert werden. Es sind zwei

auch nach einem „Thrill [streben], der den Reiz der Börse für viele private Anleger ausmacht." (Schönborn/ Tschugg (2002), S. 67). Dies gilt sicherlich nicht für jeden Anleger, allerdings werden gerade bezüglich der Zeichnung einer Neuemission besondere Emotionen geschürt. Vgl. dazu die Ausführungen über Emotionen, die im Verlauf eines IPO-Prozesses bei Anlegern auftreten können, in Kapitel 4.2.2.2.3.

591 Für eine populärwissenschaftliche Differenzierung in fünf verschiedene Typen vgl. Schönborn/ Tschugg (2002), S. 67.

592 Vgl. dazu und im Folgenden o.V. (Deutsche Telekom) (1996a), S. 7f., sowie die Ausführungen im Kapitel 6.2.

593 Vgl. o.V. (Deutsche Telekom) (1996a).

594 Die Deutsche Telekom verwendet als Indikator eine jährliche Mindestsparleistung.

595 Vgl. o.V. (Deutsche Telekom) (1996b).

Faktoren zu berücksichtigen. Zum einen orientiert sich die Abgrenzung der Zielgruppen an der Deutschen Telekom als einem „soliden“, traditionellen Großunternehmen. Die überwiegende Zahl der Börsenneulinge umfasst jedoch junge, dynamische und risikoreiche Unternehmen, die andere Anlegerkreise ansprechen. Zum anderen hängt die konkrete Größe des weitesten Potentials von situativen Faktoren ab, in erster Linie von dem Zeitpunkt des Börsengangs und der dann vorherrschenden Börsenstimmung sowie der Verbreitung der Aktienkultur. Wäre die Deutsche Telekom zum Höhepunkt der Hot-issue-Phase Ende der 1990er Jahre an die Börse gegangen, wäre die Zahl sicherlich wesentlich höher gewesen als die für 1996 bestimmten 14,4 Mio. Personen.[596] In einer Cold-issue-Phase schrumpft das weiteste Potential hingegen deutlich zusammen. Zu bestimmten Zeiten war der Rückgang so ausgeprägt, dass Börsengänge abgesagt werden mussten.[597] Die Größe des Kernpotentials wird neben den situativen Faktoren von dem IPO-Unternehmen bestimmt. Unbekannten kleinen Unternehmen steht ein kleineres Kernpotential als etablierten Großkonzernen zur Verfügung. Die aktive Auswahl einer Zielgruppe durch das Unternehmen wird somit durch zeitpunkt- und unternehmensbezogene Parameter stark eingeschränkt.

Aus Marketingsicht ist für die Bestimmung der Zielgruppe des Börsenevents IPO maßgeblich, ob die Person den Börsengang als unmittelbar interessant empfindet. Nur unter dieser Voraussetzung erschließt sich für die Teilnehmer der Börsengang als ein interaktives, erlebbares Ereignis.[598] Dabei kann das Interesse durchaus von finanziellen Beweggründen hervorgerufen werden, wenn man die in Kapitel 4.1 getroffenen Ausführungen berücksichtigt, dass die von der Person in ihrer Funktion als Investor aufgenommenen Informationen genauso für die Funktion als Konsument relevant sind.

---

596 Das IPO von einem der Telekom vergleichbaren amerikanischen Unternehmens in den USA, wo die Aktienkultur wesentlich weiter verbreitet ist als in Deutschland, hätte zum gleichen Zeitpunkt ein nochmals höheres „weitestes Potential“ mobilisieren können.

597 Die betrifft z.B. die deutlich zurückgegangenen Zahlen von IPOs für die Jahre von 2001 bis 2004.

598 Damit sind die konstitutiven Charakteristika eines Events angesprochen.

Das betrifft in jedem Fall die tatsächlichen Zeichner der Emission („Kernpotential“).[599] Geben Investoren eine Zeichnung ab, so müssen sie sich selbsttätig z.B. durch ein Beratungsgespräch in einer Bankfiliale informiert haben[600] und aus einer Eigenmotivation heraus aktiv den Zeichnungsauftrag eingereicht haben.
Zu der primären Zielgruppe zählen neben dem „Kernpotential“ noch weitere Personen, die ebenfalls ein hohes Eigeninteresse an dem IPO aufweisen, ohne jedoch den finalen Schritt des Zeichnungsauftrages zu vollziehen.[601] Als Hinderungsgrund ist z.B. die Angst vor finanziellen Verlusten zu nennen. Zu weiteren Gründen zählen (temporäre) finanzielle Restriktionen, etwa ein (unvorhergesehener) Abfluss von Zahlungsmitteln.[602] Als Mindestvoraussetzung muss hingegen ein konkretes und fundiertes Interesse an dem Börsengang vorliegen.

Neben der primären Zielgruppe existieren noch weitere Personenkreise, die nicht am Börsengang direkt partizipieren, jedoch nicht minder wichtig sind. Die Sekundärzielgruppe begleitet den Börsengang ebenfalls mit starkem Interesse, jedoch rührt die Motivation nicht (zwangsläufig) von der Teilnahme an der Zeichnung her, sondern ist beruflich bedingt. Dies sind im Wesentlichen professionelle Multiplikatoren, insbesondere Analysten und Mitarbeiter der Konsortialbanken, sonstiger Banken und Investmenthäuser, sowie Medienvertreter, die über den Börsengang berichten. Sie dienen als (Vertreter der) Träger der mit dem IPO kommunizierten Informationen bzw. Botschaften, ohne die das virtuelle Börsenevent schlicht nicht stattfinden würde, der primären Zielgruppe als wichtige Multiplikatoren und Informationslieferanten.[603]

---

599 Die tatsächlichen Zeichner der Aktien waren praktisch identisch mit dem im Vorfeld des Börsengangs ermittelten „Kernpotential“.

600 Vgl. dazu die notwendigen Voraussetzungen in Kapitel 2.1.

601 Dies betrifft z.B. die von Schönborn/ Tschugg als „Börsenvoyeur“ bezeichneten Investorentypen, die IPOs zwar als sehr spannend empfinden und sich aktiv Informationen besorgen, sich allerdings aus Angst nicht überwinden können, einen Zeichnungsauftrag einzureichen. Vgl. Schönborn/ Tschugg (2002), S. 67.

602 Hier sind ganz banale Vorgänge wie ein Autokauf oder eine Hausreparatur denkbar.

603 Gerade die zahlenmäßig nur kleine Sekundärzielgruppe übt somit eine erhebliche Wirkung aus. In der Redaktion der F.A.Z. oder der Telebörse auf n-tv arbeiten nur wenige Personen, gleichwohl erreichen sie mit ihren Berichten ein Millionenpublikum, sodass

Neben der Primärzielgruppe und der Sekundärzielgruppe „hören" noch weitere Personen (die „Öffentlichkeit") von dem Börsengang, ohne sich wirklich dafür zu interessieren. Gleichwohl profitiert der Zielerreichungsgrad der Zielgrößen Wissen, Einstellungen, Bekanntheitsgrad davon, sodass sie als Tertiärzielgruppe bezeichnet wird. Dazu zählen all diejenigen, die nicht aktiv am Event teilnehmen, sondern darüber mehr oder weniger intensiv in den Massenmedien oder über Mund-zu-Mund-Kommunikation unterrichtet werden.[604] Die Größe der Tertiärzielgruppe hängt wiederum von einer Vielzahl verschiedener Faktoren ab,[605] insbesondere der Börsenphase; sie kann im Fall der Deutschen Telekom jedoch auf zwischen 30 und 50 Mio. Personen geschätzt werden.[606]

4.2.3.1.4 Integration in das Marketing

In Abgrenzung zu klassischen Events besteht bei einem virtuellen (Börsen-) Event eine überwiegend medial unterstützte Kommunikation. Für das Börsenevent IPO ergibt sich die entscheidende Tatsache daraus, dass aufgrund der hohen Anzahl an Investoren (bei einigen IPOs in Deutschland sind dies bis zu über einer Million Personen) bzw. potentiellen Investoren (im Fall der Deutschen Telekom waren dies über 10 Millionen) sowie der noch wesentlich höheren Zahl an Tertiärrezipienten vielfältige interpersonale und massenmediale Kommunikationsmittel dabei helfen, die Kommunikation sicherzustellen. Dabei gibt es zwei Möglichkeiten. Zum einen kann das Unternehmen etwa über Direktkommunikation, persönliche Gespräche oder Werbung in Massenmedien einige Kommuni-

ausschließlich quantitative Angaben zu einer Zielgruppengröße ihrer Relevanz in keiner Weise gerecht wird. Die Erkenntnis beschränkt sich keineswegs nur auf virtuelle (Börsen-) Events, wie das von Lasslop verwendete empirische Beispiel des Pavillons auf der Expo 2000 in Hannover zeigt. Allerdings fällt das Wirkungspotential bei virtuellen Events ungleich höher aus; vor allen Dingen sind virtuelle Events im Gegensatz zu klassischen Events darauf zwingend angewiesen. Vgl. Lasslop (2003), S. 119.

604 Vgl. dazu ausführlich Kapitel 5.2.

605 Auf die verschiedenen Beeinflussungsgrößen wird detailliert im Kapitel 5.2 eingegangen.

606 Es handelt sich hierbei ausdrücklich um eine subjektive Schätzung des Autors bezogen auf einen Einzelfall und lässt sich nicht auf andere IPOs übertragen.

kationskanäle selbst auswählen, gestalten und nutzen. Zum anderen stößt das Börsenevent auf aktive Resonanz bei den Rezipienten und Medien, die ihrerseits über das IPO berichten und Informationen von und über das IPO weiterkommunizieren (primäre und sekundäre Zielgruppe als Multiplikatoren). Hierauf vermag das Unternehmen z.T. nur einen indirekten Einfluss auszuüben. Durch das Setzen bestimmter Rahmenparameter, z.B. die Höhe des Underpricing, den Zeitpunkt des IPO oder das Informationsansgebot an Multiplikatoren, steuert das Unternehmen die fremdinitiierten Kommunikationspfade - sowohl was die Anzahl und Intensität als auch was die qualitativen Inhalte betrifft. Dieser zweite Weg stellt eine große Herausforderung an die Planung des IPO dar, weil die Einflussnahme letztlich indirekt und vor allen Dingen mit einer Zeitverzögerung erfolgt. Auf der anderen Seite bietet sich so eine große Chance auf eine Verbreitung der Informationen an ein Millionenpublikum. Die massenmediale Resonanz und der Umfang der interpersonalen Kommunikation, die mit einem Börsengang verbunden sein können, lassen sich kaum mit klassischen Marketinginstrumenten realisieren. Die massenmedialen und interpersonalen Kommunikationspfade werden in Kapitel 5 noch ausführlich thematisiert. Berücksichtigt werden dabei insbesondere empirische Ergebnisse über Beeinflussungsgrößen, mittels derer das Unternehmen zumindest indirekt Einfluss auf diese fremdinitiierte Kommunikation nehmen kann.

Die nachfolgende Abbildung fasst mit der selbst- und fremdinitiierten Kommunikation die tragenden Säulen des Börsenevents IPO zusammen und stellt sie dem kontinuierlich verlaufenden klassischen Marketing gegenüber.

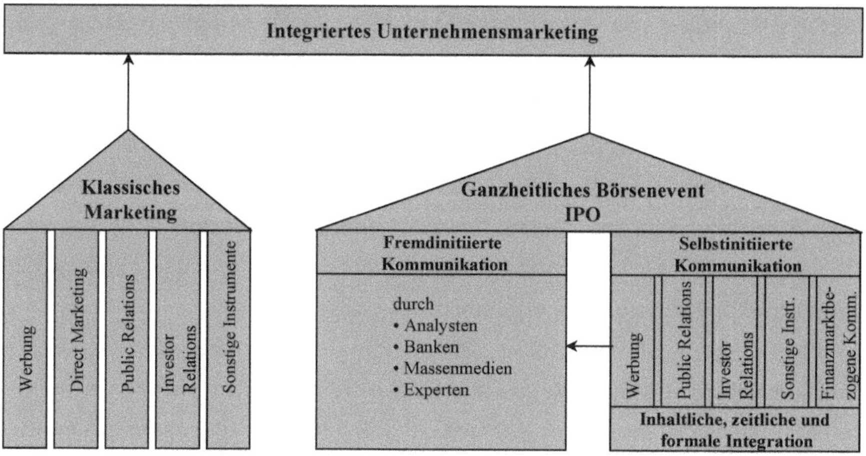

Abbildung 14: Das Börsenevent IPO als wesentlicher Bestandteil eines integrierten Unternehmensmarketing

Die in den nachfolgenden Ausführungen näher erläuterten Instrumente der selbstinitiierten Kommunikation stellen eine tragende Säule des ganzheitlichen Börsenevents IPO dar. Dazu gehören Instrumente etwa der klassischen Werbung, die direkt und unmittelbar an die Primärrezipienten adressiert sind. Die fremdinitiierte Kommunikation fungiert als zweite Säule und wird insbesondere von Analysten, Banken, (Börsen-) Experten und Massenmedien getragen. Wenngleich das Unternehmen die fremdinitiierte Kommunikation nicht direkt beeinflussen kann, so bieten sich verschiedene Instrumente der selbstinitiierten Kommunikation an, mittels derer zumindest indirekt Einfluss auf die fremdinitiierte Kommunikation ausgeübt werden kann. Als ein Beispiel sei unter Vorgriff auf die noch folgenden Ausführungen das Investor Relations (IR)-Instrument „Analystenkonferenz" genannt. Die Konferenz wird durch das Unternehmen initiiert und durchgeführt, richtet sich jedoch an den für die fremdinitiierte Kommunikation maßgeblichen Personenkreis der Finanzanalysten.

In den nachfolgenden Ausführungen werden zunächst die verschiedenen Säulen der selbstinitiierten Kommunikation erläutert. Anhand von empirischen Erkenntnissen werden von den Unternehmen bzw. den jeweiligen Nutzern (z.B. Analysten) bevorzugte Instrumente hervorgehoben. In Kapitel 5 schließen sich detaillierte Ausführungen über die zentralen Kommunikationspfade sowohl der selbstinitiierten als auch der fremdinitiierten Kommunikation an. Dazu werden empirische Erkenntnisse über die praktische Relevanz einzelner Kommunikationspfade ergänzt. Von besonderem Interesse sind dabei verschiedene Faktoren - z.B. das Ausmaß des Underpricing - die einen Einfluss auf den Umfang der fremdinitiierten Kommunikation nehmen.

Die folgenden Ausführungen beschränken sich gleichwohl auf die Erläuterung der grundsätzlichen Möglichkeiten und Stärken, die mit dem Einsatz der jeweiligen Marketinginstrumente im Rahmen des Börsenevents IPO einhergehen. Ein unternehmensspezifischer und praxisbezogener Vorschlag der konkreten Verwendung einzelner Instrumente unterbleibt hingegen, weil die IPO-Unternehmen zu heterogen sind. Beispielsweise verfügt ein großes, bekanntes Unternehmen bereits vor dem Börsengang über hinreichende finanzielle Ressourcen, um bereits während der Vorbereitungsphase eine umfangreiche Werbekampagne starten zu können. Einem jungen Technologieunternehmen bleibt dies aufgrund mangelnder Liquidität hingegen oftmals verwehrt. Außerdem orientiert sich der fallweise Einsatz der Marketinginstrumente während des IPO am (zeitlichen) Fortschritt der gesamten (unternehmensinternen und -externen) IPO-Kommunikation. Da bei einigen Unternehmen der IPO-Prozess jedoch in sehr kurzer Zeit, bei anderen wiederum erst nach einer längeren Zeitspanne abgeschlossen wird, kann auch aus zeitlicher Sicht keine allgemeingültige Ablaufgestaltung der jeweiligen Instrumente angegeben werden. Es zeigt sich also, dass der optimale Einsatz der einzelnen Marketinginstrumente nicht allgemeingültig festgelegt werden kann.

Als notwendige Voraussetzung für den erfolgreichen Einsatz der Marketinginstrumente als Teil des ganzheitlichen Börsenevents IPO gilt es, eine inhaltliche, formale und zeitliche Integration sicherzustellen.[607] Eine inhaltliche Integration

[607] Vgl. Nufer (2002), S. 84, Koch/ Wegmann (1999), S. 114, Meffert (2000), S. 690.

spiegelt sich etwa in einer einheitlichen Kommunikationsbotschaft wider. Mit der formalen Integration wird die einheitliche Verwendung des Corporate Designs angesprochen. Die zeitliche Integration bedingt, dass alle Maßnahmen hinsichtlich ihres Zeitpunktes aufeinander abgestimmt sind.
Sie müssen hingegen nicht nur untereinander, sondern auch und insbesondere mit den übrigen Marketinginstrumenten, die vom Unternehmen unabhängig von dem IPO eingesetzt werden, abgestimmt werden. Diese Herausforderung beinhaltet beispielsweise, dass Werbemaßnahmen für den Börsengang mit übrigen Kampagnen des Unternehmens gemeinsam geplant werden, das Corporate Design unternehmensweit einheitlich umgesetzt wird und Informationen im Börsenprospekt nicht anderen Informationen des Unternehmens widersprechen. In zeitlicher Hinsicht sorgt ein optimales Timing dafür, dass während des Börsengangs z.B. keine imageschädigenden unternehmensbezogenen Ereignisse, etwa Gerichtsprozesse, stattfinden.[608]

Börsenevent und Werbung

Insbesondere aufgrund der Tatsache, dass klassische Werbung kontinuierlich durchgeführt wird, das Börsenevent jedoch als einmaliges Ereignis stattfindet, hat sich die börsengangbezogene kommunikative Darstellung inhaltlich und formal in den von der Werbung vorgegebenen Rahmen einzuordnen.[609] Das IPO muss sich dementsprechend im Erscheinungsbild an das Corporate Design anpassen. Die Deutsche Telekom beispielsweise verwendete auch für den Börsengang den charakteristischen magentafarbenen Schriftzug „Deutsche Telekom" bzw. das Symbol „T". Die Deutsche Post hat ihre Werbeanzeigen in „postgelb" gehalten und das Posthorn als Symbol an exponierter Stelle eingebunden.

---

608 Im Falle von buecher.de sorgte ein Gerichtsprozess für eine negative Berichterstattung in den Medien.

609 Der klassischen Werbung wird hierbei grundsätzlich die Funktion des Leitinstrumentes bescheinigt. Vgl. Nufer (2002), S. 87f.

Auf der anderen Seite dient die Werbung für das IPO als klassisches Subinstrument, indem es die Kommunikationsstrategie massenmedial gezielt unterstützt. Hauptzeitraum ist die Börseneinführungsphase. Die Deutsche Telekom beispielsweise hat ihren IPO mit TV-Spots flankiert, in denen Manfred Krug als Testimonial bzw. virtueller Meinungsführer den Inhalten zusätzlich Nachdruck und Glaubwürdigkeit verliehen hat.[610]

Bei der Auswahl des Massenmediums gelten dieselben Grundsätze wie bei der börsenunabhängigen Werbung. Über einen TV-Spot lassen sich sehr viele Zuschauer erreichen, allerdings muss der Inhalt auf wenige Kernaussagen beschränkt werden. Im Gegensatz zu einer Anzeige in Printmedien, die umfangreichere sachliche Informationen transportieren können, lässt sich die emotionale Ebene viel leichter ansprechen.[611] Die Gestaltung der Kampagnen bzw. der einzelnen Anzeigen orientiert sich an der Gestaltung sonstiger Kampagnen, wozu ein identifizierbares Firmenzeichen, gut leserlicher Text etc. gehören.[612]

Börsenevent und Public Relations (PR)

Ein Börsengang tangiert zwangsläufig verschiedene Stakeholder des Unternehmens, insbesondere die Öffentlichkeit. Die Einflussnahme des Eventmarketing auf die überwiegend operativen redaktionellen Tätigkeiten der Public Relations fällt stark aus. Gerade bei einem Börsenevent findet gewolltermaßen ein intensiver (Informations-) Austausch mit der Öffentlichkeit statt, zu deren Gestaltung und Umsetzung sich die PR - qua nomen - anbietet. Abgesehen von Pflichtveröffentlichungen besteht zusätzlich ein Eigeninteresse des Börsenkandidaten, einer möglichst großen Zahl an potentiellen Investoren bzw. Kunden Informationen zu vermitteln. Die durch die PR vermittelten Inhalte orientieren sich an den je-

610 Auf virtuelle Meinungsführer sowie Testimonials wird im nächsten Kapitel eingegangen.

611 „Das Fernsehen ist heute weit mehr ein Stimmungs- als ein Informationsmedium, deshalb dient ein Werbespot vor allem dem Vermitteln eines guten Gefühls." (Hunzinger (1999), S. 140).

612 Für die Gestaltung von Finanzanzeigen vgl. Koch/ Wegmann (1999), S. 120.

weiligen IPO-Phasen: Zu Beginn der Vorbereitungsphase besteht die Aufgabe darin, einen möglichst großen Teil der Öffentlichkeit von dem bevorstehenden Börsengang in Kenntnis zu setzen. Während der Börseneinführungsphase findet eine konkretere Ansprache ausgewählter gesellschaftlicher Gruppen statt, um inhaltliche Gründe für die Teilnahme zu liefern. Als Einzelmaßnahmen der PR werden u.a. die in der folgenden Abbildung 15 erwähnten Instrumente vorgeschlagen.

Ausgewählte PR-Maßnahmen

- Überarbeitung des Internetauftritts
- Entwicklung einer Microsite, die dem Internetauftritt vorgeschaltet über den IPO informiert
- Leaflet zur Kurzinfo über Unternehmen erstellen
- Hotline einrichten (für die letzten 6 Wochen vor dem IPO mit Infos zum IPO)
- Imagefilm/ Infobroschüre erstellen
- Aufbau und Pflege einer Investorendatenbank
- Aufbau und Pflege einer Analystendatenbank
- Aufbau und Pflege einer Kleinaktionärsdatenbank
- Erstellen einer Basispressemappe
- Erstellen eines Factbooks
- Unternehmenskalender um wichtige börsen- und produktbezogene Termine (z.B. Produktpräsentation) ergänzen (z. B. Beginn der Bookbuildingphase)

Abbildung 15: Ausgewählte PR-Maßnahmen[613]

Die nachfolgende Abbildung 16 zeigt, welche PR-Instrumente in der Praxis börsennotierter Unternehmen tatsächlich eingesetzt werden. Auffällig ist, dass Printanzeigen wesentlich häufiger eingesetzt werden als teurere TV-Spots, was auf die bereits angesprochene mangelnde Finanzkraft vieler kleinerer IPO-Unternehmen hindeutet. Mittlerweile am häufigsten eingesetzt wird die Home-

[613] Quelle: Schönborn/ Tschugg (2002), S. 38, Bösl (2004), S. 65.

page des Unternehmens, Zwischenberichte und der Unternehmenskalender beispielsweise jedoch kaum. Dies verwundert insofern, als in den vergangenen Jahren die Transparenz an der Börse insbesondere durch die Veröffentlichung von Zwischenberichten erhöht werden sollte. Für Zwecke der Public Relations wird dieses Instrument aber anscheinend (noch) nicht genutzt.

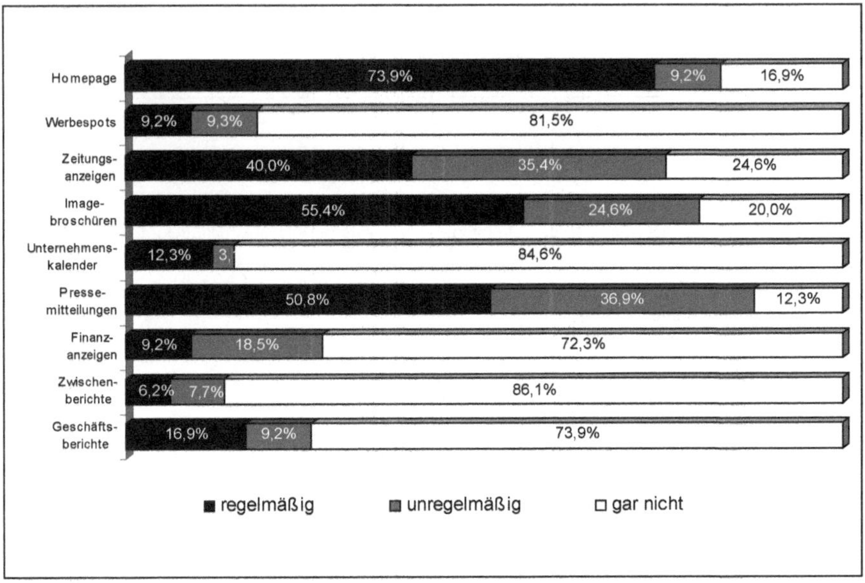

Abbildung 16: Verwendungsgrad ausgewählter PR-Instrumente[614]

Börsenevent und Investor Relations (IR)

Die Investor Relations offerieren eine große Anzahl verschiedener Instrumente, die im Zuge des Börsengangs eingesetzt werden können.[615] Wie der Name be-

[614] Quelle: Bösl (2004), S. 65.

[615] Investor Relations wird in der Literatur oft als eine Teildisziplin der Public Relations aufgefasst. Vgl. z.B. Schönborn/ Tschugg (2002), S. 12. Ungeachtet der vielen Überschnei-

reits andeutet, sind die Instrumente des Investor Relations dazu geeignet, dem Investor bzw. Zeichner der Neuemission Informationen zu vermitteln. Es sei deswegen an dieser Stelle daran erinnert, dass jeder (potentielle) Investor auch als ein (potentieller) Kunde fungiert. Damit sind alle gütermarktrelevanten Informationen über das Unternehmen, seine Geschäftsbereiche und insbesondere dessen Produkte, die auf die (potentiellen) Investoren ausgerichtet sind, auch aus Marketingsicht relevant. Ausgewählte Investor Relations-Instrumente sind im folgenden Schaubild aufgelistet.[616]

	Obligatorisch	**Fakultativ**
Persönlich	• Hauptversammlung	• Unternehmenspräsentation • Investorenkonferenzen • Analystenkonferenzen • One-on-Ones • Road Shows • Conference Calls • Unternehmensbesuche • Investoren-Hotline
Unpersönlich	• Geschäftsbericht • Zwischenbericht • Quartalsberichte • Börsenprospekt • Unternehmenskalender • Ad-hoc-Publizität	• Pressemitteilungen • IR-Releases • Factbook • Aktionärsbriefe • Finanzanzeigen • Internet • Kapitalmarktreport • Überblick über aktuelle Analystenprognosen • Fernsehspots • Aktienkurskommentierung

Abbildung 17: Ausgewählte IR-Instrumente[617]

dungsbereiche fällt das Aufgabengebiet der IR jedoch nach der in dieser Arbeit vertretenen Meinung so eigenständig aus, dass eine separate Abhandlung gerechtfertigt erscheint.

616 Es sei auf die einschlägige Literatur verwiesen. Siehe z.B. Schönborn/ Tschugg (2002), S. 88ff., Achleitner/ Wichels (2003), S. 61.

617 Quelle: Achleitner/ Wichels (2003), S. 61, Schönborn/ Tschugg (2002), S. 93.

Die persönlichen IR-Instrumente richten sich überwiegend an die Sekundärzielgruppe des IPO, da sie die institutionellen Investoren und Analysten unmittelbar über das Unternehmen, dessen Produkte sowie den Börsengang informieren. Gleichwohl ermöglichen es neue Kommunikationstechnologien wie das Onlinevideo-Streaming der primären Zielgruppe, an der Informationsvermittlung teilzunehmen. Sie können sich so im Internet z.B. die Conference Calls, bei denen im Rahmen einer Telefonkonferenz aktuelle Informationen an Analysten, Wirtschaftsjournalisten und institutionelle Investoren vermittelt werden, oder Unternehmenspräsentationen als Download auch nachträglich anschauen. Bei den unpersönlichen IR-Instrumenten helfen z.B. Finanzanzeigen, das Factbook mit Kerninformationen über das Unternehmen und Wettbewerbsanalysen, die relative Leistungsfähigkeit der Produkte und des Unternehmens am Realgütermarkt einzuschätzen. Aktuelle Analystenprognosen sowie der Kapitalmarktreport geben einen Einblick in die Meinungen Dritter über die Bewertung des Unternehmens.

Die relative Bedeutung der einzelnen Instrumente ist sehr unterschiedlich. Die Unternehmen setzen die in der folgenden Abbildung 18 der relativen Wichtigkeit nach geordneten IR-Instrumente ein.[618]

[618] Die Gewichtung ergibt sich aus dem relativen Anteil des jeweiligen Instruments an den IR-Ausgaben der Unternehmen.

Ausgewählte Investor Relations-Maßnahmen	*Aktiengesellschaften: Objektiver Anteil an den IR-Ausgaben*
Geschäftsbericht	19,8%
Hauptversammlung inklusive Bilanzpressekonferenz	18,5%
Road Show, Gespräche mit Investoren/ Analysten	14,3%
Sonstige Druckschriften (außer Geschäftsbericht)	9,2%
Informationen per Internet	9,0%
Sonstige Pressearbeit	7,2%
Informationen per Telefon/ Hotline	5,5%
Fernsehspots	4,6%
Internet TV	3,7%
Anzeigen	2,7%
Sonstiges	5,5%

Abbildung 18: Relative Wichtigkeit einzelner IR-Instrumente aus der Sicht börsennotierter Unternehmen[619]

Die Kombination der klassischen Investor Relations mit dem Marketing hat in jüngerer Vergangenheit zum Investor Marketing geführt.[620] Die Eignung des In-

619 Quelle: Hofer (2003), S. 39.

vestor Marketing für IPOs wird dabei explizit hervorgehoben.[621] Dabei werden die Instrumente des Investor Relations genutzt, um eine höhere kommunikative Präsenz zu erlangen.[622]

„Für den IPO hat die Equity Story kritische Bedeutung“[623], weil damit gebündelt zentrale Informationen z.B. über die Leistungsfähigkeit der Produkte, Vorteile gegenüber Wettbewerbern („unique selling proposition“) und die Stärken des Unternehmens an ein breites Publikum verständlich vermittelt werden. Sie steht deswegen im Fokus des Investor Marketing.[624] In ihr vereinen sich alle rationalen, aber gerade auch emotionalen Aspekte, die das Unternehmen und seinen Börsengang für den Investor bzw. Konsumenten interessant und attraktiv erscheinen lassen.

Die Equity Story setzt sich aus mehreren Bestandteilen zusammen, wozu die Unternehmensvision und -struktur, Stärken und Schwächen sowie die Finanzlage des Unternehmens zählen.[625]

Hinsichtlich der *Unternehmensvision* ist essentiell, dass das Unternehmen ein klares Wachstumsbekenntnis abgibt. Selbst Unternehmen, die in einer wachstumsschwachen Branche tätig sind und in der Vergangenheit nur wenig Wachstum realisiert haben, sollten zumindest eine Wachstumsperspektive aufweisen. Ob sich das angestrebte Wachstumsziel tatsächlich realisieren lässt, zeigt sich u.U. erst Jahre später; nichtsdestotrotz muss es glaubhaft vermittelt werden. Zwei Gründe lassen sich für die Vorteilhaftigkeit des Wachstumsbekenntnisses anführen. Zum einen stellt ein zukünftiges Wachstum die Voraussetzung für eine höhere Unternehmensbewertung dar und macht somit das Investment aus rationaler Sicht attraktiver. Zum anderen - und oftmals weit wichtiger - schafft es

620 Vgl. Simon/ Ebel/ Pohl (2002).

621 Vgl. Ebel/ Hofer (2003), S. 21.

622 Vgl. Hofer (2003), S. 38.

623 Pohl (2003), S. 155.

624 „Der Wert von Equity Story-Kampagnen mit dem Ziel IPO/ Börsengang scheint von den meisten erkannt zu sein“, (Wagner (2003), S. 201).

625 Vgl. Pohl (2003), S. 155. Zu einer etwas feingliedrigeren Unterteilung vgl. Schönborn/ Tschugg (2002), S. 49.

eine Faszination und eine positive Erwartungshaltung für eine erfolgreiche Zukunft, die aus emotionaler Sicht zu dem Interesse an der Aktie und dem Unternehmen sowie dessen Produkten beiträgt.

Der zweite Bestandteil der Equity Story besteht in der Erläuterung der Tätigkeitsfelder, worunter zumeist strategische Geschäftseinheiten, regionale Aktivitäten oder Produkte verstanden werden.[626] Nur wenn die Tätigkeitsfelder insgesamt eine nachvollziehbare *Struktur* aufweisen und der Beitrag jedes einzelnen Feldes zum Unternehmenserfolg sichtbar wird, ist für die Adressaten der Equity Story (Investoren, Kunden, Analysten etc.) die positive Wachstumsaussicht plausibel. Die Deutsche Telekom konnte insbesondere seit Mitte der 1990er Jahre die Wachstumsschwäche des Festnetzgeschäfts durch einen stark wachsenden Mobilfunkbereich kompensieren. Als der Mobilfunkbereich Ende der 1990er Jahre aufgrund von Basiseffekten ebenfalls niedrigere Wachstumsraten aufwies, wurde anstelle des gesamten Geschäftsfeldes der Fokus auf das hohe Wachstum und Wachstumspotential des Mobilfunks in Nordamerika gelegt.

Für die einzelnen Schwerpunkte der operativen Tätigkeit sollten als dritter Bestandteil der Equity Story *Stärken und Schwächen* herausgestellt werden. Es ist empfehlenswert, lückenlos Schwächen aufzudecken, da einmal verschwiegene Problembereiche, die von Externen erkannt werden, dauerhaft Vertrauen zerstören können.
Die besonderen Stärken gerade wachstumsstarker Bereiche sollten herausgestrichen werden, um das Wachstumspotential zu untermauern, begründete Hoffnungen zu schüren und die Vision des Unternehmens glaubhaft zu vermitteln. Der Fokus kann auf hervorstechende Alleinstellungsmerkmale gerichtet werden, die besonders viel Phantasie beim Adressaten hervorrufen, auch wenn sie in einer nüchternen finanziellen Kalkulation nur eine untergeordnete Bedeutung spielen. Dazu gehören z.B. Markt- oder Technologieführerschaften, neue Geschäftsideen, neue hocheffiziente Produktionsmethoden, zielorientiertes und er-

[626] Vgl. Pohl (2003), S. 156.

folgreiches Management, hohe F&E-Ausgaben oder aufgrund langjähriger Erfahrung einzigartige Markt- und Kundeninformationen.

Der vierte Bestandteil in Form *finanzieller Kennzahlen* und Wertermittlungen gehört quasi als Pflichtteil ebenfalls zur Equity Story. Für alle relevanten Unternehmenseinheiten sollten hinreichend detaillierte Zahlen vorgelegt werden, sodass der Eindruck von Transparenz und Nachvollziehbarkeit geschaffen wird. Dies untermauert wiederum die Glaubwürdigkeit der getroffenen Zukunftsaussagen. Von traditionellen Unternehmen werden überwiegend Finanzkennzahlen wie der ROI, EBITDA oder Nettogewinn nachgefragt, bei jungen Wachstumsunternehmen - z.T. mangels Alternative - Kennzahlen des operativen Geschäfts in Form von Kundenzuwächsen, Homepage Visits bei Internetunternehmen[627] oder Kundenwertanalysen.

Zusammenfassend bietet die Equity Story eine für die verschiedenen Zielgruppen nachvollziehbare Komprimierung der Tätigkeiten des Unternehmens und vermittelt verständlich und glaubhaft, dass das Unternehmen wachsen will und das Potential dazu besitzt. Das Ziel der Vermittlung der Equity Story besteht darin, dass jeder Rezipient (Analyst, Privatanleger, Kunde etc.) in die Lage versetzt wird, Kernaussagen aufzunehmen und wiederzugeben. Ein Kunde wird durch die Inhalte der Equity Story in die Lage versetzt, die Frage beantworten können, warum die Produkte denen der Konkurrenz überlegen sind, ein Privatanleger, warum es sich für ihn lohnt, die Aktie beim IPO zu zeichnen, und ein Analyst, warum etwa die der Bookbuilding-Preisspanne zugrunde liegende Unternehmensbewertung gerechtfertigt ist.
Weil die Equity Story greifbare Antworten auf alle zentralen Fragen bietet, wird sie als „Ausgangspunkt für alle weiteren Investor-Marketing-Aktivitäten“[628] gesehen.

[627] Auf die hohe Bewertungsrelevanz bei Internetunternehmen weisen Demers/ Lewellen hin. Vgl. Demers/ Lewellen (2003).

[628] Pohl (2003), S. 163.

Börsenevent und Product Placement

Der Börsengang bietet sich als eine hervorragende Plattform für ein Product Placement an: Neue, innovative und erfolgskritische Produkte können als ein „Aushängeschild" für den Börsenkandidaten präsentiert werden.
Viele Börsenkandidaten sind als junge, schnell wachsende Unternehmen auf eine schnelle Verbreitung der Produkte angewiesen. Je enger das Produkt mit dem Unternehmen verbunden ist, desto leichter lässt sich das Product Placement durch den Börsengang realisieren.
Die Nutzung des wichtigsten Produkts der web.de AG, der E-Mail-Dienst freemail, wurde als Voraussetzung für die bevorrechtigte Zuteilung von Aktien der web.de AG eingesetzt. Investoren, die sich über das Affinity-Programm der web.de eine bevorrechtigte Zuteilung von Aktien sichern wollten, mussten sich bei freemail (kostenlos) als Kunde registrieren lassen sowie ihr Wissen über wenige zentrale Aspekte von freemail nachweisen.
Die Deutsche Post nahm ebenfalls ein Product Placement in Verbindung mit dem Börsengang vor. Sie offerierte allen Neukunden des jungen Internetbrokers „easytrade", einer Tochter der Deutschen Postbank, ein Bundling-Angebot. Es bestand aus einer Gratisaktie der Deutschen Post, wenn bis zum 28.2.2001 ein (kostenloses) Depot bei „easytrade" eröffnet wurde. Hofer bezeichnet dies als „ein interessantes Beispiel für eine Verknüpfung zwischen dem Kerngeschäft des Unternehmens und der Gewinnung von Investoren."[629]
Quasi automatisch erfolgt das Product Placement, wenn die Firma - im Sinne des Unternehmensnamens - identisch mit dem (bzw. einem) Produkt des Unternehmens ausfällt. Dies wurde insbesondere von den sogenannten dot.com-Unternehmen der Internetbranche intensiv genutzt, z.B. von yahoo!, amazon.com, aber auch web.de.

---

[629] Hofer (2003), S. 45.

Börsenevent und Direct-Marketing

Das Direct-Marketing kann ebenfalls für die Zwecke des Börsenevents instrumentalisiert werden, wozu sich verschiedene Kommunikationskanäle anbieten.[630] Die Homepage fungiert als Internetplattform für Unternehmensnachrichten („news") und Diskussionsforen, auf die Interessierte aktiv zugreifen können. Die Deutsche Telekom beispielsweise hat unter der Bezeichnung „Aktien-Informations-Forum" (AIF) interessierten Anlegern den Service angeboten, ihnen regelmäßig auf dem Postweg Informationen über das Unternehmen und den Börsengang zuzusenden. Gleiches lässt sich auch in elektronischer Form als newsletter distribuieren.

Die Direktkommunikation kann bereits während der Vorbereitungsphase genutzt werden, um (registrierte) Kunden auf den Börsengang aufmerksam zu machen und für nachfolgende Informationen zu sensibilisieren. Damit lässt sich das durch die Meinungsführer gegebene Potential optimal und frühzeitig mobilisieren.[631] Während der für den Erfolg des Börsengangs entscheidenden Börseneinführungsphase gestattet die Direktkommunikation die zielgerichtete Vermittlung von Informationen, die zu dem Zeitpunkt besonders wichtig erscheinen. Es kann beispielsweise auf das Auslaufen der Frist für Frühzeichner-Rabatte oder eine Überzeichnung noch während der Zeichnungsphase hingewiesen werden. Gerade letztere kann eingesetzt werden, um auf den (scheinbar) sicheren Erfolg der Emission hinzuweisen. Investoren stützen ihre Entscheidung über die Teilnahme an dem IPO auf ihre persönliche Beurteilung, aber auch auf die Einschätzung darüber, welche Informationen andere potentielle Teilnehmer über das Unternehmen besitzen. Die Nachricht über eine Überzeichnung dient ihnen als Indikator dafür, dass andere Investoren positive Informationen besitzen. Dies führt zu

---

[630] Zur Darstellung sämtlicher Kommunikationspfade sei auf das nächste Kapitel verwiesen.

[631] Auf die Rolle der Meinungsführer wird ausführlich im nächsten Kapitel eingegangen.

einer Anpassung ihrer Nachfrage nach oben, was wiederum die Überzeichnung noch weiter erhöht und dazu führt, dass die Nachfrage weiter ansteigt.[632]
Zu Beginn der Börsenphase bietet die Direktkommunikation die Möglichkeit, den Meinungsführern eine abschließende Beurteilung des IPO aus Sicht des Unternehmens zukommen zu lassen und ihnen damit Argumente für die von ihnen dominierte interpersonale Kommunikation an die Hand zu geben. Es kann beispielsweise auf die „hervorragende Resonanz" einer „hohen Überzeichnung" und den „großen Erfolg" hingewiesen werden, der sich z.B. an der Höhe des Underpricing festmachen lässt. Die Deutsche Telekom setzt während der Börsenphase auch weiterhin auf das AIF als direktes Kommunikationsinstrument zu Aktionären und Kunden.

Börsenevent und Multimedia-Kommunikation

Multimedia-Kommunikation wird als reines Subinstrument im Rahmen des Börsengangs zur Gestaltung des Informationsangebotes eingesetzt. Die Existenz von Technologien wie dem Internet oder Video-broadcasting eröffnet erst das Potential zur Durchführung eines virtuellen (Börsen-) Events wie dem IPO, weil andernfalls die effiziente Distribution von Informationen[633] an eine große Zahl von Rezipienten nicht möglich wäre.[634] Auf der Homepage können Audio- oder Video-Mitschnitte von Analystenkonferenzen, Pressekonferenzen oder Werbespots zum kostenlosen Download angeboten werden.
Gerade während der Hot-issue-Phase Ende der 1990er Jahre haben viele Investoren das Online-Angebot von Internetbrokern genutzt, um Informationen über

[632] In diesem Zusammenhang sei an das informationstheoretische IPO-Modell von Welch erinnert, welches die Entstehung von Kaufkaskaden während der Börseneinführungsphase postuliert. Vgl. Welch (1992) sowie die Ausführungen in Kapitel 3.1.3.

[633] Informationen in elektronischer Form können beliebig oft kopiert werden, da die Grenzkosten fast Null betragen, vgl. Nevries/ Segbers (2004).

[634] Dazu gehört auch die technologische Infrastruktur an der Börse, beispielsweise in Verwendung beim elektronischen Börsenhandelssystem oder der Führung des Orderbuchs, vgl. Kapitel 2.1.

den Börsengang und das Unternehmen oder dessen Produkte zu erhalten.[635] Empirische Studien zeigen, dass auch die Nutzung der Homepage der Unternehmen während des IPO tatsächlich deutlich zunimmt.[636] Die Multimedia-Kommunikation unterstützt als ein wichtiges Subinstrument die gütermarktrelevanten Wirkungen des IPOs sowohl in quantitativer als auch in qualitativer Hinsicht. Die praktisch kostenlose, beliebig oft nutzbare Replizierung befördert die massenhafte Verbreitung von Informationen und erhöht somit den Bekanntheitsgrad des Unternehmens. Gleichzeitig festigen sich das Wissen und die Einstellung zu dem Unternehmen und seinen Produkten, weil die früher nur einem exklusiven Kreis (Analysten, institutionelle Investoren) zugänglichen wichtigen Informationen z.B. eines Unternehmensbesuchs oder eines Wettbewerbsvergleichs heute jedermann und mehrdimensional (Bild, Text, Ton) nähergebracht werden.

Bei einer vollständigen inhaltlichen, formalen und zeitlichen Integration des Börsenevents IPO in das Marketing und bei einer Nutzung anderer Marketinginstrumente für das Börsenevent kann von einem ganzheitlichen Eventmarketing gesprochen werden.

4.2.3.2 Durchführung

Zur Durchführung des Börsenevents werden sämtliche Aktivitäten, zumeist Kommunikationsmaßnahmen, gezählt, die während des Börsengangs vorgenommen werden.[637] Dazu gehört aus chronologischer Sicht zunächst die Vorbereitung des Börsengangs durch operative Maßnahmen. Neben den finanzmarkt-

---

635 Unternehmens- und Produktinformationen werden z.B. unter der Rubrik Unternehmensporträt von praktisch allen großen Internetbrokern angeboten.

636 Die Steigerungsraten im IPO-Monat gegenüber dem zweiten Monat vor dem IPO liegen bei ca. 20%. Vgl. Demers/ Lewellen (2003).

637 Eine trennscharfe Abgrenzung zur Planung ist gleichwohl nur schwer möglich.

bedingten Vorbereitungen[638] sind u.a. Mitarbeiter zu schulen, Broschüren zu entwerfen und die Internetseiten um aktuelle börsengangbezogene Informationen zu ergänzen. Neben den operativen Tätigkeiten ist dabei die zeitliche Abfolge gerade der während des IPO-Prozesses vermittelten Informationen von besonderem Interesse.

Die zeitliche Abfolge richtet sich dabei idealtypischerweise nach dem Konzept des Spannungsbogens. Die Inhalte, gleich zu welcher Phase, erzielen jedoch nur dann die gewünschte Wirkung, wenn sie glaubwürdig sind. Auf Glaubwürdigkeitsprobleme wird im weiteren Verlauf der vorliegenden Arbeit eingegangen.

Spannungsbogen

Für Events wird in der Literatur die Ablaufgestaltung nach dem traditionellen und weithin etablierten[639] Konzept des Spannungsbogens[640] gefordert.[641] Die Dramaturgie erfüllt im Rahmen des Eventmarketing die Aufgabe, die Beeinflussungsstrategie bzw. die vermittelten Informationen zu „verpacken".[642] Aufgrund der Selbstinitiierung des (Börsen-) Events kann der Eventveranstalter eigenmächtig entscheiden, die Aktivitäten gemäß den Erkenntnissen über einen optimalen Spannungsaufbau zu terminieren.
Durch die inhaltliche Untergliederung in mehrere Phasen lässt sich zum einen der gesamte Zeitraum im Empfinden der Teilnehmer subjektiv verkürzen. Zum

638 Vgl. Kapitel 2.1.

639 Als Beispiele sollen nur das Theater, Fernsehfilme oder Sportereignisse genannt werden.

640 Das Konzept des Spannungsbogens, nach dem der Ablauf eine zunächst zunehmende und nach Erreichen des Höhepunktes wieder abnehmende Spannungskurve beschreibt, wurde bereits von dem großen griechischen Philosophen Aristoteles beschrieben. Er bezeichnete die dramaturgische Ablaufgestaltung - dem Zeitgeist entsprechend metaphorisch - als die drei Phasen des „Einatmens, des Höhepunktes und des Ausatmens", (zitiert in: Mikunda (1996), S. 144).

641 „Auch ein Event sollte demnach als ein themengebundener Prozess mit dynamischem und spannungsvollem Charakter wirken." (Nickel (1998b), S. 137).

642 Vgl. hier und im Folgenden Nickel (1998b), S. 137.

anderen werden relevante Informationen gebündelt und auf den Höhepunkt, im Fall des Börsengangs den ersten Handelstag an der Börse, ausgerichtet. Am Ende der Vorbereitungsphase können mehrere Informationen hinsichtlich des Beginns der Bookbuildingphase gegeben werden, etwa über die Banken, bei denen Zeichnungsaufträge eingereicht werden können, oder über die Bookbuildingpreisspanne. Zu Beginn der Bookbuildingphase können sodann Informationsbündel über das Zuteilungsverfahren in Abhängigkeit von dem erwarteten Ausmaß der Überzeichnung etc. hinsichtlich der anstehenden Aufnahme der Sekundärmarktnotiz gegeben werden.

Der Spannungsbogen bietet dem Unternehmen so die Möglichkeit, die mit dem Börsengang vermittelten Informationen in ein ganzheitliches Konzept einzuordnen, miteinander zu verknüpfen und damit den Teilnehmern am Börsengang den Eindruck zu vermitteln, dass alle Informationen aufeinander abgestimmt sind. „Idealerweise kommt es zu einem themengebundenen Spannungsaufbau“[643], der sich aus sieben Phasen zusammensetzt: Auftakt, Exposition, Vernetzung, Höhepunkt, Reflexion sowie Schluss und Ausklang.[644] Mit dem Auftakt wird der Grundstein für den IPO- bzw. unternehmensbezogenen Spannungsaufbau gelegt. Mit dem Höhepunkt ist das maximale Spannungsniveau erreicht, welches in den nachfolgenden Phasen sukzessive auf ein niedrigeres Niveau zurückgeht, wie anhand von Abbildung 19 zu erkennen ist.

643 Nickel (1998b), S. 137.

644 Vgl. Mikunda (1996), S. 144.

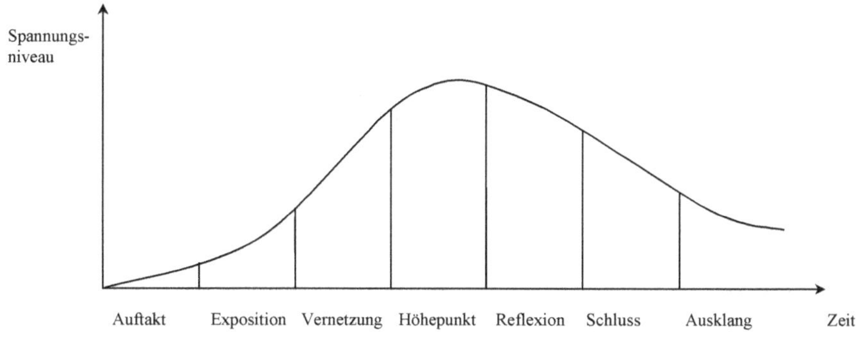

Abbildung 19: Phasenverlauf des Spannungsbogens

Das zeitliche Gerüst des Spannungsbogens rankt sich dabei überwiegend um den finanzwirtschaftlichen Prozessverlauf des Börsengangs. Die Bedeutung des Spannungsbogens hinsichtlich gütermarktbezogener Wirkungen ergibt sich aus zweierlei Sicht. Zum einen sei an dieser Stelle nochmals auf die Ausführungen in Kapitel 4.1 hingewiesen. Diese messen auch den finanzmarktbezogenen Informationen, die von Finanzmarktakteuren (Investoren) aufgenommen werden, wegen deren Funktion als Konsumenten Relevanz zu. Zum anderen werden durch die dramaturgische Gestaltung wesentlich mehr Personen interessiert, sich intensiv mit dem IPO auseinanderzusetzen. Für diesen größeren Personenkreis lassen sich sodann gütermarktbezogene Informationen in das finanzmarktbezogene Gerüst einbinden. Beispielsweise lässt sich die in der Bookbuildingphase aufgebaute Spannung über die Zuteilung von Aktien wie in dem weiter oben angesprochenen Beispiel der bevorrechtigten Zeichnung beim Börsengang der Deutschen Post AG oder dem Affinity-Programm von web.de und anderen Unternehmen mit Kenntnissen über die Produkte verknüpfen.

Der *Auftakt des Spannungsbogens* dient der Information und Klarstellung für den Betrachter. Bei einem Spielfilm wird deutlich gemacht, ob es sich um eine

Komödie oder einen Thriller handelt; die einleitenden Worte zu einem Vortrag lassen den Zuhörer einschätzen, ob das Thema für ihn interessant ausfällt.
Der Aufbau des Spannungsbogens beginnt möglichst früh, um die (potentiellen) Teilnehmer auf das Event aufmerksam zu machen und dafür zu interessieren.[645] Somit ist als Auftaktphase die Ankündigung des Börsengangs in der Öffentlichkeit zu verstehen. Sie findet im Anschluss an die Entscheidungsphase des IPO-Prozesses statt, wo im Fall der positiven Entscheidung über die Durchführung eines IPO diese an die Öffentlichkeit weitergegeben wird.[646] Da in der Vergangenheit bereits Börsengänge von anderen Unternehmen vorgenommen worden sind, kann davon ausgegangen werden, dass eine ungefähre Vorstellung von dem weiteren Verlauf des Börsengangs herrscht. Beispielsweise kann unterstellt werden, dass die Investoren wissen, dass die Erstnotiz üblicherweise innerhalb eines Jahres angestrebt wird und dass in der Bookbuildingphase kurz vor dem eigentlichen Börsengang die Möglichkeit zur Zeichnung besteht. Hinzu kommen Erfahrungswerte etwa über die Höhe der Kurssteigerung, die bei den letzten Börsengängen erzielt worden ist.
Auch wenn in dieser Phase direkt kein Investor gewonnen und keine marketingbezogene Information über ein neues Produkt vermittelt werden, so schafft die Auftaktphase dennoch indirekt eine wichtige Grundlage für den weiteren Verlauf des Börsengangs. Für den Erfolg des Börsengangs sowohl aus finanzmarktbezogener als auch aus gütermarktbezogener Sicht ist in der Auftaktphase entscheidend, dass möglichst viele Multiplikatoren von dem geplanten Börsengang erfahren. Sie werden sensibilisiert und nehmen in der Folge mit einer größeren Wahrscheinlichkeit weitere, detailliertere Informationen auf.

In der sich anschließenden *Expositionsphase* findet eine objektbezogene Spezifizierung der Ausgangslage statt. Im Spielfilm werden die Hauptakteure vorge-

[645] Vgl. Nickel (1998b), S. 138.

[646] Die frühzeitige Ankündigung der Absicht führt nicht zwangsläufig zu einem tatsächlichen Börsengang, jedoch in der überwiegenden Zahl der Fälle. Vgl. Boehmer/ Ljungqvist (2001), S. 10, wonach 70,6 % tatsächlich einen Börsengang durchführten.

stellt und der Plot umrissen; der Vortragende erläutert das Thema anhand einer detaillierten Gliederung und macht die Zielsetzung des Vortrags klar.
Für den Börsengang werden während der Vorbereitungsphase beispielsweise die involvierten Dienstleister und das Emissionskonsortium bekannt sowie Hinweise auf die genaue Länge des Zeitraumes bis zur Sekundärmarktnotiz und den Umfang des Emissionsvolumens[647] gegeben. Die Informationen dienen dazu, den Interessierten ein präziseres Bild dessen zu vermitteln, was sie noch zu erwarten haben. Sie können sich sodann sowohl auf die noch zu kommunizierenden Inhalte (z.B. Charakterisierung des Unternehmens und der Produktpalette, Anzahl der zum Verkauf stehenden Aktien) als auch auf den genauen Zeitablauf (wann das Unternehmen Informationsbroschüren anbietet, wann genau die Zeichnungsphase beginnt etc.) einstellen.

Die *Vernetzung* stellt inhaltliche Verknüpfungen her, sodass dem Teilnehmer offenbar wird, warum und wie die Sequenz der Ereignisse konkret gestaltet sind und wie sie sich peu à peu zu einem Ganzen fügen. Beim Spielfilm erschließt sich dem Betrachter zusehends, um was es geht und welche Personen zusammen- bzw. gegeneinander arbeiten.
Beim Börsengang treffen während der Börseneinführungsphase, insbesondere in der Bookbuildingphase, mit dem Unternehmen, den Investmentbanken und den Investoren erstmals drei zentrale Akteure unmittelbar aufeinander. An der Zeichnung Interessierte können bei den Konsortialbanken unter Kenntnis des Emissionsprospekts und der vorab ermittelten Zeichnungsspanne ihre Order einreichen. Die während der ersten Phasen erbrachten Vorleistungen in Form der internen Umstrukturierung (z.B. die Rechtsform der AG), der Wahl der externen Dienstleister (z.B. Konsortialbanken) und der Ermittlung des Unternehmenswerts (Bookbuildingpreisspanne) stellen zusammengenommen notwendige Rahmenbedingungen für das offizielle Angebot an die potentiellen Aktionäre dar. Es wird jedem Interessierten offenbar, unter welchen Bedingungen die Teilnahme an der Zeichnung erfolgt.

---

647 Vgl. Kapitel 2.1.

Mit der Vernetzung steigt der Spannungsbogen deutlich an, weil die Teilnehmer ein wachsendes Eigeninteresse entwickeln. Sie leiten aus der während der Bookbuildingphase sichtbaren starken Nachfrage die Chance ab, Zeichnungsgewinne zu erzielen. Somit sind sie bestrebt, weitere Informationen über das Unternehmen, die Erfolgsaussichten der Produktpalette und die Bewertung einzuholen, um eine fundiertere Entscheidung über die Teilnahme und Höhe des Zeichnungsauftrags treffen zu können. Gerade in dieser Phase bietet es sich für das Unternehmen an, die im Kapitel 'Integration in das Marketing' der vorliegenden Arbeit vorgestellten Marketinginstrumente einzusetzen, um ein möglichst umfassendes und facettenreiches gütermarktbezogenes Informationsangebot - über das Unternehmen sowie dessen Produkte - zu schaffen. Die Vernetzung kann somit zu einer Verknüpfung der finanzmarktbezogenen und gütermarktbezogenen Perspektive genutzt werden. An dieser Stelle soll auf die bereits zuvor erwähnte Werbekampagne der Deutschen Post AG als Teil der Equity Story hingewiesen werden, die neben Vorteilen, an der Zeichnung teilzunehmen, gleichzeitig die zentralen Stärken des Unternehmens herausgestellt hat.

Die Bookbuildingphase erfüllt als entscheidender Zeitraum des Börsengangs eine doppelte Funktion: Sie führt nicht nur zur Vernetzung sämtlicher vorbereitender Phasen, sondern kann als ein eigenständiger Spannungsbogen aufgefasst werden. Den Höhepunkt bildet in beiden Phasen der Tag der Erstnotiz.

Der Auftakt des Bookbuildingzeitraums wird durch die Bekanntgabe der exakten Dauer der Bookbuildingphase gebildet, die Exposition beinhaltet wichtige die Bookbuildingphase definierende Informationen z.B. über die Anzahl der angebotenen Aktien, die Bookbuilding-Preisspanne[648] sowie die Banken, bei denen der Investor einen Zeichnungsauftrag einreichen kann. Der weitere Verlauf der Bookbuildingphase mit der Entgegennahme der Zeichnungsaufträge stellt die Vernetzung des Zeichnungsangebots mit der Investorennachfrage her. Daraus kann zum einen intern für die Konsortialbanken die Höhe des Interesses abgelesen werden,[649] zum anderen existiert mit den sogenannten Graumarktkursen ein

648 Vgl. Kapitel 2.1.

649 Daraus ergibt sich im Falle einer niedriger als erwarteten Nachfrage z.B. eine stärkere Bewerbung, eine Verlängerung des Bookbuildingzeitraums oder eine Verringerung des

öffentlich verfügbarer Indikator hoher Prognosequalität über den zu erwartenden Sekundärmarktkurs. Die Konsortialbanken beraten alle an einer Zeichnung interessierten Investoren über die Zeichnungsmodalitäten und -chancen, wobei stets (marketingrelevante) Informationen über das Unternehmen und seine Tätigkeitsfelder zur Sprache gebracht werden. Ergänzend lanciert das Unternehmen massenmedial oder durch Direktkommunikation unterstützt sowohl sachliche Informationen als auch emotionale Reize, die das Unternehmen in einem positiven Licht erscheinen lassen. Dazu gehört z.B. die Bekanntgabe positiver Finanzkennzahlen oder der Akquisition eines Unternehmens, die das Interesse an dem Börsenkandidaten steigern und einen höheren Unternehmenswert gerechtfertigt erscheinen lassen. Im Zusammenspiel mit der Equity Story schüren diese Informationen die Hoffnung, einen erheblichen finanziellen Gewinn mit der Neuemission erzielen zu können.

Die Aufnahme des Sekundärmarkthandels der Aktie stellt den *Höhepunkt* sowohl der Bookbuildingphase als auch des gesamten IPO-Prozesses dar. Es wird damit das zentrale Ziel des regulären Handels der Eigenkapitalanteile an dem öffentlichen Handelsplatz Börse erreicht. Gerade aus Sicht der Investoren stellt der Tag der Erstnotiz den Höhepunkt des Börsengangs dar. Den Zeichnern ist erst kurz zuvor die Höhe ihrer Zuteilung vom Emissionskonsortium mitgeteilt worden. Von dieser Mitteilung hängt die grundsätzliche Teilhabe an den (potentiellen) Kurssteigerungen ab.[650] Aufgrund der hohen Prognosegüte der Graumarktkurse und der phasenbedingt (Hot-issue-Phase oder Cold-issue-Phase) z.T.

Preises, im Extrem sogar die Absage des gesamten Börsengangs. Im umgekehrten Fall einer wahrscheinlichen oder vorzeitigen Überzeichnung kann die Bookbuildingphase verkürzt werden.

650 Aus Sicht der Informationsasymmetriemodelle löst sich die dem Emissionsprozess immanente Informationsasymmetrie durch das ungehinderte und beobachtbare Aufeinandertreffen von Angebot und Nachfrage auf. Der Grund dafür besteht in den einzelnen Käufen und Verkäufen der Aktie, die jeweils die individuellen Kenntnisse des Käufers bzw. Verkäufers über bewertungsrelevante Sachverhalte enthalten, wodurch letztlich sämtliche wertbeeinflussenden Informationen an den Markt gelangen. Ein Verzicht zur Preisgabe der Information würde die Handelsgewinne der Investoren schmälern und stellt deswegen eine inferiore Handlungsalternative dar.

eindeutigen Kursveränderungen vermögen die Zeichner bereits vor der Handelsaufnahme abzuschätzen, ob Kursgewinne oder -verluste anfallen werden. Sicherheit über die tatsächliche Kursveränderung ergibt sich erst am Handelstag selbst, wo es den Anlegern zum ersten Mal möglich ist, die im Primärmarkt erworbenen Anteilsscheine zu verkaufen und bei Underpricing (Overpricing) Gewinne (Verluste) zu realisieren. Dem Investor zeigt sich somit der (absolute) Kursgewinn (oder -verlust) pro zugeteilter Aktie seines Investments am Primärmarkt, der sich als Differenz zwischen Primärmarktkurs und Börsenkurs ergibt. Gerade in Hot-issue-Phasen haben einige Investoren Zeichnungsaufträge für aus ihrer Sicht vielversprechende IPOs abgegeben, die einen Großteil, in Einzelfällen sogar mehr als die Gesamtheit ihrer liquiden Mittel ausmachten.[651] Bei einer Verdoppelung, in Einzelfällen sogar einer Verdrei- oder Vervierfachung des Primärmarktkurses an den ersten Handelstagen führte dies zu einer erheblichen Rendite auf das Gesamtvermögen des jeweiligen Zeichners. Mit den finanziellen Konsequenzen geht bei den Personen eine emotionale Reaktion einher, wie bereits die Ausführungen in Kapitel 4.2.2.2.3 gezeigt haben: Sie empfinden Freude ob der erzielten Gewinne oder Enttäuschung im Falle von Kursverlusten. Für das Unternehmen bietet sich während des Höhepunkts die Möglichkeit, eine Verknüpfung mit dem Image des Unternehmens herzustellen. Im Falle positiver Kurssteigerungen kann beispielsweise darauf hingewiesen werden, dass es sich um ein „erfolgreiches Unternehmen mit großem Zukunftspotential" handele, welchem die Investoren vertrauen.

In den Medien wurde die Berücksichtigung bei der Zeichnung mit dem Verteilen von Geldgeschenken verglichen.[652] Die Berichterstattung in den Medien fokussiert sich auf die Aufnahme des Handels als Abschluss der Zeichnungsphase und nimmt mit der Höhe des Underpricings zu.[653]

---

[651] Die Strategie hat sich über einen längeren Zeitraum tatsächlich als optimal herausgestellt, weil von 1999 bis 2000 kein IPO eine negative Zeichnungsrendite aufwies und bereits anhand der Graumarktkurse ablesbar war, dass eine erhebliche Zeichnungsrendite zu erwarten stand und dann auch eingetreten ist.

[652] DuCharme/ Rajgopal/ Sefcik bezeichnen dies als „to leave dollars on the table" (DuCharme/ Rajgopal/ Sefcik (2001b), S. 6).

[653] Vgl. Demers/ Lewellen (2003).

Die *Reflexionsphase* bietet allen Beteiligten die Chance, die vergangenen Ereignisse Revue passieren zu lassen und zu beurteilen.[654] Für das Unternehmen ist in erster Linie die vollständige Platzierung aller Aktien relevant.[655] Aus Sicht des Zeichners wird im Wesentlichen der finanzielle Erfolg des Investments in das IPO-Unternehmen (subjektiv) beurteilt.

Für die Vermittlung einer positiven Beurteilung ist es förderlich, wenn nicht sogar notwendig, dass die Erwartungen der IPO-Teilnehmer erfüllt werden. Für die meisten Teilnehmer an dem Börsengang besteht die Erwartung darin, finanzielle Gewinne mit dem Investment zu erzielen.[656]

Zu der Beurteilung gehört neben dem eigenen finanziellen Vorteil auch die Beurteilung des gesamten IPO-Prozesses. Der Investor ist nun beispielsweise in der Lage, die Prognosen des Unternehmens oder der beteiligten Investmentbanken zu überprüfen. Für den Fall einer negativen Zeichnungsrendite kann davon ausgegangen werden, dass sich die Anleger „falsch beraten" fühlen, weil die Konsortialbank höchstwahrscheinlich zu einer Teilnahme an dem IPO geraten hat.[657] Im Gegenzug wird die Beratung in der Bank als glaubwürdig und kompetent eingestuft, wenn sich Informationen z.B. über die Zuteilungswahrscheinlichkeit oder die zu erwartende Bewertung am Aktienmarkt (mit einem entsprechenden Underpricing) als zutreffend erweisen.

Neben den von dem Individuum vorgenommenen Bewertungen werden über Massenmedien, aber auch mittels interpersonaler Kommunikation die Meinungen von Meinungsführern bzw. Experten an das Individuum herangetragen.

---

654 Die beiden abschließenden Phasen Reflexion und Schluss verlaufen für den Spannungsbogen der Bookbuildingphase und den gesamten IPO-Prozess praktisch gleichzeitig ab. Bei ersterem bezieht sich die Reflexion allerdings nur auf die Bookbuildingphase.

655 Oftmals tritt die Höhe der Kurssteigerung hinzu.

656 Je höher die erwarteten finanziellen Gewinne ausfallen, umso höher ist die Nachfrage. Eine vollständige Befriedigung jedes Zeichnungsauftrags ist bei einer Überzeichnung jedoch nicht mehr möglich. Zu den verschiedenen Zuteilungsverfahren siehe Kapitel 2.1. Im Falle einer im Vorfeld absehbaren deutlichen Überzeichnung sollte darauf hingewiesen werden, dass die Investoren antizipativ die Zeichnungsaufträge absichtlich höher angesetzt hatten. Eine tatsächlich geringere Zuteilung ist somit erwartet worden und führt in diesem Fall nicht zu einer Enttäuschung der Erwartung.

657 Darauf deuten z.B. die Einschätzungen von Analysten des Emissionskonsortiums hin, die überdurchschnittlich positiv ausfallen.

Wenn beispielsweise in einer renommierten überregionalen Tageszeitung ein anerkannter Analyst von einem erfolgreichen IPO und hervorragenden Zukunftsperspektiven des Unternehmens spricht, so geht dies ebenso in die intrapersonal gebildete Bewertung mit ein.[658] Die in dieser Phase vermittelten Informationen gewinnen dadurch an Gewicht, dass der Spannungsbogen immer noch auf einem relativ hohen Niveau ist und damit eine intensivere Informationsaufnahme einhergeht.[659] Dies ist weniger aus Finanzmarktsicht als vor dem Hintergrund der Marketingzielgrößen Bekanntheitsgrad, Wissen und Image von Bedeutung, die im Kapitel 4.2.3.1.2 als dauerhafte Gedächtniswirkungen klassifiziert wurden.

Mit der *Schluss- bzw. Ausklangphase* wird der Börsengang endgültig abgeschlossen. Von den Konsortialbanken wird beispielsweise das Zuteilungsverfahren offengelegt, von Finanzmarktteilnehmern und Massenmedien sowie durch interpersonale Kommunikation wird die Kursentwicklung der Aktie beim Börsengang und im nachfolgenden „normalen" Handel beobachtet. Ein bestimmter Zeitpunkt für das Ende der Ausklangphase existiert nicht, da der Börsengang und insbesondere der Kurs der Erstnotiz immer wieder als Vergleichsmaßstab für mittel- und langfristige Renditeberechnungen herangezogen wird.

Die anhand des Spannungsbogens zeitlich gestaffelten Informationen erzielen nur dann die erwünschte Wirkung, wenn ihnen *Glaubwürdigkeit* beigemessen wird.[660] Glaubwürdigkeit wird zunächst durch eine Abstimmung der vermittel-

---

658 Zur Relevanz des Meinungsführers vgl. die ausführlichen Erläuterungen im Rahmen des Kapitels 5.2.1.

659 Zu dem kognitiv kontrollierten und von dem Aktivierungsniveau der Individuen abhängigen Informationsverarbeitungsprozess vgl. die Ausführungen in Kapitel 6.2.2.

660 Strenggenommen werden auch Wirkungen erzielt, wenn keine Glaubwürdigkeit gegeben ist. Für einen derartigen Fall besagt die Ankerheuristik, dass eine gewünschte Wirkung zumindest in der Richtung der angestrebten Veränderung z.B. des Wissens erreicht wird, wenn zwar als nicht glaubwürdig oder sogar falsch identifizierte Informationen vermittelt werden. Diese führen unter der Voraussetzung mangelnden besseren Wissens dazu, dass die Person (ungewollt) die Information adaptiert. Vgl. Strack/ Deutsch (2002), S. 363ff. sowie die grundlegende Veröffentlichung von Tversky/ Kahneman (1982), S. 14ff. Da diese Effekte jedoch nur unter bestimmten Voraussetzungen gelten und stets erheblich

ten Inhalte auf den Absender der Botschaft (Unternehmen) und auf die Empfänger (Zielgruppe) gefördert: Sie müssen sowohl zum Unternehmen passen, als auch für die Empfänger geeignet sein. Hinsichtlich der Abstimmung auf das Unternehmen postuliert die Marken-Fit-Theorie entgegen der plausiblen Annahme einer möglichst perfekten Übereinstimmung die absichtliche Abweichung des vermittelten von dem existierenden Image des Unternehmens.

Das vermittelte Image sollte einerseits Elemente des anvisierten Ziel-Images enthalten und sich somit von dem bestehenden Image distanzieren. Andererseits darf die Differenz nicht zu groß werden, weil ansonsten eine Verwirrung oder sogar Abwehrhaltung der Rezipienten die erwünschte Wirkung torpediert.

Der zweite Aspekt, die Abstimmung auf die Empfänger, berücksichtigt deren Fähigkeiten und Interessen bei der Aufnahme der Kommunikationsbotschaft.[661] Eine zu dem Unternehmen passende und auf die Empfänger abgestimmte Botschaft sorgt alleine jedoch noch nicht für eine hinreichende Glaubwürdigkeit. Den Empfängern ist schließlich bewusst, dass es im ureigenen Interesse des Unternehmens liegt, nur positive und den eigenen Zielen entsprechende Informationen zu vermitteln, unabhängig davon, ob es sachlich zutreffend ist oder nicht. Es besteht die Befürchtung eines Ungleichgewichts zwischen vollständig weitergegebenen positiven und zurückgehaltenen negativen Informationen.[662] Dies betrifft beispielsweise Informationen über die Bewertung des Unternehmens, seine Marktstellung, die Kundenzufriedenheit, Qualität und Zuverlässigkeit der Produkte oder das gesellschaftliche Engagement des Unternehmens. Gemildert wird dieses Glaubwürdigkeitsproblem, wenn das die Informationen kommunizierende Unternehmen über eine hohe Bekanntheit und Reputation verfügt. Siemens oder DaimlerChrysler genießen mehr Vertrauen als ein junges Internet-Start-Up-Unternehmen. Die überwiegende Zahl der Börsenneulinge verfügt folglich nicht über ein derartiges Reputationskapital.

---

schwächer ausgeprägt sind als im Falle der Glaubwürdigkeit der Information, werden sie im Folgenden nicht weiter berücksichtigt.

661 Vgl. hierzu ausführlich die Kapitel 5.2.6 und 5.2.7.

662 Von der Vermittlung von Falschinformationen soll an dieser Stelle nicht ausgegangen werden.

Das der Informationsasymmetrie immanente Problem des „moral hazards“[663], worunter auch das Vermitteln verzerrter Informationen fällt, kann durch glaubwürdiges Signalisieren gemildert werden. Als ein glaubwürdiges Signal fungieren Intermediäre, insbesondere die Emissionsbanken. Sie sind glaubwürdig, weil sie nicht nur diesen einen Börsengang begleiten, sondern die Werthaltigkeit ihres Geschäfts von zukünftigen Erträgen determiniert ist und unwahre Aussagen zu einem Börsengang sich auf den Geschäftserfolg bei nachfolgenden IPOs auswirkt.[664] Neben diesen Finanzmarktakteuren können auch Massenmedien bzw. Personen die Glaubwürdigkeit der vermittelten Informationen verbessern, etwa eine renommierte Zeitung oder Fernsehsendung bzw. ein anerkannter Journalist.

4.2.3.3 Eventkontrolle[665]

Die Eventkontrolle[666] dient dem Zweck, durch einen Soll-Ist-Vergleich den Erfolg der durchgeführten Maßnahmen zu überprüfen.

Sie wird in Prämissen- (Ex ante-), Durchführungs- (Ex interim-) und Ergebnis- (Ex post-) Kontrolle unterschieden. Ex ante ist sicherzustellen, dass die Planung optimal durchgeführt wird und das Konzept des Events auf zutreffenden Prämissen fußt. Durch die begleitende Kontrolle (ex interim) wird angestrebt, Mängel im Entscheidungsprozess aufzuzeigen und zu vermeiden. Die nachgelagerte

---

663 Vgl. Hartmann-Wendels/ Pfingsten/ Weber (2004), S. 96ff.

664 Vgl. Beatty/ Ritter (1986).

665 Vgl. Zanger/ Drengner (1999), Esch (1998), S. 149ff., Burmann (2002), Lasslop (2003), S. 161ff.

666 Wenngleich ein umfassendes Eventcontrolling von großer Wichtigkeit ist, wird in der wissenschaftlichen Forschung kaum mehr als eine Eventkontrolle betrieben. Esch konstatiert, dass „das Eventcontrolling kein leichtes Unterfangen ist, das bisher sowohl von der Theorie als auch von der Praxis nicht systematisch angegangen wurde.“ (Esch (1998), S. 151). Allerdings fasst Esch unter Eventcontrolling nur wenig mehr als eine (ex post) Kontrolle des abgeschlossenen Events auf, teilweise ergänzt um eine Prämissen- und Ablaufkontrolle. Vgl. Esch (1998), S. 152ff.

Kontrolle (ex post) zeigt Erreichtes und Versäumtes auf und dient dem Zweck, für nachfolgende vergleichbare Events aus Fehlern zu lernen.[667] Steuerungspotential besteht nach Abschluss aller Maßnahmen naturgemäß hingegen nicht mehr.

Besonderes Gewicht wird in der Literatur der Ex post-Kontrolle beigemessen. Die Ex post-Kontrolle lässt sich untergliedern[668] in die Analyse der Effektivität und Effizienz. Die Effektivität hinsichtlich der mit dem Börsengang verfolgten Marketingziele wird in den nachfolgenden Kapiteln konzeptionell analysiert. Bestmögliche Effizienz ist dann gegeben, wenn für die erzielten Wirkungen c.p. ein minimaler Ressourceneinsatz notwendig ist.

Prämissenkontrolle

Die Aufgabe der Prämissenkontrolle besteht darin, die der Planung zugrunde liegenden Annahmen auf ihre Tauglichkeit und Stimmigkeit zu überprüfen. Jeglicher Annahme über erwartete Entwicklungen ist dabei das Problem der Unsicherheit immanent. Auftretende Abweichungen sind entweder durch unternehmensendogene oder -exogene Faktoren bedingt. Als endogener Faktor nimmt z.B. die Dauer der internen Umstrukturierungsmaßnahmen (vgl. Kapitel 2.1) Einfluss auf den IPO-Prozess, wenn sich deren Länge verzögernd auswirkt. Als exogener Faktor spielt beispielsweise die Einschätzung der Börsenstimmung beim IPO eine Rolle. Geht man bei den Planungen von der Lage der letzten zwei Jahre auf dem IPO-Markt aus und erwartet eine ähnliche Situation zum Zeitpunkt des eigenen IPO, so kann sich die Börsenstimmung erheblich ändern. Dies hat weitreichende Konsequenzen auf andere zum Planungszeitpunkt gesetzte Prämissen, beispielsweise auf die grundsätzliche Bereitschaft der Investoren, an

---

667 Dies wäre beim IPO grundsätzlich nur für andere Unternehmen von Nutzen, mit Ausnahme von weiteren IPOs in einem Konzernverbund - sogenannten „spin-offs" -. Ein Beispiel ist der Börsengang der Deutschen Telekom, auf den der IPO von T-Online folgte. Außerdem dienen die Erkenntnisse dem Börsenneuling bei der Gestaltung von nachfolgenden SEOs.

668 Vgl. Lasslop (2003), S. 161ff., Esch (1998), S. 156.

einem Börsengang zu partizipieren, und somit auf das angenommene Zeichnungsvolumen.
Ferner müssen Annahmen bezüglich der Reaktion auf die kommunikativen Maßnahmen getroffen werden. Es besteht z.B. die Möglichkeit, dass die anvisierte Zielgruppe die Struktur verändert, sodass die kommunikativen Maßnahmen nicht zu dem bei den Personen der Zielgruppe herrschenden Image passen und folglich nicht die erwünschten Veränderungen erreichbar sind.

Ablaufkontrolle

Prämissenunabhängig besteht grundsätzlich die Gefahr einer fehlerhaften Durchführung des Events. Die Ablaufkontrolle soll Defizite bei und während der Durchführung der Eventmaßnahmen erkennen und wenn möglich korrigieren helfen.
Die Fehlerquellen sind bei einem IPO vielfältig, sodass nur auf einige kurz eingegangen werden soll.
Der Beginn der zentralen Börseneinführungsphase kann sich verzögern, weil für die Zulassung notwendige Unterlagen (vgl. Kapitel 2.1) nicht fristgemäß vorlagen oder einer der hinzugezogenen Dienstleister aufgrund interner Schwierigkeiten Zusagen nicht einhalten konnte. Des Weiteren kann die Nachfragehöhe der Investoren falsch eingeschätzt und in der Folge der Primärmarktpreis zu hoch angesetzt worden sein, weswegen die Zeichnungsfrist verlängert, der Preis reduziert oder im Extremfall der Börsengang wegen mangelnder Nachfrage sogar verschoben oder ganz abgesagt werden muss. Die Vermittlung gütermarktrelevanter Informationen kann nicht rechtzeitig oder nicht vollständig erfolgen, etwa weil zu wenige Mitarbeiter eingeplant gewesen waren oder weil die Werbekampagne nicht die gewünschte Resonanz ausgelöst hat.

Ergebniskontrolle

Nach dem Abschluss des (Börsen-) Events kann dessen Erfolg beurteilt werden. Zu diesem Zweck lässt sich zum einen der Zielerreichungsgrad, also die erzielte Wirkung (Effektivität) heranziehen, zum zweiten werden die Mittel, die zur Erzielung der Wirkung eingesetzt wurden (Effizienz), geprüft.[669]

Die Effizienz der Maßnahmen lässt sich bestimmen, indem die zur Erreichung der Wirkung eingesetzten (immateriellen oder materiellen) Mittel gegenübergestellt werden. Sie lässt sich erst dann beurteilen, wenn die Effektivität bestimmt worden ist. Da es Gegenstand der vorliegenden Arbeit ist, die Wirkungen des Börsenevents IPO konzeptionell zu analysieren, bleibt die ex post vorzunehmende Analyse der Effizienz späteren Arbeiten vorbehalten.

Ein Event ist dann *effektiv*, wenn Wirkungen hinsichtlich vorab festgelegter Ziele erreicht werden.

Das Ausmaß der Zielerreichung stellt eine wichtige Komponente der Eventkontrolle dar, deren Feststellung aber nur eine evaluative Funktion erfüllt. Der Evaluation wird deswegen eine diagnostische Analyse zur Seite gestellt, damit Gründe für die Verfehlung der Zielsetzung eruiert werden können. Sie zeigt Wirkungsweisen auf und hat somit explikativen Charakter. Nur unter Kenntnis der Ursachen für das Ausmaß der Zielbeeinflussung und der Wirkungszusammenhänge lassen sich aus der Eventkontrolle entscheidungsrelevante Informationen ableiten.

Bislang existieren für Marketingevents erst wenige Ansätze, die eine fundierte diagnostische Analyse zum Gegenstand haben.[670] Um eine diagnostische Analyse nach Beendigung des Börsenevents IPO vornehmen zu können, wird in den folgenden Ausführungen (Kapitel 5 und 6) ein theoretisches Erklärungsmodell

669 Vgl. Esch (1998b), S. 156.

670 Erste Ansätze existieren bereits, insbesondere in den schon angesprochenen Arbeiten zum Eventmarketing von Lasslop und Nufer, die jeweils insbesondere durch die konzeptionellen Wirkungsansätze auf die Effektivität der Marketingmaßnahme Event abstellen. Vgl. Nufer (2002), Lasslop (2003).

für eben diese Wirkungsweisen aufgestellt. Es wird allerdings deutlich werden, dass sich das Modell nicht auf die Ex post-Kontrolle beschränkt, sondern zwecks einer Ex interim-Betrachtung dynamisiert wird.

Der Zielerreichungsgrad des virtuellen Börsenevents IPO hängt entscheidend davon ab, wie groß das Ausmaß der massenmedialen und interpersonalen Kommunikation ausfällt. Für die Beurteilung der Effektivität bzw. des Zielerreichungsgrads ist es somit essentiell zu wissen, wer wann was an wen kommuniziert. Die kommunikationswissenschaftlich fundierten Ausführungen des nachfolgenden Kapitels befassen sich folgerichtig mit der Fragestellung, welcher Botschaftsträger („wer") zu welchem Zeitpunkt („wann") welche Information bzw. Botschaft über den Börsengang („was") an welche(n) Empfänger („an wen") weiterleitet.

5 Kommunikation als Voraussetzung von Marketingwirkungen des Börsengangs (kommunikationswissenschaftlicher Bezugsrahmen)

5.1 Systemtheoretischer Rahmen der Kommunikation

Im Folgenden wird ein die Kommunikationspfade des Börsenevents IPO abbildendes Kommunikationsmodell aufgestellt. Dazu kann bei der Analyse von Kommunikationswirkungen für das Börsenevent IPO weder auf ein allgemeingültiges Kommunikationsmodell zurückgegriffen werden,[671] noch liegt ein für das Eventmarketing spezifiziertes Modell vor.[672]

Infolgedessen bildet das in der Abbildung 20 dargestellte einfache Kommunikationsschema den Ausgangspunkt der weiteren Ausführungen. Jeglicher Kommunikationsprozess beginnt mit der von dem *Sender* verschlüsselten *Botschaft*. Diese wird sodann über einen oder mehrere *Botschaftsträger* an den *Empfänger* transportiert, der sie wieder entschlüsselt und ggf. weiterverarbeitet.

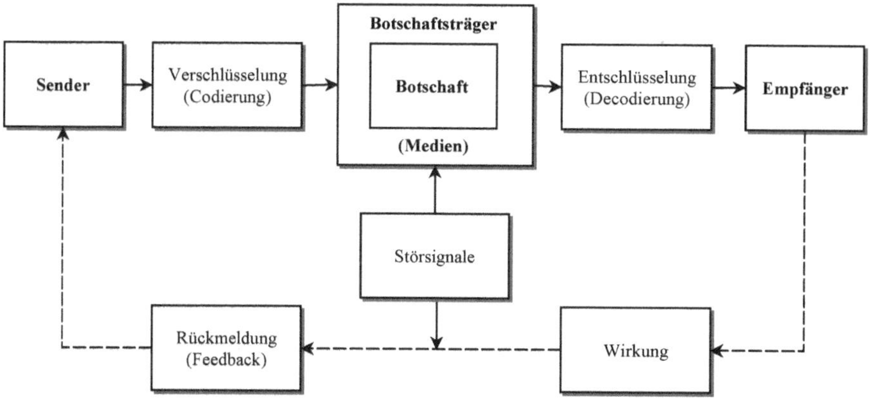

Abbildung 20: Einfaches Kommunikationsschema[673]

[671] Vgl. dazu Schenk, der im letzten Kapitel seines Buchs „Medienwirkungsforschung" resümierend festhält: „[E]ine allgemein gültige Antwort auf die Wirkungsfrage zu geben [...] ist [...] nicht möglich" (Schenk (2002), S. 697).

[672] Vgl. Lasslop (2003), Nufer (2002).

[673] Quelle: Kotler/ Bliemel (1995), S. 910.

Allerdings fällt der Komplexitätsgrad des Kommunikationsprozesses bei einem Börsengang insbesondere aufgrund der Vielfältigkeit der relevanten Botschaftsträger erheblich höher aus, als es im einfachen Kommunikationsschema abgebildet ist, wie die nachfolgenden Ausführungen zeigen.

Jeder einzelne Kommunikationsprozess bedarf eines Initiators. Beim Börsengang sind dies neben dem Unternehmen selbst (selbstinitiierte Kommunikation) auch die an dem Börsengang interessierten Personen sowie insbesondere Medien(-vertreter), die über den Börsengang berichten (fremdinitiierte Kommunikation). Zu diesem Zweck treten die Medienvertreter entweder selbsttätig an das Unternehmen heran, oder sie nutzen eines der im Kapitel 4.2.3.1.4 (Integration in das Marketing) dargestellten vielfältigen Angebote des Unternehmens. Aufgrund des für (Börsen-) Events konstituierenden Charakteristikums der Interaktivität[674] tritt neben die monologische Kommunikation die von Seiten des Unternehmens oder des Empfängers initiierte dialogische Kommunikation.

Beim Börsengang ist das Unternehmen der **Sender** der Informationen. Dabei muss unter Rückgriff auf Kapitel 2.1 berücksichtigt werden, dass IPO-Unternehmen eine große Heterogenität kennzeichnet. Es handelt sich sowohl um große und kleine, traditionelle und junge, verlustträchtige und profitable Unternehmen aus verschiedensten Branchen. Gemeinsamkeiten bestehen jedoch u.a. bezüglich der Rechtsform der Gesellschaft, der erstmaligen Publikumsfinanzierung[675] über die Börse sowie dem Marketingmotiv des in Betracht stehenden Börsenevents.[676] Je nach Unternehmenstyp wird der selbstinitiierte Kommunikationsprozess mehr oder weniger aktiv und intensiv betrieben. Bei jungen, stark wachsenden und noch unbekannten B2C-Unternehmen, deren Motiv in der Steigerung der Bekanntheit und der Schaffung eines positiven Images liegt, wird

674 Vgl. Kapitel 4.2.2.2.2.

675 Zur Erfüllung der Börsenvoraussetzungen müssen alle Unternehmen gleichermaßen die vorgeschriebenen Kriterien erfüllen, vgl. Kapitel 2.1.

676 Dies betrifft die in Kapitel 4.2.2.2 abgegrenzten Unternehmen, die als Primär- oder Sekundärmotiv Marketingwirkungen verfolgen.

intensiv jede sich bietende Möglichkeit zur Kommunikation aktiv genutzt. Dies betrifft insbesondere Unternehmen, die unternehmens- oder branchenbedingt (z.B. Deutsche Telekom bzw. die Internetbranche während der letzten Hot-issue-Phase) auf der Medien- oder Finanzmarktagenda[677] stehen. Im Unterschied dazu verfolgt z.B. ein etabliertes Unternehmen, welches sich lediglich als Sekundärmotiv Marketingwirkungen verspricht, eine weniger intensiv betriebene aktive Kommunikationspolitik.

Fremdinitiierte Kommunikation wird auf Betreiben von unternehmensexternen Botschaftsträgern, z.B. Medienvertretern oder Finanzmarktanalysten, oder Empfängern, z.B. (potentiellen) Investoren, angestoßen. Erstere versuchen, für eigene Zwecke neue Informationen von dem Unternehmen zu bekommen. Finanzmarktanalysten beispielsweise benötigen für ihre Analysen möglichst detaillierte und objektive Informationen über bewertungsrelevante Aspekte. Sie sind dabei bestrebt, aus den Gesprächen mit Unternehmensvertretern Insiderinformationen zu extrahieren, die ihnen einen Informationsvorsprung und eine exaktere Bewertung Konkurrenten gegenüber erlaubt. (Potentielle) Investoren suchen Informationen, die ihnen eine fundierte Entscheidungsfindung über die Leistungsfähigkeit des Unternehmens und damit die Teilnahme an der Zeichnung ermöglichen.

Insgesamt hängen die Gestaltung des Börsengangs und die damit einhergehende Selektion der Kommunikationswege sowie die Intensität der aktiv betriebenen selbstinitiierten sowie der fremdinitiierten Kommunikation maßgeblich vom Unternehmenstyp und dessen (Unternehmens- und Marketing-) Zielen ab.

---

677 Zum Agenda-Setting der Massenmedien vgl. die nachfolgenden Ausführungen des Kapitels 5.2.5.

Die vom Unternehmen gesendete **Botschaft** besteht aus einem facettenreichen Bündel an Informationen, die im Zusammenhang mit dem Börsengang an Dritte kommuniziert werden.[678]

Dazu gehören einer thematischen Gliederung[679] nach zunächst alle ausschließlich finanzmarktrelevanten Informationen, z.B. über den Nennwert bzw. die Stückelung der Aktien oder die Preisspanne während der Bookbuildingphase.

Weitere Informationen betreffen sowohl den Finanz- als auch den Gütermarkt. Dazu gehört z.B. die Information über die Größe und Profitabilität des Unternehmens. Sie helfen den gütermarktbezogenen Wissensstand sowie den Bekanntheitsgrad des Unternehmens zu verbessern sowie im Falle entsprechender Botschaftsinhalte (z.B. einer hohen Profitabilität) das Image positiv zu beeinflussen.[680] Gleichzeitig gehen sie als relevante Parameter in die Unternehmensbewertung ein.

In der dritten thematischen Untergliederung des Botschaftsbündels folgen schließlich die nur auf den Realgütermarkt bezogenen und ausschließlich marketingrelevanten Informationen. Dabei handelt es sich beispielsweise um vom Unternehmen im Zusammenhang mit dem IPO ausgestrahlte emotionale Produktwerbung mit Informationen über die Qualität und Zuverlässigkeit der Produkte und der damit einhergehenden Kundenzufriedenheit oder um sachliche Informationen über die Funktionalität eines Produkts, die Darstellung von Geschäftsbereichen oder Marken.[681]

---

678 Dabei besteht jeder einzelne im Zusammenhang mit dem IPO durchgeführte Kommunikationsprozess aus einer bestimmten Botschaft. Die Botschaft enthält eine Information, die direkt oder indirekt mit dem IPO verbunden ist.

679 Zu einer ähnlichen Abgrenzung für das Sponsoring vgl. Glogger (1999), S. 88f.

680 Eine hohe Profitabilität kann jedoch auch das Image bedrohen, wenn gleichzeitig Mitarbeitern gekündigt wird. Die Deutsche Bank beispielsweise musste dies zu Beginn des Jahres 2005 feststellen.

681 Die Abgrenzung zu den Informationen sowohl mit Finanz- als auch Gütermarktrelevanz ist fließend. Letztlich stellt jede Information über ein Produkt auch eine relevante Größe für das Unternehmen und dessen Bewertung dar. Die Qualität der Produkte sowie eine hohe Kundenzufriedenheit führen zu zukünftig stabilen Erträgen, weil die Kunden dem Unternehmen mit einer höheren Wahrscheinlichkeit treu bleiben. Beides beeinflusst die zukunftsorientierte Unternehmensbewertung. Es sei daran erinnert, dass die Unternehmensbewertungen von Börsenkandidaten überwiegend mit zukunftsorientierten DCF-

Die Deutsche Telekom etwa hat während des Börsengangs durch Werbung mit Manfred Krug als Testimonial[682] die Leistungsfähigkeit des Unternehmens Deutsche Telekom sowie einzelner Produkte hervorgehoben. Der TV-Sender „Premiere“ stellte im Zuge seines Börsengangs im Jahr 2005 im Rahmen der Marketingkampagne ebenfalls via TV-Werbespot die Vorteile seiner Produkte in den Vordergrund:[683] Im Mittelpunkt der Kampagne stehen Premiere-Abonnenten, deren persönliche Meinungen mit aufmerksamkeitsstarken Bildern unterstützt werden. Dazu gehören Aussagen wie z.B. „Ich sehe Kinohighlights als 1. im Fernsehen“, „Ich sehe als 1. alle Tore der Fußball-Bundesliga“ und „Ich erlebe die neue Dimension des Fernsehens als 1.“[684] Mit diesen Aussagen soll die „Kernbotschaft: 'Premiere heißt Erster sein.'“[685] vermittelt und gleichzeitig die inhaltliche Attraktivität des Produktangebots, z.B. die erstmalige Ausstrahlung von neuen Kinofilmen im TV oder die Live-Übertragung der Fußball-Bundesliga, pointiert hervorgehoben werden. Zum Abschluss des Spots wird sodann darauf hingewiesen, die Chance zur Zeichnung der Aktien von Premiere zu nutzen, womit die Verknüpfung mit dem Börsengang hergestellt wird.

Für die folgenden Ausführungen und die Ableitung eines Wirkungsmodells sind insbesondere die auf den Realgütermarkt ausgerichteten Teile des Botschaftsbündels relevant. Dies impliziert keineswegs, dass die ausschließlich auf den Kapitalmarkt ausgerichteten Informationen für die Effektivität der Marketingmaßnahmen irrelevant wären, da sie u.a. dazu beitragen, mehr potentielle Investoren zu einer Teilnahme am Börsengang zu animieren. Dies ist, wie weiter unten noch deutlich gemacht wird, ein relevanter Faktor für das Erreichen der angestrebten Zielwirkungen. Die nachfolgende Abbildung 21 visualisiert die verschiedenen Arten von Informationen.

---

bzw. Ertragswertverfahren vorgenommen werden. Vgl. Deloof/ de Maeseneire/ Inghelbrecht (2002), sowie Kapitel 3.1.3.

682 Testimonials dienen als virtuelle Meinungsführer dazu, der Botschaft eine höhere Glaubwürdigkeit und Nachvollziehbarkeit zu verleihen. Die Funktion und Relevanz von Testimonials wird weiter unten ausführlicher erläutert.

683 O.V. (premiere), (2005), S. 1.

684 O.V. (premiere), (2005), S. 1.

685 O.V. (premiere), (2005), S. 1.

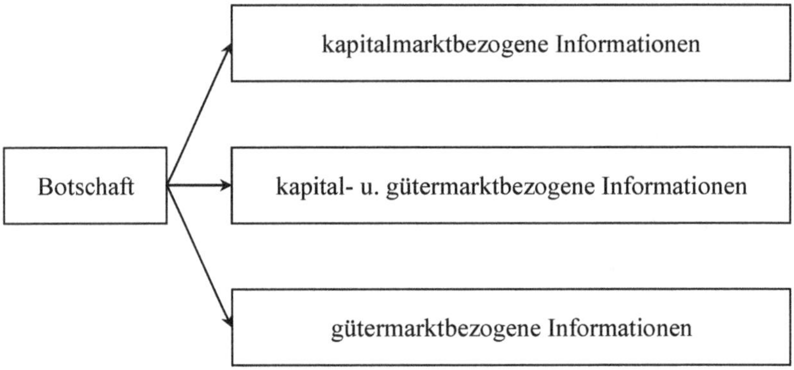

Abbildung 21: Bestandteile der Botschaft

Als Bezugsobjekt für die Informationen können z.B. das Unternehmen, dessen Produkte, die Unternehmenskultur oder der IPO-Prozess dienen.

Die Informationen des Botschaftsbündels bewegen sich dabei in einem multidimensionalen Spannungsfeld: gesetzlich vorgeschrieben oder freiwillig herausgegeben, in den ersten oder letzten Phasen des IPO-Prozesses veröffentlicht, aktiv vermittelt oder passiv abrufbar, schriftlich oder mündlich vermittelt, als Ein-Weg-Kommunikation oder interaktiv ausgelegt, gedruckt oder elektronisch emittiert, allgemeiner Natur oder maßgeschneidert („customized") für spezielle Empfänger wie Banken oder Medien, direkt vermittelbar oder Dritten (Medien, Analysten) als Grundlage für eine Weiterverwendung dienend (z.B. zur Unternehmensbewertung), explizit formuliert oder z.B. im Image der Unternehmung implizit enthalten. In den weiteren Ausführungen wird stets von „Informationen" gesprochen, worunter implizit eine der aufgelisteten Möglichkeiten aufgefasst wird. Insgesamt ist die Botschaft identisch mit allen in Zusammenhang mit dem IPO stehenden Informationen, die an Dritte gelangen.[686] Die Botschaft stellt

[686] Vgl. auch Glogger (1999), S. 91, zum Kommunikationsprozess. Glogger nimmt - bezogen auf das Sponsoring - eine andere Einteilung vor und fasst den Gesponserten ambivalent als Botschaft und Botschaftsträger auf. Dies ist plausibel und trifft auf das Sponso-

im Rahmen des Kommunikationsprozesses jedoch lediglich eine verschlüsselte Information dar. Sie wird erst durch die Aufnahme und Entschlüsselung zu einer für den Empfänger tatsächlich werthaltigen und Wirkung induzierenden Information. Zu den Empfängern gelangt sie über verschiedene Botschaftsträger.

Die **Träger** der Botschaft stellen den zentralen Knotenpunkt des Kommunikationsprozesses dar. Sie helfen, die (räumliche) Distanz zu überbrücken und damit die Botschaft vom Sender zum Empfänger zu transportieren.[687]

Bei einem Börsengang existieren zwei Typen von Botschaftsträgern: zum einen die im Rahmen des Börsengangs vom Unternehmen selbst eingesetzten Maßnahmen und zum anderen die an dem Börsengang interessierten Dritten, z.B. Massenmedien oder Analysten. Zunächst sollen ausgewählte selbstinitiierte Maßnahmen des Unternehmens erläutert werden, die als Elemente des IPO-Prozesses Botschaftsträger sind.[688]
Zu den selbstinitiierten Maßnahmen gehören als fester Bestandteil die verpflichtenden finanzmarktbezogenen Aktivitäten, z.B. die Veröffentlichung des IPO-Prospekts, in dem bewertungsrelevante Unternehmenscharakteristika aufgeführt sind.[689] Darüber hinaus kann das Unternehmen weitere freiwillige Maßnahmen ergreifen, die sich an Kapitalmarktakteure richten, jedoch gleichermaßen marketingrelevant sind. Beispiele dafür sind Analystenmeetings oder Telefonkonferenzen für Analysten sowie persönliche Gespräche („One-on-Ones") mit Entscheidungsträgern der im Konsortium beteiligten Banken oder Informationsbroschüren, die den Bankberatern vor Ort zur Verfügung gestellt werden. Die Jour-

ring zu, solange der Gesponserte mit dem Sponsor nicht identisch ist und somit als externer Träger der von dem Sponsor vermittelten Botschaft fungiert. Dies ist beim Event im Gegensatz zum Sponsoring nicht der Fall, da das Event selbstinitiiert ist. Es liegt somit keine Trennung mehr vor und das IPO ist ausschließlich als Träger der Botschaft aufzufassen.

687 Vgl. Glogger (1999), S. 89.

688 Eine detaillierte Darstellung erfolgt in Kapitel 4.2.3.1.4.

689 Zu weiteren Aktivitäten vgl. die Ausführungen zum finanzmarktorientierten IPO-Prozess in Kapitel 2.1.

nalisten der Print- und TV-Medien erhalten vorgefertigte Presseberichte, die als Grundlage beispielsweise eines Unternehmensporträts genutzt werden, das regelmäßig zu Beginn der Börseneinführungsphase publiziert wird.

Überwiegend oder ausschließlich gütermarktrelevante Botschaften werden über Werbung durch Fernsehen, Radio, Zeitungen, Zeitschriften oder das Internet vermittelt. Hinzu kommen verschiedene für die interaktive Kommunikation zur Verfügung gestellte Angebote. Eine vergrößerte Investor-Relations-Abteilung steht für telefonische und schriftliche Anfragen bereit, Broschüren oder ein umfangreiches Informationsangebot, welches auf der Homepage angeboten bzw. verlinkt ist, stellen Beispiele für automatisierte interaktive Kommunikationsbotschaften dar. Jede der genannten Maßnahmen fungiert als Träger spezifischer Botschaften.

Als ein weiteres Beispiel lassen sich die gesetzlich vorgeschriebenen Ad-hoc-Mitteilungen anführen. Durch sie müssen vom Unternehmen bewertungsbeeinflussende neue Informationen unverzüglich publiziert werden. Da die Unternehmen für den Inhalt selbst verantwortlich sind, werden sie z.B. auf der Internetplattform für Ad-hoc-Mitteilungen und bei Aktien-Informationsanbietern (z.B. comdirect, onvista.de, consors) identisch abgebildet. Viele Unternehmen haben während des IPO die vom Gesetzgeber intendierte unverzügliche Mitteilung bewertungsrelevanter Informationen auch auf Eigenwerbung ausgedehnt und z.B. neue Produkte angekündigt.[690]

Bei einer Analystenkonferenz beispielsweise werden Informationen generiert, weiterverwendet und publiziert, die andernfalls nicht existieren würden.[691] Dies

---

[690] Die Attraktivität für die Unternehmen und der daraus folgende Missbrauch rührt daher, dass Finanzmarktakteure gezwungen sind, die Nachrichten zu lesen, wollen sie keine finanziellen Einbußen riskieren. Gemäß der „semi strong form“ der EMH von Fama sind alle öffentlichen Informationen im Gegensatz zu privaten Informationen bewertungsbeeinflussend. Migrieren nun private zu öffentlichen Informationen, verändert dies die Bewertung. Hat ein Finanzmarktakteur später als andere Akteure Kenntnis davon, kauft er z.B. eine aus Marktsicht (mittlerweile) überteuerte Aktie. Vgl. Fama (1970) sowie Fama (1991).

[691] In einigen Fällen führt allerdings schon die bloße Ankündigung eines Analystenmeetings zu (Aktienkurs-) Reaktionen.

bedeutet, dass die Analysten (interaktiv) eine Kommunikationsbotschaft aufnehmen und sie - jetzt als Botschaftsträger fungierend - nach ihren eigenen Zielsetzungen in Form einer modifizierten Botschaft weitergeben. Alternativ ließe sich unter der Analystenkonferenz auch ein eigener abgeschlossener Kommunikationsprozess auffassen, wobei die Analystenkonferenz als Träger der Botschaft und die Analysten als Rezipienten interpretiert würden. Dem soll jedoch nicht gefolgt werden, weil die Analysten nicht die finalen Rezipienten darstellen, sondern lediglich die Botschaft des Unternehmens aufgreifen und in Form z.B. von Analystenberichten modifiziert veröffentlichen. Der endgültige Rezipient ist dann z.B. der (potentielle) Investor. Aus der in dieser Arbeit zugrundegelegten Perspektive ist der Kommunikationsprozess erst dann beendet, wenn die Botschaft von dem finalen Rezipienten aufgenommen worden ist.[692]

Die auf Analystenkonferenzen von dem Unternehmen an die Analysten vermittelten Informationen sind auf den ersten Blick überwiegend kapitalmarktorientiert. Bei näherer Betrachtung zeigt sich jedoch, dass sie zumeist gütermarktbezogene Informationen enthalten. Sie stellen am Realgütermarkt bedeutsame Erfolgsfaktoren, z.B. die Marktführerschaft eines bestimmten Produktes oder die Breite des Produktangebotes, und Risikofaktoren, z.B. neue Konkurrenzprodukte, heraus. Regelmäßig bestehen die grundlegenden Ausführungen der Analystenberichte aus einer eingehenden Beschreibung der Tätigkeitsgebiete und besonders erfolgreicher Produkte. Somit sind Analystenberichte zwar oftmals primär an die Investoren bzw. den Kapitalmarkt adressiert, enthalten jedoch entgegen der ersten Vermutung überwiegend gütermarktbezogene Informationen.[693] Das korrespondiert mit der in Kapitel 4.1 aufgezeigten Parallelität des

[692] Die alternative Perspektive ließe sich allerdings problemlos in das Kommunikationsmodell übersetzen, welches am Ende dieses Kapitels abgeleitet wird. Darin würden die Analysten im Rahmen der mehrstufigen Kommunikation als Meinungsführer einen Primärrezipienten darstellen.

[693] Hinzu kommt, dass Analysten zu der „Equity Story" entscheidend beitragen. Die Marketingrelevanz der Equity Story wurde in Kapitel 4.2.3.1.4 bereits dargestellt. Zunächst unterlegt die Equity Story die zukunftsgerichtete Unternehmensbewertung mit operativen Fakten und Potentialen. Gerade bei Wachstumsunternehmen rechtfertigt dies eine wesentlich höhere Bewertung als z.B. der aktuell erzielte Umsatz. Außerdem machen die Analysten attraktive und interessante Aspekte der Equity Story z.B. über die im operati-

Kapitalmarktes und des Gütermarktes, wo Individuen in Personalunion zum einen in der Funktion des Investors und zum anderen in der Funktion des Konsumenten auftreten.

Dem Unternehmen bietet sich zusammenfassend betrachtet ein großes Potential, über eigene Maßnahmen die Verbreitung der Botschaft zu stärken. Gleichwohl hängt der Umfang der tatsächlich realisierten Kommunikation bei dem Börsenevent IPO entscheidend von der fremdinitiierten Kommunikation ab. Sie wird zum einen von Individuen, z.B. Investoren, angestoßen, die beispielsweise über die Hotline oder die Homepage des Unternehmens Informationen nachfragen. Die massenweise Initiierung von Kommunikationsprozessen wird hingegen qua nomen von Massenmedien vorgenommen, die im eigenen Interesse z.B. Fernsehsendungen (TV) oder Zeitungsartikel (Printmedien) über den Börsengang produzieren. Die Bedeutung und vor allem die Verschiedenartigkeit der fremdinitiierten Kommunikation soll durch die folgenden Ausführungen akzentuiert werden.

Zum einen fände der Börsengang unter Ausschluss der Öffentlichkeit statt, würden nicht Informationen über Medien und andere Botschaftsträger verbreitet („quantitativer Knotenpunkt"). Zum anderen üben die unternehmensexternen Botschaftsträger eine inhaltliche Filterfunktion der vom Unternehmen verschlüsselten Botschaft aus („qualitativer Knotenpunkt").

Die inhaltliche Filterfunktion besteht darin, dass sie die Aussagekraft abschwächen oder verstärken, je nachdem, was ihrer eigenen Zielsetzung am besten entspricht.[694] Print-Medien beispielsweise gestalten Überschriften und Inhalte von Artikeln durch eine journalistische Überarbeitung so, dass es dem jeweiligen

---

ven Geschäft verborgenen Chancen und Potentiale publik. Damit werden nicht nur Kenntnisse über das Unternehmen vermehrt, sondern insbesondere positive Imageaspekte herausgestrichen.

694 Im Falle einer zu starken Verfremdung der Botschaft durch das aktive Trägermedium kann nicht mehr von einem einheitlichen Kommunikationsprozess gesprochen werden. Es müsste stattdessen von zwei hintereinandergeschalteten, separaten Kommunikationsprozessen ausgegangen werden, wobei das Medium gleichzeitig als der Rezipient des ersten und der Sender des zweiten Prozesses fungiert.

Zielpublikum gefällt und der eigenen Auflage zuträglich ist.[695] Die zahlreichen Kurzmeldungen in Tageszeitungen über einen anstehenden oder bereits erfolgten Börsengang sind ein Beispiel für eine Abschwächung. Im Gegensatz dazu fußt das in der F.A.Z. oder der Börsenzeitung oftmals erschienene ausführliche Unternehmensporträt zu Beginn der Börseneinführungsphase auf Presseberichten der Unternehmen, fügt ihnen jedoch z.T. umfangreiche weitere Informationen hinzu.
Jedes Medium, welches eine fremdinitiierte Kommunikation weitervermittelt, bedingt somit als Botschaftsträger die Vermittlung einer modifizierten Botschaft, die wiederum verschiedene Ausgangspunkte für die Wirkung auf die Zielgrößen - Wissen, Image, Bekanntheitsgrad - darstellen.

Es lässt sich konstatieren, dass eine Vielzahl verschiedener Botschaftsträger existiert. Insbesondere handelt es sich oftmals um unternehmensexterne Träger, die die ursprüngliche Botschaft quantitativ und qualitativ abzuändern vermögen.

Im Vergleich zu den Botschaftsträgern gibt es eine noch größere Vielfalt verschiedener **Botschaftsempfänger**, die wiederum in einem individuellen Kontakt mit einzelnen Botschaftsträgern stehen. Insgesamt entsteht so ein komplexes Geflecht an Träger-Empfänger-Kombinationen. Dazu seien vorab bereits zwei Beispiele genannt: Ein an der Börse erfahrener Investor (Typ A) greift auf den Botschaftsträger „überregionale Wirtschaftszeitung" zurück und erhält eine umfangreiche Botschaft über das IPO vermittelt. Er meidet hingegen das Massenmedium „Boulevardzeitung", welches vielen lediglich latent an der Börse interessierten Lesern (Typ B) oberflächliche und wenig inhaltsreiche Informationen z.T. plakativ vermittelt.

Dabei führt jede Botschaftsträger-Botschaftsempfänger-Kombination - bzw. auf den gesamten Kommunikationsprozess übertragen jeder Kommunikationspfad -

[695] Hierbei wird aus argumentativen Gründen unterstellt, dass nur die Zielsetzung der Absatzsteigerung vorherrsche. Gleichwohl verfolgen viele (Print-) Medien ein multidimensionales Zielsystem.

zu einer spezifischen Information, die die Grundlage für eine Wirkung hinsichtlich der Marketingziele Bekanntheitsgrad, Wissen und Image darstellt. Über welche Träger als Knotenpunkt nun die Kommunikation zu den Empfängern zustande kommt und welche Rolle diese Träger dabei jeweils spielen, wird im Folgenden analysiert.

Dazu wird auf die kommunikationswissenschaftliche (Wirkungs-) Forschung zurückgegriffen, die eine Fülle verschiedener Erklärungsansätze über das komplexe Zusammenspiel von Sender, Träger und Empfänger als Akteuren des Kommunikationsprozesses hervorgebracht hat.
Die kommunikationswissenschaftlichen Forschungsergebnisse werden hinsichtlich ihres spezifischen Erklärungsgehalts für das Börsenevent IPO strukturiert und erläutert.[696]
Im Anschluss an die Ausführungen zu den einzelnen kommunikationswissenschaftlichen Erklärungsansätzen werden diese in einem integrativen Kommunikationspfadmodell zusammengeführt.

5.2 Erklärungsansätze der Kommunikationswirkung

Die kommunikationswissenschaftlichen Erklärungsansätze der Kommunikationswirkung zeichnen sich durch eine große Vielfalt aus, wobei konstatiert werden muss, dass es bislang an einem ganzheitlichen, integrativen Konzept fehlt.[697]

---

[696] Die einzelnen Ansätze sind nicht nur im Hinblick auf das Börsenevent IPO zu überprüfen, sondern zunächst auf ihre grundsätzliche Brauchbarkeit. Merten äußert sich dazu sehr kritisch: „Der Bestand gesicherter Erkenntnisse der Wirkungsforschung, der als solcher schon immer Validitätsprobleme gezeigt hat, wird [...] fast zwangsläufig zu einer wissenschaftlichen Konkursmasse.“ (Merten (1994), S. 327).

[697] Wenngleich viele Ansätze für sich genommen einen hohen Erklärungsgehalt aufweisen, so fehlt es an einem ganzheitlichen, integrativen Konzept: „Die [...] Ansätze sind unterschiedlichen Theorien verpflichtet und stehen daher relativ isoliert nebeneinander [...]“ (Merten (1994), S. 313).

Die zentralen Erklärungsansätze[698] lassen sich hinsichtlich der zuvor beschriebenen Akteure des Kommunikationsprozesses - Sender, Botschaftsträger und Empfänger -, die bei einem Börsenevent IPO aufeinandertreffen, in drei Gruppen zusammenfassen.[699]

Die erste Gruppe umfasst mit dem Meinungsführerkonzept, den Diffusionsstudien und den Netzwerken persönlicher Kommunikation drei Ansätze, die grundlegend die Funktionsweise der vom Sender ausgehenden massenmedialen und interpersonalen Kommunikation hervorheben („grundlegende Erklärungsansätze"). Die Ansätze der zweiten Gruppe - das Agenda Setting und die Schweigespirale nach Noelle-Neumann - befassen sich mit den Massenmedien als Botschaftsträger und erläutern, wie die besondere Bedeutung als Multiplikator für das Börsenevent zu erklären ist („Erklärungsansätze zur Wirkung der Massenmedien"). Die dritte Gruppe schließlich erläutert aus Sicht der Empfänger, inwiefern die unterschiedlichen Voraussetzungen der Rezipienten Einfluss auf den Ablauf der Kommunikation nimmt („Erklärungsansätze zur Einflussnahme der

---

698 Die Auswahl erfolgte im Wesentlichen als Schnittmenge aus den grundlegenden Veröffentlichungen von Bonfadelli, Schenk und Merten. Vgl. Schenk (2002), S. 59 und S. 307ff.; Bonfadelli (2001), S. 133ff., Merten (1994), S. 291ff.

699 In der Kommunikationswissenschaft hat sich eine historisch begründete Strukturierung etabliert, die Merten zufolge drei grundlegende Forschungsstränge differenziert: Stimulus-Response, Reflexivität und Selektivität. Zum einen begründete Lasswell mit dem klassischen Stimulus-Response-Konzept, welches einen mechanistischen, statistisch nachprüfbaren Kausalzusammenhang zwischen einem Reiz und der sich daraus ergebenden Reaktion postuliert, den Stimulus-Response-Forschungsstrang. Darunter lässt sich der Agenda-Setting-Ansatz subsumieren. Zum zweiten identifiziert Merten den Forschungsstrang der Selektivität, der auf der Feststellung eines selektiven Verhaltens in Lazarsfelds Wahlstudien aufbaut und durch Katz/ Blumler den „Uses-and-Gratifications"-Ansatz hervorgebracht hat. Drittens schließlich gründet der Forschungsstrang der Reflexivität auf dem von Lazarsfeld/ Berelson/ Gaudet ermittelten zweistufigen, über Meinungsführer laufenden Kommunikationsprozesses („Two-Step-Flow of Communication"). Dieser erfuhr durch die Schweigespirale von Noelle-Neumann mit der Wiederentdeckung der Relevanz der Massenmedien einen weiteren wichtigen Impuls. Vgl. Noelle-Neumann (1974) sowie zu den einzelnen Ansätzen Merten (1994) S. 314. Da eine inhaltliche Orientierung an den einen Kommunikationsprozess maßgeblich bestimmenden drei Akteuren - Sender, Botschaftsträger und Empfänger - für die Analyse der IPO-Kommunikation zielgerichteter ist, soll der historisch orientierten Strukturierung nicht gefolgt werden.

Rezipienten auf den Kommunikationsprozess"). Hierzu zählen die Wissenskluft-Perspektive und der Nutzenansatz.

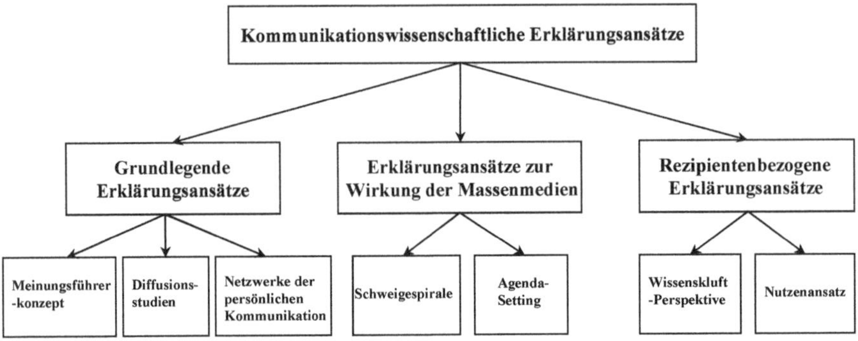

Abbildung 22: IPO-relevante Gruppen kommunikationswissenschaftlicher Erklärungsansätze

Ziel der Darstellung kommunikationswissenschaftlicher Ansätze ist es, die zentralen am Kommunikationsprozess des Börsenevents IPO beteiligten Träger und Empfänger zu identifizieren, zu charakterisieren und aus den zwischen ihnen existierenden Verbindungen für das Börsenevent IPO wichtige Kommunikationspfade begründet abzuleiten. Diese Erkenntnisse werden zusammenfassend in einem Kommunikationspfad-Modell visualisiert.

5.2.1 Meinungsführerkonzept

Die zentrale Aussage des Meinungsführerkonzepts[700], auch als „Two-Step-Flow of Communication"-Ansatz bezeichnet, lässt sich auf folgende Erkenntnis von Lazarsfeld/ Berelson/ Gaudet zurückführen: „Ideas often flow from radio and

700 Das Konzept lässt sich auf Lazarsfeld/ Berelson/ Gaudet zurückführen. Vgl. Lazarsfeld/ Berelson/ Gaudet (1948), zitiert in: Schenk (2002), S. 320.

print to the opinion leaders and from them to the less active sections of the population."[701]

Damit wird die besondere Bedeutung der Meinungsführer innerhalb der Gruppe der Rezipienten hervorgehoben. Die Meinungsführer („opinion leaders", MF)[702] sind der komplementären Gruppe der Meinungsfolger bzw. sonstigen Rezipienten (R)[703] im nun nicht mehr einstufigen klassischen, sondern zweistufigen Kommunikationsprozess vorgeschaltet, wie der nachfolgenden Abbildung 23 zu entnehmen ist.

701 Bei dem oben angeführten Zitat lässt sich darüber hinaus bezogen auf das Wort „often" (dt.: zumeist) ergänzend festhalten, dass die befragten Personen interpersonale Quellen zwar 10% häufiger angaben als Massenmedien. Dies stellt jedoch nur eine relative Häufigkeit dar und impliziert, dass Informationen ebenso über Massenmedien vermittelt wurden. Es mag vielmehr auch daraus resultieren, dass die Meinungsführer und weniger Interessierten unter ihresgleichen, jedoch nicht miteinander, kommunizieren.

702 Die Identifikation einer bestimmten Person als Meinungsführer ist durchaus nicht trivial. Überwiegend finden soziometrische Verfahren, die Befragung Dritter sowie die Selbsteinschätzung Anwendung. Zu den verschiedenen Messansätzen vgl. Schenk (2002), S. 345. Meinungsführer sind in neueren Studien eindeutiger charakterisierbar geworden, vgl. dazu Schenk (2002) S. 354. Bei Troldahl/ van Dam werden sie als „Opinion Giver" bezeichnet, siehe Schenk (2002), S. 341, Troldahl/ van Dam (1966), bei Weimann (1991) als „influentials".

703 Im Gegensatz zum Terminus „Meinungsführer" existiert in der Literatur keine einheitliche Bezeichnung für die Komplementärgruppe der Rezipienten. Es werden überwiegend folgende Begriffe verwandt: „kommunikativ weniger aktiv" (Schenk (2002), S. 328), „Opinion Receiver" (Bonfadelli (2001), S. 138), „Non-Leaders" bzw. „Nichtführer" (Schenk (2002), S. 137 respektive S. 328), „non-influentials" (Weimann (1991)). Aktiver umschreiben Troldahl/ van Dam die Rolle mit „Opinion Asker" (vgl. dazu Schenk (2002), S. 341).

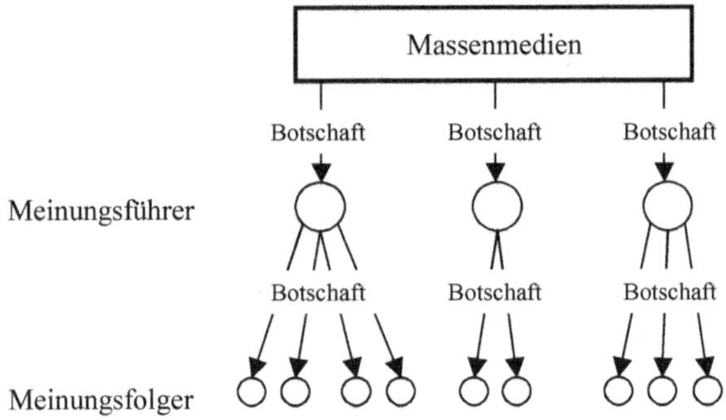

Abbildung 23: Das Meinungsführerkonzept der zweistufigen Kommunikation[704]

Trotz aller Kritik[705] an der grundlegenden Studie von Lazarsfeld/ Berelson/ Gaudet gilt das Meinungsführerkonzept nach wie vor als eines der wichtigsten kommunikationswissenschaftlichen Konzepte.[706]

Bei genauerer Betrachtung zeigt sich, dass die Meinungsführer (MF) eine durchaus heterogene Gruppe an besser Informierten darstellen.[707] Sie lassen sich in

704 Quelle: Schenk (2002), S. 338.

705 Die von Schenk zitierte grundlegende Studie von Lazarsfeld/ Berelson/ Gaudet (1948) wurde einer umfangreichen Kritik unterzogen, die die Aussagekraft grundsätzlich in Frage stellt. Zunächst wurde Kritik im Hinblick auf die wissenschaftliche Vorgehensweise geübt. Der zweistufige Kommunikationsprozess wurde insofern nicht explizit überprüft, als kein Informationsfluss nachvollzogen wurde. Streng genommen kann die Fokussierung auf nur zwei Stufen im Kommunikationsprozess lediglich als Hypothese bezeichnet werden. Vgl. dazu den folgenden Abschnitt zur Diffusionsforschung sowie Bonfadelli (2001), S. 137. Zweitens ist die eingesetzte Methode der Identifikation der Meinungsführer unbefriedigend ausgefallen. Drittens wurde Kritik an der unzureichend differenzierten Betrachtung der Informationsvermittlung und der tatsächlichen Beeinflussung von Einstellungen und Wissen beim Rezipienten geäußert. Vgl. Bonfadelli (2001) S. 137. Die letztgenannte Kritik hat jedoch im Wesentlichen zu ergänzenden und weiterführenden Forschungsarbeiten geführt.

706 Vgl. Bonfadelli (2001), S. 137.

707 Vgl. Schenk (2002), S. 323.

fachliche sowie allgemeine Meinungsführer differenzieren.[708] Fachliche Meinungsführer (MF_F) verwenden vielfältige Informationsquellen, allerdings nur in Bezug auf ihr Fachgebiet. Ein Meinungsführer für Automobile wird beispielsweise einschlägige TV-Sendungen, Autozeitschriften, Autoberichte in der Tagespresse, autobezogene Internetangebote etc. zu Rate ziehen. Der allgemeine Meinungsführer (MF_A) hingegen interessiert sich für verschiedenste Gebiete und wird von den Meinungsempfängern seiner sozialen Umgebung grundsätzlich als besonders kompetent und urteilsstark angesehen.[709]

Für den Informationsfluss bei einem Börsengang bedeutet dies, dass nach Meinungsführergruppen differenziert werden muss. Einige fachliche Meinungsführer sind als Teil der Gruppe finanzaffiner Personen („financial community“[710]) in Fachfragen zur Börse bzw. für das IPO-Investment bewandert. Sie beziehen ihre Informationen aus überregionalen Fachmedien wie dem Handelsblatt, der Börsenzeitung oder der Telebörse bei n-tv. Ihnen ist an finanzmarkttechnischen Details wie dem Emissionsvolumen und der Bookbuilding-Spanne gelegen, um sich daraus ihr Meinungsbild ableiten zu können.

Die allgemeinen Meinungsführer hingegen nehmen wahr, dass ein anstehender Börsengang erfolgversprechend ist. Da sie jedoch (in der Regel) keine detaillierten Fachkenntnisse besitzen, verwenden sie im Gegensatz zu den fachlichen Meinungsführern überwiegend interpretierte und zusammenfassende Informationen.[711]

---

708 Die Unterteilung geht zurück auf eine ältere Studie von Merton, die die beiden Meinungsführertypen mit „locals“ (allgemeine Meinungsführer) sowie „cosmopolitans“ (fachliche Meinungsführer) bezeichnet. Vgl. dazu Schenk (2002), S. 323 FN 8. Es handelt sich jedoch nicht notwendig um zwei disjunkte Gruppen.

709 Auf die besondere Relevanz und exponierte Stellung von Meinungsführern in sozialen Netzwerken wird im Abschnitt zu den sozialen Netzwerken eingegangen, vgl. auch Schenk (2002), S. 357f.

710 Unter der Financial Community werden alle am Finanzmarkt interessierten Personengruppen subsumiert. Dazu zählen im engeren Sinne Analysten, institutionelle Investoren, Privatanleger und Anlageberater. Vgl. Schönborn/ Tschugg (2002), S. 5.

711 Zu den allgemeinen Informationen zählen beispielsweise die Fragen, ob es sich um ein erfolgreiches Unternehmen mit einer guten Reputation handelt, ob eine grundsätzliche Möglichkeit der Zeichnung bei einer bekannten Emissionsbank (Deutsche Bank oder

Die Meinungsführer beschränken ihre Informationsaufnahme gleichwohl nicht auf Medien, sondern übernehmen ergänzend bzw. substitutiv (subjektive) Informationen von anderen Meinungsführern. Letztere etablieren sich sozusagen als Meinungsführer der Meinungsführer, weswegen ihnen eine besonders exponierte Bedeutung zukommt.[712]

Als ein solcher präsentiert sich der gerade in Verbindung mit den Massenmedien moderner Prägung entstandene virtuelle Meinungsführer (MF_V). Er etabliert keinen direkten persönlichen Kontakt zum Rezipienten mehr, sondern ist medial omnipräsent. Dadurch gelingt es ihm, seine Meinungen und Informationen an Meinungsempfänger zu transportieren.

Das bedeutet, dass der virtuelle Meinungsführer die Kompetenz zugesprochen bekommt, sich umfang- und kenntnisreich mit den originären Informationen auseinandergesetzt zu haben. Der virtuelle Meinungsführer ersetzt damit die in vielen Fällen fehlenden direkten Kontakte mit persönlich bekannten Meinungsführern.[713]

Als virtuelle fachliche Meinungsführer gelten z.B. die Moderatoren von Börsensendungen. Auch prominente Analysten und Fondsmanager werden als fachliche Meinungsführer angesehen.[714]

Volksbanken vs. mittelständisches Bankinstitut) besteht, oder wie die durch eine hohe Überzeichnung oder Graumarktkurse begründeten gesamten Erfolgsaussichten einzuschätzen sind.

712 Vgl. dazu Schenk (2002), S. 325f.

713 Das Konzept des virtuellen Meinungsführers weist eine enge Verwandtschaft mit den in der Werbung eingesetzten „Testimonials" auf. Eine klare Abgrenzung existiert nicht, allerdings benötigt der virtuelle Meinungsführer eine mit der vermittelten Information zusammenhängende hohe Glaubwürdigkeit. Manfred Krug wurde beispielsweise in die Werbekampagne der Deutschen Telekom als Testimonial eingebunden, der zwar keine Verbindung mit der Deutschen Telekom besaß, jedoch allgemein durch seine Medienaktivitäten eine hohe Glaubwürdigkeit aufwies.

714 Dies beschränkt sich jedoch auf prominente Analysten. In den USA beispielsweise hat Mary Meeker für viele Investoren „Kultstatus" erreicht, was dazu führt, dass ihre Aussagen akribisch beobachtet und analysiert werden. Ihr Einfluss zeigt sich letztlich in der Einflussnahme auf die Entwicklung von Aktienkursen, die durch ihre Kauf- (Verkaufs-) empfehlungen deutlich im Kurs steigen (fallen). In Ausnahmefällen werden auch glaubwürdige und populäre Unternehmenschefs gerade von sehr unerfahrenen Meinungsfolgern als Meinungsführer angesehen. Bei dem Börsengang der Deutschen Telekom beispielsweise ist der damalige Unternehmenschef Ron Sommer häufig in Medien aufgetre-

Die Meinungsführer verwenden somit durchaus nicht dieselben Medien als Informationsquellen. Der fachliche Meinungsführer kann mit in Fachmedien publizierten und bis ins Detail überzeugenden Sachinformationen gewonnen werden, wohingegen der allgemeine Meinungsführer bereits interpretierte Informationen von virtuellen Meinungsführern - z.B. Analysten, prominenten Fachjournalisten - und pointiert präsentierte Informationen - z.B. in Form der „equity story“ - aufgreift. Für das Unternehmen ergibt sich daraus die Konsequenz, dass ein entsprechend differenziertes Angebot an Informationen vorliegen muss, welches entweder den Meinungsführern direkt zur Verfügung gestellt wird, oder welches den Medien als Grundlage für ihre Berichterstattung dient.

Für die hohe Relevanz des persönlichen Einflusses der Meinungsführer auf die Meinungsbildung der Meinungsfolger werden allgemein folgende Argumente angeführt:[715]

- Persönliche Kontakte erscheinen weniger zweckgerichtet und rufen daher nicht so leicht selektives Kommunikationsverhalten hervor wie Massenkommunikation.
- „Face-to-Face“-Kommunikation ist flexibler als Massenkommunikation, weil eine direkte Rückkopplung zwischen Kommunikator und Rezipient besteht.
- „Face-to-Face“-Kommunikation ermöglicht sofortige (positive/ negative) Sanktionen für die Akzeptanz/ Nichtakzeptanz einer Meinung.
- Personen trauen oft anderen, die sie schon lange Zeit kennen, mehr als den unpersönlichen Kommunikatoren der Massenmedien.

Die Gruppe der Meinungsfolger ist ebenso wie die Gruppe der Meinungsführer heterogen. Sie besteht aus sogenannten Gefolgsleuten sowie Inaktiven, die sich hinsichtlich der Bereitschaft zur Teilnahme an jeglicher Kommunikation unter-

ten, um seine über die Deutsche Telekom hinausgehende Popularität einzusetzen. Den meisten CEOs kann unterstellt werden, dass sie nach der Rolle als Meinungsführer streben: „Manager trachten danach, präsent zu sein“ (Schenk (2002), S. 354).

715 Vgl. Schenk (2002), S. 324.

scheiden. Während die Gefolgsleute (Primärrezipienten) durchaus an Diskussionen mit Meinungsführern teilnehmen und daraus reflexiv eine eigene Meinung ableiten, sind die Inaktiven (Sekundärrezipienten) nur selten bereit, sich aktiv an einer Meinungsbildung zu beteiligen.[716] Sie neigen dazu, unreflektiert (subjektive) Informationen zu übernehmen.

Insgesamt kann als Ergebnis festgehalten werden, dass von einem modifizierten Meinungsführerkonzept ausgegangen werden muss. Grundsätzlich findet eine Beeinflussung der Meinungsfolger durch die Meinungsführer statt. Die Gruppe der Meinungsführer stellt keine homogene Gruppe dar, sondern besteht aus unterschiedlich geprägten Typen, die als fachliche oder allgemeine Meinungsführer auf bestimmten (eng oder weiter) gefassten Gebieten agieren. Hinzu kommen übergeordnete Meinungsführer, die z.B. als virtuelle Meinungsführer für andere Meinungsführer maßgeblich sind.[717]

Es findet somit eine Art „multi-step-flow of communication" der gegenseitigen Kommunikation von Meinungsführern mit verschiedenen Typen von Meinungsfolgern statt, wie Abbildung 24 zu entnehmen ist.[718]

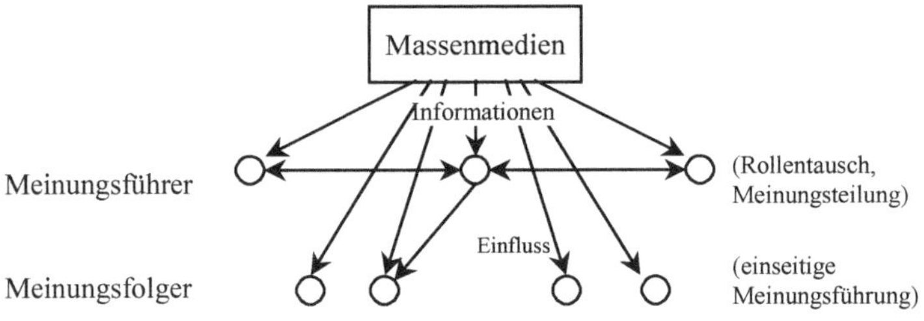

Abbildung 24: Modifizierte zweistufige Kommunikation[719]

[716] Vgl. Troldahl/ van Dam (1966).

[717] Gleiches gilt für die Gruppe der Meinungsfolger, die zumindest in Interessierte und Uninteressierte differenziert werden muss.

[718] Vgl. Schenk (2002), S. 326f.

[719] Quelle: Robinson (1977), S. 317.

Die Meinungsführer stellen das Verbindungsglied zu der zahlenmäßig wesentlich größeren Gruppe der Meinungsfolger dar und fungieren somit als *Multiplikator einer individuell modifizierten Kommunikationsbotschaft*. Hieraus leitet sich aus kommunikativer Sicht die hohe Relevanz der Meinungsführer für den IPO-Prozess ab.[720] Die vielfältigen Verflechtungen zwischen den Meinungsführern und den Meinungsfolgern können als ein soziales Netzwerk abgebildet werden,[721] auf dessen Besonderheiten weiter unten eingegangen wird.

Die Rolle der Meinungsführer verändert sich im Verlauf der einzelnen Phasen des Börsengangs. Besonders wichtig sind während der Ankündigung des IPO (Beginn der Vorbereitungsphase) die fachlichen Meinungsführer. Sie erfahren aufgrund ihrer Spezialisierung auf Fachpublikationen die Nachricht des geplanten Börsengangs als erste und meist einzige.

Während der Börseneinführungsphase (Bookbuildingzeitraum) beschaffen sich auch die allgemeinen Meinungsführer die sie interessierenden Informationen, sodass beide Meinungsführertypen in vielen interpersonalen Diskussionen eine Überzeugungsleistung erbringen können. Sie müssen den Meinungsfolgern das Unternehmen so leistungsfähig und werthaltig darstellen, dass sie sich für das Unternehmen interessieren und u.U. an der Zeichnung teilnehmen. Je mehr Folger sich stärker involvieren lassen, desto größer fällt die erzielte Verbesserung des Wissens und des Images aus. Meinungsführer sind also insbesondere während der Börseneinführungsphase durch die mit dem IPO vermittelten Informationen vom Erfolg zu überzeugen, damit sie ihre eigene Überzeugung an Meinungsfolger weitervermitteln.[722] Dazu gehören neben möglichst umfangreichen sachlichen Informationen ein hinreichender finanzieller Anreiz und eine emotio-

[720] Aus finanzwirtschaftlicher Sicht reichen die „Informierten“ bzw. Meinungsführer nicht aus, die gesamte Tranche zu zeichnen, sodass auch „Uninformierte“ bzw. Meinungsfolger zu einer Zeichnung animiert werden müssen. Vgl. dazu die Modellannahmen bei Rock (1986).

[721] Es sollte jedoch bedacht werden, dass Meinungsführer und Nichtführer durchaus aus derselben sozialen Schicht stammen können und somit eine horizontale Informationsweitergabe stattfindet.

[722] Vgl. Bonfadelli (2001), S. 140.

nale Aufladung etwa mittels einer über Massenmedien ausgestrahlten Werbung. Je höher das erwartete Underpricing ausfällt, desto eher beurteilen die Meinungsführer das IPO als lohnenswert und informieren im eigenen Interesse die Meinungsfolger.[723]
Während des Höhepunkts bzw. der anschließenden Reflexion des Spannungsbogens (Börsenphase) geben die Meinungsführer (MF) ihre Beurteilung über den Börsengang an die Meinungsfolger (R) weiter. Die abschließende Beurteilung des Börsengangs durch die Meinungsführer während der Börsenphase gewinnt besonders an Gewicht, weil es sich mit der angestrebten Verbesserung des Wissens und des Images um *dauerhafte* Ziele handelt.
In der nachfolgenden Abbildung 25 sind die zentralen Akteure der zweistufigen Kommunikation zusammenfassend schematisch dargestellt.

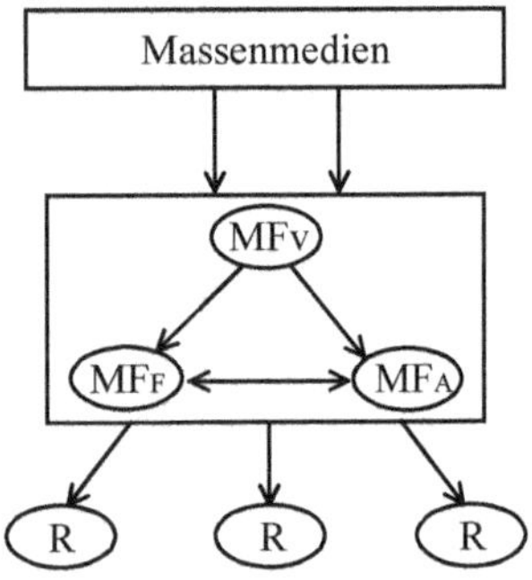

Abbildung 25: Akteure der zweistufigen Kommunikation während des Börsengangs

Einige empirische Studien deuten darauf hin, dass das Meinungsführerkonzept zumindest keine universelle Gültigkeit besitzt.[724] Demnach hängt es vielmehr vom Wert der verbreiteten Information ab, ob die Massenmedien oder die inter-

[723] Die Begründung dafür, warum es sich für die Meinungsführer lohnt, von der lukrativen Investition zu erzählen, wird im Abschnitt über soziale Gruppen (Kapitel 5.2.3) erörtert.

[724] Vgl. Schenk (2002), S. 332ff.

personale Kommunikation über Meinungsführer den Kommunikationsprozess dominieren. Damit wird festgestellt, dass oftmals Informationen von den Massenmedien direkt an die Meinungsfolger gesendet werden, ohne gemäß dem „Two-Step-Flow of communication"-Ansatz zunächst zu Meinungsführern zu gelangen. Mit der Gegenüberstellung der massen- bzw. meinungsführerdominierten Kommunikationswege befasst sich die Diffusionsforschung.

5.2.2 Diffusionsforschung

Die **Diffusionsforschung** eruiert, wie und über welche Kommunikationskanäle sich Informationen über Ereignisse ausbreiten. Sie betrachtet neben der interpersonalen Kommunikation (Meinungsführerkonzept) im Wesentlichen Massenmedien.

Rogers unterscheidet bezüglich der Weitergabe von Informationen fünf Phasen:[725]

- Wecken von Aufmerksamkeit,
- Wissen,
- Persuasion,
- Entscheidung sowie
- Bestätigung.

[725] Vgl. Rogers/ Singhal (1996), Rogers (1983), zitiert in Bonfadelli (2001), S. 141 bzw. S. 139. Es handelt sich vielmehr um eine Vermischung von Phasen und Zuständen bzw. (Instrumental-) Zielen, die erreicht werden sollen. So ist im Rahmen der SOR-Forschung festgestellt worden, dass nicht deterministisch im Sinne der Stufenmodelle der Werbewirkungsmodelle davon ausgegangen werden kann, dass zunächst Aufmerksamkeit geweckt werden muss, um Wissen zu erzeugen und damit eine Überzeugung zu erreichen. Vielmehr geht es Rogers darum zu vermitteln, dass zum Erreichen des (Zwischen-) Zieles „Aufmerksamkeit" oder des Zieles „Wissen" jeweils andere Kommunikationswege stärker wirken.

Wird nach der Wahrnehmung der Botschaft als erster Phase gefragt, so erfolgt dies überwiegend über Massenmedien. Ähnliches gilt in abgeschwächter Form bei der Aufnahme von Wissen durch objektive Informationen, die nicht analysiert oder interpretiert werden müssen.[726] Um beim Rezipienten jedoch eine Überzeugungsleistung zu bewirken oder gar eine Entscheidung herbeizuführen, zeigt sich die interpersonale Kommunikation als unabdingbar. Handelt es sich um ein stark emotionalisiertes Ereignis, gewinnt den Erkenntnissen der Diffusionsforschung zufolge die interpersonale Kommunikation zusätzlich an Gewicht.
Das Wecken von Aufmerksamkeit stellt zu Beginn der Vorbereitungsphase des IPO-Prozesses die Hauptaufgabe dar und kann von Massenmedien geleistet werden. Naht während der Börseneinführungsphase hingegen für die (potentiellen) Investoren die Entscheidung darüber, an der Zeichnung teilzunehmen oder nicht, kann dies nur über interpersonale Kommunikation effizient erfolgen. Sie beeinflusst maßgeblich die Festigung des Wissens und prägt, wie weiter oben bereits geschildert,[727] die Einstellungen zum Unternehmen.

Ein weiteres zentrales Ergebnis der Diffusionsstudien besteht in der Feststellung, dass die Diffusionsgeschwindigkeit und der Verbreitungsgrad in Abhängigkeit von der Wichtigkeit einer bestimmten Information schwanken: Herausragende Ereignisse (z.B. Katastrophen[728]) werden schnell (massenmedial und interpersonal) kommuniziert und erreichen in der Summe mehr Menschen und damit einen höheren informationellen Sättigungsgrad als weniger wichtige Ereignisse. Die Relevanz von Börsengängen lässt sich nicht pauschal beurteilen und schwankt zwischen einer sehr hohen und einer praktisch nicht existierenden Relevanz für die Massenmedien bzw. Öffentlichkeit.
Der Börsengang der Deutschen Telekom war sicherlich der wichtigste Börsengang der letzten Zeit und hat dementsprechend eine schnelle und umfangreiche Verbreitung gefunden (Beispielfall A). In Cold-issue-Phasen und in Ländern ei-

[726] Vgl. Bonfadelli (2001) S. 140.

[727] Vgl. die Ausführungen zum Meinungsführerkonzept (Kapitel 5.2.1).

[728] Beispielsweise der Terrorakt des 11.9.2001 oder der Tsunami in Südostasien vom 26.12.2004.

ner schwach ausgeprägten Aktienkultur wird IPOs jedoch nur selten Relevanz beigemessen (Beispielfall B).[729]

Der zeitliche Verlauf der Verbreitung der Botschaft lässt sich idealtypisch als S-Kurve darstellen: Zuerst erfahren nur besonders Interessierte und kommunikativ aktive Personen über Massenmedien von der Nachricht.[730] Die beschleunigte Vermittlung der Botschaft über Massenmedien und interpersonale Kommunikation wird als Take-off-Phase bezeichnet. Sie kommt nur dann zum Tragen, wenn eine „kritische Masse“[731] erreicht wird. Dazu ist eine interpersonale *und* massenmediale Verbreitung notwendig.[732] Anhand der nachfolgenden Abbildung 26 wird ersichtlich, dass durch eine Take-off-Phase der Sättigungsgrad deutlich höher ausfällt, als wenn sich die Informationen über eine längere Zeitspanne und ohne Take-off-Phase verbreiten.

---

729 Der auf breite Resonanz gestoßene IPO des Internetsuchdienstes Google im Jahr 2005 erfolgte in den USA und mithin in einem Land, in dem eine sehr hohe Aktienkultur herrscht.

730 Vgl. dazu das Konzept des Meinungsführers.

731 Vgl. Schenk (2002), S. 387.

732 Im Modell der Informationskaskaden von Welch wird ein ähnlicher Prozess geschildert: Während der Börseneinführungsphase wird insbesondere durch interpersonale Kommunikation zwischen Unternehmensvertretern und der Investmentbank mit (institutionellen) Investoren über die Vorteile einer Teilnahme an der Zeichnung diskutiert. Die von den Investoren signalisierte Nachfragehöhe dient dem Unternehmen, aber auch anderen Investoren als Indikator über die Gesamtnachfrage und - aufgrund der fixen Preisspanne des Primärmarktes - das Kurssteigerungspotential. Je häufiger und intensiver die interpersonale Kommunikation stattfindet, umso stärker entwickelt sich die Nachfrage. Welch spricht von Informationskaskaden, weil sich ab einem bestimmten Zeitpunkt die Nachfrage und damit die Kurshöhe von zugrunde liegenden Fundamentaldaten löst und eine Eigendynamik entwickelt. Eine vergleichbare Eigendynamik entsteht gemäß den Diffusionsstudien, wenn der Take-off-Punkt eines bestimmten Verbreitungsgrades der Information erreicht ist.

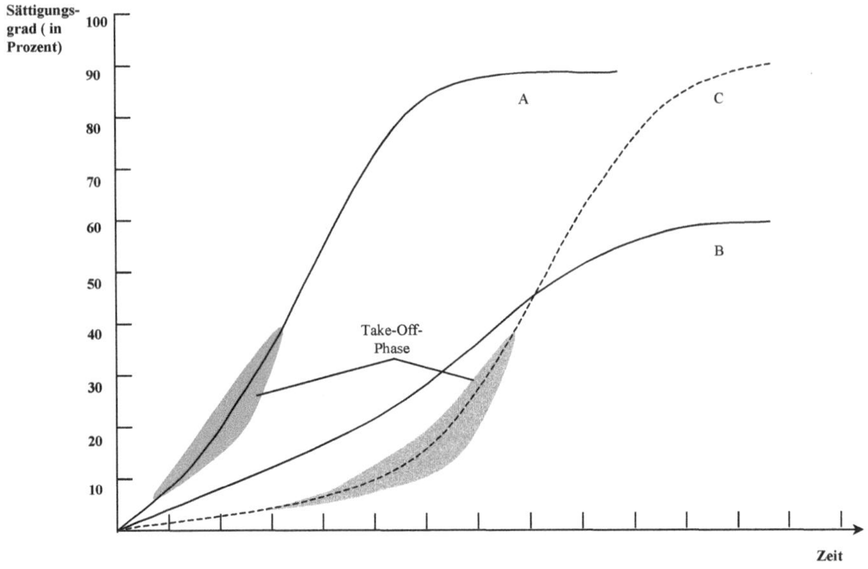

Abbildung 26: Zeitlicher Verlauf der Verbreitung von Informationen

Der in Abbildung 26 auf der Ordinate abgetragene Sättigungsgrad zeigt im Maximum die obere Begrenzung der Verbreitung einer bestimmten Information an. In Situation B liegt der Sättigungsgrad deutlich niedriger als in Situation A und C.

Der Sättigungsgrad kann dabei mit dem Ziel der Bekanntheitsgradsteigerung gleichgesetzt werden: Je höher der Sättigungsgrad liegt, desto höher ist c.p. der Bekanntheitsgrad.

Betrachtet man hinsichtlich des Sättigungsgrads anstelle der gesamten Öffentlichkeit bestimmte Bevölkerungsgruppen, so sind z.B. in der „financial community" hohe Sättigungsgrade in Bezug auf Informationen zu geplanten IPOs zu erwarten.

Für größere, nicht auf die financial community beschränkte Bevölkerungsgruppen hängen der Sättigungsgrad sowie die Wahrscheinlichkeit des Erreichens des

Take-off-Punktes von verschiedenen Faktoren ab, u.a. der aktuellen Attraktivität des Neuemissionsmarkts und der spezifischen Attraktivität der Emission etwa in Form der erwarteten Kursgewinne (Underpricing).[733] Die Attraktivität des Neuemissionsmarkts ist während einer Hot-issue-Phase, wie sie z.B. Ende des letzten Jahrzehnts an den Börsen festgestellt werden konnte, wesentlich höher einzustufen als in Zeiten, in denen eine „Börsenflaute" herrscht. Genauso wächst der über massenmediale und interpersonale Kommunikation erzielte Sättigungsgrad mit der Höhe des erwarteten Underpricing.[734]
Um ein Beispiel anzuführen, welches Ausmaß der Sättigungsgrad in absoluten Zahlen[735] annehmen kann, sei auf den Börsengang der Deutschen Telekom verwiesen. In Bezug auf die T-Aktie kann davon ausgegangen werden, dass in Deutschland wie erwähnt mehr als 30 Millionen Personen von dem Börsengang wussten.[736]

Bezogen auf die Phasen des Börsengangs liegt der optimale Zeitpunkt für die Take-off-Phase zu Beginn der Börseneinführungsphase und geht mit der Vernetzung[737] des Spannungsbogens einher. Ein früherer Zeitpunkt ließe sich auf-

---

[733] Dabei kommt es zu einem selbstverstärkenden Effekt, da die Neuemission den Charakter eines Netzwerkgutes aufweist. Je mehr potentielle Investoren die Möglichkeit zur Zeichnung nutzen, umso attraktiver wird sie. Je attraktiver sie ist, umso mehr Investoren zeichnen die Aktie. Vgl. Schenk (2002), S. 387 FN 46. Je höher die Überzeichnung ausfällt, desto stärker steigt der Kurs an. Dies liegt darin begründet, dass das Angebot beim IPO in Höhe der Zahl der Aktien fixiert, die Nachfrage jedoch variabel ist. Die im Primärmarkt nicht befriedigte Nachfrage löst sich erst im Sekundärmarkt auf und führt zu steigenden Kursen. Je höher die Nachfrage ausfällt, desto höher liegt der Preis. Vgl. dazu auch das Informationskaskaden-Modell von Welch (1992) sowie die Ausführungen in Kapitel 3.1.3.

[734] Konkret lässt sich das zu erwartende Underpricing relativ präzise aus den vorbörslichen Kursen des Grauen Marktes ableiten. Wie Demers/ Lewellen aufzeigen, besteht ein signifikanter und stark ausgeprägter Zusammenhang zwischen der Höhe des Underpricing und der Anzahl der Medienberichte. Vgl. Demers/ Lewellen (2003) sowie Kapitel 3.2.3.

[735] Der Sättigungsgrad gibt an, wie groß der prozentuale Anteil an einer bestimmten Gruppe ist. In dem vorliegenden Fall wurde der prozentuale Anteil der gesamten Bevölkerung in einen absoluten Wert transformiert.

[736] Allein das „Weiteste Potential" der potentiellen *Käufer* der T-Aktie belief sich auf 14,4 Millionen. Vgl. o.V. (Deutsche Telekom) (1996a).

[737] Hiermit ist die Vernetzung(sphase) im Konzept des Spannungsbogens gemeint.

grund noch fehlender zentraler Aspekte des IPO, z.B. die Preisspanne und die Höhe der Nachfrage, üblicherweise nicht realisieren. Ein späterer Zeitpunkt, z.B. am Beginn der Börsenphase durch die Aufnahme der Sekundärmarktnotiz, zu dem das mediale Interesse am höchsten ausfällt,[738] läge bereits am Ende des Börsengangs und somit zu spät.

Demzufolge sind die Massenmedien insbesondere zu Beginn der Börseneinführungsphase besonders wichtig, um für ein schnelles Erreichen des Take-off-Punkts und die weitreichende Verbreitung der Informationen zu sorgen.[739]

Die Diffusionsstudien haben aufgezeigt, dass neben dem Kommunikationspfad über Meinungsführer in verschiedenen Situationen insbesondere die unmittelbare Weitergabe der Informationen durch die Massenmedien wichtig ist. Die Diffusion der Botschaft hängt in Bezug auf Verbreitung(sgeschwindigkeit) und genutzte Kommunikationswege von verschiedenen Faktoren ab: Die reine Kenntnis einer Botschaft wird überwiegend auf direktem Wege über Massenmedien erzielt, wohingegen eine Überzeugungsleistung über interpersonale Kommunikation erfolgt. Für eine breite Kenntnis in der Bevölkerung ist eine kritische Masse an Botschaftsempfängern notwendig, um damit den Take-off-Punkt für einen hohen Sättigungsgrad erreichen zu können.

Den Erkenntnissen der Diffusionsforschung zufolge arbeiten massenmediale und interpersonale Kommunikationswege nicht exklusiv oder konkurrierend, sondern komplementär.[740] Inwiefern die soziale Umwelt eine Rolle bei der Verbreitung und Aufnahme von Informationen spielt, ist im Rahmen der Netzwerkstudien näher untersucht worden.

---

[738] Die Anzahl der Medienberichte fällt im Zeitraum um den Tag der Erstnotiz am höchsten aus. Vgl. Demers/ Lewellen (2003) sowie Kapitel 3.2.3.

[739] Die Diffusionsgeschwindigkeit, gemessen am Zeitraum zwischen erstmaliger Bekanntgabe einer Botschaft und Erreichen des Take-off- bzw. des Sättigungspunktes, hat sich im Laufe der letzten Jahre und Jahrzehnte aufgrund der Neuen Medien, insbesondere des Internets, deutlich erhöht. Daraus ergibt sich die Möglichkeit, eine anfangs zu schleppende Informationsverbreitung über den intensivierten Einsatz der Neuen Medien zu beschleunigen. Vgl. Bonfadelli (2001), S. 143.

[740] Vgl. Schenk (2002), S. 390.

5.2.3 Netzwerke der persönlichen Kommunikation[741]

Die Netzwerke der persönlichen Kommunikation sind dadurch charakterisiert, dass die Teilnehmer eines Netzwerks zumindest in Bezug auf ein Objekt intern homogen und extern heterogen geprägt sind.[742] Bei einem Börsengang können nach dem Ausmaß des Interesses[743] verschiedene Netzwerke bzw. Gruppen identifiziert werden.

Die Gruppe der an dem Börsengang besonders interessierten Personen ist von der Deutschen Telekom als „Kernpotential" bezeichnet worden.[744] Die Personen weisen eine hohe intrinsische Motivation der Informationssuche, -aufnahme und -verarbeitung und eine hohe Finanzmarkt- und Börsenaffinität auf. Deren Interesse manifestiert sich darin, dass sie einen Zeichnungsauftrag einzureichen beabsichtigen. Bei der Deutschen Telekom ist diese Gruppe im Vorfeld des Börsengangs mit 5,6 Millionen Personen quantifiziert worden.[745]
Darüber hinaus wurde eine weitere Gruppe identifiziert, die neben der konkreten Absicht auch die (finanzielle[746]) Möglichkeit zur Zeichnung hat. Sie wurde auf

[741] Vgl. Schenk (2002), S. 355ff., auch S. 310ff.; Bonfadelli (2001), S. 143ff.

[742] In einem Schachverein beispielsweise interessieren sich alle Mitglieder gleichermaßen für das „königliche Spiel", ohne darüber hinaus Ähnlichkeiten etwa bezüglich des Alters besitzen zu müssen. Auch Gewerkschaften oder die „financial community" weisen als Interessengemeinschaften jeweils gleiche Interessen auf.

[743] Neben dem Kriterium des Interesses am Börsengang lassen sich noch weitere Kriterien zur Abgrenzung von Gruppen einsetzen. Vgl. o.V. (Deutsche Telekom) (1996a).

[744] Eine noch größere Gruppe umfasste alle Personen, die sich zwar für die T-Aktie grundsätzlich interessiert haben, jedoch vermutlich keinen Zeichnungsauftrag einreichten - entweder weil kein konkreter Kaufwunsch vorliegt oder die Kauffähigkeit, z.B. wegen mangelnder finanzieller Voraussetzungen, fehlte. Vgl. o.V. (Deutsche Telekom) (1996a).

[745] Zur Abgrenzung dieser Personen wurden auf Basis einer repräsentativen Untersuchung folgende Kriterien zugrunde gelegt: grundsätzliches Interesse an den Aktien der Deutschen Telekom; konkretes Kaufinteresse an den Aktien vorhanden; spezifiziertes Kaufinteresse (Items: „bei kleinerer Stückelung würde ich kaufen", „schon immer gereizt, Aktien zu besitzen", „beim Aktienkauf Solidität wichtiger als schnelle Gewinne"); T-Aktie im Wettbewerbsumfeld als „sehr interessant" qualifiziert. Vgl. o.V. (Deutsche Telekom) (1996a).

[746] Vgl. Kapitel 2.1: z.B. besteht die Notwendigkeit, Inhaber eines Kontos zu sein.

1,7 Millionen beziffert.[747] Eine andere Teilgruppe stellen die Mitglieder des Aktien-Informations-Forums (AIF) dar. Das AIF ist ein Angebot der Deutschen Telekom an Interessierte, sich über die Deutsche Telekom und insbesondere den Börsengang regelmäßig per Postsendung zu informieren. Insgesamt über 1,4 Millionen Interessenten baten die Telekom selbsttätig um die Aufnahme in diese Gruppe.[748]

Daneben existierte eine Vielzahl kleinerer Gruppen, z.B. in Form von Börsenvereinen oder -clubs, die für die Kommunikation der Informationen und deren subjektive Interpretation von besonderer Bedeutung sind. Grundsätzlich gilt, dass die Netzwerke umso stärker gefestigt sind, je weniger Mitglieder sie aufweisen.

Das endogene Beziehungsgeflecht einer Gruppe setzt sich aus starken („strong ties") und schwachen Verbindungen („weak ties") zwischen den jeweiligen Gruppenmitgliedern zusammen und wird durch den Meinungsführer dominiert. Er nimmt externe Informationen auf und bestimmt über die starken Verbindungen zu den Gruppenmitgliedern mit seiner subjektiven Auswahl deren Informationsspektrum und Meinungen.[749] „Kongruenz der Meinungen ist somit ein wesentliches Merkmal interpersonaler Kommunikation in der unmittelbaren sozialen Umgebung der Rezipienten."[750] Außerdem zeigt sich, dass die Kommunikationsfreudigkeit zunimmt, wenn eine hohe Meinungskongruenz vorliegt.

Ebenfalls von Bedeutung sind die sogenannten Marginalen. Sie weisen eine schwache Verbindung zu einem Mitglied einer anderen Gruppe auf und sind fähig und bereit, eine von der Gruppe abweichende Meinung aufzunehmen bzw. eine von einer anderen Meinung abweichende eigene Meinung zu kommunizie-

[747] Was aus der Ex post-Betrachtung ziemlich exakt der tatsächlichen Zahl der Zeichner entsprach.

[748] Vgl. o.V. (Deutsche Telekom) (1996c).

[749] In einer empirischen Untersuchung wurde festgestellt, dass 60% der Netzwerke eine vollkommen identische Einstellung zu einem Thema aufwiesen, in weiteren 16% der Netzwerke gab es eine nahezu identische Einstellung. Vgl. Schenk (2002), S. 367.

[750] Schenk (2002), S. 367.

ren und zu vertreten. Nur so kommt ein kommunikativer Austausch zwischen verschiedenen Gruppen über sogenannte Brücken zustande.

Grundsätzlich gilt, dass mit der Anzahl der Mitglieder eines Netzwerks der Anteil an schwachen Verbindungen zwischen einzelnen Subgruppen und nur noch indirekten Verbindungen vieler Mitglieder untereinander steigt.[751] Damit ist auch die Meinungshomogenität innerhalb des Netzwerkes niedriger. Die grundsätzliche Struktur sozialer Netzwerke bleibt davon jedoch unberührt.

Die Gründe für die gleiche Informationswahrnehmung und Einstellungs- bzw. Meinungskonformität in sozialen Gruppen lassen sich auf zwei Argumente zurückführen:[752] den Nutzen konformen Verhaltens und die Deutung der sozialen Realität.

- Nutzen konformen Verhaltens
  Bietet eine Gruppe einem Individuum aus seiner Sicht Vorteile, so versucht es, Zutritt zu derselben zu erlangen bzw. die Mitgliedschaft aufrechtzuerhalten, indem es sich in Verhalten und Einstellungen an die Gruppe anpasst.[753] Ergänzend stellt Wiswede fest, dass Mitglieder einer bestimmten Gruppe auch die Konformität mit den Einstellungen bestimmter für sie attraktiver Referenzgruppen anstreben.[754]
  Zu der Gruppe der Zeichner einer Neuemission zu zählen, gewinnt folglich umso mehr an Attraktivität, je höher z.B. die erwarteten Kursgewinne und je geringer die Verlustrisiken ausfallen.

---

751 Insgesamt zeigt sich gerade bei jüngeren Menschen eine Zunahme der Existenz größerer Netzwerke. Vgl. Schenk (2002), S. 366.

752 Vgl. Katz/ Lazarsfeld (1965).

753 Klassische empirische Studien konnten zeigen, dass nicht mit der Einstellung der Gruppe konform gehende Individuen schwächer integriert waren. Vgl. Festinger/ Schachter/ Back (1950).

754 Vgl. Wiswede (1976).

- Soziale Realität
  Bei höherer Komplexität - z.B. der Beurteilung eines IPO - sind Individuen auf die Deutung der Realität von vertrauenswürdigen Personen insbesondere aus der sozialen Umgebung angewiesen. Neben dem individuellen Streben nach einer Interpretationshilfe kommt der soziale Druck bei Abweichungen von in der Gruppe gesetzten Standards und Einstellungen hinzu. Wie Asch in empirischen Untersuchungen zeigen konnte, folgten in einer simplen und für jedes Gruppenmitglied sicher einschätzbaren Situation viele trotzdem einer einheitlich mitgeteilten, jedoch falschen Gruppenmeinung.[755]

Von besonderer Bedeutung für Netzwerke sind deren Meinungsführer. Überzeugt das IPO-Unternehmen den Meinungsführer von Vorteilen des Unternehmens und dem lohnenden Investment, gewinnt es gleichzeitig die Mitglieder der sozialen Gruppe.
Im Gegensatz zu den Meinungsführern sind die Marginalen zweier verschiedener Netzwerke nicht oder kaum in der Lage bzw. willens, fachspezifische Informationen zu verarbeiten und weiterzuleiten. Allerdings verfügen sie über Brückenverbindungen zu anderen sozialen Gruppen und beeinflussen damit die Ausbreitung der Botschaft.

Je stärker die Informationen auf eine bestimmte Gruppe - bzw. genauer gesagt auf deren Meinungsführer - ausgerichtet sind, desto höher ist die Wahrscheinlichkeit, dass der Meinungsführer sie aufnimmt und innerhalb der Gruppe über seine starken Verbindungen verbreitet. Gleichzeitig sinkt jedoch die Wahrscheinlichkeit einer Weiterverbreitung über Marginale in andere Gruppen. Den Marketingzielen des Börsengangs ist umso besser gedient, wenn erstens die Wahrscheinlichkeit möglichst groß ausfällt, dass der Meinungsführer die Informationen aufnimmt und in die soziale Gruppe weiterträgt, und zweitens möglichst viele soziale Gruppen insgesamt Informationen aufnehmen.

---

[755] Vgl. Schenk (2002), S. 313.

Der geringen Wahrscheinlichkeit eines Transfers der Botschaft über die Marginalen in andere Gruppen lässt sich entgegenwirken, indem weniger spezifische, allgemeinverständlich gehaltene Informationen vermittelt werden. Dadurch verringert sich jedoch die Wahrscheinlichkeit, dass die Informationen vom Meinungsführer aufgenommen und weitervermittelt werden.
Alternativ können verschieden spezifizierte Informationen lanciert werden, die jeweils den Zugang zu verschiedenen sozialen Gruppen über die Meinungsführer wahrscheinlicher machen. Schwache Verbindungen über Marginale sind sodann nicht mehr notwendig.
Bei Börsengängen bietet sich aufgrund der relativ großen Zeitspanne die Kombination beider Vorgehensweisen an. Dadurch wird das Potential zur Verbreitung der Botschaft sowohl über Meinungsführer als auch über Marginale voll ausgeschöpft.

Das Beispiel des Börsengangs von web.de soll die Zusammenhänge verdeutlichen helfen. Es wird dabei von der Existenz zweier Gruppen ausgegangen: Die Mitglieder von Gruppe A nutzen die Produkte von web.de regelmäßig. Gruppe B stellt einen Börsenclub dar, dessen Mitglieder insbesondere an der Zeichnung von Neuemissionen interessiert sind, jedoch web.de und dessen Produkte nur flüchtig kennen.
Die Gruppe der freemail-Nutzer (Gruppe A) kennt sich mit den Funktionalitäten des wichtigsten Produktes von web.de detailliert aus. Die Mitglieder sind grundsätzlich an einem Erwerb der Aktie von web.de interessiert, wenngleich sie keine Fachkenntnisse über die Börse besitzen. Als Meinungsführer (MF A) fungiert der Redakteur einer Internetzeitschrift.
Die Gruppe der börsenerfahrenen Investoren (Gruppe B) weist zwar Erfahrungen bei der Zeichnung von Aktien auf, kennt hingegen das Produkt freemail und das Unternehmen web.de nicht. Als Meinungsführer (MF B) kann für diese Gruppe der Moderator der Telebörse angesehen werden. In Anlehnung an die weiter oben getroffenen allgemeinen Ausführungen lassen sich die beiden Gruppen in Abbildung 27 wie folgt darstellen:

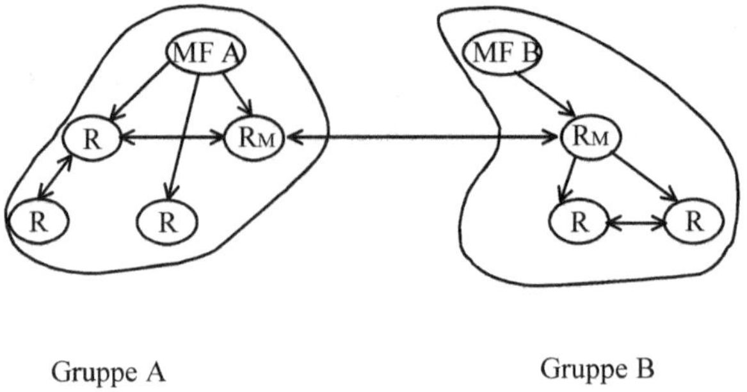

Abbildung 27: Schematische Darstellung zweier sozialer Gruppen

Web.de kommuniziert als „Botschaft 1" die zusätzlich verfügbaren Funktionalitäten der Versionen freemail 3.1 und freemail 3.2. Sie sollen auf die Innovationskraft und Überlegenheit von freemail und damit der web.de AG im Wettbewerb hinweisen.

Der Redakteur (MF A) verfasst daraufhin einen Artikel und überzeugt die Meinungsfolger seiner Gruppe von der gesteigerten Leistungsfähigkeit von freemail. Somit wächst ihr Wissen über das Produkt und sie können es noch umfangreicher nutzen. Außerdem schätzen sie die Werthaltigkeit des Unternehmens c.p. höher ein, sodass sie mit einer größeren Wahrscheinlichkeit auch an der Emission teilnehmen.

Der Moderator (MF B) hingegen weiß mit den neuen Funktionalitäten von freemail nichts anzufangen, sodass für ihn die Information praktisch wertlos ist. Weder das Produktwissen noch die Wahrscheinlichkeit einer Zeichnung haben von der Botschaft profitiert.

Um beide Gruppen für eine Zeichnung zu gewinnen, eröffnen sich zwei Wege: Der erste weist in Richtung einer differenzierten Kommunikation, indem beide Meinungsführer individuell adressiert werden. Dem Moderator (MF B) wird z.B. als „Botschaft 2" ein Informationsbündel zugesandt, welches die Leistungsfähigkeit von freemail im Konkurrenzvergleich als Grund für die in den vergangenen Jahren hohen Kunden- und Umsatzwachstumsraten herausstellt. Die nicht spezifizierten neuen Produktfunktionalitäten dienen als Begründung für die hohen erwarteten Wachstumsraten und den daraus ableitbaren höheren Unternehmenswert. Der relativ niedrige Primärmarktpreis dient als weiterer Anreiz zur Teilnahme an der Emission.

Der zweite Weg orientiert sich an den Marginalen der beiden Gruppen: Das von web.de eigens für den Börsengang aufgelegte Affinity-Programm offeriert als Anreiz für Mitglieder beider Gruppen, insbesondere jedoch von Gruppe B, die bevorrechtigte Zuteilung von Aktien. Einzige Bedingung ist die Teilnahme an einer interaktiven Tour durch die Homepage der web.de AG, in deren Zuge grundlegende und fakultativ auch fortgeschrittene Funktionalitäten von freemail präsentiert werden.

Von dem Marginalen der Gruppe A erfährt der Marginale von Gruppe B von dem Affinity-Programm und lernt darüber freemail kennen. Deren wettbewerbsüberlegenen Funktionalitäten und die finanziellen Vorteile aus der Teilnahme an dem Affinity-Programm teilt er weiteren Gruppenmitgliedern sowie dem Moderator der Sendung als Meinungsführer mit.[756] Damit die Einstellungshomogenität bezüglich einer Zeichnung in der Gruppe möglichst hoch ist, wird zur Förderung des Nutzens konformen Verhaltens die Teilnahme an dem Affinity-Programm mit einer hohen Gewinnaussicht verbunden.

Während der einzelnen IPO-Phasen fallen die sozialen Netzwerke insbesondere bei der Vernetzung zu Beginn der Börseneinführungsphase ins Gewicht, da zunächst im Interesse einer großen Verbreitung schnellstmöglich grundlegende Informationen über den Börsengang und das Unternehmen vermittelt werden sollen. Das lässt sich über die Meinungsführer sowie die Marginalen bewerkstelligen. Im weiteren Verlauf der Börseneinführungsphase kommt entscheidend die Überzeugungsleistung der Meinungsführer ins Spiel, um die Mitglieder der sozialen Gruppe von der Attraktivität der Zeichnung zu überzeugen.[757] In der Bör-

[756] Dies kann z.B. über einen Anruf oder einen Leserbrief an die Redaktion erfolgen.

[757] Hier und im Folgenden wird die Teilnahme an der Zeichnung der Aktie als Indikator für ein hohes Interesse und ein hohes Involvement an dem Börsengang aufgefasst. Damit einher geht die stärkere Teilnahme an Kommunikationsprozessen.

seneinführungsphase, aber auch zu Beginn der Börsenphase führt der Nutzen konformen Verhaltens bei hohen (erwarteten) Kurssteigerungen zu einer positiven Einstellung und umfangreichen Informationsverarbeitung.[758]

Der Konformitätsdruck, der innerhalb der sozialen Gruppen zu überwiegend einheitlich verbreiteten Informationen führt, stellt einen Ausgangspunkt für die Konzeption der Schweigespirale nach Noelle-Neumann[759] dar, die im Folgenden im Hinblick auf die größtmögliche vorstellbare Gruppe, nämlich die Öffentlichkeit, untersucht werden soll.

5.2.4 Schweigespirale

Der Ansatz der Schweigespirale nach Noelle-Neumann sieht die öffentliche Meinung[760] durch die in Massenmedien vertretene Meinung konvergieren.[761] Selbst eine Minderheitsmeinung kann - aufgrund des Menschen innewohnenden sozialen Konsens- und Akzeptanzstrebens und der Vermeidung von Isolation - durch die Massenmedien zur öffentlichen Meinung gemacht werden, da sich die Individuen der in Massenmedien verbreiteten Meinung anschließen. Um dieses Ziel der sozialen Akzeptanz zu erreichen, beobachten sie die in der Umwelt bzw. Öffentlichkeit geäußerten Einstellungen und äußern ihrerseits Einstellungen bzw. Meinungen in der Öffentlichkeit, die damit konform gehen. Bestehen in Bezug auf ein bestimmtes Thema differierende Meinungen, etwa über die Attraktivität eines Investment in IPOs, so führt eine öffentlich durch Massenmedien

---

758 Vgl. hierzu die IPO-Modelle von Welch (1992) zu den Nachfragekaskaden sowie das „partial adjustment"-Phänomen von Weiss-Hanley (1993) sowie die Ausführungen dazu in Kapitel 3.1.3.

759 Zur Kritik an dem Konzept vgl. Bonfadelli (2001), S. 150.

760 Noelle-Neumann bezieht sich inhaltlich auf das Fallbeispiel der Wahl zum Bundestag 1976 und schwerpunktmäßig auf das Fernsehen als Massenmedium. Vgl. Bonfadelli (2001), S. 149.

761 Der Ansatz beruht auf einem vielschichtigen Annahmenbündel verschiedener Wissenschaftszweige. Vgl. Noelle-Neumann (1991), S. 260. Zu einer aktuellen Auseinandersetzung mit dem Konzept der Schweigespirale vgl. Müller-Benedict (2001).

vertretene Meinung dazu, dass sich einige Individuen infolge des Konsensstrebens anzupassen beginnen. Die Anzahl der die massenmedial publizierte Meinung Vertretenden nimmt zu. Die von einer größeren Anzahl vertretene Meinung veranlasst noch mehr Individuen, aufgrund des Konsensstrebens von ihrer eigenen Meinung abzuweichen, wodurch die Anzahl noch weiter ansteigt usw. Letztlich ist eine eingangs potentielle Minderheitseinstellung zur einheitlichen Massenmeinung evolviert.

Das Konzept der Schweigespirale mag trotz aller angebrachten Kritik[762] als ein Erklärungsansatz dafür herangezogen werden, dass sich bei IPOs während einer Hot- (bzw. Cold-) issue-Phase eine zuvor uneinheitliche Meinung über die Attraktivität des Investments in eine einhellige Zustimmung (oder Ablehnung) transformiert. Objektive Fakten wie eine sich gegen Ende der Hot-issue-Phase verschlechternde Zeichnungsrendite, sinkende Kurse oder Firmenpleiten ändern kurzfristig nur wenig an der vertretenen Mehrheitsmeinung.[763] Selbst Meinungsführern wird kein Gehör geschenkt. So wurden während bzw. gegen Ende der Hot-issue-Phase selbst Unternehmen, die objektiv gesehen minderer Qualität waren, trotz gegenteiliger Meinung einiger Meinungsführer positiv beurteilt und zum Kauf empfohlen.[764]

Die Mehrheitsmeinung führt insbesondere während der Börseneinführungsphase und der Börsenphase zu einem sämtliche Kommunikationsbemühungen beeinflussenden Faktor. Erfolgreiche Produkte gehen in der öffentlichen Wahrnehmung bei einer negativen Mehrheitsmeinung unter. Demgegenüber brauchen Unternehmen mit minderwertigen Produkten oder einer negativen Geschäftsperspektive in Hot-issue-Phasen kaum zu befürchten, negativ dargestellt zu werden. Für solche Unternehmen eröffnet sich folglich in Hot-issue-Phasen die Möglichkeit, trotz diametral entgegenstehender Fundamentaldaten mit dem Börsen-

762 Vgl. Bonfadelli (2001), S. 149, Gerhards (1996).

763 Vgl. die bei den IPO-Artikeln zur Long-run-Performance gezeigten besonders schlechten Kursentwicklungen am Ende der Hot-issue-Phase.

764 „It is conventional wisdom among both academics and practitioners that the quality of firms going public deteriorates as a period of high issuing volume progresses.“ (Ritter/Welch (2002), S. 1801).

gang das Ziel der Verbesserung des Bekanntheitsgrads und des Images zu erreichen.[765]

Noch expliziter, da nicht in den Verhaltensweisen der Rezipienten begründet, setzt das Agenda-Setting die Möglichkeiten der Massenmedien ein.

5.2.5 Agenda-Setting[766]

Das Agenda-Setting befasst sich mit der Fragestellung, wann und warum welche Informationen von den Massenmedien aufgegriffen werden. Der Agenda-Setting-Forschung[767] zufolge diktieren die (Massen-) Medien die öffentlich wahrgenommenen Themen (-gebiete) (lat.: agenda). Da dem Individuum das tatsächliche Abbild der objektiven Realität verborgen bleibt, ist ihm eine Kontrolle der von den Massenmedien vorgenommenen Selektion der vermittelten Informationen unmöglich.

Für die (Massen-) Medien resultiert daraus praktisch die Freiheit der Selektion angebotener Inhalte, die sie im Eigeninteresse einzusetzen vermag.[768]

---

765 Es sei darauf hingewiesen, dass diese Unternehmen nicht über eine Garantie verfügen, dass ihre schlechten Fundamentaldaten nicht entdeckt werden.

766 Vgl. dazu und im Folgenden Bonfadelli (2001), S. 223ff. sowie die grundlegende Veröffentlichung von McCombs/ Shaw (1972).

767 Ähnlich dem Konzept der Schweigespirale von Noelle-Neumann fußt das Konzept auf einem Wahlbeispiel; für die Übertragbarkeit auf andere Bereiche vgl. Brosius (1994), S. 270.

768 Die BILD-Zeitung beispielsweise selektiert andere Themen als optimal für den eigenen Verkaufserfolg als etwa die F.A.Z. Mediennutzer nehmen umfangreich und exponiert behandelte Themen intensiver wahr als nicht oder nur am Rande behandelte Themen.

Des Weiteren führt die Art und Weise, *wie* über die Themen berichtet wird,[769] zur Verstärkung der von den Medien intendierten Medienagenda („Themenuniversum“[770]) und zur Projektion einer sozialen Realität in das Alltagsleben der Rezipienten.[771] In Hot-issue-Phasen wird von den Medien beispielsweise als Realität suggeriert, dass mit Neuemissionen risikolos und schnell viel Geld verdient werden kann. In Cold-issue-Phasen hingegen werden Neuemissionen fast vollständig ignoriert.

Allerdings reicht der Einfluss der Medien nicht in alle Informationsverarbeitungsphasen[772] gleichermaßen. Bonfadelli weist darauf hin, dass der Einfluss auf die von Rogers als erste Phase bezeichnete Aufmerksamkeitserregung zwar groß ist, die individuelle Themenwichtigkeit und Wissens- sowie Einstellungsänderung allerdings von interpersonaler Kommunikation, z.T. dominant, mit beeinflusst wird. Das Agenda-Setting bewirkt somit nicht viel mehr als die Wahrnehmung und Übernahme einer aktuellen Themenpriorität.[773]

Weimann verknüpft das Agenda Setting-Konzept mit dem Meinungsführerkonzept zu einem „multistep agenda-setting“[774]. Das „Themenuniversum“ gelangt demnach zuerst und aufgrund ihrer intensiven Mediennutzung am umfangreichsten zu den Meinungsführern, bevor es an Meinungsfolger weitervermittelt wird. Allerdings gilt auch hier die Einschränkung, dass Informationen außer zu interpersonalen Multiplikatoren (Meinungsführer) genauso direkt zu den Meinungsfolgern gelangen können.[775]

---

769 Es können etwa die Semantik, Formulierung, Wortwahl und graphische Form, Größe der Schrift, Positionierung auf der Seite etc. genutzt werden, um damit beim Rezipienten die gewünschte subjektiv empfundene Wichtigkeit zu erzeugen. Ein graphisch unterstützter Leitartikel auf der ersten Seite der F.A.Z. (Wirtschaftsteil) oder des Handelsblatts rückt stärker in das Bewusstsein der Leser als eine Randnotiz auf den letzten Seiten.

770 Bonfadelli (2001), S. 223.

771 Vgl. McCombs/ Bell (1996).

772 Informationsverarbeitungsphasen werden in Kapitel 6.2.2 ausführlich behandelt.

773 Vgl. die Überblicksartikel von Rogers/ Dearing (1988) und Brosius (1994) für einen Einblick in die mannigfaltigen und differenzierten empirischen Studien.

774 Vgl. Weimann (1991).

775 Es gilt die gleiche Kritik wie am ausschließlichen Two-Step-Flow of Communication.

Die insgesamt hohe Relevanz der in den Medien angebotenen Themenkomplexe führt Brosius/ Weimann[776] zu der Fragestellung, wer die Medienagenda bestimmt. Sie können jedoch von den vielfältigen Einflussfaktoren keinen als dominant isolieren und bewerten dies als eine „weitgehend offen gebliebene Frage der Agenda-Setting-Forschung"[777].

Für Börsengänge lässt sich die Frage hingegen zumindest teilweise beantworten. Die *Börse* steht grundsätzlich eher auf der Medienagenda, wenn sie eine ausgeprägt positive oder ausgeprägt negative Entwicklung aufweist. Es sei nur an den Crash 1929 oder 1991 im Zuge des Golfkriegs bzw. an die Boomphase Ende der 1990er Jahre erinnert.
Der *Neuemissionsmarkt* gelangt nur in einer Hot-issue-Phase in Form vielfacher positiver Berichte nachhaltig auf die Medienagenda. Eine Cold-issue-Phase führt hingegen mangels Börsengängen nicht zur Aufnahme in die Medienagenda. Es kommt dabei am Neuemissionsmarkt nicht zu einer Preisanpassung nach unten, sondern überwiegend zu einer Mengenanpassung.[778]

Der Umfang der Berichterstattung in den Massenmedien hängt zum einen von der Börsenphase ab. Die Anzahl der Medienberichte steigt, wenn die Börse starke Kurssteigerungen verzeichnet und am Neuemissionsmarkt eine Hot-issue-Phase vorliegt.[779] Gleiches gilt hinsichtlich des an die Börse strebenden Unternehmens, wenn dieses groß ist, in einer im Fokus stehenden Branche agiert[780]

---

[776] Vgl. Brosius/ Weimann (1998).

[777] Schenk (2002), S. 488.

[778] Die Preisanpassung könnte auch schon im Primärmarkt erfolgen. In der Folge niedrigerer Zeichnungspreise wäre ein durchschnittlich positiveres Underpricing die Folge. Aus bis heute nicht vollständig erschlossenen Gründen findet jedoch ausschließlich eine Mengenanpassung statt. Vgl. dazu auch die folgende Feststellung von Ritter/ Welch: „why is there quantity adjustment, rather than price adjustment? This is a puzzle [...] for the IPO market" (Ritter/ Welch (2002), S. 1802).

[779] Vgl. Bhattacharya et al. (2004).

[780] Im Hot-issue-Markt Anfang der 1980er Jahre war dies die Öl- und Gasindustrie, Ende der 1990er Jahre die Internet- und Telekommunikationsbranche.

und mit einem hohen Underpricing aufwartet.[781] Nicht nur die Anzahl, auch der Inhalt der Berichterstattung hängt von der allgemeinen Kursentwicklung am IPO-Markt bzw. von dem individuellen Underpricing des einzelnen Unternehmens ab. Je „heißer" der Hot-issue-Markt läuft und je höher das Underpricing des Unternehmens ausfällt, desto größer ist der Anteil einer positiven Berichterstattung.[782]

Insgesamt kann festgehalten werden, dass die Medien einen erheblichen direkten Einfluss sowohl auf die Meinungsführer als auch die sonstigen Rezipienten ausüben, wie die folgende Abbildung 28 verdeutlicht.

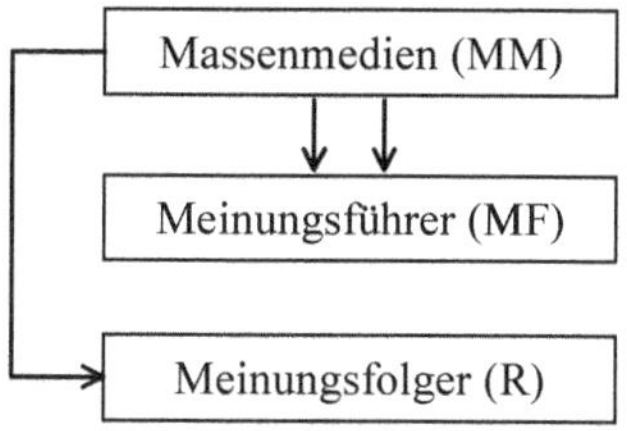

Abbildung 28: Direkte Beeinflussung der Meinungsführer und –folger durch Massenmedien

Allerdings finden die Informationen nicht gleichmäßige Verbreitung unter den Rezipienten, da diese keine homogene Masse darstellen. Das zu berücksichtigen und die Konsequenzen daraus aufzuzeigen, ist Gegenstand der Wissenskluft-Perspektive.

781 Vgl. Demers/ Lewellen (2003). Das tatsächlich realisierte Underpricing führt aufgrund der Erwartungshaltung ex ante bzw. der bereits sehr exakt anhand von Graumarktkursen abschätzbaren Höhe des Underpricing auch im Vorfeld der Handelsaufnahme bereits zu Medienberichten. Vgl. zu empirischen Ergebnissen DuCharme/ Rajgopal/ Sefcik (2001b), Ho et al. (2001). Diese Ergebnisse werden durch theoretische Überlegungen, z.B. von Chemmanur, gestützt, der das Ausmaß des Underpricings mit dem Umfang der Informationsproduktion durch Unternehmensexterne in Zusammenhang bringt. Vgl. Chemmanur (1993) sowie Kapitel 3.1.3.

782 Vgl. Bhattacharya et al. (2004).

5.2.6 Wissenskluft-Perspektive[783]

Postuliert wird eine zwischen sozialen Gruppen bestehende Wissenskluft, die Auswirkungen auf die Aufnahme*fähigkeit* von über Medien vermittelten Informationen ausübt.
Es existiert demnach bei der Gruppe der sozial besser Gestellten erstens ein besserer Zugang zu Medien („access gap") und zweitens eine schnellere Aufnahme und Verarbeitung der vermittelten Informationen („usage gap").[784] Die „access gap" entsteht durch die besseren finanziellen Möglichkeiten und das breiter angelegte Interesse der bildungsmäßig und sozial Privilegierten, wohingegen die „usage gap" auf das höhere intellektuelle Potential, die bessere Ausbildung sowie die höhere Mediennutzungserfahrung zurückzuführen ist.[785]

Zwischen den sozialen Gruppierungen[786] herrscht eine allgemeine und insbesondere eine börsengangbezogene Wissenskluft. Finanzmarkt- bzw. börsenaffine Gruppierungen weisen ein erheblich höheres und fundierteres Wissen über den IPO-Prozess sowie spezifische Charakteristika eines Börsengangs auf als börsenaverse Gruppen.[787]

---

783 Die Wissenskluft-Forschung steht somit in gewisser Weise in der Tradition der Diffusionsforschung und der Erforschung sozialer Netze, da sie diese im Sinne einer differenzierten Betrachtung sozial und soziodemographisch unterschiedlicher sozialer Gruppen weiterführt.

784 Vgl. Bonfadelli (2001), S. 243.

785 Die Wissenskluft-Forschung befasst sich auch mit der Fragestellung, inwiefern die Medien zu einer Vergrößerung (oder Verringerung) der Wissenskluft beitragen. Die Ergebnisse sind jedoch zwiegespalten, vgl. Bonfadelli (2001), S. 239 sowie die Überblicksartikel von Gaziano/ Gaziano (1996) und Wirth (1997).

786 Der Begriff „soziale Gruppierung" ist an dieser Stelle von dem Terminus „soziale Gruppe" bzw. „soziales Netzwerk" abzugrenzen. Eine soziale Gruppierung ist durch ein gemeinsames Merkmal gekennzeichnet, etwa die schlechtere Ausbildung; allerdings impliziert dies im Gegensatz zu den sozialen Gruppen kein Interesse an einem gemeinsamen Objekt (z.B. IPO) und es bestehen nicht zwangsläufig Verbindungen zwischen den Personen der sozialen Gruppierung.

787 Es konnte festgestellt werden, dass bei börsenaffinen Personen Bildung, Einkommen, Sozialprestige etc. über dem Durchschnitt liegen, vgl. o.V. (Deutsche Telekom) (1996a).

Die mit dem IPO verfolgte Zielsetzung der Wissens- und Einstellungsverbesserung sowie der Erhöhung des Bekanntheitsgrads schlägt kategorisch für alle Personen bzw. sozialen Gruppierungen fehl, die aufgrund der Wissenskluft an der Aufnahme („access") oder der Weiterverarbeitung („usage") der Kommunikationsbotschaft gehindert werden.

Die börsengangbezogene Informationspolitik des Unternehmens kann über die zur Verfügung gestellten Informationen die Wissenskluft verringern, indem in breiten Schichten zugänglichen Medien (z.B. TV, Tagespresse) leicht verständliche (und den Privilegierten bereits bekannte) Informationen kommuniziert werden. Eine ausschließliche Fokussierung auf Fachpublikationen vergrößert hingegen die Wissenskluft.

Der Einsatz der Medien zur Beeinflussung der Wissenskluft lässt sich im Hinblick auf die IPO-Phasen weiter ausdifferenzieren. In der Vernetzung sowie dem weiteren Verlauf der Börseneinführungsphase können verstärkt allgemein zugängliche Massenmedien eingesetzt werden. Sie helfen, die in der Vorbereitungsphase (Exposition) - anhand der in Fachpublikationen an Meinungsführer vermittelten Informationen - gewachsene Wissenskluft zu reduzieren. Die Deutsche Telekom hat den Mitgliedern des AIF beispielsweise grundlegende Informationen über das Unternehmen Deutsche Telekom und dessen einzelnen Tätigkeitsfelder zukommen lassen bzw. veröffentlicht und in leicht verständlicher Sprache erläutert, wie jedermann an der Zeichnung teilnehmen kann.

Während der Reflexion in der Börsenphase können virtuelle Meinungsführer bzw. Testimonials eingesetzt werden. Damit wird die abschließende Beurteilung nicht auf Finanzkennzahlen beschränkt, die aufgrund der „usage gap" nur privilegierten sozialen Gruppierungen zugänglich sind.

Übertragen auf die Differenzierung der Botschaftsempfänger in Meinungsführer und sonstige Rezipienten kann festgehalten werden, dass einige (Sekundär-) Rezipienten (R_s) aufgrund einer ausgeprägten Wissenskluft an der Aufnahme („access gap") oder der Weiterverarbeitung („usage gap") der Kommunikationsbotschaft stark gehindert werden. Andere (Primär-) Rezipienten (R_p) wiederum verfügen über bessere, gleichwohl immer noch eingeschränkte Möglichkeiten.

Meinungsführer (MF) hingegen haben einen optimalen Zugang und ausgeprägte Fähigkeiten zur Aufnahme von medial kommunizierten Informationen. Dieser Zusammenhang wird in der nachfolgenden Abbildung 29 aufgegriffen.

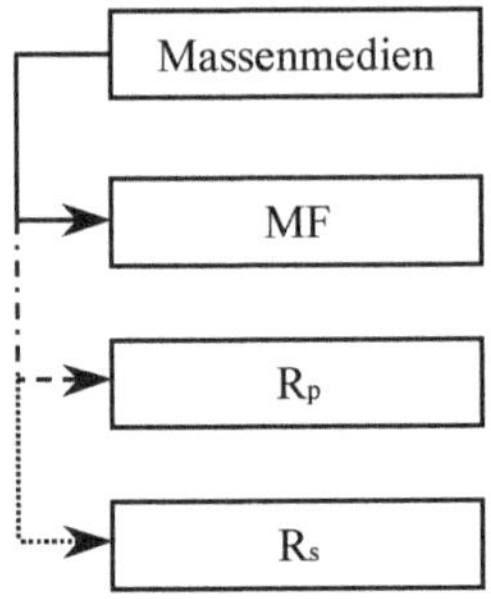

Abbildung 29: Wissenskluft-Perspektive für verschiedene Empfängertypen

Die Wissenskluft-Forschung geht der Frage nach, wozu Rezipienten Zugang haben und worauf sie zugreifen *können*, jedoch nicht, welche Kommunikationskanäle sie verwenden *wollen*.

5.2.7 Nutzenansatz (uses-and-gratification)[788]

Botschaften führen nur dann zu einer Wirkung, wenn die Rezipienten nicht nur die grundsätzliche *Befähigung*, sondern auch die *Bereitschaft* zur Aufnahme der Botschaft aufweisen. Die Bereitschaft ist dann gegeben, wenn sich der Nutzer (Rezipient) einen wie auch immer gearteten individuellen Vorteil aus der Nutzung verspricht.
Die vorangegangenen Ansätze waren - zumeist implizit - von der Prämisse einer (intensiven) Nutzung der Medien durch alle Individuen gemäß ihrer Fähigkeiten ausgegangen. Die Mediennutzer wählen jedoch diejenigen (Massen-) Kommu-

788 Vgl. die Überblicksartikel von Rubin (1994) und Rayburn II (1996).

nikationskanäle aus, die aus ihrer Sicht die Erfüllung ihrer Bedürfnisse am besten gewährleisten. Dabei machen sie sich ihre Kenntnisse und ihr Image von den einzelnen Medien zunutze. Jedes Medium verfügt über eine (subjektiv wahrgenommene) andere Ausrichtung, z.B. als Unterhaltungsmedium oder seriöse Fachpublikation.
Bezüglich der objektiven Informationsvermittlung weist jedes Medium somit eine spezifische wahrgenommene Reliabilität auf. Die F.A.Z. beispielsweise vermag bestimmte Informationen glaubwürdiger zu vermitteln als die Bild-Zeitung oder ein TV-Boulevardmagazin.

Die Bedürfnisse der Mediennutzer werden von Bonfadelli[789] unterteilt in kognitive, affektive sowie sozial-interaktive Bedürfnisse.[790] Entscheidend für das Zustandekommen einer Kommunikation ist, dass das Medium sowie das in den Medien stattfindende virtuelle Börsenevent IPO zumindest eines der Bedürfnisse befriedigt.[791] Wird diese notwendige Voraussetzung nicht erfüllt, kommt keine Kommunikation zustande und die mit dem IPO verfolgten Ziele lassen sich grundsätzlich nicht erreichen.

Kognitive Bedürfnisse entstehen aus Entscheidungsproblemen gegenüber der Umwelt. Bei einem Börsengang besteht während der Börseneinführungsphase die Entscheidung über die Teilnahme an der Zeichnung der Aktien und die damit verbundene Einschätzung der Erfolgsaussichten. Als wichtig für die Erfüllung der kognitiven Bedürfnisse gilt die Glaubwürdigkeit des Mediums. Eine überdurchschnittliche Glaubwürdigkeit als Informationslieferant für den Börsengang kann z.B. Börsensendungen im Fernsehen (z.B. „n-tv telebörse“ oder

---

789 Vgl. Bonfadelli (2001), S. 163.

790 Vgl. dazu auch die Untergliederung im Rahmen des SOR-Modells. Grundsätzlich können die Medien sowohl direkt - z.B. durch eine Talkshow zur Befriedigung affektiver Bedürfnisse - als auch indirekt - z.B. mit einem Hinweis auf andere Informationsquellen - Bedürfnisse befriedigen.

791 Die Bedürfnisbefriedigung erfolgt im Zusammenspiel des Mediums und eines Ereignisses, da sie durch die Nutzung des Mediums erreicht wird, in dem jedoch inhaltlich über das Ereignis berichtet wird. Gäbe es das Ereignis nicht, könnte das Medium auch keine Bedürfnisbefriedigung gewährleisten.

„3sat-Börse"), Wirtschaftszeitungen (z.B. F.A.Z., Süddeutsche Zeitung, Börsenzeitung), Zeitschriften (Der Spiegel, Focus, Stern, BörseOnline u.a.) oder Finanzportalen im Internet (onvista.de, comdirect.de etc.) attestiert werden.

Affektive Bedürfnisse umfassen die Suche nach Unterhaltung, Ablenkung sowie nach dem Reiz des Besonderen.[792] Ein zentrales Charakteristikum des Börsenevents IPO besteht in dessen Besonderheit, da verglichen mit der Gesamtzahl der Unternehmen nur wenige an die Börse gehen und dabei oftmals hohe Renditen erzielen. Börseninteressierte Investoren finden durch die Teilnahme an der Zeichnung Unterhaltung. Gerade die während der Börseneinführungsphase bestehende Hoffnung, mit der Zeichnung einen Kursgewinn machen zu können, und die zu Beginn der Börsenphase (Höhepunkt) bei einigen Investoren entstehende Freude über eine erhaltene Zuteilung lukrativer Aktien bzw. die Enttäuschung bei nicht erfolgter Zuteilung stellen Emotionen dar, die Zeichner empfinden können.[793]

Sozial-interaktive Bedürfnisse bestehen etwa in Form des Bestrebens, mit anderen Personen zu kommunizieren. Gerade bei Börsengängen von öffentlichem Interesse (z.B. Deutsche Telekom (1996), Mobilcom als erster IPO am Neuen Markt 1997, EM-TV (1999), Infineon (2000) oder Beate Uhse (2002)) besteht während der Börseneinführungsphase (Vernetzung) das Bedürfnis, mit anderen Personen der sozialen Umgebung Informationen und Meinungen darüber auszutauschen.

Als Paradebeispiel kann der Börsengang der Deutschen Telekom (1996) gesehen werden. Über ihn wurde nicht nur in Fachkreisen, sondern in weiten Bevölkerungskreisen diskutiert. Selbst Personen, die zuvor noch nie an einer Zeichnung teilgenommen hatten, wurden durch die Diskussionen animiert, Depots zu eröffnen und die Aktie der Deutschen Telekom zu zeichnen. Die Jungaktionäre erzielten darüber hinaus nach erfolgter Zuteilung zu Beginn der Börsenphase (Hö-

---

792 Vgl. Bonfadelli (2001), S. 163.

793 Siehe die Ausführungen zu den Emotionen in Kapitel 4.2.2.3 sowie Izard (1994).

hepunkt) soziale Anerkennung (oder den Neid) derjenigen, die an der Zeichnung nicht teilgenommen oder keine Zuteilung erhalten hatten.

Wird aus Sicht eines Individuums zumindest ein Bedürfnis durch den Börsengang erfüllt, so erhöht es dessen Nutzen, über Medien Informationen über den Börsengang aufzunehmen und Kommunikationsprozesse zuzulassen.[794] Dasjenige Medium, welches die beste Erfüllung der kognitiven Bedürfnisse (z.B. F.A.Z. hinsichtlich der Glaubwürdigkeit), der affektiven Bedürfnisse (z.B. Unterhaltung durch Bild-Zeitung, Journale) oder der sozial-interaktiven Bedürfnisse (z.B. Diskussionen in Internetforen mit anderen Zeichnern) bietet, wird von den Rezipienten tatsächlich genutzt.

Dem bis dato implizit unterstellten (Brutto-) Nutzen durch die Medien stehen Kosten[795] der Mediennutzung entgegen, z.B. der Kaufpreis von Printmedien, sodass strenggenommen von einem Nettonutzen gesprochen werden müsste.[796] Der Einsatz Neuer Medien, und dabei allen voran des Internets, erlaubt allerdings eine überwiegend kostenlose Nutzung,[797] weshalb gerade das Internet zur Informationsbeschaffung intensiv genutzt wird. Tatsächlich ließ sich beobachten, dass die Nutzung des Internetangebots der IPO-Unternehmen während des Börsengangs signifikant zunahm.[798] Bei web.de lag der Zuwachs bei 30%, im Durchschnitt aller Unternehmen immerhin noch bei 22%.[799]

---

794 An dieser Stelle wird bewusst die aktivische Formulierung gewählt, um den Unterschied zu den vorherigen Ansätzen hervorzuheben. Der Rezipient stellt nicht mehr einen passiven Empfänger einer Kommunikationsbotschaft dar, sondern wählt aktiv diejenigen Kommunikationspfade, die seinen Nutzen erhöhen.

795 Nutzen und Kosten stellen aus betriebswirtschaftlicher Sicht unterschiedliche Kategorien dar. Das Gegenstück zu Kosten sind Leistungen. Genauer müsste von Nutzenverlust oder negativem Nutzen die Rede sein, der durch Einsatz von Ressourcen entsteht. Zugunsten der Lesbarkeit wird jedoch von einer korrekten Terminologie abgesehen.

796 In der kommunikationswissenschaftlichen Literatur wird dieser Aspekt jedoch nicht berücksichtigt.

797 Da auch beim Internet zumeist fixe Zugangsgebühren existieren, gilt die Aussage strenggenommen nur für Grenzkosten.

798 Vgl. Demers/ Lewellen (2003).

799 Vgl. Demers/ Lewellen (2003), S. 421, sowie Kapitel 3.2.3.

Zusammengefasst erfolgt nach dem Uses-and-Gratification-Ansatz die Auswahl der Kommunikationskanäle durch die Rezipienten nach dem Grad der Bedürfnisbefriedigung und damit selektiv, wie Abbildung 30 verdeutlicht.[800]

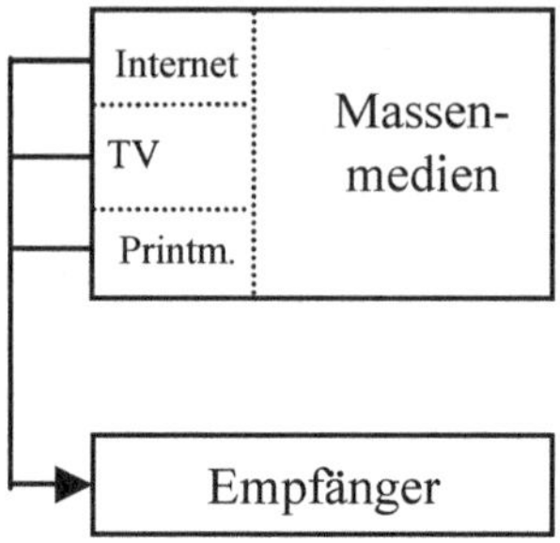

Abbildung 30: Auswahl verschiedener Massenmedien gemäß des Nutzenansatzes

Die Anzahl und Intensität der tatsächlichen Nutzung von Kommunikationspfaden wird folglich nicht vom Sender oder Träger der Botschaft alleine determiniert, sondern erfolgt maßgeblich durch die individuelle Selektion der Botschaftsempfänger.[801]

800 Die Auswahl des Massenmediums erfolgt selektiv durch den Rezipienten, die Kommunikation erfolgt nach wie vor, wie die Richtung der Pfeile unterstreicht, von den Massenmedien zu den Empfängern.

801 Es findet damit eine Abkehr von der reinen Push- zu einer Pull-Determinierung der Kommunikationspfade statt.

5.3 Kommunikationsmodell des Börsengangs

5.3.1 Kommunikationsmodell

Die nachfolgende Abbildung 31 visualisiert die vorhergegangenen Ausführungen zum erweiterten Kommunikationsmodell des Börsenevents IPO. Es lässt sich zunächst die Grundstruktur des einfachen Kommunikationsmodells erkennen, da die von dem Unternehmen initiierte Botschaft über diverse Botschaftsträger zu verschiedenen Rezipienten gelangen. Zu den Trägern gehört zum einen die vom Unternehmen direkt beeinflussbare Kommunikation über das IPO und zum anderen die von externen Botschaftsträgern fremdinitiierte massenmediale oder interpersonale Kommunikation. Als externe Botschaftsträger fungieren neben den Massenmedien die bei IPOs wichtigen Analysten und Banken. Besonders intensiv erfolgt die Kommunikation mit den Meinungsführern (MF_x), die sodann durch interpersonale Kommunikation die Informationen an die Meinungsfolger (R_x) weiterreichen. Welche Informationen von den Massenmedien aufgegriffen werden, hängt zum einen von den Massenmedien selbst (Agenda-Setting, Schweigespirale) und zum anderen von den Rezipienten (Nutzenansatz, Wissenskluft-Perspektive) ab.

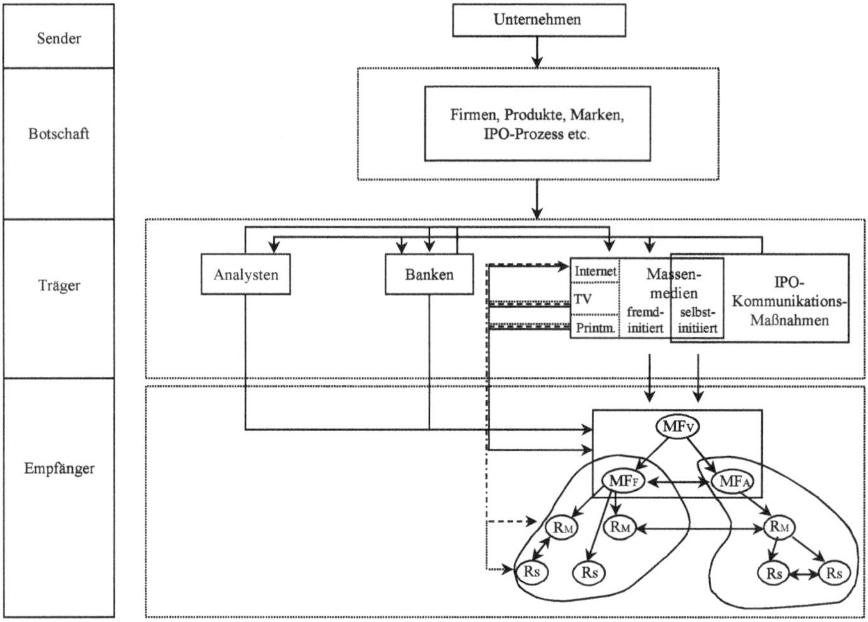

Abbildung 31: Erweitertes Kommunikationsmodell eines IPO

Die Ausführungen zu den einzelnen kommunikationswissenschaftlichen Erklärungsansätzen haben darauf hingewiesen, dass der Einsatz der Kommunikationspfade von der Phase des IPO-Prozesses abhängt. Während der Vorbereitungsphase nehmen fast ausschließlich Meinungsführer Informationen über Massenmedien auf. In der Börseneinführungsphase wird die zentrale Rolle der Massenmedien durch interpersonale Kommunikation und Direktkommunikation ergänzt. In der Börsenphase fungieren die Meinungsführer wiederum als wichtigste Rezipientengruppe, da sie über Massenmedien Beurteilungen des zuvor abgeschlossenen Börsengangs einholen.

5.3.2 Beurteilung ausgewählter Kommunikationspfade

Die in der Abbildung 31 visualisierten zentralen Akteure des Kommunikationsprozesses lassen sich beliebig miteinander kombinieren, sodass eine Vielzahl an Kommunikationspfaden resultiert. Eine bestimmte Botschaft kann beispielsweise zuerst zu einem Analysten gelangen, der sie verarbeitet und modifiziert an das Massenmedium Printmedium weiterleitet, von wo aus sie an einen Sekundärrezipienten gelangt. Dieser Kommunikationsprozess wird als ein bestimmter Kommunikationspfad bezeichnet. Aus der Perspektive des Unternehmens sind die einzelnen Kommunikationspfade unterschiedlich gut geeignet, die gewünschte Information an den Rezipienten zu vermitteln. Pfade, die eine vom Unternehmen ausgehende Botschaft unverfälscht und unmittelbar an einen großen Kreis von Rezipienten vermitteln, dienen den Marketingzielen besser als solche Pfade, die evtl. zum Nachteil des Unternehmens modifizierte Informationen an einen kleinen Rezipientenkreis weitergeben. Die nachfolgende Tabelle 8 zeigt eine Auflistung und Bewertung der einzelnen Kanäle anhand ausgewählter, entscheidungsrelevanter Kriterien.[802] Als Kriterien werden ihrer Relevanz nach geordnet die direkte und indirekte Reichweite, die Glaubwürdigkeit, die Beeinflussbarkeit, der Inhalt, die Interaktivität sowie die Dynamik der von dem jeweiligen Botschaftsträger (bzw. bei Direktkommunikation dem ersten Rezipienten) vermittelten Informationen herangezogen. Die direkte und indirekte Reichweite beeinflussen als quantitative Kriterien den Verbreitungsgrad der Botschaft (Zielgröße Bekanntheitsgrad); die Glaubwürdigkeit, die Beeinflussbarkeit, der Inhalt, die Interaktivität sowie die Dynamik beeinflussen die qualitativen Zielgrößen Wissen und Einstellungen (Image). Die Bewertung der einzelnen Botschaftsträger bzw. Kommunikationspfade fällt positiv (negativ) aus, wenn die Kriterien gut (schlecht) erfüllt werden. Sie erfolgt anhand einer ordinal skalierten fünfstufigen Likert-Skala, wobei eine besonders gute Erfüllung eines Kriteriums zu einem „++“, eine mittelmäßige Erfüllung zu einer „0“ und eine sehr schlechte Ausprägung zu einem „--“ führt.

---

802 Die Kriterien ergeben sich aus den Ausführungen der vorangegangenen Kapitel, insbesondere Kapitel 4.2.3, 5.1 und 5.2. Vgl. auch Meffert (2000), S. 812ff.

Anhand der Abbildung 31 lässt sich erkennen, dass eine hohe Zahl verschiedener Kommunikationspfade existiert. Diese sollen nicht alle einzeln dargestellt und beurteilt werden. Die im Folgenden getroffene Auswahl beschränkt sich aus entscheidungsorientierter Perspektive des Unternehmens auf die direkt mit der Botschaft in Kontakt tretenden Botschaftsträger bzw. Empfänger. Sämtliche Kommunikationspfade, die sich von diesen ausgehend ergeben, werden somit nur indirekt abgebildet, können jedoch auch vom Unternehmen nicht direkt beeinflusst werden. In der Tabelle werden sie durch das Kriterium der indirekten Reichweite (Multiplikator) zumindest mittelbar in die Beurteilung einbezogen.

Darüber hinaus wird keine für die einzelnen Phasen separate Beurteilung vorgenommen. Der Zeitfaktor findet jedoch über die grundsätzliche Beeinflussbarkeit sowie die Dynamik, also die Anpassungsfähigkeit im Zeitablauf, Eingang in die Bewertung.
Es sollte grundsätzlich berücksichtigt werden, dass die Kanäle komplementär und nicht konkurrierend wirken. Folglich wird weder die Bewertung zu einer Punktwertzahl verdichtet noch eine Reihenfolge der wichtigsten Kommunikationskanäle abgeleitet. Vielmehr wird durch die Zusammenstellung bezweckt, die Vor- und Nachteile einzelner Kommunikationswege aufzuzeigen. Erfolgreich ist einzig der zielgerichtete Einsatz der Kommunikationskanäle als integraler Bestandteil des Gesamtmarketingkonzepts.

Als Einschränkung der jeweiligen Bewertung muss die Heterogenität der IPO-Unternehmen angesehen werden. Internet-Unternehmen mit einer technikaffinen Gruppe potentieller Zeichner können die Direktkommunikation über die Homepage wesentlich umfangreicher und zielgerichteter einsetzen als ein in traditionellen B2C-Branchen tätiges Unternehmen. Im Gegenzug bietet sich für ein großes und bekanntes Unternehmen wie der Deutschen Telekom eine intensive Kommunikation über Massenmedien an.
Die detaillierten Ergebnisse der Bewertung sind der nachfolgenden Tabelle 8 zu entnehmen.

Einfluss auf die Zielgrößen	***Bekanntheitsgrad***		***Wissen/ Image***				
Botschaftsträger	*Direkte Reichweite*	*Multiplikator*	*Glaubwürdigkeit*	*Inhalte*	*Interaktivität*	*Dynamik*	*Beeinflussbarkeit*
Analysten	--	++	++	+	--	-	+
Banken	0	+	++	+	++	--	++
Fremdinitiiert							
- Printmedien	+	+	++	++	-	+	-
- TV	++	0	+	+	-	+	--
- Internet	+	+	0	+	++	+	-
Selbstinitiiert							
- Direktkommunikation an Meinungsführer	-	++	-	++	++	++	++
- Werbung	++	-	--	0	--	++	++
- Ad hoc-Mitteilungen	0	++	0	0	-	+	+

Tabelle 8: Beurteilung von Botschaftsträgern anhand von quantitativen und qualitativen Faktoren

Den wohl wichtigsten Faktor für das Unternehmen stellt die **(direkte) Reichweite** dar. Je größer c.p. der Personenkreis ausfällt, der Informationen über das IPO erhält, desto besser ist den kommunikativen Zielen des Unternehmens gedient. Unter direkter Reichweite wird verstanden, wie viele unmittelbare Kontakte des Mediums mit Rezipienten erreicht werden. Die mit Abstand größte direkte Reichweite weisen die Massenmedien auf. Sie erreichen z.T. ein Millionenpublikum (Tageszeitungen, n-tv telebörse, Magazine wie Der Spiegel etc.).[803]

[803] Die direkte Kommunikation kann je nach Börsenkandidat in Ausnahmefällen - z.B. bei der Deutschen Telekom - ebenfalls eine sehr große Reichweite erzielen.

Es wird im Übrigen nicht berücksichtigt, wie viele nachfolgende Kommunikationskontakte damit ausgelöst werden. Die wenigen Kontakte mit Analysten beispielsweise können insofern von hoher Relevanz sein, als die Massenmedien von dem Urteil eines Analysten abhängig machen können, ob sie einen Artikel lancieren oder nicht. Genauso nehmen Banken Beratungsgespräche überwiegend mit Meinungsführern wahr, die wiederum ihre daraus gewonnenen Informationen und ihre Meinung an mehrere Personen in ihrem sozialen Umfeld weiterleiten.

Die indirekte, nachgelagerte Kommunikationswirkung wird über den **Multiplikator** abgebildet.

Für ein IPO-Unternehmen ist ferner die **Glaubwürdigkeit** der vermittelten Informationen wichtig.[804] Informationen sollen nicht nur wahrgenommen, sondern auch aufgenommen und weiterverarbeitet werden.

Der Träger der Botschaft erfüllt eine seiner Reputation entsprechende Zertifizierungsfunktion. Eine vom Handelsblatt oder von einem Analysten stammende Unternehmensbewertung ist wesentlich glaubhafter als eine vom Unternehmen selbst veröffentlichte interne Bewertung.

Der hohe Rang der Glaubwürdigkeit zeigt sich an dem Missbrauch der gesetzlich vorgeschriebenen Ad-hoc-Mitteilungen. Viele Unternehmen haben die gesetzliche Vorschrift der Mitteilung bewertungsrelevanter Entwicklungen[805] und ihre (anfangs) hohe Glaubwürdigkeit insofern ausgenutzt, als auch nicht direkt bewertungsrelevante Aspekte wie Neuproduktvorstellungen über diesen Kommunikationskanal mitgeteilt wurden. Die anfänglich - aufgrund der Erfüllung einer gesetzlichen Anforderung - hohe Reputation schwand mit dem Missbrauch zusehends.

---

[804] Wie bei den IPO-Modellen bereits vielfach dargestellt, ist die Behebung der Informationsasymmetrie erfolgsentscheidend. In Bezug auf den potentiellen Aktienkäufer stellt die Überwindung der Informationsasymmetrie einen für die Bewertung und letztlich den Erfolg der Emission kritischen Punkt dar, weswegen beispielsweise Carter/ Manaster auf die Rolle der Investmentbank-Reputation als Zertifizierung hinweisen. Vgl. Carter/ Manaster (1990).

[805] Vgl. Schönborn/ Tschugg (2002), S. 89.

Die **Inhalte** der Kommunikation sind nach der Breite und Qualität sowie nach der Realgütermarktrelevanz zu unterscheiden. Als Paradebeispiel für eine breit angelegte, qualitativ hochwertige Botschaft mit realgütermarktrelevanten Inhalten können die Unternehmensporträts z.B. der F.A.Z. angeführt werden. Sie sind fundiert recherchiert und beinhalten einen umfassenden Überblick über das gesamte Unternehmen. Viele der dabei vermittelten Informationen, z.B. über die Geschäftstätigkeit oder die wichtigsten Produkte und deren Funktionalitäten, weisen eine hohe Realgütermarktrelevanz auf.
Ähnliches gilt für die direkte Kommunikation mit Meinungsführern. Als Beispiele lassen sich das AIF der Deutschen Telekom sowie das Affinity-Programm von web.de heranziehen, die - wenngleich mit geringerer Glaubwürdigkeit als unabhängige Medien - umfassende, kompetente und auf die strategischen Geschäftseinheiten (SGE) der Unternehmen sowie deren Produkte ausgerichtete Informationen vermitteln.
Für die Beratungsgespräche der Banken mit an der Zeichnung interessierten Kunden gilt das Gleiche, allerdings mit einem Akzent auf kapitalmarktbezogenen Informationen. Banken kommen dadurch ihrer gesetzlich vorgeschriebenen Beratungspflicht insbesondere der Aufklärung über die mit einer Zeichnung verbundenen Risiken nach.

Um sicherzustellen, dass die Informationen tatsächlich aufgenommen werden, ist die (Möglichkeit der) **Interaktivität** entscheidend. Massenmedien in Form monologischer Kommunikation sind hier im Gegensatz zur direkten Kommunikation des Unternehmens oder über Banken mit dialogischen Kommunikationsformen benachteiligt. Die große Bedeutung und hohe Effektivität von interpersonaler Kommunikation wurde bereits in Kapitel 5.2 hervorgehoben. Durch die in Tabelle 8 aufgelisteten Botschaftsträger wird sie unterschiedlich stark angestoßen, begünstigt und beeinflusst. Einen direkten Einfluss vermag nur die direkte Kommunikation, insbesondere diejenige zu Meinungsführern, auszuüben. Beratungsgespräche in Bankfilialen werden überwiegend mit Meinungsführern, denen eine entscheidende Schlüsselstellung bei der interpersonalen Kommunikation zukommt, vorgenommen, sodass auch hier erhebliches Potenzial gegeben ist. Über massenmediale Fachpublikationen (Printmedien) werden zumindest indirekt die von den Meinungsführern ausgewählten Informationen und die daraus abgeleitete Meinung, die sodann an Meinungsfolger weiterkommuniziert werden, mitbestimmt. Ein nicht zu vernachlässigendes Leistungspotential von Massenmedien gleich welcher Couleur birgt die Präsentation von virtuellen Meinungsführern beispielsweise in Fernsehsendungen oder Printmedien.

Unter **Dynamik** wird verstanden, inwiefern sich die Art und der Umfang der mitgeteilten Informationen im Zeitverlauf an die Bedürfnisse der Rezipienten anpassen lassen. Hier ist die selbstinitiierte Kommunikation allen anderen Kommunikationspfaden überlegen.

Aus Unternehmenssicht relevant ist letztlich auch die Frage der **Beeinflussbarkeit**. Massenmedien können beispielsweise im Gegensatz zur selbstinitiierten Kommunikation nicht zu bestimmten Inhalten gezwungen werden. Dem Unternehmen bleibt nur die Möglichkeit, durch Pressemanuskripte Massenmedien eine Vorlage zur Veröffentlichung eines Artikels zu geben. Je persönlicher der Kontakt zu Analysten gestaltet werden kann, umso größer ist die Wahrscheinlichkeit, dass die Inhalte abgestimmt werden können. Vertreter des Bankenkonsortiums sind als Auftragnehmer grundsätzlich dazu verpflichtet, im Interesse des Auftraggebers, also des IPO-Unternehmens, zu handeln.

5.3.3 Die Relevanz ausgewählter Kommunikationspfade aus empirischer Sicht

Für die zu bevorzugende Verwendung einzelner Kommunikationskanäle kann keine allgemeingültige Aussage getroffen werden. Zu vielfältig beeinflussen exogene Faktoren die Effektivität des jeweiligen Kommunikationspfads.
Die wichtigsten externen Botschaftsträger - Analysten, Banken und insbesondere Massenmedien - fungieren, wie eingangs bereits dargestellt, als quantitativer und qualitativer Knotenpunkt der im Zusammenhang mit dem IPO kommuni-

zierten Informationen. Sie haben eine große Bedeutung für die kommunikative Effektivität hinsichtlich der mit dem Börsengang verfolgten Marketingziele. Nur wenn tatsächlich eine börsengangbezogene Kommunikation von dem Unternehmen *über die externen Botschaftsträger* zu den Rezipienten erfolgt, entsteht die Möglichkeit einer optimalen Beeinflussung der Zielgrößen Bekanntheitsgrad, Wissen und Image. Die ausschließliche Kommunikation über vom Unternehmen direkt beeinflussbare Botschaftsträger - Direktkommunikation, Werbung etc. - ist dafür nicht ausreichend. Die nachfolgenden Ausführungen erläutern einerseits, welche der Maßnahmen des ganzheitlichen Börsenevents sie als Informationsquelle bevorzugen, und andererseits, von welchen Faktoren die Anzahl der von ihnen angestoßenen Kommunikationsprozesse abhängt.

Analysten

Analysten fungieren aufgrund ihrer fachlichen Kompetenz als wichtiger inhaltlicher Multiplikator. Die Analysen dienen verschiedenen weiteren Trägern und Rezipienten als Grundlage ihrer Meinungsbildung insbesondere über die Einschätzung des Unternehmenswerts. Gerade Banken setzen Analystenberichte für Beratungszwecke ein.[806]

Die Kommunikationspfade bzw. Informationsquellen, die Analysten für die Erstellung ihrer Berichte heranziehen, sind vielfältig und beziehen die umfangreichen Angebote des Unternehmens, insbesondere dessen Investor-Relations-Aktivitäten, ein. Dem Unternehmen bietet sich dabei die Chance, über die Gestaltung der jeweiligen Instrumente einen Einfluss auf die Analysten auszuüben.[807] Dabei sind Instrumente der persönlichen Kommunikation besonders geeignet. Demzufolge nehmen Hauptversammlungen einen weniger wichtigen Platz ein als z.B. Vorstandsgespräche.[808] Einer Umfrage unter Finanzanalysten

806 Allerdings werden diese überwiegend von hauseigenen Sell-side-Analysten erstellt.

807 Vgl. Esch/ Roth (2003), S. 188.

808 Vgl. Esch/ Roth (2003), S. 189.

zufolge nehmen 98% von ihnen regelmäßig an persönlichen Vier-Augen-Gesprächen („One-on-Ones") mit Vorstandsvertretern bzw. Spitzenmanagern teil. Ebenso häufig werden Unternehmensbesuche und Datenbanken-Recherchen genutzt, wie die nachfolgende Abbildung 32 verdeutlicht.

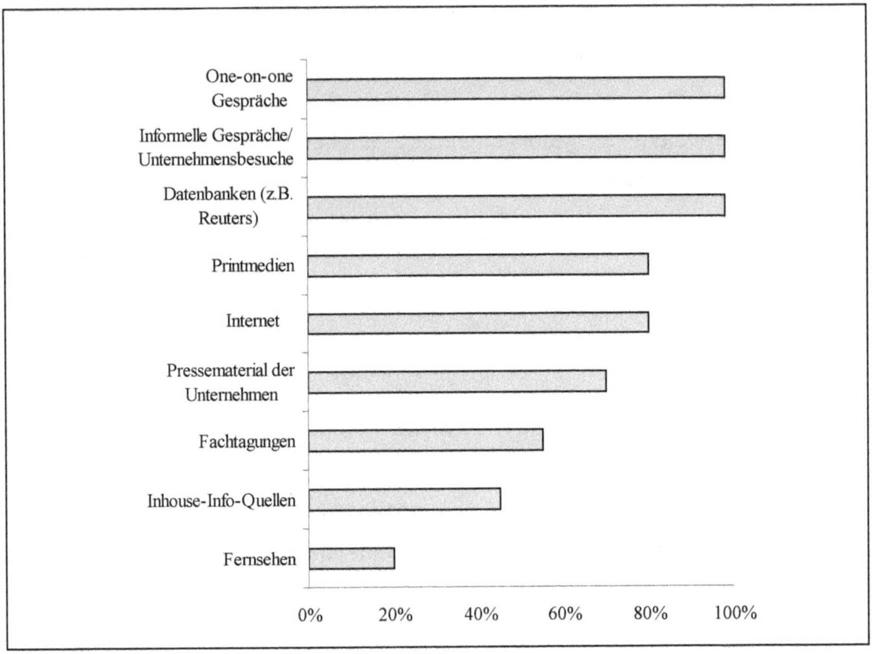

Abbildung 32: Von professionellen Analysten präferierte Informationsquellen[809]

Die verwendeten Quellen sagen jedoch noch nichts über die Faktoren aus, die von den Analysten als besonders wichtig eingeschätzt werden. Als wichtigsten Faktor eines positiven Analystenberichts nennen praktisch alle Analysten ein professionelles Management.[810] Fast ebenso wichtig erscheint ihnen die strategi-

[809] Quelle: Schönborn/ Tschugg (2002), S. 30.

[810] Zu einer umfangreich dargestellten, detaillierten Einzelmeinung eines professionellen Analysten vgl. Schönborn/ Tschugg (2002), S. 108.

sche Ausrichtung des Unternehmens sowie die Glaubwürdigkeit der vermittelten Informationen. Weitere wichtige Faktoren sind der nachstehenden Abbildung 33 zu entnehmen.

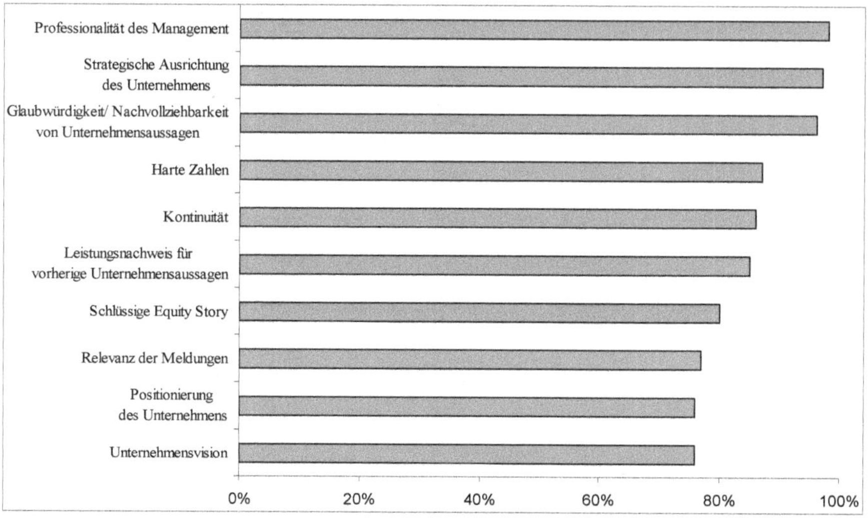

Abbildung 33: Bewertungsrelevante Faktoren aus Sicht der Finanzanalysten[811]

Gleichwohl vermögen die vom Unternehmen direkt zu beeinflussenden Bestimmungsparameter von Analysten (-berichten) nicht zu erklären, wann und warum die Häufigkeit (Quantität) der Berichte stark schwankt. Anhaltspunkte für eine Beantwortung der Fragestellung liefern diverse empirische Studien über das Publizitätsverhalten von Analysten im Zusammenhang mit IPOs.[812]

Aggarwal/ Krigman/ Womack ermitteln anhand von 621 US-amerikanischen IPOs von 1993-1999, dass die Anzahl der Analystenberichte signifikant mit der Marktkapitalisierung des Unternehmens, der Höhe des Underpricing und der

[811] Quelle: Schönborn/ Tschugg (2002), S. 31.

Zugehörigkeit zur Internetbranche zusammenhängt.[813] Für die Studie wurden ausschließlich Non-lead-Analysten, also Analysten von an dem IPO unbeteiligten Banken, herangezogen, die das in Tabelle 8 angeführte Kriterium der Glaubwürdigkeit besser erfüllen. Insbesondere in Firmen, in denen die Manager hohe Eigenkapitalanteile bzw. Optionen des eigenen Unternehmens besaßen, wurde besonders viel Wert auf eine hohe Anzahl an Analystenberichten gelegt.[814] Dies kann als ein Indikator für die Bedeutung gesehen werden, die Entscheidungsträger den Analystenberichten attestieren, da deren persönlicher pekuniärer Erfolg am operativen Geschäft gemessen wird.
Eine interessante Erkenntnis ergibt sich bei einer genaueren Betrachtung der Verteilung von Analystenberichten in Abhängigkeit von der Höhe des Underpricings. IPOs, die eine negative Zeichnungsrendite aufwiesen, zogen mehr Analystenberichte nach sich als IPOs, die keine oder nur eine geringfügig positive Zeichnungsrendite (bis zu 10%) erzielten.[815] Dies lässt die Vermutung zu, dass IPOs mit einer negativen Zeichnungsrendite überdurchschnittlich viele Berichte mit einem negativen Tenor ausgelöst haben. In diesem Fall würde zwar das Ziel der Bekanntheitsgraderhöhung positiv, das der Imageverbesserung jedoch negativ beeinflusst. Der Höhe des Underpricing kommt somit eine gesteigerte Relevanz zu, weil neben der Quantität der ausgelösten Analystenberichte auch der Inhalt beeinflusst wird.

Clarke/ Dunbar/ Kahle bestätigen die von Aggarwal/ Krigman/ Womack ermittelten Ergebnisse im Wesentlichen, messen jedoch neben dem Underpricing, der Höhe des Unternehmenswertes und der Branche auch der Reputation der Konsortialbank einen signifikanten Einfluss auf die Anzahl der Analystenberichte bei. Des Weiteren stellen sie fest, dass nicht nur die Anzahl der Berichte, son-

---

812 Vgl. dazu Kapitel 3.1.4.

813 Vgl. Aggarwal/ Krigman/ Womack (2002). Vgl. auch Mavrinac (2000), Cliff/ Denis (2004) und Rajan/ Servaes (1997) bestätigen den Einfluss der Unternehmensgröße und der Höhe des Underpricing.

814 Vgl. Aggarwal/ Krigman/ Womack (2002).

815 Vgl. Aggarwal/ Krigman/ Womack (2002), S. 124.

dern auch die Schnelligkeit der Veröffentlichung von den genannten Faktoren beeinflusst wird.[816] Die empirische Untersuchung von Das/ Guo/ Zhang offenbart ergänzend, dass nicht nur die Anzahl der Analystenberichte ansteigt, sondern auch die Langfristrendite deutlich zunimmt.[817]

Corwin/ Schultz fügen hinzu, dass die Reputation der Konsortialbank und die Größe des Emissionskonsortiums ausschlaggebend sind.[818] Zwar weist Teo zurecht darauf hin, dass die Analysten des Emissionskonsortiums („lead analysts") voreingenommen („biased") sind und überdurchschnittlich viele positive Berichte veröffentlichen. Gleichwohl dienen auch die Berichte der „lead analysts" dem Verbreitungsgrad und beeinflussen zumindest das Ziel der Bekanntheitsgraderhöhung positiv.[819] Dass das Image ex post Schaden nimmt, wenn unbegründet positive Analystenberichte sich als wissentlich verfälscht darstellen, steht jedoch zu vermuten.

Über die Inhalte der publizierten Analystenberichte lassen sich lediglich indirekt Schlussfolgerungen ziehen. Dem bereits erwähnten Fall negativer Zeichnungsrenditen stehen in Einzelfällen ausgesprochen hohe Underpricings entgegen. Die Vermutung, dass die Inhalte umso positiver formuliert sind, je höher das Underpricing ausfällt, wird gestützt durch die von Aggarwal/ Krigman/ Womack festgestellte höhere Anzahl an Kaufempfehlungen - trotz der sich im Sekundärmarkt unterdurchschnittlich entwickelnden Kurse.[820]
Eine exponierte Stellung im Kreis der Analysten nehmen Star-Analysten ein. Ihre Berichte finden weitreichende Beachtung und genießen eine hohe Glaubwürdigkeit.[821] Sie fungieren somit als virtuelle Meinungsführer.[822]

816 Vgl. Clarke/ Dunbar/ Kahle (2002).
817 Vgl. Das/ Guo/ Zhang (2002).
818 Vgl. Corwin/ Schultz (2004).
819 Vgl. Teo (2000).
820 Vgl. Aggarwal/ Krigman/ Womack (2002), S. 124.
821 Vgl. Clarke/ Dunbar/ Kahle (2002).

Banken

Die im Konsortium aufgenommenen Banken verbreiten durch zahlreiche persönliche Beratungsgespräche (interpersonale Kommunikation) mit Kunden vielfältige Informationen. Da die Zeichnung verschiedenen gesetzlichen und reglementarischen Bedingungen unterliegt - so sind Banken z.B. verpflichtet, vor der Annahme eines Zeichnungsauftrags hinreichend und nachweislich über die Risiken aufzuklären -, fällt der Gesprächsumfang üblicherweise groß aus.

Banken stehen in direktem Kontakt zu vielen Meinungsführern und haben den großen Vorteil einer dialogisch geführten interpersonalen Kommunikation, wie der Beurteilung in Tabelle 8 zu entnehmen ist.[823]
Über die Qualität der Beratungsgespräche in Banken im Zuge des IPO existiert bis dato keine empirische Untersuchung. Allerdings liegt die Vermutung nahe, dass im IPO-Geschäft erfahrene Banken (z.B. Deutsche Bank, genossenschaftliche Banken) von ihren Spezialisierungs- und Erfahrungseffekten profitieren und eine qualitativ höherwertige Beratung anzubieten vermögen. Auch die hohe Reputation der Bank[824] führt vermutlich dazu, dass die Investoren der Bank eine bessere Einschätzung der Informationen zutrauen.
Sicher lässt sich hingegen feststellen, dass die von dem IPO-Unternehmen zu treffende Auswahl der Bank die Größe des für die Beratungsgespräche zur Verfügung stehenden Filialnetzes determiniert. Die Deutsche Bank, genossenschaftliche Banken und der Sparkassensektor verfügen über erheblich mehr Filialen als andere Bankinstitute in Deutschland. Damit ist eine größere Nähe zum Kunden gegeben und die Wahrscheinlichkeit, dass Investoren das Beratungsangebot annehmen, wächst.

---

822 Auf deren Relevanz im Rahmen des Kommunikationspfadmodells ist in Kapitel 5.2.1 und 5.2.3 eingegangen worden.

823 Vgl. dazu außerdem die Ausführungen zu den Vorteilen interpersonaler Kommunikation in den Kapiteln 5.2.1 und 5.2.3.

824 Vgl. dazu die Erkenntnisse von Carter/ Manaster, die die Reputation der Investmentbank anhand bereits absolvierter Börsengänge operationalisieren, Carter/ Manaster (1990), sowie Kapitel 3.1.3.

Massenmedien

Massenmedien nehmen als der wichtigste externe Botschaftsträger - gerade bei einem auf kommunikative Effekte auch außerhalb des direkten Teilnehmerkreises angewiesenen (Börsen-) Event - aufgrund der hohen Reichweite eine immer wichtigere Multiplikatorrolle ein. Massenmedien (TV, Hörfunk, Zeitungen/ Zeitschriften, Internet) erreichen den überwiegenden Teil der Bevölkerung und sind somit wie kein zweites Instrument geeignet, den Verbreitungsraum von Informationen zu vergrößern. Wenngleich es aus Unternehmenssicht erstrebenswert ist, Gegenstand (kostenloser) massenmedialer Berichterstattung zu sein, so schaffen dies nur Unternehmen, die von den Massenmedien als geeignet ausgewählt werden. Ganz allgemein betrachtet werden größere und bekanntere Unternehmen bevorzugt - es sei denn, ein außergewöhnliches Ereignis findet statt. Der Börsengang stellt so ein besonderes Ereignis dar. Die Größe und Bekanntheit beispielsweise von web.de waren zum Zeitpunkt des IPO im Jahr 2000 unvergleichlich geringer als z.B. von DaimlerChrysler, dennoch wurden während des IPO mehr Berichte über web.de verfasst als über den Großkonzern. Da alle Unternehmen danach streben, in der Berichterstattung berücksichtigt zu werden, müssen die Massenmedien eine Selektion vornehmen.[825] Dass die Auswahl durch die Medien in Hot-issue-Phasen besonders stark auf IPO-Unternehmen ausgerichtet ist, lässt sich im Rückblick auf die letzte Hot-issue-Phase Ende der 1990er Jahre gut nachvollziehen.[826]

Doch zunächst stellt sich die Frage, welche Informationsquellen, die das Unternehmen anbietet, von den Medienvertretern wie häufig für die Auswahl und Gestaltung ihrer redaktionellen Beiträge eingesetzt werden.

[825] „Der Journalist wird [...] zum Nadelöhr der Unternehmensinformation, weil er die Listung der Nachricht oder deren Platzierung im vermeintlichen Interesse der Nutzer seines Mediums vornimmt." (Schönborn/ Tschugg (2002), S. 64). Vgl. dazu auch die Ausführungen zum Agenda-Setting.

[826] Dazu schreibt beispielsweise Teichert in Roelofsen: „Die Medien überschlagen sich in ihren Berichterstattungen über noch-nie-dagewesene Börsengänge" (Roelofsen (2002), Vorwort).

Aufgrund der Vielfalt verschiedener Massenmedien lässt sich nicht pauschal die Frage beantworten, welche Informationsquellen die Medienvertreter nutzen. Von Fachjournalisten beispielsweise wurden im Rahmen des Investor Relations Monitor einige (Investor-Relations-) Angebote des Unternehmens als besonders wichtig angegeben.[827] Den hohen relativen Ausgaben der Unternehmen für den Geschäftsbericht entsprechend nutzen auch Fachjournalisten diese Informationsquelle am häufigsten. Gleiches lässt sich über die Hauptversammlung feststellen. Die ebenfalls mit hohen Ausgaben verbundene Road-Show findet hingegen bei den Journalisten relativ gesehen nur unterdurchschnittlich Anklang, wohingegen sie immer stärker das Internet für Recherchen nutzen, wie die nachfolgende Abbildung 34 verdeutlicht.

[827] Vgl. Hofer (2003), S. 44.

Ausgewählte Investor Relations-Maßnahmen	*Aktiengesellschaften: Objektiver Anteil an den IR-Ausgaben*	*Fachjournalisten: Subjektive Relevanz (prozentualer Anteil der Nutzung)*
Geschäftsbericht	19,8%	15,1%
Hauptversammlung inklusive Bilanzpressekonferenz	18,5%	13,0%
Road Show, Gespräche mit Investoren/ Analysten	14,3%	9,7%
Sonstige Druckschriften (außer Geschäftsbericht)	9,2%	7,9%
Informationen per Internet	9,0%	13,2%
Sonstige Pressearbeit	7,2%	9,4%
Informationen per Telefon/ Hotline	5,5%	6,1%
Fernsehspots	4,6%	5,4%
Internet TV	3,7%	8,3%
Anzeigen	2,7%	2,7%
Sonstiges	5,5%	9,2%

Abbildung 34: Von Journalisten überwiegend verwendete IR-Maßnahmen[828]

Der Frage, wann die massenmediale Berichterstattung über IPOs wie hoch ausfällt und von welchen Faktoren sie abhängt, sind Demers/ Lewellen empirisch nachgegangen.[829] Von den in Kapitel 3.2.3 ausführlich erläuterten Ergebnissen

828 Quelle: Hofer (2003), S. 44.

829 Vgl. Demers/ Lewellen (2003). Ihre empirische Analyse bezieht sich dabei auf die Dekade von 1990 bis 2000.

ihrer empirischen Untersuchung soll hier nur eine Auswahl dargestellt werden. Die Autorinnen verwenden als Proxy für die massenmediale Berichterstattung die Anzahl der in Printmedien veröffentlichten Berichte.[830] Ihren Ergebnissen zufolge steigt die Anzahl der Medienberichte im Zuge des Börsengangs in den zwei Monaten bis zum IPO auf mehr als das Vierfache. Demers/ Lewellen nehmen dabei eine Differenzierung nach Branchen vor, um den Einfluss der im Zentrum der Aufmerksamkeit stehenden Internetbranche isolieren zu können. Sie ermitteln eine Zunahme um durchschnittlich 311% bei B2C-Internet-Unternehmen, 389% bei B2B-Internet-Unternehmen und 342% für nicht im Internetbereich tätige Unternehmen.[831] Der Anstieg fällt umso höher aus, je stärker das Underpricing ausgeprägt ist.[832] Als weitere Einflussfaktoren identifizieren die Autorinnen die Größe des Unternehmens und die Reputation der Investmentbank.[833] Ein unternehmensunabhängiger Einflussfaktor ist die Börsenstimmung: In einer Hot-issue-Phase beispielsweise werden IPOs in Massenmedien ohne Zutun des Unternehmens wesentlich breiter behandelt als in Cold-issue-Phasen.[834]

---

830 Demers/ Lewellen verwenden die „Major Newspapers“-Datenbank aus dem „academic universe“ des Anbieters Lexis-Nexis, in der sämtliche Zeitungsartikel großer amerikanischer Zeitungen im Volltext enthalten sind. Vgl. Demers/ Lewellen (2003).

831 Die absolute Anzahl fällt für die B2C-Unternehmen doppelt so hoch aus wie für B2B-Unternehmen. Es muss berücksichtigt werden, dass auch zwei Monate vor dem IPO möglicherweise bereits Berichte in Zusammenhang mit dem bevorstehenden IPO lanciert wurden. Die dargestellten Zahlen stellen demzufolge eher konservative Indikatoren für die Zunahme des Medieninteresses dar. Vgl. Demers/ Lewellen (2003), S. 421.

832 Sowohl für die Internetunternehmen als auch für die Vergleichsgruppe sonstiger Unternehmen - als Vergleichsgruppe wird den Internetunternehmen eine ebenso große Anzahl an Unternehmen gegenübergestellt, die per Zufallsprinzip aus der Menge der sonstigen IPOs ausgewählt wurden - besteht darüber hinaus ein signifikanter Zusammenhang zwischen der Höhe des Underpricing und der Anzahl der Medienberichte. Besonders ausgeprägt ist dieser Zusammenhang bei der Subgruppe der B2C-Internetunternehmen.

833 Die Reputation der Investmentbank ist jedoch nur für die Subgruppe der B2C-Unternehmen signifikant.

834 Vgl. Bhattacharya et al. (2004).

Direkte Kommunikation

Die direkte Kommunikation gewinnt dadurch an Bedeutung, dass mit ihr überwiegend Meinungsführer erreicht werden.[835] Das Ausmaß der direkten Kommunikation hängt zur Gänze von den Kommunikationsbemühungen des Unternehmens ab. Einige Unternehmen verzichten (vollständig) darauf, über die gesetzlichen Anforderungen hinaus Informationen etwa auf der Homepage anzubieten, die meisten Unternehmen hingegen stellen ein umfangreiches Informationsangebot zur Verfügung.[836]

Neben diesen „Sonderformen“ der direkten Kommunikation bietet sich dem Unternehmen die Möglichkeit, auf sämtliche Marketing- und Investor-Relations-Instrumente zur direkten Kommunikation zurückzugreifen, die bereits zum Ablauf des Börsenevents IPO in Kapitel 4.2.3 dargestellt wurden.

Als Indikator für den Umfang der Direktkommunikation können beispielsweise die telefonischen Anfragen oder die Nutzung der Homepage während des Börsengangs herangezogen werden. Die Besuche auf den Internetseiten des Unternehmens steigen im Zuge des Börsengangs an, wenngleich aufgrund des Basiseffekts der mittlerweile permanent hohen Frequentierung der Internetseiten der prozentuale Anstieg mit durchschnittlich 22% geringer ausfällt.[837]

Die direkte Kommunikation ist damit der einzige Kommunikationspfad, der praktisch unabhängig von exogenen Faktoren ausgestaltet werden kann.

Mit dem Börsengang bezwecken Unternehmen die Verbesserung des Images, des Wissens sowie des Bekanntheitsgrads. Um das zu gewährleisten, müssen Unternehmensexterne überhaupt Informationen über den Börsengang vermittelt bekommen. Die vorangegangenen Ausführungen sind der Frage nachgegangen, wann welche Informationen über wen an wen gelangen. Als Ergebnis wurde ein

---

[835] Die Gründe für den hohen Rang der Meinungsführer als Kommunikator und Multiplikator sind in den Kapiteln 5.2.1 und 5.2.3 hervorgehoben worden.

[836] Zu den gesetzlichen Anforderungen vgl. Kapitel 2.1.

[837] Vgl. Demers/ Lewellen (2003), S. 421.

kommunikationswissenschaftlicher Bezugsrahmen abgeleitet, anhand dessen die verschiedenen Kommunikationspfade aufgezeigt wurden. Daran anschließend erfolgte eine Bewertung der Pfade, die um empirische Erkenntnisse über die Faktoren ergänzt wurden, die einen Einfluss auf die in der Realität vorgenommene tatsächliche Nutzung der einzelnen Kommunikationspfade nehmen. Damit kann nun nachvollzogen werden, welche Botschaften zu welchem Zeitpunkt wie an welchen Rezipienten gelangen. Offen bleibt hingegen die Frage, welche Wirkungen sich für den einzelnen Rezipienten durch die Aufnahme der Botschaft ergeben.[838] Mit der Beantwortung dieser Fragestellung befasst sich der anschließende Abschnitt zur verhaltenswissenschaftlichen Analyse der Kommunikationswirkungen.

[838] Die dargestellten kommunikationswissenschaftlichen Ansätze befassen sich zwar mit unterschiedlichen Individuen. Als Beispiel sei der Uses-and-gratification-Ansatz genannt, nach dem der Rezipient gemäß seiner eigenen Nutzenvorstellungen für ihn maximalen Nutzen stiftende Kommunikationspfade selektiert. Es wird hingegen nicht darauf eingegangen, welche Wirkungen die jeweiligen Kommunikationspfade im Hinblick auf die Veränderung des Images und des Bekanntheitsgrads auslösen. Es werden folglich nicht die im Inneren des Rezipienten ablaufenden Selektionsprozesse betrachtet.

6 Konzeptionelle Analyse der kommunikativen Effektivität des Börsengangs (verhaltenswissenschaftlicher Bezugsrahmen)

Die Ausführungen des vorangegangenen Kapitels haben deutlich gemacht, dass die durch den Börsengang kommunizierte Botschaft über eine facettenreiche Vielzahl verschiedener Kommunikationskanäle zu den Rezipienten gelangen kann. Insbesondere mit der fremdinitiierten Kommunikation geht eine Modifizierung der ursprünglichen Botschaft einher, die für den Empfänger oftmals nicht offensichtlich ist und in den seltensten Fällen nachvollzogen werden kann. Ein Analyst wählt beispielsweise die für seine Zielsetzung der Ableitung eines Unternehmenswertes relevanten Daten aus, Massenmedien greifen aus dem umfangreichen Analystenbericht nur Exzerpte auf, die sich für eine Publikation eignen, und Meinungsführer interpretieren und selektieren aus ihrer individuellen subjektiven Perspektive, bevor die Botschaft letztlich zu den Rezipienten gelangt. Für den Rezipienten hingegen handelt es sich schlicht um eine Information, die er bestenfalls nach dem Grad der Glaubwürdigkeit zu beurteilen vermag. Die dahinter liegende Kette der Informationsweitergabe bzw. der vielschichtige Kommunikationspfad wird nicht offenbar. Auf diese Art und Weise gelangen zu dem Empfänger viele Informationen, die in ihrer Gesamtheit das Botschaftsbündel eines Individuums - in kommunikationswissenschaftlicher Terminologie eines Rezipienten und in verhaltenswissenschaftlicher Terminologie eines Organismus[839] - ausmachen. Diese Botschaften stellen als Stimuli die notwendige Bedingung dar, die vom Unternehmen angestrebten Zielwirkungen - Bekanntheitsgrad, Wissen, Image - zu realisieren.

Die ganz entscheidend durch die verschiedenen Kommunikationspfade determinierte Ausgestaltung der von den Rezipienten wahrgenommenen Stimuli wurde bereits anhand der kommunikationswissenschaftlichen Analyse einzelner Kommunikationspfade vorgenommen. Gleichwohl fehlt es daran, die *nach* der Aufnahme einer bestimmten Botschaft resultierenden Konsequenzen bei jedem einzelnen Rezipienten aufzuschlüsseln. Die im Organismus vonstatten gehenden

[839] Die Funktion des Organismus wird in den nachfolgenden Ausführungen deutlich werden.

inneren Prozesse stellen die hinreichende Bedingung dafür dar, die Zielwirkungen tatsächlich zu erreichen.
Insofern ergänzen sich der kommunikationswissenschaftliche und der verhaltenswissenschaftliche Ansatz zu einer ganzheitlichen Analyse der von dem Börsengang ausgehenden Marketingwirkungen.

6.1 Ableitung eines geeigneten Modellrahmens

Für die verhaltenswissenschaftliche Analyse der Wirkungen des Börsenevents IPO kann auf die Erkenntnisse des Eventmarketing zurückgegriffen werden. Als Ausgangspunkt der Formulierung eines Erklärungsansatzes stehen grundsätzlich drei verschiedene Eventmarketing-Modelle zur Verfügung, das von Sistenich, das von Nufer und das von Lasslop. Dabei stellen die Eventmarketing-Modelle gleichsam den Spezialfall eines Werbewirkungsmodells für das Marketinginstrument Eventmarketing dar.[840] Welches von den drei Modellen grundsätzlich als Ausgangspunkt eines Wirkungsmodells geeignet ist und welche Modellaspekte davon übernommen werden können, wird durch die Einordnung in einen strukturierten Überblick über Werbewirkungsmodelle eruiert.

6.1.1 Kategorisierung nach Vakratsas/ Ambler

Über Marketingwirkungen existiert in der betriebswirtschaftlichen Literatur[841] eine Fülle an theoretisch-konzeptionellen und empirischen Erkenntnissen. Als

[840] Auf die allgemeine Eignung von Werbewirkungsmodellen als Ausgangspunkt für die Entwicklung konzeptioneller Erklärungsansätze für das Eventmarketing weist bereits Nufer in seiner grundlegenden Arbeit hin. Vgl. Nufer (2002), S. 106.

[841] Andere Wissenschaftsdisziplinen haben sich dieser Fragestellung ebenfalls angenommen, wenngleich weniger extensiv und mit anderem Fokus, z.B. die Kommunikationswissenschaften. Vgl. dazu Bonfadelli (2001), S. 87ff.

Strukturierungshilfe wird die aktuelle Synopse der Werbewirkungsforschung[842] von Vakratsas/ Ambler herangezogen.[843] Vakratsas/ Ambler ordnen alle relevanten Veröffentlichungen[844] einer von sieben weitgehend trennscharf abgegrenzten Kategorien zu.

Die nachfolgenden Ausführungen nehmen eine kurze Darstellung der wichtigsten Forschungsergebnisse jeder der sieben Kategorien vor, um die jeweiligen Stärken und Schwächen zu identifizieren. Anhand dieser Darstellung wird eine grundsätzlich für die verhaltenswissenschaftliche Analyse der Effektivität des Börsenevents IPO geeignete Modellkategorie selektiert. Gleichzeitig lassen sich relevante (Teil-) Erkenntnisse aus anderen Kategorien identifizieren, die ebenfalls Eingang in das Modell finden.

Vakratsas/ Ambler ordnen die einzelnen Modelle einer der folgenden sieben Kategorien zu:[845]

deterministische Modelle

- „Stimulus-Response" (SR)-Modelle

verhaltenswissenschaftliche Modelle (SOR)

- „Cognitive Information"-Modelle
- „Pure Affect"-Modelle

842 Zuvor wurde z.B. von Broadbent eine Literaturübersicht („survey") vorgenommen, die insgesamt 462 Veröffentlichungen komprimierte. Vgl. Broadbent (1992).

843 Das Design ihrer Untersuchung weist u.a. die Bedingung auf, dass das Modell in englischer Sprache veröffentlicht sein muss, weswegen viele Publikationen deutschsprachiger Autoren keine Berücksichtigung gefunden haben, vgl. Vakratsas/ Ambler (1999), S. 27. Im deutschsprachigen Raum populäre Modelle werden der Systematik an geeigneter Stelle hinzugefügt.

844 Dazu zählen die Autoren mehr als 250 Artikel. Vgl. Vakratsas/ Ambler (1999), S. 27. Die z.T. sehr eigenständige deutsche Werbewirkungsforschung leistet nur eine grobe Untergliederung der Werbewirkungsmodelle in SR- und SOR-Modelle, in einigen Fällen wird lediglich eine unvollständige und z.T. willkürliche Auflistung weniger Modelle angeboten. Vgl. dazu Steffenhagen (1996), S. 6ff., Nufer (2002), S. 106ff., von Engelhardt (1999), S. 19ff.

845 Vgl. Vakratsas/ Ambler (1999), S. 27f.

- „Persuasive Hierarchy"-Modelle
- „Low Involvement"-Modelle
- Integrative Modelle

sonstige Modelle

- Interdisziplinäre Ansätze („Hierarchy free"-Modelle)

Die Market-Response- bzw. Stimulus-Response-Modelle (SR-Modelle) berücksichtigen im Gegensatz zu den fünf Gruppen verhaltenswissenschaftlich fundierter Modelle keine zwischen dem Stimulus und der Verhaltensreaktion intervenierenden Variablen. Letztere lassen sich unter den Oberbegriff „Stimulus-Organism-Response" (SOR) subsumieren, weil mit unterschiedlicher Schwerpunktsetzung die beim Individuum („organism") vonstatten gehenden inneren Prozesse als Vorstufe der äußerlich feststellbaren Reaktion („response") betrachtet werden. Einen Sonderfall stellt die letzte Kategorie dar.

Die ersten beiden verhaltenswissenschaftlich fundierten Modellkategorien bei Vakratsas/ Ambler fassen Werbung lediglich als Vermittlung von Information („cognitive information") bzw. Emotion („pure affect") auf. Als „persuasive hierarchy" bezeichnen Vakratsas/ Ambler die klassischen Stufenmodelle, die in der Tradition des AIDA-Modells[846] stehen. Deren Autoren fassen eine Werbewirkung als das Ergebnis eines deterministischen, sequentiell ablaufenden Prozesses der Verarbeitung eines (Werbe-) Stimulus auf. Die Kategorie der als „Low involvement-hierarchy" bezeichneten Modelle stellt zwar auch eine deterministische Abfolge kognitiver und emotiver Prozesse auf, allerdings begründet sie im Gegensatz zu den Stufenmodellen das Verhalten (in Form der Produktnutzung) durch die emotiven Prozesse und die Einstellungsbildung.

Die als integrativ bezeichneten Modelle der Wirkungspfade beziehen neben den emotiven und kognitiven Prozessen situative Faktoren mit ein. Dazu gehört insbesondere eine bereits vorliegende Produktkenntnis oder die Stärke des Eigenin-

[846] Das „Attention-Interest-Desire-Action" (AIDA)-Modell von 1898 gilt als das grundlegendste Werbewirkungsmodell.

teresses des Individuums („Involvement“) an der Werbung bzw. Kommunikation. Aufgrund der Vielzahl berücksichtigter Parameter stellen sie die umfassendsten Modelle dar.
Einen Sonderfall bildet schließlich die Gruppe der als „hierarchy free“ bezeichneten anthropologischen und neurophysiologischen Modelle. Sie beruhen auf Erkenntnissen anderer Wissenschaftsdisziplinen.

Jede Kategorie wird auf ihre grundsätzliche Tauglichkeit als Grundlage eines Modells für das Börsenevent IPO überprüft. Dazu müssen als erstes Kriterium verschiedene Charakteristika des Börsenevents IPO Berücksichtigung finden, insbesondere die hohe Eigenbeteiligung („high involvement“) der Teilnehmer des Börsenevents IPO, die durch das Eventmarketing-Charakteristikum der Interaktivität bedingt wird. Da das IPO als (Börsen-) Event Emotionen („affect“) und kognitive („cognitive“) Prozesse auslöst - und beide darüber hinaus von Vakratsas/ Ambler als wichtige Beeinflussungsparameter jeglicher Werbewirkung identifiziert wurden -, sind diese ebenfalls zu berücksichtigen. Vakratsas/ Ambler verweisen weiter auf die besondere Bedeutung von Erfahrungen („experience“), die die Rezipienten im Umgang mit dem Unternehmen oder seinen Produkten gemacht haben.
Als prinzipielle Anforderung kann schließlich auch die Berücksichtigung innerer Prozesse des Individuums („organism“) angesehen werden, ohne deren Aufklärung eine Aufhellung dieser sogenannten Black Box nicht geleistet werden kann.[847] Diese Anforderung stellt folglich eine notwendige Voraussetzung für die Analyse von Wirkungszusammenhängen dar und ist aus entscheidungsorientierter Sicht unverzichtbar. Damit im Zusammenhang steht die Forderung einer variablen Abfolge der intrapersonalen Wirkungsprozesse, da sich die starren hierarchischen Prozessfolgen empirisch als nicht tragfähig erwiesen haben. Darüber hinaus sind generell aussagekräftige empirische Ergebnisse zu fordern, die eine Bestätigung der getroffenen Hypothesen zulassen. Schließlich ist die jeweilige Kategorie nur dann als Grundlage für die konzeptionelle Analyse der Marke-

[847] Vgl. z.B. Nufer (2002), S. 108ff., von Engelhardt (1999), S. 20.

tingwirkungen geeignet, wenn sie auch modelltheoretisch bzw. konzeptionell ausgelegt ist.

Diejenige Kategorie, die die genannten Anforderungen am besten erfüllt, eignet sich als Ausgangspunkt für die Ableitung eines Wirkungsmodells für das Börsenevent IPO.

- **„Stimulus Response" (SR)-Modelle**

Vakratsas/ Ambler bezeichnen die behavioristischen SR-Modelle als „market response", weil mit Hilfe ökonometrischer Verfahren die Marktreaktion (z.B. Produktverkäufe[848]) auf verschieden gestaltete Stimuli (Werbung und Preispolitik[849]) ermittelt wird. Es wurde festgestellt, dass ein Großteil der messbaren Wirkung schnell nachlässt und somit dauerhafte Werbewirkungen kaum aufgezeigt werden können.[850] Der Vorteil dieser empirisch-induktiven Vorgehensweise besteht gleichwohl in der objektiven Ermittlung von quantitativen Zusammenhängen, ohne dass intervenierende Variablen berücksichtigt werden.[851] Doch genau darin liegt gleichzeitig der zentrale Nachteil der SR-Modelle begründet: Sie sind nicht in der Lage, die Ursachen für bestimmte auftretende Wirkungen herauszufiltern, weil sie in den empirischen Analysen keine Berücksichtigung finden. Einige Autoren bezeichnen sie deshalb sogar als theorielos.[852] In jedem Falle schlüsseln sie die inneren Verhaltensweisen der Rezipienten als Black Box zwischen Reiz und Reaktion in keiner Weise weiter auf, sondern beobachten lediglich ex post die vorliegende Marktreaktion. Damit sind sie nicht in der Lage, für eine Entscheidungssituation valide Erklärungsansätze bzw. Prognosen für den Einsatz von Marketinginstrumenten zu liefern. Es werden al-

848 Vgl. Mela/ Gupta/ Lehmann (1997).

849 Vgl. Lodish et al. (1995).

850 Vgl. Assmus et al. (1984).

851 Vgl. Srinivasan/ Weir (1988).

852 Vgl. u.a. Nufer (2002), S. 108.

so strenggenommen keine Werbewirkungen analysiert, sondern lediglich Ergebnisse gemessen.
Aus diesem Grunde sind sie als Grundlage eines Wirkungsmodells für das Börsenevent IPO als ungeeignet zu beurteilen.

- **„Cognitive Information"-Modelle**

Die Klasse der informationsorientierten Werbewirkungsmodelle beschränkt sich auf die Analyse einer Sachinformationsvermittlung. Diese an die Volkswirtschaftslehre angelehnten Modelle eher älteren Datums[853] setzen als Annahme einen rein rationalen Konsumenten, der ausschließlich kognitiv gesteuerte Kaufentscheidungsprozesse vornimmt. Diese sehr spezielle Sichtweise bietet sich bei bestimmten Produktkategorien an, etwa wenn der Käufer geringere Suchkosten wertschätzt. Da beim IPO als Börsenevent jedoch immer Emotionen zumindest eine moderierende Rolle spielen, scheidet diese Modellkategorie ebenfalls aus.

- **„Pure Affect"-Modelle**

Das Komplement zu den rein kognitiven Informationsmodellen bilden die von Vakratsas/ Ambler als rein affektiv („pure affect") bezeichneten Modelle, nach deren Verständnis die Kundenpräferenzen ausschließlich an Gefühlen, Emotionen oder Gefallen ausgerichtet sind.[854] In dem Forschungsstrang der „Mere exposure"-Modelle reicht sogar der Kontakt mit der Werbebotschaft ohne bewusstes Wahrnehmen aus, um eine positive Einstellung hervorzurufen.[855] Die Studien der „Pure affect"-Modelle lassen sich zwei Grundströmungen zuordnen: Ein affektiver Werbestimulus kann entweder eine Reaktion bezüglich der Werbung

[853] Vgl. Vakratsas/ Ambler (1999), S. 29.
[854] Vgl. Alwitt/ Mitchell (1985).
[855] Vgl. Batra/ Stayman (1990).

(„attitude toward the ad", abgekürzt: A_{ad}) oder bezüglich der Firma[856] („attitude toward the brand", kurz: A_b) hervorrufen.[857]
Die empirische Verifizierung dieser nicht theoretisch-konzeptionell untermauerten Hypothesen muss allerdings mit einem den Modellen immanenten Problem zurechtkommen: Jede praktikable Messung, z.B. eine Befragung, induziert kognitive Prozesse, die die eigentlich zu messenden emotionalen Komponenten potentiell überlagern und verfälschen.[858]
Bei einem Börsengang sind üblicherweise rational gesteuerte Prozesse eine wichtige Grundlage. Vor dem Hintergrund der Erkenntnisse über den Ablauf eines Börsenganges (Kapitel 2.1 und 4.2.3) als externes Info-Event sind Emotionen zwar ebenfalls Bestandteil, allerdings nur im Zusammenspiel mit kognitiven Prozessen bei der Vermittlung von Informationen. Deshalb ist diese Modellklasse für die Zwecke der vorliegenden Arbeit nicht geeignet.[859] Hinzu kommt, dass das Kriterium der Berücksichtigung des für Börsenevents charakteristischen starken Involvement zwar grundsätzlich in den Analysen der „Pure affect"-Modellen berücksichtigt werden könnte, allerdings wird dies ebenso wie bei den „Cognitive Information"-Modellen nicht vorgenommen.

- **„Persuasive Hierarchy"-Modelle**

Mit dem verbreitet bekannten Hierarchiemodell AIDA begann 1898 die moderne Werbewirkungsforschung.[860] AIDA und darauf fußende Weiterentwicklungen postulieren den streng hierarchischen Ablauf aufeinander folgender Wirkungsphasen: Auf die erste Phase der Aufmerksamkeit des Rezipienten („attention") folgt das Interesse („interest"), dann das Verlangen bzw. der Kaufwunsch

856 Auch an dieser Stelle wird die Firma im juristischen Sinne als Name des Unternehmens aufgefasst.

857 Vgl. dazu die Meta-Analyse von Brown/ Stayman (1992).

858 Zu praktikablen Methoden vgl. Vakratsas/ Ambler (1999), S. 32.

859 Allerdings bietet es sich an, ausgewählte Erkenntnisse über den Einfluss von Emotionen für das nachfolgend abzuleitende Modell zu nutzen.

(„desire“) und schließlich die Handlung etwa in Form des Produktkaufes („action“).

In später veröffentlichten Modellen, vor allem in den 1960er Jahren, wurden die vier genannten Stufen um zumeist ein oder zwei weitere Stufen ergänzt[861], wurde deren Bezeichnung geändert oder die Reihenfolge vertauscht.[862] Den Forschungsbemühungen kann die Einführung und empirische Validierung des Involvement-Konzepts als Einflussfaktor der Werbewirkung zugeschrieben werden.[863] Der Rezipient verarbeitet einen Stimulus bei einem starken Eigeninteresse („high involvement“) anders, als wenn er dem Stimulus nur zufällig und uninteressiert („low involvement“) ausgesetzt wird. Eines der am weitesten verbreiteten Modelle ist das von Petty/ Cacioppo[864], in dem der Rezipient einen zentralen oder einen peripheren Pfad zur Verarbeitung einer persuasiven Kommunikationsbotschaft einschlägt, je nach dem, ob der Rezipient zu einer intensiven Auseinandersetzung mit der Botschaft willens und fähig ist oder nicht. Die Hierarchie einer zunächst kognitiven und erst dann emotiven Verarbeitung bleibt davon jedoch unberührt.

Gerade die erwähnte Vielfalt der Vorschläge für verschiedene Hierarchien offenbart deren zentrale Schwäche: Es lässt sich nicht plausibel begründen, welches Modell anderen vorzuziehen ist, da offenbar in verschiedenen Situationen andere Wirkungsabläufe auftreten; auch Steffenhagen und Barry/ Howard vermögen dementsprechend in einer Metaanalyse der empirischen Ergebnisse keine tragfähigen Resultate zu bestimmen.[865]

---

860 Vgl. Nufer (2002), S. 107.

861 In einigen Ansätzen werden bis zu 12 Stufen aufgeführt, vgl. von Engelhardt (1999), S. 23.

862 Allerdings blieb die grundsätzliche Abfolge kognitiver und erst anschließend affektiver Stufen erhalten.

863 Ferner wurde das in der „Pure affect“-Kategorie angesprochene A_{ad}-Konstrukt analysiert, vgl. z.B. Homer (1990), Petty/ Cacioppo/ Schumann (1983).

864 Vgl. Petty/ Cacioppo (1981a), Petty/ Cacioppo (1981b) und Petty/ Cacioppo/ Schumann (1983) oder die Sekundärliteratur, z.B. Bonfadelli (2001), S. 111ff.

865 Vgl. Steffenhagen (1996), S. 7, Barry/ Howard (1990).

Ein weiterer Kritikpunkt liegt in der Erkenntnis, dass von der Reizauslösung bis zur tatsächlichen Handlung komplizierte Prozesse im Gehirn stattfinden, die bis heute noch nicht vollständig entschlüsselt sind („Black Box"). Allerdings gilt als gesichert, dass sie nicht einer bestimmten zeitlichen Sequenz folgen, sondern interdependent stattfinden. Dies spricht grundsätzlich gegen die Richtigkeit der Annahme (irgend-) einer Hierarchie.

Eine weitere Schwäche liegt in der Definition der einzelnen Stufen selbst begründet: Werbewirkungsmodelle sollten aus entscheidungsorientierter Perspektive die durch die Werbung induzierte unmittelbare Wirkung offenlegen, nicht jedoch ausschließlich deren mittelbare finalen Konsequenzen etwa in Form des Kaufwunsches.

Die Hierarchiemodelle sind folglich als Grundlage eines Wirkungsmodells für das Börsenevent IPO ebenfalls abzulehnen.

- **„Low Involvement"-Modelle**

Modelle dieser Kategorie beschränken sich auf die Analyse von Werbewirkungen bei uninteressierter Wahrnehmung der Kommunikationsbotschaft. Nicht die Werbebotschaft führt zu einer Einstellungsänderung, sondern sie induziert über die Steigerung der Bekanntheit Produktkäufe, die ihrerseits über die dadurch erlangten Produktnutzungserfahrungen zu einer Einstellungsbildung respektive -veränderung beitragen.[866] Die Effektivität der Werbung fällt dann stärker aus, wenn noch keine Produktnutzung vorangegangen ist.[867]

Da bei den Teilnehmern eines Events im Allgemeinen und eines Börsengangs im Speziellen von einem hohen Eigeninteresse ausgegangen werden kann,[868] scheidet diese Kategorie als valide Grundlage eines Wirkungsmodells für (Börsen-) Events aus.

---

866 Vgl. z.B. Smith (1993).

867 Vgl. Hoch/ Ha (1986).

Alle fünf bisher vorgestellten Modellklassen mussten als Grundlage für ein Event-Werbewirkungsmodell abgelehnt werden, weil sie Werbewirkungen - wenn überhaupt - nur aus einer eingeschränkten Perspektive abbilden. Dies kann jedoch keine Grundlage eines allgemeingültigen Wirkungsmodells für das Börsenevent IPO sein. Die Modelle der nachfolgend dargestellten Kategorie hingegen vereinen verschiedene Ansätze zu einer umfassenderen Perspektive.

• Integrative Modelle

Die bei Vakratsas/ Ambler als „integrative models" bezeichnete Modellkategorie führt die Annahmen und Erkenntnisse der drei vorgenannten Kategorien zusammen. Wenngleich es auf den ersten Blick paradox anmutet, rein informationsorientierte Modelle mit entgegengesetzt argumentierenden, rein emotional orientierten Modellen verknüpfen und gleichzeitig diese beiden von einem hohen Konsumenten-Interesse ausgehenden Modellkategorien mit den Low-Involvement-Modellen zusammenfassen zu wollen, so erweist sich dies bei genauerem Hinsehen als sinnvoller Ansatz: Je nach dem Kontext, in dem die Werbebotschaft lanciert wird, wird ein anderer Wirkungspfad angenommen. Liegt beispielsweise ein hohes Interesse („high involvement") bei überwiegend kognitiv gestaltetem Stimulus vor, so kommt ein anderer Wirkungspfad zum Tragen als bei niedrigem Involvement und einer emotionalen Botschaft.

Im angelsächsischen Sprachraum wird oftmals auf das grundlegende Modell von Vaughn - die sogenannte „FCB-Grid" - verwiesen.[869] In dem Modell werden die Ausprägungen des Involvement („high" vs. „low") sowie der Stimuli (affektive vs. kognitive) als Grundlage verschiedener Wirkungspfade herangezogen.[870] In

868 Vgl. dazu die Ausführungen des Kapitels 4.2.2.2.

869 Vgl. Vaughn (1986).

870 Das Modell wurde empirisch anhand von 20.000 Interviews in 23 Ländern validiert. Vgl. Vakratsas/ Ambler (1999), S. 34.

einer Weiterentwicklung verwenden Rossiter/ Percy[871] die beiden Dimensionen „Involvement" und „Motivation", um unterschiedliche Wirkungspfade abzugrenzen, und rücken die Bedeutung der Person des Rezipienten noch weiter in den Fokus.

Wenngleich aufgrund des Untersuchungsdesigns bei Vakratsas/ Ambler die Arbeiten von Kroeber-Riel nicht genannt werden[872], so stellt dessen Modell gleichsam einen Prototyp dieser Modellklasse dar.[873] Kroeber-Riel bestimmt vergleichbar mit Vaughn als die beiden wichtigsten Kontextvariablen das Eigeninteresse des Rezipienten („Involvement") und eher kognitive oder eher affektive Stimuli.[874] Aus der Kombination eines hohen oder niedrigen Involvement und eher kognitiv oder eher affektiv orientierter Stimuli („Bausteine der Werbewirkung"[875]) resultieren vier verschiedene Werbewirkungspfade.[876] Emotionale Stimuli können entweder auf wenig oder auf stark involvierte Konsumenten treffen. Genauso verhält es sich mit eher kognitiv dominierten Stimuli, die ebenfalls auf wenig oder stark involvierte Konsumenten treffen können.

---

[871] Vgl. Rossiter/ Percy (1997).

[872] Aufgrund des Untersuchungsdesigns wurden wie erwähnt keine deutschen Veröffentlichungen berücksichtigt.

[873] Vgl. Vaughn (1986).

[874] Steffenhagen stellt ein anderes Pfadmodell in den Mittelpunkt seiner Betrachtung. Vgl. Steffenhagen (1996), S. 123ff. Im Gegensatz zu Kroeber-Riel verwendet er als zweite Werbewirkungsvoraussetzung neben der Höhe des Involvement den Grad der Vertrautheit des Konsumenten mit dem Produkt. Vgl. Steffenhagen (1996), S. 128ff.

[875] Vgl. Kroeber-Riel/ Esch (2000), S. 157.

[876] Das zuvor angesprochene ELM-Modell von Petty/ Cacioppo weist ebenfalls mehrere Wirkungspfade auf, wenngleich die dort verfolgte „persuasive hierarchy" im Rahmen dieser Arbeit nicht sinnvoll ist. Vgl. Vakratsas/ Ambler (1999), S. 33.

Informativer (kognitiver) Stimulus

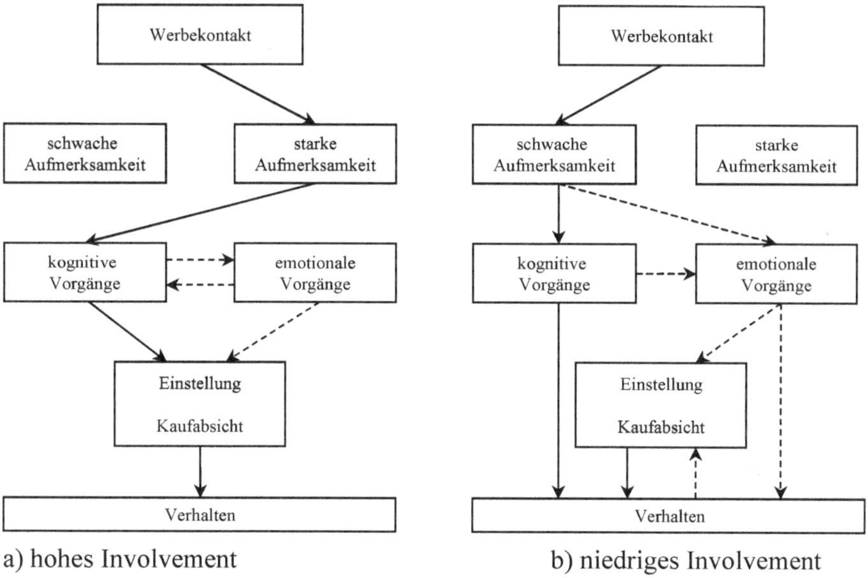

Abbildung 35: Werbewirkungspfade eines informativen Stimulus bei hohem respektive niedrigem Involvement

Informativer Stimulus und hohes Involvement

Eine Kommunikation, die überwiegend kognitive Stimuli beinhaltet, führt meist nur dann zum Erfolg, wenn die Rezipienten involviert sind und sich für die Inhalte tatsächlich interessieren. Dies gilt in besonderer Weise für neue bzw. unbekannte Produkte, Inhalte oder Ereignisse.

Der dominante Wirkungspfad verläuft gemäß Teil a) der Abbildung 35 von einer hohen Aufmerksamkeit des Rezipienten zu kognitiven Vorgängen in Form einer Informationsaufnahme und -verarbeitung. Daraus resultieren eine entsprechende Einstellung und Handlungsabsicht, wenn die Informationen erwartungsgemäß ausfallen und den hoch involvierten Empfänger nicht enttäuschen. Emotionale Zustände spielen nur eine periphere Rolle.

Informativer Stimulus und geringes Involvement

Bei gering Involvierten kommen abweichende Wirkungspfade zum Tragen, wie Teil b) der Abbildung 35 zu entnehmen ist. Die dargebotenen Stimuli werden nur am Rande wahrgenommen und kaum verarbeitet. Nur im Falle einer häufigen Wiederholung ergibt sich ein Wiedererkennungseffekt. So kann die höhere Markenaktualität zu einer Handlung führen, wodurch letztlich die Einstellung verändert wird.

Emotionaler Stimulus

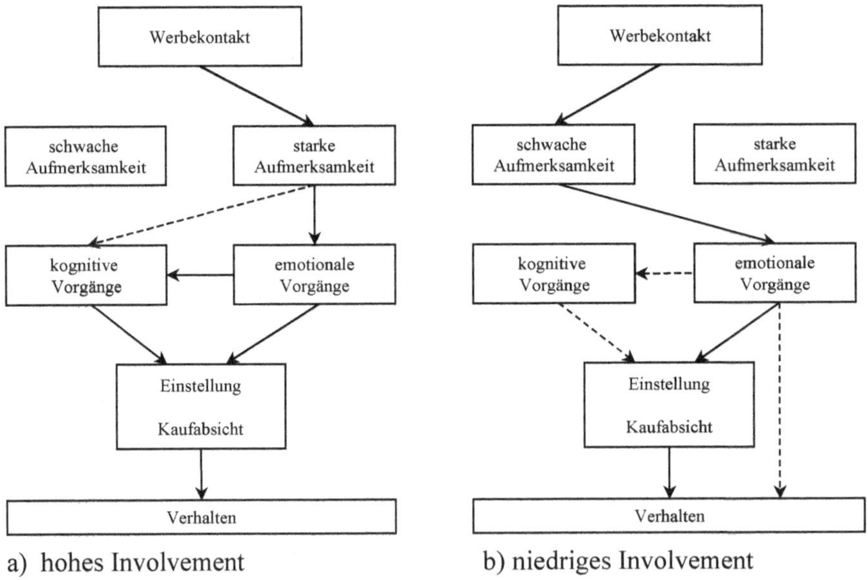

Abbildung 36: Werbewirkungspfade eines emotionalen Stimulus bei hohem respektive niedrigem Involvement

Emotionaler Stimulus und hohes Involvement

Der Rezipient setzt sich mit dem emotionalen Stimulus intensiv auseinander. Es erfolgen schnell emotionale Wirkungen, die ihrerseits die kognitiven Prozesse der Informationsaufnahme und -verarbeitung beeinflussen. Siehe dazu Teil a) der Abbildung 36. Beide führen sodann gleichermaßen zu einer Beeinflussung der Einstellungskomponente und damit der Kaufabsicht. Aufgrund des hohen Involvement kann es jedoch bei einem inkonsistenten Stimulus zu einer negativen Wirkung kommen, weil die Unstimmigkeit entdeckt wird.

Emotionaler Stimulus und geringes Involvement

Emotionale Wirkungen spielen im Fall einer nur beiläufigen Aufmerksamkeit die dominante Rolle. Kognitive Prozesse finden zwar statt, werden jedoch von den emotionalen Prozessen angestoßen und üben nur eine untergeordnete Wirkung auf die Einstellung aus, wie Teil b) der Abbildung 36 entnommen werden kann. Positive Emotionen führen letztlich zu einer Einstellungsbildung. Es besteht hingegen auch die Möglichkeit, über den bereits im Fall eines kognitiven Stimulus bei geringem Involvement angesprochenen peripheren Wirkungspfad direkt die Einstellungsbildung zu beeinflussen.

Kroeber-Riel/ Esch weisen darauf hin, dass üblicherweise gemischt informativ-emotionale Stimuli vorliegen und dementsprechend verschiedene Wirkungspfade miteinander zu verknüpfen sind.[877] Dies kann auch als Kritik am eigenen Modell interpretiert werden, da die Unterteilung in vier verschiedene Zustände gerade die Besonderheit des Modells ausmacht. Hinzu kommt, dass die Aufteilung des Involvement in lediglich zwei Zustände kritisiert werden muss. Vielmehr handelt es sich um ein Kontinuum, welches zwischen den bei Kroeber-Riel verwendeten Extrema aufgespannt ist.[878] Insgesamt eignet sich das Pfadmodell

---

877 Vgl. Kroeber-Riel/ Esch (2000), S. 160.

878 Wenn in den nachfolgenden Ausführungen von einem hohen Involvement die Rede ist, so ist damit nicht einer von zwei Zuständen wie bei Kroeber-Riel gemeint, sondern verschiedene Zustände, die sämtlich über ein bestimmtes Mindestmaß hinausgehen. Zu ge-

von Kroeber-Riel somit eher zu illustrativen Zwecken, weil nur zwei relevante Wirkungsdeterminanten berücksichtigt werden und lediglich extreme Ausprägungen dargestellt werden. Da in der Realität zumeist gemischte Ausprägungen vorliegen, kommen die einzelnen Wirkungspfade in der vorliegenden Form nur selten zum Tragen.

Die Pfadmodelle z.B. von Vaughn, Rossiter/ Percy und Kroeber-Riel weisen jeweils unterschiedliche zentrale Determinanten und damit auch unterschiedliche Wirkungspfade auf.[879] Empirisch konnte keine Determinante als absolut dominant evaluiert werden, sodass von einer Mehrzahl an relevanten Determinanten - und damit auch Wirkungspfaden - ausgegangen werden muss. Bezüglich der kognitiven Prozesse und der Emotionen wird in Übereinstimmung mit Vakratsas/ Ambler argumentiert, dass eine Interaktion beider vorliegt und je nach Konstellation der Determinanten die kognitiven Prozesse oder die Emotionen dominieren.[880]

Bei einem IPO handelt es sich um ein externes Info-Event.[881] Damit einher gehen grundsätzlich ein hohes Involvement der Teilnehmer und sowohl emotionale als auch kognitive Stimuli. Es sind folglich nur die beiden Wirkungspfade relevant, denen ein hohes Involvement zugrunde liegt.

Die Ausführungen des vorherigen Kapitels haben weiterhin deutlich gemacht, dass eine Vielzahl an Beeinflussungsparametern hinsichtlich des IPOs relevant ist, sodass der Ansatz von Kroeber-Riel als ein Basismodell bzw. zu erweiternder Ausgangspunkt aufgefasst werden muss.

Von den drei Eventmarketing-Modellen lassen sich die verhaltenswissenschaftlich fundierten Ansätze von Nufer und Lasslop dieser Kategorie zuordnen.[882] Sie

---

naueren Erklärungen ist der Leser an das folgende Kapitel 6.2.1.4 (Involvement) verwiesen.

879 Vgl. auch Steffenhagen (1996), S. 123ff.

880 Vgl. Vakratsas/ Ambler (1999), S. 31.

881 Vgl. Kapitel 4.2.2.2.

882 Nufer subsumiert sein Modell den Wirkungspfadansätzen und damit der Gruppe der integrativen Modelle. Vgl. Nufer (2002), S. 162. Lasslop selbst ordnet sein Modell nicht der

berücksichtigen ebenfalls mehrere verschiedene Einflussfaktoren auf die von dem Stimulus ausgelöste Wirkung, sodass implizit eine Vielzahl verschiedener Wirkungspfade resultiert. Aufgrund ihrer besonderen Relevanz werden beide Modelle weiter unten erläutert.

Für die Eignung der Kategorie insgesamt spricht letztlich die Tatsache, dass mit den Emotionen, den kognitiven Prozessen und der Erfahrung alle drei von Vakratsas/ Ambler als zentral erachteten Faktoren Berücksichtigung finden.[883]

- **„Hierarchy free"-Modelle**

Im Wesentlichen finden sich hier zwei Forschungsstränge wieder: Zum einen sind dies anthropologische und zum anderen neurophysiologische Ansätze.

Erstere begreifen die Kommunikationspolitik als ein Instrument zum Aufbau von Markenmythen.[884] Dies kann zu einem besseren Verständnis beitragen, warum bestimmte Marketingstrategien, z.B. von Coca-Cola[885], verfolgt werden. „The literature does not reveal, however, how these models actually work or how the effects of advertising may be measured."[886]

Gruppe der integrativen Modelle zu, sondern bezeichnet es als allgemeines, gleichsam den Gruppen von Vakratsas/ Ambler übergeordnetes SOR-Modell. Dem ist grundsätzlich nicht zu widersprechen. Allerdings impliziert dies, der Gliederung von Vakratsas/ Ambler die Tauglichkeit abzusprechen. Im Gegensatz zu der impliziten Entscheidung Lasslops folgt die vorliegende Arbeit der Begründung von Vakratsas/ Ambler für die von ihnen vorgenommene Unterteilung. Dementsprechend ordnet sich das Modell von Lasslop in die Gruppe der integrativen Modelle ein. Eine detaillierte Beurteilung beider Modelle schließt sich weiter unten an.

883 Nufer (2002) unterstützt die Schlussfolgerung insofern, als er die in die Gruppe der integrativen Modelle einzuordnenden Pfadmodelle als am besten geeignet einschätzt. Nufer (2002), S. 162.

884 Die anthropologischen Ansätze (der „postpositivists") sollen hier nicht weiter thematisiert werden, weil sie letztlich eher philosophischen Charakter aufweisen denn nutzbaren Erkenntnisfortschritt leisten. Vakratsas/ Ambler schreiben zu den anthropologischen Ansätzen resümierend und mit impliziter Kritik: „we conclude that the postpositivists have, thus far, broadened the width of our understanding, but not the depth" (Vakratsas/ Ambler (1999), S. 35).

885 Vgl. Vakratsas/ Ambler (1999), S. 34.

886 Vakratsas/ Ambler (1999), S. 34.

Diesen Mangel vermag auch der dritte Erklärungsansatz der Eventmarketing-Wirkungen von Sistenich nicht zu kaschieren, der sich dem anthropologischen Forschungsstrang zuordnen lässt. Sistenich begreift ein Marketingevent ausschließlich als eine im Unternehmen ablaufende Meta-Kommunikation, ohne auf innere Wirkungen bei teilnehmenden Personen einzugehen. Aus diesem Grund sind die Ausführungen von Sistenich, auch wenn sie der Eventmarketing-Forschung insgesamt als erste umfassende wissenschaftliche Abhandlung wichtige Impulse verliehen haben, als Grundlage eines Wirkungsmodells völlig ungeeignet. Die anthropologischen Modelle sollen deswegen nicht weiter betrachtet werden.

Beiden Gruppen ist gemein, dass sie keine formalanalytische Modellbildung zum Ziel haben, sondern deskriptiver bzw. empirisch-induktiver Natur sind.[887] Das soll jedoch nicht über den hohen Erklärungsgehalt hinwegtäuschen, den die neurophysiologisch ausgerichteten Forschungsarbeiten der letzten Jahre mit Erkenntnissen zum Verständnis der komplexen Abläufe im Gehirn beigetragen haben.
Sie haben z.B. anhand von Messungen chemischer und elektrischer Zustandsveränderungen analysiert, welche Verarbeitungsprozesse im Gehirn ablaufen. Damit lassen sich einige der in der „Black Box“ angenommenen hypothetischen und nicht klar abgrenzbaren Konstrukte, z.B. kognitive Prozesse, genauer bestimmen. Gerade der (Informations-) Verarbeitungsprozess, der nach der Aufnahme des Stimulus abläuft, konnte exakter unterteilt und beschrieben werden. Bei der Informationsaufnahme werden andere Gehirnareale („sensorischer Speicher“) aktiviert als bei der Informationsverarbeitung („Kurzzeitspeicher“). Diese Erkenntnisse werden in Kapitel 6.2.2.2 bei der Analyse des Informationsverarbeitungsprozesses wieder aufgegriffen
Als „Nebenprodukt“ konnte außerdem festgestellt werden, dass sämtliche Hierarchiemodelle einer wissenschaftlichen Überprüfung nicht standhalten, weil die dort postulierte zeitliche Struktur („Stufen“) nicht den realen Gehirnprozessen

[887] Die behavioristischen SR-Ansätze sind vergleichbar empirisch-induktiv angelegt.

entspricht. Vielmehr laufen beispielsweise Emotionen und kognitive Verarbeitungsprozesse parallel ab. Die Annahme eines sukzessiven Prozessablaufes, wie er den Hierarchiemodellen zugrunde liegt, muss folglich abgelehnt werden.[888] Anhand der neurophysiologischen Erkenntnisse kann somit die im Rahmen der neobehavioristischen SOR-Modelle angenommene „Black Box" etwas erhellt und genauer erläutert werden. Als Nachteil erweist sich hingegen, dass z.B. der für die Werbewirkung zentrale Parameter der Erfahrungen nicht explizit berücksichtigt wird.

Es ist jedoch zu konstatieren, dass beide Gruppen keinen theoretisch-konzeptionellen Rahmen für die Ableitung eines Werbewirkungsmodells anbieten. Der Erkenntnisgewinn der neurophysiologischen Forschung wird hingegen zur exakteren Spezifikation der Black Box, z.B. hinsichtlich des Informationsverarbeitungsprozesses, eingesetzt.[889]

Zusammenfassend lässt sich konstatieren, dass nur die Kategorie der integrativen Modelle als Grundlage zur Ableitung eines Modells zur Überprüfung der Marketingwirkungen des Börsengangs vollständig geeignet ist. Die nachfolgende Tabelle 9 fasst die in den vorherigen Ausführungen erfolgte Beurteilung der einzelnen Kategorien zusammen, wobei ein Kriterium dann als erfüllt (nicht erfüllt) angesehen wird, wenn es mit „+" („-") beurteilt ist. Eine „0" weist darauf hin, dass die existierenden Modelle der Kategorie das Kriterium zwar nicht explizit erfüllen, grundsätzlich jedoch die Möglichkeit dazu bestünde.

---

[888] Vgl. z.B. Sutherland (1993).

[889] Vgl. dazu insbesondere die Informationsspeicherung, die in Kapitel 6.2.2.3 thematisiert wird.

Kriterien / **Modellkategorien**		*Intrapersonale Wirkungsprozesse*	*C,E,A berücksichtigt*	*Variable Reihenfolge C,E,A*	*IPO-spezifisch (high involvement)*	*Modelltheoretisch-konzeptionell*	*Aussagekräftige empirische Ergebnisse*
SR-Modelle		-	-	-	-	-	+
SOR	„Cognitive models“	+	-	-	0	+	+
	„Pure affect models“	+	-	-	0	-	-
	„Persuasive hierarchy models“	+	+	-	+	+	+
	„Low involvement models“	+	+	-	-	+	+
	Integrative Modelle	+	+	+	+	+	+
„Hierarchy free models“		+	-	+	-	-	+

Tabelle 9: Beurteilung der sieben Kategorien von Wirkungsmodellen nach Vakratsas/ Ambler

6.1.2 Relevante Wirkungsmodelle des Eventmarketing

Die beiden Eventmarketing-Modelle von Nufer[890] und Lasslop[891] ordnen sich, wie bereits erwähnt, der Kategorie der integrativen Modelle zu. Sie sind damit im Gegensatz zu dem Erklärungsansatz von Sistenich[892] als Ausgangspunkt für die Ableitung eines Wirkungsmodells für das Börsenevent IPO geeignet und werden im Folgenden erläutert. Ziel der Ausführungen ist es, besonders geeignete Modellaspekte zu identifizieren, die (modifiziert) in das zu entwickelnde Wirkungsmodell übernommen werden können.

---

890 Vgl. Nufer (2002).

891 Vgl. Lasslop (2003).

892 Vgl. Sistenich (1999).

Nufer gebührt das Verdienst, als erster einen strukturierten und umfassenden Modellrahmen zur Überprüfung der Effektivität von Marketingevents abgeleitet zu haben. Er legt seinem Modell einen modifizierten Pfadmodellansatz zugrunde und erweitert diesen zu einem umfassenderen verhaltenswissenschaftlichen SOR-Schema. Sein primäres Ziel besteht darin, die im Konsumenten („black box") ablaufenden hypothetischen Konstrukte detailliert aufzugreifen. Die als Determinanten und Wirkungsmuster bezeichneten konstituierenden Elemente der Black Box unterscheidet Nufer in Prozessvariablen und Zustandsvariablen.[893]

Als Prozessvariable definiert Nufer Informationen sowie Lernen. Zu den Zustandsvariablen zählen Involvement, Stimmungen, Emotionen sowie Einstellung bzw. Image.

Nufer übernimmt von Kroeber-Riel das Involvement als Ausgangspunkt für emotive und kognitive Wirkungen. Allerdings beschränkt er sich auf die Betrachtung eines für Events grundsätzlich gegebenen hohen Involvements. Nufer fasst im Unterschied zu Vakratsas/ Ambler Emotionen explizit als Zustands- und nicht als Prozessvariable auf und ordnet sie den Determinanten der Eventwirkung zu. Gleiches entscheidet er bezüglich der Einstellung- bzw. Image-Variable. Sie steht zwar „im Zentrum des zu entwickelnden Event-Marketing-Wirkungsmodells", allerdings als „Zustandsvariable [...], die zur Erzielung dauerhafter Gedächtniswirkungen *beitragen* soll."[894] Nufer grenzt sie damit explizit von dauerhaften Gedächtniswirkungen ab.

In dem Gesamtmodell führt er die einzelnen Komponenten durch vielfältige gegenseitige Verbindungen zusammen, woraus ein Geflecht aus sechs Komponenten mit insgesamt fünfzehn Interdependenzen entsteht. Deren Ausprägung wird zusätzlich in inhaltlicher Hinsicht in kognitive, emotionale und gemischt kognitiv-emotionale unterschieden.

---

[893] Zur Unterscheidung der Prozess- und Zustandsvariablen merkt Nufer lediglich Folgendes an: „Bei Zustandsvariablen stehen häufig momentane Wirkungen im Vordergrund, bei Prozessvariablen dagegen ist es vornehmlich die Erzielung dauerhafter Gedächtniswirkungen." (Nufer (2002), S. 159).

[894] Nufer (2002), S. 156. Nufer verwendet keine Hervorhebung des Wortes „beitragen".

Der mit der Komponente Einstellung/ Image erzielte Imagetransfer stellt den einzigen Verknüpfungspunkt mit der (beobachtbaren) Verhaltenskomponente („Response“ im SOR-Schema) dar.[895] Nufer untermauert diese Fokussierung durch die extensive Behandlung verschiedener Image-Transfer-Konzepte und die mit dem angesprochenen Modell allerdings nicht direkt verknüpfte Entwicklung eines eigenen Image-Transfer-Modells. Die nachfolgende Abbildung 37 visualisiert das Konzept Nufers.

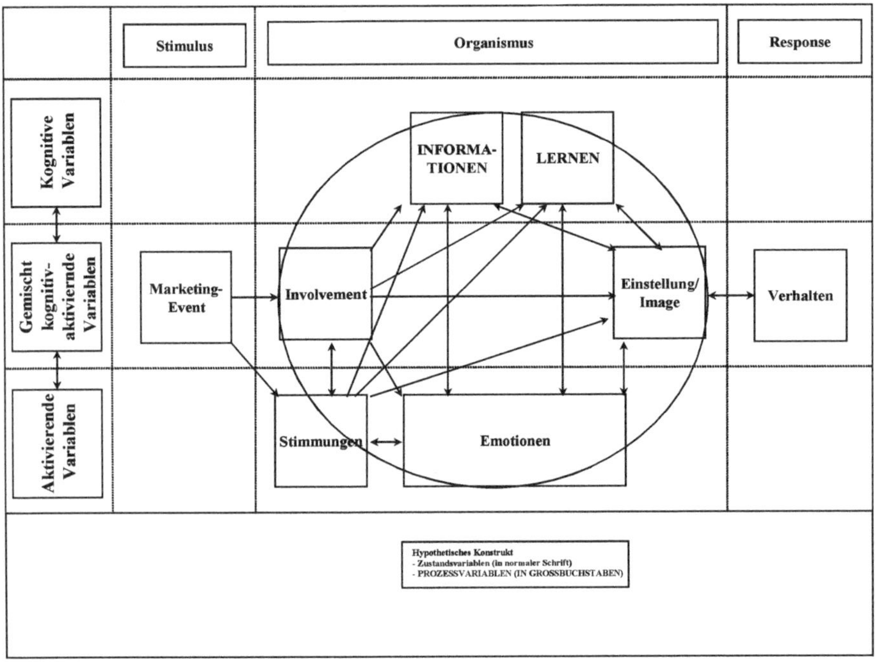

Abbildung 37: Theoretischer Bezugsrahmen für die Analyse von Wirkungen bei Marketingevents nach Nufer[896]

[895] Vgl. Nufer (2002), S. 157 sowie S. 161.

[896] Vgl. Nufer (2002), S. 157.

Positiv fällt auf, dass es Nufer gelingt, die bei den verhaltenswissenschaftlichen SOR-Ansätzen zentrale Black Box mit relevanten Komponenten zu erhellen. Nicht nachvollzogen werden kann hingegen die Zuordnung der Informationen zu den Prozessvariablen, da es sich um einen Zustand und keinen Prozess handelt. Sinnvoller wären Ausführungen zur Informationsverarbeitung gewesen. Der expliziten Einordnung von Emotionen als Zustands- und nicht als Prozessvariable wird hingegen zugestimmt.[897]

Eine Schwäche des Modells besteht in der fehlerhaften Einordnung der Komponente Einstellung/ Image zu den Determinanten. Es handelt sich zwar wie bei sonstigen Determinanten um eine Zustandsgröße, allerdings ist die Einstellungsveränderung das *Ergebnis* der durch den Stimulus ausgelösten Wirkungen. Die Ausführungen im Kapitel 4.2.3.1.2 („Zielsystem") haben gezeigt, dass Einstellung bzw. Image eine dauerhafte Gedächtniswirkung darstellt. Sie muss folglich als Zielgröße aufgefasst werden.

Alternative Zielgrößen werden von Nufer hingegen nicht aufgeführt. Er verweist lediglich auf den mit dem Event anzustrebenden Imagetransfer.[898] Eine Begründung für die Auswahl und Einordnung der einzelnen in der Abbildung 37 dargestellten Komponenten, anhand derer z.B. der Ausschluss von Zielgrößen nachvollziehbar wäre, fehlt jedoch oftmals.[899] In der Folge beurteilt Nufer seine Auswahl einzelner Modellaspekte, z.B. der Determinanten, Prozesse und Wirkungen, als nicht endgültig.[900] Schließlich fehlt es an der Erläuterung der vielfälti-

---

[897] Die Gründe werden in den Ausführungen zu der Determinante „Emotion" dargestellt. Vgl. Kapitel 6.2.1.4.

[898] Ein Grund mag in der Auswahl der Empirie liegen, mit der das Modell verifiziert wird. Nufer vergleicht dort den DFB-adidas-Cup 1998 mit der Fußball-Weltmeisterschaft 1998 in Frankreich hinsichtlich des Potentials eines Imagetransfers. Vgl. Nufer (2002), S. 201ff.

[899] Die Aufnahme bestimmter Komponenten in das Gesamtmodell bzw. das Vernachlässigen anderer wird ohne Begründung vorgenommen. Vgl. Nufer (2002), S. 115ff.

[900] In diesem Zusammenhang weist Nufer auf Subjektivitäten bei seiner Auswahl und Darstellung der Modellbestandteile hin. Vgl. Nufer (2002), S. 163ff.

gen gegenseitigen Verknüpfungen - mithin dem eigentlichen Ziel einer Konzeption von theoretischen Wirkungszusammenhängen.[901]
Nufer weist zum Abschluss der eigenen Modellkritik auf den noch notwendigen weiteren Verbesserungsbedarf hin: „Abschließend muss nochmals darauf hingewiesen werden: Vergleicht man das Event-Marketing mit „klassischen“ Kommunikationsinstrumenten wie beispielsweise der Werbung, so befindet sich die Wirkungsforschung hier sicherlich noch im Anfangsstadium und es besteht noch massiver Forschungsbedarf.“[902]
Die Kritik soll jedoch nicht darüber hinwegtäuschen, dass es Nufer als erstem Autor gelungen ist, ein für das Eventmarketing spezifiziertes, fundiertes verhaltenswissenschaftliches Pfadmodell abzuleiten.
Unter Berücksichtigung der angebrachten Kritik sollen gleichwohl wesentliche Teile des Modells für das nachfolgend zu konstruierende Wirkungsmodell übernommen werden. Aufgrund ihres episodischen, d.h. nur in einer bestimmten zeitlich begrenzten Situation auftretenden Charakters firmieren die aktivierenden Determinanten als situative Determinanten. Die von Nufer als kognitive Prozessvariablen bezeichneten Determinanten werden als (Informationsverarbeitungs-) Prozess aufgegriffen.

Lasslop erhebt im Gegensatz zu Nufer nicht den Anspruch, ein Totalmodell ableiten zu wollen. Er beschränkt sich auf die Berücksichtigung von Faktoren, die einer empirischen Überprüfung unterzogen werden können.[903]
Ähnlich der Vorgehensweise Nufers verwendet Lasslop anstelle der deterministischen SR-Modellkategorie den allgemeinen verhaltenswissenschaftlichen SOR-Rahmen. Lasslop fokussiert sich mit der präzisen Ableitung geeigneter Zielkategorien auf die Behebung des größten Mangels in Nufers Modell. Unter Rückgriff auf Steffenhagen deklariert Lasslop die Einstellung/ Image-Komponente als Zielwirkung und ergänzt diese um die Komponenten Wissen

901 Als weiteren Schwachpunkt erwähnt Nufer selbst die Schwierigkeit, das entwickelte Modell in toto einer empirischen Verifizierung zuzuführen, vgl. Nufer (2002), S. 164.

902 Nufer (2002), S. 165.

903 Vgl. Lasslop (2003), S. 115.

bzw. Kenntnisse und Verhaltensabsichten. Wissen bzw. Kenntnisse und Einstellungen werden dabei terminologisch zusammengefasst zur Einstellung mit kognitiver und affektiver Komponente.[904] Dabei differenziert Lasslop zusätzlich Einstellungen, die sich auf das Event an sich beziehen, und solche, die sich auf den Initiator des Events beziehen. Die erstgenannten bezeichnet Lasslop als Teilwirkungen des Events.

Die von Vakratsas/ Ambler als wirkungsbeeinflussend bezeichneten Erfahrungen („experience") sieht Lasslop als Ausgangspunkt der vor dem Event herrschenden Markeneinstellung. Weitere situative und soziodemographische Variablen komplettieren die als relevant erachteten Determinanten. Das Modell wird komplettiert durch die Verhaltensabsicht, die sich aus der Markeneinstellung nach dem Event ergibt und die Voraussetzung für ein beobachtbares Verhalten darstellt. Die nachfolgende Abbildung 38 zeigt die konzeptionelle Analyse der Wirkungen eines Börsenevents nach Lasslop.

---

[904] Vgl. Lasslop (2003), S. 83f.

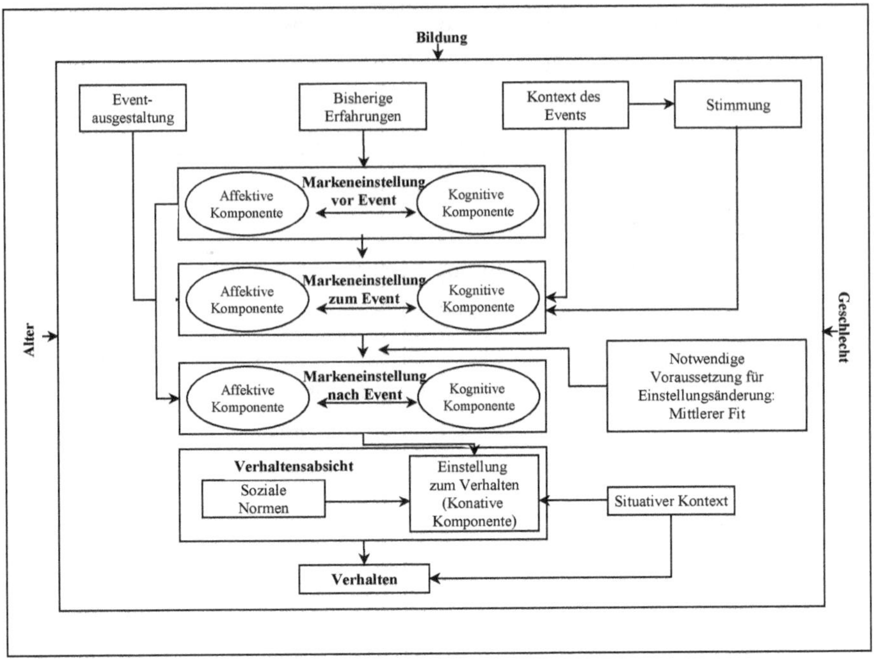

Abbildung 38: Theoretischer Bezugsrahmen für die Analyse von Wirkungen bei Marketingevents nach Lasslop[905]

Nicht nachvollziehbar ist hingegen der Verzicht auf die Determinante „Involvement“, die in zahlreichen weitverbreiteten (Pfad-) Modellen - z.B. Percy/ Rossiter, Kroeber-Riel - als eine von zwei Determinanten der Werbewirkung erwähnt wird und auch im Eventmarketingmodell von Nufer an exponierter Stelle aufgegriffen wird.

Die Ergebnisse der empirischen Analysen anhand eines Pavillons auf der Expo 2000 in Hannover lassen erkennen, dass die Erfahrungen auch die Ex post-Einstellungen zur Marke sowie die Einstellung zum Event maßgeblich beeinflussen.

905 Quelle: Lasslop (2003), S. 87.

Prozesse werden hingegen gänzlich von der Analyse mit der Begründung ausgeschlossen, sie seien als Zielgrößen nicht geeignet.[906] Dem muss aus zweierlei Sicht widersprochen werden. Zum einen stellt Bruhn, auf den sich Lasslop in seiner Begründung bezieht,[907] explizit die Tauglichkeit der Prozesse als (Unter-) Ziele fest.[908]

Zum zweiten müssen nicht alle Bestandteile des Modells eine Tauglichkeit als Zielgröße aufweisen. Vielmehr sind Prozesse danach zu beurteilen, ob und inwiefern sie die in der „Black Box" vonstatten gehenden Wirkungen zu erklären helfen. Untermauert wird deren Bedeutung durch die Feststellung Bruhns und anderer Autoren, dass die Prozesse eine notwendige Voraussetzung für das Erreichen der finalen Zielwirkungen darstellen. Lasslop selber gesteht letztlich zu, dass „ein relevanter Aspekt der zu erklärenden Wirklichkeit damit vernachlässigt wird"[909], und begründet dies im Wesentlichen damit, dass „die hiermit verbundene Komplexitätsreduktion dieses Vorgehen zu rechtfertigen"[910] scheint.

Für die Relevanz von Prozessen im Rahmen eines ganzheitlichen Wirkungsmodells spricht ferner, dass Vakratsas/ Ambler kognitive Prozesse und Emotionen[911] neben der Zustandsgröße der Erfahrung als die wichtigsten Faktoren der Werbewirkung identifiziert haben.[912]

Positiv ist zu vermerken, dass Lasslop sehr fundiert sowohl die Zielwirkungen als auch die Wirkungsdeterminanten als konstituierende Bestandteile der Black Box beschreibt.

Bei beiden Modellen fehlt die Berücksichtigung der zeitlichen Dimension, da lediglich von einem einzigen Kontakt zwischen Event und Eventbesucher ausgegangen wird. Dies ist jedoch für all jene Events unzulänglich, die sich über

---

906 Vgl. Lasslop (2003), S. 61 bzw. S. 53ff.

907 Vgl. Lasslop (2003), S. 56ff.

908 Vgl. Bruhn (1997), S. 244.

909 Lasslop (2003), S. 61.

910 Lasslop (2003), S. 61.

911 „Cognition, the 'thinking' dimension [...] and 'affect', the feeling dimension" (Vakratsas/ Ambler (1999), S. 26).

einen längeren Zeitraum erstrecken. Dies betrifft insbesondere Börsenevents, aber auch eine Vielzahl weiterer, insbesondere externer Eventformen.[913]

Die in den integrativen Modellen bzw. allgemein in den verhaltenswissenschaftlichen SOR-Ansätzen verwurzelten Modelle von Nufer und Lasslop bieten eine fundierte, teils identische, überwiegend jedoch komplementäre Grundlage für das im Folgenden abzuleitende Wirkungsmodell. Es kristallisieren sich mit den Determinanten, dem Informationsverarbeitungsprozess und den Zielwirkungen drei wesentliche Bestandteile der Black Box heraus. Den Ausgangspunkt bilden die Determinanten, die den (kognitiven) Informationsverarbeitungsprozess beeinflussen. Dieser bedingt letztlich die Änderung der als Zielwirkungen fungierenden Zustandsgrößen.

Die von Nufer und Lasslop im Einzelnen aufgeführten Determinanten werden in den nachfolgenden Ausführungen auf ihre Relevanz bei Börsenevents überprüft. Dabei bietet sich in Anlehnung an Lasslop, Steffenhagen und Mayer/ Illmann die Ausdifferenzierung der personenbezogenen Determinanten in *soziodemographische*, *sozioökonomische* sowie *psychographische*[914] Determinanten an.[915] Die von Lasslop als *situative* Determinanten bezeichneten zeitpunktbezogenen Beeinflussungsgrößen komplettieren die für das Börsenevent IPO relevanten, in Abbildung 39 zusammengefassten Determinantengruppen.[916] Die bereits ge-

---

912 Vgl. Vakratsas/ Ambler (1999), S. 35.

913 Als ein Beispiel sei die Gruppe der dualen Infoevents erwähnt. In der Form einer Tagung, an der sowohl Mitarbeiter als auch externe Know how-Träger partizipieren, zeichnet es sich durch multiple Kontakte zu verschiedenen Zeitpunkten aus. Wird am ersten Tag eine Unternehmenspräsentation vorgenommen, die emotional stimulierend aufgebaut ist, so entsteht daraus bereits ein Wirkungen erzeugender Event-Kontakt, der am nächsten Tag bei der Aufnahme eher inhaltsspezifischer Workshops als Grundlage für weitere Verarbeitungsprozesse dient.

914 Steffenhagen bezeichnet sie als Persönlichkeitsmerkmale. In dieser Arbeit soll jedoch der üblichen Bezeichnung als psychographische Determinante gefolgt werden. Vgl. Steffenhagen (1996), S. 19f.

915 Vgl. Mayer/ Illmann (2000), S. 612ff., Lasslop (2003), S. 104ff., Steffenhagen (1996), S. 17ff.

916 Vgl. Lasslop (2003), S. 111.

nannten Determinanten werden um weitere, für das Börsenevent IPO spezifische Beeinflussungsgrößen ergänzt. Dazu gehört die Beeinflussung des Individuums durch das soziale Umfeld sowie die Risikobereitschaft des Individuums. Die kommunikationswissenschaftlich fundierten Ausführungen zur „Entstehung" der Stimuli über verschiedene Kommunikationspfade haben bereits deutlich gemacht, dass für das Individuum die Einbindung in eine soziale Gruppe auf die eigene Einstellungsbildung Einfluss nimmt. Sie gehört damit als Beeinflussungsgröße der Zielwirkung Einstellung/ Image zu den situativen Determinanten der Eventwirkung.[917] Bereits Nufer kritisiert, dass in vorangegangenen SOR-Modellen diese Variable unberücksichtigt blieb.[918] Der Risikobereitschaft muss hinsichtlich des Börsengangs ebenfalls Relevanz beigemessen werden, da von ihr die Teilnahmebereitschaft an dem Börsengang und das Ausmaß der Beteiligung ebenso abhängt wie die Beurteilung von über den Börsengang und das Unternehmen aufgenommener Informationen. Darauf wird jedoch im weiteren Verlauf noch erläuternd eingegangen.

Abbildung 39: Gruppen wirkungsbeeinflussender Determinanten des Börsenevents IPO

[917] Die Einordnung zu den situativen Determinanten liegt darin begründet, dass die für einen Marketingstimulus relevanten sozialen Gruppen oftmals nur temporär bestehen. Eine Gruppe, die sich für einen Börsengang interessiert und über diesen diskutiert, muss nicht zwangsläufig in der gleichen Konstellation auch für den nächsten Börsengang existieren. Das wird beispielsweise durch den mangelnden Nutzen konformen Verhaltens eines finanziell oder branchenbedingt uninteressanten nachfolgenden Börsengangs hervorgerufen. Vgl. dazu die Ausführungen in Kapitel 5.2.3.

[918] Vgl. Nufer (2002), S. 109. Allerdings behebt Nufer den Mangel im Rahmen seines eigenen Modells nicht.

Aus den voranstehenden Aussagen leitet sich die weitere Vorgehensweise wie folgt ab: Zunächst werden die für das Börsenevent IPO relevanten *Determinanten* detailliert dargestellt, bevor der kognitiv dominierte *Prozess der Informationsverarbeitung* erläutert wird. Das Modell wird abschließend durch die Ausführungen zu den *dauerhaften Gedächtniswirkungen* als Zielgrößen komplettiert.[919]

Die Ausführungen dienen grundsätzlich dazu, die inneren, wirkungsbeeinflussenden Prozesse („Black Box") zu erhellen. Nur so lassen sich die Konsequenzen verschiedener durch den Börsengang ausgelöster Stimuli analysieren, ein Ursache-Wirkungs-Verhältnis aufstellen und letztlich die Überprüfung der Effektivität des Börsenevents IPO vornehmen.

Als Einschränkung muss hingegen berücksichtigt werden, dass die eine Black Box charakterisierenden inneren Vorgänge nicht beobachtbar sind. Es handelt sich vielmehr um hypothetische Konstrukte, nicht jedoch um nachweisbar existente Zustände oder Prozesse.[920]

Das mag auch der Grund dafür sein, warum die hypothetischen Konstrukte - z.B. Emotionen, Motivation, Stimmung, Einstellungen - von Autoren unterschiedlich abgegrenzt werden. Lediglich das Wissen steht als real existierende Größe auf einer anderen Stufe. Wissen liegt in Form nachprüfbarer Änderungen der Gedächtnisstrukturen vor und lässt sich relativ präzise messen.[921]

Die Problematik hypothetischer Konstrukte betrifft grundsätzlich jedes verhaltenswissenschaftlich orientierte Wirkungsmodell. Daran vermag auch die scheinbar klare Strukturierung des nachfolgenden Modells nichts zu ändern.

---

[919] Die originäre Zielsetzung jeglicher Modellbildung besteht in der vereinfachten Abbildung der komplexen Realität, vgl. Adam (1996), S. 60ff., Lasslop (2003), S. 44f. Die Modellbildung der folgenden Ausführungen bewegt sich somit in einem Spannungsfeld zwischen der möglichst ganzheitlichen Berücksichtigung der die Kommunikationswirkung beeinflussenden (zentralen) Faktoren und der Notwendigkeit zur Abstraktion.

[920] Aufgrund ihrer hypothetischen Natur könnten sie auch andere Bezeichnungen oder Abgrenzungen erhalten, weil sie nicht objektiv beobachtbar sind, vgl. Nufer (2002), S. 108.

[921] Vgl. z.B. Steffenhagen (1996), S. 76ff. Es sei zur Klarstellung darauf hingewiesen, dass die nicht real existierenden hypothetischen Konstrukte, wenn sie definiert worden sind, durchaus auch exakt gemessen werden können.

6.2 Verhaltenswissenschaftliches Modell zur Überprüfung der kommunikativen Effektivität des Börsenevents IPO (SOR-Modell)

6.2.1 Determinanten

Marketingevents im Allgemeinen und das Börsenevent IPO im Besonderen richten sich zwar allesamt an eine Vielzahl von Personen (wenn die Rezipienten bewusst adressiert werden, spricht man von Zielgruppe), der Stimulus entfaltet jedoch bei jeder Person potentiell eine andere Wirkung. Um hinreichend konkret auf die Gründe der Wirkungsweise eingehen zu können, werden nur die im Kapitel 5 als zentral identifizierten Meinungsführer herangezogen. Diese werden im Folgenden gleichgesetzt mit denjenigen Personen, die die Aktie zu zeichnen beabsichtigen.[922]

Die wirkungsbeeinflussenden Charakteristika von Personen bezeichnet man als personenbezogene Determinanten einer Marketingwirkung. Dabei sind zunächst dauerhafte von momentanen bzw. vorübergehenden Personenmerkmalen zu unterscheiden. Die dauerhaften Personenmerkmale werden in dieser Arbeit wie bereits oben dargestellt in die soziodemographischen, die sozioökonomischen und die psychographischen Determinanten differenziert. Die momentanen bzw. vorübergehenden Personenmerkmale, etwa die Stimmung einer Person, sind abhängig von der Situation und nur für eine begrenzte Zeitdauer gültig.[923] Sie wer-

---

[922] Personen, die sich intensiv mit dem Börsengang auseinandersetzen, letztlich jedoch zu dem Schluss kommen, an der Emission nicht teilzunehmen und keine Zeichnung einzureichen, verfolgen das Börsenevent ähnlich detailliert wie Personen, die letztlich die Entscheidung für eine Zeichnung treffen. Da es in dieser Arbeit um die kommunikativen Wirkungen des IPO geht, ist die faktische Zeichnung nicht ausschlaggebend, sondern u.a. ein hohes Involvement. Zudem besteht keine exakte Übereinstimmung zwischen der Gruppe der potentiellen Zeichner und den Meinungsführern, weil einige Zeichner Meinungsfolger sein können und einige Meinungsführer nicht an der Zeichnung teilnehmen. Üblicherweise zeichnen jedoch Personen, die über einen hinreichenden Erfahrungsschatz und Entscheidungsfreude verfügen, was auch Meinungsführer charakterisiert. Das Gleichsetzen beider Gruppen in dieser Arbeit erfolgt jedoch hauptsächlich aus pragmatischen Gründen, um eine stringentere Argumentation möglich zu machen.

[923] Ein Teilnehmer, der sich bei einer Eventteilnahme in einer schlechten Stimmung befunden hat, nimmt am nächsten Event möglicherweise in einer euphorischen Stimmung teil. Im Hinblick auf die nachfolgenden Ausführungen in Kapitel 6.2.1.4 sei erwähnt, dass die

den als situative Determinanten bezeichnet und separat im abschließenden Kapitel 6.2.1.4 behandelt.

Jede Determinante wird zunächst allgemein definiert und erläutert. Daran schließt sich eine Konkretisierung für das Börsenevent IPO an. Es wird bei jeder Determinante der Frage nachgegangen, inwiefern sie eine andere Determinante bzw. insbesondere den Informationsverarbeitungsprozess beeinflusst. Zusätzlich wird analysiert, ob sie in jeder IPO-Phase einen identischen Einfluss ausübt oder ob dieser z.B. in der Börseneinführungsphase stärker ausgeprägt ist als in der Vorbereitungsphase.

6.2.1.1 Soziodemographische Determinanten

Der Einfluss soziodemographischer Faktoren auf die Marketingwirkung ist bereits seit langem bekannt und deswegen regelmäßig Gegenstand insbesondere empirischer Forschungsanstrengungen.[924] Als soziodemographische Determinanten werden insbesondere das Geschlecht, das Alter und die Bildung der Person diskutiert, die in der folgenden Abbildung 40 aufgeführt werden.

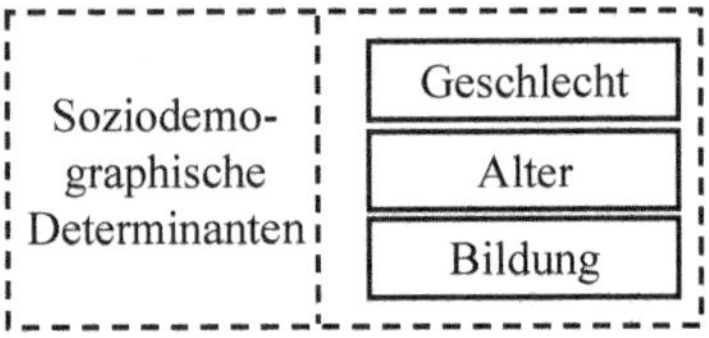

Abbildung 40: IPO-relevante soziodemographische Determinanten der Marketingwirkung

für eine bestimmte Stimmung verantwortliche Ursache durchaus auch über einen längeren Zeitraum hinweg eine nahezu unveränderte Ausprägung aufweisen kann.

[924] Vgl. z.B. Steffenhagen (1996), S. 17.

Geschlecht

Das Geschlecht spielt in der wissenschaftlichen Diskussion der soziodemographischen Determinanten der Werbewirkung seit langem eine Rolle.[925] In frühen Studien wurde eine leichtere Beeinflussbarkeit von Frauen festgestellt; diese Ergebnisse konnten in späteren Studien jedoch nicht mehr repliziert werden.[926] Frauen verarbeiten allerdings Kommunikationsbotschaften grundsätzlich anders als Männer: Sie setzen sich damit eher subjektiv und emotional auseinander, wohingegen Männer eher analytisch, logisch und rational vorgehen.[927] Dieser Unterschied hat sich im Laufe der letzten Jahr(zehnt)e allerdings immer weiter reduziert.[928] Dies mag in der veränderten Rolle der Frau in den Gesellschaften der westlichen Welt, in denen die zitierten Untersuchungen durchgeführt wurden, begründet liegen. Börsenevents sind zwar grundsätzlich nicht auf ein spezielles Geschlecht ausgerichtet, allerdings überwiegt der Anteil der Männer, die an der Börse Geld investieren und Neuemissionen zeichnen.[929] Beim Börsengang der Deutschen Telekom beispielsweise betrug der Anteil der Männer 62%.[930] Dieser Wert lässt sich aufgrund der Besonderheit des Börsenganges der Deutschen Telekom nicht generalisieren, allerdings ist bei anderen Börsengängen, an denen nicht so viele Bevölkerungsschichten teilnehmen, eher von einem noch höheren Männeranteil auszugehen.

Für die Gestaltung von Börsenevents spielt das Geschlecht nur in Ausnahmefällen eine Rolle[931] und nimmt eher Einfluss auf die noch zu behandelnden weiteren Faktoren wie Motive oder Vorkenntnisse sowie den Informationsverarbeitungsprozess.

---

925 Vgl. Steffenhagen (1996), S. 17f., Darley/ Smith (1995).

926 Vgl. Mayer (1993), S. 215f.

927 Vgl. Lasslop (2003), S. 108.

928 Vgl. Mayer/ Illmann (2000), S. 613.

929 Der Anteil bezieht sich auf das ex ante ermittelte Kernpotential, welches sich jedoch ex post als praktisch identisch mit den tatsächlichen Zeichnern erwies. Vgl. o.V. (Deutsche Telekom) (1996b).

930 Vgl. o.V. (Deutsche Telekom) (1996a), S. 10.

931 Z.B. im Sonderfall des im Jahr 2002 erfolgten Börsengangs der Beate Uhse AG.

Alter

Auf den ersten Blick scheint das Alter eine wichtige Determinante zu sein, da junge Menschen aus biologischen Gründen Informationen schneller verarbeiten und besser speichern können als ältere Menschen. Allerdings sprechen verschiedene Gründe gegen eine Generalisierung: Steffenhagen weist auf den Unterschied zwischen biologischem und „psychologischem" Alter hin.[932] Die grundsätzlich in höherem Alter nachlassende Erinnerungsleistung wurde von den Probanden eines Versuchs durch die Fähigkeit nahezu kompensiert, die Informationen in einer individuell angepassten Abfolge zu betrachten.[933] Des Weiteren fällt je nach Produktart und Involvement die Informationsverarbeitung bei gleichem Alter unterschiedlich aus.[934] Altersbedingte Unterschiede existieren allerdings bei der Art und Weise der Mediennutzung: Ältere Personen sind nicht so erfahren und flexibel im Umgang mit neuen Medien wie dem Internet. Im Gegenzug weisen sie den Vorteil eines größeren Erfahrungsschatzes bei klassischen (Print-) Medien auf und sind in der Lage, die für sie besser geeignete Informationsform auszuwählen.[935]

Gerade der letzte Punkt spielt für (Börsen-) Events eine wichtige Rolle: Aufgrund des Interaktivitätscharakters und der längeren Zeitdauer des Börsenganges besteht für die Teilnehmer die Möglichkeit, die sie interessierenden Informationen zu selektieren, in der gewünschten Reihenfolge aufzunehmen und zu verarbeiten.[936] Für den eingesetzten Medienmix und die Art des Informationsangebotes (Grad der technischen Komplexität, z.B. downloadbarer Video-stream im

---

932 Vgl. Steffenhagen (1996), S. 19.

933 Vgl. Mayer/ Reitmeier (1981), S. 211.

934 Vgl. Mayer/ Reitmeier (1981), S. 210.

935 Vgl. Steffenhagen (1996), S. 19.

936 Bei einem klassischen Werbespot im Fernsehen fiele diese Möglichkeit weg, da Zeit und Reihenfolge vorgegeben sind und für jedes Alter somit gleich ausfallen. Es sei an dieser Stelle auf die kommunikationswissenschaftlichen Ausführungen des vorherigen Kapitels hingewiesen. Der Nutzenansatz hat ebenfalls indiziert, dass sich die Personen individuell diejenigen Kommunikationskanäle aussuchen, die für sie den größten Nutzen aufweisen. Der jeweilige Nutzen ändert sich mit dem Alter, sodass das Alter auch indirekt über die Wahl des Kommunikationskanals einen Einfluss auf die Wirkung ausübt.

Internet bzw. ein tiefgründig recherchierter Artikel in einem Fachmagazin) hat die Altersstruktur der Teilnehmer eines Börsengangs unmittelbare Bedeutung.

Bildung

Das Bildungsniveau spielt für die Informationsverarbeitung insofern eine wichtige Rolle, als eine höhere Bildung eine bessere Übung bei der sprachlich-gedanklichen Verarbeitung von Informationen signalisiert, da nämlich durch das geschultere semantische Sprach- wie das abstrakte Denkvermögen Informationen effizienter verarbeitet und strukturierter abgespeichert werden können. Außerdem kann von einem grundsätzlich besseren Verständnis in einem breiteren Themengebiet ausgegangen werden.[937]
Allerdings steigt dadurch auch die Kontrolle des Rezipienten über aufzunehmende Informationen, sodass Informationen nur stark gefiltert abgespeichert werden.[938] Zudem liegen tendenziell schon mehr Vorwissen und kognitiv bedingte Einstellungen vor,[939] die die gewünschte Einstellungs- und Wissensveränderung erschweren.[940]
Im Hinblick auf den Börsengang kann grundsätzlich davon ausgegangen werden, dass die Teilnehmer ein überwiegend höheres Bildungsniveau auszeichnet. Zwar liegen keine offiziellen Statistiken für alle deutschen IPOs vor, die Deutsche Telekom hat allerdings im Vorfeld des Börsenganges verschiedene für eine Zeichnung der Aktie in Frage kommende Personengruppen identifiziert. Bei der repräsentativen Untersuchung wurde für das „Kernpotential“ der Zeichner festgestellt, dass der Anteil mit Abitur und Studium um fast ein Drittel höher ausfiel

937 Vgl. Mayer/ Reitmeier (1981), S. 211ff. Des Weiteren besteht eine hohe Korrelation zwischen der Bildung und anderen Determinanten, z.B. mit dem Einkommen und der Intelligenz. Diese Wirkungen werden jedoch implizit bei der Behandlung der entsprechenden anderen Determinanten berücksichtigt.

938 Vgl. Lasslop (2003), S. 110.

939 Dies wird bei Vakratsas/ Ambler über den Faktor „experience“ abgebildet. Vgl. Vakratsas/ Ambler (1999).

940 Vgl. dazu die Ausführungen zum Informationsverarbeitungsprozess in Kapitel 6.2.2.

als im Durchschnitt der Bevölkerung. Außerdem lag der Anteil der Selbstständigen oder Freiberufler sowie der leitenden Angestellten bzw. Beamten im höheren Dienst gut doppelt so hoch wie in der Gesamtbevölkerung.[941]

6.2.1.2 Sozioökonomische Determinanten

Als sozioökonomische Determinanten werden in der Literatur Besitzdaten und Einkommen sowie die soziale Schicht genannt.[942]

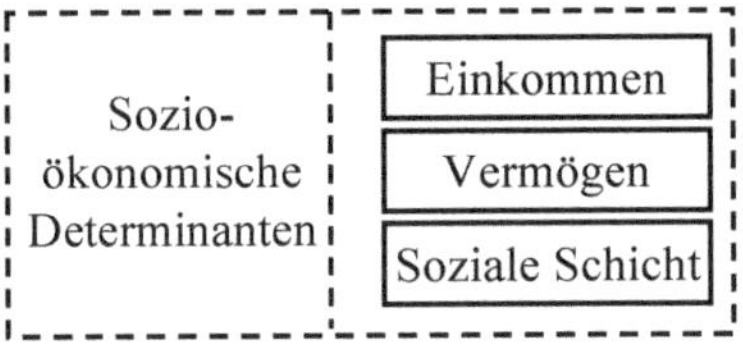

Abbildung 41: IPO-relevante sozioökonomische Determinanten der Marketingwirkung

Besitzdaten spiegeln das Vermögen einer Person wider; das (verfügbare) Einkommen zeigt an, wie groß der monatliche finanzielle Spielraum ausfällt. Meist korrelieren die genannten Faktoren mit der Zugehörigkeit zu einer bestimmten sozialen Schicht[943]; zu den einzelnen Größen liegen bisher erst wenige empirische Erkenntnisse vor. Allerdings wurde festgestellt, dass in höheren sozialen Schichten eine intensivere Informationssuche betrieben wird.[944]

941 Vgl. o.V. (Deutsche Telekom) (1996a), S. 10.

942 Vgl. Steffenhagen (1996), S. 19. Strenggenommen müsste anstelle von „Besitzdaten“ von „Eigentumsdaten“ gesprochen werden, allerdings hat sich im Schrifttum der erste Begriff etabliert.

943 Vgl. Mayer/ Illmann (2000), S. 617.

944 Vgl. Mayer/ Illmann (2000), S. 617.

Unter Rückgriff auf die Studie der Deutschen Telekom kann bezüglich des verfügbaren Monatsnettoeinkommens festgehalten werden, dass der Anteil der überdurchschnittlich Verdienenden - in der Studie (1996) definiert als ein monatliches Haushaltsnettoeinkommen von über DM 4000 - mit über 60% Anteil beim Kernpotential weit über dem Durchschnittswert der Bevölkerung (32%) liegt. Bei Spitzenverdienern - monatliches Nettoeinkommen über DM 5000 - liegt der Anteil sogar mehr als doppelt so hoch wie im Durchschnitt der Bevölkerung.[945]

Insgesamt beeinflusst die Höhe des Einkommens die Informationsverarbeitung nur in geringem Maße. Eine Konsequenz der überdurchschnittlich hohen verfügbaren Einkommen kann allerdings darin gesehen werden, dass infolge der intensiveren Informationssuche vielfältige Informationsangebote des Unternehmens umfangreicher genutzt werden. Es ist somit nicht von einer automatischen Beschränkung auf wenige populäre Massenkommunikationskanäle auszugehen.[946]

Zusätzlich sind die finanziellen Voraussetzungen gegeben, die direkt beeinflussten Marketingwirkungen - Wissen, Image, Bekanntheitsgrad - in indirekt resultierende Produktkäufe umzusetzen. Es wird also tendenziell die Wahrscheinlichkeit erhöht, dass die Erfüllung der Instrumentalziele eine Verbesserung der Finalziele eines erhöhten Umsatzes oder der Rentabilität nach sich zieht.[947]

---

[945] Die über dem Durchschnitt liegenden Werte lassen sich durch die in Kapitel 2.1 getroffene Feststellung plausibilisieren, dass eine Zeichnung an bestimmte Voraussetzungen gebunden ist. Dazu gehört insbesondere das Vorhandensein eines Depots und eines der Zeichnungshöhe entsprechenden Geldvermögens.

[946] Vgl. hierzu die Ausführungen in Kapitel 5.2.6 über die kommunikationswissenschaftlich fundierte Wissenskluft-Perspektive. Sie postuliert unter der Bezeichnung „usage gap" ebenfalls einen auch finanziell bedingten unterschiedlich gut ausgeprägten Zugang zu (Massen-) Medien.

[947] Es sei darauf hingewiesen, dass das Preisniveau der Produkte vieler Börsenneulinge eher niedrig bzw. sogar bei Null liegt - dies betrifft insbesondere Internet-Unternehmen, etwa web.de. Darüber hinaus ist für die im Rahmen dieser Arbeit vorgenommene Eruierung der kommunikativen Effektivität die Tatsache nicht direkt relevant, dass bei einem hohen Einkommen bzw. Vermögen das Potential für tatsächlich vorgenommene Käufe größer ausfällt. Allerdings darf nicht vergessen werden, dass es sich bei kommunikativen bzw. Marketingzielen (Image, Wissen) um Instrumentalziele im Rahmen des Zielsystems der Unternehmung handelt, die letztlich auf die Finalziele eines gesteigerten Markterfolges

Bezüglich der soziodemographischen und sozioökonomischen Kriterien kann festgehalten werden, dass eine z.T. hohe Korrelation der einzelnen Faktoren eine separate Analyse erschwert. Während der Vorbereitungsphase, der Börseneinführungsphase und der Börsenphase bleibt ihr Wirkungseinfluss praktisch gleich und bewegt sich insgesamt auf einem mittleren Niveau. Beide Kriteriengruppen bestimmen grundlegend die Ausgestaltung der im Weiteren aufgeführten Determinanten, wobei die Einflussnahme insbesondere den Informationsverarbeitungsprozess betrifft.
Anhand des Börsengangs der Deutschen Telekom konnte exemplarisch gezeigt werden, dass die Zeichner des Börsenganges in den genannten Kriterien z.T. deutliche Abweichungen zum Durchschnitt der Bevölkerung aufwiesen. Es kann in diesem Fall davon ausgegangen werden, dass die (in der Mehrheit männlichen) Zeichner überdurchschnittlich gebildet sind und über ein weit überdurchschnittliches Einkommen verfügen. Diese Zielgruppe weist eine umfangreichere, selektivere sowie tiefgründigere Informationsverarbeitung auf.

6.2.1.3 Psychographische Determinanten

Unter psychographischen Determinanten lassen sich zunächst Persönlichkeitsmerkmale wie Intelligenz[948], Risikobereitschaft, Offenheit für Außenreize oder Selbstvertrauen subsumieren.[949] Die Risikobereitschaft beeinflusst dabei die Bereitschaft, an einem Börsengang teilzunehmen. Das Einflusspotential anderer Persönlichkeitsmerkmale wird eher als gering eingeschätzt.[950] Von besonderer Bedeutung sind ferner die bereits weiter oben erwähnten Motive (bzw. die Motivation) der Teilnahme an einem IPO sowie die von Vakratsas/ Ambler als zent-

---

und einer höheren Profitabilität, Rentabilität bzw. Wertsteigerung des Unternehmens ausgerichtet sind. Die Instrumentalziele wurden im vorliegenden Modellrahmen aufgrund ihres direkten Ursache-Wirkung-Zusammenhangs den Finalzielen vorgezogen.

948 Intelligenz führt ähnlich dem Bildungsniveau zu einer tiefgründigeren Informationsverarbeitung und -speicherung.

949 Vgl. Steffenhagen (1996), S. 19.

950 Vgl. Steffenhagen (1996), S. 19.

ral bezeichneten Erfahrungen, die die in Abbildung 42 zusammengefassten psychographischen Determinanten komplettieren.

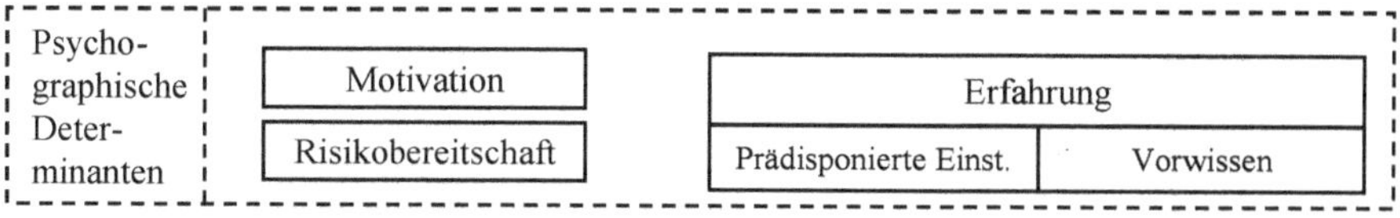

Abbildung 42: IPO-relevante psychographische Determinanten der Marketingwirkung

Risikobereitschaft

Ein Aktieninvestment und insbesondere die Zeichnung einer Neuemission stellt eine Risikoinvestition dar, sodass stark risikoavers agierende Investoren grundsätzlich als Teilnehmer an einer Zeichnung ausscheiden. An dem Börsengang nehmen folglich nur Investoren teil, denen das Risiko nicht zu hoch erscheint. Allerdings lässt sich das Risiko eines IPO ex ante bestenfalls annähernd abschätzen, weil keine hinreichenden Informationen vorliegen.[951]

Durch die Aufnahme von Informationen streben die risikoaversen Investoren nach einer besseren Einschätzung des von ihnen wahrgenommenen Risikos. Sie nehmen demzufolge Informationen bevorzugt auf, die ihnen (emotionale oder sachliche) Argumente einer geringe(re)n (oder höheren) Risikobehaftung der Zeichnung an die Hand liefern. Erscheint ihnen das Risiko zu hoch, verzichten sie auf eine Zeichnung.

Gesucht sind einerseits direkte Informationen über den Unternehmenswert und den korrespondierenden Primärmarktpreis, aus deren Differenz sich das Un-

[951] „It is difficult to determine the risk of individual securities when no prior market price information exists." (Keloharju (1993), S. 257). Eine Möglichkeit, mit der Herausforderung umzugehen, besteht in dem Vergleich mit Benchmarks bzw. mit bereits im Sekundärmarkt notierten, grundsätzlich ähnlichen Unternehmen. Vgl. Loughran/ Ritter (1995), S. 27.

derpricing ergibt. Grundsätzlich lassen sich Erfahrungswerte von zuvor absolvierten IPOs heranziehen. In Deutschland kommt die Besonderheit hinzu, dass ein vorbörslicher inoffizieller Handel, der sogenannte Graumarkt, stattfindet, der den ersten Kurs am Sekundärmarkt mit einer hohen Güte prognostiziert.[952]
Andererseits werden indirekte Informationen in Form von Analystenberichten oder die Leitung des Emissionsprozesses durch eine renommierte Investmentbank aufgenommen, die als Indikator für die Risikobehaftung eingesetzt werden.[953] Zumindest das subjektiv wahrgenommene Risiko sinkt, wenn Personen mit einer hohen Glaubwürdigkeit („testimonials") auftreten.

Der Grad der Risikoaversion stellt gleichwohl keine Konstante dar. In Abhängigkeit der Existenz eines „Bullen"- oder „Bären"-Marktes an der Börse sinkt bzw. steigt die Risikoaversion. Fallen die Kurse, so werden die Investoren (noch) vorsichtiger („Bären"), steigen die Kurse hingegen permanent an, so nimmt die Bereitschaft zu, sich in Risikoinvestments zu engagieren („Bullen").[954]

Auch hinsichtlich der IPO-Phasen lassen sich Unterschiede festmachen. In der Vorbereitungsphase stellt die Risikobereitschaft zwar eine Eigenschaft dar, die bei den meisten früh Interessierten stark ausgeprägt ist, allerdings übt sie einen

---

952 Allerdings sind im Vorfeld signalisierte hohe Kurssteigerungen keine Garantie für tatsächliche Kursgewinne. In diesem Zusammenhang sei insbesondere auf das Kaskaden-Modell von Welch in Kapitel 3.1.3 verwiesen. Dort führt eine hohe signalisierte Nachfrage zu einer überhöhten tatsächlichen Nachfrage, die sich gegenseitig „aufschaukelt". Vgl. Welch (1992). Hinzu kommt, dass die Anleger dem „winner´s-curse"- bzw. „crowding-out"-Effekt zu entgehen versuchen, indem in Antizipation der Zuteilungsrationierung mehr Aktien gezeichnet oder mehr Zeichnungsaufträge über mehrere Depots eingereicht werden. Mit der höheren Nachfrage steigt der zugrundeliegende Wert der Unternehmung nicht an. Dieser Effekt wird mit dafür verantwortlich gemacht, warum die Kurse am Sekundärmarkt gerade bei im Primärmarkt besonders stark nachgefragten IPOs schnell nachgeben. Intelligente und risikoaverse Investoren, die offen für vielschichtige Informationen sind, nehmen sowohl die Informationen über die Nachfragehöhe und erwarteten Kursentwicklungen auf, genauso jedoch Informationen über reale Unternehmensbewertungen. Vgl. Rock (1986).

953 Vgl. dazu das IPO-Modell von Carter/ Manaster (1990).

954 Dies mag auch als Erklärung dafür dienen, dass in „Bärenmärkten" Neuemissionen über Mengen- und nicht über Preisanpassungen reagieren, weil schlicht nicht genügend Investoren mit einer hinreichend niedrigen Risikoaversion vorhanden sind. Unabhängig vom Preis stellen Neuemissionen immer eine sehr riskante Investition dar.

noch geringen Einfluss auf den Informationsverarbeitungsprozess bzw. andere Determinanten aus. Die Risikobereitschaft kommt besonders während der Börseneinführungsphase zum Tragen, wenn die Entscheidung über eine Zeichnung der Aktie ansteht. Dann folgt aus ihr auch die Stärke des Interesses an dem Börsengang (Involvement).

Motivation

Ein Motiv entsteht, wenn eine Person einen bestimmten Mangelzustand identifiziert und danach strebt, ihn zu beheben.[955] Die Intensität, mit der die Person nach der Beseitigung des Missstandes strebt, hängt von der Diskrepanz zwischen aktuellem und gewünschtem Zustand sowie der relativen Wichtigkeit des Objektes (z.B. Geld) ab. Der gewünschte Zustand kann sowohl quantifiziert sein, wenn beispielsweise 500 Euro Kursgewinn durch die Teilnahme an einer Emission erzielt werden sollen, als auch qualitativer Natur sein, wenn beispielsweise die Anerkennung von Mitmenschen angestrebt wird. Sie ist möglicherweise auch indefinit ausgeprägt, indem lediglich eine Richtung vorgegeben wird, beispielsweise soll „mehr Geld" besessen werden. Die Gesamtheit aller Motive wird als Motivation bezeichnet.[956]
Motive lassen sich in einer sehr groben, allerdings nützlichen und weit verbreiteten Klassifikation in utilitaristische sowie hedonistische Motive unterteilen. Utilitaristische Motive sind auf die Vermeidung von unangenehmen Zuständen gerichtet, beispielsweise die Vermeidung von Geldmangel, wohingegen hedonistische Motive auf die Erzielung von „Lustgewinnen" abstellen.

Beim Börsenevent IPO kommt eine Vielfalt verschiedener Motive zum Tragen, auf die nur ausschnittsweise eingegangen werden kann.

[955] Vgl. Steffenhagen (1996), S. 24.

[956] Vgl. Steffenhagen (1996), S. 25.

Für viele Investoren dominieren die utilitaristischen Motive. Mit der Zeichnung strebt der Investor in der Regel nach einem finanziellen Vorteil. Im Fall der Deutschen Telekom gingen vor dem IPO mehr als 70% der Bevölkerung von schnell steigenden Aktienkursen nach der Börseneinführung sowie einer langfristig guten Entwicklung aus und hielten die Telekom-Aktien für eine solide und sichere Anlage.[957]

Neben den utilitaristischen spielen hedonistische Motive eine Rolle, etwa durch das Bestreben nach Anerkennung durch das „Mitmachen" bei einem besonderen Ereignis, oder nach intellektueller Herausforderung.[958] Man ist selbst davon überzeugt, die „richtige" Entscheidung für die Zeichnung getroffen zu haben. Auch bietet der Börsengang als alternative Anlageform eine Abwechslung von gewohnten Investitionsschemata. Liegen hedonistische oder utilitaristische Motive vor, wird davon das Interesse bzw. das Involvement für den Börsengang stark beeinflusst. Der Grund dafür liegt darin, dass die potentiellen Investoren selbst etwas dazu beitragen wollen, das mit dem Motiv beabsichtigte Ziel, z.B. einen Gewinn bzw. die Verbesserung der Vermögenslage, zu erreichen. Folglich interessieren sie sich verstärkt für Informationen über den Börsengang, die ihnen z.B. eine erfolgversprechende Zeichnungsstrategie nahebringen.

Die genannten Motive - insbesondere das hedonistische Motiv, Anerkennung zu gewinnen, sowie das utilitaristische Motiv, Geld durch eine Zeichnung zu verdienen - führen dazu, dass sich die Person leichter einer Gruppe „Gleichgesinnter" anschließt. Von diesem - in der kommunikationswissenschaftlichen Terminologie - sozialen Netzwerk, z.B. einem Börsenclub, verspricht sie sich Informationen etwa über die besten Zeichnungsstrategien. Es wird deutlich, dass die mit dem IPO verbundenen Motive sowohl die Ausprägung anderer Determinanten, z.B. das Involvement, als auch den Informationsverarbeitungsprozess beeinflussen.

---

957 Vgl. o.V. (Deutsche Telekom) (1996b), S. 46f. Berücksichtigt wurden alle Personen der deutschen Wohnbevölkerung im Alter über 14 Jahren, die Deutsche Telekom-Aktien nicht grundsätzlich ablehnen.

958 Insbesondere dem von Goldberg/ von Nitzsch als emotionaler Investor bezeichneten Anlegertyp ist dies wichtig. Vgl. Goldberg/ von Nitzsch (1999), S. 182f.

Motive sind grundsätzlich während des gesamten IPO-Prozesses wirkungsbeeinflussend. In der Vorbereitungsphase führt das Motiv, mit dem Börsengang Geld verdienen zu wollen, zu einem grundsätzlich höheren Interesse (Involvement) an dem Börsengang. Informationen über den Börsengang und das Unternehmen werden bereitwilliger aufgenommen. Gerade in der Börseneinführungsphase fördern die oben genannten Motive den Anschluss an ein (soziales) Netzwerk von „Gleichgesinnten" und zu einem besonderen Interesse an Informationen etwa über eine bevorrechtigte Zuteilung lukrativer Aktien.[959] In der Börsenphase führen Motive dazu, Informationen über die Erfüllung der Motive zu suchen.

Motive stellen somit für das IPO-Unternehmen eine Verpflichtung zur Erfüllung dar. Die Nichterfüllung eines Motivs, d.h. die angestrebte, jedoch nicht erfolgte Beseitigung eines Mangelzustands, führt zu Enttäuschung und einer negativen Einstellungsbildung. Wie oben geschildert, motiviert potentielle Investoren die Möglichkeit zum Geldverdienen. Sie erwarten z.B. von der T-Aktie eine schnelle Kurssteigerung und eine langfristig positive Entwicklung bei gleichzeitig sicherer Geldanlage. Wäre der Kurs der Aktie an der Börse unmittelbar nach der Handelsaufnahme gefallen[960], so wären die Aktionäre der Deutschen Telekom enttäuscht gewesen, was eine negative Imagewirkung nach sich gezogen hätte. Insofern müssen die existierenden Motive eruiert und erfüllt werden, soll eine positive Imagewirkung sichergestellt werden.
Neben der „Verpflichtung" zur Erfüllung vorhandener Motive wirken sie jedoch gleichzeitig als Katalysator für das Erzielen von Wirkungen. Ohne Motive läge kein gesteigertes Interesse an Informationen über den Börsengang und das Unternehmen vor. Die Existenz bzw. die Schaffung von Motiven stellt somit eine notwendige Voraussetzung für den Erfolg des Börsengangs dar.

[959] Web.de bot allen Teilnehmern des Affinity-Programms eine bevorrechtigte Zuteilung an; die Deutsche Telekom gewährte einen „Frühzeichner-Rabatt".

[960] Bereits die Nichtzuteilung von Aktien einer überzeichneten Neuemission verhindert die Erfüllung der Motive bei jedem einzelnen Investor.

Erfahrungen

Erfahrungen entstehen durch vormaliges Verhalten[961] zu einem bestimmten Objekt, also beispielsweise den Kauf eines Produktes und die damit einhergehende Produktnutzungserfahrung oder die vorherige Teilnahme an einem IPO.[962] Sie entstehen auch durch Erfahrungsberichte anderer Produktnutzer oder Kommentare von Fachleuten, beispielsweise mitgeteilt in Zeitschriftenartikeln[963], oder durch Mund-zu-Mund-Kommunikation von Informationen über das Unternehmen und seine Produkte. Als Objekt kommen grundsätzlich das (Börsen-) Event oder Produkte, Marken bzw. die gesamte Firma in Frage.[964] Die Erfahrungswerte sind umso umfangreicher und gefestigter, je länger oder häufiger sie gesammelt wurden.[965] Erfahrungen untergliedern sich in vor dem Kommunikationskontakt bestehendes (Vor-) Wissen bzw. prädisponierte Einstellungen.

Unter einer (negativ/ positiv prädisponierten) Einstellung wird die individuumsspezifische Wertung (Ablehnung/ Bevorzugung) eines Objektes verstanden.[966] Das (Vor-) Wissen bezeichnet die Gesamtheit aller objektbezogenen Kenntnisse einer Person.[967] Beide üben die Form eines Filters der Stimuli aus,[968] und zwar sowohl in qualitativer als auch in quantitativer Hinsicht.

961 Vakratsas/ Ambler subsumieren darunter auch Gewohnheiten und Erinnerungen, vgl. Vakratsas/ Ambler (1999), S. 33.

962 Sie stellt bei Low involvement-Produkten im Vergleich zur Werbung die dominierende Informationsgrundlage für die Konsumenten dar, vgl. Smith (1993).

963 Dies gilt überwiegend bei High involvement-Produkten, z.B. Haushaltsgeräten, vgl. Vakratsas/ Ambler (1999), S. 34.

964 Sie werden im Gedächtnis als Objekt mit dazugehörigen Attributen gespeichert. Vgl. dazu auch das Kapitel 6.2.2 über den Informationsverarbeitungsprozess.

965 Vgl. dazu die Ausführungen über die Zielgröße „Wissen". Im Gedächtnis spiegelt sich dies in der Anzahl der Attribute je Objekt und der Stärke der Synapsen wider.

966 Vgl. Mayer/ Illmann (2000), S. 130.

967 Vgl. dazu ausführlich das Kapitel 6.2.3 über die Zielgrößen.

968 Vgl. Vakratsas/ Ambler (1999), S. 26f.

In qualitativer Hinsicht bedingen sie das Personen inhärente Streben nach dem Vermeiden von kognitiven Dissonanzen[969]. Positiv prädisponierte Einstellungen führen dazu, dass positive Informationen leichter und umfangreicher aufgenommen werden als negative Informationen et vice versa.[970]
Quantitativ fördert bereits (umfangreich) vorhandenes Wissen die Aufnahme, Einsortierung und Speicherung zusätzlichen durch die Kommunikationsbotschaft vermittelten Wissens,[971] da bereits Gedächtnisstrukturen vorhanden sind, in die neue Attribute eingefügt werden können. Es entsteht sozusagen keine „Verwirrung" im Gehirn und es muss nicht erst noch „entschieden" werden, in welcher Gedächtnisregion die neuen Informationen gespeichert werden sollen.
Empirische Studien bestätigen einheitlich die Relevanz der durch Erfahrungen aufgebauten Prädispositionen, sodass sie zu Recht als eine wesentliche Wirkungsdeterminante gelten.[972]

Vor einem IPO können Erfahrungen über Börsengänge oder das Unternehmen vorliegen. Die kapitalmarktbezogenen Erfahrungen stammen von der Teilnahme an bereits zuvor absolvierten anderen IPOs, aus dem Besitz von Aktien oder durch Berichte anderer Personen. Die gütermarktbezogenen Erfahrungen über das Unternehmen können verschiedene Quellen haben. Eine Person kann Produktnutzungserfahrungen, Markenkenntnisse oder auch Erfahrungen mit dem Unternehmen insgesamt, z.B. in Form dessen gesellschaftlichen Engagements,

969 Die Theorie der kognitiven Dissonanz lässt sich auf Festinger (1957) zurückführen, vgl. dazu Bonfadelli (2001), S. 106. Unter einer kognitiven Dissonanz werden von einer Person ungewohnte und nicht erwartete wahrgenommene Abweichungen zu vorhandenen kognitiven Elementen, z.B. zum Wissen, verstanden. Sie führen dazu, dass Personen diese „als unangenehm erleben und bestrebt sind, dieses innere Ungleichgewicht langfristig zu beseitigen oder kurzfristig wenigstens zu reduzieren." (Mayer/ Illmann (2000), S. 629, Hervorhebungen im Original wurden nicht aufgegriffen).Vgl. auch Bonfadelli (2001), S. 106f.

970 Vgl. dazu eine Studie von Donsbach (1989), siehe auch Noelle-Neumann/ Schulz/ Wilke (1994), S. 541.

971 Das gilt auch unter der in der Realität oft anzutreffenden erschwerenden Bedingung von zusätzlichen vom eigenen Objekt unabhängigen Informationen wie Konkurrenzwerbung, vgl. Kent/ Allen (1994), S. 98 und S. 102f.

972 Vgl. Lasslop (2003), S. 107 und die dort angegebenen Quellen.

besitzen, die sie in der Vergangenheit gesammelt hat. Beide Erfahrungsdimensionen bestimmen zum einen die Art der Informationsverarbeitung und zum anderen das absolute Niveau der Zielwirkungen nach dem Börsenevent.
Liegt bereits umfangreiches Vorwissen vor, so erfolgt eine wesentlich weitreichendere und tiefgründigere Verarbeitung der Stimuli zu neuen Informationen.

Für den Fall, dass vorhandene prädisponierte Einstellungen verändert werden sollen, muss mit Mayer/ Illmann[973] festgestellt werden, dass ein inverser Zusammenhang zwischen der Intensität der vorhandenen Einstellung und einer Änderbarkeit durch neue Stimuli besteht. Je umfangreicher die prädisponierte Einstellung gefestigt ist, desto schwieriger ist es, sie zu ändern. Dieses Phänomen ist auch aus dem Alltag bekannt: Es bedarf intensiver und wiederholter Überzeugungsarbeit, um fest verankerte Einstellungen zu verändern.
Handelt es sich um etablierte IPO-Unternehmen, so kann von einem überwiegend reichhaltigen Erfahrungsschatz ausgegangen werden. In Bezug auf die Deutsche Telekom beispielsweise lagen im Vorfeld des Börsengangs 1996 bei den meisten Personen bereits Nutzungserfahrungen mit Produkten und dem Service der Deutschen Telekom vor. Bei Kunden mit negativen Erfahrungswerten hätte beispielsweise die Nachricht einer Kündigungswelle die prädisponierte (negative) Einstellung gefestigt. Die entgegengesetzte Meldung eines (hohen) Kundenzuwachses hätte hingegen (zunächst) Irritation hervorgerufen.
Bei jungen Unternehmen liegen jedoch grundsätzlich nur wenige Erfahrungswerte vor, sodass sich gerade hier die Chance bietet, die Botschaft mit vom Sender intendierten Wissenskomponenten sowie Einstellungswerten relativ unbehelligt von dem Filter der Erfahrungen zu kommunizieren.
In Bezug auf die Phasen des Börsengangs sind zwei gegenläufige Trends zu beobachten. Für eine erste Gruppe von Personen, die den Börsengang von Beginn an begleiten, nehmen der kumulative Wissensschatz und die Stärke der prädisponierten Einstellungen mit dem Verlauf des Börsengangs zu. Eine andere Gruppe von Personen, die den Börsengang nicht von Beginn an verfolgt und erst

[973] Vgl. Mayer/ Illmann (2000), S. 133.

zu einem späteren Zeitpunkt, z.B. mitten in der Börseneinführungsphase, erstmalig mit dem IPO in Kontakt gerät,[974] verfügt hingegen nicht über entsprechend fortentwickelte Erfahrungen. Hinzu kommt, dass sie im Durchschnitt über ein geringeres Ausgangsniveau vor ihrem ersten Kontakt mit dem Börsengang verfügen als Personen der ersten Gruppe.[975] So kommt es dazu, dass das Ausgangsniveau der Erfahrung abnimmt, je später die Personen zum *ersten Mal* mit dem Börsengang in Berührung geraten.

Erfahrungen werden nicht von anderen Faktoren, z.B. Motiven oder Involvement, beeinflusst, fungieren jedoch in Übereinstimmung mit Vakratsas/ Ambler als entscheidender Wirkungsfilter und determinieren so die Verarbeitung der Stimuli.[976]

6.2.1.4 Situative Determinanten

In der Literatur werden verschiedene situative Determinanten genannt, darunter räumliche und umfeldbezogene.[977] Zu den umfeldbezogenen Determinanten gehört im weiteren Sinne auch das bereits weiter oben angesprochene soziale Umfeld bzw. Netzwerk. Als wichtigste situative Determinanten werden allerdings das Involvement, die Stimmung und die Emotion hervorgehoben, wie Abbildung 43 verdeutlicht.[978]

---

974 In der Terminologie der Kommunikationswissenschaften müsste von Meinungsfolgern gesprochen werden.

975 Zu einer Begründung sei auf die Ausführungen im Rahmen des dynamischen SOR-Modells in Kapitel 7.2 verwiesen.

976 Vakratsas/ Ambler identifizieren in ihrer Synopse der Werbewirkungsmodelle die psychographische Determinante „Erfahrungen" neben kognitiven und affektiven Prozessen als eine der drei wesentlichen Beeinflussungsfaktoren der Werbewirkung. Vgl. Vakratsas/ Ambler (1999), S. 26.

977 Vgl. dazu und zu weiteren, hier nicht diskutierten situativen Determinanten Steffenhagen (1996), S. 15f.

978 Vgl. dazu allgemein Steffenhagen (1996), S. 16, Nufer (2002), S. 122ff., insbesondere bzgl. Events vgl. Nufer (2002), S. 124, und Lasslop (2003), S. 111.

Letztere sind eng verwandt mit personenbezogenen Determinanten, weil sie ebenfalls in der Person begründet liegen. Das Abgrenzungsmerkmal besteht in der Dauer des Zustandes: Situative Faktoren werden, wie der Name es schon andeutet, bei der Person durch eine bestimmte, zeitpunktbezogene oder zeitlich begrenzte Situation hervorgerufen, wohingegen die weiter oben diskutierten personenbezogenen Determinanten über einen längeren Zeitraum konstant sind. Gleichwohl können sich auch situative Faktoren bei entsprechenden Rahmenbedingungen über einen längeren Zeitraum auf dem gleichen oder einem vergleichbar hohen Niveau bewegen.

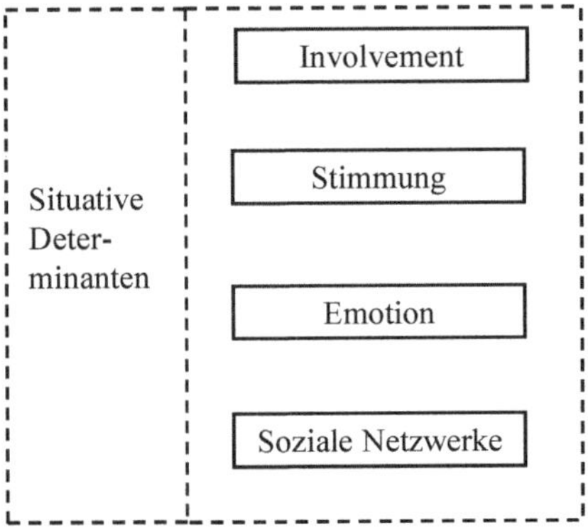

Abbildung 43: IPO-relevante situative Determinanten der Marketingwirkung

Soziale Netzwerke

Eine Wirkungsdeterminante, die nicht *in* der Person begründet ist, aber dennoch die Reaktion einer Person auf einen Kommunikationsstimulus beeinflusst und u.U. sogar ein anderes Verhalten bedingt, als dies bei einer autonom agierenden Person der Fall wäre, ist das Umfeld bzw. sind die sozialen Netzwerke.

Je nach dem Umfeld findet die Aufnahme bzw. Verarbeitung des Stimulus ungeteilte Aufmerksamkeit oder wird von anderen Aktivitäten gestört oder behindert. Das können Tätigkeiten des Alltages sein, jedoch auch überlagernde Ereignisse,

die die Aufmerksamkeit auf sich ziehen. Beispielsweise kann eine gleichzeitig mit dem Börsengang stattfindende Wahl die öffentliche Aufmerksamkeit auf sich ziehen. Finden mehrere Börsengänge gleichzeitig statt, untergräbt dies das Alleinstellungsmerkmal eines Börsengangs und erschwert es den Rezipienten, eine klare Zuordnung vorzunehmen. In den USA kommt es beispielsweise vor, dass an einem Tag zwei oder drei Börsengänge vollzogen werden.
Ein weiteres Einfluss nehmendes Ereignis kann beispielsweise der Bilanzskandal eines im Ausland ansässigen Unternehmens der gleichen Branche sein. Der Börsengang kann darunter leiden, wenn das Unternehmen in der öffentlichen Berichterstattung (unberechtigterweise) mit dem Bilanzskandal in Verbindung gebracht wird.[979]

Der im Umfeld der Person entscheidende wirkungsbeeinflussende Parameter sind gleichwohl die Menschen der sozialen Umgebung bzw. der sozialen Netzwerke. Unter sozialen Netzwerken werden alle Personen verstanden, die regelmäßig miteinander in Kontakt stehen. Sie beeinflussen das Informationsangebot und die Informationsverarbeitung des Individuums durch das in dem jeweiligen Netzwerk übliche Sozialverhalten.
Wie in Kapitel 5.2.1 bereits ausgeführt wurde, fällt das sozial bedingte (Informations-) Verhalten je nach der Rolle des Individuums innerhalb des sozialen Netzwerkes unterschiedlich aus.[980] Bei Meinungsführern verlaufen die Informationssuch- und -verarbeitungsprozesse unabhängig und sehr tiefgründig bei gleichzeitig starker kognitiver Kontrolle. Sie wissen, dass eine eigenständige Meinung erwartet wird und diese gefestigt und belastbar sein muss.
Meinungsfolger hingegen ordnen sich den mitgeteilten Informationen und Meinungen unter. Die Informationsverarbeitung eines Stimulus wird von ihnen

[979] Der kommunikationswissenschaftliche Agenda-Setting-Ansatz setzt sich damit auseinander, dass ein Thema, z.B. ein Bilanzskandal, in den Medien exponiert behandelt wird. Gleichwohl haben die Ausführungen des Kapitels 5 aufgezeigt, dass kaum Erkenntnisse dazu vorliegen, *warum und wann* Themen auf die Medienagenda gelangen.

[980] Da in Kapitel 5.2.3 die sozialen Netzwerke bereits ausführlich erläutert wurden, beschränken sich die Ausführungen an dieser Stelle darauf, inwiefern andere Determinanten und der Informationsverarbeitungsprozess beeinflusst werden.

dementsprechend wesentlich oberflächlicher durchgeführt, weil sie erwarten, in der Einstellungs- und Wissensbildung noch von anderen Personen beeinflusst zu werden.

Bei einem Börsenevent kann davon ausgegangen werden, dass viele Zeichner des IPO als Meinungsführer zu klassifizieren sind.[981] Der eigene Status in der sozialen Umgebung wird sich während des IPO-Prozesses nicht grundlegend ändern. Gleichwohl variieren die Größe und Zusammensetzung der sozialen Netzwerke in Abhängigkeit von der (Börsen-) Stimmung. In einer Hot-issue-Phase wird in der „financial community" gemeinsam über anstehende Börsengänge z.B. in Internetforen diskutiert, in Börsenclubs treffen sich Interessierte und tauschen über interpersonale Kommunikation Informationen und Meinungen aus. In Cold-issue-Phasen hingegen schmelzen die Mitgliederzahlen der Netzwerke zusammen - u.a. weil der Nutzen konformen Verhaltens[982] infolge mangelnder IPOs und niedriger Kurssteigerungen ausbleibt. Entscheidend ist ferner, in welcher Situation sich die Person gerade befindet, wenn sie einen (kommunikativen) Stimulus erhält. Steht sie gerade in unmittelbarem Kontakt mit anderen Mitgliedern des sozialen Netzwerkes, z.B. bei einem Treffen des Börsenclubs oder bei einem Familientreffen, so orientiert sich das Verhalten stark an der sozialen Norm des Netzwerkes. Ist sie hingegen (räumlich) unabhängig, z.B. bei einem Stimulus, der über das Internet aufgenommen wurde, so dominiert ein von der sozialen Norm eher unabhängiges Verhalten.

Es kann festgehalten werden, dass die soziale Umwelt im Wesentlichen von der (Börsen-) Stimmungslage geprägt wird und während der verschiedenen IPO-Phasen gleichermaßen Einfluss auf den Informationsverarbeitungsprozess nimmt.

---

[981] Vgl. dazu die in Kapitel 4.2 getroffene entsprechende Annahme.

[982] Im Kapitel 5.2.3 wird erläutert, dass der Nutzen konformen Verhaltens und die soziale Realität zwei Gründe darstellen, Mitglied des Netzwerkes zu sein.

Stimmung

Unter Stimmung versteht man eine ungerichtete, momentane[983] und subjektive Befindlichkeit einer Person.[984] Stimmungen sind somit vergleichbar mit Emotionen oder Gefühlen, allerdings mit dem wesentlichen Unterschied der Ungerichtetheit.[985] Wo Emotionen durch ein bestimmtes Objekt, z.B. den Börsengang der Deutschen Telekom, hervorgerufen werden, stellen Stimmungen grundsätzlich empfundene Zustände dar. Die Person ist nicht in der Lage, sie auf eine bestimmte andere Person oder ein einzelnes Objekt zu beziehen.

Stimmungen können nach ihrer Richtung (positiv vs. negativ), Intensität (stark vs. schwach) sowie Dynamik (zeitliche Dauer) näher charakterisiert werden.[986] Die Stimmungsforschung zur Erklärung von Kommunikationswirkungen hat erst in den letzten Jahren vermehrt Ergebnisse hervorgebracht. Das verwundert insofern, als Stimmungen als wichtige Einflussgröße sowohl auf die Menge als auch die Qualität der Informationsverarbeitung einwirken.
Hinsichtlich kognitiver Prozesse (Informationsverarbeitungsprozess) ist zunächst eine Filterfunktion festzustellen.[987] In positiven Stimmungen werden entsprechende positive Informationen bevorzugt und in negativen Stimmungen eher negative Informationen. Silberer/ Jaekel bezeichnen dies unter Rückgriff auf eine Studie von Bower als stimmungskongruentes Wahrnehmen.[988] Gleichzeitig

---

983 Stimmungen können bis zu einigen Stunden unverändert andauern und sind zumeist (deutlich) länger als Emotionen. Für die in dieser Arbeit gewählte Abgrenzung zwischen den situativen und den psychographischen Determinanten spielt dies jedoch keine Rolle und wird nicht weiter thematisiert.

984 Vgl. Silberer (1999), S. 132. Dabei beschränkt sich der Bedeutungsbereich nicht nur auf einzelne Personen. Eine vergleichbare Stimmung einer Gruppe von Personen, z.B. Investoren, wird durch allgemein wirksame, nicht näher bekannte Faktoren hervorgerufen. Somit kann die Stimmungslage auf einen größeren Personenkreis hin verallgemeinert werden. Auf die für IPOs relevante Stimmung der Kapitalmarktakteure („Börsenstimmung“) wird weiter unten eingegangen.

985 Vgl. Silberer (1999), S. 132.

986 Vgl. hierzu und im Folgenden Nufer (2002), S. 122ff.

987 Vgl. Vakratsas/ Ambler (1999), S. 35ff. sowie Silberer (1999), S. 133.

988 Vgl. Silberer/ Jaekel (1996), S. 73.

hängt auch der Umfang der verarbeiteten Informationen von der Stimmung ab: In positiver Stimmung werden weniger Informationen verarbeitet als in negativer.[989] Begründen lässt sich dies mit der Hypothese, dass in positiven Stimmungen „den Gefühlen freier Lauf gelassen" wird. In negativen Stimmungen hingegen versucht die Person, diese durch intensive Informationsverarbeitung zu überlagern.
Konsequenterweise folgt daraus, dass eine Person in einer guten Stimmung leichter beeinflussbar ist[990] und in einer schlechten Stimmung – wenn überhaupt – vor allem durch eine sachliche Argumentation überzeugt werden kann.[991]

Die Stimmung übt jedoch nicht nur einen Einfluss auf die Informationsverarbeitung aus, sondern kann auch direkt zu einer Einstellungsbildung führen.[992] Dies postuliert die „Stimmung-als-Information"-Hypothese.[993] Die zu dem Zeitpunkt des Börsengangs bzw. durch eine Informationsverarbeitung empfundene Stimmung wird kognitiv mit diesem Vorgang verknüpft und als Attribut gespeichert. Stimmungen beeinflussen neben kognitiven Prozessen auch Emotionen: In positiver Stimmung werden eher positive Emotionen gesucht bzw. zugelassen und entsprechend in negativer Stimmung eher negative Emotionen. Dies wird als die emotive Filterfunktion bezeichnet.[994]
Es bleibt festzuhalten, dass Stimmungen sowohl eine kognitiv als auch emotional bedingte Filterfunktion ausüben und damit nur bestimmte Reize zur Weiterverarbeitung zulassen. In einer positiven Stimmung bedeutet dies, dass grundsätzlich weniger Überzeugungsarbeit zu leisten ist und überwiegend positive

---

989 Vgl. Silberer (1999), S. 134. Damit ist keine Aussage über die Menge an insgesamt *wahrgenommenen* Informationen getroffen, lediglich die tiefgründige Verarbeitung fällt geringer aus.

990 Vgl. Silberer/ Jaekel (1996), S. 65ff.

991 Vgl. Silberer/ Jaekel (1996), S. 126.

992 Den Einfluss der Stimmung sowohl auf kognitiv als auch auf emotional dominierte Prozesse haben Müller/ Khazaka (1995) hervorgehoben.

993 Vgl. dazu Silberer (1999), S. 134 sowie die dort zitierten Quellen und Silberer/ Jaekel (1996), S. 66f.

994 Vgl. Nufer (2002), S. 123, siehe auch Silberer/ Jaekel, (1996), S. 74ff.

Assoziationen erinnert werden. In negativen Stimmungen werden zwar mehr (sachliche) Informationen gesucht und verarbeitet. Allerdings werden dabei überwiegend negative Informationen zugelassen bzw. Argumente negativ empfunden, welche letztlich dem Image und Wissen (nicht erwünschte) negative Attribute zufügen. Neben der Filterfunktion der Stimmung können Stimmungen auch direkt in die Imagebildung übergehen.

Unternehmen können bei Börsengängen entweder bestrebt sein, Stimmungen in ihrem Interesse zu verändern oder mit einer Anpassungsstrategie auf eine vorherrschende Stimmung zu reagieren.[995]
In Bezug auf die IPO-Kommunikation hängt die Vorgehensweise von der jeweiligen Situation ab, sodass in einigen Fällen Stimmungen als beeinflussbar, in den meisten Fällen jedoch als gegeben anzunehmen sind.
Bei unidirektionaler Kommunikation kann die Kommunikationsbotschaft, soweit möglich, nur der herrschenden Stimmung angepasst werden. Liegt eine schlechte Stimmung vor, selektieren die potentiellen Investoren überwiegend sachlich bedeutsame Argumente für eine tiefgründige und umfassende Informationsverarbeitung. Bei positiver Stimmung hingegen können durchaus auch oberflächliche Argumente angebracht werden.
Im Fall der interaktiven Kommunikation mit Meinungsführern, Analysten oder Vertretern der Massenmedien hingegen kann durch das Schaffen einer positiven Stimmung die Filterfunktion gemäß den obigen Ausführungen minimiert bzw. zu eigenen Gunsten gestaltet werden, sodass eine effektivere Überzeugung resultiert. Als ein Beispiel sei eine Analystenkonferenz genannt, zu der ausgewählte Analysten in ein positives Ambiente geladen werden, wo die Konferenz stringent, jedoch ohne Stress vollzogen wird. Derartige Rahmenbedingungen können für eine positive Grundstimmung sorgen.

Von besonderer Tragweite für den Verlauf des gesamten IPO ist die vom Unternehmen nicht beeinflussbare Börsenstimmung, die üblicherweise über längere

[995] Vgl. Nufer (2002), S. 124f.

Zeiträume (Börsenphasen) relativ konstant ist.[996] Sie leitet sich aus dem Verhalten sämtlicher Akteure an der Börse (z.B. Analysten, Investoren, Fonds, Unternehmen) ab und spiegelt die Börsenlage wider, kann jedoch nicht einer Aktie oder einem Unternehmen einzeln zugeordnet werden, sondern resultiert aus einer vielfältigen Gemengelage.[997] Ihr Einfluss ist für den Börsengang fundamental, da die Börsenstimmung nicht nur die individuelle Filterfunktion kalibriert, sondern einen weitreichenden Einfluss auf andere Wirkungsdeterminanten ausübt. Gerade in der Börseneinführungsphase prägt die Börsenstimmung die Risikoeinstellung und das Interesse an dem Börsengang. Herrscht eine ausgeprägt positive Börsenstimmung, wie sie überwiegend in Hot-issue-Phasen anzutreffen ist, so steigt das allgemeine Interesse an dem IPO. Damit nehmen mehr Personen an dem IPO-Prozess teil, was zunächst der Zielgröße Bekanntheitsgrad zuträglich ist. Ferner steigt die allgemeine Risikobereitschaft. Außerdem werden in einer Phase (stark) steigender Kurse häufiger positive Emotionen hervorgerufen. Es kann in einer solchen Phase davon ausgegangen werden, dass die Investoren Informationen über die Börse bereitwilliger aufnehmen und dabei tendenziell mehr positive als negative Informationen wahrnehmen.

Emotion

Unter Emotionen versteht man „innere Erregungsvorgänge, die angenehm oder unangenehm empfunden und mehr oder weniger bewusst erlebt werden."[998] Allerdings besteht in der Wissenschaft keine einheitliche Meinung darüber, ob es

[996] Die Börsenstimmung ist dabei jedoch ständig (marginalen) Schwankungen unterworfen. Die relativ konstante Ausprägung der Börsenstimmung widerspricht nicht der Einordnung zu den situativen Determinanten. Sie kann sich prinzipiell häufig und abrupt ändern, allerdings ist dies nur selten der Fall.

[997] Die Messung der „Börsenstimmung" wird bis dato anhand von Proxys durchgeführt, um zumindest indirekt das Stimmungsbild darstellen zu können. Dazu gehört für die Börse z.B. der von der Deutschen Bank ermittelte Stimmungsindikator.

[998] Kroeber-Riel/ Weinberg (2003), S. 53.

sich bei Emotionen um eine Zustandsgröße oder um einen Prozess handelt.[999] Von einigen Autoren, darunter Vakratsas/ Ambler und Kroeber-Riel/ Weinberg bzw. Kroeber-Riel/ Esch wird von emotiven Prozessen gesprochen, andere, z.B. Nufer, fassen Emotionen implizit als eine Zustandsgröße auf.[1000] Soll jedoch eine eindeutig spezifizierte und umfassende verhaltenswissenschaftliche Wirkungsanalyse vorgenommen werden, deren Struktur sich in wirkungsbeeinflussende Determinanten, wirkungsauslösende Prozesse sowie in Zielgrößen untergliedert, ist eine eindeutige Zuordnung unverzichtbar. Keiner der Autoren begründet hingegen explizit die Entscheidung für die jeweilige Auffassung oder verweist zumindest auf alternative Auffassungen. Dieses Vorgehen ist z.T. nachvollziehbar, da es sich bei Emotionen um ein hypothetisches Konstrukt handelt. Ein eindeutiger „Nachweis“ und eine endgültige Abgrenzung zu anderen Konstrukten kann somit nicht erfolgen. Nichtsdestotrotz bleibt die unbegründete Annahme der Emotionen als Prozess bzw. als Zustandsgröße und der fehlende Bezug zu dem Vorgehen anderer Autoren unbefriedigend.

Um diesen Mangel zu umgehen, soll in dieser Arbeit eine Begründung für die Einordnung zu den Zustandsgrößen vorgenommen werden. Sie erfolgt unter Rückgriff auf die biologischen Ansätze der Emotionsforschung. Izard stellt als ein Hauptvertreter dieser Forschungsrichtung fest, dass Emotionen ein relativ

[999] Es sei an dieser Stelle darauf hingewiesen, dass es sich mit Ausnahme der weiter unten (Kapitel 6.2.3) erläuterten Zielwirkung „Wissen“ sämtlich um hypothetische Konstrukte handelt, für die es (noch) keinen messbaren Nachweis gibt. Dies hat in der Literatur zu unterschiedlichen Auffassungen, Definitionen und Abgrenzungen geführt. Leider verzichten die Autoren darauf, eine Begründung der eigenen Auffassung oder eine Gegenüberstellung zu anderen Auffassungen vorzunehmen.

[1000] Vgl. Nufer (2002), S. 86ff. und S. 157. Steffenhagen sieht Emotionen als eine (momentane) Wirkung und damit als Konsequenz und nicht als Beeinflussungsgröße einer Wirkung. Hinsichtlich der Unterscheidung der Emotion in Zustandsgröße oder Prozess bleibt Steffenhagen eine klare Aussage schuldig. Vgl. dazu Steffenhagen (1996), S. 52ff. sowie S. 64. „Momentane Werbewirkung besteht in vielen Fällen zu einem großen Teil aus emotionalen *Vorgängen* [...]. [...] Emotionen sind also episodische Erlebnisse eines speziellen *Erregungszustandes*“ (Steffenhagen (1996), S. 52, Hervorhebungen nicht im Original).

konstantes Erregungsniveau zugrundeliegt.[1001] Ein leicht erhöhtes Niveau führt zu einer schwach ausgeprägten Emotion, ein deutlich erhöhtes entsprechend zu einer starken Emotion. Der Zeitraum, in dem das erhöhte Erregungsniveau anhält, ist nicht von vornherein festgelegt und kann von wenigen Sekunden bis zu mehreren Stunden andauern.[1002] Über neurophysiologische Messungen z.B. der Gehirnströme und der Herzfrequenz lässt sich das Erregungsniveau relativ präzise ermitteln.[1003] Diesen Erkenntnissen zufolge sollen Emotionen als Zustandsgrößen klassifiziert werden, die als Determinante eine wirkungsbeeinflussende Rolle auf den Informationsverarbeitungsprozess ausüben. In Anlehnung an die biologische Emotionsforschung existieren Izard zufolge zehn primäre Emotionen, durch deren Vermischung weitere Emotionen abgeleitet werden können.[1004]

Da in Kapitel 4.2.2.2.3 bereits ausführlich auf mehrere Emotionen eingegangen wurde, die in Zusammenhang mit einem IPO auftreten können, beschränken sich die Ausführungen an dieser Stelle auf einige besonders wichtige.[1005]

Die positive Emotion „Interesse“ führt bereits während der Vorbereitungsphase dazu, dass sich Investoren mit IPOs überhaupt auseinandersetzen und als valides Alternativinvestment wertschätzen. Hat der Investor während der Börseneinführungsphase einen Zeichnungsauftrag für eine Emission abgegeben, so verspürt

---

[1001] Izard führt dazu unter Bezugnahme auf die Forschungsergebnisse von Duffy und Lindsley aus, dass mit einer erlebten Emotion eine neurale Erregung der formatia reticularis des Hirnstamms sowie des Thalamus und Kortex einhergehen. Die Stärke der neuralen Erregung führt zu der Intensität, mit der die Emotion erlebt wird. Vgl. Izard (1994), S. 45f.

[1002] Vgl. Zemlin (2005), S. 150.

[1003] Vgl. Zemlin (2005), S. 86.

[1004] In der Klassifizierung von Izard leiten sich aus den zehn „angeborenen“ primären Emotionen durch dyadische und triadische Kombinationen weitere Emotionen ab. Vgl. Izard (1994), S. 66. Streng genommen fußen jedoch auch die zehn Primäremotionen lediglich auf Beobachtungen und Plausibilitäten, einen wirklichen Nachweis der Existenz gibt es nicht. Vgl. Izard (1994), S. 108ff.

[1005] Vgl. Kapitel 4.2.

er die positive Emotion der Hoffnung, Kursgewinne zu erzielen.[1006] Erzielt er tatsächlich (Buch-) Gewinne, so verwandelt sich die Hoffnung in die starke positive Emotion „Freude“.

Konservative Anleger verspüren möglicherweise in der Zeit nach der Abgabe eines verbindlichen Zeichnungsauftrages und der Veröffentlichung wertmindernder Informationen wegen drohender Kursverluste die negative Emotion „Angst“. Die negative Emotion „Enttäuschung“ tritt auch dann ein, wenn eine erfolgreiche Emission ausschließlich an andere Investoren zugeteilt wird.[1007]

Ist durch die Graumarktkurse im Vorfeld die erwartete Emissionsrendite nicht bekannt oder handelt es sich um einen Investor, der aufgrund seiner Unerfahrenheit nicht über den Kursverlauf informiert ist, wird er Unsicherheit bezüglich der zu erwartenden tatsächlichen Kursentwicklung empfinden. Der Unsicherheit kann der Investor entgegenwirken, indem er die Informationsasymmetrie durch aktives Beschaffen von Informationen reduziert. Gleichzeitig ist der Investor offen für (passive) Kommunikationsprozesse, die ihm ebenfalls dabei helfen, die Unsicherheit zu verringern.

Allerdings kann z.B. durch eine positive Kurssteigerung am ersten Handelstag dafür gesorgt werden, dass die negative Ausprägung von Emotionen unwahrscheinlicher wird.

Es sei darauf hingewiesen, dass Emotionen nicht nur während und kurz nach dem Ereignis empfunden werden, sondern auch als Erinnerung an das Ereignis gespeichert werden können.[1008] Die „Emotion-als-Information“-Hypothese postuliert, dass die Emotion mit dem Stimulus gemeinsam abgespeichert wird und

---

[1006] Die Hoffnung stellt keine primäre Emotion dar, sondern kann nach Izard als dyadische Kombination von Erregung und Freude zu einer sekundären Emotion aufgefasst werden. Vgl. Izard (1994), S. 66. In Anlehnung an Elster sehen Goldberg/ von Nitzsch die Hoffnung als eine der zentralen Emotionen. Vgl. Goldberg/ von Nitzsch (1999), S. 181.

[1007] Vgl. Goldberg/ von Nitzsch (1999), S. 181.

[1008] Vgl. dazu Kapitel 6.2.1.4, wo die „Stimmung-als-Information“-Hypothese darauf hinweist, dass die Stimmung als während eines bestimmten Ereignisses registrierte Zustandsgröße durchaus als Wissen über das Ereignis gespeichert wird. Analoges lässt sich für Emotionen feststellen.

direkt - ohne kognitive Prozesse - in die Einstellungsbildung eingeht.[1009] Daraus folgt eine Einstellungsbildung zu dem Börsengang („attitude towards the IPO", kurz: A_{IPO}). Eine positive Emotion kann zu einer - rational nicht begründbaren - positiven Einstellung und damit letztlich zu der Bevorzugung der Marke oder der Produkte des Unternehmens führen.[1010]

Emotionen in der starken Ausprägung werden bei einer starken Aktivierung bzw. einem hohen Involvement grundsätzlich begünstigt.[1011]

Während der Dauer der Emotion beeinflusst diese sämtliche Abläufe des Organismus und interveniert insbesondere bei den kognitiven Prozessen der Informationsverarbeitung. Dabei gilt ähnlich den Stimmungen, dass bei einer positiven Emotion eher nach ebenfalls positiven Informationen gesucht wird und diese oberflächlicher verarbeitet werden. Bei einer negativen Emotion hingegen werden unter stärkerer kognitiver Kontrolle Ursachen oder Auswege geprüft. Je stärker eine Emotion ausgeprägt ist, desto schneller und nachhaltiger wird der damit verbundene Stimulus aufgenommen und behalten. Ein Investor, der eine Zuteilung einer sehr lukrativen Emission erhalten hat, erinnert sich an die Aufnahme des Börsenhandels auch nach längerer Zeit noch unmittelbar mit positiver Assoziation zurück. Die klare Erinnerung an den genauen Auslöser des Eindrucks verschwimmt jedoch mit zunehmendem zeitlichen Abstand zu dem Stimulus.[1012] Viele Personen erinnern sich nach mehreren Jahren an ihre Einstellung „Die Deutsche Telekom hat einen erfolgreichen Börsengang absolviert", allerdings können sie die Frage nicht mehr direkt beantworten, *warum* sie diese Einstellung gebildet haben. Direkt nach dem Börsengang hätten sie hingegen ihre jeweiligen Gründe nennen können. In den meisten Fällen wird dies die Freude über den finanziellen Gewinn gewesen sein, den sie mit dem IPO erzie-

---

[1009] Vakratsas/ Ambler weisen in ihrer Schlussfolgerung darauf hin, dass Emotionen auch ohne kognitive Aspekte hinreichend sind, um Werbewirkungen („preferences") zu beeinflussen. Vgl. Vakratsas/ Ambler (1999), conclusion 13, S. 30.

[1010] Vgl. Vakratsas/ Ambler (1999), conclusion 15, S. 31.

[1011] Vgl. Zemlin (2005), S. 83f.

[1012] Je häufiger oder intensiver Erlebnisse gemacht und mit Emotionen verbunden werden, desto mehr vermischen sich im Zeitablauf die Erlebnisquellen. Vgl. Nufer (2002), S. 130.

len konnten.[1013] Als weitere Gründe könnten etwa die vollständige Platzierung, der reibungslose Ablauf, die positiven Kommentare von Meinungsführern, die durch das IPO realisierbaren Wachstumsperspektiven und damit entstehenden neuen Arbeitsplätze genannt werden. Die starke positive Emotion der Freude über den finanziellen Gewinn hat jedoch im Gegensatz zu den anderen Gründen einen „bleibenden" Eindruck hinterlassen.[1014]

Bei genauer Betrachtung der oben aufgeführten Emotionen fällt auf, dass sie überwiegend während der Börseneinführungsphase auftreten, wenn man die Aufnahme des Sekundärmarkthandels dazuzählt. Sie werden von Aktivitäten des Investors ursächlich bedingt, z.B. durch die Zeichnung der Neuemission, die von einem spezifischen und besonders hohen Involvement geprägt sind und die finanzielle Lage der Person betreffen, z.B. in Form von Zeichnungsgewinnen.

Zusammenfassend kann festgehalten werden, dass durch ein Börsenevent aufgrund des hohen Involvement[1015] das Entstehen von (starken) Emotionen begünstigt wird. Sie können sowohl positiv wie auch negativ ausfallen und führen direkt im Sinne der „Emotion-als-Information"-Hypothese oder indirekt über die Einflussnahme auf die Informationsverarbeitung zu einer Veränderung der Einstellung und des Wissens.

[1013] Es sei daran erinnert, dass die weit überwiegende Mehrzahl der Emissionen eine positive Zeichnungsrendite aufweist. Vgl. dazu die Ausführungen in Kapitel 2.2. Weil es sich dabei um eine starke (positive) Emotion handelt, besteht hier eine höhere Wahrscheinlichkeit, dass sich die Person auch daran erinnern kann, dass ein hoher Gewinn erzielt wurde.

[1014] Auch wenn die Ausführungen der vorliegenden Arbeit explizit auf den Zeitraum des Börsengangs beschränkt sind, sei darauf hingewiesen, dass bei einer negativen Kursentwicklung nach Abschluss des Börsengangs eine Überlagerung der bei dem Börsengang erreichten positiven Einstellungen erfolgen kann.

[1015] Zu der Begründung einer starken Ausprägung des Involvement bei Marketingevents im Allgemeinen vgl. Kapitel 4.2, hinsichtlich IPOs im Speziellen vgl. die nachfolgenden Ausführungen.

Involvement

Im Rahmen der Werbewirkungsmodelle des neobehavioristischen Paradigmas (SOR) spielt das Konzept des Involvement eine zentrale Rolle[1016], insbesondere bei der von Vakratsas/ Ambler als integrativ bezeichneten Modellkategorie („integrative models“).[1017]

Dies ist besonders evident an dem Modell der Werbewirkungspfade von Kroeber-Riel, in welchem das Involvement neben der Art der Werbung als eine von insgesamt zwei im Wortsinne wegweisenden Determinanten verwendet wird. Nufer streicht die Bedeutung dieser Determinante für den speziellen Fall des Eventmarketings heraus.[1018]

Kroeber-Riel/ Weinberg verstehen unter Involvement allgemein die Ich-Beteiligung bzw. das gedankliche Engagement, welches eine Person einem Objekt entgegenbringt.[1019] Mit anderen Worten wird unter Involvement die Motivation einer Person verstanden, sich mit einem Objekt konkret auseinanderzusetzen. Glogger präzisiert das Konzept durch die Unterscheidung in prädispositionales und handlungsspezifisches Involvement.[1020]

Unter prädispositionalem Involvement versteht Glogger die grundsätzliche Bereitschaft, sich mit einem Objekt, beispielsweise einem Börsengang, auseinanderzusetzen.[1021] Handlungsspezifisches Involvement bezieht sich hingegen auf

---

[1016] Trommsdorff bezeichnet das Involvement gar als „Schlüsselkonstrukt der Marketingforschung“ (Trommsdorff (2002), S. 54).

[1017] Vgl. dazu die Kategorisierung nach Vakratsas/ Ambler (1999), die in Kapitel 6.1 dargestellt wurde.

[1018] Vgl. Nufer (2002), S. 117.

[1019] Vgl. Kroeber-Riel/ Weinberg (2003), S. 371. Das hypothetische Konstrukt des Involvement wird in der Literatur nicht einheitlich abgegrenzt. Vgl. dazu die in Mayer/ Illmann zitierte Aussage von Rothschild, dass „'no commonly accepted definition of involvement'“ existiere. Mayer/ Illmann (2000), S. 147.

[1020] Die von anderen Autoren vorgenommenen alternativen Unterteilungen, z.B. in kognitives und emotionales Involvement, sollen in Übereinstimmung mit der Beurteilung Steffenhagens nicht weiter verfolgt werden, da sie nicht zu einem besseren Verständnis beitragen, vgl. Steffenhagen (1996), S. 32 sowie Mayer/ Illmann (2000), S. 151. Zur kritischen Beurteilung verschiedener Ansätze vgl. Steffenhagen (1996), S. 29ff.

[1021] Vgl. Glogger (1999), S. 182ff.

die konkrete Auseinandersetzung mit einem bestimmten Objekt im Sinne von Informationsverarbeitung.[1022] Wenngleich es für die Teilnahme an einem Börsengang als notwendige Voraussetzung die grundsätzliche Bereitschaft zur Teilnahme geben - also prädispositionales Involvement vorliegen - muss[1023], so ist aus Sicht der Analyse der Kommunikationswirkungen bei einem Börsengang ausschließlich das handlungsspezifische Involvement in Bezug auf den Börsengang relevant. Im Folgenden werden deswegen handlungsspezifisches Involvement und Involvement synonym verwendet.

Handlungsspezifisches Involvement wird von einigen Autoren auch als Aktivierung bzw. Aufmerksamkeit bezeichnet. Aktivierung stellt dabei als eine Grunddimension aller Antriebsprozesse eine entweder dauerhafte oder zeitlich schwankende Leistungsbereitschaft des Organismus dar. Letztere bezeichnet man auch als Aufmerksamkeit.[1024] Dem kann jedoch nicht zugestimmt werden, weil in Anlehnung an Kroeber-Riel die Ich-Beteiligung fehlt.[1025]
Zur Verdeutlichung sei ein Beispiel gegeben: Einem Werbespot im Fernsehen kann Aufmerksamkeit gewidmet sein, ohne dass das beworbene Produkt oder der Spot an sich von Belang für den Betrachter wäre. Eine attraktiv gestaltete Werbung für Automobile gefällt evtl. auch jemandem ohne Führerschein. Involvement liegt erst dann vor, wenn das in dem Spot beworbene Produkt als Bezugsobjekt beispielsweise mit dem Hobby des Betrachters eng verbunden ist

[1022] Vgl. Glogger (1999), S. 181.

[1023] Vgl. zu einer entsprechenden prozessual-sequentiellen Sichtweise der verschiedenen Involvement-Einteilungen Nufer (2002), S. 121.

[1024] Vgl. Steffenhagen (1996), S. 30.

[1025] Anderer Auffassung ist Nufer, der Aktivierung und Involvement gleichsetzt, vgl. Nufer (2002), S. 118. Noch deutlicher wird die Abgrenzung des Involvement von der Aufmerksamkeit, wenn die allgemeine Definition von Kroeber-Riel durch das Verständnis von Trommsdorff präzisiert wird als die „Motivstärke zur objektgerichteten Informationssuche, -aufnahme, -verarbeitung und -speicherung“ (Trommsdorf (2002), S. 56). Es wird deutlich, dass dem Eigeninteresse bzw. sogar der Neugier („die Nähe zur Neugier ist unverkennbar.“ (Steffenhagen (1996), S. 32)) der Person an dem Event bzw. dem Unternehmen eine Motivation zugrundeliegt. Ein hohes Involvement liegt somit dann vor, wenn starke Motive mit der Eventklasse verbunden sind.

(„Produktinvolvement") oder in naher Zukunft etwa ein Kauf geplant ist („Kaufinvolvement").[1026]

Das Bezugsobjekt des Involvement kann unterschiedlicher Natur sein, z.B. das Unternehmen, dessen Produkte, Nachrichten oder Ereignisse. Existiert zumindest zu einem Bezugsobjekt, welches in direkter Verbindung zum IPO steht - etwa zum Unternehmen oder dessen Produkten -, ein hohes Involvement, so kann sich dies auf den Börsengang übertragen.[1027] Interessiert sich eine Person beispielsweise sehr für das Unternehmen, so wird sie sich mit hoher Wahrscheinlichkeit auch für den Börsengang des Unternehmens interessieren, weil der Erfolg des Unternehmens und seiner Produkte die Grundlage für einen erfolgreichen Börsengang darstellt. Damit einher geht auch ein hohes Involvement Nachrichten gegenüber, die über das Unternehmen oder den Börsengang lanciert werden („Botschaftsinvolvement").[1028]

Neben den Investoren, bei denen der Börsengang als Bezugsobjekt ihres Involvement dient, verfügt eine Reihe anderer Teilnehmer über abweichende Bezugsobjekte: Die Analysten haben ein Eigeninteresse an dem detaillierten Zahlenwerk des Unternehmens („Ergebnisinvolvement"), die Medienvertreter haben ein Interesse an veröffentlichungsrelevanten Aussagen und Zusammenhängen („Botschaftsinvolvement") und die Bankenvertreter haben ein Interesse an kapitalmarktbezogenen Fragestellungen bezüglich der Ablaufstruktur des IPO[1029] („Prozessinvolvement").

Das der Produktklasse bzw. dem Börsengang entgegengebrachte Involvement kann grundsätzlich entweder stark („high involvement") oder schwach („low involvement") ausgeprägt sein.

[1026] Vgl. dazu Steffenhagen (1996), S. 32 und Trommsdorf (2002), S. 58f.

[1027] Vielmehr besteht zumeist ein Involvement mehreren Objekten gegenüber. Liegt ein Botschaftsinvolvement in Bezug auf Nachrichten z.B. zu dem Börsengang der Deutschen Telekom vor, besteht meist auch ein Produktinvolvement in Bezug auf die Produkte der Deutschen Telekom et vice versa.

[1028] Nufer spricht in diesem Zusammenhang von einer grundsätzlich engen Verknüpfung der Botschaft mit dem (Börsen-) Event, vgl. Nufer (2002), S. 121.

[1029] Dieser Aspekt wurde bereits ausführlich in Kapitel 2.1 zum IPO-Prozess thematisiert.

Ein hohes Involvement beim Börsengang bedeutet in Anlehnung an Kroeber-Riel/ Weinberg eine starke Ich-Beteiligung bzw. ein umfangreiches gedankliches Engagement, das dem Börsengang entgegengebracht wird. Daraus folgt zum einen die aktive Einbringung der Person in einen kognitiven Prozess. Sie stößt folglich von sich aus (interaktive) Kommunikationsprozesse an, sodass insgesamt von einer häufigeren Informationsaufnahme ausgegangen werden kann.

Zum zweiten wird implizit angesprochen, dass mit einem hohen Involvement intensive kognitive Prozesse initiiert werden. Kroeber-Riel/ Weinberg bezeichnen dies als (hohe) Verarbeitungstiefe. Bei einem geringen Involvement kommt es entsprechend nur zu einer schwach ausgeprägten gedanklichen Auseinandersetzung mit dem Börsengang. Greenwald/ Leavitt nehmen eine feinere Unterteilung der Ausprägung des Involvement in vier Stufen vor und bringen jede Stufe mit kognitiven Verarbeitungsprozessen in Verbindung.[1030] Den vier Stufen des Involvement werden das „sensory buffering“, „semantic processing“ sowie die „syntactic analysis“ bzw. „conceptual analysis“ zugeordnet.[1031]

Bei einem sehr niedrigen Involvement findet die Botschaft nur einen kurzzeitigen Eingang in den sensorischen Speicher des Gehirns („sensory buffering“) und wird dort aufgrund mangelnder Relevanz nicht weiterverarbeitet.

Bei einem zumindest geringen Involvement findet darüberhinaus immerhin das inhaltliche Verständnis der Botschaft statt. Die Botschaft wird im Gehirn dergestalt verarbeitet, dass die Person den Sinn versteht und Zusammenhänge erkennt („semantic processing“). Zu weiteren Verarbeitungsschritten kommt es hingegen nicht.

[1030] Vgl. Greenwald/ Leavitt (1984), S. 585. Auf die kognitiven Informationsverarbeitungsprozesse wird in Kapitel 6.2.2 genauer eingegangen.

[1031] Für die folgenden Ausführungen sei darauf hingewiesen, dass in der Literatur oftmals eine enge Verknüpfung zwischen der Involvement-Ausprägung und der Intensität des Lernprozesses postuliert wird. Dies spiegelt sich auch in der Unterteilung von Greenwald/ Leavitt wieder. Vgl. Grennwald/ Leavitt (1984), S. 585. Für den Ablauf des Lernprozesses und insbesondere seine Fundierung anhand der im Gedächtnis ablaufenden Verarbeitungs- und Speicherprozesse sei an dieser Stelle auf das Kapitel 6.2.2 verwiesen.

Bei einem mittleren Involvement werden nicht nur Zusammenhänge erkannt, sondern gedanklich in Verbindung mit vorhandenem Wissen der Person gebracht („syntactic analysis“). Liegt ein entsprechendes mittleres Produktinvolvement bei einem IPO-Unternehmen vor, erfolgt eine Verknüpfung mit der Produktnutzungserfahrung von diesem oder konkurrierenden Unternehmen.

Ein hohes Involvement befördert schließlich die intensive Verarbeitung in Form einer inneren Diskussion, durch die Meinungen gebildet und mit sonstigem Wissen abgeglichen werden („conceptual analysis“). Genauso gut kann auch eine Diskussion mit anderen Personen erfolgen. Daraus resultiert ein schnellerer Lernerfolg der angebotenen Informationen. Die kognitive Auseinandersetzung und die Verknüpfung mit sonstigen Gedächtnisbestandteilen durch den Diskurs mit der Botschaft vollzieht sich insgesamt intensiver.[1032] Im Umkehrschluss sind weniger Wiederholungen für das Behalten eines bestimmten Informationsumfanges notwendig als bei einer niedrigeren Involvementausprägung.[1033]

Der Einfluss des Involvement auf das Börsenevent IPO ist entsprechend groß: Weist eine Person überhaupt kein Involvement dem Börsengang gegenüber auf, so wird sie nicht an ihm teilnehmen; denn eine Teilnahme setzt die Ich-Beteiligung voraus.

In der Folge würde sie über das „sensory buffering“ bestenfalls zufällig börsengangbezogene Informationen über das Unternehmen und dessen Produkte aufnehmen.

Die potentiellen Zeichner eines Börsengangs verfügen hingegen grundsätzlich über ein hohes Involvement[1034], sodass von einer überdurchschnittlichen Zahl

---

1032 Vgl. Glogger (1999), S. 188.

1033 Es werden Parallelen zum Lernen bzw. zum Informationsverarbeitungsprozess deutlich. Allerdings durchläuft das Involvement selbst keinen Entwicklungsprozess, da es relativ statisch ausfällt. Eine Person, die im Kontakt mit der Botschaft steht, verfügt nicht zunächst über ein niedriges Involvement und kommt kurz danach zu einem hohen Involvement. Zu einer anderen Ansicht vgl. Glogger (1999), S. 186f. und die dort genannte Literatur.

1034 Vgl. die Ausführungen zu den Marketingevent-Charakteristika in Kapitel 4.2.2.2, wo darauf hingewiesen wurde, dass es sich beim Börsenevent IPO um ein Ereignis handelt, welches die aktive Teilnahme der Partizipanden ermöglicht. Vgl. dazu auch Nufer, der für

kognitiver Prozesse mit einer hohen Verarbeitungstiefe ausgegangen werden kann. Ein (hohes) Involvement stellt somit eine wichtige Voraussetzung zum Erreichen der Marketingziele dar.

Das Involvement in Bezug auf Börsengänge evolviert im Zeitablauf, wobei es sich aufgrund des längeren IPO-Zeitraums sowohl verstärken als auch abschwächen kann. Welcher Fall eintritt, hängt von Entwicklungen ab, die eine stärkere oder schwächere Ich-Beteiligung am IPO sinnvoll erscheinen lassen. Für ein hohes Ereignisinvolvement IPOs gegenüber sprechen beispielsweise kurz zuvor abgeschlossene sehr erfolgreiche IPOs, für ein schwächeres Involvement für einen bestimmten Börsengang können beispielsweise Nachrichten über einen bevorstehenden Gerichtsprozess, in den das IPO-Unternehmen verwickelt ist, sorgen.[1035]

Es kann davon ausgegangen werden, dass üblicherweise während der Vorbereitungsphase bei vielen Investoren ein allgemeines IPO-Involvement vorherrscht, welches sich bei entsprechenden Motiven für eine stärkere Ich-Beteiligung zu Beginn der Börseneinführungsphase in ein spezifisches IPO-Involvement überträgt. Die Börseneinführungsphase wird durch die Vernetzung (vgl. das Konzept des Spannungsbogens) eingeläutet, mit der grundlegende Informationen über den weiteren Ablauf und die Strukturierung des IPO vermittelt werden.[1036] Schüren die Informationen über den Börsengang, z.B. die Beteiligung einer renommierten Investmentbank, das Interesse des Investors, erwächst daraus ein hohes Botschaftsinvolvement. Während der Börseneinführungsphase führt das hohe Involvement zu einer überdurchschnittlich hohen Zahl an kognitiven Prozessen, weil Informationen über das Ausmaß der - in der Terminologie von Kroeber-Riel/ Weinberg - Ich-Beteiligung in Form des finanziellen Engagements benötigt

Marketingevents im Allgemeinen auf ein generell hohes Ereignis-Involvement hinweist. Vgl. Nufer (2002), S. 121.

[1035] Vgl. dazu Tinic (1988) sowie die Ausführungen in Kapitel 3.1.3.

[1036] Vgl. dazu die Ausführungen zur Vernetzung als Teil des Spannungsbogens in Kapitel 4.2.3.2.

werden. Gleichzeitig kann ein hohes Involvement starke Emotionen hervorrufen, etwa die mit einem umfangreichen Zeichnungsauftrag verbundene Hoffnung auf Gewinne oder die Angst über mögliche negative Kursentwicklungen. Mit der Zuteilung der Aktien und der Aufnahme des Sekundärmarkthandels zum Höhepunkt des IPO-Prozesses am Ende der Börseneinführungsphase endet üblicherweise das hohe Involvement. Lediglich Investoren, die eine Zuteilung erhalten haben und die Eigenkapitalanteile an dem Unternehmen nicht verkaufen, halten auch langfristig ein hohes Involvement aufrecht.

Zusammenfassung von Personengruppen mit ähnlichen Ausprägungen ausgewählter Determinanten (Clusterbildung)

Die vorangegangenen Ausführungen haben verschiedene Determinanten aufgezeigt, die bei einem Individuum die von einem Stimulus ausgelöste Wirkung beeinflussen. Bei jedem Individuum liegt eine spezifische Ausprägung der einzelnen Determinanten vor: Die Motivationen der potentiellen Investoren zur Teilnahme an der Emission sind vielfältig, die Risikobereitschaft kann niedrig oder hoch ausgeprägt sein, es kann ein umfangreicher oder gar kein Erfahrungsschatz vorliegen und es können sehr unterschiedliche Emotionen empfunden werden. Genauso bestehen z.T. große Unterschiede hinsichtlich der soziodemographischen und sozioökonomischen Determinanten. Lediglich die (Börsen-) Stimmung und die sozialen Netzwerke sind bei den potentiellen Investoren zumindest während einer bestimmten Börsenphase oftmals ähnlich ausgeprägt. Insgesamt ergibt sich jedoch eine unüberschaubare Vielzahl möglicher Ausprägungen.

Gleichwohl haben bereits die Ausführungen zu den soziodemographischen Determinanten anhand des Beispiels der Deutschen Telekom gezeigt, dass viele potentielle Zeichner eine ähnliche Ausprägung aufweisen. So verfügten sie etwa in der Mehrzahl über ein überdurchschnittliches Einkommen. Eine vergleichbare Überprüfung lässt sich für die psychographischen und situativen Determinanten vornehmen, womit etwa eine dominierende Motivlage ermittelt werden kann.

Hinsichtlich aller Determinanten ließen sich letztlich Cluster von potentiellen Investoren ableiten, die über vergleichbar ausgeprägte wirkungsbeeinflussende Determinanten verfügen.
Die Deutsche Telekom beispielsweise hat im Vorfeld ihres Börsengangs eine Clusterbildung vorgenommen und die an dem IPO besonders interessierten Personen des „Kernpotentials" bestimmten sozialen Milieus zugeordnet.[1037] Im vorliegenden Fall wurde eine Auswahl von Determinanten zu zwei Gruppen zusammengefasst, der sozialen Lage und der Grundorientierung. Damit sind zwar längst nicht alle als relevant einzustufenden Determinanten erfasst, gleichwohl stellt es eine Möglichkeit dar, eine sinnvolle Gruppierung vorzunehmen. Ein soziales Milieu weist bestimmte Ausprägungen der beiden Determinantengruppen auf.
Der größte Anteil wird dem aufstiegsorientierten Milieu zugeschrieben, gefolgt vom kleinbürgerlichen Milieu. Ersteres ist durch eine materielle, letzteres durch eine konservative Grundorientierung charakterisiert. Beide Milieus gehören überwiegend der unteren Mittelschicht, z.T. auch der mittleren Mittelschicht an.
Die Personen einzelner Milieus reagieren auf Stimuli der ähnlichen Ausprägung der Determinanten zufolge in vergleichbarer Weise. Dem im konservativen Denken verhafteten kleinbürgerliche Milieu kann beispielsweise die Motivation zugeschrieben werden, Gewinne ohne großes Risiko erzielen zu wollen. Gesteigerte Aufmerksamkeit wird demzufolge Informationen zuteil, die auf sichere Gewinne oder einen nicht einschätzbaren, sehr riskanten Verlauf hindeuten. Im letzteren Fall wird die Wirkung des kognitiven Informationsverarbeitungsprozesses darin bestehen, sich von dem Gedanken einer Zeichnung abzuwenden. Das Involvement ist damit abrupt reduziert.
Das aufstiegsorientierte Milieu wird im Wesentlichen von der Motivation getrieben, an einer „großen" Kapitalinvestition teilzuhaben, um damit schnell eine erhebliche finanzielle Besserstellung realisieren zu können. Ihr Botschaftsinvolvement ist grundsätzlich stark ausgeprägt, jedoch besonders sensibilisiert für In-

[1037] Vgl. hier und im Folgenden: o.V. (Deutsche Telekom) (1996b).

formationen, die der Motivation entsprechen („sicherer Gewinn", „starke Kurssteigerung erwartet", „bereits vielfach überzeichnet" etc.).

Die Ausführungen zu den Determinanten haben aufgezeigt, dass eine Vielzahl an Determinanten die Wirkung des Stimulus beeinflusst. Eine besondere Bedeutung kommt dabei der (Börsen-) Stimmung und dem Involvement zu, weil sie nicht nur den Informationsverarbeitungsprozess direkt, sondern auch die Ausprägung anderer Determinanten beeinflussen. Sowohl die Stimmung als auch das Involvement hängen wiederum von der Börsenphase ab. In einem „Bullenmarkt" („Bärenmarkt") und einer Hot-issue-Phase (Cold-issue-Phase) am Neuemissionsmarkt befinden sich die Stimmung und das Involvement auf einem sehr hohen (niedrigen) Niveau. Gleichzeitig kann davon ausgegangen werden, dass der Erfahrungsschatz höher (niedriger) ausfällt.

Zusammengenommen weisen alle genannten Determinanten darauf hin, dass in Hot-issue-Phasen (Cold-issue-Phasen) absolut gesehen wesentlich mehr (weniger) kognitive Verarbeitungsprozesse börsengangbezogener Stimuli vonstatten gehen.[1038] Gleichzeitig erhöht (verringert) sich in vielen Fällen die Verarbeitungstiefe und -intensität, sodass die Wirkung in Form einer starken (schwachen) Verbesserung der Einstellung und des Wissens erfolgt.[1039] Diese grundsätzlichen Aussagen lassen Raum für Einzelfälle. In Zeiten nur mäßig steigender Börsen und eines schwachen Neuemissionsmarktes können etwa durch ein hohes unternehmensbezogenes Involvement vieler Personen, unterstützt durch ein flankierendes Agenda-Setting der Medien, dennoch eine hohe Verarbeitungstiefe und -intensität auftreten, ohne dass z.B. eine gute Börsenstimmung

---

[1038] Relativ gesehen kann der Anteil an Informationen, die ohne (starke) kognitive Kontrolle verarbeitet werden, wegen der (stark ausgeprägten) positiven Emotionen und der guten (Börsen-) Stimmung durchaus niedriger ausfallen.

[1039] Empfindet die Person eine starke Emotion, so kann es zu einer Überlagerung der kognitiv dominierten Verarbeitungsprozesse kommen, sodass es z.B. auch bei einem hohen Involvement zu eher emotional dominierten Verarbeitungsprozessen kommt. In Einzelfällen erfolgt gemäß der „Emotion-als-Information"-Hypothese sogar eine Einstellungsbildung, die vollständig ohne kognitive Kontrolle abläuft. Vgl. Kapitel 6.2.1.4.

vorliegen müsste. Als Beispiel kann für Deutschland die Deutsche Telekom (Telekommunikation, 1996), für die USA der Börsengang von google (Betreiber der gleichnamigen Internetsuchmaschine) im Jahr 2005 genannt werden, die trotz eines relativ schwachen Neuemissionsmarktes einen in den Medien und der interpersonalen Diskussion sehr erfolgreichen Börsengang vollzogen haben.[1040] Kleinen Unternehmen gelingt dies im Regelfall jedoch nicht. Somit ist verständlich, dass gerade kleinere Unternehmen auf eine Hot-issue-Phase angewiesen sind. Dies steht in Übereinstimmung mit den empirischen Daten über die Anzahl und Zusammensetzung der Unternehmen in Hot-issue-Phasen.[1041]

6.2.2 Informationsverarbeitungsprozess

Der Informationsverarbeitungsprozess i.w.S. fungiert als Bindeglied zwischen dem Stimulus und den damit angestrebten Zielwirkungen und wird von den im vorigen Kapitel 6.2.1 erläuterten Determinanten maßgeblich beeinflusst.

Unter der Informationsverarbeitung werden einzelne oder mehrere, gleichzeitig oder versetzt stattfindende kognitive Prozesse verstanden, die zusammengenommen den Hauptprozess[1042] „Informationsverarbeitung“ ergeben. Informationen werden zunächst physisch aufgenommen (Informationsaufnahme), dann verarbeitet und interpretiert (Informationsverarbeitung i.e.S.[1043]) und letztlich gespeichert (Informationsspeicherung).[1044] Allerdings fußt auch diese in der

[1040] Als weiteres Beispiel lässt sich für Deutschland der Börsengang der Beate Uhse AG heranziehen, die in einer ausgesprochenen Cold-issue-Phase einen weit beachteten IPO durchgeführt hat.

[1041] Vgl. dazu die Ausführungen in Kapitel 2.2.

[1042] Dies ist im Sinne der Terminologie der Prozesskostenrechnung zu verstehen.

[1043] Im Anschluss an die einleitenden Ausführungen wird aus Vereinfachungsgründen nur noch von der Informationsverarbeitung gesprochen.

[1044] Der Ansatz von Petty/ Cacioppo (Elaboration Likelihood Model, ELM) untersucht die Wirkung persuasiv gestalteter Stimuli anhand der zentralen und peripheren Verarbeitungsrouten. Vgl. Petty/ Cacioppo/ Schumann (1983). Dieser Wirkungsprozess weist viele Gemeinsamkeiten mit dem Informationsverarbeitungsprozess auf. Allerdings werden lediglich die Persuasion und die Auswirkungen auf Einstellungsänderungen betrachtet. Die Zielwirkung Wissen wird beispielsweise nicht explizit thematisiert.

nachfolgenden Abbildung 44 aufgegriffene Dreiteilung[1045] auf einer hypothetischen Abgrenzung nicht beobachtbarer innerer Vorgänge.[1046]

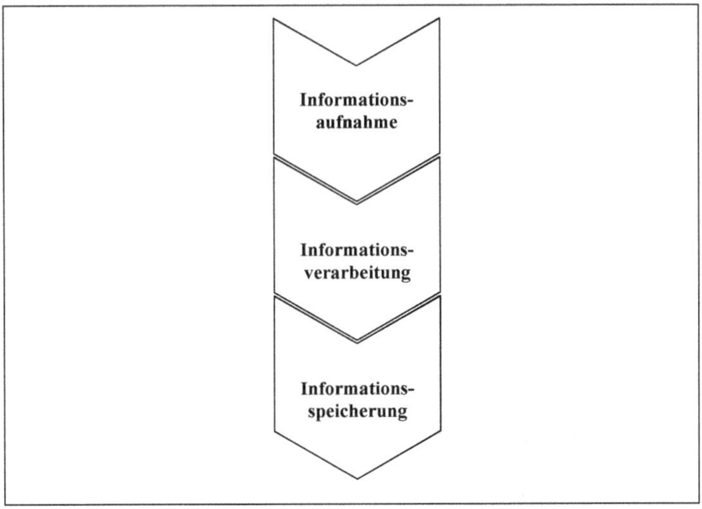

Abbildung 44: Phaseneinteilung des Informationsverarbeitungsprozesses

Die Informationsverarbeitung i.w.S. wird zumeist als kognitiv kontrolliert dargestellt, allerdings sind die kognitiven Prozesse von vielen intervenierenden emotiven Einflüssen moderiert, teilweise sogar dominiert.[1047] Sinnvollerweise sollte dementsprechend von einem gleichermaßen kognitiv wie emotiv kontrollierten Informationsverarbeitungsprozess gesprochen werden.

Während der Informationsaufnahme üben Emotionen grundsätzlich einen größeren Einfluss aus als während der eher kognitiv dominierten Informationsverar-

---

1045 Vgl. Steffenhagen (1996), S. 55ff. für eine abweichende Untergliederung.

1046 Die drei Phasen sind folglich nicht überschneidungsfrei und können durchaus auch parallel ablaufen. Vgl. z.B. Behrens (1991), S. 128ff.

1047 Vgl. Zemlin (2005), S. 84.

beitung i.e.S. Zajonc weist in dem Zusammenhang darauf hin, dass „Affekt und Kognition von getrennten und teilweise unabhängigen psychischen Systemen kontrolliert werden. Sie können sich gegenseitig in vielfältiger Weise beeinflussen. Beide - Affekt und Kognition - stellen unabhängige Ursachen für die Wirkungen der Informationsverarbeitung dar.“[1048] Sie lassen sich jedoch wegen ihres hypothetischen Charakters nur schwer trennen. Diese Problematik wird aus praktischer Sicht durch die Schwierigkeit der Messung von Emotionen noch verschärft.[1049]

Gleichwohl handelt es sich bei dem Informationsprozess wie bereits dargestellt um eine Abfolge mehrerer kognitiver Prozesse, die mehr oder weniger stark von Emotionen determiniert werden. Bei den folgenden Ausführungen wird deswegen jeweils an geeigneter Stelle auf die gegenseitige Einflussnahme kognitiver und emotiver Größen hingewiesen.

Als Ergebnis des Prozesses erweitert sich das Wissen der Person oder verändert sich deren Einstellung bzw. Image.[1050]
Die für diese Arbeit zugrunde gelegte Dreiteilung des Informationsverarbeitungsprozesses lehnt sich an neurophysiologische Erkenntnisse an, denen zufolge die drei Phasen in drei separaten Speichern des Gehirns stattfinden, wie Abbildung 45 entnommen werden kann.[1051]

[1048] Zajonc (1980), zitiert in: Kroeber-Riel/ Weinberg (2003), S. 239f.

[1049] Vgl. dazu Kroeber-Riel/ Weinberg (2003), S. 240f.

[1050] „Endprodukt“ des Prozesses stellen im biologischen Sinne Ergänzungen der Gedächtnisstrukturen dar.

[1051] Vgl. die Ausführungen zu den neurophysiologischen Ansätzen in Kapitel 6.1.1.

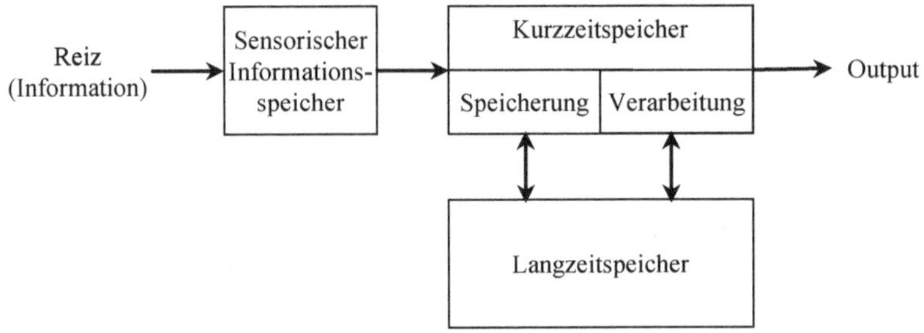

Abbildung 45: Das Drei-Speicher-Modell der Informationsverarbeitung[1052]

6.2.2.1 Informationsaufnahme

Werden von einem Individuum Reize wahrgenommen, so gelangen sie zunächst in den sensorischen Speicher. Dort findet eine Vorselektion innerhalb einer extrem kurzen Zeitspanne statt, die passiv abläuft und praktisch nicht kognitiv kontrolliert wird. Der genaue Ablauf der noch vor der eigentlichen Wahrnehmung[1053] stattfindenden ersten groben Entschlüsselung, mit der etwa visuelle Muster erkannt werden, ist noch relativ unbekannt. Sicher ist hingegen, dass nur ein Bruchteil der Reize bzw. Sinneseindrücke in den Kurzzeitspeicher gelangt. Dieser Vorgang wird als Informationsaufnahme bezeichnet. Im Zusammenhang mit den vielfältigen, in der nachfolgenden Abbildung 46 aufgeführten Aufnahmemöglichkeiten weisen Kroeber-Riel/ Weinberg darauf hin, „wie komplex die menschliche Informationsaufnahme ist."[1054]

[1052] Quelle: Kroeber-Riel/ Weinberg (2003), S. 226.

[1053] Glogger verwendet den Begriff der Wahrnehmung anstelle der Informationsaufnahme. Vgl. Glogger (1999), S. 103.

[1054] Kroeber-Riel/ Weinberg (2003), S. 246. Im Original ist das Wort *komplex* kursiv hervorgehoben.

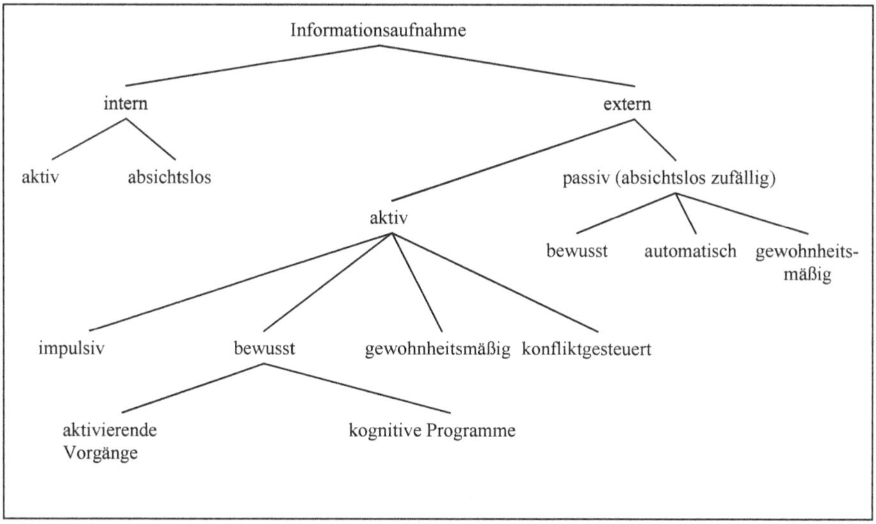

Abbildung 46: Verschiedene Arten der Informationsaufnahme[1055]

Beim Börsenevent IPO gewinnt neben der passiven externen Informationsaufnahme, z.B. bei einem zufällig wahrgenommenen Fernseh-Spot, durch das konstituierende Merkmal der Interaktivität die aktive Suche nach externen Informationen gegenüber anderen Marketinginstrumenten an Gewicht. Dies wird später noch von Relevanz sein.

Weiterhin ist für die Menge der aufgenommenen Informationen wichtig, wie Aufnahmefähigkeit und Aufnahmebereitschaft ausfallen. Die Aufnahmefähigkeit hängt wiederum von den bereits oben skizzierten personenbezogenen Determinanten, etwa dem Bildungsstand oder der Intelligenz, ab. Die Aufnahmebereitschaft wird hingegen von situativen Determinanten, z.B. der Motivation, parallel stattfindenden Beschäftigungen oder der Höhe des Involvement bestimmt. Je höher beispielsweise das Involvement ausfällt, desto mehr Informationen

[1055] Quelle: Kroeber-Riel/ Weinberg (2003), S. 246.

werden von dem sensorischen Speicher in das Kurzzeitgedächtnis „aufgenommen“.[1056]

Im Folgenden soll anhand eines Beispiels exemplarisch ein Informationsverarbeitungsprozess illustriert werden.

Für den Beispielfall wird von einem potentiellen Zeichner ausgegangen, der bereits grundlegende Erfahrungswerte über das Unternehmen Deutsche Telekom aufweist (Rezipient R). Er liest in einer überregionalen Wirtschaftszeitung einen Artikel über die Telekom, der anlässlich des anstehenden IPOs publiziert wird (Botschaftsträger „Printmedium“ M). Der Artikel enthält Informationen über den beabsichtigten zeitlichen Verlauf des IPO-Prozesses und über das Unternehmen, insbesondere allgemeine Angaben zu der Größe, der Gewinnsituation und den Geschäftsbereichen, sowie dessen wichtigsten Produkte, wobei die Festnetz- und Mobiltelefonie und die Internetangebote (T-Online) hinsichtlich ihrer Funktionalitäten erwähnt werden. Die Angaben werden durch objektive Zahlen oder subjektive Beurteilungen unabhängiger Experten untermauert (Information I). Es handelt sich hierbei um einen Stimulus des Typs S_{IMRt}, der sich aus der genannten Information I, dem Medium M und dem Rezipienten R konstituiert und zum Zeitpunkt t aufgenommen wird.[1057] In diesem Fall liegt also eine bewusst und aktiv angestoßene externe Informationsaufnahme vor. Das (Botschafts-) Involvement des Rezipienten und damit das Interesse beim Lesen entsprechender Publikationen ist hoch, sodass gleichsam „die Sinne geschärft“ sind. Daraus folgt eine überdurchschnittlich hohe Wahrscheinlichkeit, dass der betreffende Artikel in den sensorischen Speicher und von dort in das Kurzzeitgedächtnis gelangt. Dabei werden bestimmte Zeichen und Bilder (z.B. das magentafarbene „T“) vom sensorischen Speicher aufgenommen, grob verarbeitet und daraufhin zum Teil weitergeleitet. Hätte das Auge als in diesem Fall relevantes Sinnesorgan die das Unternehmen betreffenden Wörter „überlesen“, so fände kein weiterer Informationsverarbeitungsprozess statt. Die folgende Abbil-

[1056] Vgl. Kroeber-Riel/ Weinberg (2003), S. 226f. i.V.m. S. 250.

[1057] Die Herleitung und Bedeutung des Stimulus für die Wirkungsanalyse wird zu Beginn des Kapitels 7 ausführlich erläutert.

dung 47 fasst abschließend die Determinanten zusammen, die einen wesentlichen Einfluss auf die Informationsaufnahme ausüben.

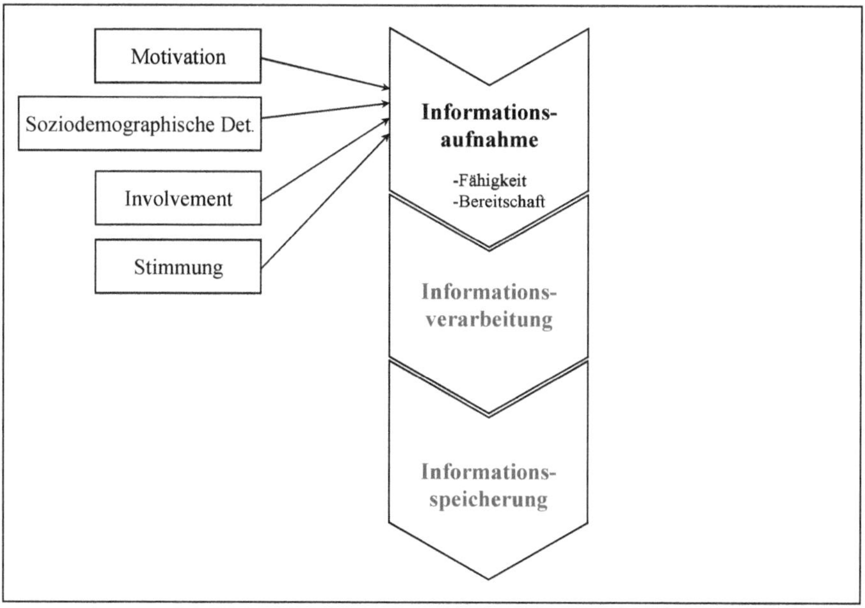

Abbildung 47: Die Phase der Informationsaufnahme

6.2.2.2 Informationsverarbeitung

Die *Informationsverarbeitung* findet im Kurzzeitspeicher des Gehirns statt und lässt sich nach Kroeber-Riel/ Weinberg in die *Wahrnehmung* als subjektive und selektive Informationsverarbeitung, die *Beurteilung* sowie die *Verarbeitung* mittels kognitiver Programme untergliedern.[1058] Die Prozesse sind dabei z.T. derart

[1058] Vgl. Kroeber-Riel/ Weinberg (2003), S. 268ff., S. 279ff. und S. 297ff.

komplex, dass von einem Beeinflussungspotential sämtlicher Determinanten auf den Informationsverarbeitungsprozess ausgegangen werden muss.[1059]

Durch den Prozess der *Wahrnehmung* werden aufgenommene Umweltreize und innere Signale im Kurzzeitgedächtnis mittels Rückgriff auf bereits vorhandene Informationen des Langzeitspeichers entschlüsselt und in verwertbare Informationen transformiert.[1060]
Besondere Bedeutung erlangen dabei die Subjektivität, nach der die Beurteilung von werthaltigen Informationen auf Basis der eigenen und somit subjektiv wahrgenommenen Umwelt vorgenommen wird, sowie die (Vor-) Selektivität, worunter eine erste Auswahl der zu verarbeitenden Informationen aus der Flut der auf das Individuum insgesamt einströmenden Informationen zu verstehen ist. Im Anschluss an die grobe Vorentschlüsselung findet nun im Kurzzeitgedächtnis eine Dechiffrierung und nochmalige Selektion statt. Für den Beispielfall bedeutet dies, dass das Gehirn bekannte (Unternehmens-) Bilder etwa mit dem Firmenlogo abgleicht oder die Überschrift des Artikels daraufhin überprüft, ob sie Schlüsselwörter wie den Firmennamen „Deutsche Telekom“ oder „Börsengang“ enthält.[1061]

Im Anschluss an die Dechiffrierung und Identifikation findet eine *Beurteilung* innerhalb des Kurzzeitgedächtnisses statt, die überwiegend als kognitiver Prozess abläuft.
Die direkt mit der Botschaft verbundenen und somit aktuell aufgenommenen Informationen gleicht der Rezipient mit gespeicherten Informationen[1062], die im Zusammenhang mit dem Botschaftsinhalt stehen, ab. Gegenüber der Wahrnehmung wird auf einen wesentlich umfangreicheren Erfahrungsschatz an gespeicherten Informationen gezielt zugegriffen.

[1059] Vgl. Kroeber-Riel/ Weinberg (2003), S. 347 FN 12.

[1060] Vgl. Kroeber-Riel/ Weinberg (2003), S. 271.

[1061] Vgl. Kroeber-Riel/ Weinberg (2003), S. 271.

[1062] Sie sind gleichzusetzen mit dem von Vakratsas/ Ambler als zentral erachteten Konstrukt der Erfahrungen („experience“). Vgl. Vakratsas/ Ambler (1999).

Im Falle des Artikels werden Textbausteine hinsichtlich der Produktpalette des IPO-Unternehmens und deren Funktionalitäten sowie der Qualität mit eigenen Produkterfahrungen oder von Dritten erhaltenen Erfahrungsberichten abgeglichen.[1063]

Des Weiteren werden Informationen hinsichtlich der Größe, Branche sowie Profitabilität des Unternehmens mit eigenen Kenntnissen über das Unternehmen verglichen und beurteilt. Daraus resultiert u.a. eine Einschätzung der Leistungsfähigkeit der Telekom auch gegenüber Konkurrenzunternehmen.

Die *Verarbeitung* findet anhand von *kognitiven Programmen* statt. Damit ist keineswegs gemeint, dass die Verarbeitung durch die Programme quasi vorgegeben ist. Vielmehr bestimmen die zugrunde liegenden psychischen Schemata die Prozedur, nicht jedoch das Ergebnis.[1064]

In der Literatur wurde bis Anfang der 1980er Jahre davon ausgegangen, dass ausschließlich Modelle der „kognitiven Algebra“ angewandt würden, nach denen die Verarbeitung anhand von Regeln der objektiven mathematischen Logik erfolgen würde. Es hat sich jedoch mittlerweile die Einsicht durchgesetzt, dass stets eine *subjektive Psycho-Logik* eine Rolle spielt.[1065]

Unter der subjektiven Psycho-Logik versteht man bei der Beurteilung eine intuitive, subjektive Form des Schließens, die den Regeln der kognitiv-algebraischen Logik nicht immer entspricht. Zwar sind noch nicht alle „Störeinflüsse“ subjek-

---

[1063] Durch empirische Untersuchungen im Zusammenhang mit Informationen über Güter des täglichen Lebens wurde festgestellt, dass zumeist mehr als die Hälfte der verfügbaren Informationen tatsächlich genutzt werden und für die Mehrheit der Probanden genauso viele Informationen über Alternativprodukte bei der Beurteilung eine Rolle spielen. Vgl. Kroeber-Riel/ Weinberg (2003), S. 285.

[1064] In anderen Kontexten existieren ebenfalls unterschiedliche Prozeduren, bspw. bei der Wahl des Bundeskanzlers im Vergleich zu der des amerikanischen Präsidenten. Das Ergebnis (der Wahl) hängt dennoch auch hier von dem Input, d.h. dem Wahlverhalten der Bürger, ab.

[1065] Vgl. Kroeber-Riel/ Weinberg (2003), S. 297.

tiver Logik identifiziert, allerdings sind schon verschiedene Verzerrungsursachen rationaler Urteile festgemacht worden:[1066]

- Die Beurteilung wird durch den *Einfluss von Emotionen* unbewusst verschoben. Sie reicht weit über den Einfluss nur auf die subjektive Psycho-Logik hinaus in den gesamten Informationsverarbeitungsprozess hinein, spielt allerdings gerade an dieser Stelle eine besondere Rolle.[1067]
  Herrscht beispielsweise eine große Freude über den finanziellen Gewinn eines IPO, so kann sie die Beurteilung einer sich anschließenden Neuemission beeinflussen. Rationale Argumente des Zeitungsartikels über eine realistische Bewertung und mögliche Risiken der Aktie werden übergangen, weil die Hoffnung bzw. Erwartung Platz greift, nochmals einen Gewinn erzielen zu können. Während der Hot-issue-Phase Ende der 1990er Jahre wurden oftmals neue IPOs gezeichnet, ohne dass belastbare Informationen herangezogen worden wären. Kritik an dem zugrunde liegenden Geschäftsmodell des Unternehmens wurde schlicht übergangen. Nicht zuletzt aufgrund dieses Verhaltens der subjektiven Psycho-Logik betreffen die meisten Firmenpleiten kurz nach dem Börsengang Unternehmen, die gegen Ende einer Hot-issue-Phase an den Markt gekommen sind.[1068] In diesen Phasen dominiert die Euphorie über Zukunftserwartungen der Unternehmen und die kritische, rational begründete Beurteilung ist am schwächsten ausgeprägt.[1069]

- *Vorurteile* (Schemata) prädisponieren Beurteilungen: Vorurteile verleiten dazu, in der Vergangenheit gelernte Schemata weitgehend unreflektiert auf eine neue, (scheinbar) vergleichbare Situation übertragen zu wollen.[1070]

1066 Vgl. Kroeber-Riel/ Weinberg (2003), S. 298.

1067 Vgl. Kroeber-Riel/ Weinberg (2003), S. 298.

1068 Vgl. Lewis/ Seward/ Foster-Johnson (2000), S. 34.

1069 Vgl. Loughran/ Ritter (1995), S. 47, Lewis/ Seward/ Foster-Johnson (2000), S. 33.

1070 Dies geschieht vor dem Hintergrund des Strebens nach der Vermeidung von kognitiven Dissonanzen.

Für den Beispielfall der Deutschen Telekom sei angenommen, dass Vorurteile hinsichtlich eines schlechten Service bestehen. Textbestandteile, die von einem im Konkurrenzvergleich hervorragenden Service und erheblichen Verbesserungen sprechen, werden potentiell anhand der Vorurteile als unglaubwürdig beurteilt und zurückgewiesen.

- *Intuitive Schlüsse* verursachen schwer (rational) änderbare Beurteilungen: Intuitive Schlüsse erfolgen spontan und sind nur in geringem Maße kognitiv kontrolliert, sodass daraus durchaus rational nicht nachvollziehbare Einschätzungen resultieren können.
  Bezogen auf den Beispielfall beeinflussen intuitive Schlüsse die Beurteilung des Artikels. Allerdings ist dies von eher untergeordneter Bedeutung, da die Lektüre selten unter erzwungenem Zeitdruck erfolgt. Derartige intuitive Beurteilungen lassen sich durch widersprechende Fakten revidieren.

- Des Weiteren spielen *unvollständige Informationen* eine erhebliche verzerrende Rolle.[1071]
  Werden in dem Artikel überwiegend erfolgreiche Unternehmensbereiche der Deutschen Telekom, z.B. T-Mobile und T-Online, dargestellt, so wird deren Einfluss auf die Gesamtbewertung zu stark gewichtet, wenn unvollständige Informationen auf Seiten des Rezipienten vorliegen. Hat er hingegen differenzierte und objektive Informationen über sämtliche Unternehmensbereiche, vermag er die Schieflage der Berichterstattung als solche zu erkennen.[1072]

1071 Die Auswirkungen unvollständiger Informationen sind mittels empirischer Untersuchungen detaillierter untersucht worden. Vgl. Kroeber-Riel/ Weinberg (2003), S. 299.

1072 Es sei an dieser Stelle darauf hingewiesen, dass das dem finanzwirtschaftlichen Aspekt des IPO-Prozesses immanente Problem der Informationsasymmetrie genauso in kommunikationspolitischer Hinsicht unmittelbar relevant ist. Je stärker das Gefälle von umfangreich bekannten positiven zu weniger bekannten negativen Informationen ausgeprägt ist, desto vorteilhafter ist dies im Hinblick auf die (durch den Informationsverarbeitungsprozess angestrebte Veränderung der) dauerhaften Zielwirkungen Wissen und Image.

Neben der subjektiven Psycho-Logik werden in der Forschung zwei Ausprägungen von *kognitiven Schemata bzw. Programmen* unterschieden: einfache Programme (Denkschablonen) und komplexe Programme (kognitive Algebra).

- Einfache Programme sind dadurch gekennzeichnet, dass in einer vereinfachenden Weise von Einzeleindrücken auf die Gesamtheit der Merkmale eines Objektes geschlossen wird. Der Reduktion der Inhalte zufolge gewinnen Schlüsselinformationen an Bedeutung. Einfache Schemata sind für den Rezipienten der Botschaft oftmals unabdingbar, weil sie helfen, der insgesamt hohen Komplexität Herr zu werden.
  Gerade bei der Beurteilung einer in dem Artikel erwähnten Unternehmensbewertung oder des Produktprogramms stellt es sich als praktisch unmöglich heraus, eine eigene fundierte Beurteilung abzugeben. Nicht-Profis sind damit überfordert und gezwungen, für ihre Beurteilung Schlüsselinformationen heranzuziehen. Das können grundsätzlich z.B. Analystenberichte, Beratungsgespräche mit Bankangestellten, Kommentare von „Experten" im Fernsehen oder Produkttests, Zufriedenheitsindices etc. sein. Liegen sie zum Zeitpunkt der Lektüre nicht vor, muss der Rezipient auf Schlüsselinformationen des Artikels zurückgreifen.
  Ein Einzeleindruck, der oftmals als Schlüsselinformation für die Bewertung des Unternehmens herangezogen wird, ist die in den vorangegangenen Jahren erzielte Gewinnsteigerung bzw. die Höhe des Vorjahresgewinns. Diese verkürzte Wahrnehmung von relevanten Aspekten mag ein Grund für die exponierte Präsentation gerade des Unternehmensergebnisses des letzten Geschäftsjahres sein. Sie kann auch als eine Erklärung für das sogenannte „window-dressing" in dem Geschäftsjahr vor dem IPO herangezogen werden, durch das der Gewinn und die operative Situation im externen Rechnungswesen über Gebühr gut dargestellt werden. Wie in Kapitel 3.1.4 gezeigt wurde, haben empirische Untersuchungen ein verstärkt betriebenes „window-dressing" offengelegt. Unternehmen weisen so durch kurzfristige Maßnahmen im Geschäftsbetrieb, aber auch bei der Abbildung desselben im externen Rechnungswesen, eine zu gute Vermögens-, Finanz- und Ertragslage aus. Sie

vertrauen (erfolgreich) darauf, dass Schlüsselinformationen registriert werden, hingegen (nur durch zusätzlichen Ressourceneinsatz eruierbare) Änderungen der Ansatz- und Bewertungsmethoden des externen Rechnungswesens unbeachtet bleiben.[1073]

Die Beachtung von Schlüsselinformationen lässt sich auf die Darstellung der Leistungsfähigkeit der Produkte übertragen. Web.de verweist regelmäßig an exponierter Stelle auf die zahlreichen Testsiege, die das wichtigste Produkt, der E-Mail-Dienst freemail, erzielt hat.

Diese Beobachtung stellt außerdem die gedankliche Grundlage des Modells von Stoughton/ Wong/ Zechner dar, das implizit davon ausgeht, dass einfache Programme bei den Konsumenten dazu führen, aus den Kursen die Produktqualität abzuleiten.[1074]

- *Komplexe Programme* laufen gegenüber den einfachen Programmen systematischer und „rationaler“ ab.[1075] Es wird postuliert, dass eine intensivere Beschäftigung mit dem Beurteilungsobjekt vorgenommen wird und die Beurteilung sich aus (praktisch) sämtlichen beurteilungsrelevanten Parametern (algebraisch) zusammensetzt. Kompensatorische Multiattributivmodelle[1076] verknüpfen die verschiedenen wertenden und sachlichen Attribute eines Objektes linear-additiv zur Ableitung eines Gesamteindrucks miteinander.[1077]

  Wenngleich der Leser des Artikels auf die vereinfachte Darstellung und auf Schlüsselinformationen hinsichtlich komplexer Sachverhalte angewiesen ist, so werden bei anderen Aspekten (z.B. über den Ablauf des IPO-Prozesses) dennoch mehrere Informationen als Entscheidungsgrundlage herangezogen.

1073 Vgl. dazu Baetge/ Kirsch/ Thiele, die auf den in § 252 Abs. 1 Nr. 6 HGB kodifizierten Grundsatz der Stetigkeit hinweisen, nach dem nur in begründeten Ausnahmefällen ein Wechsel der Bilanzierungsmethoden durchgeführt werden darf. Vgl. Baetge/ Kirsch/ Thiele (2003), S. 106ff.

1074 In Kapitel 3.2.1 wird eine ausführliche Erläuterung des Modells von Stoughton/ Wong/ Zechner (2001) vorgenommen.

1075 Vgl. Kroeber-Riel/ Weinberg (2003), S. 310.

1076 Vgl. Kroeber-Riel/ Weinberg (2003), S. 312.

Gerade die Länge des IPO-Prozesses und die mehrfache Aufnahme von IPO-relevanten Informationen begünstigen bei der Mehrzahl der potentiellen Zeichner die Verwendung von komplexen Programmen. Steht während der Börseneinführungsphase beispielsweise die Entscheidung über eine Zeichnung oder über die Höhe des finanziellen Engagements an, so wird der potentielle Zeichner vielfältige Informationen heranziehen, bis er aus seiner Sicht in die Lage versetzt ist, zu einer fundierten Entscheidung zu gelangen.

Die nachfolgende Abbildung 48 fasst abschließend die Beeinflussungsgrößen (Determinanten) der Informationsverarbeitung sowie die einzelnen Teilprozesse zusammen.

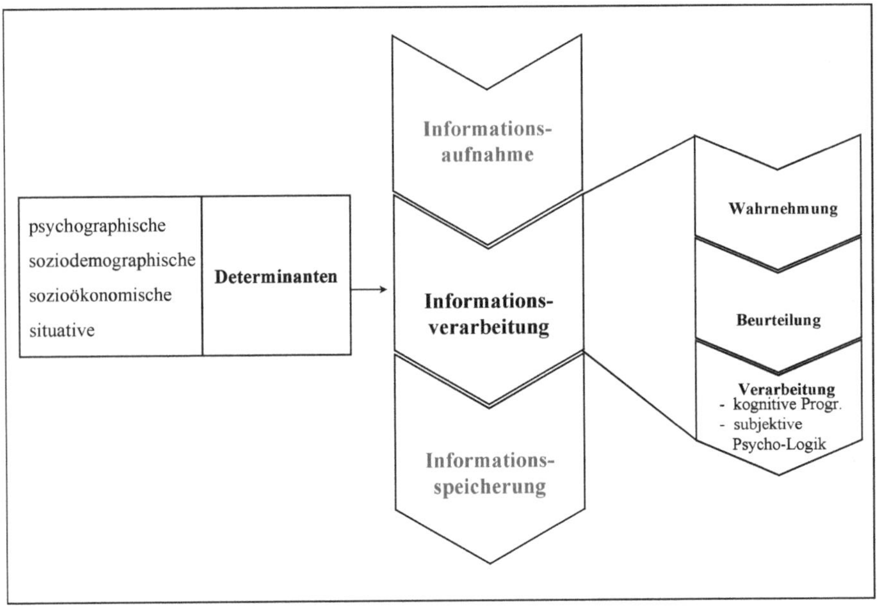

Abbildung 48: Informationsverarbeitungsprozess

[1077] Für einen Überblick verschiedener Modellklassen vgl. Kroeber-Riel/ Weinberg (2003), S. 316.

6.2.2.3 Informationsspeicherung

Werden die im Kurzzeitspeicher „verarbeiteten“ Stimuli, also die dechiffrierten, identifizierten und beurteilten Informationen, in den Langzeitspeicher, also das „Gedächtnis“, überführt, so spricht man von Informationsspeicherung bzw. von Lernen. Das Gedächtnis weist für die Informationsspeicherung eine praktisch unbegrenzte Kapazität auf.

Die im Langzeitspeicher abgelegten Informationen werden nach heutiger Auffassung[1078] nie wieder gelöscht, allerdings kann der Zugriff auf bestimmte Informationen durch „stärkere“ Informationen überlagert und somit ein (direkter) Zugriff verhindert werden.[1079]

Bezüglich des Lernprozesses existiert eine Vielzahl von Modellen, auf die hier nicht weiter eingegangen werden kann. Keines der Modelle kann für sich in Anspruch nehmen, Lernen vollständig und widerspruchsfrei zu erklären.[1080]

Neurophysiologische Grundlage des Lernens ist unstrittig die Veränderung von Gedächtnisstrukturen. Darunter wird der Aufbau von Objekten und Attributen verstanden, die durch Synapsen verknüpft werden.

Findet kein Transfer des im Kurzzeitgedächtnis „Erarbeiteten“ in den Langzeitspeicher statt, so gehen aufgrund der neurophysiologischen Ausprägung und der beschränkten Kapazität des Kurzzeitgedächtnisses dortige Inhalte verloren. Die mit dem kommunikativen Stimulus angestrebten dauerhaften Gedächtniswirkungen werden sodann verfehlt. Der Übertrag vom Kurzzeitspeicher in den Langzeitspeicher - das Lernen - stellt folglich eine notwendige Voraussetzung zum Erreichen der Ziele dar.[1081]

1078 Vgl. z.B. Nufer (2002), S. 133, sowie Kroeber-Riel/ Weinberg (2003), S. 360, zur „Interferenztheorie“.

1079 Vgl. hierzu die Verfügbarkeitsheuristik nach Tversky/ Kahneman (1982).

1080 Ritchie kritisiert Folgendes: „im Bereich des Lernens gibt es keine theoretischen Erklärungen, die nicht durch zahlreiche alternative Erklärungen, die genauso plausibel sind, in Frage gestellt werden.“ (Ritchie (1973), zitiert in: Kroeber-Riel/ Weinberg (2003), S. 330). Vgl. dazu auch Kroeber-Riel/ Weinberg (2003), S. 330ff., sowie Nufer (2002), S. 138.

1081 Die hinreichende Bedingung ist dann erfüllt, wenn die erfolgte Änderung der dauerhaften Gedächtniswirkungen inhaltlich den Zielsetzungen entspricht.

Als die tragfähigste Lerntheorie hat sich der kognitive Ansatz herausgestellt. Sein größtes Manko liegt allerdings in dem Umstand begründet, dass er lediglich die Veränderung des Wissens behandelt, andere Wirkungen, z.B. Einstellungsänderungen, hingegen nicht berücksichtigt.[1082] Trotzdem wird der kognitiven Informationsverarbeitung eine wichtige Rolle auch bei der Veränderung von Einstellungen zugeschrieben.[1083]

Für die kognitiven Lerntheorien sind vorhandene Erfahrungen von besonderer Bedeutung.[1084] Auch die Höhe des Involvement beeinflusst das Lernen, da von Greenwald/ Leavitt der Zusammenhang zwischen der Ausprägung des Involvement und der Verarbeitungstiefe hergestellt worden war, die wiederum von den kognitiven Lerntheorien mit dem Lernumfang verbunden wird.[1085] Dazu lässt sich folgende Argumentationskette aufbauen: Lernen ist dann besonders effektiv, wenn damit eine hohe Verarbeitungstiefe einhergeht. Hierunter wird das Ausmaß der kognitiven Aktivitäten verstanden, die das Individuum durchführt, um eine dargebotene Information zu speichern.[1086] Die Verarbeitungstiefe wiederum hängt vom Involvement ab.[1087] Lernen bei geringem Involvement bedingt ein passives und absichtsloses Lernen mit geringer Verarbeitungstiefe, hohes Involvement hingegen Lernen unter hoher kognitiver Kontrolle mit einer hohen Verarbeitungstiefe. Ergänzend sei angemerkt, dass in letzterem Fall sachliche Informationen mehr im Mittelpunkt stehen; bei einem niedrigen Involvement besteht hingegen einfacher die Möglichkeit, den Rezipienten (z.B. mit Bildern) zu beeinflussen.[1088]

1082 Vgl. Nufer (2002), S. 140.

1083 Vgl. Kroeber-Riel/ Weinberg (2003), S. 204. Kognitive Ansätze bieten darüber hinaus Hinweise, welche Aspekte für das Lernen von Bedeutung sein können. Dies gilt u.a. für die Art der dargebotenen Information, ob sie bildlich oder sprachlich verarbeitet wird. Vgl. Kroeber-Riel/ Weinberg (2003), S. 341.

1084 Vgl. Kroeber-Riel/ Weinberg (2003), S. 342.

1085 Vgl. Greenwald/ Leavitt (1984) sowie die Ausführungen in Kapitel 6.2.1.4 (Involvement).

1086 Vgl. Kroeber-Riel/ Weinberg (2003), S. 344.

1087 Vgl. Kroeber-Riel/ Weinberg (2003), S. 345.

1088 Vgl. dazu auch die periphere Verarbeitungsroute des ELM von Petty/ Cacioppo/ Schumann (1983).

Das Lernen stellt den letzten Prozessschritt des Informationsverarbeitungsprozesses dar. Er ist aufgrund seiner Komplexität - u.a. wegen der (gleichzeitigen) Einflussnahme zahlreicher Determinanten - bislang nicht vollständig erforscht und demzufolge nur fragmentarisch in Lerntheorien abgebildet. Es kann jedoch davon ausgegangen werden, dass ein hohes Involvement und starke (positive) Emotionen die Übernahme einer Information in den Langzeitspeicher begünstigen.

Offen geblieben ist bislang, welche Arten von Informationen gelernt werden. Für den Erfolg des Informationsverarbeitungsprozesses des Börsenevents IPO ausschlaggebend sind alle gelernten Informationen, die eine Veränderung der Zielwirkungen hervorgerufen haben. Auf diese wird im nächsten Kapitel eingegangen.

Für den Fall des Zeitungsartikels werden vorher gebildete Beurteilungen, die im Kurzzeitgedächtnis gespeichert wurden, in den Langzeitspeicher des Gehirns transferiert. Bei der Deutschen Telekom können dies beispielsweise erstens die Beurteilung des hohen Vorjahresgewinns als Indikator für den Nutzen der Teilnahme an dem Börsengang und zweitens die Einschätzung sein, es handele sich um ein profitables und erfolgreiches Unternehmen. Des Weiteren lernt der Leser des Artikels, welche Geschäftsbereiche bei der Deutschen Telekom besonders erfolgreich sind und welche (Haupt-) Produkte dort angeboten werden. Nachfolgend soll ein weiteres Beispiel für eine Information gegeben werden, die mit einer hohen Wahrscheinlichkeit gelernt wird.
Überzeugt durch die Informationen des Zeitungsartikels hat der potentielle Investor tatsächlich einen Zeichnungsauftrag eingereicht (was einhergeht mit einem hohen Involvement) und ist von der Deutschen Telekom tatsächlich berücksichtigt worden. Er bekommt nun mittels eines weiteren Zeitungsartikels die Information, dass der Aktienkurs am ersten Handelstag um 20% gestiegen ist - was die starke positive Emotion „Freude“ auslöst. Dieser simple, jedoch sehr prägende Eindruck wird mit hoher Wahrscheinlichkeit in den Langzeitspeicher

des Gehirns übernommen und damit dauerhaft gelernt.[1089] Es bilden sich nun im Gehirn neue, diese Informationen repräsentierende neuronale Strukturen aus. Die Informationen wurden somit (dauerhaft) gespeichert. Dies bestätigt sich durch Befragungen bei Personen, die entsprechende Situationen erlebt haben.

Die Ausführungen werden von der Abbildung 49 zum letzten Prozessschritt der Informationsverarbeitung abgeschlossen.

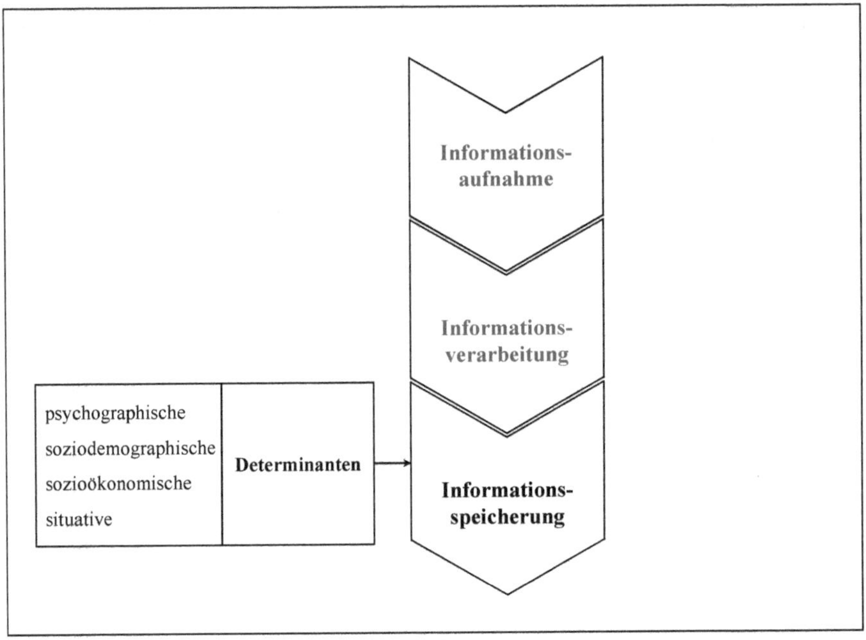

Abbildung 49: Die Informationsspeicherung als Abschluss des Informationsverarbeitungsprozesses

[1089] An dieser Stelle soll darauf hingewiesen werden, dass ein deutlicher Kursverlust, der nach der Börseneinführung zu verzeichnen ist, die positive Erinnerung zwar nicht auslöscht, jedoch überlagern kann.

6.2.3 Zielwirkungen

Als für das Börsenevent IPO empirisch valide Zielkategorie sind in Kapitel 4.2.3.1.2 dauerhafte Gedächtniswirkungen abgegrenzt worden. Sie ordnen sich als primäre Marketingziele in die Zielpyramide des Unternehmens ein.
Dauerhafte Gedächtniswirkungen sind Inhalte des Langzeitgedächtnisses.[1090] Sie lassen sich in Wissen bzw. Kenntnisse,[1091] Einstellungen und Verhaltensabsicht unterteilen.[1092]
Mit Ausnahme der Wissenskomponente handelt es sich auch hier wiederum um hypothetische Konstrukte, sodass keine trennscharfe und eindeutige Abgrenzung möglich ist. In der Literatur werden die dauerhaften Gedächtniswirkungen deswegen auch nicht einheitlich untergliedert.[1093]
Unter *Kenntnissen* versteht man die durch eigenes Erfahren oder durch Berichte Dritter[1094] weitgehend wertneutral im Gehirn gespeicherten Bilder oder Inhalte zu Objekten in der Erfahrensumwelt der in Betracht stehenden Person. Die Gesamtheit aller Kenntnisse bezeichnet man als das Wissen.
Weil dieses objektive Wissen als Grundlage für (subjektive) Einstellungen und Verhaltensabsichten und somit letztlich auch für beobachtbares Verhalten dient, stellt es eine der zentralen Zielgrößen des Marketing dar und verdient somit eine gesteigerte Aufmerksamkeit.[1095]
Unter *Einstellung* versteht man wertende und damit subjektive Einschätzungen einem Objekt gegenüber. Sie variiert zwischen den Extrembereichen negativ

1090 Grundlage ist hier die Terminologie von Steffenhagen (1996). Genauer betrachtet müsste es heißen, dass die dauerhaften Wirkungen Inhalte des Gedächtnisses prägen bzw. verändern, je nachdem, ob prädispositionale Inhalte vorhanden sind oder nicht. Vgl. Steffenhagen (1996), S. 73.

1091 Vgl. z.B. Lasslop (2003), S. 62. Der Begriff „Wissen“ wird von Esch weiter definiert und umfasst neben den wertfreien Kenntnissen als objektivem Wissen auch die subjektiven, wertenden Einstellungen als Bestandteil des Wissens. Vgl. Esch (1998). Hier soll jedoch der Einteilung Steffenhagens gefolgt werden.

1092 Vgl. Lasslop (2003), S. 61ff.

1093 Vgl. zu anderen Abgrenzungen z.B. Steffenhagen (1996).

1094 Das können auch durch nicht wertneutrale Werbung vermittelte Botschaften sein.

1095 Vgl. Lasslop (2003), S. 62.

und positiv und kann damit auch neutral ausfallen. Sie bezieht sich auf Unternehmen, Produkte, Werbung, Verkaufsstätten, Ereignisse usw.
Die *Verhaltensabsicht*[1096] schließlich wird von den beiden vorgenannten Kategorien beeinflusst und lässt sich als individuumsspezifische Tendenz, eine bestimmte Handlung auszuführen oder zu unterlassen, umschreiben.[1097]

Im Folgenden werden die einzelnen Aspekte der dauerhaften Gedächtniswirkungen detaillierter vorgestellt.

Kenntnisse/ Wissen

Durch den Informationsverarbeitungsprozess transformiert die Person Informationen in neue oder ergänzende Kenntnisse, was sich neurophysiologisch durch den Lernprozess in erweiterten Gedächtnisstrukturen niederschlägt.[1098] Damit wird das Wissen erweitert. Kenntnisse lassen sich in Werbe-, Bezeichnungs-, Eigenschafts- und Ereigniskenntnisse unterteilen.

Werbekenntnisse liegen dann vor, wenn der Adressat der Werbebotschaft nach einem gewissen Zeitraum in der Lage ist, sich an die Werbung zu erinnern. Erfolgt die Erinnerung vom Adressaten in Zusammenhang mit der Nennung eines auslösenden Begriffs („cue") selbst, so spricht man von aktiver Werbekenntnis;

[1096] Bei Steffenhagen mit Verhaltensbereitschaft bezeichnet. Damit wird jedoch ungewollt eine passivische Ausrichtung angedeutet, die nicht trennscharf zum bei Steffenhagen verwendeten Interessenbegriff ausfällt. Darüberhinaus stellt die Verhaltensabsicht die letzte Vorstufe zum beobachtbaren Verhalten etwa in Form des Produktkaufes dar, der eine aktive, selbstinitiierte Kaufentscheidung als notwendige Voraussetzung impliziert.

[1097] Damit wird die besondere Nähe zum Einstellungsbegriff offensichtlich, der sich auf Handlungen ausdehnen ließe; dadurch würde die Einstellung zu einer (Kauf-) Handlung bzw. zu einem –verhalten als Verhaltensabsicht begründbar.

[1098] Gemäß der Erkenntnis, dass einmal gewonnenes Wissen nie wieder verlorengeht, sondern bestenfalls durch stärkere Verbindungen zu anderem Wissen überlagert wird, nimmt der Wissensschatz permanent zu.

passive Werbekenntnis liegt hingegen vor, wenn sich der Adressat nur mittelbar an die Werbebotschaft erinnern kann.[1099]

Hinter sogenannten *Bezeichnungskenntnissen* verbirgt sich im Wesentlichen das in der Praxis wohl am häufigsten erwähnte Werbeziel der Markenbekanntheit.[1100] Sie liegt dann vor, wenn Personen Markennamen mit Produkten in Verbindung bringen können. Auch die Markenbekanntheit kann in aktiver oder passiver Form vorliegen; zur Feststellung der aktiven Markenbekanntheit muss die Person in der Lage sein, bei Nennung beispielsweise einer Produktklasse (z.B. DSL-Internet) den betreffenden Markennamen (z.B. Deutsche Telekom) selbsttätig zu nennen. Bei nur passiver Markenbekanntheit kann die Person den Namen nur indirekt nennen, erkennt beispielsweise bei Vorlage einer Liste mehrerer Namen den von der Deutschen Telekom als für die Produktkategorie passend. Grundsätzlich gilt, dass die passive Markenbekanntheit höher ausfällt als die aktive, die Differenz jedoch mit einem zunehmenden Bekanntheitsgrad schrumpft.[1101]

Eigenschaftskenntnisse sind dann gegeben, wenn die betreffende Person einem Objekt bestimmte Attribute bzw. Merkmale zuordnen kann, beispielsweise dass die Telekom flächendeckend DSL-Internetzugänge offeriert. An dieser Stelle sei noch einmal betont, dass es sich hier um wertneutrale Attribute handelt und nicht um subjektive Einschätzungen der betreffenden Person selbst. Dabei kann die wertneutrale Einschätzung durchaus eine subjektive Bewertung einer anderen Person als Grundlage haben, beispielsweise weil der Nachbar der befragten Person in der eigenen Erfahrung festgestellt hat, dass ein Anschluss verfügbar ist. Ob dies objektiv den Tatsachen einer flächendeckenden Versorgung entspricht, ist davon unabhängig.

[1099] Aktive Werbekenntnisse werden durch sogenannte „recall"-Verfahren, passive hingegen durch „recognition"-Verfahren ermittelt. Vgl. z.B. Steffenhagen (1996), S. 77ff.

[1100] Vgl. Steffenhagen (1996), S. 80, Löffler/ Weser (1999), S. 18.

[1101] Vgl. zu empirischen Ergebnissen Steffenhagen (1996), S. 85.

Ereigniskenntnisse bezeichnen die Fähigkeit einer Person, selbsttätig oder gestützt, sich an ein Ereignis, das in der Zukunft oder in der Vergangenheit liegen kann, zu erinnern.[1102] Dies soll an zwei Beispielen verdeutlicht werden. Zum Zeitpunkt des Börsengangs der Deutschen Telekom im Jahr 1996 waren die Ereigniskenntnisse in Form kapitalmarktbezogener Informationen noch sehr schwach ausgeprägt, da zuvor relativ wenige Börsengänge vollzogen wurden.[1103] Web.de hat hingegen davon profitieren können, dass vor seinem IPO Anfang des Jahres 2000 mehrere hundert IPOs stattgefunden hatten. Einzelne IPOs (insbesondere Deutsche Telekom und Infineon) konnten Millionen von Interessenten animieren, die Emission zu zeichnen. Die Ereigniskenntnisse waren somit wesentlich stärker ausgeprägt.

Die genannten Kenntnisse lassen sich auf verschiedene Objekte beziehen. Ein Unternehmen kann Bezugsobjekt beispielsweise für Werbekenntnisse (TV-Spots) und Ereigniskenntnisse („Team Telekom" bei der „Tour de France") sein. Auch Produkte vereinen potentiell Werbekenntnisse (Werbeanzeige zum Produkt) und Ereigniskenntnisse (Red-Bull-Flugtage) auf sich. Börsengänge können prinzipiell als Objekt für Werbekenntnisse herhalten, etwa wenn für das Ereignis Börsengang ein spezifischer Werbespot gesendet wird.
Für die weiteren Ausführungen soll jedoch der für einen Börsengang realistische Fall angenommen werden, dass über den Börsengang als Ereignis am Kapitalmarkt überwiegend Ereigniskenntnisse vorliegen, die bei den Personen durch deren Teilnahme an bereits absolvierten IPOs herrühren. Alle Informationen, die Eigenschaftskenntnisse über den IPO-Prozess aus Kapitalmarktsicht betreffen bzw. erweitern, werden gemäß der in Kapitel 5.1 vorgenommenen Differenzierung der Botschaft im Folgenden als kapitalmarktbezogene Informationen be-

[1102] Es kann dabei der Einschätzung Steffenhagens, vergangenheitsorientierte Ereigniskenntnisse seien weniger werberelevant, nicht gefolgt werden. Nur bei schon durchgeführten Ereignissen besteht die Möglichkeit, durch die Erinnerung an das Ereignis, die als Katalysator wirkt, die drei vorgenannten Kenntnisarten auszulösen. Die Relevanz wird nachfolgend anhand der Gedächtnisstrukturen deutlich werden. Vgl. Steffenhagen (1996), S. 90.

[1103] Vgl. dazu die Ausführungen in Kapitel 2.2.

zeichnet.[1104] Sie grenzen sich von gütermarktbezogenen Informationen z.B. über die Geschäftstätigkeit des Unternehmens und seiner Produkte ab.

In Bezug auf das Unternehmen liegen Bezeichnungskenntnisse (die sich in einem Bekanntheitsgrad widerspiegeln), Werbekenntnisse sowie Eigenschaftskenntnisse vor. Die Deutsche Telekom hatte vor dem IPO bereits bei vielen Personen aufgrund des hohen Werbebudgets und der permanenten Präsenz am Werbemarkt Werbekenntnisse hinterlassen. Des Weiteren verfügte sie über einen hohen Bekanntheitsgrad (bezogen auf das magentafarbene „T“ sowie den Markennamen Deutsche Telekom) und bewirkte damit z.T. zumindest pauschal ausgeprägte Eigenschaftskenntnisse.
Web.de hingegen konnte zum Zeitpunkt des Börsenganges kaum Werbekenntnisse der Interessenten voraussetzen, und ebensowenig existierten umfangreiche Bezeichnungs- oder Eigenschaftskenntnisse.
Neben den rein kapitalmarktbezogenen bzw. rein gütermarktbezogenen Informationen werden bei einem IPO viele Informationen produziert und vermittelt, die zwar in Zusammenhang mit dem IPO stehen, gleichwohl hauptsächlich auf das Unternehmen und dessen Produkte ausgerichtet sind (güter- und kapitalmarktbezogene Informationen). In der Praxis dürfte die Mehrzahl der bei einem IPO entstehenden Informationen gemischter Natur sein. Als ein Beispiel sei nochmals das in einer überregionalen Wirtschaftszeitung veröffentlichte Unternehmensporträt genannt, welches als kapitalmarktbezogene Entscheidungshilfe dient, gleichzeitig jedoch grundlegende Informationen über das Unternehmen und seine Produktpalette vermittelt. Sie sind unmittelbar realgütermarktrelevant und beeinflussen z.B. die Eigenschaftskenntnisse über das Unternehmen und dessen Produkte.

Die verschiedenen Arten von Kenntnissen stehen nicht unabhängig nebeneinander, sondern können sich gegenseitig beeinflussen. Verfügt ein potentieller Investor während der Vorbereitungsphase bereits über umfangreiche kapitalmarkt-

[1104] In Kapitel 5.1 wurde die Unterteilung in kapitalmarktbezogene, güter- und kapitalmarktbezogene und gütermarktbezogene Informationen eingeführt.

bezogene Ereigniskenntnisse des allgemeinen Ablaufs eines IPO-Prozesses, so nimmt er mit einer höheren Wahrscheinlichkeit an dem (erfolgversprechenden) IPO teil.[1105] Dadurch verbessern sich wiederum die gütermarktbezogenen Bezeichnungs-, Werbe- und Eigenschafts-Kenntnisse über das Unternehmen und dessen Produkte.

Einstellungen/ Image

Der Informationsverarbeitungsprozess führt jedoch nicht nur zur Erweiterung des wertfreien Wissens, sondern auch zur Ergänzung bzw. Änderung von subjektiv geprägten Einstellungen. Die Person „lernt dazu“ und modifiziert damit eine bereits bestehende Einstellung oder bildet eine neue Einstellung. In Abgrenzung zu den bereits weiter oben erläuterten Kenntnissen als wertfreies Wissen sind Einstellungen als individuumsspezifische Ablehnung oder Bevorzugung eines Objektes - z.B. Produkt oder Eigenschaft - und somit wertend zu sehen. Der Einstellungsbegriff wird in der Wissenschaft schon seit längerer Zeit z.T. konträr diskutiert.[1106] Die hier verwandte Definition hat sich heute gegenüber einer traditionellen Einstellungsdefinition durchgesetzt, nach der anstelle der Wertung nur eine Reaktionsbereitschaft vorliegen muss.[1107]
Fällt die Reaktionsbereitschaft in Bezug auf ein Objekt (z.B. Produkt) grundsätzlich zu einem bestimmten Grade positiv oder negativ aus, so wird von einer

[1105] In einer Cold-issue-Phase, in der Neuemissionen bestenfalls geringe Kurssteigerungen ermöglichen, können umfangreiche Ereigniskenntnisse auch zu einer bewussten Ablehnung einer Zeichnung führen.

[1106] Für eine Diskussion des Einstellungsbegriffs in seiner Entwicklung nach der erstmaligen Nennung durch Thomas/ Znaniecki (1918) vgl. Bonfadelli (2001), S. 87.

[1107] Zu letzterer Auffassung vgl. etwa das Resümee in dem Überblicksartikel von Allport (1935): „Eine Einstellung ist ein mentaler und neuraler Bereitschaftszustand, der durch die Erfahrung strukturiert ist und einen steuernden und dynamischen Einfluss auf die Reaktonen eines Individuums gegenüber allen Objekten und Situationen hat, mit denen dieses Individuum eine Beziehung eingeht.“ (Allport (1935), zitiert in: Bonfadelli (2001), S. 88).

positiven oder negativen Einstellung gesprochen.[1108] Synonym zur Einstellung wird oftmals der Begriff „*Image*" verwendet.

Nach der sogenannten Zwei-Facetten-Sichtweise zeigen sich zwei Ausdrucksformen für die an sich latenten Einstellungen:[1109] Kognitive Ausdrucksformen werden z.B. in Form einer Meinung oder einer Überzeugung für andere beobachtbar, affektive Ausdrucksformen äußern sich in Form von Emotionen[1110] oder Gefühlen.[1111]

Als Bezugsobjekt für Einstellungen kommen prinzipiell zwei Gruppen in Betracht: zum einen Produkte, Marken oder Firmen und zum anderen das Marketinginstrument selbst.

In zahlreichen angloamerikanischen Veröffentlichungen wird die Einstellung gegenüber der Marke (bzw. Produkten oder der Firma) als „attitude towards the brand (kurz: A_b)" und gegenüber dem Werbemittel bzw. Marketinginstrument selbst als „attitude towards the ad(vertisement)" (kurz: A_{ad})[1112] bezeichnet.

[1108] Als wesentlicher Kritikpunkt kann geltend gemacht werden, dass kaum ein Unterschied zu dem Konstrukt der Gewohnheiten auszumachen ist. Vgl. Steffenhagen (1996), S. 97 und die dort angegebene Literatur.

[1109] Steffenhagen zählt auch Stimmungen als Äußerungsform dazu, dem hier jedoch aufgrund der bereits oben erfolgten Definition von Stimmungen als *un*gerichtete Determinante widersprochen werden muss.

[1110] Vgl. zu Emotionen die Ausführungen im Kapitel 6.2.1.4.

[1111] Vgl. Steffenhagen (1996), S. 99. Gerade in früheren Veröffentlichungen wurde häufig von der sogenannten Drei-Komponenten-Theorie gesprochen. Als dritte Komponente (bzw. Facette) wird die Einstellung in Form eines Verhaltens sichtbar. Hat eine Person gegenüber einem Objekt, z.B. einem Produkt, eine positive Einstellung, so könnte sich diese in dem Kauf des Produktes ausdrücken. Zudem haben zahlreiche Studien offenbart, dass keineswegs ein direkter Zusammenhang zwischen der Einstellung und dem beobachtbaren Verhalten besteht. So kann beispielsweise eine stark ausgeprägte positive Einstellung gegenüber einem Automobil der Marke Ferrari bestehen, der tatsächliche Kauf aber beispielsweise an der mangelnden finanziellen Ausstattung oder aber an der erwarteten Ablehnung im sozialen Umfeld scheitern. Vgl. Steffenhagen (1996), S. 97ff. Eine andere Einschätzung ist bei Lasslop zu finden, vgl. Lasslop (2003), S. 84 sowie Bonfadelli (2001), S. 90.

[1112] Darunter wird die Einstellung zu der markenbezogenen Werbung verstanden, und nicht die generelle Befürwortung oder Ablehnung von Werbung, die in letzter Zeit wegen der Reizüberflutung immer stärker in Richtung Ablehnung tendierte.

Gerade im Hinblick auf den Einsatz des Marketinginstruments Börsenevent zeigt sich diese Unterteilung als unmittelbar relevant; sie soll im Folgenden eingehender behandelt werden.[1113]

In zahlreichen empirischen Untersuchungen wurde festgestellt, dass die Beeinflussung der Einstellung zum Unternehmen oder zur Marke (A_b) über die Einstellung zum Marketinginstrument (A_{ad}) - quasi als Hilfsmittel - erfolgt.[1114] Ohne diesen Zusammenhang gäbe es kein Sponsoring: Der Sponsor bezahlt (z.B. in der Formel 1 oder im Fußball) viel Geld, um von dem Image des Sponsoringobjekts zu profitieren.[1115]

Im Rahmen einer umfangreichen empirischen Untersuchung vermochte Lasslop diese allgemeine Erkenntnis auf den speziellen Fall von Events zu übertragen. Demnach beeinflusst die Einstellung, die zu dem Event gebildet wird, in hohem Maße auch die Einstellung dem eventveranstaltenden Unternehmen gegenüber.[1116]

Übertragen auf den Börsengang bedeutet dies, dass das Ziel eines positiven Einstellungswandels gefördert wird, wenn die Teilnehmer einen positiven Eindruck vom Börsengang haben.

Vorliegen kann dabei ein pauschal positiver Eindruck bezüglich des Marketinginstruments (bei Börsenevents beispielsweise der durch Teilnahme an vorherigen IPOs gewonnene positive Eindruck möglicher hoher Kursgewinne), eine besondere Akzeptanz der Kommunikationsbotschaft (die beim Börsengang vermittelte Information, es handelte sich um ein sozial engagiertes Unternehmen mit stabil positiven Wachstumsaussichten, wird als sympathisch empfunden)

1113 Das A_{ad}-Konstrukt eignet sich nicht nur wegen seiner vielfältigen konzeptionellen und empirischen Fundierung, sondern außerdem wegen seiner Übertragbarkeit auf andere Kommunikationsinstrumente. Vgl. Lasslop (2003), S. 85 FN 265, und die dort angegebene Literatur.

1114 Zu empirischen Ergebnissen vgl. die bei Lasslop angesprochene Metastudie. Vgl. Lasslop (2003), S. 86 FN 270.

1115 Zu Image-Transfer-Modellen vgl. Nufer (2002), S. 165ff.

1116 Dies bestätigen die von Lasslop festgestellten hohen Signifikanzniveaus, vgl. Lasslop (2003), S. 150.

oder ein Gefallen an der Gestaltung des Werbemittels (etwa bei dem Börsenevent des Telekom-IPO die besonders vielen, schnell und kostenlos zur Verfügung stehenden Informationen, die Hotline-Beratung für die Eröffnung eines Depots mit Zeichnungsberechtigung etc.). Dabei kann auch hierbei der Eindruck wieder eher gefühlsbetont (affektiv) oder eher verstandesbetont (kognitiv) moduliert sein.

Die als Zielwirkung angestrebten Einstellungsänderungen durch die Kommunikationsbotschaft können in Abhängigkeit von der Ausprägung der Determinante „prädisponierte Einstellungen“ unterschiedliche Ausprägungen annehmen:[1117]

- *Einstellungsbildung*: Eine Einstellungsbildung geht in dem Fall vonstatten, dass zu einem bestimmten Objekt noch keine (gefestigten) Einstellungen vorliegen. In dem Fall sind noch keine entsprechenden Gedächtnisstrukturen vorhanden; es müssen neue Objekt- sowie Attributstrukturen geschaffen werden. Dies erfordert zwar eine intensive und vor allem möglichst scharf konturierte Information - andernfalls findet keine Bildung von neuen Gedächtnisstrukturen statt und die betreffende Person „vergisst“ die gelieferte Information nach kurzer Zeit wieder -, deren Einfluss dann jedoch groß ist: Sie wird direkt und unbeeinflusst übernommen und gespeichert. Das Erreichen von erwünschten Einstellungswerten fällt in diesem Fall am einfachsten aus. Für IPO-Unternehmen kann somit differenziert werden: Etablierte Firmen können in Bezug auf die Einstellungsbildung bestenfalls in Teilbereichen Änderungen bewirken, wohingegen junge, nicht bekannte Unternehmen die Chance haben, Einstellungen gemäß ihrer Vorstellung zu schaffen. Bei der Deutschen Telekom war eine Einstellungsbildung bei den meisten Bundesbürgern überwiegend nicht möglich. Web.de konnte zum Zeitpunkt des IPO hingegen eine weitreichende Einstellungsprägung verwirklichen.

[1117] Vgl. Bonfadelli (2001), S. 93.

- Die *Verstärkung* bestehender Einstellungen findet bei Gedächtnisstrukturen statt, die durch die gebotenen Reize repliziert und bestätigt werden. Dazu ist es notwendig, dass eine hohe Übereinstimmung mit vorhandenen Inhalten besteht und dass der Reiz eine höhere Intensität als der vorhandene Wert aufweist.

- Eine *Abschwächung* bestehender Einstellungen findet statt, wenn wiederholt ein Reiz mit einer geringeren Intensität und anderer Ausrichtung als der vorhandene Wert wahrgenommen wird. Dies ist insbesondere bei der affektiven Komponente der Fall. Haben Kunden der Telekom beispielsweise aufgrund eigener Erfahrungen die Einstellung, dass der Service sehr kundenfreundlich ausfällt, jedoch mehrfach von Bekannten bzw. Medien die (kritische) Information erhalten, der Service sei nur mäßig kundenfreundlich, führt dies potentiell zu einer Abschwächung der eigenen Einstellung.

- *Einstellungsänderung*: Bei einer konfirmierten und gefestigten Einstellung fällt es schwer, eine Änderung herbeizuführen. Dies liegt u.a. in dem Streben nach Vermeidung von kognitiven Dissonanzen begründet. Demnach werden Informationen, die eigenen Einstellungen zuwiderlaufen, (zunächst) ignoriert. Möglichkeiten einer erfolgreichen Einstellungsänderung bestehen darin, neue Informationen zu einer kognitiven Einstellungskomponente zu vermitteln, die eine Änderung der affektiven Einstellungskomponente nach sich zieht. Hat ein Kunde beispielsweise aufgrund eigener Erfahrungen eine positive affektive Einstellung dem Service der Deutschen Telekom gegenüber und erfährt durch den Börsengang, dass der Service im Vergleich zur Konkurrenz sehr schlecht ausfällt, so kann die rational überzeugende kognitive Einstellungskomponente dazu führen, die eigene affektive Einstellung zu revidieren. Des Weiteren können affektiv belohnende Erfahrungen zur Änderung der kognitiven Einstellungskomponente führen. Hierfür sei ein weiteres Beispiel zur Deutschen Telekom angeführt: Ein Kunde verfüge über die aus Zeitungsberichten abgeleitete negative kognitive Einstellung, das Unternehmen Deutsche Telekom sei altmodisch, langsam und marode. Durch den erfolgreich absolvierten Börsengang erzielt er jedoch einen hohen Kursgewinn, der bei ihm positive Emotionen auslöst. Die daraus gewonnene positive affektive Einstellungskomponente stellt die gegebene kognitive Einstellungskomponente in Frage („Kann das Unternehmen denn so altmodisch, langsam und marode sein, wenn es einen so erfolgreichen, milliardenschweren Börsengang am dynamischen Kapitalmarkt absolviert hat, der so begehrt war, dass die Kurse stark gestiegen sind?") und führt möglicherweise zu deren Revision.

Es kann festgehalten werden, dass zur Erzielung einer positiven Einstellungsänderung dem Unternehmen gegenüber zunächst eine positive Einstellung zum Event gewährleistet werden muss. Dies betrifft im Wesentlichen die Börseneinführungsphase (z.B. die Einstellung der Teilnehmer zur Informationspolitik des Unternehmens) und die Börsenphase. Mit dem Ausklang geht eine Beurteilung des Börsengangs einher, der sich ganz zentral mit den beim IPO erzielten finanziellen Gewinnen verknüpft. Investoren, die eine Zuteilung erhalten und damit hohe Zeichnungsgewinne realisieren, sind darüber erfreut und bilden eine positive Einstellung. Gleichwohl bergen auch IPOs mit hohen Zeichnungsrenditen die Gefahr von enttäuschten Investoren und einer daraus folgenden negativen Einstellungsbildung. Das kann auftreten, wenn aufgrund der hohen Überzeichnung nur ein Teil der Investoren bedient wird und sich die nicht bedienten Investoren über die entgangenen Gewinne ärgern. Hinzu kommt, dass - wenngleich in nur wenigen Fällen - Investoren bei einem IPO, dessen Kurs am Sekundärmarkt sinkt, finanzielle Verluste hinnehmen müssen. Oftmals verhindern allerdings die Stützungskäufe der Konsortialbanken eine negative Zeichnungsrendite.[1118]

Es kann jedoch davon ausgegangen werden, dass im Falle eines finanziellen Verlusts die Investoren nicht die Schuld bei sich und ihrer fehlerhaften Bewertung suchen, sondern ihn dem Unternehmen bzw. den beteiligten Banken anlasten. Daraus entsteht eine negative Einstellung dem gesamten Börsengang gegenüber.

[1118] Vgl. Ruud (1993) sowie die Ausführungen zu Stützungskäufen in Kapitel 3.1.3.

Verhaltensabsicht

Die Verhaltensabsicht[1119] nimmt als Verbindungsglied zwischen den dauerhaften Gedächtniswirkungen „Wissen" bzw. „Einstellung" und dem beobachtbaren Verhalten eine besondere Stellung ein.[1120] Die Verhaltensabsicht wird durch das objektive Wissen wie durch die subjektiven Einstellungen gleichermaßen genährt und übt ihrerseits einen direkten, wenngleich durch Determinanten moderierten Einfluss auf das beobachtbare tatsächliche Verhalten aus.

Schon Fishbein hat erkannt, dass eine Erklärungslücke für die oftmals fehlende direkte Verknüpfung zwischen der produktbezogenen Einstellung und dem tatsächlichen Kaufverhalten besteht.[1121] Als Lösung entwickelte er das hypothetische Konstrukt der Verhaltensabsicht.

Nach Fishbein setzt sie sich aus einer einstellungsbezogenen und einer sozialen Komponente zusammen. Die einstellungsbezogene Komponente fällt ähnlich der im vorigen Abschnitt erläuterten Einstellung zur Firma (A_b) bzw. Einstellung zum Marketinginstrument (A_{ad}) aus. Allerdings ist sie nicht auf ein bestimmtes Objekt, sondern auf das Verhalten der Person ausgerichtet.[1122]

Die Person verfügt somit über eine positive oder negative Einstellung Handlungsoptionen gegenüber. Die Einstellung ergibt sich aus der Abschätzung der zukunftsgerichteten Handlungsoptionen,[1123] indem die erwarteten Konsequenzen

---

1119 Zu den folgenden Ausführungen vgl. Lasslop (2003), S. 79ff.

1120 Prinzipiell ließen sich die Ausführungen zur Verhaltensabsicht unter dem vorherigen Kapitel subsumieren, indem die Verhaltensabsicht als Einstellung zum Verhalten (parallel zu Einstellungen zur Marke bzw. Werbung) aufgefasst wird.

1121 Vgl. Lasslop (2003), S. 79 FN 246, der sich auf Fishbein (1967) bezieht.

1122 Durch die Parallele zu den Einstellungen Objekten (Firma, Werbemittel etc.) gegenüber sei an die Diskussion über die Drei-Facetten-Theorie erinnert, nach der die verhaltensbezogene Einstellung als dritte Facette bereits dem Einstellungsbegriff hinzugerechnet werden müsste.

1123 An dieser Stelle zeigt sich ein weiterer Unterschied zu den objektbezogenen Einstellungen. Letztere ergeben sich aus vergangenheitsbezogenen Beurteilungen, weil subjektive und objektive Einschätzungen über bereits vorliegende Handlungskonsequenzen vorgenommen werden. Als ein Beispiel kann die subjektive Beurteilung eines Werbespots oder die auf objektiven Erfahrungsberichten über eine bereits erfolgte Produktnutzung zurückzuführende Einstellung einem Produkt gegenüber herangezogen werden.

aus eigenem Handeln ermittelt werden. Bezüglich der Zeichnung der Aktien eines Börsengangs kann abgeschätzt werden, dass durch den Kauf ein Zahlungsmittelabfluss erfolgt, ein (bei Risikoaversion negativ beurteiltes) höheres Risiko eingegangen wird und (z.B. anhand von Graumarktkursen abzulesende) hohe Gewinnchancen bestehen.

Die normative Komponente bezieht sich auf die von der Person wahrgenommenen Bedingungen in ihrer sozialen Umwelt.[1124] Die Bewertung von Handlungsoptionen fällt demnach potentiell abweichend von der autonom vorgenommenen aus.[1125] Das bedeutet, dass eine Person, die die Zeichnung der Aktie als grundsätzlich vorteilhaft einschätzt, ihre Einstellung zur Zeichnung ändert, wenn sie weiß, dass z.B. Familienmitglieder oder Freunde aufgrund des hohen Risikos einen Kauf kategorisch ablehnen. Andersherum betrachtet haben sich einige Investoren in der Boomphase des Neuen Marktes verleiten lassen, eine Zeichnung positiv einzuschätzen, weil Freunde ebenfalls gezeichnet und bei vorhergehenden IPOs Gewinne erzielt hatten.[1126]
Nicht nur die soziale Umgebung des Individuums übt einen intervenierenden Einfluss auf die Verhaltensabsicht und damit auch auf das beobachtbare Verhalten aus. Grundsätzlich sind sämtliche Determinanten potentielle Beeinflussungsfaktoren des letztlich beobachtbaren Verhaltens.

1124 Es sei an die kommunikationswissenschaftlichen Ausführungen zu den sozialen Gruppen sowie an das Konzept der Schweigespirale erinnert. Ersterer Ansatz führt als Gründe der Orientierung an der sozialen Umwelt insbesondere den Nutzen konformen Verhaltens sowie den sozialen Druck an. Letzterer weist auf Einflüsse der sozialen Umgebung hin, die das individuelle Handeln als stark von äußeren sozialen Einflüssen abhängig darstellt. Siehe auch die Ausführungen zu der sozialen Umwelt als situativer Determinante. Vgl. die Kapitel 5.2.3, 5.2.4 respektive 6.2.1.4.

1125 Fishbein unterteilt die normative Komponente in die von dem Individuum wahrgenommenen Normen der sozialen Umgebung sowie seine Bereitschaft, sich diesen anzupassen. Auf eine detaillierte Ausführung wird an dieser Stelle verzichtet, weil die sozialen Gruppen als Beeinflussungsgröße bereits im Rahmen der Determinanten thematisiert worden sind. Vgl. Lasslop (2003), S. 79ff.

1126 Der Einfluss von Emotionen auf die Zeichnungsentscheidung wird in Kapitel 4.2.2.2 thematisiert. Vgl. dazu auch den Wissenschaftszweig der „behavioural finance“. Vgl. z.B. Goldberg/ von Nitzsch (1999), Kiehling (2001).

Nachdem nun sämtliche für das IPO relevanten Determinanten und Zielwirkungen sowie der Informationsverarbeitungsprozess detailliert erläutert worden sind, können sie in einem Gesamtmodell zusammengeführt werden.

7 Resultierendes Gesamtmodell

7.1 Zusammenführung der kommunikationswissenschaftlichen und verhaltenswissenschaftlichen Erkenntnisse in einem Gesamtmodell

Die von Marketinginstrumenten wie einem Börsenevent hervorgerufenen Wirkungen lassen sich nur dann umfassend beurteilen, wenn sämtliche wirkungsrelevanten Aspekte ganzheitlich analysiert werden. Prinzipiell bieten die SOR-Modelle das Potential dazu, da sie mit dem die Wirkung auslösenden Stimulus, den inneren Prozessen des Organismus und der daraus resultierenden Reaktion grundsätzlich alle Aspekte einschließen. Allerdings beschränken sich die meisten verhaltenswissenschaftlichen Modelle auf die bereits angesprochene Erhellung der „Black Box“, mithin der inneren Vorgänge des Rezipienten („**o**rganism“). Sie nehmen damit implizit den Stimulus (S**O**R) als exogen vorgegeben an. Dies ist aus Sicht einer ganzheitlichen Wirkungsanalyse jedoch unbefriedigend.

Aus diesem Grunde wurde im Rahmen der vorliegenden Arbeit zum einen als Grundlage des Stimulus dargestellt, welche finanzmarktbezogenen und marketingbezogenen Gestaltungsparameter für den Börsengang existieren, und zum anderen anhand der kommunikationswissenschaftlichen Ausführungen eruiert, warum und wie verschiedene Kommunikationspfade zustande kommen. Durch die Kommunikationspfade gelangt der Stimulus letztlich zu den einzelnen Rezipienten, wodurch das Börsenevent für Außenstehende überhaupt erst „sichtbar“ gemacht wird. Durch jeden Kontakt mit dem IPO entsteht somit ein individueller Stimulus, der durch die Maßnahmen des Unternehmens und den Kommunikationspfad charakterisiert ist. Der Zusammenhang der drei genannten Bestandteile der Wirkungsanalyse wird anhand der Abbildung 50 verdeutlicht.

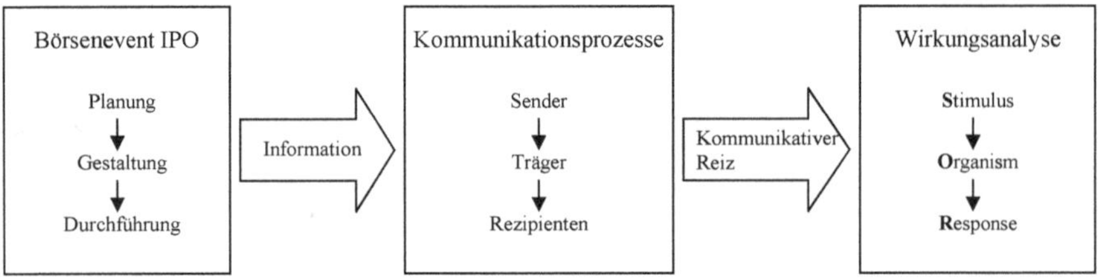

Abbildung 50: Bestandteile der integrativen Wirkungsanalyse

Damit wird ermöglicht, die Wirkungen des Börsenevents IPO nicht nur auf innere Prozesse des Individuums als Rezipienten zurückzuführen - und zu beschränken -, sondern auch die für die Wirkung ursächlichen Stimuli im Sinne einer kausalen Verknüpfung zu identifizieren.
Aus entscheidungsorientierter Perspektive wird damit eine erhebliche qualitative Erweiterung bisheriger verhaltenswissenschaftlicher Modellansätze erreicht.

Im Folgenden werden die Erkenntnisse der kommunikationswissenschaftlichen Ausführungen mit den verhaltenswissenschaftlichen Ausführungen in einem integrativen Modell zusammengeführt. Zu diesem Zweck wird zunächst der Kommunikationsprozess des erweiterten Kommunikationsmodells mit Abbildung 51 in einer leicht modifizierten Darstellung aufgegriffen.

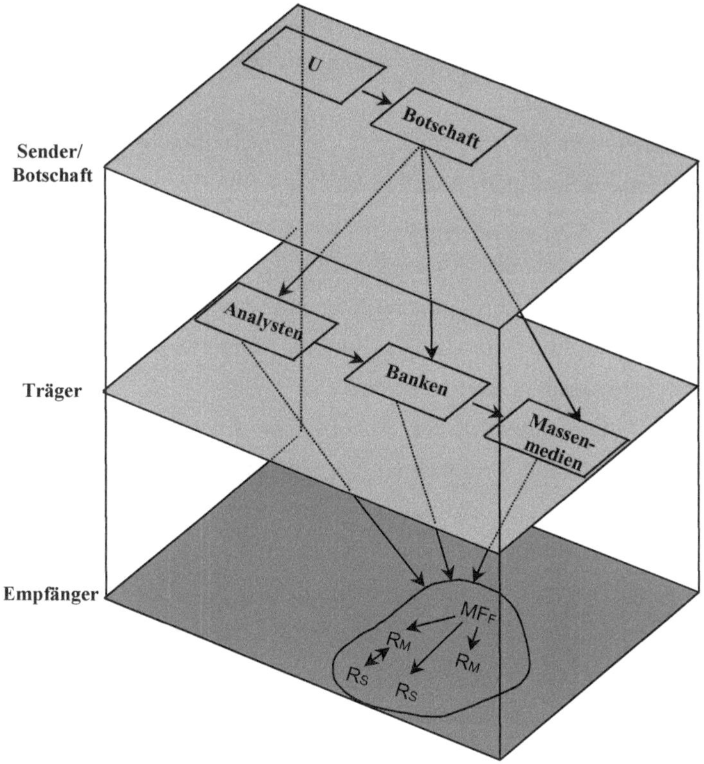

Abbildung 51: Schematische Darstellung des erweiterten Kommunikationsmodells des Börsengangs[1127]

Der Kommunikationsprozess wird durch eine Kommunikationsbotschaft ausgelöst, die aus einem facettenreichen Bündel an Informationen besteht. Sie gelangt zu den Trägern, im Wesentlichen Analysten, Banken und Massenmedien, und wird von dort an einzelne Rezipienten, entweder an Meinungsführer, Primär- oder Sekundärrezipienten weitervermittelt. Wie in Kapitel 5 ausgeführt wurde, findet auch eine (selektive oder modifizierte) Weitervermittlung innerhalb der

[1127] Vgl. zu einer ausführlichen Erläuterung der Verknüpfungen und der verwendeten Abkürzungen Kapitel 5.3.1.

Gruppe der Träger bzw. der Rezipienten statt; bei letzteren fällt insbesondere die interpersonale Kommunikation zwischen Meinungsführern und Primär- sowie Sekundärrezipienten ins Gewicht.

Es handelt sich explizit nicht ausschließlich um vom Unternehmen selbstinitiierte, aktiv kommunizierte Botschaften, sondern auch um Kommunikationsprozesse, die von den Trägern oder Rezipienten initiiert werden. Ursächlich für die Kommunikation ist jedoch stets der Börsengang. Ein potentieller Käufer der Aktie oder ein Analyst kann z.B. beim Unternehmen anrufen und Informationsmaterial anfordern und damit eine (interaktive) Kommunikation anstoßen, die ohne den Börsengang nicht zustande gekommen wäre.

Genauso vermag das Unternehmen aktiv Kommunikationsprozesse zu initiieren: Es können Analystenmeetings veranstaltet, One-on-Ones mit den Entscheidungsträgern der im Konsortium beteiligten Banken oder Pressegespräche mit ausgewählten Journalisten geführt oder Werbespots im Fernsehen oder im Radio, in Printmedien oder im Internet platziert werden.[1128]

Um die nachfolgenden Ausführungen leichter nachvollziehbar zu gestalten, wird eine formale Differenzierung der Botschaft in einzelne Informationen vorgenommen (I_1, I_2 bis I_i). Die gleiche Vorgehensweise betrifft die drei in der Graphik 52 aufgeführten Botschaftsträger sowie die Empfänger (Meinungsführer, Rezipienten).

[1128] Vgl. dazu die Ausführungen in Kapitel 4.2.3.

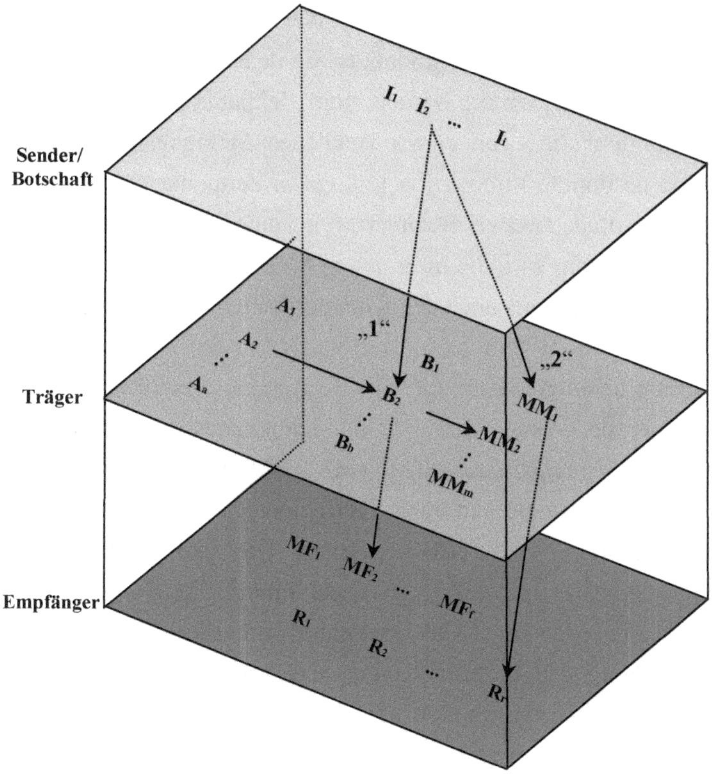

Abbildung 52: Aufgegliederte schematische Darstellung des erweiterten Kommunikationsmodells des Börsengangs

Zu einem bestimmten Zeitpunkt t_x nimmt ein Rezipient R_x immer nur eine Botschaft eines Trägers auf. Nicht jeder Rezipient, der im Laufe des IPO-Prozesses Informationen über den Börsengang oder das Unternehmen vermittelt bekommt, empfängt zu jedem Zeitpunkt eine Botschaft, sodass es sein kann, dass R_1 nur zum Zeitpunkt t_1 eine Information aufnimmt und zum Zeitpunkt t_2 R_2 an dessen Stelle tritt. Die Summe der verschiedenen Rezipienten aller Zeitpunkte ergibt die Gesamtanzahl an Personen, die Informationen über den Börsengang erhalten haben. Ein bestimmter Rezipient vermag hingegen auch zu mehreren Zeitpunkten

Informationen aufzunehmen, die dann u.U. von verschiedenen Trägern stammen. So kann der Rezipient R_1 zum Zeitpunkt t_1 von dem Massenmedium überregionale Zeitung (MM_1) informiert werden, zum Zeitpunkt t_2 hingegen über interpersonale Kommunikation von einem fachlichen Meinungsführer (MF_2). Genauso kann eine bestimmte Information I zu *einem* Zeitpunkt über verschiedene Kommunikationspfade zu zwei Rezipienten gelangen. Wie der Abbildung 52 entnommen werden kann, wird die Information I_2 beispielsweise sowohl über den Kommunikationspfad „1" als auch den Kommunikationspfad „2" vermittelt. Der Kommunikationspfad „1" umfasst als Botschaftsträger B_2 eine an dem Emissionskonsortium beteiligte Bank, die ein (Beratungs-) Gespräch mit einem potentiellen Zeichner der Aktie (bzw. in kommunikationswissenschaftlicher Terminologie einem Meinungsführer) führt (MF_2). Der Kommunikationspfad „2" wird hingegen durch den Bericht einer überregionalen Zeitung (MM_1), der die Inhalte der Information I_2 aufgreift, angestoßen. Der Pfad endet beispielsweise bei einem Sekundärrezipienten (bzw. in kommunikationswissenschaftlicher Terminologie einem Meinungsfolger), der den Zeitungsbericht liest (R_r). Streng genommen müsste jeder einzelne Kommunikationsprozess nach allen beteiligten Botschaftsträgern bzw. Medien und Rezipienten differenziert dargestellt werden, weil es z.B. einen Unterschied macht, ob die Massenmedien die Grundlage ihrer Berichte direkt vom Unternehmen oder von einem unabhängigen und damit objektiven Analysten beziehen. Aus Gründen der besseren Nachvollziehbarkeit soll die von dem Rezipienten aufgenommene Botschaft nur nach dem letzten Träger bzw. Medium (M) differenziert werden, der stellvertretend für die zuvor aktiven Botschaftsträger betrachtet wird. Dahinter verbergen sich jedoch verschiedene Träger-Kombinationen, die eine Information (I) des Unternehmens aufnehmen und zu einem bestimmten Zeitpunkt (t) an einen Rezipienten (R) weiterleiten.

In der Ebene der Empfänger repräsentiert in verhaltenswissenschaftlicher Terminologie jeder Rezipient ein Individuum („organism"), welches einem bestimmten kommunikativen Stimulus ausgesetzt ist. Dabei führt jeder Kommunikationspfad zu genau einem Stimulus, sodass ein Stimulus S anhand der oben vorgenommenen formalen Differenzierung eindeutig als S_{IMRt} (I: Information, M: Medium, R: Rezipient, t: Zeitpunkt) charakterisiert werden kann. Der Stimulus ist insofern einzigartig, als es eine einmalige Kombination eines vom Unternehmen (ursprünglich) initiierten kommunikativen Stimulus (I_i) ist, der über einen (letzten) Botschaftsträger bzw. ein Medium M_m im Zeitpunkt t_x zu Rezipient R_r gelangt. *Damit ist der für die verhaltenswissenschaftliche Wirkungsanalyse entscheidende Ausgangspunkt in Form eines exakt spezifizierten Stimulus S_{IMRt} gegeben.*

Bevor im Folgenden das verhaltenswissenschaftlich fundierte Wirkungsmodell spezifiziert wird, soll an dieser Stelle auf die Bedeutung der Gestaltung des Börsenevents IPO hingewiesen werden. Sowohl was den in Kapitel 2.1 dargestellten kapitalmarktbezogenen als auch den in Kapitel 4.2.3 dargestellten marketingbezogenen Aspekt anbelangt - bedingt das IPO den Stimulus ursächlich auf zweierlei Art und Weise. Zum einen ist dies bei der selbstinitiierten Kommunikation der Fall, wo vielfältige kommunikative IPO-Maßnahmen als Träger der Botschaft genutzt werden. Zum anderen gehört dazu die fremdinitiierte Kommunikation, die vom Unternehmen durch den IPO ursächlich bedingt ist, aber nur indirekt beeinflusst werden kann. In beiden Fällen werden Informationen über das Unternehmen, die Produkte, Marken und den finanzwirtschaftlichen IPO-Prozess generiert.

Von dem Stimulus (**S**$_{IMRt}$) werden innere Prozesse des Rezipienten („**O**rganism") ausgelöst, die über die Veränderung dauerhafter Gedächtniswirkungen letztlich ein (mittelbar) folgendes beobachtbares Verhalten („**R**esponse") beeinflussen. Im Fokus jeglicher verhaltenswissenschaftlicher Analysen, und damit auch der in Kapitel 6 vorgenommenen, stehen die nicht beobachtbaren inneren Prozesse der „Black Box".[1129]

[1129] Entscheidend für das Verständnis des Modells ist es zu wissen, dass mit Ausnahme des Wissens sämtliche Bestandteile - Determinanten, Informationsverarbeitungsprozesse, Zielgrößen - hypothetische Konstrukte darstellen. Ihre Existenz lässt sich nicht nachweisen, sondern lediglich plausibel begründen. Genauso lässt sich die suggerierte Trennschärfe der einzelnen Konstrukte in der Realität nicht ermitteln.

Sie besteht aus einem in Kapitel 6.2.2 erläuterten Informationsverarbeitungsprozess, der unter Einfluss von in Kapitel 6.2.1 dargestellten Determinanten Veränderungen der in Kapitel 6.2.3 aufgezeigten Zielwirkungen bedingt.

Im Folgenden werden diese drei Bestandteile der Black Box und deren gegenseitige Verflechtungen für die im IPO-Prozess zentrale Börseneinführungsphase dargestellt.[1130] Die Ausführungen greifen auf die in den vorangegangenen Kapiteln gewonnenen Erkenntnisse zurück, wobei die unterschiedlichen gegenseitigen Verflechtungen insbesondere der Determinanten in Abhängigkeit der einzelnen IPO-Phasen hervorgehoben werden. Die Ausführungen werden von der nachfolgenden Abbildung 53 visuell unterstützt, die sich zunächst auf die für den IPO-Prozess zentrale Börseneinführungsphase bezieht.

[1130] Die Vorbereitungsphase und die Börsenphase weisen jeweils ein etwas simpleres Geflecht auf und werden im Anschluss erläutert.

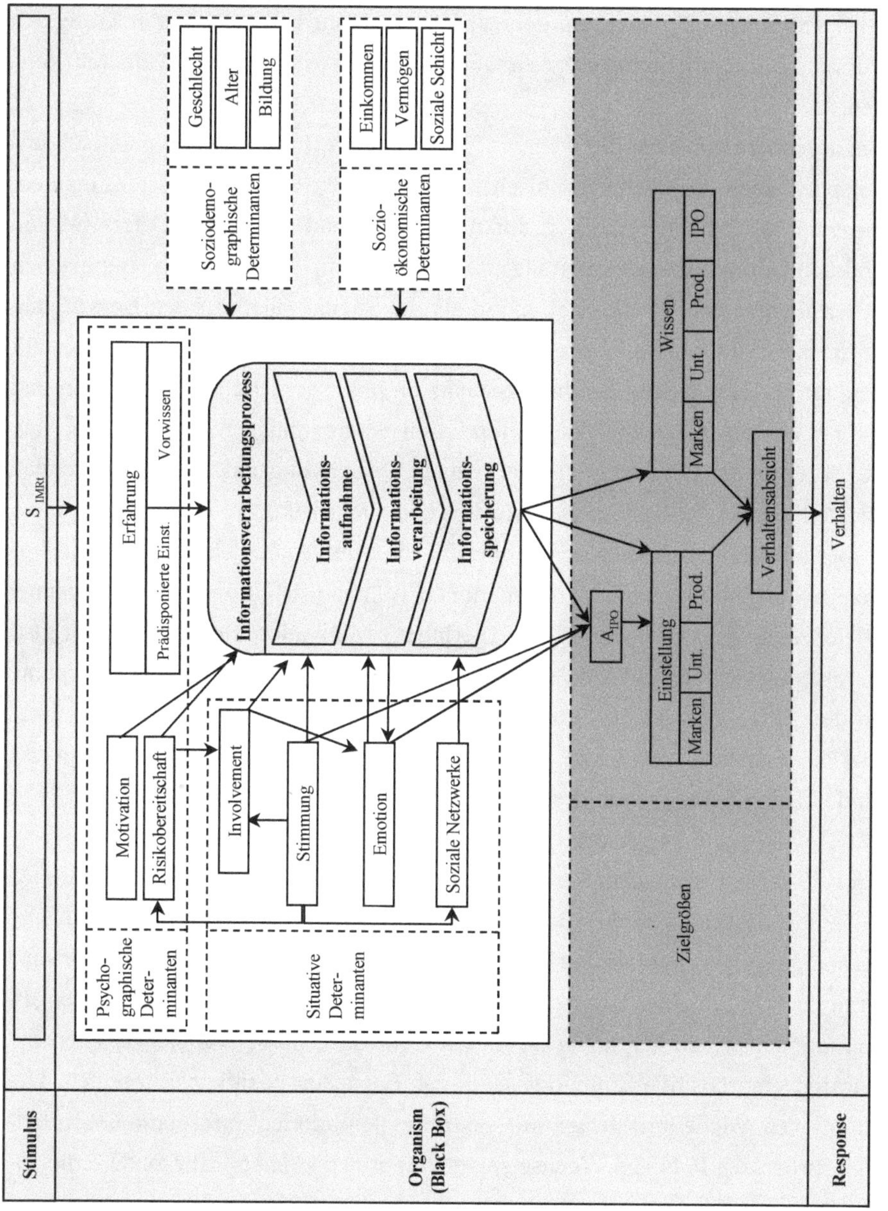

Abbildung 53: Verhaltenswissenschaftliche Analyse der inneren Verarbeitungsprozesse eines während der Börseneinführungsphase aufgenommenen Stimulus

Als Determinanten gelten sämtliche Größen, die eine relevante Veränderung des Informationsverarbeitungsprozesses oder der Zielwirkungen hervorrufen können.

Dazu gehören zunächst die während des gesamten IPO-Prozesses praktisch unveränderlichen soziodemographischen und sozioökonomischen Determinanten, die einen allgemeinen Einfluss auf die nachfolgend erwähnten Determinanten und den Informationsverarbeitungsprozess ausüben. Zu den psychographischen Determinanten zählen die Motivation als die Summe aller auf den Börsengang bezogenen Motive, die Risikobereitschaft und die Erfahrungen. Wie dargestellt bedingt der vorhandene Erfahrungsschatz an prädisponierten Einstellungen und (Vor-) Wissen maßgeblich den Informationsverarbeitungsprozess und die nach der Verarbeitung des Stimulus bzw. nach Beendigung des IPO existierenden Einstellungen und Kenntnisse. Motive und die Risikobereitschaft bestimmen insbesondere die Selektion bestimmter für die Motive nützlicher und der Risikobereitschaft entsprechender Informationen während der Informationsaufnahme. Gleichzeitig geht mit einer hohen (geringen) Motivation ein hohes (niedriges) Involvement einher. Besteht eine starke (schwache) Motivation zur Teilnahme an dem IPO, so wirkt dies förderlich (hemmend) auf die Teilnahme bzw. Integration in soziale Netzwerke: Die Mitglieder eines Börsenclubs beispielsweise sind üblicherweise hoch motiviert, an dem IPO teilzunehmen.

Das Involvement begünstigt in Anlehnung an das Pfadmodell von Kroeber-Riel[1131] je nach Ausgestaltung des Stimulus überwiegend emotionale Reaktionen oder überwiegend kognitiv dominierte Informationsverarbeitungsprozesse. Die Ausprägung des Involvement wiederum hängt von der herrschenden (Börsen-) Stimmung ab: In einer Hot-issue-Phase fällt das Interesse an IPO-bezogenen Informationen wesentlich höher aus als in Cold-issue-Phasen. Gleichermaßen begünstigt eine positive Stimmung auch das Entstehen positiver Emotionen. Die Emotionen wiederum stehen mit kognitiv dominierten Informationsverarbeitungsprozessen in einem Wechselspiel: Emotionen können insbesondere die Informationsaufnahme und -verarbeitung begünstigen oder behindern et vice ver-

[1131] Das Modell wurde in Kapitel 6.1.1 erläutert.

sa. Eine positive Emotion wird beispielsweise dann hervorgerufen, wenn die Beurteilung einer Information ergibt, dass mit der Teilnahme an dem IPO ein finanzieller Gewinn erzielt worden ist.
Emotionen, aber auch Stimmungen, können genauso wie der Informationsverarbeitungsprozess direkt auf die Einstellungsbildung bezüglich des Börsengangs (A_{IPO}) einwirken und somit unmittelbar zu einer Veränderung der Zielgrößen beitragen. Die Einstellung zum Börsengang wiederum übt wie der Informationsverarbeitungsprozess einen maßgeblichen Einfluss auf die Einstellung bezüglich des Unternehmens, seiner Produkte oder Marken aus. Die Zielgröße „Wissen" erhöht sich durch den Informationsverarbeitungsprozess und beinhaltet Kenntnisse bezüglich des Unternehmens, seiner Produkte oder Marken sowie des Börsengangs. Sowohl das Wissen als auch die Einstellungen üben ihrerseits einen unmittelbaren Einfluss auf die Verhaltensabsicht aus, die als Bindeglied zwischen den Zielwirkungen der Black Box und dem beobachtbaren Verhalten fungiert.
Das beobachtbare Verhalten erfolgt jedoch nicht immer in unmittelbarem zeitlichen Zusammenhang mit den Prozessen der „Black Box" und korrespondiert folglich u.a. in zeitlicher Hinsicht nicht mit dem Stimulus S_{IMRt}. Dies bestärkt die in Kapitel 4.2.3.1.2 getroffene Entscheidung, das beobachtbare Verhalten nicht als Zielgröße der Wirkungsmessung heranzuziehen.[1132]

Die Börseneinführungsphase als die wichtigste Phase des IPO-Prozesses löst besonders umfangreiche und komplexe Wirkungsmechanismen aus. In der ihr vorangehenden Vorbereitungsphase und der ihr nachfolgenden und den Börsengang abschließenden Börsenphase stellen sich die gegenseitigen Verknüpfungen innerhalb der Black Box weniger komplex dar, wie die gestrichelten Pfeile der nachfolgende Abbildung (Abbildung 54) verdeutlichen.

[1132] Auf die verzögerte messbare Wirkung anhand eines beobachtbaren Verhaltens, z.B. eines Produktkaufs, weist indirekt bereits die PIMS-Studie hin. Vgl. Baum/ Coenenberg/ Günther, S. 19 und S.103f. sowie mit kritischen Anmerkungen Adam (1996), S. 334.

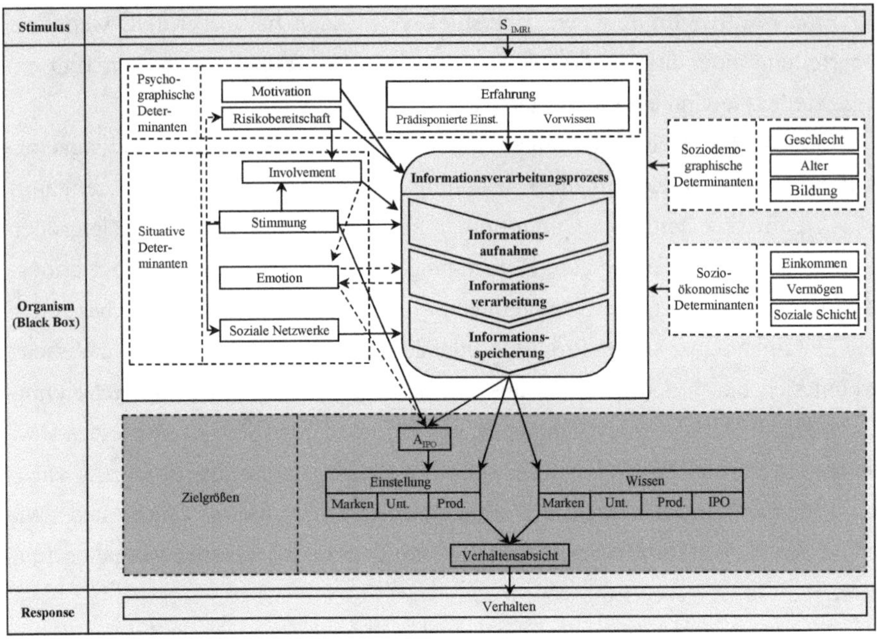

Abbildung 54: Verhaltenswissenschaftliche Analyse der inneren Verarbeitungsprozesse eines während der Vorbereitungs- bzw. Börsenphase aufgenommenen Stimulus

Es fällt auf, dass nur einige Determinanten Einfluss auf den Informationsverarbeitungsprozess ausüben. Dies sind die (Börsen-) Stimmung, soziale Netzwerke und das Involvement sowie als psychographische Determinanten die Motivation und der Erfahrungsschatz. Andere Determinanten sind von geringerer Relevanz und spielen nur im Einzelfall eine wichtige intervenierende Rolle. Der geringere Komplexitätsgrad rührt daher, dass in diesen Phasen weniger häufig kommuniziert wird und unwichtigere Informationen verbreitet werden. In der Vorbereitungsphase stehen eher grundlegende Informationen über den zu erwartenden Ablauf des IPO im Vordergrund und es fehlt die unmittelbare Betroffenheit der potentiellen Investoren etwa durch die Abgabe des Zeichnungsauftrages. Um mit dem Konzept des Spannungsbogens zu argumentieren: Die Handlung wird erst mittels der zu Beginn der Börseneinführungsphase einsetzenden Vernetzung „spannend"; nach Erreichen des Höhepunktes durch die Aufnahme der Notiz am Sekundärmarkt weist die Spannungskurve in der Reflexion zu Beginn der Börsenphase wieder nach unten.

7.2 Dynamisiertes Wirkungsmodell

Eine ganzheitliche Analyse der Wirkungen eines Börsengangs, wie sie zu Beginn dieses Kapitels postuliert wurde, schließt neben der inhaltlichen auch die zeitliche Dimension mit ein. Dementsprechend soll das vorliegende Modell dynamisiert werden, um die relevanten Veränderungen, die sich im Zeitverlauf ergeben, erfassen zu können.

Das bislang vorgestellte SOR-Modell überprüfte die Wirkung eines Stimulus S_{IMRt} zu **einem** bestimmten Zeitpunkt t. Nun findet die Kommunikation jedoch während des gesamten Börsengangs – und damit zu verschiedenen Zeitpunkten – statt. Werden mehrere Kommunikationsprozesse zum gleichen oder zu verschiedenen Zeitpunkten berücksichtigt, folgen daraus wesentlich umfassendere Analysemöglichkeiten. Dies soll anhand eines Beispiels verdeutlicht werden. Finden mehrere Prozesse statt, so können die vielfältigen Kommunikationspfade an verschiedenen Stellen „gebündelt" werden. Grundsätzlich kann eine Zusammenfassung mehrerer einzelner Informationen, Botschaftsträger oder Rezipienten zu einer Gruppe erfolgen. Beispielsweise kann eine einzelne Information daraufhin betrachtet werden, über welchen Botschaftsträger sie weitervermittelt wird oder zu welchen Rezipienten sie gelangt. Wenn beispielsweise der Werbe-Spot des IPO-Unternehmens über das Fernsehen gesendet wird, so sind der Träger und die Information jeweils identisch, von dem aus die Botschaft zu einem Zeitpunkt an verschiedene Rezipienten gelangt. Fasst man z.B. alle Meinungsführer zu einer Gruppe zusammen, so lässt sich die Wirkung des Spots bei den Meinungsführern analysieren.

Dem angesprochenen Umstand von zeitlich hintereinander stattfindenden Kommunikationsprozessen tragen die folgenden Ausführungen Rechnung, indem zunächst die intertemporalen Pfadabhängigkeiten wirkungsbeeinflussender Determinanten und anschließend die Veränderungen einer zentralen Determinante – der Erfahrung – im Zeitablauf separat aufgezeigt werden.

Es bestehen schwache, mittelstarke sowie starke intertemporale Interdependenzen zwischen den Ausprägungen der einzelnen Determinanten zu verschiedenen Zeitpunkten. Das Einkommen bzw. das Vermögen eines Rezipienten (sozioökonomische Determinanten) sowie dessen Alter, Geschlecht und Bildungsstand (soziodemographische Determinanten) werden sich gar nicht oder nicht gravierend verändern, sodass hier eine starke Pfadabhängigkeit gegeben ist.
Eine längere zeitliche Distanz sorgt bei den situativen Determinanten in den meisten Fällen dafür, dass sich die Ausprägung ändert. Gleichwohl können sie je nach äußeren Umständen auch relativ unverändert bleiben. Stimmungen oder Motive sind zumeist mittelstarken Änderungen unterworfen und orientieren sich somit an den Ausprägungen, die zum vorhergehenden Zeitpunkt vorgeherrscht haben.
Dabei gilt für alle bislang erwähnten Determinanten, dass sich deren Ausprägungen in einem Korridor bewegen, der von einer maximalen zu einer minimalen Ausprägung reicht. Deren Veränderung kann innerhalb des Korridors sowohl positiv wie auch negativ ausfallen. Die Börsenstimmung beispielsweise kann je nach Börsensituation gut oder schlecht ausfallen und sich im Zeitablauf genauso verbessern wie verschlechtern.

Anders stellt sich hingegen die Situation bezüglich der Motivation und der Erfahrung dar. Die Motivation nimmt üblicherweise zu, je näher die Bookbuildingphase bzw. der Tag der Erstnotiz rückt.[1133] Die Erfahrung stellt in vielerlei

[1133] Die Motivation fußt auf der angestrebten Beseitigung eines Mangelzustands, sodass die subjektiv wahrgenommene Möglichkeit, dies tatsächlich zu erreichen, wächst, je näher der Tag der Zeichnung (finanzielles Engagement) bzw. der Erstnotiz (Gewinnrealisierung) rückt.

Hinsicht einen Sonderfall dar, wie die nachfolgenden Ausführungen zeigen werden. Zunächst kann festgestellt werden, dass sie mit jedem Kommunikationskontakt wächst. Je nach Botschaft bzw. Stimulus werden das Wissen, die Einstellung oder die Einstellung dem IPO gegenüber (positiv oder negativ) beeinflusst, sodass der nächste Kommunikationsprozess von einem höheren Kenntnisstand oder von veränderten (besseren oder schlechteren) prädisponierten Einstellungen ausgeht. Durch die nachfolgenden graphisch unterstützten Ausführungen wird eine Besonderheit der Determinante „Erfahrung“ betont: Sie beeinflusst nicht nur den Informationsverarbeitungsprozess und damit genauso wie andere Determinanten die Wirkung des Stimulus. Vielmehr wachsen durch diese Wirkung die Zielgrößen Wissen bzw. Einstellungen, die wiederum als (gestiegene) Erfahrungswerte in Form prädisponierter Einstellungen und (Vor-) Wissen Eingang in den nachfolgenden Kommunikationsprozess finden. Daraus folgt des Weiteren, dass in allen Erfahrungswerten implizit der Einfluss sämtlicher (vormals) wirkungsbeeinflussender Determinanten enthalten ist. Somit beinhaltet die in den nachfolgenden Abbildungen 56 und 57 vorgenommene isolierte Betrachtung der „Erfahrung“ nur scheinbar eine einzelne Determinante.

Ein weiterer Grund für die exponierte Bedeutung der Erfahrung ist in der Einordnung als eine der drei zentralen Wirkungsdeterminanten zu sehen, wie Vakratsas/ Ambler als Ergebnis ihrer Ausführungen hervorheben.[1134] Schließlich gewinnen die Erfahrungen an Bedeutung, wenn man sich vergegenwärtigt, *dass die Effektivität des Börsenevents letztlich in der Differenz zwischen den ursprünglich vorhandenen Erfahrungen und den nach Abschluss des Börsenevents vorliegenden Erfahrungen besteht.*

Die Entwicklung der Erfahrungen während des Börsengangs kann grundsätzlich anhand der vier IPO-Phasen nachvollzogen werden, die bislang das zeitliche Gerüst der Wirkungsanalyse gebildet haben. Für eine verhaltenswissenschaftliche Wirkungsanalyse sind jedoch allein die Erfahrungen relevant, über die *einzelne* Personen verfügen, da sie als Determinante Einfluss auf die Wirkung jedes wei-

[1134] Vgl. Vakratsas/ Ambler (1999), S. 26.

teren Stimulus bei dieser Person nehmen. Über welche Erfahrungen andere Personen zum gleichen Zeitpunkt verfügen, ist hingegen für die intrapersonalen Prozesse, die Gegenstand der verhaltenswissenschaftlichen Analysen sind, irrelevant. Damit wird eine neue Perspektive eingenommen: Die Entwicklung der Erfahrung im Zeitablauf wird nicht anhand der einzelnen IPO-Phasen nachvollzogen, sondern anhand einzelner Personen.

Dabei hat die Person mit jedem weiteren Kommunikationsprozess „dazugelernt“ (Wissen) und das Image verändert.[1135] Über die tatsächliche Entwicklung beider Komponenten der Erfahrung während des Börsengangs existieren zwar (noch) keine hinreichenden empirischen Erkenntnisse. Allerdings hat die Deutsche Telekom im Zuge ihres sich über einen relativ langen Zeitraum von Anfang 1996 bis zur Aufnahme des Sekundärmarkthandels im November 1996 erstreckenden Börsengangs die Veränderung der Einstellungen bzw. des Images ermitteln lassen, sodass zumindest die Veränderung der Erfahrungs-Komponente „Einstellung/ Image“ für diesen Beispielfall nachvollzogen werden kann. Wie Abbildung 55 entnommen werden kann, startete Mitte März 1996 die Vorbereitungsphase des Börsengangs mit dem Beginn der externen Informationskampagne.[1136] Damit korrespondiert der Beginn einer Aufwärtsbewegung der Imagewerte, die sich über mehrere Monate erstreckt. Neue Impulse bekommt der Anstieg der Imagekurve sodann im August 1996 mit dem Beginn der Börseneinführungsphase, die ihren Abschluss mit der Aufnahme des Sekundärmarkthandels am 18.11.1996 findet.[1137] Es muss berücksichtigt werden, dass die Telekom das

[1135] Aus Gründen der besseren Nachvollziehbarkeit wird darauf verzichtet, die Erfahrungen nach kognitiven (Vorwissen) und affektiven (prädisponierte Einstellungen) Komponenten zu unterscheiden. Implizit wird folglich angenommen, dass sich beide im Zeitablauf gleichmäßig verändern.

[1136] „In Bonn fällt heute der Startschuss zur Vorbereitung der größten deutschen Börsenemission.“ (o.V. (Handelsblatt) (1996), S. 1)

[1137] Die Daten der Deutschen Telekom reichen nur bis zum Oktober 1996, sodass die Entwicklung des Images in den letzten Wochen der Börseneinführungsphase nicht mehr nachvollzogen werden können. Die Entwicklung wurde exemplarisch für die Imagekomponente „Sympathie/ Vertrauen“ dargestellt, wobei mehrere weitere von der Deutschen Telekom erhobene Imagekomponenten ähnliche Verläufe aufweisen.

Image repräsentativ für die Bevölkerung und nicht differenziert nach einzelnen Zielgruppen, z.B. den Meinungsführern, vorgenommen hat. Des Weiteren beziehen sich die von der Telekom ermittelten Imagekomponenten fast ausschließlich auf gütermarktbezogene und nicht auf kapitalmarktbezogene Informationen (z.B. (Unternehmens- bzw. Produkt-) Leistung, Sympathie). Im Folgenden wird zu illustrativen Zwecken exemplarisch die Entwicklung anhand der Imagekomponente Sympathie/ Vertrauen dargestellt. Es lässt sich an Abbildung 55 erkennen, dass eine relativ kontinuierliche Verbesserung des Images erreicht wird, die sich trotz des bereits deutlich höheren absoluten Niveaus während der letzten Phase vor dem Tag der Erstnotiz im November verstärkt fortsetzt und damit ein absolutes Maximum des Imageniveaus markiert.

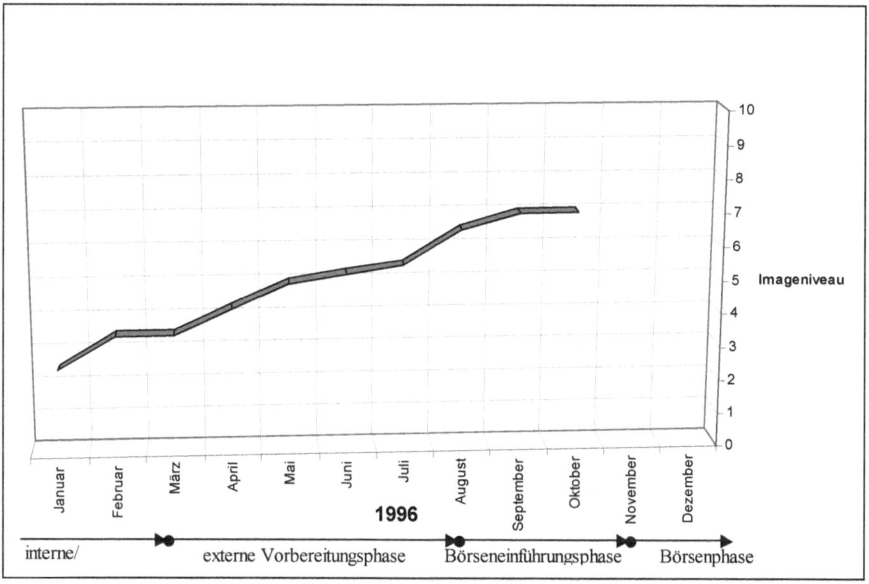

Abbildung 55: Entwicklung der Imagekomponente „Sympathie/ Vertrauen“ bei der Deutschen Telekom während des Börsengangs im Jahr 1996[1138]

1138 Quelle: o.V. (Deutsche Telekom) (1996b), S. 62.

Infolge neurophysiologischer Erkenntnisse[1139] über die Speicherung des Wissens im Gehirn erfolgt eine Einteilung in drei Phasen,[1140] auch wenn die Abfolge mehrerer Kommunikationsprozesse, an denen eine Person teilnimmt, grundsätzlich kontinuierlich erfolgen kann. Zu Beginn der ersten Phase wird die Person zum ersten Mal einem kommunikativen Stimulus bezüglich eines bestimmten Objektes, d.h. eines Börsengangs, ausgesetzt und verfügt folglich noch über keine spezifische Erfahrung. Die nachfolgenden Ausführungen sollen unter Rückgriff auf das in Kapitel 5.2.3 eingeführte Beispiel web.de illustrativ unterstützt werden.[1141] Zu diesem Zweck wird die Entwicklung der Erfahrung des gut informierten Meinungsführers A und der schlecht informierten Person B in separaten Abbildungen visualisiert. Die erste Abbildung (Abbildung 56) zeigt den hypothetischen Verlauf[1142] des Erfahrungsschatzes für die Zielgruppe der gut informierten Personen (MF A), die zweite Abbildung (Abbildung 57) für die Zielgruppe der schlecht informierten Personen (Person B).[1143]

Auf der Abszisse ist der Zeitverlauf abgetragen. Ausgangspunkt ist die zu Beginn der Börseneinführungsphase lancierte öffentliche Bekanntgabe des Börsen-

[1139] Vgl. Kapitel 6.1.1.

[1140] Vgl. dazu und im Folgenden Früh/ Schönbach (1984).

[1141] Von dem Beispiel wird insbesondere die Gruppe um den Meinungsführer A aufgegriffen. Der Meinungsführer B (MF B) hingegen wird an dieser Stelle durch eine wenig informierte Person B ersetzt.

[1142] Es handelt sich um rein hypothetisch angenomme und vor dem Hintergrund der Ausführungen in den vorangegegangenen Kapiteln für plausibel erachtete Kurvenverläufe. Sie sind gleichwohl an den empirischen Erkenntnissen der Deutschen Telekom und vor allen Dingen an den nachfolgend erläuterten neurophysiologischen Erkenntnissen angelehnt, denen zufolge die Gedächtnisstrukturen kontinuierlich ergänzt und erweitert werden.

[1143] Der Übersichtlichkeit halber wird jedoch eine Beschränkung auf zwei Beispiele vorgenommen. Grundsätzlich könnten in der Abbildung beliebig viele Kurvenverläufe für verschiedene Gruppen oder Individuen eingezeichnet werden. Dies schließt explizit auch abbrechende Kurvenverläufe von Personen mit ein, die kein Interesse mehr an der Aufnahme weiterer Informationen aufweisen und den IPO gänzlich ignorieren. Das Spannungsniveau des Spannungsbogens sowie das Interesse an dem IPO nehmen jedoch grundsätzlich im Verlauf des IPO stetig zu, sodass dieser negative Fall nicht weiter verfolgt werden soll.

gangs. Der dargestellte Zeitraum endet mit dem Beginn der Börsenphase, wenn die Aktie in den Handel aufgenommen worden ist.

Auf der Ordinate wird die Erfahrung eines durchschnittlichen Individuums einer Zielgruppe abgetragen.[1144] Die ordinal skalierte Erfahrung reicht von Null, wenn überhaupt keine Erfahrungswerte vorliegen, bis zehn, in welchem Fall das maximale Niveau erreicht ist.[1145] Die Graustufen stehen dabei für die in den weiteren Ausführungen thematisierten drei Phasen, wobei weiß für die erste Phase, grau für die zweite Phase und schwarz für die dritte Phase verwendet wird.

Die dritte Achse unterteilt die Informationen nach dem Bezugsobjekt. Die drei Balken stehen dabei für die unterschiedlichen Informationsarten: der hintere Balken „3" symbolisiert die kapitalmarktbezogenen Informationen, der mittlere Balken „2" die kapital- und gütermarktbezogenen Informationen, und der vordere Balken „1" die ausschließlich gütermarktbezogenen Informationen.

Die eingezeichnete Ebene zwei Zeiteinheiten vor der Aufnahme (Zeitpunkt -2) des Sekundärmarkthandels (Zeitpunkt 0) symbolisiert das in Kapitel 6.2.2 angesprochene und in einer überregionalen Wirtschaftszeitung publizierte Unternehmensporträt der web.de AG, welches zu einem Stimulus S_{IMRt} führt und intrapersonale Wirkungsprozesse („organism") auslöst. Diese lassen sich mit dem im vorangegangenen Kapitel abgeleiteten statischen SOR-Modell analysieren und hinsichtlich ihrer Auswirkung auf das Wissen und das Image präzisieren. Daraus ergibt sich auch das zu Beginn des nächsten Kommunikationsprozesses vorhandene Erfahrungsniveau. Auf die Besonderheiten der beiden Abbildungen wird im Verlauf der nachfolgenden Ausführungen sukzessive eingegangen.

1144 Der Einfachheit halber wird angenommen, dass das Wissen und die Einstellungen synchron wachsen. Das ordinal skalierte Niveau der Erfahrung korrespondiert mit der Anzahl der Objekte und Attribute, die im Gedächtnis gespeichert sind.

1145 Unter Rückgriff auf die bereits angesprochenen neurophysiologischen Erkenntnisse existiert strenggenommen kein maximales Niveau, da ständig neues Wissen erworben werden kann. Gemeint ist vielmehr ein Zustand, in dem praktisch alle zielrelevanten Erfahrungsbestandteile vorhanden sind.

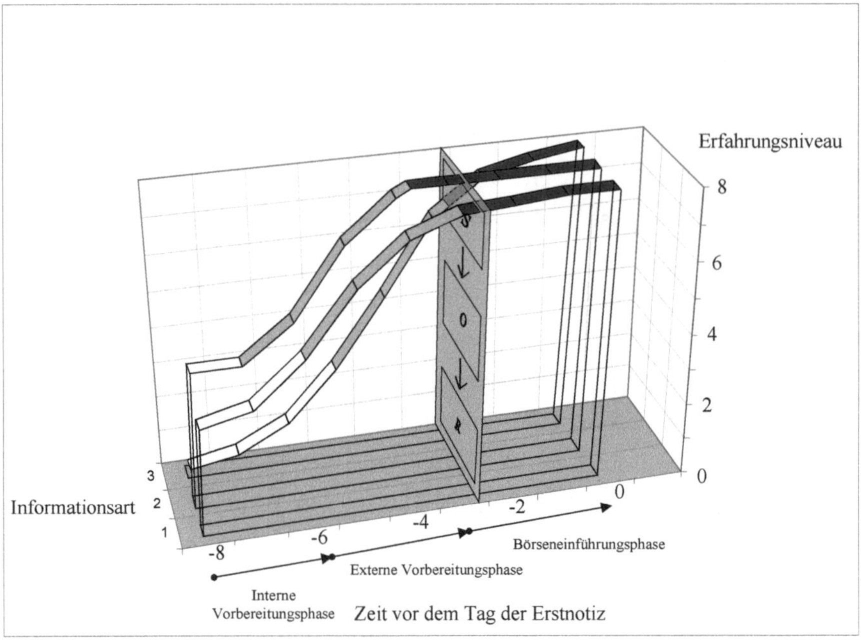

Abbildung 56: Hypothetische Entwicklung der Erfahrung grundsätzlich gut informierter Personen (Meinungsführer A) während des IPO-Prozesses

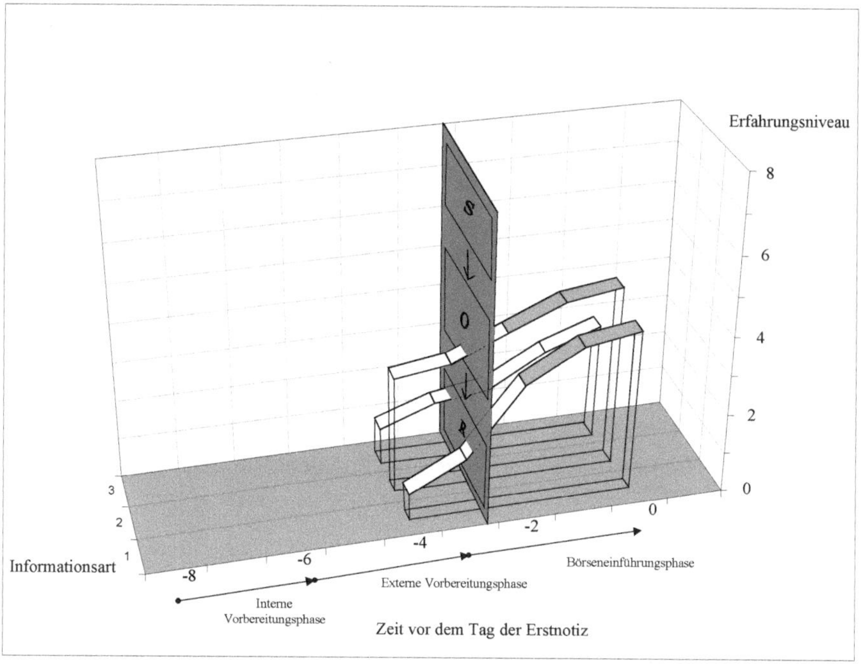

Abbildung 57: Hypothetische Entwicklung der Erfahrung grundsätzlich schlecht informierter Personen (Person B) während des IPO-Prozesses

Erste Phase

In der ersten Phase wirken die Informationen bzw. die Stimuli als Initialreize. Sie wecken Aufmerksamkeit und sorgen für eine (Themen-) Sensibilisierung sowie ein (leicht) erhöhtes Interesse. Damit einher geht eine gestiegene Aufnahmefähigkeit von Schlüsselwörtern („awareness"). Neurophysiologisch betrachtet wird das Gedächtnis um grundlegende Objekte (z.B. die Firma[1146]

[1146] „Firma" wird hier als juristischer terminus technicus als abstrakter Name des Unternehmens verwendet.

„web.de") sowie Attribute (z.B. „plant einen Börsengang") erweitert.[1147] Bei Personen, die bereits über Erfahrungswerte hinsichtlich ähnlicher Objekte verfügen, fungieren die Initialreize als Verknüpfungsinstrument. Durch die Übertragung der Erfahrung auf das in Betracht stehende Objekt, den Börsengang, erfolgt eine schnelle Zunahme der spezifischen Erfahrung. Im Fall des Börsengangs können bspw. Erfahrungswerte hinsichtlich bereits zuvor verfolgter Börsengänge vorliegen, die sodann auf den aktuellen Börsengang übertragen werden.

Die offizielle Ankündigung des IPO acht Zeiteinheiten vor Handelsbeginn[1148] stellt den Ausgangspunkt der extern orientierten IPO-Kommunikation[1149] und gleichzeitig den Beginn der ersten Phase für fachliche Meinungsführer dar.[1150] Wie bereits ausgeführt, nutzt Meinungsführer A (MF A) den E-Mail-Dienst freemail von web.de relativ intensiv, verfügt durch vorhergehende IPOs allerdings nur über grundlegende IPO-Kenntnisse. Er wird im Zuge der Ankündigung folglich für den bevorstehenden Börsengang sensibilisiert. In der Abbildung 56 spiegelt sich dies durch das erhöhte Ausgangsniveau des vorderen (gütermarktbezogene Informationen) und mittleren Balkens (güter- und kapital-

---

1147 Die Verknüpfungen zwischen Objekten und Attributen werden als Synapsen bezeichnet. Je häufiger oder intensiver ein Zusammenhang erwähnt wird, desto stärker ist die Synapse ausgeprägt und umso schneller können Gehirnströme den Zusammenhang in das Bewusstsein weiterleiten. Der Rezipient „erinnert" sich oder ist sich einer Tatsache „bewusst".

1148 Die Unterteilung in acht Zeiteinheiten ist willkürlich gewählt. Welcher reale Zeitraum sich dahinter verbirgt, hängt von dem IPO-Unternehmen und der Gestaltung des IPO-Prozesses ab.

1149 Bei den zuvor durchgeführten Tätigkeiten handelt es sich um ausschließlich innengerichtete Aktivitäten z.B. in Form der Erlangung der Börsenreife.

1150 Die Ankündigung des IPO stellt gleichzeitig den Auftakt des Spannungsbogens dar. Vgl. Kapitel 4.2.3.2. Sie ist strenggenommen lediglich die erste *Möglichkeit*, einen Kommunikationsprozess mit einem Rezipienten zu eröffnen. Tatsächlich mag die erste Information zu einem beliebigen Rezipienten erst während der Schlussphase der Börseneinführungsphase erfolgen. Für die Erläuterungen an dieser Stelle wird jedoch aus Gründen der Nachvollziehbarkeit davon ausgegangen, dass ein börsenaffiner Investor die Ankündigung des IPO erfährt.

marktbezogene Informationen) wider. Der hintere Balken beginnt hingegen bei einem relativ niedrigen Ausgangsniveau.[1151]

Die meisten Personen (z.B. Person B) erfahren gleichwohl erst zu einem späteren Zeitpunkt von dem Börsengang, oftmals durch die gestiegene Anzahl der Medienberichte während der Börseneinführungsphase.[1152] In Ergänzung des Beispiels wird angenommen, dass Person B Risikoinvestments gegenüber grundsätzlich aufgeschlossen ist, im Gegensatz zu MF A jedoch über keine spezifischen Erfahrungen mit IPOs und ebenso wenig (Produktnutzungs-) Erfahrungen mit der web.de AG verfügt. Person B lernt in der ersten Phase also, warum Börsengänge lohnenswert sein können und wie sie prinzipiell vonstatten gehen. Außerdem erhält er grundlegende Informationen über das Unternehmen web.de, z.B. über den E-Mail-Dienst freemail. In der Abbildung 57 zeigt sich das in einem erheblich späteren Beginn der ersten Phase, bei dem zugleich das Erfahrungsniveau allgemein signifikant niedriger ausfällt.

Zweite Phase

Die zuvor angelegten kognitiven Schemata, also die in den Gedächtnisstrukturen geschaffenen Objekte („web.de“) und damit verknüpften Attribute („plant Börsengang“), erleichtern es, neue Informationen aufzunehmen und in Form von

---

1151 Das im Fall von MF A wesentlich höhere Anfangsniveau steht für die grundsätzlich höhere Erfahrung, über welche die früh Involvierten verfügen. Im Verlauf des IPO werden immer größere und weniger gut informierte Personenkreise (z.B. Person B) von der IPO-Kommunikation angesprochen, sodass die Erfahrung der erstmals mit dem IPO in Kontakt getretenen Personenkreise mit dem Fortschreiten des IPO-Prozesses kontinuierlich sinkt. Als Faktoren, die das Ausgangsniveau der Erfahrung beeinflussen, ist neben der Aktienkultur des Landes und der Börsenphase insbesondere der Unternehmenstyp zu nennen. Ist die Aktienkultur gut ausgebildet, liegt eine Börsenphase mit vielen zuvor bereits absolvierten IPOs vor und handelt es sich um ein großes, bekanntes Unternehmen, so kann ein relativ hohes Ausgangsniveau angenommen werden.

1152 Es kann sogar passieren, dass für einige Personen die erste Phase erst nach Beendigung des Börsengangs während der Börsenphase beginnt, wenn die Reflexion des Börsengangs in den Medien erfolgt.

weiteren Attributen an die Objekte anzugliedern.[1153] Gleichzeitig hat sich durch das an dem Börsengang geweckte Interesse eine gestiegene Motivation herausgebildet.[1154]

Dies findet beim Börsengang für die Gruppe der finanzaffinen Personen (MF A) zumeist zu Beginn der Börseneinführungsphase mit der Vernetzung statt. Die vorhandenen Informationen (in Form von Objekten und Attributen) werden um detaillierte Informationen ergänzt. Sie lassen sich in kapitalmarktbezogene (z.B. über den Ablauf des Börsenganges), gemischt kapitalmarkt- und gütermarktbezogene (allgemeine Informationen über das Unternehmen, Umsatzangaben und Profitabilität) oder ausschließlich gütermarktbezogene (Produktportfolio) Informationen untergliedern.[1155]

Bei finanzaffinen Personen kann es auch vorkommen, dass sich die zweite Phase unmittelbar an die nur kurze erste Phase anschließt. Das ist der Fall, wenn bereits Wissen aufgrund vorheriger Erfahrungen mit IPOs (kapitalmarktbezogene Informationen) oder aufgrund der Nutzung der Produkte (gütermarktbezogene Informationen) existiert. Es muss sodann nur noch die Verknüpfung der beiden Objekte erfolgen. Wird beispielsweise ein informationsreicher und detaillierter Analystenreport veröffentlicht, so vermag MF A die der Bewertung zugrundeliegenden Annahmen z.B. über die Umsatzentwicklung von freemail-Diensten anhand seines Vorwissens zu beurteilen. Damit verbundene kapitalmarktbezogene Informationen, z.B. über den Unternehmenswert, ergänzen folglich das Wissen von MF A. In Abbildung 56 kann dies anhand der deutlichen Zunahme aller drei Erfahrungskomponenten abgelesen werden.

Person B hingegen verfügt nicht über ein so stark ausgeprägtes Interesse an dem IPO wie MF A und nimmt erst kurz vor der Börseneinführung und damit zu einem späteren Zeitpunkt umfangreichere Informationen auf. Person B erreicht

[1153] Neurologisch bedeutet das die Bildung neuer Synapsen.

[1154] Bei Mitarbeitern und anderen Stakeholdern kann sich sogar eine persönliche Betroffenheit herausbilden.

[1155] Zu der Unterscheidung vgl. die Erläuterungen in Kapitel 6.2.3.

somit die zweite Phase erst kurz vor dem Ende des Börsengangs, wie Abbildung 57 zu entnehmen ist.

Dritte Phase

Es hat sich im Zeitverlauf im Gedächtnis ein umfangreiches Objekt-Attribut-Netzwerk herausgebildet, welches als Hintergrundwissen bzw. strukturelles Wissen bezeichnet werden kann.[1156]

Dies wird nun insbesondere durch die interpersonale Kommunikation gefestigt und qualitativ ergänzt. Gleichzeitig entstehen ein stärker ausgeprägtes Interesse und eine starke intrinsische Motivation, aktiv auf Informationssuche zu gehen, um Antworten auf entscheidungsrelevante Fragen zu erhalten. Der Rezipient kann sich als potentieller Investor beispielsweise die Frage stellen, ob das Unternehmen unterbewertet ist und sich eine Zeichnung lohnt oder ob die Produkte des Unternehmens dessen Angaben zufolge tatsächlich besser sind als Konkurrenzprodukte.

Auf dieser Basis ist es der Person möglich, komplexere Sinnzusammenhänge nachzuvollziehen bzw. eigene Lösungen für spezifische Fragestellungen zu erarbeiten. Sie wird außerdem in die Lage versetzt, eigene fundierte Einstellungen abzuleiten.

Bezogen auf den Beispielfall web.de hat MF A seine Erfahrung durch mehrere Kommunikationsbotschaften kumulativ erweitern können.

Beim Börsengang ist das Informations- und Kommunikationsbedürfnis besonders stark ausgeprägt, wenn die Entscheidung über eine Zeichnung unmittelbar bevorsteht. Zum Ende der Börseneinführungsphase ist MF A deswegen in der Lage, eine eigene Meinung über die Werthaltigkeit des Unternehmens zu bilden.

[1156] Vgl. Früh/ Schönbach (1984).

Durch den Abgleich mit dem Primärmarktpreis[1157] kann er somit über die Zeichnung der Aktie entscheiden. Auch nach einer erfolgten Zeichnung bleibt das starke Informationsbedürfnis bestehen, wenn der potentielle Aktionär über seine Chancen auf eine Zuteilung und damit einen Gewinn aktuell informiert sein will.[1158] Gleiches gilt, wenn die Handelsaufnahme an der Börse stattgefunden hat und z.B. die Höhe des Underpricings sowie die eigene Zuteilungsquote bekannt sind.[1159]
Die Annahme einer verstärkt aktiv betriebenen Suche von MF A nach speziellen Informationen wird durch die empirische Beobachtung unterstützt, dass die Anzahl der Besuche auf den Internetseiten des Unternehmens während der Bookbuildingphase stark zunimmt.[1160] In der Abbildung 56 ergibt sich für den Meinungsführer A sowohl hinsichtlich der kapital- als auch der gütermarktbezogenen Informationen in der Zeit unmittelbar vor der Börseneinführung ein nahezu maximales Erfahrungsniveau. Person B ist hingegen nicht über die zweite Phase hinausgekommen.[1161]

Grundsätzlich gilt, dass jeder Anstieg der Graphen eine im Rahmen eines Kommunikationsprozesses gelernte Information symbolisiert. Die Differenz zum

---

[1157] Streng genommen handelt es sich beim überwiegend eingesetzten Bookbuildingverfahren um eine Preisspanne, innerhalb derer der Investor bei der Zeichnung einen Höchstpreis angeben kann.

[1158] Zur Befriedigung des Informationsbedürfnisses bieten sich z.B. die Kurse am vorbörslichen „Grauen Markt“ an.

[1159] Es handelt sich bezüglich des Spannungsbogens um den Höhepunkt und die Reflexion.

[1160] Im Durchschnitt verzeichnen die IPO-Unternehmen in dem Monat des IPO eine um 22 Prozent höhere Frequentierung ihrer Homepage als vor Beginn der Bookbuildingphase. Als Vergleichsmonat wird der zweite Monat vor dem IPO herangezogen, weil die Bookbuildingphase bei einigen IPOs sich in den ersten Monat vor dem IPO erstreckt. Vgl. Demers/ Lewellen (2003), S. 421, siehe auch Kapitel 3.2.3.

[1161] Insgesamt gilt, dass sich Rezipienten, die nur sehr wenige Informationen vermittelt bekommen, nicht über Phase 1 hinaus entwickeln. Demzufolge nimmt die Anzahl der Personen, die Phase 2 erreichen, ab und ist in Phase 3 relativ am geringsten. Gleichzeitig gilt unter Rückgriff auf die vorherigen neurophysiologisch fundierten Ausführungen, dass die Intensität und der Umfang der aufgenommenen Informationen mit jeder Phase steigen. Dazu gehört auch, dass eine Botschaft, die zu einem Zeitpunkt eine positive Reaktion zur Folge hat, zu einem anderen Zeitpunkt stark negative oder ablehnende Reaktionen hervorrufen kann.

vorherigen Erfahrungsniveau bzw. der Steigungsgrad weisen darauf hin, wie werthaltig die Information für den jeweiligen Rezipienten ausgefallen ist. Das bereits in Kapitel 6.2.2 angesprochene Beispiel des in einer Zeitung publizierten Unternehmensporträts während der Börseneinführungsphase soll dies verdeutlichen. Es wird angenommen, dass sowohl MF A als auch B den Artikel sehen. Von dem Unternehmensporträt des Artikels profitiert der MF A kaum, da ihm die dort enthaltenen Informationen im Wesentlichen bereits bekannt sind. Dies spiegelt sich in dem nur geringfügigen Anstieg der Erfahrungskurve wider. Anders stellt sich das Bild bei B dar: Zum gleichen Zeitpunkt befindet er sich nicht in der dritten, sondern noch in der ersten Phase und verfügt somit lediglich über Basis-Erfahrungen. Durch das Unternehmensporträt lernt B eine Fülle bislang unbekannter Informationen etwa über das zuvor wenig benutzte E-Mail-Programm freemail. Dies führt dazu, dass insbesondere bei den gütermarktbezogenen Informationen ein Sprung auf ein deutlich höheres Erfahrungsniveau verzeichnet werden kann.

Es wird deutlich, dass *dieselbe Information zum gleichen Zeitpunkt des IPO-Prozesses unterschiedliche* Wirkungen auslöst. Für die in der ersten Phase befindliche Person B ist das Unternehmensporträt sehr hilfreich insbesondere beim Aufbau von gütermarktbezogenen Wissensstrukturen, für den MF A hingegen ist das Porträt praktisch wertlos. Eine Ergänzung der Gedächtnisstrukturen und damit des Wissens bzw. der Einstellungen findet folglich bei MF A nicht statt.

Es bleibt festzuhalten, dass dieselbe Information zum selben Zeitpunkt bei verschiedenen Personen zu deutlich unterschiedlichen Wirkungen geführt hat.

Daraus folgt als eine Konsequenz der zeitversetzten Startpunkte (Beginn der ersten Phase) einzelner Individuen eine Vielzahl verschiedener Erfahrungsniveaus *zu einem bestimmten Zeitpunkt des IPO-Prozesses.* Während der Börseneinführungsphase beispielsweise befindet sich eine große Gruppe von Individuen in der ersten Phase, andere hingegen in der zweiten und z.B. börsenaffine Personen (MF A) als die kleinste Gruppe bereits in der dritten Phase.

Daraus folgt, dass sich eine optimale Gestaltung des Börsengangs und der damit verbundenen Kommunikationspolitik nicht nur an Spezifika einzelner Phasen des IPO-Prozesses orientiert, sondern ebenfalls an dem Erfahrungsniveau, in dem sich die jeweiligen Rezipienten einer bestimmten Zielgruppe[1162] befinden. Personen, die über ein hohes Maß an Erfahrungswerten verfügen und damit Phase 3 zuzuordnen sind, sind detaillierte, spezielle Informationen anzubieten, wohingegen Personen mit geringeren Erfahrungswerten (Phase 1) allgemeinverständliche und grundlegende Informationen präferieren. Diese Differenzierung gilt für alle IPO-Phasen gleichermaßen.

Die Ergänzung der Gedächtnisstrukturen stellt aus Sicht des Unternehmens jedoch nichts anderes dar als eine Veränderung des Wissens und der Einstellungen - mithin der zentralen Zielgrößen der Marketingwirkungen des Börsengangs.

7.3 Kritische Würdigung des Gesamtmodells

Im Rahmen der vorangegangenen Ausführungen des Kapitels 7.1 wurde die kommunikationswissenschaftliche mit der verhaltenswissenschaftlichen Analyse zu einem integrativen Wirkungsmodell zusammengeführt. Die kommunikationswissenschaftlichen Erkenntnisse über die vielfältigen Träger und Empfänger der mit dem IPO vermittelten Botschaft bzw. Informationen sind gerade für das Verständnis der bei einem Börsenevent IPO umfangreich benötigten, erfolgskritischen fremdinitiierten Kommunikation relevant. Ohne diese Vermittlung von Informationen über den Börsengang bliebe die in Kapitel 4.2.3 aufgezeigte marketingorientierte Gestaltung des Börsenevents IPO einem kleinen Kreis direkt Betroffener vorbehalten. Die durch die Kommunikation ausgelösten Wirkungen lassen sich mittels der verhaltenswissenschaftlich fundierten Ausführungen weiterverfolgen. Sie fassen die kommunizierten Informationen als Stimulus und damit als Ausgangspunkt von im Inneren des Rezipienten vonstatten gehenden

[1162] Vgl. zu der ausgewählten Zielgruppe die Ausführungen in Kapitel 4.2.3.1.3.

Prozessen auf. Als Ergebnis dieser Prozesse kann eine Wirkung und damit eine Veränderung von Zielgrößen ermittelt werden. Zusammengefasst erlauben die kommunikationswissenschaftlichen und verhaltenswissenschaftlichen Ausführungen eine Analyse der Wirkungen zu einem bestimmten Zeitpunkt. Das in Kapitel 7.1 dargestellte verhaltenswissenschaftlich fundierte Modell ist den von Vakratsas/ Ambler als „integrativ" bezeichneten Modellansätzen der Marketingforschung zuzuordnen.

Das zunächst für einen Zeitpunkt entwickelte statische Modell konnte sodann unter Berücksichtigung von intertemporalen Interdependenzen für die gesamte Zeitdauer des IPO-Prozesses dynamisiert werden. Damit ist nicht nur aus inhaltlicher, sondern auch in zeitlicher Hinsicht eine ganzheitliche Analyse der Wirkung des Börsenevents IPO möglich. Die damit einhergehende zeitliche Analyse - sowohl aus Sicht des Unternehmens hinsichtlich des Ablaufs des IPO-Prozesses als auch aus Sicht des Informationsempfängers - führt zu einem besseren Verständnis, welchen Wirkungseinfluss die zeitliche Sequenz der Informationsvermittlung ausübt. Letztere Sichtweise erlaubt ein tieferes Verständnis von der Entwicklung der Wirkungen bei einzelnen Personen. Dies ist insofern eine entscheidende Modellkomponente, als die Summe der erzielten Wirkungen bei allen mit dem Börsengang in Berührung gekommenen Personen die kumulative Effektivität des Börsengangs ausmacht.

Nicht berücksichtigt werden bei dem Modell sämtliche Wirkungen, die nach Abschluss des Börsengangs am Sekundärmarkt erfolgen, obwohl der Handel am Sekundärmarkt durch diesen erst ermöglicht wird und somit ursächlich mit dem Börsengang zusammenhängt. Allerdings lässt sich das Modell mit leichten Modifikationen, die insbesondere die zeitliche Sequenz der eingesetzten Marketinginstrumente betrifft, auch für die Analyse von am Sekundärmarkt erzielten Wirkungen anpassen. Als weiterer Kritikpunkt ist festzuhalten, dass den Ausführungen oftmals implizit eine positive Wirkung zugrundegelegt ist, die mit der asymmetrischen Verteilung der Zeichnungsrenditen begründet war. Nichtsdestotrotz existieren einzelne Börsengänge, die z.B. aufgrund einer negativen Kursentwicklung oder sogar wegen des Abbruchs des Börsengangs nicht als erfolgreich bezeichnet werden können, was wiederum negative Konsequenzen z.B. auf das Image haben kann. Diesbezüglich muss jedoch festgestellt werden, dass trotz einer überwiegend positiv fundierten Argumentation mit dem aufgestellten Modell auch negative Entwicklungen z.B. des Images analysiert werden könnten. Das Modell an sich ist somit nicht auf positive oder negative Wirkungen festgelegt.

Bezüglich der Berücksichtigung von Erkenntnissen aus zwei unterschiedlichen Wissenschaftsdisziplinen (Wirtschaftswissenschaft und Kommunikationswissenschaft) ist festzustellen, dass deren Zusammenführung die Inkaufnahme grundsätzlicher Nachteile bedingt. Zunächst verwendet die Kommunikationswissenschaft eine unterschiedliche Terminologie, z.B. die Bezeichnung „Rezipient“ im Gegensatz zu der verhaltenswissenschaftlichen Fokussierung auf das Individuum bzw. den „Organismus“. Gemeint ist damit letztlich jedoch die gleiche Person. Mit der anderen Bezeichnung gehen darüber hinaus unterschiedliche Aufgaben bzw. Funktionen einher, die der Person zugeschrieben werden. Aus der kommunikationswissenschaftlichen Perspektive ist der Rezipient ein passiver Empfänger bzw. aktiver Gestalter von Kommunikationsprozessen. Die „Wirkung“ besteht darin, die Art und den Umfang der Informationsverbreitung zu beeinflussen. Aus der verhaltenswissenschaftlichen Perspektive betrachtet ist die „Wirkung“ eine andere: Das Individuum nimmt Informationen auf, die als „Stimulus“ sodann zu intrapersonalen Prozessen führen und Wirkungen z.B. hinsichtlich dauerhafter Gedächtnisgrößen hervorrufen. Die in beiden Wissenschaftsdisziplinen als „Wirkungsanalysen“ bezeichneten Ausführungen sind somit nicht kongruent, weswegen in dieser Arbeit lediglich eine sequentielle Bezugnahme auf die beiden Disziplinen, jedoch keine vollständig integrative Abhandlung vorgenommen wurde. Für die kommunikationswissenschaftlichen Ausführungen gilt als weitere Einschränkung der Mangel an einem ganzheitlichen, integrativen Konzept. Die „Ansätze sind unterschiedlichen Theorien verpflichtet und stehen daher relativ isoliert nebeneinander“[1163], sodass auch das in dieser Arbeit abgeleitete Kommunikationsmodell auf miteinander unverbunde-

[1163] Merten (1994), S. 313.

nen theoretischen Fundamenten ruht. Daran vermag auch die Fokussierung der Arbeit auf börsengangrelevante Ergebnisse der verschiedenen Ansätze nichts zu ändern.

Die wesentlichen Bestandteile des verhaltenswissenschaftlich fundierten SOR-Modells sind die die Black Box konstituierenden Elemente Determinanten, Informationsverarbeitungsprozess sowie Zielgrößen. Sie wurden auf Grundlage der dieser Arbeit zugrundegelegten deduktiven Methode abgeleitet. Mit der deduktiven Methode gehen hier zwei wesentliche Problemkreise einher:

- Die Modellkonstruktion erfolgt zwar anhand einer nachvollziehbaren, kriteriengeleiteten und strukturierten Vorgehensweise, letztlich ist die Selektion und Einordnung der relevanten Bestandteile jedoch zumindest partiell subjektiv,
- viele der relevanten Bestandteile sind nur bedingt operationalisierbar und damit auch nur begrenzt einer empirischen Verifikation zuzuführen.

Die Vorgehensweise dieser Arbeit wurde von dem Bemühen um eine nachvollziehbare und strukturierte Auswahl relevanter Forschungsergebnisse geleitet. Dies spiegelt sich z.B. in der Eingrenzung des Marketing auf das Eventmarketing und in einem weiteren Schritt die Eingrenzung auf aus verhaltenswissenschaftlicher Sicht geeignete Wirkungsmodelle des Eventmarketing wider. Nichtsdestotrotz handelt es sich bei sämtlichen Modellbestandteilen - mit Ausnahme der Zielgröße Wissen - um eine z.T. subjektiv vorgenommene Auswahl hypothetischer Konstrukte, deren Existenz nicht nachweisbar ist. Der hypothetische Charakter der Konstrukte bringt es mit sich, dass über das Modell bzw. die „Black Box" intrapersonaler Wirkungsprozesse weder behauptet werden kann, es sei exakt spezifiziert, noch über dessen Elemente, sie seien präzise differenziert oder eindeutig verknüpft. Dies ist insofern von Nachteil, als es gerade die Zielsetzung der Arbeit ist, den (Marketing-) Wirkungen, die mit einem Börsengang erzielt werden, auf den Grund zu gehen. Ohne eine präzise Abgrenzung maßgeblicher Einflussfaktoren und ohne eine „operationale" Spezifizierung der Interdependenz dieser Einflussfaktoren muss das Ziel jedoch als nicht vollständig erfüllt betrachtet werden. Dieser Problemkreis betrifft gleichwohl nicht nur die vorliegende Arbeit, sondern alle verhaltenswissenschaftlich fundierten Modelle, die auf die gleichen Konstrukte zurückgreifen. Trotzdem muss konstatiert werden, dass die Black Box zwar erhellt, deren exakte Struktur gleichwohl nach wie vor nicht vollständig bekannt ist.

Der zweite Problemkreis der deduktiven Vorgehensweise wurde in der vorliegenden Arbeit dadurch umgangen bzw. auf weiterführende Arbeiten verlagert, dass keine empirische Überprüfung vorgenommen wurde. Aus der Perspektive der entscheidungsorientierten BWL wäre eine empirische Überprüfung des hier abgeleiteten Aussagesystems natürlich wünschenswert gewesen, entsprach gleichwohl nicht der Zielsetzung dieser Arbeit. Es wird somit lediglich ein konzeptioneller Analyserahmen entwickelt, der nicht empirisch angewendet und demzufolge nicht an der Realität gespiegelt wurde.

Mit dem Verzicht auf eine empirische Überprüfung wurde darüber hinaus die Schwierigkeit umgangen, die Modellelemente messbar machen zu müssen. Beispielsweise sind die Zielgrößen Wissen bzw. Einstellung nur begrenzt quantifizierbar und vor allen Dingen in monetäre Größen transformierbar. Leichter wäre dies mit dem beobachtbaren Verhalten z.B. in Form des Produktkaufs als Zielgröße gefallen. Sie wurde jedoch aus verschiedenen Gründen, insbesondere der fehlenden kausalen Verknüpfung zu den wirkungsauslösenden Stimuli, von den Analysen ausgeschlossen. Infolgedessen fällt es auch schwer, der Effektivitätsbetrachtung dieser Arbeit eine Effizienzbetrachtung zur Seite zu stellen. Damit geht der Nachteil einher, dass aus entscheidungsorientierter Sicht die Maßnahmen nicht abschließend analysiert und beurteilt werden. Vielmehr müsste dazu auch der Umfang der eingesetzten Maßnahmen berücksichtigt werden, da das absolute Ausmaß der Wirkung für sich genommen nur die Aussage zulässt, *dass* eine Wirkung erzielt wird, nicht jedoch, ob sich der zur Erzielung der Wirkung erforderliche Ressourceneinsatz als effizient erweist.

Die Dynamisierung des Modells berücksichtigt die Besonderheit des Börsenevents IPO, dass sich die Marketingwirkungen über eine längere Zeitspanne entwickeln können. Allerdings zeigt die Dynamisierung des Modells nur einen Ausschnitt der sehr facettenreichen und komplexen intertemporalen Interdependenzen. Sie beschränkt sich auf die explizite Berücksichtigung der Determinate Erfahrung bzw. die Zielgrößen Wissen und Einstellungen. Die übrigen Bestandteile des Modells werden nur implizit berücksichtigt.
An dem dargestellten dynamischen Modell kann ferner kritisiert werden, dass eine positive Entwicklung der Erfahrung unterstellt wird, die erstens so nur für das (Vor-) Wissen und nicht für die prädispositive Einstellung gültig ist. In diesem Zusammenhang ist auch darauf hinzuweisen, dass die aus pragmatischen Gründen vorgenommene Vermischung der Zielgrößen Image und Wissen aus inhaltlicher Sicht nicht zulässig ist, da es sich, wie in Kapitel 6.2.3 gezeigt wurde, um zwei streng voneinander zu trennende Konzepte handelt.
Zweitens kann die Entwicklung der Erfahrung bei einigen Personen durchaus nach einem einzigen Kommunikationskontakt abbrechen oder durch später aufgenommene Informationen überlagert werden. Letzteres wird im Modell nicht explizit berücksichtigt, da bei der Komponente (Vor-) Wissen nur das theoretisch vorhandene Wissen angesprochen wird, nicht jedoch das messbar reproduzierbare. Es kann gleichwohl so sein, dass später gebildete Synapsen schwächere überlagern und damit den Zugriff auf einige Teile des Wissens faktisch verhindern. Ein weiterer Kritikpunkt richtet sich an den dargestellten Verlauf der Entwicklung der Erfahrung, der keineswegs hinreichend empirisch fundiert, sondern bestenfalls plausibilisiert ist. Hinzu kommt, dass die Unterteilung in drei Phasen nicht durch die mit jedem Stimulus hervorgerufene kontinuierliche Veränderung der Erfahrung zu begründen ist.

Resümierend kann festgehalten werden, dass mit dem Modell eine Zusammenführung der für die vorliegende Arbeit zentralen Ergebnisse erfolgt ist. Die Ausführungen des Kapitels 4 haben deutlich gemacht, dass die Gestaltung des Börsenevents IPO als Voraussetzung und Grundlage jeglicher Kommunikation fungiert. Die Kommunikation über den Börsengang, die über vielfältige Träger-

Empfänger-Kombinationen erfolgt, stellt das Bindeglied zwischen dem Börsengang als solchem und den damit bezweckten Marketingwirkungen dar, wie im Rahmen des Kapitels 5 hervorgehoben wurde. Letztlich führt die Kommunikation bei jedem einzelnen Kontakt mit einem Rezipienten zu inneren Reaktionen. Diese komplexen Prozesse innerhalb der Black Box bzw. des „organism" des Individuums wurden in Kapitel 6 detailliert erläutert. Insgesamt wurde so eine ganzheitliche Wirkungskette aufgestellt, die einen kausalen Ursache-Wirkungs-zusammenhang repräsentiert.

8 Resümee

8.1 Zusammenfassung der Ergebnisse

Der Börsengang stellt aus Firmensicht ein einmaliges Ereignis dar, welches weitreichende Konsequenzen nach sich zieht. Der Entscheidung für einen Börsengang und dessen Gestaltung sollten dementsprechend fundierte Erkenntnisse zugrunde gelegt werden. Gleichwohl zeigen die Ausführungen in Kapitel 3, dass zwar die finanzmarktorientierte IPO-Forschung eine Fülle an Erkenntnissen hervorgebracht hat, gütermarktorientierte Erkenntnisse jedoch unzureichend thematisiert wurden. Letztere sind unverzichtbar, sollen die durch einen Börsengang realisierbaren Wirkungen möglichst umfassend berücksichtigt werden. Gegenstand der vorliegenden Arbeit ist es, eine konzeptionelle analytische Grundlage zu schaffen, um den in Kapitel 3.3 aufgezeigten Mangel der realgütermarktbezogenen IPO-Forschung reduzieren zu können.
Zu diesem Zweck wird der Börsengang (auch) als eine Marketingmaßnahme des Unternehmens aufgefasst und unter Rückgriff auf das Eventmarketing einer Wirkungsanalyse unterzogen. Das mit der vorliegenden Arbeit entwickelte Konzept zur ganzheitlichen Analyse der Marketingwirkungen des Börsenevents IPO umfasst erstens die Gestaltung des Börsengangs sowohl aus finanzmarktorientierter (Kapitel 2.1) als auch marketingorientierter (Kapitel 4.2.3) Sicht, zweitens die Kommunikationspfade, über die der Kontakt der externen Teilnehmer mit dem Börsengang hergestellt wird (Kapitel 5), und drittens die intrapersonale Wirkungsanalyse der dadurch ausgelösten (kommunikativen) Stimuli (Kapitel 6). Diese verhaltenswissenschaftliche Analyse der Wirkungen berücksichtigt im Rahmen der Black Box sämtliche inhaltlich relevanten Beeinflussungsfaktoren.

In **Kapitel 2** wird zunächst der in vier Phasen unterteilte kapitalmarktbezogene IPO-Prozess dargestellt. Die Entscheidungsphase wird durch das Abwägen der mit dem Börsengang verbundenen Vor- und Nachteile dominiert, wobei herausgestrichen wird, dass neben kapitalmarktbezogenen auch marketingbezogene Vorteile in die Entscheidungsfindung einfließen müssen, soll eine optimale Entscheidung getroffen werden können. In der sich anschließenden Vorbereitungsphase wählt das Unternehmen insbesondere die den Börsengang begleitende(n) Bank(en) aus und schafft die internen und externen Voraussetzungen für einen erfolgreichen Börsengang. Die nicht nur in der Außenwahrnehmung zentrale Börseneinführungsphase bringt das Angebot und die Nachfrage in Form von Zeichnungsaufträgen für die neuen Aktien am Primärmarkt zusammen. Am Tag der Börseneinführung zeigt sich sodann, welche Kurssteigerung (bzw. -verlust) mit der Aufnahme des Sekundärmarkthandels einhergeht. Die finale Börsenphase bringt schließlich den allmählichen Übergang des Börsengangs zu einem „normalen" Handel der Aktie an der Börse mit sich.

Die in Kapitel 2 thematisierten kapitalmarktbezogenen Grundlagen des Börsengangs werden durch ausgewählte statistische Fakten über den amerikanischen und deutschen Neuemissionsmarkt komplettiert, wobei zum einen hervorgehoben wird, dass signifikant positive durchschnittliche Zeichnungsrenditen (Underpricing) erzielt werden, die im Zeitablauf z.T. starken Schwankungen unterworfen sind (Hot-issue- vs. Cold-issue-Phasen). Zum anderen wird deutlich, dass es nicht *das* IPO-Unternehmen gibt, sondern dass eine Vielzahl in Größe, Rentabilität, Geschäftsfeld, Alter etc. unterschiedlicher Unternehmen an die Börse strebt.

In **Kapitel 3** wird die Forschungslücke abgeleitet, die zu der vorliegenden Arbeit motiviert hat. Die insgesamt sehr umfangreiche Literatur zum Börsengang wird anhand der einzelnen IPO-Phasen und der kapitalmarktbezogenen oder gütermarktbezogenen Ausrichtung strukturiert dargestellt. Es wird deutlich, dass das Gros der Forschung kapitalmarktbezogen ist, wenngleich in jüngerer Vergangenheit einige in Kapitel 3.2 erläuterte gütermarktorientierte Erklärungsansätze hinzugekommen sind. Die Ausführungen in Kapitel 3.3 offenbaren, dass die Dominanz der kapitalmarktbezogenen Erklärungsansätze weder aus theoretischer noch aus empirischer Sicht begründet ist und dieses Missverhältnis in der Literatur bereits seit längerer Zeit bemängelt wird.

Kapitel 4 stellt den Ausgangspunkt der konzeptionellen Analyse der Marketingwirkungen des Börsengangs dar. Zu Beginn des Kapitels (Kapitel 4.1) wird die Verbindung zwischen dem am Kapitalmarkt stattfindenden Börsengang und den postulierten Marketingwirkungen des Börsengangs hergestellt. Als Grundlage der Analyse der Marketingwirkungen wird das Marketinginstrument Eventmarketing identifiziert, neu definiert und charakterisiert und damit konkretisiert. Wenngleich die allgemeine Überprüfung der Eignung von Börsengängen als Marketingevent grundsätzlich ein positives Ergebnis hervorgebracht hat, so haben die Ausführungen in Kapitel 4.2.2.3 deutlich gemacht, dass nur für bestimmte Unternehmen tatsächlich gezielt angestrebte Marketingwirkungen zu erwarten sind. Es wird betont, dass nur diese Unternehmen Gegenstand der Wirkungsanalysen sind.
Die Ausführungen in Kapitel 4.2.3 stellen das gütermarktbezogene Pendant zu der in Kapitel 2.1 erfolgten Darstellung des kapitalmarktbezogenen IPOs dar. Insbesondere werden ausgewählte Aspekte der IPO-Planung hervorgehoben, wozu zunächst in einer grundlegenden Situationsanalyse den Börsengang beeinflussende endogene und exogene Faktoren identifiziert werden. Daran schließen sich Ausführungen zur Auswahl der Zielgruppen, eine Einordnung der als empirisch relevant ermittelten Marketingziele – dazu zählt die Steigerung des Bekanntheitsgrads, die Verbesserung des Images und des Wissens über das Unternehmen – in das Zielsystem der Unternehmung sowie insbesondere die Integration in das Marketing der Unternehmung an. Es wird hervorgehoben, dass neben der formalen, zeitlichen und inhaltlichen Integration des Marketinginstruments in das allgemeine Marketingsystem der Unternehmung die Nutzung anderer Marketinginstrumente im Rahmen des Börsengangs erfolgsentscheidend ist. Dabei werden Verknüpfungen zwischen dem Börsengang und Instrumenten der Investor Relations, Public Relations, der klassischen Werbung sowie des Direktmarketing hergestellt.

In **Kapitel 5** wird mit dem Meinungsführerkonzept, den Diffusionsstudien und den Netzwerken der persönlichen Kommunikation drei für die IPO-bezogene Kommunikation grundlegende Konzepte herangezogen. Diese werden durch das

Agenda-Setting-Konzept und die Schweigespirale ergänzt, die beide den starken Einfluss der Massenmedien herausstellen. Die dritte Gruppe umfasst die Wissenskluft-Perspektive und den Nutzenansatz, anhand der der Einfluss der Rezipienten auf die Gestaltung und Nutzung der Kommunikationswege berücksichtigt werden kann. Die kommunikationswissenschaftlichen Ansätze erlauben es, ein Kommunikationsmodell des Börsengangs abzuleiten. Die theoretisch fundierten Ausführungen werden sodann ergänzt um empirische Erkenntnisse, die zu wesentlichen Akteuren des Kommunikationsprozesses vorliegen. Mit deren Hilfe wird zunächst einmal deutlich gemacht, dass durch den Börsengang eine erhebliche Zunahme der Kommunikationsprozesse erreicht werden kann. Dies manifestiert sich zunächst in einer hohen Zahl von Analystenberichten. Noch aussagekräftiger ist die Zunahme bei den Publikationen in Massenmedien: Die dort publizierten Berichte nehmen während der Börseneinführungsphase um mehr als das Vierfache im Vergleich zu der Zeit vor dem IPO zu. Auch die vom Unternehmen ausgehende Direktkommunikation erreicht in absoluten Zahlen in Einzelfällen ein Millionenpublikum (AIF der Deutschen Telekom), in relativen Zahlen gemessen an der Nutzung des Online-Angebots aller IPO-Unternehmen einen Zuwachs von durchschnittlich 22%.

Außerdem lassen sich einzelne Bestimmungsfaktoren identifizieren, die einen ursächlichen Einfluss auf das Ausmaß der Kommunikation ausüben. Es zeigt sich, dass die genannten durchschnittlichen Werte signifikant zunehmen, je höher das Underpricing und je größer das IPO-Unternehmen ist. Dies gilt gleichermaßen für die Analystenberichte und die Publikationen in Massenmedien. Als weitere Beeinflussungsfaktoren wird die Reputation der börsengangbegleitenden Investmentbanken identifiziert. Es wird resümiert, dass das Unternehmen durch die Gestaltung der genannten Parameter Einfluss auf das Ausmaß der insgesamt erfolgenden Kommunikationsprozesse nehmen kann.

Schließlich wird deutlich gemacht, auf welche Informationsquellen bzw. Angebote des Unternehmens die Analysten bzw. Journalisten zurückgreifen. Besonders oft wird von den Analysten das Angebot zu persönlichen Gesprächen und Unternehmensbesuchen genutzt, von den Journalisten dagegen eher der Geschäftsbericht, Informationen im Internet oder die Road-Show.

Die kommunikationswissenschaftlich fundierten theoretisch-konzeptionellen Grundlagen des Kommunikationsmodells führen im Zusammenspiel mit den empirischen Erkenntnissen dazu, die vielfältigen kommunikativen Stimuli, denen die Rezipienten ausgesetzt sind, aufzuzeigen. Sie dienen als Ausgangspunkt der in **Kapitel 6** vorgenommenen konzeptionellen Analyse der intrapersonalen Wirkungsprozesse.

Dazu werden in Kapitel 6.1 in Anlehnung an die Synopse von Vakratsas/ Ambler und unter Rückgriff auf die Wirkungsmodelle des Eventmarketing von Nufer und Lasslop geeignete Modellgrundlagen und relevante Modellelemente identifiziert. Neben den Determinanten sind dies der Informationsverarbeitungsprozess sowie dauerhafte Gedächtniswirkungen als Zielgrößen. Die Determinanten gütermarktbezogener Marketingwirkungen lassen sich in die vier Gruppen der sozioökonomischen, soziodemographischen, psychographischen und situativen Determinanten untergliedern, wobei stets die Einflussnahme einer Determinante auf andere Determinanten und den Informationsverarbeitungsprozess gesondert analysiert wird. Es stellt sich heraus, dass die psychographische Determinante „Erfahrung" in allen IPO-Phasen von besonderer Bedeutung ist. Außerdem wird deutlich, dass die Determinanten „Emotion" und „Stimmung" nicht nur auf andere Determinanten und den Informationsverarbeitungsprozess Einfluss nehmen, sondern gemäß der „Emotion-als-Information"- bzw. der „Stimmung-als-Information"-Hypothese auch direkt in die Einstellungsbildung eingehen und damit eine unmittelbare Veränderung der Zielgröße „Einstellung" hervorrufen können. Von diesen beiden Ausnahmen abgesehen stellt der in Kapitel 6.2.2 dargestellte Informationsverarbeitungsprozess das direkte Verbindungsglied zwischen den durch die Determinanten beeinflussten Stimuli und den Zielgrößen wie folgt dar: Die Determinanten beeinflussen die Aufnahme, Verarbeitung und Speicherung der Informationen, wobei die Speicherung der Informationen einer Veränderung der Zielgrößen Einstellung oder Wissen gleichkommt. In Kapitel 6.2.3 werden schließlich die als empirisch relevant ermittelten gütermarktbezogenen Zielgrößen der Einstellung bzw. des Images und der Kenntnisse bzw. des Wissens und der Verhaltensabsicht theoretisch fundiert und inhaltlich präzisiert.

Die in **Kapitel 7** vorgenommene Zusammenführung der Determinanten, Zielgrößen und des Informationsverarbeitungsprozesses in das verhaltenswissenschaftliche Gesamtmodell macht deutlich, dass ein komplexes Geflecht vielfältiger Interdependenzen zwischen den Modellbestandteilen existiert. Gleichwohl handelt es sich bei dem in Kapitel 7.1 abgeleiteten Modell zunächst nur um ein statisches Modell, da die Wirkungsanalyse sich auf einen einzelnen Stimulus eines Zeitpunkts bezieht. Es spiegelt dementsprechend nur eine Momentaufnahme der Wirkungsanalyse eines sich über einen längeren Zeitraum erstreckenden Börsengangs wider. Um dem Anspruch einer ganzheitlichen Wirkungsanalyse gerecht zu werden, wird in Kapitel 7.2 eine Dynamisierung vorgenommen. Im Mittelpunkt steht dabei die Entwicklung der zentralen Determinante „Erfahrung“ im Verlauf des IPO-Prozesses, um daraus die kumulative Wirkung der sequentiell stattfindenden Kommunikationsprozesse zu ermitteln.

Es wird darüber hinaus darauf hingewiesen, dass die Berücksichtigung simultan oder zu hintereinander gelegenen Zeitpunkten stattfindender Wirkungsprozesse umfassendere Analysen erlaubt. Es lässt sich so z.B. der Frage nachgehen, welche Verbreitungswege ein bestimmter Stimulus, z.B. ein Werbespot des Unternehmens, gefunden hat und wie viele Rezipienten sie mit welchen Wirkungen aufgenommen haben. Genauso lässt sich für einen einzelnen Botschaftsträger, z.B. eine überregionale Tageszeitung oder die Homepage des Unternehmens, feststellen, welche durch den Börsengang generierten Informationen übernommen und an welche Rezipienten weitergeleitet werden. Schließlich können auch einzelne Rezipienten daraufhin durchleuchtet werden, welche Botschaftsträger sie bevorzugt nutzen und wie sie auf bestimmte Stimuli reagieren.

Für jede der Analysen gilt, dass sie nicht auf einzelne Botschaften, Träger bzw. Pfade oder Rezipienten beschränkt sind, sondern auch für Botschaftsbündel, Trägergruppen und Zielgruppen ausgewählter Rezipienten vorgenommen werden können. Eine Zielgruppe ausgewählter Rezipienten, etwa das von der Deutschen Telekom für die Teilnahme am Börsengang ermittelte „Kernpotential“, kann beispielsweise gesondert betrachtet werden. Gleiches gilt für Botschaftsträger, von denen etwa sämtliche Printmedien gebündelt analysiert werden können. Schließlich lässt sich auch die Wirkung einer bestimmten Werbekampagne,

also ein Bündel ausgewählter (kommunikativer) Maßnahmen des Unternehmens beim IPO, auf ihre Wirksamkeit hin überprüfen.
Das siebte Kapitel schließt mit einer kritischen Würdigung des Gesamtmodells. Positiv herausgestrichen wird der umfassende, verschiedene Wissenschaftszweige integrierende konzeptionelle Analyserahmen. Als problematisch erweist sich der überwiegend hypothetische Charakter der Modellelemente, weil dadurch das Ziel einer vollständigen Aufklärung der konkreten Wirkungsprozesse innerhalb der Black Box als nicht erfüllt angesehen werden muss. Die Ausführungen weisen schließlich darauf hin, dass es wünschenswert wäre, insbesondere eine empirische Verifikation des Modells vorzunehmen.

8.2 Ausblick

Abschließend soll ein Ausblick auf die Verwendungsmöglichkeit der Ergebnisse der vorliegenden Arbeit gegeben werden. Der wissenschaftlichen Forschung kann die Arbeit auf zweierlei Art und Weise dienen. Zum einen liefert sie einen konzeptionellen Analyserahmen für Börsen*events* und kann damit auch als ein umfassendes Grundgerüst zur Wirkungsüberprüfung anderer Events herangezogen werden. Insofern stellt der Analyserahmen eine Ergänzung bzw. Weiterentwicklung der als allgemeingültig apostrophierten Eventmarketing-Wirkungsmodelle von Nufer und Lasslop dar. Je nach Event müssen u.U. nur geringfügige Modifikationen vorgenommen werden: Handelt es sich um ein kurzfristiges Event, so scheidet die Dynamisierung als relevante Modellkomponente aus; ist es ein kleines Event mit wenigen Teilnehmern, reduziert sich die Anzahl der Determinanten und deren Interdependenzen; bei einem überwiegend emotionalisierenden Event gewinnen die Determinanten „Emotion" und „Stimmung" bzw. deren Zusammenspiel mit dem Informationsverarbeitungsprozess an Bedeutung.
Zum anderen bietet sich das vorliegende theoretisch-konzeptionelle Modell für eine empirische Anwendung an, wodurch sich die konzeptionellen Erkenntnisse weiter fundieren und spezifizieren lassen. Um für IPOs allgemeingültige und valide empirische Ergebnisse zu erreichen, wäre es vonnöten, bei hinreichend

vielen IPOs zu mehreren Zeitpunkten verschiedene Personen zu berücksichtigen. Damit können direkt und indirekt Betroffene des Börsengangs daraufhin befragt werden, inwiefern sich in Abhängigkeit der jeweils gegebenen Rahmenbedingungen bzw. der Determinanten welche Wirkungen hinsichtlich der Zielgrößen ergeben.

Interessant wäre es außerdem, die Studie nicht nur in Deutschland, sondern auch international vorzunehmen, weil sich so erstens die Anzahl verfügbarer IPOs erhöht, insbesondere jedoch Erkenntnisse über völlig andere Rahmenbedingungen ergeben. Damit ließe sich beispielsweise analysieren, wie die Ausprägung der Aktienkultur als eine länderspezifische Rahmenbedingung die Marketingwirkungen beeinflusst.
Zusammengenommen kann die Empirie zutage bringen, welche Faktoren einen signifikanten Einfluss auf die gütermarktbezogenen Marketingwirkungen ausüben. Sie kann damit spezifische Fragen beantworten, von denen im Folgenden einige exemplarisch aufgeführt sind. Wird durch ein positives Underpricing wirklich eine bessere Einstellung hervorgerufen? Und welches Ausmaß des Underpricing ist in welchen Börsenphasen optimal? Bestätigt sich die bei der Deutschen Telekom durch den Börsengang erreichte erhebliche Verbesserung des Images auch bei anderen Unternehmen? Ist die Reputation der Investmentbank tatsächlich wichtig, oder wird sie von den Investoren bzw. den (potentiellen) Kunden ignoriert? Welche Medien werden bevorzugt genutzt? Welches Medium führt in welcher IPO-Phase zu einer Verbesserung der kommunikativen Effektivität? Bestätigt sich die Schlussfolgerung, dass die Börsenphase und damit die Börsenstimmung hinsichtlich des Verbreitungsgrads der Informationen eine Rolle spielt, oder wird ihr Einfluss überschätzt?
Die empirischen Analysen erlauben mit der Beantwortung der Fragen eine Abschwächung oder Verstärkung sowie Präzisierung der konzeptionellen Erkenntnisse der vorliegenden Arbeit. Damit findet letztlich eine Ergänzung der in Kapitel 3 dargestellten, überwiegend kapitalmarktbezogenen Erklärungsansätze für die in den IPO-Phasen zu treffenden Entscheidungen statt.

So lässt sich beispielsweise das für die *Entscheidungsphase* relevante Modell von Stoughton/ Wong/ Zechner auf Plausibilität überprüfen. Das Modell fußt darauf, dass durch das IPO die Produktqualität signalisiert wird. Wie die konzeptionellen Ausführungen der vorliegenden Arbeit gezeigt haben, stellt die objektive Einschätzung der Produktqualität eine Facette des Wissens über die Produkte und als subjektive Einschätzung eine Facette der Einstellungen zu den Produkten dar. Ob und inwiefern die Produktqualität den Konsumenten hingegen durch den Börsengang tatsächlich signalisiert werden kann, lässt sich nur empirisch verifizieren.

In der *Vorbereitungsphase* steht die Auswahl der den Börsengang begleitenden Institutionen, insbesondere der Bank(en), an, die gemäß den in Kapitel 3.1 erläuterten Erklärungsansätzen lediglich aus kapitalmarktorientierter Perspektive hinsichtlich ihrer Reputation und Größe erfolgt. Die Ergebnisse der vorliegenden Arbeit weisen darauf hin, dass mit einem größeren Filialnetz mehr Personen das Beratungsangebot und die Möglichkeit, vor Ort einen Zeichnungsauftrag einzureichen, wahrnehmen können. Mit einer guten Reputation geht ferner eine hohe Glaubwürdigkeit der vermittelten Informationen einher. Empirisch ließe sich feststellen, wie groß der positive Einfluss auf die gütermarktorientierten Marketingziele tatsächlich ausfällt.

Die *Börseneinführungsphase* bringt die Entscheidung über das Zuteilungsverfahren der Aktien und das Ausmaß des Underpricing mit sich. Wie die Ausführungen in Kapitel 3.1 unterstrichen haben, existiert eine Fülle an kapitalmarktorientierten Erklärungsansätzen zum Underpricingphänomen. Gleichwohl hat die vorliegende Arbeit deutlich gemacht, dass die Höhe des Underpricing auch für die Marketingziele unmittelbar relevant ist, beispielsweise dadurch, dass es der (Mit-) Auslöser positiver Emotionen ist. Grundsätzlich kann davon ausgegangen werden, dass die Emotionen umso stärker sind, je höher das Underpricing ausfällt. Insbesondere sollte das Underpricing nicht negativ werden, weil damit negative Emotionen ausgelöst werden. Emotionen gehen, wie die Ausführungen in Kapitel 6.2.1.4 und 6.2.3 gezeigt haben, sowohl direkt („Emotion-als-Information"-Hypothese) als auch indirekt (über die Beeinflussung des Informationsverarbeitungsprozesses) in die Einstellungsbildung bzw. die Wissensverän-

derung ein. Aus einer isolierten Marketingsicht heraus ist es folglich optimal, ein sehr hohes Underpricing anzustreben. Aus kapitalmarktorientierter Sicht jedoch läuft ein sehr hohes Underpricing den Finanzierungszielen zuwider, weil dadurch die erlösten Finanzierungsmittel sinken und die (indirekten) Kosten des IPO deutlich ansteigen. Die Aufgabe für die Entscheidungsträger besteht nun darin, ein optimales Niveau des Underpricing auszuloten, welches den Finanzierungs- und Marketingzielen gleichermaßen dient.
Das Zuteilungsverfahren entscheidet darüber, welche Investoren mit Aktien bedacht werden. Im Fall eines positiven Underpricing ist dies gleichbedeutend mit der Entscheidung, finanzielle Gewinne zu verteilen. Mit den Ergebnissen der empirischen Analyse kann die Relevanz für die gütermarktbezogenen Marketingwirkungen exakter spezifiziert werden. Es könnte sich beispielsweise herausstellen, dass in jedem Fall ein negatives Underpricing verhindert werden sollte, um Reaktionen zu vermeiden, die negative Auswirkungen auf das Image haben. Dies würde den kapitalmarktorientierten einen weiteren, jedoch gütermarktorientierten Erklärungsansatz für die von Ruud (1993) ermittelten Stützungskäufe, die negative Zeichnungsrenditen verhindern helfen, hinzufügen.
Zusammenfassend birgt die empirische Analyse das Potential, dass Unternehmen, die in den IPO-Phasen permanent einer multidimensionalen Entscheidungssituation unterworfen sind, die zentralen Entscheidungen nicht nur aus Kapitalmarktsicht, sondern auch aus Gütermarktsicht ganzheitlich und präziser treffen können.

Betriebswirtschaftlich betrachtet wird durch die effiziente Beschaffung notwendiger Investitionsmittel und durch das Erschließen gütermarktrelevanter Marketingwirkungen ein optimales, zielgerichtetes Wirtschaften befördert.
Die Attraktivität eines Börsengangs für Unternehmen bzw. der Börse insgesamt kann jedoch nicht nur durch Hervorheben der Bedeutung von Marketingwirkungen, sondern muss auch durch Veränderungen von Seiten anderer Kapitalmarktakteure erhöht werden. Dazu gehören u.a. geeignete Rahmenbedingungen, die durch die Gesetzgebung des Staates geschaffen werden, zukunftsweisende Geschäftsideen von innovativen Unternehmen und - last but not least - die Bereit-

schaft der Investoren, sich an den risikobehafteten Unternehmen finanziell zu beteiligen. Nur so kann die Zyklik des Emissionsmarkts auch in Deutschland hin zu längeren Phasen einer hohen Emissionsaktivität verändert werden.

Gegenstand der vorliegenden Arbeit war es, die aus einem Börsengang resultierenden vielfältigen betriebswirtschaftlichen Vorteile zu identifizieren, für das operative Geschäft relevante Marketingwirkungen aufzuzeigen und diese konzeptionell zu analysieren. Im Idealfall führen die Erkenntnisse dazu, dass nicht nur die finanzwirtschaftlichen, sondern in Form der Marketingwirkungen auch die gütermarktrelevanten Vorteile eines Börsengangs verstärkt wahrgenommen werden und mehr Unternehmen veranlassen, eine positive Entscheidung über die Durchführung eines Börsengangs zu treffen. In diesem Sinne wäre es wünschenswert, wenn an der Börse wieder „such events [...] as a great number of new issues - new shares, in fact, coming forth in a great rush“[1164] zu beobachten sind.

[1164] O.V. (Journal of the Royal Statistical Society) (1882), S. 123.

Literaturverzeichnis

Achleitner, Paul/ Wichels, Daniel (2003): Management von Kapitalmarkterwartungen, in: Ebel, Bernhard/ Hofer, Markus B. (Hrsg.): Investor Marketing - Aktionäre langfristig gewinnen, Investoren langfristig binden, Börsenkurse nachhaltig steigern, Gabler Verlag Wiesbaden 2003, S. 51-62.

Adam, Dietrich (1996): Planung und Entscheidung - Modelle - Ziele - Methoden, 4. Aufl., Gabler Verlag, Wiesbaden 1996.

Aggarwal, Rajesh K./ Krigman, Laurie/ Womack, Kent L. (2002): Strategic IPO Underpricing, Information Momentum, and Lockup Expiration Selling, in: Journal of Financial Economics, Vol. 66 (2002), No. 1, S. 105-137.

Aggarwal, Reena/ Prabhala, Nagpurnanand/ Puri, Manju (2002): Institutional Allocation In Initial Public Offerings: Empirical Evidence, in: The Journal of Finance, Vol. 49 (2002), No. 3, S. 1421-1442.

Aggarwal, Reena/ Rivoli, Pietra (1990): Fads in the initial public offering market?, in: Financial Mangement, Vol. 19 (1990), No. 4, S. 45-57.

Aharony, Joseph/ Lee, Jevons/ Wong, T.J. (2000): Financial Packaging of IPO Firms in China, in: Journal of Accounting Research, Vol. 38 (2000), No. 1, S. 103-126.

Akerlof, G. A. (1970): Market for Lemons: Quality Uncertainty and the Market Mechanism, in: Quarterly Journal of Economics, Vol. 84 (1970), No. 3, S. 488-500.

Allen, Franklin/ Faulhaber, Gerald R. (1989): Signalling by underpricing in the IPO market, in: Journal of Financial Economics, Vol. 23 (1989), No. 2, S. 303-323.

Alti, Aydogan, (2001): Clustering Patterns In Initial Public Offerings, working paper, Carnegie Mellon University.

Alwitt, Linda F./ Mitchell, Andrew A. (Hrsg.) (1985): Psychological Processes and Advertising Effects: Theory, Research, and Applications, Lawrence Erlbaum Associates, Hillsdale 1985.

Amihud, Yakov/ Hauser, Shmuel/ Kirsh, Amir (2002): Allocations, Adverse Selection and Cascades in IPOs: Evidence from the Tel Aviv Stock Exchange, working paper, New York University.

Arosio, Roberto/ Bertoni, Fabio/ Giudici, Giancarlo (2001): The Good, The Bad and the Ugly... Everyone Wants to Join the "Nuovo Mercato", working paper, Politecnico di Milano, Dipartimento di Economia e Produzione.

Asquith, Daniel/ Jones, Jonathan D./ Kieschnick, Robert (1998): Evidence on Price Stabilization and Underpricing in Early IPO Returns, in: Journal of Finance, Vol. 53 (1998), No. 5, S. 1759-1773.

Assmus, Gert/ Farley, John U./ Lehmann, Donald R. (1984): How Advertising Affects Sales: Meta-Analysis of Econometric Results, in: Journal of Marketing Research, Vol. 21 (1984), S. 65-74.

Aussenegg, Wolfgang/ Pichler, Pegaret/ Stomper, Alex (2002): Sticky Prices: IPO Pricing on Nasdaq and the Neuer Markt, working paper, Vienna University of Technology.

Aussenegg, Wolfgang/ Pichler, Pegaret/ Stomper, Alex (2004): IPO Pricing with Bookbuilding and a When-Issued Market, working paper, Vienna University of Technology.

Ayayi, Ayi (2002): Venture Capitalists Dynamic Bayesian's Equity Selling Game During the Initial Public Offering, working paper, Ryerson University.

Baetge, Jörg (1998): Bilanzanalyse, IDW-Verlag, Düsseldorf 1998.

Baetge, Jörg/ Kirsch, Hans-Jürgen/ Thiele, Stefan (2003): Bilanzen, 7. Aufl., IDW-Verlag, Düsseldorf 2003.

Baker, Malcolm/ Gompers, Paul A. (1999): Executive Ownership and Control in Newly Public Firms: The Role of Venture Capitalists, working paper, Harvard Business School.

Baker, Malcolm/ Gompers, Paul A. (2001): The Determinants of Board Structure at the Initial Public Offering, working paper, Harvard University.

Baker, Malcom/ Wurgler, Jeffrey (2002): Market Timing and Capital Structure, in: The Journal of Finance, Vol. 57 (2002), No. 1, S. 1-32.

Barnes, Edel/ Cahill, Edward/ McCarthy, Yvonne (2003): Grandstanding in the UK Venture Capital Industry, in: Journal of Alternative Investments, Vol. 6 (2003), No. 3, S. 60.

Baron, David P. (1982): A Model of the Demand for Investment Banking Advising and Distribution Services for New Issues, in: Journal of Finance, Vol. 37 (1982), No. 4, S. 955-976.

Baron, David P./ Holmström, Bengt (1980): The Investment Banking Contract For New Issues Under Asymmetric Information: Delegation And The Incentive Problem, in: Journal of Finance, Vol. 35 (1980), No. 5, S. 1115-1138.

Barondes, Royce de R./ Butler, Alexander W./ Sanger, Gary C. (2000): IPO spreads: You get what you pay for, working paper, Lousianna State University.

Barry, Thomas E./ Howard, Daniel J. (1990): A Review and Critique of the Hierarchy of Effects in Advertising, in: International Journal of Advertising, Vol. 9 (1990), S. 121-135.

Bartov, Eli/ Mohanram, Partha / Seethamraju, Chandrakanth (2001): Valution of internet stocks- an IPO Perspective, working paper, New York University.

Batra, Rajeev/ Stayman, Douglas M. (1990): The Role of Mood in Advertising Effectiveness, in: Journal of Consumer Research, Vol. 17 (1990), S. 203-214.

Baum, Andreas/ Stalzer, Helmar (1991): Event-Marketing liegt im Trend - Kommunikation zum Anfassen macht Informationen zum Ereignis, in: Marktforschung & Management, Jg. 35 (1991), Heft 3, S. 113-116.

Baum, Heinz-Georg/ Coenenberg, Adolf G./ Günther, Thomas (1999): Strategisches Controlling, 2. Aufl., Schäffer-Poeschel Verlag, Stuttgart 1999.

Beatty, Randolph P./ Ritter, Jay R. (1986): Investment banking, reputation, and the underpricing of initial public offerings, in: Journal of Financial Economics, Vol. 16 (1986), No. 1-2, S. 213-232.

Bebchuk, Lucian Arye (2002): Asymmetric Information and the Choice of Corporate Governance Arrangements, working paper, Harvard Law School.

Behrens, Gerold (1991): Konsumentenverhalten - Entwicklung - Abhängigkeiten – Möglichkeiten, 2. Aufl., Physica Verlag, Heidelberg 1991.

Benninga, Simon/ Helmantel, Mark/ Sarig, Oded (2000): The Timing of Initial Public Offerings, working paper, Tel-Aviv University.

Benveniste, Lawrence M. et al. (2001): Evidence of Information Spillovers in the Production of Investment Banking Services, working paper, University of Minnesota.

Benveniste, Lawrence M./ Busaba, Walid Y./ Wilhelm, William J. Jr. (1996): Price stabilization as a bonding mechanism in new equity issues, in: Journal of Financial Economics, Vol. 42 (1996), No. 2, S. 223-255.

Benveniste, Lawrence M./ Spindt, Paul A. (1989): How investment bankers determine the offer price and allocation of new issues, in: Journal of Financial Economics, Vol. 24 (1989), No. 2, S. 343-361.

Berens, Wolfgang/ Bertelsmann, Rene (2002): Stichwort "Controlling", in: Küpper, H.-U./ Wagenhofer, A. (Hrsg.): Handwörterbuch Unternehmensrechnung und Controlling, 4. Aufl., Enzyklopädie der Betriebswirtschaftslehre Band III, Stuttgart 2002, S. 280-288.

Berens, Wolfgang/ Brauner, Hans U./ Strauch, Joachim (Hrsg.) (2005): Due Diligence bei Unternehmensakquisitionen, 4. Aufl., Schäffer-Poeschel Verlag, Stuttgart 2005.

Berger, Allen N./ Udell, Gregory F. (1998): The economics of small business finance: The roles of private equity and debt markets in the financial growth cycle, in: Journal of Banking & Finance, Vol. 22 (1998), No. 6-8, S. 613-673.

Bessler, Wolfgang/ Thies, Stefan (2002): Initial Public Offerings, Subsequent Seasoned Equity Offerings, and Long-Run Performance: Evidence from IPOs in Germany, working paper, Justus-Liebig-Universität Giessen.

Bhagat, Sanjai/ Rangan, Srinivasan (2003): IPO Valuation in the New and Old Economies, working paper, Leeds School of Business University of Colorado at Boulder.

Bhattacharya, Utpal et al. (2004): The Role of the Media in the Internet IPO Bubble, working paper, Kelley School of Business, Indiana University.

Bierbaum, Jürgen/ Grimm, Veronika (2002): Selling Shares to Retail Investors: Auction vs. Fixed Price, working paper, Humboldt-Universität Berlin.

Blass, Asher/ Yafeh, Yishay (2000): Vagabond Shoes Longing to Stray: Why Foreign Firms List in the United States, working paper, The Hebrew University.

Boehmer, Ekkehart/ Fishe, Raymond P.H. (2000): Do Underwriters Encourage Stock Flipping? A New Explanation for the Underpricing of IPOs, working paper, Securities and Exchange Commission.

Boehmer, Ekkehart/ Ljungqvist, Alexander P. (2001): The choice of outside equity: An exploratory analysis of privately held firms, working paper, Heisenberg Fellow, Athen.

Böhme-Köst, Peter (1992): Tagungen - Incentives - Events gekonnt inszenieren - mehr erreichen, Marketing-Arbeitsmodelle, Band 7, Hamburg 1992.

Bonfadelli, Heinz (2001): Medienwirkungsforschung I - Grundlagen und theoretische Perspektiven, 2. Aufl., UVK Verlagsgesellschaft, Konstanz 2001.

Booth, James R. / Chua, Lena (1996): Ownership dispersion, costly information, and IPO underpricing, in: Journal of Financial Economics, Vol. 41 (1996), S. 291-310.

Börgmann, Rikelf (2001): Unternehmensentwicklung und der Gang an die Börse - Eine empirische Untersuchung deutscher Börsenneulinge, Lang Verlag, Frankfurt a.M. 2001.

Bösl, Konrad (2004): Praxis des Börsengangs - Ein Leitfaden für mittelständische Unternehmen, Gabler Verlag, Wiesbaden 2004.

Bottazzi, Laura/ Da Rin, Marco (2002): Europe's 'New' Stock Markets, working paper, Università Bocconi.

Bower, Nancy L. (1989): Firm Value and the Choice of Offering Method in Initial Public Offerings, in: Journal of Finance, Vol. 44 (1989), No. 3, S. 647-662.

Bradley, Daniel J. et al. (2000): Venture Capital and IPO Lockup Expiration: An Empirical Analysis, working paper, University of Kentucky.

Bradley, Daniel J. et al. (2002): Negotiation and the IPO Offer Price: A Comparison of Integer versus Non-integer IPOs, working paper, University of Kentucky.

Brav, Alan / Geczy, Christopher/ Gompers, Paul A. (1998): The Equity in Equity Issuances, working paper, Duke University.

Brav, Alon/ Gompers, Paul A. (1997): Myth or Reality? The Long-Run Underperformance of Initial Public Offerings: Evidence from Venture and Non-Venture Capital-Backed Companies, in: The Journal of Finance, Vol. 52 (1997), No. 5, S. 529-560.

Brav, Alon/ Gompers, Paul A. (2000): Insider Trading Subsequent to Initial Public Offerings: Evidence from Expirations of Lock-Up Provisions, working paper, Harvard University.

Breinlinger, Luise/ Glogova, Evgenia (2002): Initial Public Offerings in a Macroeconomic Context: An Investigation Based on European Time-Series-Cross-Section IPO-Data, working paper, Österreichische Nationalbank.

Brennan, Michael J./ Franks, J. (1997): Underpricing, ownership and control in initial public offerings of equity securities in the UK, in: Journal of Financial Economics, Vol. 45 (1997), No. 3, S. 391-413.

Broadbent, Simon (1992): 456 Views of How Advertising Works, Burnett, London 1992.

Brosius, Hans-Bernd (1994): Agenda-Setting nach einem Vierteljahrhundert Forschung. Methodischer und theoretischer Stillstand?, in: Publizistik, 39. Jg. (1994), S. 269-288.

Brosius, Hans-Bernd/ Weimann, Gabriel (1998): Medien oder Bevölkerung: Wer bestimmt die Agenda? Ein Beitrag zum Zwei-Stufen-Fluss von Agenda Setting, in: Rundfunk und Fernsehen, Nr. 41 (1995), S. 312-329.

Brown, Steven P./ Stayman, Douglas M. (1992): Antecedents and Consequences of Attitude toward the Ad: A Meta-analysis, in: Journal of Consumer Research, Vol. 19 (1992), S. 34-51.

Bruhn, Manfred (1997): Kommunikationspolitik Bedeutung - Strategien - Instrumente,Verlag Franz Vahlen, München 1997.

Burmann, Christoph (2002): Erfolgskontrolle im Event-Marketing, in: Hosang, Michael (Hrsg.): Event & Marketing : Konzepte - Beispiele - Trends, Dt. Fachverlag, Frankfurt a.M. 2002, S. 93-124.

Busaba, Walid Y. / Chang, Chun (2002): Bookbuilding vs. Fixed Price Revisited: The Effect of Aftermarket Trading, working paper, University of Arizona.

Cao, Melanie/ Shi, Shouyong (1999): Publicity and the Clustering of IPO Underpricing, working paper, Queen's University.

Carter, Richard B./ Dark, Frederick H./ Singh, Ajai K. (1998): Underwriter Reputation, Initial Returns, and the Long-Run Performance of IPO Stocks, in: Journal of Finance, Vol. 53 (1998), No. 1, S. 285-311.

Carter, Richard/ Manaster, Steven (1990): Initial Public Offerings and Underwriter Reputation, in: Journal of Finance, Vol. 45 (1990), No. 4, S. 1045-1067.

Chahine, Salim (2002): Mispricing in IPO Methods and the Predictive Ability of Investors' Interest for New Issues, working paper, Audencia-Nantes School of Management.

Chalmers, John/ Dann, Larry Y./ Harford, Jarrad (2002): Managerial Opportunism? Evidence from Directors′ and Officers′ Insurance Purchases, in: The Journal of Finance, Vol. 57 (2002), No. 2, S. 609-636.

Chemmanur, Thomas J. (1993): The Pricing of Initial Public Offerings: A Dynamic Model with Information Production, in: Journal of Finance, Vol. 48 (1993), No. 1, S. 285-304.

Chemmanur, Thomas J./ Fulghieri, Paolo (1994): Investment bank reputation, information production, and financial intermediation, in: The Journal of Finance, Vol. 49 (1994), No. 1, S. 57-79.

Chen, Anlin/ Hung, Chen Chein/ Wu, Chin-Shun (1999): The Underpricing and Excess Returns of Initial Public Offerings Based on the Noisy Trading: A Stochastic Frontier Model, working paper, National Sun Yat-Sen University, Kaohsiung.

Chen, An-Sing et al. (2002): Price Support in Stock Auctioned IPOs: Some Empirical Evidence, working paper, National Chung Cheng University, Chia-Yi.

Chi, Jing/ Padgett, Carol (2002a): Short-Run Underpricing and its Charcteristics in Chinese IPO Markets, working paper, University of Reading.

Chi, Jing/ Padgett, Carol (2002b): The Performance and Long-Run Characteristics of the Chinese IPO Market, working paper, University of Reading.

Choe, Hyuk/ Masulis, Ronald W./ Nanda, Vikram (1993): Common stock offerings across the business cycle: Theory and evidence, in: Journal of Empirical Finance, Vol.1 (1993), No. 1, S. 3-31.

Chowdhry, Bhagwan/ Sherman, Ann (1996): International differences in oversubscription and underpricing of IPOs, in: The journal of corporate finance: contracting, governance and organization, Vol. 2 (1996), No. 4, S. 359-381.

Clarke, Jonathan/ Dunbar, Graig/ Kahle, Kathleen (2002): All-star Analyst Turnover, Investment Bank Market Share, and the Performance of Initial Public Offerings, working paper, University of Western Ontario.

Clementi, Gian Luca (2002): IPOs and The Growth of Firms, working paper, Carnegie Mellon University.

Cliff, Michael T./ Denis, David J. (2004): Do Initial Public Offering Firms Purchase Analyst Coverage With Underpricing?, in: Journal of Finance, Vol. 59 (2004), No. 6, S. 2871-2902.

Cook, Douglas O./ Jarrell, Sherry L./ Kieschnick, Robert (2001): The role of asymmetric information in U.S. IPO cycles, working paper, University of Mississippi.

Copeland, Thomas E./ Koller, Tim/ Murrin, Jack (2002): Unternehmenswert, 3. Aufl., Campus Verlag, Frankfurt 2002.

Cornelli, Francesca/ Goldreich, David (2003): Bookbuilding: How Informative Is the Order Book?, working paper, London Business School.

Corwin, Shane A./ Harris, Jeffrey H. (1998): The Initial Listing Decisions of Firms that Go Public, working paper, University of Georgia.

Corwin, Shane A./ Schultz, Paul (2004): The Role of IPO Underwriting Syndicates: Pricing, Information Production, and Underwriter Competition, working paper, Mendoza College of Business, University of Notre Dame.

Daines, Robert/ Klausner, Michael (2001): Do IPO Charters Maximize Firm Value? Antitakeover Protection in IPOs, working paper, New York University.

Darley, William K./ Smith, Robert E. (1995): Gender Differences in Information Processing Strategies: An Empirical Test of the Selectivity Model in Advertising Response, in: Journal of advertising, Vol. 24 (1995), No.1, S. 41-56.

Das, Somnath/ Guo, Re-Jin / Zhang, Huai (2002): Initiation of Analyst Coverage and Long-Term Performance of Initial Public Offerings, working paper, College of Business Administration, University of Illinois at Chicago.

Degeorge, François/ Derrien, François (2001): IPO performance and earnings expectations: some French evidence, working paper, Société des Bourses Françaises.

Deloof, Marc/ De Maeseneire, Wouter/ Inghelbrecht, Koen (2002): The Valuation of IPOs by Investment Banks and the Stock Market: Empirical Evidence, working paper, University of Antwerp.

Demers, Elizabeth/ Lewellen, Katharina (2003): The marketing role of IPOs: evidence from internet stocks, in: Journal of Financial Economics, Vol. 68 (2003), No. 3, S. 413-437.

Derrien, François (2002): Issuers, underwriters and institutional investors: why they all like the book-building IPO procedure, working paper, Département Finance et Economie, Groupe HEC.

Donsbach, Wolfgang (1989): Selektive Zuwendung zu Medieninhalten. Einflussfaktoren auf die Auswahlentscheidungen der Rezipienten, in: Kaase, Max/ Schulz, Winfried (Hrsg.): Massenkommunikation. Theorien, Methoden, Befunde, Westdeutscher Verlag, Opladen 1989, S. 392-403.

Downes, David H./ Heinkel, Robert (1982): Signaling and the Valuation of Unseasoned New Issues, in: Journal of Finance, Vol. 37 (1982), No. 1, S. 1-10.

Draho, Jason (2000): The Timing of Initial Public Oferings: A Real Option Approach, working paper, Department of Economics, Yale University.

Draho, Jason (2001a): The Effect of Uncertainty on the Underpricing of IPOs, working paper, Department of Economics, Yale University.

Draho, Jason (2001b): The Coordinating Role of Public Information in Hot Market IPOs, working paper, Department of Economics, Yale University.

Drobetz, Wolfgang/ Kammermann, Matthias/ Wälchli, Urs (2003): Performance of Initial Public Offerings: The Evidence for Switzerland, working paper, Department of Finance, University of Basel.

DuCharme, Larry L./ Rajgopal, Shivaram/ Sefcik, Stephan E. (2001a): Lowballing for "Pop": The Case of Internet IPO Underpricing, working paper, Department of Accounting, University of Washington.

DuCharme, Larry L./ Rajgopal, Shivaram/ Sefcik, Stephan E. (2001b): Why was Internet IPO Underpricing so Severe?, working paper, Department of Accounting, University of Washington.

Dunbar, Craig G. (1997): Factors Affecting Investment Bank Initial Public Offering Market Share, working paper, University of Pittsburgh.

Ebel, Bernhard/ Hofer, Markus B. (Hrsg.) (2003): Investor Marketing – Aktionäre langfristig gewinnen, Investoren langfristig binden, Börsenkurse nachhaltig steigern, Gabler-Verlag, Wiesbaden 2003.

Eckbo, B. Espen/ Norli, Oyvind (2000): Leverage, Liquidity, and Long-Run IPO Returns, working paper, Amos Tuck School of Business Administation at Dartmouth College.

Eggers, Frank (2004): Ein Ansatz zur modellbasierten Steuerung von Investmentfonds, Fritz Knapp Verlag, Frankfurt a.M. 2004.

Ehlers, Harald/ Jurcher, Michael (1999): Der Börsengang von Mittelstandsunternehmen – Eine Einführung mit Modellfall, Beck Verlag, München 1999.

Ehrhardt, Olaf (1997): Börseneinführungen von Aktien am deutschen Kapitalmarkt, DeutscherUniversitätsVerlag, Wiesbaden 1997.

Ehrhardt, Olaf/ Nowak, Eric (2002): Private Benefits and Minority Shareholder Expropriation - Empirical Evidence from IPOs of German Family-Owned Firms, working paper, Humboldt University.

Eisenführ, Franz/ Weber, Martin (2002): Rationales Entscheiden, 4. Aufl., Springer Verlag, Berlin 2002.

Ellingsen, Tore/ Rydqvist, Kristian (1997): The Stock Market as a Screening Device, working paper, Stockholm School of Economics.

Engelhardt, Alexander von (1999): Werbewirkungsmessung - Hintergründe, Methoden, Möglichkeiten und Grenzen, Verlag Reinhard Fischer, München 1999.

Erber, Sigrun (2000): Eventmarketing: Erlebnisstrategien für Marken, Verlag moderne Industrie, Landsberg/ Lech 2000.

Esch, Franz-Rudolf (1998): Eventcontrolling, in: Nickel (Hrsg.): Eventmarketing, Verlag Vahlen, München 1998, S. 149-166.

Esch, Franz-Rudolf/ Roth, Simone (2003): Börse und Markenführung - Wie bewertet die Börse Marken?, in: Ebel, Bernhard/ Hofer, Markus B. (Hrsg.): Investor Marketing – Aktionäre langfristig gewinnen, Investoren langfristig binden, Börsenkurse nachhaltig steigern, Gabler Verlag, Wiesbaden 2003, S. 175-192.

Fama, Eugene F. (1970): Efficient Capital Markets: A Review of Theory and Empirical Work, in: Journal of Finance, Vol. 25 (1970), No. 2, S. 383-417.

Fama, Eugene F. (1980): Agency Problems and the Theory of the Firm, in: Journal of Political Economy, Vol. 88 (1980), No. 2, S. 288-307.

Fama, Eugene F. (1991): Efficient Capital Markets II, in: Journal of Finance, Vol. 46 (1991), No. 5, S. 1575-1617.

Fama, Eugene F./ French, Kenneth (1993): Common risk factors in the returns on bonds and stocks, in: Journal of Financial Economics, Vol. 33 (1993), No. 1, S. 3-56.

Ferres, Peter (2001): Motive für den Börsengang, in: Dr. Wieselhuber&Partner GmbH (Hrsg.): Börseneinführung mit Erfolg, 2.Aufl., Wiesbaden 2001, S. 15-29.

Festinger, Leon/ Schachter, Stanley/ Back, Kurt (1950): Social Pressures in Informal Groups, Stanford University Press, Standford 1950.

Field, Laura C./ Karpoff, Jonathan M. (2000): Takeover Defenses at IPO Firms, working paper, Pennsylvania State University.

Field, Laura C./ Sheehan, Dennis P. (2004): IPO Underpricing and Outside Blockholdings, in: The Journal of Corporate Finance: Contracting, Governance and Organization, Vol. 10 (2004), No. 2, S. 263-280.

Fischer, Christoph (2000): Why Do Companies Go Public? Empirical Evidence from Germany's Neuer Markt, working paper, Ludwig-Maximilians-Universität München.

Fischer, Christoph (2002): Motive des Börsengangs am Neuen Markt - Die Publikumsfinanzierung von Innovationen aus theoretischer und empirischer Sicht, Duncker & Humboldt, Berlin 2002.

Fishe, Raymond P. H (1999): How Stock Flippers Affect IPO Pricing and Stabilization, working paper, University of Miami.

Foerster, Stephan R./ Karolyi, Andrew G. (1998): The Long-Run Performance of Global Equity Offerings, working paper, Richard Ivey School of Business of the University of Western Ontario.

Fohlin, Caroline (2000): IPO Underpricing in Two Universes: Berlin, 1882-1892, and New York, 1998-2000, working paper, California Institute of Technology.

Franzke, Stefanie A. (2001): Underpricing of Venture-Backed and Non Venture-Backed IPOs: Germany's Neuer Markt, working paper, Johann Wolfgang Goethe-Universität.

Früh, Werner/ Schönbach, Klaus (1984): Der dynamisch-transaktionale Ansatz II: Konsequenzen, in: Rundfunk und Fernsehen, Jg. 32 (1984), Nr. 3, S. 314-329.

Gale, Ian/ Stiglitz, Joseph E. (1989): The Informational Content of Initial Public Offerings, in: Journal of Finance, Vol. 44 (1989), No. 2, S. 469-477.

Gaziano, Cecilie/ Gaziano, Emanuel (1996): Theories and Methods in Knowledge Gap Research since 1970, in: Salwen, Michael/ Stacks, Don (Hrsg.): An Integrated Approach to Communication Theory and Research, Lawrence Erlbaum Associates, Mahwah 1996.

Gerhards, Jürgen (1996): Redner, Schweiger, Anpasser und Missionare: eine Typologie öffentlicher Kommunikationsbereitschaft und ein Beitrag zur Theorie der Schweigespirale, in: Publizistik, Jg. 41 (1996), S. 1-14.

Gierl, Heribert/ Praxmarer, Sandra (2000): Neue Ansatzpunkte für börsennotierte Aktiengesellschaften in der Produktwerbung: Werbung mit dem Börsenkurs?, in: Planung & Analyse, Jg. 27 (2000), Nr. 3, S. 44-48.

Glogger, Anton (1999): Imagetransfer im Sponsoring - Entwicklung eines Erklärungsmodells, Peter Lang-Verlag, Frankfurt a.M. 1999.

Goldberg, Joachim/ von Nitzsch, Rüdiger (1999): Behavioral Finance - Gewinnen mit Kompetenz, FinanzBuch Verlag, München 1999.

Gomes, Armando (2000): Going Public without Governance: Managerial Reputation Effects, in: The Journal of Finance, Vol. 55 (2000), No. 2, S. 615-646.

Greenwald, A.G./ Leavitt, C. (1984): Audience Involvement in Advertising: Four Levels, in: Journal of Consumer Research, (1984), No. 1, S. 581-592.

Grinblatt, Mark/ Hwang, Chuan Yang (1989): Signalling and the Pricing of New Issues, in: Journal of Finance, Vol. 44 (1989), No. 2, S. 393-421.

Grothe, Jörn (2005): Branchenspezialisierungen von Wirtschaftsprüfungsgesellschaften im Rahmen der Jahresabschlussprüfung - Ergebnisse einer empirischen Untersuchung des deutschen Prüfungsmarktes, IDW-Verlag, Düsseldorf 2005.

Gruber, Marc (2004): Marketing in New Ventures: Theory and Empirical Evidence, in: Schmalenbach Business Review, Vol. 56 (2004), No. 2, S. 164-199.

Habib, Michel A./ Ljungqvist, Alexander P. (2001): Underpricing and Entrepreneurial Wealth Losses in IPOs: Theory and Evidence Theory and Evidence, in: Review of Financial Studies, Vol. 14 (2001), No. 2, S. 433-58.

Hakenes, Hendrik/ Nevries, Pascal (2000): Underpricing initial public offerings due to the value increasing publicity effect, working paper, Universität Münster 2000.

Hartmann-Wendels, Thomas/ Pfingsten, Andreas/ Weber, Martin (1998): Bankbetriebslehre, Springer Verlag, Berlin 1998.

Hartmann-Wendels, Thomas/ Pfingsten, Andreas/ Weber, Martin (2004): Bankbetriebslehre, 3. Aufl., Springer Verlag, Berlin 2004.

Hebb, Gregory M./ MacKinnon, Gregory H. (2000): Valuation Uncertainty and IPO's: Investment Bank vs. Commercial Bank Underwriters, working paper, Department of Finance & Management Science, Saint Mary's University.

Heinen, Edmund (1969): Zum Wissenschaftsprogramm der entscheidungsorientierten Betriebswirtschaftslehre, in: Zeitschrift für Betriebeswirtschaft, Jg. 39 (1969), S. 207-220.

Hess, Alan C./ Frost, Peter A.. (1982): Tests for Price Effects of New Issues of Seasoned Securities, in: Journal of Finance, Vol. 37 (1982), No. 1, S. 11-25.

Higgins Yetman, Michelle (2001): Accounting-Based Value Metrics and the Informational Efficiency of IPO Early Market Prices, working paper, University of Iowa.

Ho, Beauty/ Taher, Maya/ Lee, Robert/ Fargher, Neil (2001): Market Sentiment, Media Hype and the Underpricing of Initial Public Offerings: The Case of Australian Technology IPO´s, working paper, The University of New South Wales.

Hoch, Stephen J./ Ha, Young-Won (1986): Consumer Learning: Advertising and the Ambiguity of Product Experience, in: Journal of Consumer Research, Vol. 13 (1986), S. 221-233.

Hofer, Markus B. (2003): Instrumente des Investor Marketing, in: Ebel, Bernhard; Hofer, Markus B. (Hrsg.): Investor Marketing - Aktionäre langfristig gewinnen, Investoren langfristig binden, Börsenkurse nachhaltig steigern, Gabler Verlag, Wiesbaden 2003, S. 37-50.

Hoffmann-Burchardi, Ulrike (2001): Clustering of initial public offerings, information revelation and underpricing, in: European Economic Review, Nr. 45 (2001), S. 353-383.

Hohla, Martin (2001): Going Public von jungen Technologieunternehmen, Deutscher Universitäts-Verlag, Wiesbaden 2001.

Holden, Craig/ Subrahmanyam, Avinidhar (1992): Long-Lived Private Information and Imperfect Competition, in: Journal of Finance, Vol. 47 (1992), S. 247-270.

Homer, Pamela M. (1990): The Mediating Role of Attitude Toward the Ad: Some Additional Evidence, in: Journal of Marketing Research, Vol. 27 (1990), S. 78-86.

Hosang, Michael (Hrsg.) (2002): Event & Marketing. Konzepte - Beispiele - Trends, Deutscher Fachverlag, Frankfurt a.M. 2002.

Huang, Samuel G. H./ Song, Frank M. (2002): The Financial and Operating Performance of China's Newly Listed H-firms, working paper, Faculty of Business and Economics, The University of Hong.

Hunger, Adrian (2001): IPO-Underpricing und die Besonderheiten des Neuen Marktes –Eine ökonomische Analyse börsenrechtlicher Marktsegmentierung, Lang Verlag, Frankfurt a.M. 2001.

Hunt-McCool, Janet/ Koh, Samuel C./ Francis, Bill B. (1996): Testing for Deliberate Underpricing in the IPO Premarket: A Stochastic Frontier Approach, in: The Review of Financial Studies, Vol. 9 (1996), No.4, S. 1251-1269.

Hunzinger, Moritz (1999): Das Going Public wörtlich nehmen: Mittelständler und Börsengang - Zum Erfolg gehört die richtige Kommunikationsstrategie, in: Koch, Wolfgang/ Wegmann, Jürgen (Hrsg.): Mittelstand und Neuer Markt - Von erfolgreichen Börsenpraktikern lernen, Frankfurter Allgemeine Zeitung Verlagsbereich Buch, Frankfurt a.M. 1999.

Ibbotson, Roger G. (1975): Price performance of common stock new issues, in: Journal of Financial Economics, Vol. 2 (1975), No. 3, S. 235-272.

Ibbotson, Roger G./ Jaffe, Jeffrey F. (1975): "Hot Issue" Markets, in: Journal of Finance, Vol. 30 (1975), No. 4, S. 1027-1042.

Ibbotson, Roger/ Ritter, Jay (1995): Initial Public Offerings, in: Jarrow (Hrsg.): North-Holland Handbooks in Operations Research and Management Science: Finance, (1995), S. 993-1016.

Izard, Carroll E. (1994): Die Emotionen des Menschen - Eine Einführung in die Grundlagen der Emotionspsychologie, 3. Aufl., Beltz Psychologie Verlags Union, Weinheim 1994.

Jain, Bharat A./ Kini, Omesh (1994): The post-issue operating performance of IPO firms, in: Journal of Finance, Vol. 49 (1994), No. 5, S. 1699-1726.

Jenkinson, Tim/ Ljungqvist, Alexander (2001): Going Public - The Theory and Evidence on How Companies Raise Equity Finance, 2. Aufl., Oxford University Press, Oxford 2001.

Jensen, M./ Meckling, W. (1976): Theory of the Firm: Managerial Behavior, Agency Costs and Capital Structure, in: Journal of Financial Economics, (1976), S. 305-360.

Johnson, James M./ Miller, Robert E. (1988): Investment Banker Prestige and the Underpricing of Initial Public Offerings., in: Financial Mangement, Vol. 17 (1988), No. 2, S. 19-29.

Kaserer, Christoph/ Kempf, Volker (1995): Das Underpricing-Phänomen am deutschen Kapitalmarkt und seine Ursachen, in: Zeitschrift für Bankrecht und Bankwirtschaft (1995), S. 45-68.

Katz, Elihu/ Lazarsfeld, Paul F. (1965): Personal Influence. The Part Played by People in the Flow of Mass Communication, 2. Aufl., The Free Press, New York 1965.

Keloharju, Matti (1993): The winner's curse, legal liability, and the long-run price performance of initial public offerings in Finland, in: Journal of Financial Economics, Vol. 34 (1993), No. 2, S. 251-277.

Kent, Robert J./ Allen, Chris T. (1994): Competitive Interference Effects in Consumer Memory for Advertising: The Role of Brand Familiarity, in: Journal of Marketing, Vol. 58 (1994), S. 97-105.

Khurshed, Arif/ Mudambi, Ram (2001): The Short-Run Price Performance of Investment Trust IPOs on the UK Main Market, working paper, University of Manchester.

Kiehling, Hartmut (2001): Börsenpsychologie und Behavioral Finance: Wahrnehmung und Verhalten am Aktienmarkt,Verlag Franz Vahlen, München 2001.

Koch, Wolfgang/ Wegmann, Jürgen (Hrsg.) (1999): Mittelstand und Neuer Markt - Von erfolgreichen Börsenpraktikern lernen, Frankfurter Allgemeine Zeitung Verlagsbereich Buch, Frankfurt a.M. 1999.

Koch, Wolfgang/ Wegmann, Jürgen (2000): Praktiker-Handbuch Börseneinführung – Ablauf des Börsengangs mittelständischer Unternehmen - mit Erfahrungsberichten vom Neuen Markt, 3. Aufl., Schäffer-Poeschel Verlag, Stuttgart 2000.

Koop, Gary/ Li, Kai (2001): The valuation of IPO and SEO firms, working paper, Department of Economics, University of Glasgow.

Kotler, Philip/ Bliemel, Friedhelm (1995): Marketing-Management - Analyse, Planung, Umsetzung und Steuerung, 8. Aufl., Schäffer-Poeschel Verlag, Stuttgart 1995.

Kroeber-Riel, Werner/ Esch, Franz-Rudolf (2000): Strategie und Technik der Werbung – Verhaltenswissenschaftliche Ansätze, 5. Aufl., Verlag W. Kohlhammer, Stuttgart 2000.

Kroeber-Riel, Werner/ Weinberg, Peter (2003): Konsumentenverhalten, 8. Aufl., Verlag Franz Vahlen, München 2003.

Kroll, Jens/ Bartsch-Kroll, Bettina (2002): Der Börsengang und seine Alternativen, Verlag Paul Haupt, Bern 2002.

Kutsuna, Kenji/ Smith, Richard (2000): How IPO Pricing Method Affects Underpricing and Issue Cost: Evidence on Japan's Change from Auction Method Pricing to Book-Building, working paper, Osaka City University.

Kutsuna, Kenji/ Smith, Richard (2003): Why Does Book Building Drive Out Auction Methods of IPO Issuance? Evidence from Japan, working paper, Graduate School of Business Administration, Kobe University.

Lasslop, Ingo (2003): Effektivität und Effizienz von Marketing-Events – Wirkungstheoretische Analyse und empirische Befunde, Gabler Verlag, Wiesbaden 2003.

Lee, Philip J. et al. (1999): The Association between Audit Quality, Accounting Disclosures and Firm-Specific Risk: Evidence from the Australian IPO Market, working paper, University of Sydney.

Lee, Philip J./ Taylor, Sarah J./ Taylor, Stephen L. (2002): Auditor Conservatism and Audit Quality: Evidence from IPO Earnings Forecasts, working paper, The Wharton School, University of Pennsylvania.

Leland, Hayne/ Pyle, David (1977): Information asymmetries, financial structure, and financial intermediation, in: Journal of Finance, Vol. 32 (1977), No. 2, S. 371-387.

Lerner, Joshua (1994): Venture capitalists and the decision to go public, in: Journal of Financial Economics, Nr. 35 (1994), S. 293-316.

Lewis, Craig M./ Seward, James K./ Foster-Johnson, Lynn (2000): Busted IPOs and Windows of Misopportunity, working paper, Vanderbuilt University.

Li, Xi/ Masulis, Ronald W. (2003): Venture capital investments by IPO underwriters: Certification or conflict of interest?, working paper, School of Business, University of Miami.

Lin, Ji-Chai/ Lee, Yi-Tsung/ Liu, Yu-Jane (2003): Why Have Auctions Been Losing Market Shares to Bookbuilding in IPO Markets?, working paper, Department of Finance, Louisiana State University.

Lintner, John (1969): The Aggregation of Investors' Diverse Judgements and Preferences in Purely Competitive Markets, in: Journal of Financial and Quantitative Analysis, Vol. 4 (1969), No. 4, S. 347-400.

Ljungqvist, Alexander P./ Jenkinson, Tim/ Wilhelm, William J. Jr. (2003): Global Integration in Primary Equity Markets: The Role of U.S. Banks and U.S. Investors, in: Review of Financial Studies, Vol. 16 (2003), No. 1, S. 63-99.

Ljungqvist, Alexander P./ Nanda, Vikram/ Singh, Rajdeep (2002): Hot Markets, Investor Sentiment, and IPO Pricing, working paper, Stern School of Business, New York University.

Ljungqvist, Alexander P./ Wilhelm, William J. Jr. (2002a): IPO Allocations: Discriminatory or Discretionary?, working paper, Stern School of Business, New York University.

Ljungqvist, Alexander P./ Wilhelm, William J. Jr. (2002b): IPO pricing in the dot-com Bubble, working paper, Stern School of Business, New York University.

Lodish, Leonard M. et al. (1995): How T.V. Advertising Works: A Meta-Analysis of 389 Real World Split Cable T.V. Advertising Experiments, in: Journal of Marketing Research, Vol. 32 (1995), S. 125-139.

Löffler, Gunter/ Panther, Patrick F./ Theissen, Erik (2002): Who knows what when? The information content of pre-IPO market prices, working paper, Universität Frankfurt a.M.

Löffler, Ute/ Weser, Adrian (1999): Werbetrackinginstrumente - Eine Analyse der Standardinstrumente zur Werbeerfolgskontrolle, VDZ Die Publikumszeitschriften, Wiesbaden 1999.

Loughran, Tim/ Marietta-Westberg, Jennifer (2002): When Any News is Bad News: Extreme Events Following an Initial Public Offering, working paper, Mendoza College of Business, University of Notre Dame.

Loughran, Tim/ Ritter, Jay R. (1995): The new issues puzzle, in: Journal of Finance, Vol. 50 (1995), No. 1, S. 23-51.

Loughran, Tim/ Ritter, Jay R. (2002): Why Has IPO Underpricing Changed Over Time?, working paper, Mendoza College of Business, University of Notre Dame.

Lowry, Michelle/ Schwert, G. William (2001): Biases in the IPO Pricing Process, working paper, University of Rochester.

Lowry, Michelle/ Schwert, G. William (2002): IPO Market Cycles: Bubbles or Sequential Learning?, in: The Journal of Finance, Vol. 57 (2002), No. 3, S. 1171-1201.

Lubig, Dirk (2004): Underpricing und langfristige Performance der IPOs am Neuen Markt, Peter Lang Verlag, Frankfurt a.M. 2004.

Ma, Tongshu/ Shen, Yiyu (2004): Prospect theory and the long-run performance of IPO stocks, working paper, David Eccles School of Business at the University of Utah.

Mak, Y.T./ Ong, P.F. (1999): Changes in Ownership Structure and Board Structure after an Initial Public Offering, working paper, National University of Singapore.

Maksimovic, Vojislav/ Pichler, Pegaret (2000): Technological Innovation and Initial Public Offerings, working paper, University of Maryland.

Marchisio, Gaia/ Ravasi, Davide (1999): Family Firms and the Decision to go Public: A Study of Italian IPO's, working paper, Bocconi University School of Management.

Mauer, David C./ Senbet, Lemma W. (1992): The Effect of the Secondary Market on the Pricing of Initial Public Offerings: Theory and Evidence, in: Journal of Financial & Quantitative Analysis, Vol. 27 (1992), No. 1, S. 55-79.

Maug, Ernst G. (2001): Ownership Structure and the Life-Cycle of the Firm: A Theory of the Decision to Go Public, in: European Finance Review, Vol. 5 (2001), No. 3, S. 167-200.

Mavrinac, Sarah C. (2000): Information Collection in the IPO Market: An Exploratory Analysis of Coverage Initiation, working paper, Partha Moharam, New York University.

Mayer, H./ Reitmeier, A.F. (1981): Empfängerabhängige Bedingungen werblicher Kommunikation, in: Jahrbuch der Absatz- und Verbrauchsforschung, 27. Jg. (1981), Nr. 3, S. 197-239.

Mayer, Hans (1993): Werbepsychologie, 2. Aufl., Schäffer-Poeschel Verlag, Stuttgart 1993.

Mayer, Hans/ Illmann, Tanja (2000): Markt- und Werbepsychologie, 3. Aufl., Schäffer-Poeschel Verlag, Stuttgart 2000.

Mayhew, Brian W./ Schatzberg, Jeffrey W./ Sevcik, Galen R. (2001): Entrepreneur Choice of Auditor and Retained Ownership in IPO Markets: Experimental Evidence, working paper, University of Wisconsin - Madison.

McCombs, Maxwell E./ Bell, Tamara (1996): The Agenda Setting Role of MassCommunication, in: Salwen, M./ Stacks, D. (Hrsg.): An Integrated Approach to Communication Theory and Research, Mahwah 1996, S. 93-110.

McCombs, Maxwell E./Shaw, Donald L. (1972): The Agenda-Setting Function of Mass Media, in: Public Opinion Quarterly, Vol. 36 (1972), S. 176-187.

McDonald, J. G./ Fisher, A. K. (1972): New-Issue Stock Price Behavior, in: Journal of Finance, Vol. 27 (1972), No. 1, S. 97-102.

Meffert, Heribert (2000): Marketing - Grundlagen marktorientierter Unternehmensführung – Konzepte - Instrumente - Praxisbeispiele, 9. Aufl., Gabler Verlag, Wiesbaden 2000.

Meissner, Gerd (1997): SAP - die heimliche Software-Macht - Wie ein mittelständisches Unternehmen den Weltmarkt eroberte, Hoffmann und Campe Verlag, Hamburg 1997.

Mela, Carl F./ Gupta, Sunil/ Lehmann, Donald R. (1997): The Long-Term Impact of Promotion and Advertising on Consumer Brand Choice, in: Journal of Marketing Research, Vol. 34 (1997), S. 248-261.

Mello, Antonio/ Parsons, John (1998): Going Public and the ownership structure of the firm, in: Journal of Financial Economics, Vol. 49 (1998), S. 79-109.

Menyah, Kojo/ Paudyal, Krishna (2002): IPO Decisions and the Costs of Going Public, working paper, Department of Accounting and Financial Services, London Guildhall University.

Merten, Klaus (1994): Wirkungen von Kommunikation, in: Merten, Klaus/ Schmidt, Siegfried J./ Weischenberg, Siegfried (Hrsg.): Die Wirklichkeit der Medien - Eine Einführung in die Kommunikationswissenschaft, Westdeutscher Verlag, Opladen 1994.

Mikkelson, Wayne/ Partch, Megan/ Shah, Kshitij (1997): Ownership and operating performance of companies that go public, in: Journal of Financial Economics, Vol. 44 (1997), S. 281-307.

Mikunda, Christian (1996): Der verbotene Ort oder Die inszenierte Verführung: Unwiderstehliches Marketing durch strategische Dramaturgie, ECON Verlag, Düsseldorf 1996.

Miller, E. (1977): Risk, Uncertainty, and the Divergence of Opinion, in: Journal of Finance, Vol. 32 (1977), No. 4, S. 1151-1168.

Miller, Robert E./ Reilly, Frank K.. (1987): An Examination of Mispricing, Returns and Uncertainty for Initial Public Offerings, in: Financial Management, Vol. 16 (1987), No. 2, S. 33-38.

Müller, Horst/ Khazaka, Diana (1995): Stimmungseinflüsse auf die Wirkung informativer und emotionaler Werbung, in: Marketing ZFP, (1995), Nr. 3, S. 186-194.

Müller, Wolfgang (2002): Eventmarketing - Grundlagen - Rahmenbedingungen - Konzepte – Zielgruppe - Zukunft, VDM, Norderstedt 2002.

Müller-Benedict, Volker (2001): Wie viel Meinungsdruck erzeugt die "Schweigespirale" – Eine Abschätzung des Selbstverstärkungseffekts der öffentlichen Meinung mit Hilfe des synergetischen Modells, in: Zeitschrift für Soziologie, 30. Jg. (2001), Nr. 2, S. 103-115.

Muscarella, Chris J./ Vetsuypens, Michael R. (1989): A simple test of Baron's model of IPO underpricing, in: Journal of Financial Economics, Vol. 24 (1989), No. 1, S. 125-135.

Neus, Werner/ Walz, Uwe (2001): Exit Timing of Venture Capitalists in the Course of an Initial Public Offering, working paper, University of Tübingen.

Nevries, Pascal (2005): Exit-Alternative "Börsengang" aus Sicht des Finanzinvestors, in: Berens, Wolfgang/ Brauner, Hans U./ Frodermann, Jürgen (Hrsg.): Unternehmensentwicklung mit Finanzinvestoren - Eigenkapitalstärkung, Wertsteigerung, Unternehmensverkauf, Schäffer-Poeschel Verlag, Stuttgart 2005, S. 227-249.

Nevries, Pascal/ Segbers, Klaus (2004): Ganzheitliche Controlling-Konzeption im E-Business, in: Berens, Wolfgang/ Schmitting, Walter (Hrsg.): Controlling im E-Business, Frankfurt a.M. 2004, S. 199-242.

Nickel, Oliver (1998a): Zukünftige Professionalisierungspotentiale beim Eventmarketing, in: Nickel (Hrsg.): Eventmarketing: Grundlagen und Erfolgsbeispiele, Verlag Franz Vahlen, München 1998, S. 281-302.

Nickel, Oliver (1998b): Verhaltenswissenschaftliche Grundlagen erfolgreicher Marketingevents, in: Nickel (Hrsg.): Eventmarketing: Grundlagen und Erfolgsbeispiele, Verlag Franz Vahlen, München 1998, S. 121-148.

Nickel, Oliver (Hrsg.) (1998c): Eventmarketing: Grundlagen und Erfolgsbeispiele, Verlag Vahlen, München 1998.

Noelle-Neumann, Elisabeth (1974): The Spiral of Silence: A Theory of Public Opinion, in: Journal of Communication, Vol. 24 (1974), No. 2, S. 43-51.

Noelle-Neumann, Elisabeth (1991): The Theory of Public Opinion: The Concept of the Spiral of Silence, in: Anderson, J.A. (Hrsg.): Communication Yearbook 14, Newbury Park 1991, S. 256-287.

Noelle-Neumann, Elisabeth/ Schulz, Winfried/ Wilke, Jürgen (Hrsg.) (1994): Fischer Lexikon Publizistik/Massenkommunikation, Fischer Verlag, Frankfurt a.M. 1994.

Nufer, Gerd (2002): Wirkungen von Event-Marketing - Theoretische Fundierung und empirische Analyse, Deutscher Universitäts-Verlag, Wiesbaden 2002.

o.V. (Deutsche Telekom) (1994): Das Image der Deutschen Telekom - Marktpsychologische Untersuchung bei Privat- und Geschäftskunden, unveröffentlichte Präsentationsunterlagen, Bonn 7. Dez. 1994.

o.V. (Deutsche Telekom) (1995): Die Vorbereitung der Börseneinführung der Deutschen Telekom AG - Hypothesen zu Schwerpunkten in der Kommunikation, unveröffentlichtes Arbeitspapier, Sozialwissenschaftliches Institut Nowak und Partner, Heidelberg 15. Februar 1995.

o.V. (Deutsche Telekom) (1996a): Das Käuferpotential der T-Aktie - Ein neuer Ansatz zur Potentialbestimmung und –analyse, unveröffentlichtes Arbeitspapier, Sozialwissenschaftliches Institut Nowak und Partner GmbH, Heidelberg Juni 1996.

o.V. (Deutsche Telekom) (1996b): Image Monitoring und Werbewirkungskontrolle - Zusammenfassung der 10. Welle, unveröffentlichtes Arbeitspapier, Sozialwissenschaftliches Institut Nowak und Partner GmbH, Heidelberg Dezember 1996.

o.V. (Deutsche Telekom) (1996c): Image-Monitoring und Werbewirkungskontrolle, unveröffentlichtes Arbeitspapier, Sozialwissenschaftliches Institut Nowak und Partner GmbH, Heidelberg Dezember 1996.

o.V. (Geschäftsbericht Deutsche Telekom) (2005): Geschäftsbericht 2004, Deutsche Telekom, Bonn 2005.

o.V. (Geschäftsbericht web.de) (2000): Geschäftsbericht 1999, web.de AG, Karlsruhe 2000.

o.V. (Geschäftsbericht web.de) (2001): Geschäftsbericht 2000, web.de, Karlsruhe 2001.

o.V. (Handelsblatt) (1996): Deutsche Telekom: Kampagne zum Börsengang, in: Handelsblatt vom 20.3.1996, Nr. 57, S. 1.

o.V. (Institut für Mittelstandsforschung Bonn) (2001): Unternehmensnachfolge in Deutschland - Sonderdruck aus Anlass der zentralen Auftaktveranstaltung zur Initiative Unternehmensnachfolge des Bundesministeriums für Wirtschaft und Technologie am 28. Mai. 2001 in Berlin, Institut für Mittelstandsforschung, Bonn 2001.

o.V. (Journal of the Royal Statistical Society) (1882): Journal of the Royal Statistical Society, Vol. 45 (1882), Royal Statistical Society, Charing Cross, London 1882.

o.V. (premiere) (2005): Premiere geht an die Börse, http://info.premiere.de/inhalt/de/medienzentrum_news_uk_07022005.jsp, 15.2.2005.

o.V. (Sydney Morning Herald) (1999): Blue Sky or Bust, in: Sydney Morning Herald, Sydney 1. Sept. 1999, S. 11.

o.V. (The Economist) (1927): The Economist, The Economist Office, Strand, London 1927, S. 1185.

o.V. (The Economist) (1928): The Economist, The Economist Office, Strand, London 1928, S. 1220.

Ofek, Eli/ Richardson, Matthew (2003): DotCom Mania: The Rise and Fall of Internet Stock Prices, in: Journal of Finance, Vol. 58 (2003), No. 3, S. 1113-1137.

Pagano, Marco/ Panetta, Fabio/ Zingales, Luigi (1998): Why Do Companies Go Public? An Empirical Analysis, in: The Journal of Finance, Vol. 53 (1998), No. 1, S. 27-64.

Petty, Richard E./ Cacioppo, John T. (1981a): Attitudes and Persuasion: Classic and Contemporary Approaches, Wm. C. Brown Company Publishers, Dubuque 1981.

Petty, Richard E./ Cacioppo, John T. (1981b): Issues Involvement as a Moderator of the Effects on Attitudes of Advertising Content and Context, in: Advances in Consumer Research, Vol. 8 (1981), S. 20-24.

Petty, Richard E./ Cacioppo, John T./ Schumann, David (1983): Central and Peripheral Routes to Advertising Effectiveness: The Moderating Role of Involvement, in: Journal of Consumer Research, Vol. 10 (1983), S. 135-146.

Pohl, Alexander (2003): Die Equity Story als zentraler Bestandteil des Investor Marketing, in: Ebel, Bernhard/ Hofer, Markus P. (Hrsg.): Investor Marketing – Aktionäre langfristig gewinnen, Investoren langfristig binden, Börsenkurse nachhaltig steigern, Gabler-Verlag, Wiesbaden 2003, S. 153-164.

Prabhala, Nagpurnanand R./ Puri, Manju (1998): How Does Underwriter Price Support Affect IPOs? Empirical Evidence, working paper, Yale University 1998.

Pukthuanthong, Kuntara/ Walker, Thomas J. (2004): Stock Options and Long Term IPO Performance, working paper, San Diego State University 2004.

Purnanandam, Amiyatosh K./ Swaminathan, Bhaskaran (2002): Are IPOs Underpriced?, working paper, Johnson Graduate School of Management, Cornell University.

Rajan, Raghuram/ Servaes, Henri (1997): Analyst following of initial public offerings, in: Journal of Finance, Vol. 52 (1997), No. 2, S. 507-529.

Rajgopal, Silivaram/ Venkatachalam, Mohan/ Kotha, Suresh (2002): Managerial Actions, Stock Returns and Earnings: The Case of Business-to-Business Internet Firms, in: Journal of Accounting Research, Vol. 40 (2002), No. 2, S. 529-560.

Rayburn II., J. D. (1996): Uses and Gratification, in: Salwen, M./ Stacks, D. (Hrsg.): An Integrated Approach to Communication Theory and Research, Mahwah 1996, S. 145-163.

Rees, William P. (1997): The Arrival Rate of Initial Public Offers in the UK, in: European Financial Management, Vol. 3 (1997), No. 1, S. 45-62.

Ritter, Jay R. (1984): The "Hot Issue" Market of 1980, in: Journal of Business, Vol. 57 (1984), No. 2, S. 215-239.

Ritter, Jay R. (1991): The Long-Run Performance of Initial Public Offerings, in: Journal of Finance, Vol. 46 (1991), No. 1, S. 3-27.

Ritter, Jay R./ Welch, Ivo (2002): A Review of IPO Activity, Pricing and Allocations, in: Journal of Finance, Vol. 57 (2002), No. 4, S. 1795-1828.

Robinson, J.P. (1977): Interpersonal Influence in Election Campaigns: Two Step-Flow Hypothesis, in: Public Opinion Quarterly, Vol. 40 (1977), No. 3, S. 304-319.

Rock, Edward B. (2001): Greenhorns, Yankees and Cosmopolitans: Venture Capital, IPOs, Foreign Firms and U.S. Markets, in: Theoretical Inquiries in Law, Vol. 2 (2001), No. 2, Article 6.

Rock, Edward B. (2002): Coming to America? Venture Capital, Corporate Identity and U.S. Securities Law, working paper, University of Pennsylvania.

Rock, Kevin (1986): Why new issues are underpriced, in: Journal of Financial Economics, Vol. 15 (1986), No. 1-2, S. 187-212.

Röell, Ailsa (1996): The decision to go public: An overview, in: European Economic Review, Vol. 40 (1996), S. 1071-1081.

Roelofsen, Niels K.-H. (2002): Initial Public Offering am Neuen Markt - Eine Analyse zum Underpricing Phänomen, Hansebuch Verlag, Hamburg 2002.

Rogers, Everett M./ Dearing, James W. (1988): Agenda-Setting Research: Where has it been, where is it going?, in: Anderson, J.A. (Hrsg.): Communication Yearbook 11, 1988, S. 555-594.

Roosenboom, Peter/ van der Goot, Tjalling (2003): Takeover defenses and IPO firm value in the Netherlands, working paper, Erasmus Research Institute of Management (ERIM), Rotterdam School of Management.

Rossiter, John R./ Percy, Larry (1997): Advertising and Promotion Management, 2. Aufl., McGraw-Hill, New York 1997.

Rubin, Alan (1994): Media Uses and Effects: A Uses-and-Gratifications Perspective, in: Bryant, J./ Zillmann, D. (Hrsg.): Media Effects, Hillsdale 1994, S. 417-436.

Rüggeberg, Harald (2003): Marketing für Unternehmensgründer - Von der ersten Geschäftsidee zum Wachstumsunternehmen, Gabler Verlag, Wiesbaden 2003.

Ruud, Judith S. (1993): Underwriter price support and the IPO underpricing puzzle, in: Journal of Financial Economics, Vol. 34 (1993), No. 2, S. 135-151.

Schenk, Michael (2002): Medienwirkungsforschung, 2. Aufl., Mohr Siebeck, Tübingen 2002.

Schiereck, Dirk/ Wagner, Christof (2002): Kursentwicklung von Börsenneulingen am Neuen Markt und die Reputation des Konsortialführers, in: Zeitschrift für Betriebswirtschaft, 72. Jg. (2002), Nr. 8, S. 823-845.

Schneider, Dieter (1987): Allgemeine Betriebswirtschaftslehre, 3. Aufl., R. Oldenbourg Verlag, München 1987.

Schönborn, Gregor (Hrsg.)/ Tschugg, Michael (2002): IPO Agenda - Finanzkommunikation als Erfolgsfaktor vor und nach dem Börsengang, Luchterhand Verlag, Neuwied 2002.

Schrand, Catherine/ Verrecchia, Robert E. (2002): Disclosure Choice and Cost of Capital: Evidence from Underpricing in Initial Public Offerings, working paper, Rutgers University.

Schultz, Paul H./ Zaman, Mir A. (1994): Aftermarket support and underpricing of initial public offerings, in: Journal of Financial Economics, Vol. 35 (1994), No. 2, S. 199-220.

Segbers, Klaus/ Siemes, Andreas (2005): Mittelständische Unternehmen und ihr Kommunikationsverhalten gegenüber der Bank - Ergebnisse einer empirischen Studie (Teil I), in: Finanz Betrieb, 2005, Heft 4, S. 229-237.

Sherman, Ann G. (1992): The Pricing of Best Efforts New Issues, in: Journal of Finance, Vol. 47 (1992), No. 2, S. 781-790.

Sherman, Ann E. (2000): IPOs and Long Term Relationships: An Advantage of Book Building, in: Review of Financial Studies, Vol. 13 (2000), No. 3, S. 697-714.

Sherman, Ann E./ Titman, Sheridan (2000): Building the IPO Order Book: Underpricing and Participation Limits With Costly Information, working paper, University of Notre Dame.

Siemes, Andreas/ Segbers, Klaus (2005): Mittelständische Unternehmen und ihr Kommunikationsverhalten gegenüber der Bank - Ergebnisse einer empirischen Untersuchung (II), in: Finanz Betrieb, 2005, Heft 5, S. 311-320.

Silberer, Günter (1999): Die Stimmung als Werbewirkungsfaktor, in: Marketing ZFP, Jg. 21 (1999), Nr. 2, S. 131-148.

Silberer, Günter/ Jaekel, Michael (1996): Marketingfaktor Stimmungen - Grundlagen, Aktionsinstrumente, Fallbeispiele, Schäffer-Poeschel Verlag, Stuttgart 1996.

Simon, Herbert A. (1959): Theories of Decision-Making in Economics and Behavioral Science, in: American Economic Review, Vol. 49 (1959), S. 253-283.

Simon, Hermann/ Ebel, Bernhard/ Pohl, Alexander (2002): Investor Marketing, in: Zeitschrift für Betriebswirtschaft, 72. Jg. (2002), Nr. 2, S. 117-140.

Sistenich, Frank (1999): Eventmarketing - Ein innovatives Instrument zur Metakommunikation in Unternehmen, Deutscher Universitäts-Verlag, Wiesbaden 1999.

Smith, Robert E. (1993): Integrating Information From Advertising and Trial: Processes and Effects on Consumer Response to Product Information, in: Journal of Marketing Research, Vol. 30 (1993), S. 204-219.

Spiess, D. Katherine/ Pettway, Richard H. (1997): The IPO and first seasoned equity sale: Issue proceeds, owner/managers′ wealth, and the underpricing signal, in: Journal of Banking & Finance, Vol. 21 (1997), No. 7, S. 967-988.

Srinivasan, V./ Weir, Helen A. (1988): A Direct Aggregation Approach to Inferring Microparameters of the Koyck Advertising-Sales Relationship from Macro Data, in: Journal of Marketing Research, Vol. 25 (1988), S. 145-156.

Steffenhagen, Hartwig (1996): Wirkungen der Werbung - Konzepte - Erklärungen - Befunde, Verlag der Augustinus Buchhandlung, Aachen 1996.

Stehle, Richard/ Ehrhardt, Olaf (1999): Renditen bei Börseneinführungen am deutschen Kapitalmarkt, in: Zeitschrift für Betriebswirtschaft, 69. Jg. (1999), Nr. 12, S. 1395-1422.

Stephan, Peter F. (2000): Medienkulturelle Kontexte für Kundenbindung und Markenführung im Internet, in: Stephan, Peter F. (Hrsg.): Events und E-Commerce - Kundenbindung und Markenführung im Internet, Berlin 2000, S. 1-49.

Stoughton, Neal/ Zechner, Josef (1998): IPO-Mechanism, Monitoring and Ownership Structure, in: Journal of Financial Economics, Vol. 49 (1998), No. 1, S. 45-77.

Stoughton, Neal/ Zechner, Josef/ Wong, Pong Kit (2001): IPOs and Product Quality, in: Journal of Business, Vol. 74 (2001), No. 3, S. 375-408.

Strack, Fritz/ Deutsch, Roland (2002): Urteilheuristiken, in: Frey, D./ Irle, M. (2002): Theorien der Sozialpsychologie, Bd. III: Motivations- und Informationsverarbeitungstheorien, 2. Aufl., Bern 2002, S. 352-384.

Subrahmanyam, Avanidhar/ Titman, Sheridan (1999): The Going-Public Decision and the Development of Financial Markets, in: Journal of Finance, Vol. 54 (1999), No. 3, S. 1045-1082.

Sun, Jerry/ Liu, Guoping (2003): The Credibility of Management Earnings Forecasts in Chinese IPO Prospectuses, working paper, University of Waterloo.

Sutherland, Max (1993): Advertising and the mind of the consumer - what works, what doesn´t and why, Allen & Unwin Pty Ltd., St. Leonards 1993.

Teo, Melvyn (2000): Strategic Interactions Between Sell-side Analysts and the Firms They Cover, working paper, Economics Department, Harvard University.

Theissen, Erik (1998): Der Neue Markt: Eine Bestandsaufnahme, in: Zeitschrift für Wirtschafts- u. Sozialwissenschaften (ZWS), Nr. 118 (1998), S. 623-652.

Tinic, Seha M. (1988): Anatomy of Initial Public Offerings of Common Stock, in: Journal of Finance, Vol. 43 (1988), No. 4, S. 789-822.

Troldahl, V.C./ van Dam (1966): Face-to-Face Communication About Major Topics in the News, in: Public Opinion Quarterly, Vol. 29 (1966), S. 626-634.

Trommsdorff, Volker (2002): Konsumentenverhalten, 4. Aufl., Kohlhammer-Verlag, Stuttgart 2002.

Tversky, Amos/ Kahneman, Daniel (1982): Judgment under uncertainty: Heuristics and biases, in: Kahneman, D./ Slovic, P./ Tversky, A. (Hrsg.): Judgment under uncertainty: Heuristics and biases, Cambridge 1982, S. 3-20.

Tykvová, Tereza (2002): Rise and Fall of the Germany's Neuer Markt: A Behavioral Finance Approach, working paper, Department of International Finance and Financial Management, Centre for European Economic Research.

Vakratsas, Demetrios/ Ambler,Tim (1999): How Advertising Works: What Do We Really Know?, in: Journal of Marketing, Vol. 63 (1999), No. 1, S. 26-43.

van Bommel, Jos (1997): Messages from Market to Management: The Case of IPO's, working paper, INSEAD.

van Frederikslust, Ruud A.I./ van der Geest, Roy A. (2001): Initial returns and long-run performance of private equity-backed initial public offerings on the Amsterdam Stock Exchange, working paper, Rotterdam School of Management, Erasmus University Rotterdam.

Vaughn, Richard (1986): How Advertising Works: A Planning Model Revisited, in: Journal of Advertising Research, Vol. 26 (1986), No. 1, S. 57-66.

Wagner, Till (2003): Der Bulle, der Bär und das Trojanische Pferd, in: Ebel, Bernhard/ Hofer, Markus B. (Hrsg.): Investor Marketing - Aktionäre langfristig gewinnen, Investoren langfristig binden, Börsenkurse nachhaltig steigern, Gabler Verlag Wiesbaden 2003, S. 193-208.

Walter, R. (1984): Der Gang an die Börse, in: Die Bank, 1984, S. 400-411.

Wang, Kangmao (2001): Hot and Cold Market Cycle and IPO Performance: Theory and Evidence, working paper, Center for Financial Markets and Accounting, Zhejiang University.

Weimann, Gabriel (1991): The Influentials: Back to the Concept of Opinion Leaders?, in: Public Opinion Quarterly, Vol. 55 (1991), S. 267-279.

Weiss Hanley, Kathleen (1993): The underpricing of initial public offerings and the partial adjustment phenomenon, in: Journal of Financial Economics, Vol. 34 (1993), No. 2, S. 231-250.

Welch, Ivo (1989): Seasoned Offerings, Imitation Costs, and the Underpricing of Initial Public Offerings, in: Journal of Finance, Vol. 44 (1989), No. 2, S. 421-449.

Welch, Ivo (1992): Sequential Sales, Learning, and Cascades, in: Journal of Finance, Vol. 47 (1992) No. 2, S. 695-733.

Westerholm, Joakim (2001): The Activity of the Underwriter in Initial Public Offerings, Evidence from the Limit Order Book of the Helsinki Stock Exchange, working paper, Swedish School of Economics and Business Administration, Helsinki.

Willenborg, Michael (1999): Empirical Analysis of the Economic Demand for Auditing in the Initial Public Offerings Market, in: Journal of Accounting Research, Vol. 37 (1999), No. 1, S. 225-238.

Willenborg, Michael/ McKeown, James C. (2001): Going-concern initial public offerings, in: Journal of Accounting and Economics, Vol. 30 (2001), No. 3, S. 279-313.

Wirth, Werner (1997): Von der Information zum Wissen. Die Rolle der Rezeption für die Entstehung von Wissensunterschieden, Westdeutscher Verlag, Opladen 1997.

Wiswede, Günter (1976): Soziologie konformen Verhaltens, Kohlhammer Verlag, Stuttgart 1976.

Wochnowski, Holger (1996): Veranstaltungsmarketing - Grundlagen und Gestaltungsempfehlungen zur Vermarktung von Veranstaltungen, Peter Lang Verlag, Frankfurt a.M. 1996.

Xie, Fei (2002): The endogeneity of IPOs being underwritten by prestigious underwriters, working paper, Vanderbilt University.

Zanger, Cornelia/ Drengner, Jan (1999): Erfolgskontrolle im Eventmarketing, in: planung&analyse: Zeitschrift für Marktforschung und Marketing, Jg. 26 (1999), Heft 6, S. 32-37.

Zanger, Cornelia/ Sistenich, Frank (1996): Eventmarketing : Bestandsaufnahme, Standortbestimmung und ausgewählte theoretische Ansätze zur Erklärung eines innovativen Kommunikationsinstrumentes, in: Marketing ZFP, Jg. 18 (1996), S. 233-242.

Zemlin, Benjamin (2005): Das Entscheidungsverhalten bei der Verkehrsmittelwahl, Eul Verlag, Köln 2005.

Beiträge zum Controlling

Herausgegeben von Wolfgang Berens

Band 1 Wolfgang Berens / Joachim Strauch: Due Diligence bei Unternehmensakquisitionen – eine empirische Untersuchung. Unter Mitarbeit von Thorsten Behrens und Julia Lescher. 2002.

Band 2 Andreas Siemes: Marktorientierte Kreditrisikobewertung. Eine empirische Untersuchung mittels Künstlicher Neuronaler Netze. 2002.

Band 3 Karl Christoph Heinen: Die Berücksichtigung von Kosten in der Konkurrenzanalyse. 2002.

Band 4 Thomas Mosiek: Interne Kundenorientierung des Controlling. 2002.

Band 5 Vera Südmeyer: Wettbewerbsvorteile durch strategisches Betriebsformenmanagement. Ein dynamischer Bezugsrahmen für Einzelhandelsunternehmen. 2003.

Band 6 Wolfgang Berens / Walter Schmitting (Hrsg.): Controlling im E-Business. Rückkehr zur Rationalität. 2004.

Band 7 René Bertelsmann: Entwicklung einer Controlling-Konzeption im verallgemeinerten Neuen Steuerungsmodell für Trägerorganisationen der gesetzlichen Unfallversicherung. 2005.

Band 8 Mirko Tillmann: Risikokapitalbasierte Steuerung in der Schaden- und Unfallversicherung. Konzeption einer modellgestützten Risikoanalyse. 2005.

Band 9 Andreas Hoffjan: Risikorechnung bei industrieller Auftragsfertigung. Theoretische Konzeption und Anwendung für die Bauwirtschaft. 2006.

Band 10 Pascal Nevries: Die Marketingwirkungen von Börsengängen. Eine konzeptionelle Analyse. 2006.

www.peterlang.de

Peter Lang · Europäischer Verlag der Wissenschaften

Stefan Steib

Neuemissionsresearch zum Börsengang: Ursache informationsbedingter Fehlentwicklungen oder Lösungsansatz zu deren Überwindung?

Eine empirische Untersuchung von Börsengängen an den Neuen Markt

Frankfurt am Main, Berlin, Bern, Bruxelles, New York, Oxford, Wien, 2005.
XXXI, 431 S., zahlr. Tab. und Graf.
Europäische Hochschulschriften: Reihe 5, Volks- und Betriebswirtschaft. Bd. 3115
ISBN 3-631-53519-8 · br. € 74.50*

Ausgangssituationen bei Börsengängen sind durch vielschichtige, informationsbedingte Marktunvollkommenheiten gekennzeichnet. In der öffentlichen Diskussion wurde der von Finanzanalysten geleistete Informationsbeitrag als wesentliche Ursache für die Fehlentwicklungen an Märkten für Aktien-Neuemissionen der vergangenen Jahre verantwortlich gemacht. Auf Basis der Erkenntnisse aus der *Going-Public*-Forschung werden in dieser Studie Argumente entwickelt, die das theoretische Problemlösungspotenzial der delegierten Informationsproduktion durch Finanzanalysten aufzeigen. Im Rahmen einer empirischen Untersuchung von 198 Neuemissionsstudien zu Börsengängen an den ehemaligen Neuen Markt wird die Relevanz der enthaltenen Informationen für die Preisbildung und Preisentwicklung der neuemittierten Aktien überprüft, um Hinweise auf den Informationsnutzen des Neuemissionsresearch zu erhalten.

Frankfurt am Main · Berlin · Bern · Bruxelles · New York · Oxford · Wien
Auslieferung: Verlag Peter Lang AG
Moosstr. 1, CH-2542 Pieterlen
Telefax 00 41 (0) 32 / 376 17 27

*inklusive der in Deutschland gültigen Mehrwertsteuer
Preisänderungen vorbehalten

Homepage http://www.peterlang.de

FSC®
www.fsc.org
MIX
Papier | Fördert
gute Waldnutzung
FSC® C083411

Kolibri 360 GmbH
Ferdinand-Jühlke-Straße 7
99095 Erfurt, Deutschland
produktsicherheit@kolibri360.de

Druck:
CPI Druckdienstleistungen GmbH
im Auftrag der
Kolibri 360 GmbH
Ferdinand-Jühlke-Str. 7
99095 Erfurt